9·7급 교정·보호직 및 승진 시험대비

박문각 공무원

기출문제

이준
마법교정학·
형사정책

이준 편저·이언담 감수

모의고사형 최신 **10개년** 기출문제

개정 법령 반영 · 풍부하고 알찬 해설

연도별
기출문제집

동영상 강의 www.pmg.co.kr

마법교정학에 끊임없이 관심과 사랑을 베풀어주신
수험생님께 감사드립니다.

해가 갈수록 교정관계법령의 중심으로 기출 지문이 반복되어 출제되는 빈도수가 높아지고 있습니다. 지난 3월 시행된 국가직 시험에서 기출 지문만을 가지고도 적중할 수 있었던 계기가 되었던 것처럼, 기출 지문을 통한 단순 암기식 보다는 이해 위주의 학습으로 통합 및 응용문제에 대비하여야 합니다.

시험제도 변경에 따라 문제 난이도와 출제 범위를 종잡을 수 없는 경우에는 지금까지 출제되었던 기출 문제에 대한 정확하고 철저한 분석을 통한 체계적인 학습이 가장 안정적인 수험방법이라 생각합니다.

마지막으로 아낌없는 조언과 끊임없이 도와주신 이언담 박사님께 감사 인사드립니다.

「2025 마법교정학 · 형사정책 연도별 기출문제집」은
다음과 같이 구성했습니다.

1 2024년 7월까지 시행된 7·9급 공채·경채기출 문제를 모두 반영했습니다.

2 2024년 7월까지 시행된 각급 승진시험 문제 중 공채범위 문제를 모두 반영했습니다.
승진시험문제는 다소 까다롭게 출제되는 경향을 보입니다.
승진 대비뿐만 아니라 공채 준비 과정에 충분한 훈련이 가능하도록 했습니다.

3 7·9급 형사정책 시험을 위해 형사정책을 별도 구성했습니다.
2024년도부터 보호직 9급 필수과목인 형사정책의 효율적인 학습을 위해 편제를 새롭
게 했습니다.

4 2024년 2월 현재 개정법령을 모두 반영했습니다.
형집행법 개정(2024. 2) 등 내용변화에 따라 개정법령을 반영하여 문제를 수정·보완
했습니다.

5 최다년도 기출문제와 풍부한 해설을 제공합니다.
별도의 교재를 참고하지 않더라도 기출문제 해독이 가능한 풍부한 해설을 덧붙였습
니다.

우리의 목표는 오직 여러분의 합격입니다.

여러분의 합격을 간절히 기원합니다.

2024년 8월
편저자 씀

이 책의 차례
CONTENTS

문제편

제1편 **교정학 기출문제**

제2편   형사정책 기출문제

문제편

Part 1 교정학 기출문제

Chapter
01

교정직 9급
교정학개론

01 다음의 설명과 관련 있는 범죄이론가는?

> • 범죄는 의사소통을 통한 타인과의 상호작용 과정에서 학습된다.
> • 범죄학습에서 중요한 사항은 친밀한 사적 집단 사이에서 이루어진다.
> • 차별적 교제의 양상은 빈도, 지속성, 우선성, 강도의 측면에서 다양하다.

① 뒤르켐(E. Durkheim)　　　　② 롬브로조(C. Lombroso)
③ 서덜랜드(E. Sutherland)　　　④ 레머트(E. Lemert)

02 지역사회교정의 장점을 기술한 것으로 옳지 않은 것은?

① 새로운 사회통제 전략으로서 형사사법망의 확대효과를 가져온다.
② 교정시설 수용에 비해 일반적으로 비용과 재정부담이 감소되고 교도소 과밀수용 문제를 해소할 수 있다.
③ 대상자에게 사회적 관계의 단절을 막고 낙인효과를 최소화하며 보다 인도주의적인 처우가 가능하다.
④ 대상자에게 가족, 지역사회, 집단 등과 유대관계를 유지하게 하여 범죄자의 지역사회 재통합 가능성을 높여 줄 수 있다.

03 집중감독보호관찰에 대한 설명으로 옳지 않은 것은?

① 위험성이 높은 보호관찰대상자 중에서 대상자를 선정하는 것이 보편적이다.
② 구금과 일반적인 보호관찰에 대한 대체방안으로서 대상자와의 접촉을 늘려 세밀한 감독을 한다.
③ 대상자의 자발적 동의와 참여하에 단기간 구금 후 석방하여 집중적으로 감시하는 사회내 처우이다.
④ 보호관찰이 지나치게 관대한 처벌이라는 느낌을 주지 않으면서 범죄자를 사회 내에서 처우할 수 있는 기회를 제공한다.

04 형의 집행 및 수용자의 처우에 관한 법령상 사형확정자의 처우에 대한 설명으로 옳지 않은 것은?

① 사형확정자가 수용된 거실은 참관할 수 없다.

② 소장은 사형확정자의 자살·도주 등의 사고를 방지하기 위하여 필요한 경우에는 사형확정자와 수형자를 혼거수용할 수 있다.

③ 소장은 사형확정자의 심리적 안정 및 원만한 수용생활을 위하여 교육 또는 교화프로그램을 실시하거나 신청에 따라 작업을 부과할 수 있다.

④ 소장은 사형확정자의 심리적 안정과 원만한 수용생활을 위하여 필요하다고 인정하는 경우에는 월 3회 이내의 범위에서 전화통화를 허가할 수 있다.

05 「형의 집행 및 수용자의 처우에 관한 법률 시행규칙」상 소년수용자의 처우에 대한 설명으로 옳지 않은 것은?

① 소장은 소년수용자의 나이·건강상태 등을 고려하여 필요하다고 인정하는 경우 6개월에 1회 이상 건강검진을 하여야 한다.

② 소장은 소년수형자의 나이·적성 등을 고려하여 필요하다고 인정하면 법률에서 정한 접견 및 전화통화 허용횟수를 늘릴 수 있다.

③ 소년수형자 전담교정시설이 아닌 교정시설에서는 소년수용자를 수용하기 위하여 별도의 거실을 지정하여 운용하여야 한다.

④ 소년수형자 전담교정시설에는 별도의 공동학습공간을 마련하고 학용품 및 소년의 정서 함양에 필요한 도서, 잡지 등을 갖춰 두어야 한다.

06 다음의 내용에 모두 부합하는 제도는?

> ㉠ 시설수용의 단점을 피할 수 있다.
> ㉡ 임산부 등 특별한 처우가 필요한 범죄자에게도 실시할 수 있다.
> ㉢ 판결 이전이나 형 집행 이후 등 형사사법의 각 단계에서 폭넓게 사용될 수 있다.

① 개방처우
② 전자감시
③ 사회봉사
④ 수강명령

07 「보호소년 등의 처우에 관한 법률」상 보호소년의 처우에 대한 설명으로 옳지 않은 것은?

① 퇴원이 허가된 보호소년이 질병에 걸리거나 본인의 편익을 위하여 필요하면 본인의 신청에 의하여 계속 수용할 수 있다.

② 보호소년이 친권자와 면회를 할 때에는 소속 공무원이 참석하지 아니한다. 다만, 보이는 거리에서 보호소년을 지켜볼 수 있다.

③ 보호소년 등이 사용하는 목욕탕에 전자영상장비를 설치하여 운영하는 것은 자해 등의 우려가 큰 때에만 할 수 있다. 이 경우 전자영상장비로 보호소년 등을 감호할 때에는 여성인 보호소년 등에 대해서는 여성인 소속 공무원만이 참여하여야 한다.

④ 소년원장은 보호소년의 보호 및 교정교육에 지장을 주지 아니하는 범위에서 가족과 전화통화를 허가할 수 있으며, 교정교육상 특히 필요하다고 인정할 때 직권으로 외출을 허가할 수 있다.

08 「보호관찰 등에 관한 법률」상 사회봉사명령에 대한 설명으로 옳지 않은 것은?

① 보호관찰관은 국공립기관이나 그 밖의 단체에 사회봉사명령 집행의 전부 또는 일부를 위탁할 수 있다.

② 법원은 「형법」상 사회봉사를 명할 경우에 대상자가 사회봉사를 할 분야와 장소 등을 지정하여야 한다.

③ 사회봉사명령 대상자는 주거를 이전하거나 1개월 이상 국내외 여행을 할 때에는 미리 보호관찰관에게 신고하여야 한다.

④ 「형법」상 형의 집행유예 시 사회봉사를 명할 때에는 다른 법률에 특별한 규정이 없으면 500시간의 범위에서 그 기간을 정하여야 한다.

09 블럼스틴(A. Blumstein)이 주장한 교도소 과밀화의 해소방안을 모두 고른 것은?

> ㉠ 집합적 무력화(collective incapacitation)
> ㉡ 정문정책(front-door policy)
> ㉢ 후문정책(back-door policy)
> ㉣ 교정시설의 확충

① ㉠, ㉡   ② ㉠, ㉢, ㉣

③ ㉡, ㉢, ㉣   ④ ㉠, ㉡, ㉢, ㉣

10 「형의 집행 및 수용자의 처우에 관한 법률 시행규칙」상 노인수용자의 처우에 대한 설명으로 옳지 않은 것은?

① 소장은 노인수용자에 대하여 6개월에 1회 이상 건강검진을 하여야 한다.

② 노인수형자 전담교정시설에는 별도의 공동휴게실을 마련하고 노인이 선호하는 오락용품 등을 갖춰두어야 한다.

③ 소장은 노인수용자의 나이·건강상태 등을 고려하여 필요하다고 인정하면 법률에서 정한 수용자의 지급기준을 초과하여 주·부식을 지급할 수 있다.

④ 노인수용자의 거실은 시설부족 또는 그 밖의 부득이한 사정이 없으면 건물의 1층에 설치하고, 특히 겨울철 난방을 위하여 필요한 시설을 갖출 수 있다.

11 형의 집행 및 수용자의 처우에 관한 법령상 소장이 수용자 간의 편지를 검열할 수 있는 경우에 해당하지 않는 것은?

① 범죄의 증거를 인멸할 우려가 있는 때

② 규율위반으로 조사 중이거나 징벌집행 중인 때

③ 편지를 주고받으려는 수용자와 같은 교정시설에 수용 중인 때

④ 민·형사 법령에 저촉되는 내용이 기재되어 있다고 의심할 만한 상당한 이유가 있는 때

12 형의 집행 및 수용자의 처우에 관한 법령상 교도작업에 대한 설명으로 옳지 않은 것은?

① 소장은 법무부장관의 승인을 받아 수형자에게 부과하는 작업의 종류를 정한다.

② 소장은 수형자가 작업 또는 직업훈련 중에 사망하거나 그로 인하여 사망한 때 상속인에게 조위금을 지급한다.

③ 집중근로 작업이 부과된 수형자에게 접견 또는 전화통화를 제한한 때에는 휴일이나 그 밖에 해당 수용자의 작업이 없는 날에 접견 또는 전화통화를 할 수 있게 하여야 한다.

④ '집중적인 근로가 필요한 작업'이란 수형자의 신청에 따라 1일 작업시간 중 접견·전화통화·교육 및 공동행사 참가 등을 하지 아니하고 휴게시간을 포함한 작업시간 내내 하는 작업을 말한다.

13 형의 집행 및 수용자의 처우에 관한 법령상 신입자의 수용에 대한 설명으로 옳지 않은 것은?

① 신입자에 대한 고지사항에는 형기의 기산일 및 종료일, 수용자의 권리 및 권리구제에 관한 사항이 포함된다.

② 신입자의 건강진단은 수용된 날부터 3일 이내에 하여야 한다. 다만, 휴무일이 연속되는 등 부득이한 사정이 있는 경우에는 예외로 한다.

③ 소장은 신입자가 환자이거나 부득이한 사정이 있는 경우가 아니면 수용된 날부터 3일 동안 신입자거실에 수용하여야 하며, 19세 미만의 신입자에 대하여는 그 수용기간을 45일까지 연장할 수 있다.

④ 소장은 신입자가 있으면 그 사실을 수용자의 가족(배우자, 직계 존속·비속 또는 형제자매)에게 지체 없이 알려야 한다. 다만, 수용자가 알리는 것을 원하지 아니하면 그러하지 아니하다.

14 형의 집행 및 수용자의 처우에 관한 법령상 교도관의 보호장비 및 무기의 사용에 대한 설명으로 옳지 않은 것은?

① 보호장비를 사용하는 경우에는 수용자에게 그 사유를 알려주어야 한다.

② 수용자가 위력으로 교도관의 정당한 직무집행을 방해하는 때에는 보호장비를 사용할 수 있다.

③ 수갑, 포승, 발목보호장비는 이송·출정, 그 밖에 교정시설 밖의 장소로 수용자를 호송하는 때 사용할 수 있다.

④ 교정시설 안에서 자기 또는 타인의 생명·신체를 보호하기 위하여 급박하다고 인정되는 상당한 이유가 있으면 수용자 외의 사람에 대하여도 무기를 사용할 수 있다.

15 형의 집행 및 수용자의 처우에 관한 법령상 귀휴에 대한 설명으로 옳지 않은 것은?

① 동행귀휴의 경우에는 귀휴조건 중 '귀휴지에서 매일 1회 이상 소장에게 전화보고' 조건은 붙일 수 없다.

② 귀휴자의 여비와 귀휴 중 착용할 복장은 본인이 부담한다.

③ 소장은 귀휴자가 신청할 경우 작업장려금의 전부를 귀휴비용으로 사용하게 할 수 있다.

④ 소장은 귀휴자가 귀휴조건을 위반한 경우에는 귀휴심사위원회의 의결을 거쳐 귀휴를 취소하여야 한다.

16 범죄이론에 대한 설명으로 옳지 않은 것은?

① 코헨(A. Cohen)의 비행하위문화이론 – 하류계층의 비행은 중류계층의 가치와 규범에 대한 저항이다.

② 베까리아(C. Beccaria)의 고전주의 범죄학 – 범죄를 처벌하는 것보다 범죄를 예방하는 것이 더욱 바람직하다.

③ 코헨과 펠슨(L. Cohen & M. Felson)의 일상활동이론 – 일상활동의 구조적 변화가 동기 부여된 범죄자, 적절한 범행대상 및 보호의 부재라는 세 가지 요소에 대해 시간적·공간적으로 영향을 미친다.

④ 브레이스웨이트(J. Braithwaite)의 재통합적 수치심부여이론 – 사회구조적 결핍은 대안적 가치로써 높은 수준의 폭력을 수반하는 거리의 규범(code of the street)을 채택하게 하고, 결국 이것이 높은 수준의 폭력을 양산한다.

17 교도작업의 경영방법 중 직영작업의 장점만을 모두 고른 것은?

> ㉠ 교도소가 이윤을 독점할 수 있다.
> ㉡ 교도소가 작업에 대한 통제를 용이하게 할 수 있다.
> ㉢ 교도소가 자유로이 작업종목을 선택할 수 있으므로 직업훈련이 용이하다.
> ㉣ 민간시장의 가격경쟁원리를 해치지 않는다.
> ㉤ 제품의 판매와 상관없이 생산만 하면 되므로 불경기가 문제되지 않는다.

① ㉠, ㉡, ㉢　　　　　　　　　　　② ㉠, ㉡, ㉤
③ ㉡, ㉢, ㉣　　　　　　　　　　　④ ㉢, ㉣, ㉤

18 「형의 집행 및 수용자의 처우에 관한 법률」상 수용자의 보호실 및 진정실 수용에 대한 설명으로 옳은 것은?

① 소장은 수용자가 신체적·정신적 질병으로 인하여 특별한 보호가 필요한 때 진정실에 수용할 수 있다.

② 소장은 수용자를 보호실 또는 진정실에 수용할 경우에는 변호인의 의견을 고려하여야 한다.

③ 소장은 수용자를 보호실 또는 진정실에 수용하거나 수용기간을 연장하는 경우에는 그 사유를 본인과 가족에게 알려 주어야 한다.

④ 수용자의 보호실 수용기간은 15일 이내, 진정실 수용기간은 24시간 이내로 하되, 소장은 특히 계속하여 수용할 필요가 있으면 의무관의 의견을 고려하여 연장할 수 있다.

19 「치료감호 등에 관한 법률」상 치료감호에 대한 설명으로 옳지 않은 것은?

① 피치료감호자에 대한 치료감호가 가종료되었을 때 시작되는 보호관찰의 기간은 3년으로 한다.

② 치료감호심의위원회는 피치료감호자에 대하여 치료감호 집행을 시작한 후 매 6개월마다 치료감호의 종료 또는 가종료 여부를 심사·결정한다.

③ 소아성기호증, 성적가학증 등 성적 성벽(性癖)이 있는 정신성적 장애인으로서 금고 이상의 형에 해당하는 성폭력범죄를 지은 자는 치료감호대상자가 될 수 있다.

④ 치료감호의 내용과 실태는 대통령령으로 정하는 바에 따라 공개하여야 한다. 이 경우 피치료감호자나 그의 보호자가 동의한 경우라도 피치료감호자의 개인신상에 관한 것은 공개할 수 없다.

20 교정처우를 폐쇄형 처우, 개방형 처우, 사회형 처우로 구분할 때 개방형 처우에 해당하는 것만을 모두 고른 것은?

㉠ 주말구금	㉡ 부부접견
㉢ 외부통근	㉣ 보호관찰
㉤ 사회봉사명령	㉥ 수형자자치제

① ㉠, ㉡, ㉢

② ㉠, ㉤, ㉥

③ ㉡, ㉢, ㉣

④ ㉣, ㉤, ㉥

01 형의 집행 및 수용자의 처우에 관한 법령상 문화에 대한 설명으로 옳은 것은?

① 수용자는 문서 또는 도화를 작성하거나 문예·학술, 그 밖의 사항에 관하여 집필할 수 있다. 이때 집필용구의 구입비용은 원칙적으로 소장이 부담한다.

② 소장은 수용자의 지식함양 및 교양습득에 필요한 도서와 영상녹화물을 비치하여 수용자가 이용하게 하여야 한다.

③ 소장은 수용자가 자신의 비용으로 구독을 신청한 신문이 「출판문화산업 진흥법」에 따른 유해간행물인 경우를 제외하고는 구독을 허가하여야 한다.

④ 소장은 수용자의 건강과 일과시간 등을 고려하여 1일 8시간 이내에서 방송편성시간을 정한다. 다만, 토요일·공휴일, 작업·교육실태 및 수용자의 특성을 고려하여 방송편성시간을 조정할 수 있다.

02 형의 집행 및 수용자의 처우에 관한 법령상 교도관의 강제력 행사에 대한 설명으로 옳지 않은 것은?

① 교도관은 수용자가 위계 또는 위력으로 교도관의 정당한 직무집행을 방해하는 때에 강제력을 행사할 수 있다.

② 교도관은 수용자 이외의 사람이 교도관 또는 수용자에게 위해를 끼치거나 끼치려고 하는 때에 강제력을 행사할 수 있다.

③ 교도관이 수용자 등에게 강제력을 행사하려면 사전에 상대방에게 이를 경고하여야 한다. 다만, 상황이 급박하여 경고할 시간적인 여유가 없는 때에는 그러하지 아니하다.

④ 교도관은 수용자 등에게 소장의 명령 없이 강제력을 행사해서는 아니 된다. 다만, 그 명령을 받을 시간적 여유가 없는 경우에는 강제력을 행사한 후 소장에게 즉시 보고하여야 한다.

03 「형의 집행 및 수용자의 처우에 관한 법률 시행규칙」상 교정시설 안에 설치된 외부기업체의 작업장에 통근하며 작업하는 수형자가 갖추어야 할 요건들에 해당하지 않는 것은?

① 18세 이상 65세 미만일 것

② 해당 작업 수행에 건강상 장애가 없을 것

③ 개방처우급·완화경비처우급·일반경비처우급에 해당할 것

④ 집행할 형기가 7년 미만이거나 형기기산일로부터 7년 이상 지났을 것

04 형의 집행 및 수용자의 처우에 관한 법령상 작업과 직업훈련에 대한 설명으로 옳지 않은 것은?

① 소장은 사형확정자가 작업을 신청하면 교도관회의의 심의를 거쳐 교정시설 안에서 실시하는 작업을 부과할 수 있다.

② 소장은 수형자의 가족 또는 배우자의 직계존속이 사망하면 2일간, 부모 또는 배우자의 제삿날에는 1일간 해당 수형자의 작업을 면제한다. 다만, 수형자가 작업을 계속하기를 원하는 경우는 예외로 한다.

③ 집체직업훈련 대상자는 소속기관의 수형자 중에서 소장이 선정한다.

④ 수형자가 작업으로 인한 부상으로 신체에 장해가 발생하여 위로금을 받게 된 경우 그 위로금을 지급받을 권리는 다른 사람 또는 법인에게 양도하거나 담보로 제공할 수 없으며, 다른 사람 또는 법인은 이를 압류할 수 없다.

05 형의 집행 및 수용자의 처우에 관한 법령상 수용자의 금품관리에 대한 설명으로 옳지 않은 것은?

① 소장은 수용자의 휴대금품을 교정시설에 보관한다. 다만, 휴대품이 썩거나 없어질 우려가 있는 것이면 수용자로 하여금 자신이 지정하는 사람에게 보내게 하거나 그 밖에 적당한 방법으로 처분하게 할 수 있다.

② 소장은 신입자의 휴대품을 팔 경우에는 그 비용을 제외한 나머지 대금을 보관할 수 있다.

③ 소장은 수용자의 보관품이 인장인 경우에는 잠금장치가 되어 있는 견고한 용기에 넣어 보관하여야 한다.

④ 소장은 수용자 이외의 사람의 신청에 따라 수용자에게 건네줄 것을 허가한 물품은 교도관으로 하여금 검사하게 할 필요가 없으나, 그 물품이 의약품인 경우에는 의무관으로 하여금 검사하게 해야 한다.

06 형의 집행 및 수용자의 처우에 관한 법령상 수용자의 의료처우에 대한 설명으로 옳지 않은 것은?

① 소장은 수용자가 자신의 비용으로 외부의료시설에서 근무하는 의사에게 치료받기를 원하면 교정시설에 근무하는 의사의 의견을 고려하여 이를 허가할 수 있다.

② 소장은 진료를 거부하는 수용자가 교정시설에 근무하는 의사의 설득 등에도 불구하고 진료를 계속 거부하여 그 생명에 위험을 가져올 급박한 우려가 있으면 위 의사로 하여금 적당한 진료 등의 조치를 하게 할 수 있다.

③ 소장은 19세 미만의 수용자와 계호상 독거수용자에 대하여는 6개월에 1회 이상 건강검진을 하여야 한다.

④ 소장은 수용자가 자신의 고의 또는 과실로 부상 등이 발생하여 외부의료시설에서 진료를 받은 경우에는 그 진료비의 전부 또는 일부를 그 수용자에게 부담하게 하여야 한다.

07 현행법상 형의 실효에 대한 설명으로 옳지 않은 것은?

① 수형인이 3년 이하의 징역형인 경우, 자격정지 이상의 형을 받지 아니하고 형의 집행을 종료하거나 그 집행이 면제된 날부터 5년이 경과한 때에 그 형은 실효된다.

② 구류와 과료는 형의 집행을 종료하거나 그 집행이 면제된 날부터 1년이 경과한 때에 그 형은 실효된다.

③ 하나의 판결로 여러 개의 형이 선고된 경우에는 각 형의 집행을 종료하거나 그 집행이 면제된 날부터 가장 무거운 형에 대한 「형의 실효 등에 관한 법률」에서 정한 형의 실효기간이 경과한 때에 형의 선고는 효력을 잃는다. 이때 징역과 금고는 같은 종류의 형으로 보고 각 형기를 합산한다.

④ 징역 또는 금고의 집행을 종료하거나 집행이 면제된 자가 피해자의 손해를 보상하고 자격정지 이상의 형을 받음이 없이 7년을 경과한 때에는 본인 또는 검사의 신청에 의하여 법원은 그 재판의 실효를 선고할 수 있다.

08 「보호소년 등의 처우에 관한 법률」에서 규정된 보호장비에 해당하는 것만을 모두 고른 것은?

| ㉠ 수갑 | ㉡ 포승 | ㉢ 가스총 |
| ㉣ 전자충격기 | ㉤ 보호대 | ㉥ 발목보호장비 |

① ㉠, ㉡, ㉢

② ㉡, ㉣, ㉤

③ ㉠, ㉡, ㉢, ㉣, ㉤

④ ㉠, ㉢, ㉣, ㉤, ㉥

09 수형자의 처우방식 중 누진처우제도에 대한 설명으로 옳지 않은 것은?

① 일종의 토큰경제에 해당하는 제도로서, 재판상 선고된 자유형의 집행단계를 여러 개의 단계로 나누어 수형자의 개선 정도에 따라 상위계급으로 진급하게 함으로써 점차 자유제한적 처우를 완화하는 것이다.

② 영국에서 시작된 일종의 고사제에 호주의 마코노키가 점수제를 결합시킴으로써 더욱 발전하였다고 한다.

③ 아일랜드제는 크로프톤이 창안한 것으로 매월 소득점수로 미리 정한 책임점수를 소각하는 방법을 말하며, 우리나라의 누진처우방식과 유사하다.

④ 엘마이라제는 자력적 갱생에 중점을 둔 행형제도로 일명 감화제라고도 하는데, 전과 3범 이상의 청소년 범죄자를 대상으로 하여 개선·교화를 위해 교도소를 학교와 같은 분위기에서 운영하는 제도이다.

10 소년범죄의 원인과 대책에 대한 설명으로 옳지 않은 것은?

① 모피트(T. E. Moffit)는 사회적 자본(social capital) 개념을 도입하여 청소년기에 비행을 저지른 아이들도 사회유대 혹은 사회자본의 형성을 통해 취업과 결혼으로 가정을 이루는 인생의 전환점을 만들면 성인이 되어 정상인으로 돌아가게 된다고 주장하였다.

② 패터슨(G. R. Patterson) 등에 따르면 초기 비행을 경험한 소년들이 후반에 비행을 시작한 소년에 비하여 어릴 때부터 반사회적 환경과 밀접한 관계를 맺음으로써 또래집단 속에서 정상적 사회화를 경험할 기회가 상대적으로 적기 때문에 만성적 범죄자가 될 확률이 높다고 하였다.

③ 워렌(M. Q. Warren)에 따르면 비행소년 분류상 신경증적 비행소년에 대한 처우로는 가족집단요법과 개별심리요법이 적절하다고 한다.

④ 바톨라스(C. Bartollas)의 적응(개선)모델에 따르면 비행소년 스스로 책임 있는 선택과 합법적 결정을 할 수 있다고 하며, 이 모형에 따른 처우로서는 현실요법, 환경요법, 집단지도 상호작용, 교류분석 등의 방법이 이용되고 있다.

11 단기자유형의 대체방안으로 적절하지 않은 것은?

① 주말구금제도　　　　　　　　② 귀휴제도
③ 사회봉사명령제도　　　　　　　④ 벌금형제도

12 「형의 집행 및 수용자의 처우에 관한 법률」의 내용에 대한 설명으로 옳은 것은?

① 이 법은 교정시설의 구내에서만 적용된다.

② 법무부장관은 교정시설의 설치 및 운영에 관한 업무의 일부를 법인에게 위탁할 수 있으나 개인에게 위탁할 수는 없다.

③ 판사, 검사 및 당해 사건의 변호인은 직무상 필요하면 교정시설을 시찰할 수 있다.

④ 신설하는 교정시설은 수용인원이 500명 이내의 규모가 되도록 하여야 한다. 다만, 교정시설의 기능·위치나 그 밖의 사정을 고려하여 그 규모를 늘릴 수 있다.

13 「형의 집행 및 수용자의 처우에 관한 법률 시행규칙」상 이송·재수용 수형자의 처우에 대한 설명으로 옳지 않은 것은?

① 소장은 형집행정지 중에 있는 사람이 정지사유가 없어져 재수용된 경우에는 석방 당시와 동일한 처우등급을 부여하여야 한다.

② 소장은 해당 교정시설의 특성 등을 고려하여 필요한 경우에는 다른 교정시설로부터 이송되어 온 수형자의 개별처우계획을 변경할 수 있다.

③ 소장은 수형자가 가석방의 취소로 재수용되어 남은 형기가 집행되는 경우에는 석방 당시보다 한 단계 낮은 처우등급(경비처우급에만 해당한다)을 부여하는 것을 원칙으로 한다.

④ 소장은 형집행정지 중이거나 가석방기간 중에 있는 사람이 형사사건으로 재수용되어 형이 확정된 경우에는 개별처우계획을 새로 수립하여야 한다.

14 사회 내 처우에 대한 설명으로 옳지 않은 것은?

① 배상제도는 범죄자로 하여금 범죄로 인한 피해자의 경제적 손실을 금전적으로 배상하게 하는 것으로, 범죄자의 사회복귀를 도울 수 있으며 범죄자에게 범죄에 대한 속죄의 기회를 제공한다.

② 사회봉사명령은 유죄가 인정된 범죄인이나 비행소년을 교화·개선하기 위해 이들로부터 일정한 여가를 박탈함으로써 처벌의 효과도 얻을 수 있고, 동시에 교육훈련을 통하여 자기 개선적 효과를 기대할 수 있다.

③ 집중감시(감독)보호관찰은 감독의 강도가 일반보호관찰보다는 높고 구금에 비해서는 낮은 것으로, 집중적인 접촉관찰을 실시함으로써 대상자의 욕구와 문제점을 보다 정확히 파악하고, 이에 알맞은 지도·감독 및 원호를 실시하여 재범방지의 효과를 높일 수 있다.

④ 전자감시(감독)제도는 처벌프로그램의 종류라기보다는 대상자의 위치를 파악할 수 있는 감시(감독)기술로서, 구금으로 인한 폐해를 줄일 수 있고 대상자가 교화·개선에 도움이 되는 각종 교육훈련과 상담을 받을 수 있다.

15 「보호관찰 등에 관한 법률」상 보호관찰 대상자의 일반적인 준수사항에 해당하는 것만을 모두 고른 것은?

> ㉠ 주거지에 상주하고 생업에 종사할 것
> ㉡ 범죄행위로 인한 손해를 회복하기 위하여 노력할 것
> ㉢ 범죄로 이어지기 쉬운 나쁜 습관을 버리고 선행을 하며 범죄를 저지를 염려가 있는 사람들과 교제하거나 어울리지 말 것
> ㉣ 보호관찰관의 지도·감독에 따르고 방문하면 응대할 것
> ㉤ 주거를 이전하거나 1개월 이상 국내외 여행을 할 때에는 미리 보호관찰관에게 신고할 것
> ㉥ 일정량 이상의 음주를 하지 말 것

① ㉠, ㉡, ㉢, ㉣　　　　　　　　　② ㉠, ㉢, ㉣, ㉤
③ ㉡, ㉢, ㉣, ㉤, ㉥　　　　　　　④ ㉠, ㉡, ㉢, ㉣, ㉤, ㉥

16 「범죄피해자 보호법」상 구조금 지급에 대한 설명으로 옳지 않은 것은?

① 범죄행위 당시 구조피해자와 가해자의 사이가 4촌 이내의 친족관계가 있는 경우 구조금을 지급하지 아니한다. 다만, 구조금을 지급하지 아니하는 것이 사회통념에 위배된다고 인정할 만한 특별한 사정이 있는 경우에는 구조금의 전부 또는 일부를 지급할 수 있다.

② 구조금은 유족구조금, 장해구조금 및 중상해구조금으로 구분하며, 일시금으로 지급한다. 다만, 특별한 사정이 있는 경우에는 분할하여 지급할 수 있다.

③ 구조피해자의 사망 당시 구조피해자의 수입으로 생계를 유지하고 있지 않은 구조피해자의 자녀, 부모, 손자·손녀, 조부모 및 형제자매도 유족구조금의 지급대상인 유족에 해당한다.

④ 국가는 구조피해자나 유족이 해당 구조대상 범죄피해를 원인으로 하여 손해배상을 받았으면 그 범위에서 구조금을 지급하지 아니한다.

17 현행법상 미결구금(수용)제도에 대한 설명으로 옳은 것은? (다툼이 있는 경우 판례에 의함)

① 소장은 미결수용자에 대하여는 직권 또는 신청에 따라 교육 또는 교화프로그램을 실시하거나 작업을 부과할 수 있다.

② 판결선고 전 미결구금일수는 그 전부가 법률상 당연히 본형에 산입하게 되므로 판결에서 별도로 미결구금일수 산입에 관한 사항을 판단할 필요는 없다.

③ 미결수용자의 변호인과의 접견교통권은 질서유지 또는 공공복리를 위한 이유가 있는 때에도 법률로써 제한할 수 없다.

④ 미결수용자가 징벌대상자로서 조사받고 있거나 징벌집행 중인 경우에는 소송서류의 작성 등 수사과정에서의 권리행사가 제한된다.

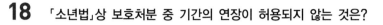

CHAPTER **01**

18 「소년법」상 보호처분 중 기간의 연장이 허용되지 않는 것은?

① 보호자에게 감호위탁
② 소년보호시설에 감호위탁
③ 보호관찰관의 단기 보호관찰
④ 보호관찰관의 장기 보호관찰

19 애그뉴(R. Agnew)의 일반긴장이론에 대한 설명으로 옳은 것만을 모두 고른 것은?

> ㉠ 머튼의 아노미이론에 그 이론적 뿌리를 두고 있다.
> ㉡ 거시적 수준의 범죄이론으로 분류된다.
> ㉢ 범죄발생의 원인으로 목표달성의 실패, 기대와 성취 사이의 괴리, 긍정적 자극의 소멸,
>   부정적 자극의 발생을 제시했다.
> ㉣ 긴장을 경험하는 모든 사람이 범죄를 저지른다거나 범죄에 의존하게 되는 것은 아니다.

① ㉠, ㉣   ② ㉠, ㉡, ㉢
③ ㉠, ㉢, ㉣   ④ ㉠, ㉡, ㉢, ㉣

20 보호관찰의 지도·감독 유형으로 올린(Ohlin)이 제시한 내용 중 지역사회보호와 범죄자보호 양쪽 사이에서 갈등을 가장 크게 겪는 보호관찰관의 유형은?

① 보호적 보호관찰관   ② 수동적 보호관찰관
③ 복지적 보호관찰관   ④ 중개적 보호관찰관

01 「형의 집행 및 수용자의 처우에 관한 법률」상 용어에 대한 설명으로 옳지 않은 것은?

① 수용자란 법률과 적법한 절차에 따라 교정시설에 수용된 사람으로서 수형자 및 미결수용자는 물론이고 사형확정자까지도 포함한다.

② 수형자란 징역형·금고형 또는 구류형의 선고를 받아 그 형이 확정되어 교정시설에 수용된 사람을 말하며, 벌금 또는 과료를 완납하지 아니하여 노역장 유치명령을 받아 교정시설에 수용된 사람은 제외한다.

③ 미결수용자란 형사피고인 또는 형사피의자로서 체포되거나 구속영장의 집행을 받아 교정시설에 수용된 사람을 말한다.

④ 사형확정자란 사형의 선고를 받아 그 형이 확정되어 교정시설에 수용된 사람을 말한다.

02 범죄자 처우의 모델에 대한 설명으로 옳지 않은 것은?

① 재통합모델 − 범죄자와 지역사회의 유대 및 지역사회에 기초한 처우를 중요시한다.

② 사법(정의·공정)모델 − 갱생에 대한 회의론과 의료모델로의 회귀경향이 맞물려 등장하였다.

③ 의료(치료·갱생)모델 − 수용자에 대한 강제적 처우로 인권침해라는 비판을 받았다.

④ 개선모델 − 가혹한 형벌을 지양하고 개선과 교화를 강조한다.

03 다음 사례에 해당하는 중화의 기술을 옳게 짝지은 것은?

> ㉠ 친구의 물건을 훔치면서 잠시 빌린 것이라고 주장하는 경우
> ㉡ 술에 취해서 자기도 모르는 사이에 저지른 범행이라고 주장하는 경우

	㉠	㉡
①	가해(손상)의 부정	책임의 부정
②	가해(손상)의 부정	비난자에 대한 비난
③	책임의 부정	비난자에 대한 비난
④	피해자의 부정	충성심에 대한 호소

04 머튼(Merton)이 제시한 아노미 상황에서의 적응양식 중에서 기존 사회체제를 거부하는 혁명가 (A)와 알코올 중독자(B)에 해당하는 유형을 옳게 짝지은 것은?

적응양식의 유형	문화적 목표	제도화된 수단
㉠	+	+
㉡	+	−
㉢	−	+
㉣	−	−
㉤	±	±

※ +는 수용, −는 거부, ±는 제3의 대안을 추구하는 것을 의미

	(A)	(B)
①	㉣	㉢
②	㉡	㉤
③	㉤	㉣
④	㉤	㉢

05 「소년법」상 소년 형사절차에 대한 설명으로 옳지 않은 것은?

① 18세 미만인 소년에게는 노역장유치를 선고할 수 없다.
② 소년에 대한 형사사건은 다른 피의사건과 관련된 경우에도 분리하여 심리하는 것이 원칙이다.
③ 형의 집행유예를 선고하면서 부정기형을 선고할 수 있다.
④ 소년에 대한 구속영장은 부득이한 경우가 아니면 발부할 수 없다.

06 구금방법에 대한 설명으로 옳지 않은 것은?

① 펜실베니아시스템(Pennsylvania System)은 독거생활을 통한 반성과 참회를 강조한다.
② 오번시스템(Auburn System)은 도덕적 개선보다 노동습관의 형성을 더 중요시한다.
③ 펜실베니아시스템은 윌리엄 펜(William Penn)의 참회사상에 기초하여 창안되었으며 침묵제 또는 교담금지제로 불린다.
④ 오번시스템은 엘람 린즈(Elam Lynds)가 창안하였으며 반독거제 또는 완화독거제로 불린다.

07 「소년법」상 보호처분에 대한 설명으로 옳지 않은 것은?

① 사회봉사명령은 200시간을, 수강명령은 100시간을 초과할 수 없으며, 보호관찰관이 그 명령을 집행할 때에는 사건 본인의 정상적인 생활을 방해하지 아니하도록 하여야 한다.

② 보호처분이 계속 중일 때에 사건 본인이 처분 당시 19세 이상인 것으로 밝혀진 경우에는 소년부 판사는 결정으로써 그 보호처분을 취소하여야 한다.

③ 장기 보호관찰처분을 할 때에는 해당 보호관찰기간 동안 야간 등 특정 시간대의 외출을 제한하는 명령을 보호관찰대상자의 준수 사항으로 부과할 수 있다.

④ 사회봉사명령은 14세 이상의 소년에게만 할 수 있으며, 수강명령은 12세 이상의 소년에게 만 할 수 있다.

08 「소년법」상 소년부 판사가 취할 수 있는 임시조치로 옳지 않은 것은?

① 소년을 보호할 수 있는 적당한 자에게 1개월간 감호 위탁

② 소년분류심사원에 3개월간 감호 위탁

③ 요양소에 3개월간 감호 위탁

④ 보호자에게 1개월간 감호 위탁

09 형의 집행 및 수용자의 처우에 관한 법령상 분류심사에 대한 설명으로 옳은 것만을 모두 고른 것은?

> ㉠ 교정시설의 장은 분류심사를 위하여 수형자를 대상으로 상담 등을 통한 신상에 관한 개별사안의 조사, 심리·지능·적성 검사, 그 밖에 필요한 검사를 할 수 있다.
> ㉡ 개별처우계획을 조정할 것인지를 결정하기 위한 분류심사는 정기재심사, 부정기재심사, 특별재심사로 구분된다.
> ㉢ 경비처우급의 조정을 위한 평정소득점수 기준은 수용 및 처우를 위하여 필요한 경우 법무부장관이 달리 정할 수 있다.
> ㉣ 교정시설의 장은 수형자가 부상이나 질병, 그 밖의 부득이한 사유로 작업 또는 교육을 받지 못한 경우에는 3점 이내의 범위에서 작업 또는 교육 성적을 부여할 수 있다.
> ㉤ 조정된 처우등급에 따른 처우는 그 조정이 확정된 다음 날부터 한다. 이 경우 조정된 처우등급은 조정이 확정된 날부터 적용된 것으로 본다.

① ㉠, ㉡, ㉢

② ㉠, ㉢, ㉣

③ ㉡, ㉢, ㉤

④ ㉡, ㉣, ㉤

10 형의 집행 및 수용자의 처우에 관한 법령상 교도작업 등에 대한 설명으로 옳은 것만을 모두 고른 것은?

> ㉠ 교정시설의 장은 수형자에게 부상·질병, 그 밖에 작업을 계속하기 어려운 특별한 사정이 있으면 그 사유가 해소될 때까지 작업을 면제할 수 있다.
> ㉡ 교정시설의 장은 수형자가 개방처우급 또는 완화경비처우급으로서 작업기술이 탁월하고 작업성적이 우수한 경우에는 수형자 자신을 위한 개인작업을 하게 할 수 있다.
> ㉢ 교정시설의 장은 관할 지방교정청장의 승인을 받아 수형자에게 부과하는 작업의 종류를 정한다.
> ㉣ 작업장려금은 본인의 가족생활 부조, 교화 또는 건전한 사회복귀를 위하여 특히 필요하면 석방 전이라도 그 전부 또는 일부를 지급할 수 있다.
> ㉤ 교정시설의 장은 수형자의 가족이 사망하면 3일간 해당 수형자의 작업을 면제한다.

① ㉠, ㉡, ㉢   ② ㉠, ㉡, ㉣
③ ㉠, ㉢, ㉤   ④ ㉢, ㉣, ㉤

11 〈보기 1〉에 제시된 설명과 〈보기 2〉에 제시된 학자를 옳게 짝지은 것은?

> ─────── 〈보기1〉 ───────
> ㉠ 감옥개량의 선구자로 인도적인 감옥개혁을 주장하였다.
> ㉡ 「범죄와 형벌」을 집필하고 죄형법정주의를 강조하였다.
> ㉢ 파놉티콘(Panopticon)이라는 감옥형태를 구상하였다.
> ㉣ 범죄포화의 법칙을 주장하였다.

> ─────── 〈보기2〉 ───────
> A. 베까리아(Beccaria)   B. 하워드(Howard)
> C. 벤담(Bentham)   D. 페리(Ferri)

	㉠	㉡	㉢	㉣
①	A	B	C	D
②	C	A	B	D
③	B	A	C	D
④	B	A	D	C

12 「형의 집행 및 수용자의 처우에 관한 법률」의 내용으로 옳지 않은 것은?

① 교정시설의 장은 법률이 정한 사유가 있는 수형자에게 5일 이내의 특별귀휴를 허가할 수 있다.

② 수형자가 소년교도소에 수용 중에 19세가 된 경우에도 교육·교화프로그램, 작업, 직업훈련 등을 실시하기 위하여 특히 필요하다고 인정되면 23세가 되기 전까지는 계속하여 수용할 수 있다.

③ 법무부장관은 교정시설의 운영, 교도관의 복무, 수용자의 처우 및 인권실태 등을 파악하기 위하여 매월 1회 이상 교정시설을 순회점검하거나 소속 공무원으로 하여금 순회점검하게 하여야 한다.

④ 법무부장관은 교정시설의 설치 및 운영에 관한 업무의 일부를 법인 또는 개인에게 위탁할 수 있다.

13 「형의 집행 및 수용자의 처우에 관한 법률 시행규칙」상 〈보기 1〉의 경비처우급과 〈보기 2〉의 작업기준을 바르게 연결한 것은?

―――――――〈보기 1〉―――――――

㉠ 개방처우급   ㉡ 중(重)경비처우급
㉢ 완화경비처우급   ㉣ 일반경비처우급

―――――――〈보기 2〉―――――――

A. 개방지역작업 및 필요시 외부통근작업 가능
B. 구내작업 및 필요시 개방지역작업 가능
C. 외부통근작업 및 개방지역작업 가능
D. 필요시 구내작업 가능

① ㉠ – A   ② ㉡ – C
③ ㉢ – D   ④ ㉣ – B

14 형의 집행 및 수용자의 처우에 관한 법령상 교정시설의 시찰 및 참관에 대한 설명으로 옳지 않은 것은?

① 교정시설의 장은 판사와 검사 외의 사람이 교정시설의 참관을 신청하는 경우에는 그 성명·직업·주소·나이·성별 및 참관 목적을 확인한 후 허가 여부를 결정하여야 한다.

② 판사와 검사 외의 사람은 교정시설을 참관하려면 학술연구 등 정당한 이유를 명시하여 관할 지방교정청장의 허가를 받아야 한다.

③ 판사 또는 검사가 교정시설을 시찰할 경우에는 미리 그 신분을 나타내는 증표를 교정시설의 장에게 제시해야 한다.

④ 교정시설의 장은 판사 또는 검사가 교정시설을 시찰할 경우 교도관에게 시찰을 요구받은 장소를 안내하게 해야 한다.

15 현행 법령상 형벌에 대한 설명으로 옳지 않은 것은?

① 형의 선고유예를 받은 날부터 1년을 경과한 때에는 면소된 것으로 간주한다.

② 형을 병과할 경우에는 그 형의 일부에 대하여 집행을 유예할 수 있다.

③ 유기징역은 1개월 이상 30년 이하로 하며, 형을 가중하는 경우에는 50년까지 가능하다.

④ 죄를 범할 당시 18세 미만인 소년에 대해서는 사형을 선고할 수 없다.

16 「형의 집행 및 수용자의 처우에 관한 법률」상 여성수용자의 처우에 대한 설명으로 옳지 않은 것은?

① 교정시설의 장은 여성수용자에 대하여 건강검진을 실시하는 경우에는 나이·건강 등을 고려하여 부인과질환에 관한 검사를 포함시켜야 한다.

② 교정시설의 장은 여성수용자가 미성년자인 자녀와 접견하는 경우 차단시설이 없는 장소에서 접견하게 할 수 있다.

③ 교정시설의 장은 여성수용자에 대하여 상담·교육·작업 등을 실시하는 때에는 여성교도관이 담당하도록 하여야 한다. 다만, 여성교도관이 부족하거나 그 밖의 부득이한 사정이 있으면 그러하지 아니하다.

④ 교정시설의 장은 수용자가 임신 중이거나 출산(유산·사산은 포함되지 않음)한 경우에는 모성보호 및 건강유지를 위하여 정기적인 검진 등 적절한 조치를 하여야 한다.

17 「형의 집행 및 수용자의 처우에 관한 법률 시행규칙」상 직업훈련에 대한 설명으로 옳지 않은 것은?

① 직업훈련의 직종 선정 및 훈련과정별 인원은 지방교정청장의 승인을 받아 교정시설의 장이 정한다.

② 교정시설의 장은 소년수형자의 선도를 위하여 필요한 경우에는 직업훈련에 필요한 기본소양을 갖추었다고 인정할 수 없더라도 직업훈련 대상자로 선정하여 교육할 수 있다.

③ 교정시설의 장은 15세 미만의 수형자를 직업훈련 대상자로 선정해서는 아니 된다.

④ 교정시설의 장은 직업훈련 대상자가 징벌대상행위의 혐의가 있어 조사를 받게 된 경우 직업훈련을 보류할 수 있다.

18 현행 법령상 가석방제도에 대한 설명으로 옳지 않은 것은?

① 가석방취소자의 잔형 기간은 가석방을 실시한 다음 날부터 원래 형기의 종료일까지로 하고, 잔형집행 기산일은 가석방을 실시한 다음 날로 한다.

② 가석방심사위원회는 가석방 적격결정을 하였으면 5일 이내에 법무부장관에게 가석방 허가를 신청하여야 한다.

③ 가석방심사위원회는 위원장을 포함한 5명 이상 9명 이하의 위원으로 구성한다.

④ 가석방은 행정처분의 일종이다.

19 「치료감호 등에 관한 법률」상 보호관찰에 대한 설명으로 옳지 않은 것은?

① 보호관찰의 기간은 3년으로 한다.

② 피치료감호자에 대한 치료감호가 가종료되었을 때 보호관찰이 시작된다.

③ 피치료감호자가 치료감호시설 외에서 치료받도록 법정대리인 등에게 위탁되었을 때 보호관찰이 시작된다.

④ 치료감호심의위원회의 치료감호 종료결정이 있어도 보호관찰기간이 남아 있다면 보호관찰은 계속된다.

20 「형의 집행 및 수용자의 처우에 관한 법률 시행령」에 따를 때, 괄호 안에 들어갈 내용을 옳게 짝
지은 것은?

> • 미결수용자의 접견 횟수는 (㉠)로 하되, 변호인과의 접견은 그 횟수에 포함시키지 않는다.
> • 교정시설의 장은 19세 미만의 수용자와 계호상 독거수용자에 대하여 (㉡) 이상 건강검
> 진을 하여야 한다.
> • 교정시설의 장은 작업의 특성, 계절, 그 밖의 사정을 고려하여 수용자의 목욕횟수를 정하
> 되 부득이한 사정이 없으면 (㉢) 이상이 되도록 한다.

	㉠	㉡	㉢
①	매일 1회	6개월에 1회	매주 1회
②	매일 1회	1년에 1회	매주 1회
③	매주 1회	6개월에 1회	매주 1회
④	매주 1회	1년에 1회	매월 1회

01 형의 집행 및 수용자의 처우에 관한 법령상 수용에 대한 설명으로 옳지 않은 것은?

① 수형자의 교화 또는 건전한 사회복귀를 위하여 필요한 때에는 혼거수용을 할 수 있다.

② 처우상 독거수용의 경우에는 주간에는 교육·작업 등의 처우를 하여 일과에 따른 공동생활을 하게 하고, 휴업일과 야간에만 독거수용을 한다.

③ 계호상 독거수용의 경우에는 사람의 생명·신체의 보호 또는 교정시설의 안전과 질서유지를 위하여 항상 독거수용하고 다른 수용자와의 접촉을 금지한다. 다만, 수사·재판·실외운동·목욕·접견·진료 등을 위하여 필요한 경우에는 그러하지 아니하다.

④ 교도관은 모든 독거수용자를 수시로 시찰하여 건강상 또는 교화상 이상이 없는지 살펴야 한다.

02 지역사회교정(community-based corections)에 대한 설명으로 옳지 않은 것은?

① 범죄자에 대한 인도주의적 처우, 사회복귀의 긍정적 효과 그리고 교정경비의 절감과 재소자관리상 이익의 필요성 등의 요청에 의해 대두되었다.

② 통상의 형사재판절차에 처해질 알코올중독자, 마약사용자, 경범죄자 등의 범죄인에 대한 전환(diversion) 방안으로 활용할 수 있다.

③ 범죄자에게 가족, 지역사회, 집단 등과의 유대관계를 유지하게 하여 지역사회 재통합 가능성을 높여줄 수 있다.

④ 사회 내 재범가능자들을 감시하고 지도함으로써 지역사회의 안전과 보호에 기여하고, 사법통제망을 축소시키는 효과를 기대할 수 있다.

03 형의 집행 및 수용자의 처우에 관한 법령상 귀휴제도에 대한 설명으로 옳지 않은 것은?

① 귀휴기간은 형 집행기간에 포함되며, 귀휴자의 여비와 귀휴 중 착용할 복장은 본인이 부담한다.

② 소장은 수형자의 가족 또는 수형자 배우자의 직계존속이 사망하거나 위독한 때에는 수형자에게 5일 이내의 특별귀휴를 허가할 수 있다.

③ 소장은 교화 또는 사회복귀 준비 등을 위하여 특히 필요한 경우에는 일반경비처우급 수형자에게도 귀휴를 허가할 수 있다.

④ 소장은 6개월 이상 형을 집행받은 수형자로서 그 형기의 3분의 1(21년 이상의 유기형 또는 무기형의 경우에는 7년)이 지나고 교정성적이 우수한 사람이 질병이나 사고로 외부의 료시설에의 입원이 필요한 때에는 1년 중 20일 이내의 귀휴를 허가할 수 있다.

04 범죄원인론 중 고전주의학파에 대한 설명으로 옳은 것만을 모두 고르면?

> ㉠ 인간은 자유의사를 가진 합리적인 존재이다.
> ㉡ 인간은 처벌에 대한 두려움 때문에 범죄를 선택하는 것이 억제된다.
> ㉢ 범죄는 주로 생물학적·심리학적·환경적 원인에 의해 일어난다.
> ㉣ 범죄를 효과적으로 제지하기 위해서는 처벌이 엄격·확실하고, 집행이 신속해야 한다.
> ㉤ 인간에 대한 과학적 분석을 통해 범죄원인을 규명하고자 하였다.

① ㉠, ㉡, ㉢　　　　　　　　　　② ㉠, ㉡, ㉣
③ ㉡, ㉢, ㉣　　　　　　　　　　④ ㉢, ㉣, ㉤

05 「전자장치 부착 등에 관한 법률」상 전자장치 부착에 대한 설명으로 옳지 않은 것은?

① 검사는 강도범죄로 징역형의 실형을 선고받은 사람이 그 집행을 종료한 후 8년 뒤 다시 강도범죄를 저지른 경우, 강도범죄를 다시 범할 위험성이 있다고 인정되는 때에는 부착명령을 법원에 청구할 수 있다.

② 전자장치 피부착자가 9일 간 국내여행을 하거나 출국할 때에는 미리 보호관찰관의 허가를 받아야 한다.

③ 보호관찰소의 장 또는 피부착자 및 그 법정대리인은 해당 보호관찰소를 관할하는 심사위원회에 부착명령의 임시해제를 신청할 수 있으며, 이 신청은 부착명령의 집행이 개시된 날부터 3개월이 경과한 후에 하여야 한다.

④ 만 19세 미만의 자에 대해서는 부착명령을 선고할 수 없다.

06 「소년법」상 형사사건의 처리에 대한 설명으로 옳은 것은?

① 죄를 범할 당시 19세 미만인 소년에 대하여 사형 또는 무기형으로 처할 경우에는 15년의 유기징역으로 한다.

② 보호처분이 계속 중일 때에 사건 본인에 대하여 유죄판결이 확정된 경우에 보호처분을 한 소년부 판사는 결정으로써 보호처분을 취소하여야 한다.

③ 소년보호사건에서 소년부 판사는 사건의 조사 또는 심리에 필요하다고 인정하면 기일을 지정하여 사건 본인이나 보호자 또는 참고인을 소환할 수 있으며, 사건 본인이나 보호자가 정당한 이유 없이 소환에 응하지 아니하면 소년부 판사는 동행영장을 발부할 수 있다.

④ 검사가 소년피의사건에 대하여 소년부 송치결정을 한 경우에는 소년을 구금하고 있는 시설의 장은 검사의 이송 지휘를 받은 때로부터 법원 소년부가 있는 시·군에서는 12시간 이내에 소년을 소년부에 인도하여야 한다.

07 낙인이론에 대한 설명으로 옳지 않은 것은?

① 탄넨바움(F. Tanenbaum)은 공공에 의해 부여된 범죄자라는 꼬리표에 비행소년 스스로가 자신을 동일시하고 그에 부합하는 역할을 수행하게 되는 과정을 '악의 극화(dramatization of evil)'라고 하였다.

② 슈어(E. Schur)는 사람에게 범죄적 낙인이 일단 적용되면, 그 낙인이 다른 사회적 지위나 신분을 압도하게 되므로 일탈자로서의 신분이 그 사람의 '주지위(master status)'로 인식된다고 하였다.

③ 레머트(E. Lemert)는 1차적 일탈에 대하여 부여된 사회적 낙인으로 인해 일탈적 자아개념이 형성되고, 이 자아개념이 직접 범죄를 유발하는 요인으로 작용하여 2차적 일탈이 발생된다고 하였다.

④ 베커(H. Becker)는 금지된 행동에 대한 사회적 반응이 2차적 일탈을 부추길 뿐 아니라 사회집단이 만든 규율을 특정인이 위반한 경우 '이방인(outsider)'으로 낙인찍음으로써 일탈을 창조한다고 하였다.

08 형의 집행 및 수용자의 처우에 관한 법령상 수형자의 분류심사에 대한 설명으로 옳은 것은?

① 법무부장관은 분류심사를 전담하는 교정시설을 지정·운영하는 경우에는 지방교정청별로 2개소 이상이 되도록 하여야 한다.

② 개별처우계획을 수립하기 위한 분류심사는 매월 초일부터 말일까지 형집행지휘서가 접수된 수형자를 대상으로 하며, 그 다음 달까지 완료하여야 한다. 다만, 특별한 사유가 있는 경우에는 그 기간을 연장할 수 있다.

③ 소장은 분류심사를 위하여 수형자와 그 가족을 대상으로 상담 등을 통해 수형자 신상에 관한 개별사안의 조사, 심리·지능·적성검사, 그 밖에 필요한 검사를 할 수 있다.

④ 징역형·금고형이 확정된 사람으로서 집행할 형기가 형집행지휘서 접수일부터 6개월 미만인 사람 또는 구류형이 확정된 사람에 대해서는 분류심사를 하지 아니한다.

09 수형자 분류에 대한 설명으로 옳지 않은 것은?

① 우리나라에서는 1894년 갑오개혁으로 「징역표」가 제정되면서 수형자 분류사상이 처음으로 도입되었다고 한다.

② 수형자에 대한 분류는 1597년 네덜란드의 암스테르담 노역장에서 남녀혼거의 폐해를 막기 위하여 남자로부터 여자를 격리수용한 것에서부터 시작되었다고 한다.

③ 대인적 성숙도검사(I-Level)는 수형자를 지적 능력에 따라 분류하기 위해 사용하는 도구로서, 전문가의 도움 없이 교도관들이 분류심사에 활용할 수 있어 비용이 적게 든다는 장점이 있다.

④ 미네소타 다면적 인성검사(MMPI)는 인성에 기초한 수형자 분류방법으로서, 비정상적인 행동을 객관적으로 측정하기 위한 수단으로 만들어졌다.

10 재소자의 교도소화와 하위문화에 대한 설명으로 옳지 않은 것은?

① 클레머(D. Clemmer)는 수용기간이 장기화될수록 재소자의 교도소화가 강화된다고 한다.

② 휠러(S. Wheler)는 재소자의 교도관에 대한 친화성 정도가 입소 초기와 말기에는 높고, 중기에는 낮다고 하면서 교도소화의 정도가 U자형 곡선 모양을 보인다고 한다.

③ 서덜랜드(E. Sutherland)와 크레시(D. Cresey)는 재소자가 지향하는 가치를 기준으로 범죄지향적 부문화, 수형지향적 부문화, 합법지향적 부문화로 구분하고, 수형지향적 재소자는 자신의 수용생활을 보다 쉽고 편하게 보내는 데 관심을 둘 뿐만 아니라, 이를 이용하여 출소 후의 생활을 원활히 하는 데 많은 관심을 둔다고 한다.

④ 슈랙(C. Schrag)은 재소자의 역할유형을 고지식자(square Johns), 정의한(right guys), 정치인(politcians), 무법자(outlaws)로 구분하고, 고지식자는 친사회적 수형자로서 교정시설의 규율에 동조하며 법을 준수하는 생활을 긍정적으로 지향하는 유형이라고 한다.

11 형의 집행 및 수용자의 처우에 관한 법령상 청원에 대한 설명으로 옳지 않은 것은?

① 수용자는 그 처우에 관하여 불복하는 경우 법무부장관·순회점검공무원 또는 관할 지방교정청장에게 청원할 수 있다.

② 청원하려는 수용자는 청원서를 작성하여 봉한 후 소장에게 제출하여야 한다. 다만, 순회점검공무원에 대한 청원은 말로도 할 수 있다.

③ 소장은 청원서를 개봉하여서는 아니 되며, 이를 지체 없이 법무부장관·순회점검공무원 또는 관할 지방교정청장에게 보내거나 순회점검공무원에게 전달하여야 한다.

④ 소장은 수용자가 관할 지방교정청장에게 청원하는 경우에는 그 인적 사항을 청원부에 기록하여야 한다.

12 형의 집행 및 수용자의 처우에 관한 법령상 편지수수와 전화통화에 대한 설명으로 옳은 것은?

① 소장은 처우등급이 중(重)경비시설 수용대상인 수형자가 변호인 외의 자에게 편지를 보내려는 경우 법령에 따라 금지된 물품이 들어있는지 확인을 위하여 필요한 경우에는 편지를 봉함하지 않은 상태로 제출하게 할 수 있다.

② 소장은 「형의 집행 및 수용자의 처우에 관한 법률」에 의하여 발신 또는 수신이 금지된 편지는 수용자에게 그 사유를 알린 후 즉시 폐기하여야 한다.

③ 수용자가 허가를 받아 교정시설의 외부에 있는 사람과 전화통화를 하는 경우 소장은 통화내용을 청취 또는 녹음을 하여야 한다.

④ 수용자가 외부에 있는 사람과 전화통화를 하는 경우 전화통화 요금은 소장이 예산의 범위에서 부담하되, 국제통화요금은 수용자가 부담한다.

13 다음은 브럼스타인(A. Blumstein)이 주장한 교도소 과밀화 해소방안 전략 중 어느 것에 해당하는가?

> • 교정 이전단계에서 범죄자를 보호관찰, 가택구금, 벌금형, 배상처분, 사회봉사명령 등 비구금적 제재로 전환시킴으로써 교정시설에 수용되는 인구 자체를 줄이자는 전략이다.
> • 이 전략은 강력범죄자에게는 적용이 적절하지 않기 때문에 일부 경미범죄자나 초범자들에게만 적용가능하다는 한계가 있다.

① 후문정책(back-dor policy)
② 정문정책(front-dor policy)
③ 선별적 무능력화(selective incapacitation)
④ 무익한 전략(nul strategy)

14 「민영교도소 등의 설치 · 운영에 관한 법률」상 민영교도소 등의 설치 · 운영에 대한 설명으로 옳지 않은 것은?

① 법무부장관은 필요하다고 인정하면 교정업무를 공공단체 외의 법인 · 단체 또는 그 기관이나 개인에게 위탁할 수 있다. 다만, 교정업무를 포괄적으로 위탁하여 한 개 또는 여러 개의 교도소 등을 설치 · 운영하도록 하는 경우에는 법인에만 위탁할 수 있다.
② 교정업무의 민간 위탁계약 기간은 수탁자가 교도소 등의 설치비용을 부담하는 경우는 10년 이상 20년 이하, 그 밖의 경우는 1년 이상 5년 이하로 하되, 그 기간은 갱신할 수 있다.
③ 교정법인의 대표자는 그 교정법인이 운영하는 민영교도소 등의 장을 겸할 수 없고, 이사는 감사나 해당 교정법인이 운영하는 민영교도소 등의 장이나 직원을 겸할 수 없다.
④ 법무부장관은 민영교도소 등의 업무 및 그와 관련된 교정법인의 업무를 지도 · 감독하며, 필요한 경우 지시나 명령을 할 수 있다. 다만, 수용자에 대한 교육과 교화프로그램에 관하여는 그 교정법인의 의견을 최대한 존중하여야 한다.

15 「형의 집행 및 수용자의 처우에 관한 법률」상 안전과 질서에 대한 설명으로 옳은 것만을 모두 고르면?

> ⊙ 소장은 수용자가 자살 또는 자해의 우려가 있는 때에는 의무관의 의견을 고려하여 진정
> 실에 수용할 수 있다.
> ○ 교도관은 자살·자해·도주·폭행·손괴, 그 밖에 수용자의 생명·신체를 해하거나 시
> 설의 안전 또는 질서를 해하는 행위(이하 "자살 등"이라 한다)를 방지하기 위하여 필요한
> 범위에서 전자장비를 이용하여 수용자 또는 시설을 계호할 수 있다. 다만, 전자영상장비
> 로 거실에 있는 수용자를 계호하는 것은 자살 등의 우려가 큰 때에만 할 수 있다.
> © 교도관은 수용자가 위력으로 교도관의 정당한 직무집행을 방해하는 때에는 수갑·포승
> 을 사용할 수 있다.
> ② 교도관은 수용자가 다른 사람에게 위해를 끼치거나 끼치려고 하는 때에는 무기를 사용
> 할 수 있다.

① ⊙, © ② ⊙, ②
③ ○, © ④ ○, ②

16 「치료감호 등에 관한 법률」상 치료감호에 대한 설명으로 옳은 것은?

① 「형법」상 살인죄(제250조 제1항)의 죄를 범한 자의 치료감호기간을 연장하는 신청에 대
한 검사의 청구는 치료감호기간 또는 치료감호가 연장된 기간이 종료하기 3개월 전까지
하여야 한다.

② 치료감호심의위원회는 치료감호만을 선고받은 피치료감호자에 대한 집행이 시작된 후 6
개월이 지났을 때에는 상당한 기간을 정하여 그의 법정대리인, 배우자, 직계친족, 형제자
매에게 치료감호시설 외에서의 치료를 위탁할 수 있다.

③ 근로에 종사하는 피치료감호자에게는 근로의욕을 북돋우고 석방 후 사회정착에 도움이
될 수 있도록 법무부장관이 정하는 바에 따라 작업장려금을 지급할 수 있다.

④ 법원은 치료감호사건을 심리하여 그 청구가 이유 없다고 인정할 때 또는 피고사건에 대하
여 심신상실 외의 사유로 무죄를 선고하거나 사형을 선고할 때에는 판결로써 청구기각을
선고하여야 한다.

17 교도작업의 운영 및 특별회계에 관한 법령상 교도작업 및 특별회계에 대한 설명으로 옳지 않은 것은?

① 소장은 민간기업과 처음 교도작업에 대한 계약을 할 때에는 지방교정청장의 승인을 받아야 한다. 다만, 계약기간이 3개월 이하인 경우에는 승인을 요하지 아니하다.

② 교도작업의 종류는 직영작업·위탁작업·노무작업·도급작업으로 구분한다.

③ 소장은 교도작업을 중지하려면 지방교정청장의 승인을 받아야 한다.

④ 특별회계의 세입·세출의 원인이 되는 계약을 담당하는 계약담당자는 계약을 수의계약으로 하려면 「교도관직무규칙」 제21조에 따른 교도관회의의 심의를 거쳐야 한다.

18 「형법」상 벌금과 과료에 대한 설명으로 옳지 않은 것은?

① 벌금은 5만원 이상으로 하되 감경하는 경우에는 5만원 미만으로 할 수 있으며, 과료는 2천원 이상 5만원 미만으로 한다.

② 벌금과 과료는 판결확정일로부터 30일 내에 납입하여야 한다. 단, 벌금 또는 과료를 선고할 때에는 동시에 그 금액을 완납할 때까지 노역장에 유치할 것을 명할 수 있다.

③ 선고하는 벌금이 1억원 이상 5억원 미만인 경우에는 300일 이상, 5억원 이상 50억원 미만인 경우에는 500일 이상, 50억원 이상인 경우에는 1천일 이상의 유치기간을 정하여야 한다.

④ 벌금을 납입하지 아니한 자는 1일 이상 3년 이하, 과료를 납입하지 아니한 자는 1일 이상 30일 미만의 기간 노역장에 유치하여 작업에 복무하게 한다.

19 「보호소년 등의 처우에 관한 법률」상 보호소년의 수용·보호에 대한 설명으로 옳지 않은 것은?

① 소년원장은 미성년자인 보호소년이 친권자나 후견인이 없거나 있어도 그 권리를 행사할 수 없을 때에는 법원의 허가를 받아 적당한 자로 하여금 그 보호소년을 위하여 친권자나 후견인의 직무를 행사하게 하여야 한다.

② 소년원장은 공동으로 비행을 저지른 관계에 있는 사람의 편지인 경우 등 보호소년의 보호 및 교정교육에 지장이 있다고 인정되는 경우에는 보호소년의 편지 왕래를 제한할 수 있으며, 편지의 내용을 검사할 수 있다.

③ 보호소년이 사용하는 목욕탕, 세면실 및 화장실에 전자영상장비를 설치하여 운영하는 것은 이탈·난동·폭행·자해·자살, 그 밖에 보호소년의 생명·신체를 해치거나 시설의 안전 또는 질서를 해치는 행위의 우려가 큰 때에만 할 수 있다.

④ 소년원장은 분류수용, 교정교육상의 필요, 그 밖의 이유로 보호소년을 다른 소년원으로 이송하는 것이 적당하다고 인정하면 법무부장관의 허가를 받아 이송할 수 있다.

20 바톨라스(C. Bartolas)의 소년교정모형에 대한 설명이다. 〈보기 1〉에 제시된 설명과 〈보기 2〉에서 제시된 교정모형을 옳게 짝지은 것은?

─── 〈보기1〉 ───

ㄱ 비행소년은 통제할 수 없는 요인에 의해서 범죄자로 결정되어졌으며, 이들은 사회적 병질자이기 때문에 처벌의 대상이 아니라 치료의 대상이다.

ㄴ 범죄소년은 치료의 대상이지만 합리적이고 책임 있는 결정을 할 수 있다고 하면서, 현실요법·집단지도 상호작용·교류분석 등의 처우를 통한 범죄소년의 사회 재통합을 강조한다.

ㄷ 비행소년에 대해서 소년사법이 개입하게 되면 낙인의 부정적 영향 등으로 인해 지속적으로 법을 어길 가능성이 증대되므로, 청소년을 범죄소년으로 만들지 않는 길은 시설에 수용하지 않는 것이다.

ㄹ 지금까지 소년범죄자에 대하여 시도해 온 다양한 처우 모형들이 거의 실패했기 때문에 유일한 대안은 강력한 조치로서 소년범죄자에 대한 훈육과 처벌뿐이다.

─── 〈보기2〉 ───

A. 의료모형
B. 적응(조정)모형
C. 범죄통제모형
D. 최소제한(제약)모형

	ㄱ	ㄴ	ㄷ	ㄹ
①	A	B	C	D
②	A	B	D	C
③	A	C	D	B
④	B	A	D	C

01 다음 설명에 해당하는 학자는?

> • 범죄는 정상(normal)이라고 주장함
> • 규범이 붕괴되어 사회 통제 또는 조절 기능이 상실된 상태를 아노미로 규정함
> • 머튼(R. Merton)이 주창한 아노미 이론의 토대가 됨

① 뒤르켐(E. Durkheim) ② 베까리아(C. Beccaria)
③ 케틀레(A. Quetelet) ④ 서덜랜드(E. Sutherland)

02 「형의 집행 및 수용자의 처우에 관한 법률 시행규칙」상 교정장비의 하나인 보안장비에 해당하는 것만을 모두 고르면?

> ㉠ 포승 ㉡ 교도봉
> ㉢ 전자경보기 ㉣ 전자충격기

① ㉠, ㉢ ② ㉠, ㉣
③ ㉡, ㉢ ④ ㉡, ㉣

03 형의 집행 및 수용자의 처우에 관한 법령상 교도작업에 대한 설명으로 옳은 것은?

① 소장은 교도관에게 매일 수형자의 작업실적을 확인하게 하여야 한다.
② 소장은 수형자에게 작업을 부과하는 경우 작업의 종류 및 작업과정을 정하여 수형자에게 고지할 필요가 없다.
③ 소장은 공휴일·토요일과 대통령령으로 정하는 휴일에는 예외 없이 일체의 작업을 부과할 수 없다.
④ 작업과정은 작업성적, 작업시간, 작업의 난이도 및 숙련도를 고려하여 정하며, 작업과정을 정하기 어려운 경우에는 작업의 난이도를 작업과정으로 본다.

04 형의 집행 및 수용자의 처우에 관한 법령상 조직폭력수용자에 대한 설명으로 옳지 않은 것은?

① 소장은 공범·피해자 등의 체포영장, 구속영장, 공소장 또는 재판서에 조직폭력사범으로 명시된 수용자에 대하여는 조직폭력수용자로 지정한다.

② 소장은 조직폭력수용자에게 거실 및 작업장 등의 봉사원, 반장, 조장, 분임장, 그 밖에 수용자를 대표하는 직책을 부여해서는 아니 된다.

③ 소장은 조직폭력수용자로 지정된 사람이 공소장 변경 또는 재판 확정에 따라 지정사유가 해소되었다고 인정되는 경우에는 교도관회의의 심의 또는 교정자문위원회의 의결을 거쳐 지정을 해제한다.

④ 소장은 조직폭력수형자가 작업장 등에서 다른 수형자와 음성적으로 세력을 형성하는 등 집단화할 우려가 있다고 인정하는 경우에는 법무부장관에게 해당 조직폭력수형자의 이송을 지체 없이 신청하여야 한다.

05 형의 집행 및 수용자의 처우에 관한 법령상 소장이 교도관으로 하여금 수용자의 접견내용을 청취·기록·녹음 또는 녹화하게 할 수 있는 경우가 아닌 것은?

① 수용자의 처우 또는 교정시설의 운영에 관하여 거짓사실을 유포하는 때

② 시설의 안전과 질서유지를 위하여 필요한 때

③ 범죄의 증거를 인멸하거나 형사 법령에 저촉되는 행위를 할 우려가 있는 때

④ 수형자의 교화 또는 건전한 사회복귀를 위하여 필요한 때

06 형의 집행 및 수용자의 처우에 관한 법령상 특별한 보호가 필요한 수용자의 처우에 대한 설명으로 옳지 않은 것은?

① 소장은 수용자가 임신 중이거나 출산(유산·사산은 제외한다)한 경우에는 모성보호 및 건강유지를 위하여 정기적인 검진 등 적절한 조치를 하여야 한다.

② 장애인수용자의 거실은 시설부족 또는 그 밖의 부득이한 사정이 없으면 건물의 1층에 설치하고, 특히 장애인이 이용할 수 있는 변기 등의 시설을 갖추도록 하여야 한다.

③ 소장은 외국인수용자의 수용거실을 지정하는 경우에는 종교 또는 생활관습이 다르거나 민족감정 등으로 인하여 분쟁의 소지가 있는 외국인수용자는 거실을 분리하여 수용하여야 한다.

④ 노인수형자 전담교정시설에는 별도의 공동휴게실을 마련하고 노인이 선호하는 오락용품 등을 갖춰두어야 한다.

07 「교도작업의 운영 및 특별회계에 관한 법률」상 옳지 않은 것만을 모두 고르면?

> ㉠ 특별회계는 지출할 자금이 부족할 경우에는 특별회계의 부담으로 국회의 의결을 받은 금액의 범위에서 일시적으로 차입하거나 세출예산의 범위에서 수입금 출납공무원 등이 수납한 현금을 우선 사용할 수 있다.
>
> ㉡ 특별회계는 세출총액이 세입총액에 미달된 경우 또는 교도작업 관련 시설의 신축·마련·유지·보수에 필요한 경우에는 예산의 범위에서 일반회계로부터 전입을 받을 수 있다.
>
> ㉢ 특별회계의 결산상 잉여금은 일시적으로 차입한 차입금의 상환, 작업장려금의 지급, 검정고시반·학사고시반 교육비의 지급 목적으로 사용하거나 다음 연도 일반회계의 세출예산에 예비비로 계상한다.
>
> ㉣ 교도작업으로 생산된 제품은 민간기업 등에 직접 판매하거나 위탁하여 판매할 수 있으며, 교도작업의 효율적인 운영을 위하여 교도작업특별회계를 설치한다.

① ㉠, ㉡   ② ㉠, ㉣

③ ㉡, ㉢   ④ ㉠, ㉡, ㉢

08 민영교도소 등의 설치·운영에 관한 법령상 옳지 않은 것은?

① 민영교도소 등의 설치·운영에 관한 회계는 교도작업회계와 일반회계로 구분하며, 민영교도소에 수용된 수용자가 작업하여 발생한 수입은 국고수입으로 한다.

② 교정법인은 기본재산에 대하여 용도변경 또는 담보제공의 행위를 하려면 기획재정부장관의 허가를 받아야 한다.

③ 민영교도소 등의 직원은 근무 중 법무부장관이 정하는 제복을 입어야 한다.

④ 법무부장관은 민영교도소 등의 직원이 위탁업무에 관하여 「민영교도소 등의 설치·운영에 관한 법률」에 따른 명령이나 처분을 위반하면 그 직원의 임면권자에게 해임이나 정직·감봉 등 징계처분을 하도록 명할 수 있다.

09 「치료감호 등에 관한 법률」상 옳은 것은?

① 마약·향정신성의약품·대마, 그 밖에 남용되거나 해독(害毒)을 끼칠 우려가 있는 물질이나 알코올을 식음(食飮)·섭취·흡입·흡연 또는 주입받는 습벽이 있거나 그에 중독된 자가 금고 이상의 형에 해당하는 죄를 범하여 치료감호의 선고를 받은 경우 치료감호시설 수용 기간은 1년을 초과할 수 없다.

② 구속영장에 의하여 구속된 피의자에 대하여 검사가 공소를 제기하지 아니하는 결정을 하고 치료감호 청구만을 하는 때에는 그 구속영장의 효력이 당연히 소멸하므로 검사는 법원으로부터 치료감호영장을 새로이 발부받아야 한다.

③ 치료감호와 형(刑)이 병과(倂科)된 경우에는 치료감호를 먼저 집행하며, 이 경우 치료감호의 집행기간은 형 집행기간에 포함되지 않는다.

④ 피치료감호자의 텔레비전 시청, 라디오 청취, 신문·도서의 열람은 일과시간이나 취침시간 등을 제외하고는 자유롭게 보장된다.

10 「소년법」상 보호처분에 대한 내용으로 옳은 것만을 모두 고르면?

> ⊙ 보호관찰관의 단기 보호관찰기간은 1년으로 한다.
> ⊙ 보호관찰관의 장기 보호관찰기간은 2년으로 한다. 다만, 소년부 판사는 보호관찰관의 신청에 따라 결정으로써 1년의 범위에서 한 번에 한하여 그 기간을 연장할 수 있다.
> ⊙ 보호자 또는 보호자를 대신하여 소년을 보호할 수 있는 자에게 감호 위탁하는 기간은 3개월로 하되, 소년부 판사는 결정으로써 3개월의 범위에서 한 번에 한하여 그 기간을 연장할 수 있다. 다만, 소년부 판사는 필요한 경우에는 언제든지 결정으로써 그 위탁을 종료시킬 수 있다.
> ⊙ 단기로 소년원에 송치된 소년의 보호기간은 3개월을 초과할 수 없다.
> ⊙ 장기로 소년원에 송치된 소년의 보호기간은 2년을 초과할 수 없다.

① ㉠, ㉡, ㉢
② ㉠, ㉡, ㉣
③ ㉠, ㉡, ㉤
④ ㉢, ㉣, ㉤

11 「형의 집행 및 수용자의 처우에 관한 법률」상 수용자 권리구제에 대한 설명으로 옳지 않은 것은?

① 소장은 수용자가 정당한 사유 없이 면담사유를 밝히지 아니하는 때에는 면담을 거부할 수 있다.

② 수용자는 그 처우에 관하여 불복하는 경우 법무부장관, 순회점검공무원 또는 관할 지방법원장에게만 청원할 수 있다.

③ 수용자는 그 처우에 관하여 불복하여 순회점검공무원에게 청원하는 경우 청원서가 아닌 말로도 할 수 있다.

④ 수용자는 청원, 진정, 소장과의 면담, 그 밖의 권리구제를 위한 행위를 하였다는 이유로 불이익한 처우를 받지 아니한다.

12 청소년범죄 관련 다이버전(diversion, 전환) 프로그램에 대한 설명으로 옳지 않은 것은?

① 다이버전은 형사사법기관이 통상적인 형사절차를 대체하는 절차를 활용하여 범죄인을 처리하는 제도를 말한다.

② 공식적인 형사처벌로 인한 낙인효과를 최소화하려는 목적을 갖고 있다.

③ 다이버전은 주체별로 '경찰에 의한 다이버전', '검찰에 의한 다이버전', '법원에 의한 다이버전' 등으로 분류하는 경우도 있다.

④ 경찰의 '선도조건부 기소유예 제도'가 대표적인 '기소 전 다이버전' 프로그램이라고 할 수 있다.

13 회복적 사법(restorative justice)에 대한 설명으로 옳지 않은 것은?

① 경쟁적, 개인주의적 가치를 권장한다.

② 형사절차상 피해자의 능동적 참여와 감정적 치유를 추구한다.

③ 가족집단회합(family group conference)은 피해자와 가해자 및 양 당사자의 가족까지 만나 피해회복에 대해 논의하는 회복적 사법 프로그램 중 하나이다.

④ 사건의 처리과정이나 결과에 대한 보다 많은 정보를 피해자에게 제공해 줄 수 있다.

14 다음에서 설명하는 수용자 구금제도는?

> 이 제도는 '보호' 또는 '피난시설'이란 뜻을 갖고 있으며, 영국 켄트지방의 지역 이름을 따 시설을 운영했던 것에서 일반화되어 오늘날 소년원의 대명사로 사용되곤 한다.
> 주로 16세에서 21세까지의 범죄소년을 수용하여 직업훈련 및 학과교육 등을 실시함으로써 교정, 교화하려는 제도이다.

① 오번 제도(Auburn system)
② 보스탈 제도(Borstal system)
③ 카티지 제도(Cottage system)
④ 펜실베니아 제도(Pennsylvania system)

15 형의 집행 및 수용자의 처우에 관한 법령상 미결수용자의 처우에 대한 설명으로 옳지 않은 것은?

① 미결수용자는 무죄의 추정을 받으며, 미결수용자가 수용된 거실은 참관할 수 없다.
② 소장은 미결수용자의 신청에 따라 작업을 부과할 수 있으며, 이에 따라 작업이 부과된 미결수용자가 작업의 취소를 요청하는 경우에는 그 미결수용자의 의사, 건강 및 교도관의 의견 등을 고려하여 작업을 취소할 수 있다.
③ 소장은 미결수용자가 도주하거나 도주한 미결수용자를 체포한 경우 및 미결수용자가 위독하거나 사망한 경우에는 그 사실을 검사에게 통보하고, 기소된 상태인 경우에는 법원에도 지체 없이 통보하여야 한다.
④ 소장은 미결수용자로서 사건에 서로 관련이 있는 사람은 분리수용하고 서로 간의 접촉을 금지하여야 하며, 만약 미결수용자를 이송, 출정 또는 그 밖의 사유로 교정시설 밖으로 호송하는 경우에는 반드시 해당 사건에 관련된 사람이 탑승한 호송 차량이 아닌 별도의 호송 차량에 탑승시켜야 한다.

16 형의 집행 및 수용자의 처우에 관한 법령상 수형자 교육과 교화프로그램에 대한 설명으로 옳지 않은 것은?

① 소장은 「교육기본법」 제8조의 의무교육을 받지 못한 수형자의 교육을 위하여 필요하면 수형자를 중간처우를 위한 전담교정시설에 수용하여 외부 교육기관에의 통학, 외부 교육기관에서의 위탁교육을 받도록 할 수 있다.

② 소장은 수형자의 교정교화를 위하여 상담·심리치료, 그 밖의 교화프로그램을 실시하여야 하며, 수형자의 정서 함양을 위하여 필요하다고 인정하면 연극·영화관람, 체육행사, 그 밖의 문화예술활동을 하게 할 수 있다.

③ 소장은 특별한 사유가 없으면 교육기간 동안에는 교육대상자를 다른 기관으로 이송할 수 없다.

④ 소장은 수형자에게 학위취득 기회를 부여하기 위하여 독학에 의한 학사학위 취득과정을 설치·운영할 수 있다. 이 교육을 실시하는 경우 소요되는 비용은 특별한 사정이 없으면 국가의 부담으로 한다.

17 「전자장치 부착 등에 관한 법률」상 검사가 위치추적 전자장치 부착명령을 법원에 반드시 청구하여야 하는 경우는?

① 미성년자 대상 유괴범죄로 징역형의 실형 이상의 형을 선고받아 그 집행이 종료 또는 면제된 후 다시 미성년자 대상 유괴범죄를 저지른 경우

② 강도범죄를 2회 이상 범하여 그 습벽이 인정된 경우

③ 성폭력범죄로 징역형의 실형을 선고받은 사람이 그 집행을 종료한 후 또는 집행이 면제된 후 10년 이내에 성폭력범죄를 저지른 경우

④ 신체적 또는 정신적 장애가 있는 사람에 대하여 성폭력범죄를 저지른 경우

18 「보호관찰 등에 관한 법률」상 사회봉사명령과 수강명령에 대한 설명으로 옳지 않은 것은?

① 법원은 「형법」 제62조의2에 따른 사회봉사를 명할 때에는 500시간, 수강을 명할 때에는 200시간의 범위에서 그 기간을 정하여야 한다. 다만, 다른 법률에 특별한 규정이 있는 경우에는 그 법률에서 정하는 바에 따른다.

② 법원은 「형법」 제62조의2에 따른 사회봉사 또는 수강을 명하는 판결이 확정된 때부터 3일 이내에 판결문 등본 및 준수사항을 적은 서면을 피고인의 주거지를 관할하는 보호관찰소의 장에게 보내야 한다.

③ 사회봉사·수강명령 대상자는 주거를 이전하거나 10일 이상의 국외여행을 할 때에는 미리 보호관찰관에게 신고하여야 한다.

④ 사회봉사·수강명령 대상자가 사회봉사·수강명령 집행 중 금고 이상의 형의 집행을 받게 된 때에는 해당 형의 집행이 종료·면제되거나 사회봉사·수강명령 대상자가 가석방된 경우 잔여 사회봉사·수강명령을 집행한다.

19 「보호관찰 등에 관한 법률」상 보호관찰 심사위원회가 심사·결정하는 사항으로 옳지 않은 것은?

① 가석방과 그 취소에 관한 사항

② 임시퇴원, 임시퇴원의 취소 및 「보호소년 등의 처우에 관한 법률」 제43조 제3항에 따른 보호소년의 퇴원에 관한 사항

③ 보호관찰의 임시해제와 그 취소에 관한 사항

④ 보호관찰을 조건으로 한 형의 선고유예의 실효

20 낙인이론에 대한 설명으로 옳은 것만을 모두 고르면?

> ㉠ 일탈·범죄행위에 대한 공식적·비공식적 통제기관의 반응(reaction)과 이에 대해 일탈·범죄행위자 스스로가 정의(definition)하는 자기관념에 주목한다.
> ㉡ 비공식적 통제기관의 낙인, 공식적 통제기관의 처벌이 2차 일탈·범죄의 중요한 동기로 작용한다고 본다.
> ㉢ 범죄행동은 보상에 의해 강화되고 부정적 반응이나 처벌에 의해 중단된다고 설명한다.
> ㉣ 형사정책상 의도하는 바는 비범죄화, 탈시설화 등이다.

① ㉡, ㉣

② ㉠, ㉡, ㉢

③ ㉠, ㉡, ㉣

④ ㉡, ㉢, ㉣

01 「소년법」상 보호처분에 대한 설명으로 옳은 것은?

① 사회봉사명령은 14세 이상의 소년에게만 할 수 있다.

② 수강명령과 장기 소년원 송치는 14세 이상의 소년에게만 할 수 있다.

③ 보호관찰관의 단기 보호관찰과 장기 보호관찰 처분 시에는 2년 이내의 기간을 정하여 야간 등 특정 시간대의 외출을 제한하는 명령을 보호관찰대상자의 준수 사항으로 부과할 수 있다.

④ 수강명령은 200시간을, 사회봉사명령은 100시간을 초과할 수 없으며, 보호관찰관이 그 명령을 집행할 때에는 사건 본인의 정상적인 생활을 방해하지 아니하도록 하여야 한다.

02 「성폭력범죄자의 성충동 약물치료에 관한 법률」에 대한 내용으로 옳지 않은 것은?

① 치료명령은 검사의 지휘를 받아 보호관찰관이 집행한다.

② 치료명령을 받은 사람은 형의 집행이 종료되거나 면제·가석방 또는 치료감호의 집행이 종료·가종료 또는 치료위탁되는 날부터 7일 이내에 주거지를 관할하는 보호관찰소에 출석하여 서면으로 신고하여야 한다.

③ 치료명령의 집행 중 구속영장의 집행을 받아 구금된 때에는 치료명령의 집행이 정지된다.

④ 치료기간은 연장될 수 있지만, 종전의 치료기간을 합산하여 15년을 초과할 수 없다.

03 범죄와 생물학적 특성 연구에 대한 학자들의 주장으로 옳지 않은 것은?

① 덕데일(Dugdale)은 범죄는 유전의 결과라는 견해를 밝힌 대표적인 학자이다.

② 랑게(Lange)는 일란성쌍생아가 이란성쌍생아보다 유사한 행동경향을 보인다고 하였다.

③ 달가드(Dalgard)와 크링그렌(Kringlen)은 쌍생아 연구에서 환경적 요인이 고려될 때도 유전적 요인의 중요성은 변함없다고 하였다.

④ 허칭스(Hutchings)와 메드닉(Mednick)은 입양아 연구에서 양부모보다 생부모의 범죄성이 아이의 범죄성에 더 큰 영향을 준다고 하였다.

04 「수형자 등 호송규정」상 호송에 대한 설명으로 옳지 않은 것은?

① 피호송자가 도주한 때에 서류와 금품은 수송관서로 송부하여야 한다.

② 교도소·구치소 및 그 지소 간의 호송은 교도관이 행한다.

③ 송치 중의 영치금품을 호송관에게 탁송한 때에는 호송관서에 보관책임이 있고, 그러하지 아니한 때에는 발송관서에 보관책임이 있다.

④ 호송관의 여비나 피호송자의 호송비용은 호송관서가 부담하나, 피호송자를 교정시설이나 경찰관서에 숙식하게 한 때에는 그 비용은 교정시설이나 경찰관서가 부담한다.

05 형의 집행 및 수용자 처우에 관한 법령상 교정자문위원회에 대한 설명으로 옳은 것은?

① 수용자의 관리·교정교화 등 사무에 관한 소장의 자문에 응하기 위하여 교도소에 교정자문위원회를 둔다.

② 교정자문위원회는 5명 이상 7명 이하의 위원으로 성별을 고려하여 구성하고, 위원장은 위원 중에서 호선하며, 위원은 교정에 관한 학식과 경험이 풍부한 외부인사 중에서 소장의 추천을 받아 법무부장관이 위촉한다.

③ 교정자문위원회 위원장이 부득이한 사유로 직무를 수행할 수 없을 때에는 부위원장이 그 직무를 대행하고, 부위원장도 부득이한 사유로 직무를 수행할 수 없을 때에는 위원 중 연장자인 위원이 그 직무를 대행한다.

④ 교정자문위원회 위원 중 4명 이상은 여성으로 한다.

06 「형의 집행 및 수용자의 처우에 관한 법률」상 징벌에 대한 설명으로 옳지 않은 것은?

① 수용자가 징벌이 집행 중에 있거나 징벌의 집행이 끝난 후 또는 집행이 면제된 후 6개월 내에 다시 징벌사유에 해당하는 행위를 한 때에는 징벌(경고는 제외)의 장기의 2분의 1까지 가중할 수 있다.

② 소장은 징벌사유에 해당하는 행위를 하였다고 의심할 만한 이유가 있는 수용자가 증거를 인멸할 우려가 있는 때에 한하여 조사기간 중 분리하여 수용할 수 있다.

③ 징벌위원회는 징벌을 의결하는 때에 행위의 동기 및 정황, 교정성적, 뉘우치는 정도 등 그 사정을 고려할 만한 사유가 있는 수용자에 대하여 2개월 이상 6개월 이하의 기간 내에서 징벌의 집행을 유예할 것을 의결할 수 있다.

④ 징벌위원회는 위원장을 포함한 5명 이상 7명 이하의 위원으로 구성하고, 위원장은 소장의 바로 다음 순위자가 된다.

07 형의 집행 등에 대한 설명으로 옳지 않은 것은? (다툼이 있는 경우 판례에 의함)

① 형사사건으로 외국법원에 기소되어 무죄판결을 받은 경우, 그 무죄판결을 받기까지 미결구금일수도 외국에서 형의 전부 또는 일부가 집행된 경우로 보아 국내법원에서 선고된 유죄판결의 형에 전부 또는 일부를 산입하여야 한다.

② 처단형은 선고형의 최종적인 기준이 되므로 그 범위는 법률에 따라서 엄격하게 정하여야 하고 별도의 명시적 규정이 없는 이상 「형법」 제56조에서 열거하는 가중, 감경사유에 해당하지 않는 다른 성질의 감경사유를 인정할 수 없다.

③ 판결 주문에서 경합범의 일부에 대하여 유죄가 선고되더라도 다른 부분에 대하여 무죄가 선고되었다면 형사보상을 청구할 수 있으나, 그 경우라도 미결구금일수의 전부 또는 일부가 유죄에 대한 본형에 산입되는 것으로 확정되었다면, 그 본형이 실형이든 집행유예가 부가된 형이든 불문하고 그 산입된 미결구금일수는 형사보상의 대상이 되지 않는다.

④ 형집행정지 심의위원회 위원은 학계, 법조계, 의료계, 시민단체 인사 등 학식과 경험이 있는 사람 중에서 각 지방검찰청 검사장이 임명 또는 위촉한다.

08 형의 집행 및 수용자 처우에 관한 법령상 수용자 이송에 대한 설명으로 옳은 것은?

① 법무부장관은 이송승인에 관한 권한을 법무부령으로 정하는 바에 따라 지방교정청장에게 위임할 수 있다.

② 소장은 수용자를 다른 교정시설에 이송하는 경우에 의무관으로부터 수용자가 건강상 감당하기 어렵다는 보고를 받으면 이송을 중지하고 그 사실을 지방교정청장에게 알려야 한다.

③ 소장은 수용자의 정신질환 치료를 위하여 필요하다고 인정하면 법무부장관의 승인을 받아 치료감호시설로 이송할 수 있다.

④ 수용자가 이송 중에 징벌대상 행위를 하거나 다른 교정시설에서 징벌대상 행위를 한 사실이 이송된 후에 발각된 경우에는 그 수용자를 인수한 지방교정청장이 징벌을 부과한다.

09 「형의 집행 및 수용자의 처우에 관한 법률 시행규칙」상 외부기업체에 통근하며 작업하는 수형자의 선정기준으로 옳은 것만을 모두 고르면?

> ㉠ 19세 이상 65세 미만일 것
> ㉡ 해당 작업 수행에 건강상 장애가 없을 것
> ㉢ 일반경비처우급에 해당할 것
> ㉣ 가족·친지 또는 교정위원 등과 접견·편지수수·전화통화 등으로 연락하고 있을 것
> ㉤ 집행할 형기가 7년 미만이고 직업훈련이 제한되지 아니할 것

① ㉡, ㉣
② ㉠, ㉢, ㉤
③ ㉡, ㉣, ㉤
④ ㉠, ㉡, ㉣, ㉤

10 「형의 집행 및 수용자의 처우에 관한 법률 시행규칙」상 수용자의 처우에 대한 설명으로 옳은 것은?

① 소장은 임산부인 수용자에 대하여 필요하다고 인정하는 경우에는 교정시설에 근무하는 교도관의 의견을 들어 필요한 양의 죽 등의 주식과 별도로 마련된 부식을 지급할 수 있다.

② 소장은 소년수형자의 나이·적성 등을 고려하여 필요하다고 인정하면 전화통화 횟수를 늘릴 수 있으나 접견 횟수를 늘릴 수는 없다.

③ 소장은 외국인수용자가 질병 등으로 위독하거나 사망한 경우에는 그의 국적이나 시민권이 속하는 나라의 외교공관 또는 영사관의 장이나 그 관원 또는 가족에게 이를 10일 이내에 통지하여야 한다.

④ 소장은 노인수용자가 거동이 불편하여 혼자서 목욕하기 어려운 경우에는 교도관, 자원봉사자 또는 다른 수용자로 하여금 목욕을 보조하게 할 수 있다.

11 「소년법」상 소년사건 처리절차에 대한 설명으로 옳지 않은 것은?

① 형벌법령에 저촉되는 행위를 한 10세 이상 14세 미만의 소년에 대하여 경찰서장은 직접 관할 소년부에 송치할 수 없다.

② 보호사건을 송치받은 소년부는 보호의 적정을 기하기 위하여 필요하다고 인정하면 결정으로써 사건을 다른 관할 소년부에 이송할 수 있다.

③ 소년부 판사는 사건의 조사 또는 심리에 필요하다고 인정하면 기일을 지정하여 사건 본인이나 보호자 또는 참고인을 소환할 수 있다.

④ 소년부 판사는 심리 결과 보호처분을 할 수 없거나 할 필요가 없다고 인정하면 그 취지의 결정을 하고, 이를 사건 본인과 보호자에게 알려야 한다.

12 범죄원인과 관련하여 실증주의 학파에 대한 설명으로 옳지 않은 것은?

① 페리(Ferri)는 범죄자의 통제 밖에 있는 힘이 범죄성의 원인이므로 범죄자에게 그들의 행위에 대해 개인적으로나 도덕적으로 책임을 물어서는 안된다고 주장했다.

② 범죄의 연구에 있어서 체계적이고 객관적인 방법을 추구하여야 한다고 하였다.

③ 인간은 자신의 행동을 합리적, 경제적으로 계산하여 결정하기 때문에 자의적이고 불명확한 법률은 이러한 합리적 계산을 불가능하게 하여 범죄억제에 좋지 않다고 보았다.

④ 범죄는 개인의 의지에 의해 선택한 규범침해가 아니라, 과학적으로 분석가능한 개인적·사회적 원인에 의해 발생하는 것이라 하였다.

13 소년사법의 대표적 제도인 소년법원의 특성으로 옳지 않은 것은?

① 소년법원은 반사회성이 있는 소년의 형사처벌을 지양하며 건전한 성장을 도모하기 위한 교화개선과 재활철학을 이념으로 한다.

② 소년법원은 범죄소년은 물론이고 촉법소년, 우범소년 등 다양한 유형의 문제에 개입하여 비행의 조기발견 및 조기처우를 하고 있다.

③ 소년법원의 절차는 일반법원에 비해 비공식적이고 융통성이 있다.

④ 소년법원은 감별 또는 분류심사 기능과 절차 및 과정이 잘 조직되어 있지 못한 한계가 있다.

14 「형의 집행 및 수용자의 처우에 관한 법률」상 수용자의 보호실 수용에 대한 설명으로 옳은 것은?

① 소장은 수용자가 교도관의 제지에도 불구하고 소란행위를 계속하여 다른 수용자의 평온한 수용생활을 방해하는 때에 강제력을 행사하거나 보호장비를 사용하여도 그 목적을 달성할 수 없는 경우에만 보호실에 수용할 수 있다.

② 수용자의 보호실 수용기간은 15일 이내로 하되, 소장은 특히 계속하여 수용할 필요가 있으면 의무관의 의견을 고려하여 1회당 7일의 범위에서 기간을 연장할 수 있다.

③ 소장은 수용자를 보호실에 수용하거나 수용기간을 연장하는 경우에는 그 사유를 가족에게 알려 주어야 한다.

④ 수용자를 보호실에 수용할 수 있는 기간은 계속하여 2개월을 초과할 수 없다.

15 형의 집행 및 수용자 처우에 관한 법령상 접견에 대한 설명으로 옳지 않은 것은?

① 수용자가 소송사건의 대리인인 변호사와 접견하는 경우 등 수용자의 재판청구권 등을 실질적으로 보장하기 위하여 대통령령으로 정하는 경우로서 교정시설의 안전 또는 질서를 해칠 우려가 없는 경우에는 접촉차단시설이 설치되지 아니한 장소에서 접견하게 한다.

② 수용자가 「형사소송법」에 따른 상소권회복 또는 재심 청구사건의 대리인이 되려는 변호사와 접견할 수 있는 횟수는 월 4회이다.

③ 소장은 범죄의 증거를 인멸하거나 형사 법령에 저촉되는 행위를 할 우려가 있는 때에는 교도관으로 하여금 수용자의 접견내용을 청취·기록·녹음 또는 녹화하게 할 수 있다.

④ 수용자가 미성년자인 자녀와 접견하는 경우에는 접촉차단시설이 설치되지 아니한 장소에서 접견하게 할 수 있다.

16 범죄피해자 보호법령상 형사조정 대상 사건으로서 형사조정에 회부할 수 있는 경우로 옳은 것은?

① 피의자가 도주할 염려가 있는 경우 ② 기소유예처분의 사유에 해당하는 경우

③ 공소시효의 완성이 임박한 경우 ④ 피의자가 증거를 인멸할 염려가 있는 경우

17 「보호관찰 등에 관한 법률」상 갱생보호제도에 대한 설명으로 옳지 않은 것은?

① 법무부장관은 갱생보호사업의 허가를 취소하거나 정지하려는 경우에는 청문을 하여야 한다.

② 법무부장관은 갱생보호사업자가 정당한 이유 없이 갱생보호사업의 허가를 받은 후 6개월 이내에 갱생보호사업을 시작하지 아니하거나 1년 이상 갱생보호사업의 실적이 없는 경우, 그 허가를 취소하여야 한다.

③ 갱생보호는 갱생보호 대상자의 신청에 의한 갱생보호와 법원의 직권에 의한 갱생보호로 규정되어 있다.

④ 갱생보호사업을 효율적으로 추진하기 위하여 한국법무보호복지공단을 설립한다.

18 다양한 형태로 출현하여 시행되고 있는 지역사회교정(사회 내 처우)의 형태로 옳지 않은 것은?

① 출소자들에 대한 원조(advocacy)

② 지역사회 융합을 위한 재통합(reintegration)

③ 사회적 낙인문제 해소를 위한 전환제도(diversion)

④ 범죄자의 선별적 무력화(selective incapacitation)

19 「전자장치 부착 등에 관한 법률」상 법원이 19세 미만의 사람에 대해서 성폭력범죄를 저지른 사람에 대해서 전자장치 부착명령을 선고하는 경우, 반드시 포함하여 부과해야 하는 준수사항으로 옳은 것은?

① 어린이 보호구역 등 특정지역·장소에의 출입금지

② 주거지역의 제한

③ 피해자 등 특정인에의 접근금지

④ 특정범죄 치료 프로그램의 이수

20 「치료감호 등에 관한 법률」상 치료감호의 내용에 대한 설명으로 옳은 것은?

① 치료감호 대상자는 의사무능력이나 심신미약으로 인하여 형을 감경할 수 있는 심신장애인으로서 징역형 이상의 형에 해당하는 죄를 지은 자이다.

② 피치료감호자를 치료감호시설에 수용하는 기간은 치료감호대상자에 해당하는 심신장애인과 정신성적 장애인의 경우 15년을 초과할 수 없다.

③ 피치료감호자의 치료감호가 가종료되었을 때 시작되는 보호관찰의 기간은 2년으로 한다.

④ 보호관찰 기간이 끝나더라도 재범의 위험성이 없다고 판단될 때까지 치료감호가 종료되지 않는다.

01 머튼(Merton)의 아노미이론에 대한 설명으로 옳지 않은 것은?

① 부(富)의 성취는 미국사회에 널리 퍼진 문화적 목표이다.

② 목표달성을 위한 합법적 수단에 대한 접근은 하류계층에게 더 제한되어 있다.

③ 합법적 수단이 제한된 하류계층 사람들은 비합법적인 수단을 통해서라도 목표를 달성하려고 한다.

④ 하류계층뿐만 아니라 상류계층의 범죄를 설명하는 데 유용하다.

02 다음에서 설명하는 교화개선모형은?

> • 1920년대 말과 1930년대 초에 미국 교정국 등의 주도하에 발전한 모델로 범죄 원인은 개인에게 있으므로 진단하고 치료할 수 있다고 본다.
> • 처벌은 범죄자 문제를 해결하는 데 전혀 도움이 되지 않고, 오히려 범죄자의 부정적 관념을 강화시킬 수 있으므로 범죄자를 치료할 수 있는 치료 프로그램을 개발하고 적용하는 것이 필요하다.

① 적응모형(adjustment model)

② 의료모형(medical model)

③ 재통합모형(reintegration model)

④ 무력화모형(incapacitation model)

03 소년사법에 있어서 4D(비범죄화, 비시설수용, 적법절차, 전환)에 대한 설명으로 옳지 않은 것은?

① 비범죄화(decriminalization)는 경미한 일탈에 대해서는 비범죄화하여 공식적으로 개입하지 않음으로써 낙인을 최소화하자는 것이다.

② 비시설수용(deinstitutionalization)은 구금으로 인한 폐해를 막고자 성인교도소가 아닌 소년 전담시설에 별도로 수용하는 것을 의미한다.

③ 적법절차(due process)는 소년사법절차에서 절차적 권리를 철저하고 공정하게 보장하여야 한다는 것을 의미한다.

④ 전환(diversion)은 비행소년을 공식적인 소년사법절차 대신에 비사법적인 절차에 의해 처우하자는 것이다.

04 「형의 집행 및 수용자의 처우에 관한 법률」상 징벌에 대한 설명으로 옳지 않은 것은?

① 징벌은 동일한 행위에 관하여 거듭하여 부과할 수 없다.

② 징벌사유가 발생한 날부터 2년이 지나면 이를 이유로 징벌을 부과하지 못한다.

③ 징벌의 집행유예는 허용되지 아니한다.

④ 징벌집행의 면제와 일시정지는 허용된다.

05 누진계급의 측정 방법으로 점수제에 해당하지 않는 것은?

① 고사제(probation system)

② 잉글랜드제(England system)

③ 아일랜드제(Irish system)

④ 엘마이라제(Elmira system)

06 다이버전에 대한 설명으로 옳지 않은 것은?

① 형벌 이외의 사회통제망의 축소를 가져온다.

② 공식적인 절차에 비해서 형사사법비용을 절감할 수 있다.

③ 업무경감으로 인하여 형사사법제도의 능률성과 신축성을 가져온다.

④ 범죄로 인한 낙인의 부정적 영향을 최소화하여 2차적 일탈의 예방에 긍정적이다.

07 블럼스타인(Blumstein)이 주장한 과밀수용 해소방안에 대한 설명으로 옳지 않은 것은?

① 교정시설의 증설 : 재정부담이 크고 증설 후 단기간에 과밀수용이 재연될 수 있다는 점에서 주의가 요망된다.

② 구금인구 감소전략 : 형벌의 제지효과는 형벌의 확실성보다 엄중성에 더 크게 좌우된다는 논리에 근거하고 있다.

③ 사법절차와 과정의 개선 : 검찰의 기소나 법원의 양형결정 시 교정시설의 수용능력과 현황을 고려하여 과밀수용을 조정해야 한다는 전략이다.

④ 선별적 무력화 : 재범 위험이 높은 수형자를 예측하여 제한된 공간에 선별적으로 구금함으로써 교정시설의 공간을 보다 효율적으로 운영하려는 방안이다.

08 노무작업과 도급작업에 대한 설명으로 옳은 것은?

① 노무작업은 경기변동에 큰 영향을 받지 않으며 제품판로에 대한 부담이 없다.

② 노무작업은 설비투자 없이 시행이 가능하며 행형상 통일성을 기하기에 유리하다.

③ 도급작업은 불취업자 해소에 유리하고 작업수준에 맞는 기술자 확보가 용이하다.

④ 도급작업은 구외작업으로 인한 계호부담이 크지만 민간기업을 압박할 가능성이 없다.

09 「형의 집행 및 수용자의 처우에 관한 법률 시행규칙」상 분류심사에 대한 설명으로 옳지 않은 것은?

① 구류형이 확정된 사람에 대해서는 분류심사를 하지 아니한다.

② 무기징역형이 확정된 수형자의 정기재심사 시기를 산정하는 경우에는 그 형기를 20년으로 본다.

③ 부정기형의 정기재심사 시기는 장기형을 기준으로 한다.

④ 집행할 형기가 분류심사 유예사유 소멸일부터 3개월 미만인 경우 소장은 유예한 분류심사를 하지 아니한다.

10 형의 집행 및 수용자의 처우에 관한 법령상 미결수용자 및 사형확정자의 처우에 대한 설명으로 옳지 않은 것은?

① 소장은 미결수용자로서 사건에 서로 관련이 있는 사람은 분리수용하고 서로 간의 접촉을 금지하여야 한다.

② 소장은 사형확정자와 수형자를 혼거수용할 수 있으나, 사형확정자와 미결수용자는 혼거수용할 수 없다.

③ 미결수용자의 접견 횟수는 매일 1회로 하되, 미결수용자와 변호인과의 접견은 그 횟수에 포함시키지 않는다.

④ 사형확정자의 접견 횟수는 매월 4회로 하되, 소장은 사형확정자의 교화나 심리적 안정을 도모하기 위하여 특히 필요하다고 인정하면 접견 횟수를 늘릴 수 있다.

11 사회학적 범죄원인론 중 통제이론을 주장한 학자만을 모두 고르면?

> ㉠ 서덜랜드(Sutherland) ㉡ 나이(Nye)
> ㉢ 애그뉴(Agnew) ㉣ 라이스(Reiss)
> ㉤ 베커(Becker)

① ㉠, ㉢ ② ㉡, ㉣ ③ ㉡, ㉢, ㉣ ④ ㉢, ㉣, ㉤

12 「소년법」상 형사사건 처리 절차에 대한 설명으로 옳지 않은 것은?

① 소년에 대한 구속영장은 부득이한 경우가 아니면 발부하지 못한다.

② 부정기형을 선고받은 소년에 대하여는 단기의 3분의 1이 지나면 가석방을 허가할 수 있다.

③ 소년이 법정형으로 장기 2년 이상의 유기형에 해당하는 죄를 범한 경우에는 그 형의 범위에서 장기와 단기를 정하여 선고한다.

④ 검사가 소년부에 송치한 사건을 소년부는 다시 해당 검찰청 검사에게 송치할 수 없다.

13 범죄학 이론에 대한 설명으로 옳지 않은 것은?

① 레머트(Lemert)는 1차적 일탈과 2차적 일탈의 개념을 제시하였다.

② 허쉬(Hirschi)는 사회통제이론을 통해 법집행기관의 통제가 범죄를 야기하는 과정을 설명하였다.

③ 머튼(Merton)은 아노미 상황에서 긴장을 느끼는 개인이 취할 수 있는 5가지 적응유형을 제시하였다.

④ 갓프레드슨과 허쉬(Gottfredson & Hirschi)는 부모의 부적절한 자녀 양육이 자녀의 낮은 자기통제력의 원인이라고 보았다.

14 형의 집행 및 수용자의 처우에 관한 법령상 작업과 직업훈련에 대한 설명으로 옳지 않은 것은?

① 소장은 금고형 또는 구류형의 집행 중에 있는 사람에 대하여 신청 여부와 관계없이 작업을 부과할 수 있다.

② 소장은 수형자가 15세 미만인 경우에는 직업훈련 대상자로 선정해서는 아니 된다.

③ 소장은 직업훈련 대상자가 심신이 허약하거나 질병 등으로 훈련을 감당할 수 없는 경우에는 직업훈련을 보류할 수 있다.

④ 법무부장관은 직업훈련을 위하여 필요한 경우에는 수형자를 다른 교정시설로 이송할 수 있다.

15 「형의 집행 및 수용자의 처우에 관한 법률」상 교도관이 수용자에 대하여 무기를 사용할 수 있는 경우는?

① 수용자가 위력으로 교도관의 정당한 직무집행을 방해하는 때
② 수용자가 자살하려고 하는 때
③ 수용자가 교정시설의 설비·기구 등을 손괴하거나 손괴하려고 하는 때
④ 도주하는 수용자에게 교도관이 정지할 것을 명령하였음에도 계속하여 도주하는 때

16 「형의 집행 및 수용자의 처우에 관한 법률 시행규칙」상 엄중관리대상자에 대한 설명으로 옳은 것은?

① 소장은 교정시설에 마약류를 반입하는 것을 방지하기 위하여 필요하면 강제로 수용자의 소변을 채취하여 마약반응검사를 할 수 있다.
② 소장은 엄중관리대상자 중 지속적인 상담이 필요하다고 인정되는 사람에 대하여는 상담책임자를 지정하는데, 상담대상자는 상담책임자 1명당 20명 이내로 하여야 한다.
③ 소장은 관심대상수용자로 지정할 필요가 있다고 인정되는 미결수용자에 대하여는 교도관회의의 심의를 거쳐 관심대상수용자로 지정할 수 있다.
④ 소장은 조직폭력수용자에게 거실 및 작업장 등의 수용자를 대표하는 직책을 부여할 수 있다.

17 형의 집행 및 수용자의 처우에 관한 법령상 수형자 외부통근 작업에 대한 설명으로 옳지 않은 것은?

① 소장은 외부통근자에게 수형자 자치에 의한 활동을 허가할 수 있다.
② 소장은 수형자의 건전한 사회복귀와 기술습득을 촉진하기 위하여 필요하면 수형자에게 외부통근작업을 하게 할 수 있다.
③ 소장은 외부통근자가 법령에 위반되는 행위를 하거나 법무부장관 또는 소장이 정하는 지켜야 할 사항을 위반한 경우에는 외부통근자 선정을 취소할 수 있다.
④ 소장은 일반경비처우급에 해당하는 수형자를 외부기업체에 통근하며 작업하는 대상자로 선정할 수 없다.

18 「보호소년 등의 처우에 관한 법률」에 대한 설명으로 옳은 것은?

① 보호소년 등은 남성과 여성, 보호소년과 위탁소년 및 유치소년, 16세 미만인 자와 16세 이상인 자 등의 기준에 따라 분리 수용한다.

② 보호소년 등이 규율 위반행위를 하여 20일 이내의 기간 동안 지정된 실(室) 안에서 근신하는 징계를 받은 경우에는 그 기간 중 원내 봉사활동, 텔레비전 시청 제한, 단체 체육활동 정지, 공동행사 참가 정지가 함께 부과된다.

③ 보호장비는 징벌의 수단으로 사용되어서는 아니 된다.

④ 소년원 또는 소년분류심사원에서 보호소년 등이 사용하는 목욕탕, 세면실 및 화장실에는 전자영상장비를 설치하여서는 아니 된다.

19 「형의 집행 및 수용자의 처우에 관한 법률 시행규칙」상 수형자에게 부정기재심사를 할 수 있는 경우만을 모두 고르면?

> ㉠ 수형자가 지방기능경기대회에서 입상한 때
> ㉡ 수형자가 현재 수용의 근거가 된 사건 외의 추가적 형사사건으로 인하여 벌금형이 확정된 때
> ㉢ 수형자를 징벌하기로 의결한 때
> ㉣ 분류심사에 오류가 있음을 발견한 때
> ㉤ 수형자가 학사 학위를 취득한 때

① ㉠, ㉢   ② ㉡, ㉣

③ ㉠, ㉡, ㉤   ④ ㉢, ㉣, ㉤

20 형의 집행 및 수용자의 처우에 관한 법령상 작업 및 직업훈련과 관련하여 교정시설의 장이 취할 수 없는 조치는?

① 일반경비처우급의 수형자에 대하여 직업능력의 향상을 위하여 특히 필요하다고 인정되어 교정시설 외부의 기업체에서 운영하는 직업훈련을 받게 하였다.

② 장인(丈人)이 사망하였다는 소식을 접한 수형자에 대하여, 본인이 작업을 계속하기를 원하지 않는 것을 확인하고 2일간 작업을 면제하였다.

③ 수형자에 대하여 교화목적 상 특별히 필요하다고 판단되어, 작업장려금을 석방 전에 전액 지급하였다.

④ 법무부장관의 승인을 받아 직업훈련의 직종과 훈련과정별 인원을 정하였다.

08 2023년 교정직 9급

Corrections & Criminal Justice

01 클라워드(Cloward)와 올린(Ohlin)의 **차별기회이론**(differential opportunity theory)에 대한 설명으로 옳지 않은 것은?

① 합법적 수단뿐만 아니라 비합법적 수단에 대해서도 차별기회를 고려하였다.
② 도피 하위문화는 마약 소비 행태가 두드러지게 나타나는 갱에서 주로 발견된다.
③ 머튼의 아노미이론과 서덜랜드의 차별접촉이론으로 하위문화 형성을 설명하였다.
④ 비행 하위문화를 갈등 하위문화(conflict subculture), 폭력 하위문화(violent subculture), 도피 하위문화(retreatist subculture)로 구분하였다.

02 전자감독제도에 대한 설명으로 옳지 않은 것은?

① 프라이버시 침해 우려가 없다.
② 교정시설 수용인구의 과밀을 줄일 수 있다.
③ 사법통제망이 지나치게 확대될 우려가 있다.
④ 대상자의 위치는 확인할 수 있으나 구체적인 행동은 통제할 수 없다.

03 「보호관찰 등에 관한 법률」상 보호관찰 대상자의 준수사항에 해당하지 않는 것은?

① 주거지에 상주하고 생업에 종사할 것
② 보호관찰관의 지도·감독에 따르고 방문하면 응대할 것
③ 주거를 이전하거나 10일 이상 국내외 여행을 할 때에는 미리 보호관찰관에게 신고할 것
④ 범죄로 이어지기 쉬운 나쁜 습관을 버리고 선행을 하며 범죄를 저지를 염려가 있는 사람들과 교제하거나 어울리지 말 것

04 「형의 집행 및 수용자의 처우에 관한 법률 시행규칙」상 경비처우급에 대한 설명으로 옳은 것은?

① 개방시설에 수용되어 가장 낮은 수준의 처우가 필요한 수형자는 개방처우급으로 구분한다.
② 완화경비시설에 수용되어 통상적인 수준보다 낮은 수준의 처우가 필요한 수형자는 완화경비처우급으로 구분한다.
③ 일반경비시설에 수용되어 통상적인 수준의 처우가 필요한 수형자는 일반경비처우급으로 구분한다.
④ 중(重)경비시설에 수용되어 가장 높은 수준의 처우가 필요한 수형자는 중(重)경비처우급으로 구분한다.

58 제1편 교정학 기출문제

05 다음에서 설명하는 이론을 주장한 학자는?

> • 아메리칸 드림이라는 문화사조는 경제제도가 다른 사회제도들을 지배하는 '제도적 힘의 불균형' 상태를 초래함.
> • 아메리칸 드림과 같은 문화사조와 경제제도의 지배는 서로 상호작용을 하면서 미국의 심각한 범죄문제를 일으킴.

① 머튼(Merton)
② 코헨과 펠슨(Cohen & Felson)
③ 코니쉬와 클라크(Cornish & Clarke)
④ 메스너와 로젠펠드(Messner & Rosenfeld)

06 회복적 사법에 대한 설명으로 옳지 않은 것은?

① 처벌적이지 않고 인본주의적인 전략이다.
② 구금 위주 형벌정책의 대안으로 제시되고 있다.
③ 사적 잘못(private wrong)보다는 공익에 초점을 맞춘다는 비판을 받는다.
④ 범죄를 개인과 국가 간의 갈등으로 보기보다 개인 간의 갈등으로 인식한다.

07 사형폐지론을 주장한 학자만을 모두 고르면?

> ㉠ 베카리아(C. Beccaria)　　　㉡ 루소(J. Rousseau)
> ㉢ 리프만(M. Liepmann)　　　㉣ 캘버트(E. Calvert)

① ㉠, ㉡
② ㉠, ㉢
③ ㉠, ㉢, ㉣
④ ㉡, ㉢, ㉣

08 「보호소년 등의 처우에 관한 법률」상 보호장비의 사용에 대한 설명으로 옳은 것만을 모두 고르면?

> ⊙ 보호장비는 필요한 최소한의 범위에서 사용하여야 하며, 보호장비를 사용할 필요가 없게 되었을 때에는 지체 없이 사용을 중지하여야 한다.
>
> ⊙ 원장은 보호소년 등이 위력으로 소속 공무원의 정당한 직무집행을 방해하는 경우에는 소속 공무원으로 하여금 가스총을 사용하게 할 수 있다. 이 경우 사전에 상대방에게 이를 경고하여야 하나, 상황이 급박하여 경고할 시간적인 여유가 없는 때에는 그러하지 아니하다.
>
> ⊙ 원장은 보호소년 등이 자해할 우려가 큰 경우에는 소속 공무원으로 하여금 보호소년 등에게 머리보호장비를 사용하게 할 수 있다.
>
> ⊙ 원장은 법원 또는 검찰의 조사·심리, 이송, 그 밖의 사유로 호송하는 경우에는 소속 공무원으로 하여금 보호소년 등에 대하여 수갑, 포승 또는 보호대 외에 가스총이나 전자충격기를 사용하게 할 수 있다.

① ⊙, ⊙   ② ⊙, ⊙   ③ ⊙, ⊙, ⊙   ④ ⊙, ⊙, ⊙

09 「소년법」상 보호사건의 조사와 심리에 대한 설명으로 옳지 않은 것은?

① 소년부 판사는 조사관에게 사건 본인, 보호자 또는 참고인의 심문이나 그 밖에 필요한 사항을 조사하도록 명할 수 있다.

② 소년이 소년분류심사원에 위탁된 경우 보조인이 없을 때에는 법원은 변호사 등 적정한 자를 보조인으로 선정하여야 한다.

③ 소년부 판사는 소년부 법원서기관·법원사무관·법원주사·법원주사보나 보호관찰관 또는 사법경찰관리에게 동행영장을 집행하게 할 수 있다.

④ 소년부는 조사 또는 심리를 할 때에 정신건강의학과 의사·심리학자·사회사업가·교육자나 그 밖의 전문가의 진단, 소년 분류심사원의 분류심사 결과와 의견, 소년교도소의 조사결과와 의견을 고려하여야 한다.

10 비범죄화(decriminalization)에 대한 설명으로 옳지 않은 것은?

① 비범죄화의 예시로 혼인빙자간음죄가 있다.

② 형사사법 절차에서 형사처벌의 범위를 축소하는 것을 의미한다.

③ 형사사법기관의 자원을 보다 효율적으로 활용하자는 차원에서 경미범죄에 대한 비범죄화의 필요성이 주장된다.

④ 비범죄화의 유형 중에서 사실상 비범죄화는 범죄였던 행위를 법률의 폐지 또는 변경으로 더 이상 범죄로 보지 않는 경우를 말한다.

11 「형의 집행 및 수용자의 처우에 관한 법률」상 금지물품 중 소장이 수용자의 처우를 위하여 수용자에게 소지를 허가할 수 있는 것은?

① 마약·총기·도검·폭발물·흉기·독극물, 그 밖에 범죄의 도구로 이용될 우려가 있는 물품

② 무인비행장치, 전자·통신기기, 그 밖에 도주나 다른 사람과의 연락에 이용될 우려가 있는 물품

③ 주류·담배·화기·현금·수표, 그 밖에 시설의 안전 또는 질서를 해칠 우려가 있는 물품

④ 음란물, 사행행위에 사용되는 물품, 그 밖에 수형자의 교화 또는 건전한 사회복귀를 해칠 우려가 있는 물품

12 「형의 집행 및 수용자의 처우에 관한 법률」상 수용에 대한 설명으로 옳지 않은 것은?

① 독거수용이 원칙이지만 수용자의 생명 또는 신체의 보호, 정서적 안정을 위하여 필요한 때에는 혼거수용할 수 있다.

② 구치소의 수용인원이 정원을 훨씬 초과하여 정상적인 운영이 곤란한 때에는 교도소에 미결수용자를 수용할 수 있다.

③ 수형자가 소년교도소에 수용 중에 19세가 된 경우에도 교육·교화프로그램, 작업, 직업훈련 등을 실시하기 위하여 특히 필요하다고 인정되면 23세가 되기 전까지는 계속하여 수용할 수 있다.

④ 소장은 특별한 사정이 있으면 「형의 집행 및 수용자의 처우에 관한 법률」 제11조의 구분수용 기준에 따라 다른 교정시설로 이송하여야 할 수형자를 9개월을 초과하지 아니하는 기간 동안 계속하여 수용할 수 있다.

13 형의 집행 및 수용자의 처우에 관한 법령상 수용시설 내 감염병 관련 조치에 대한 설명으로 옳지 않은 것은?

① 소장은 감염병이 유행하는 경우 수용자가 자비로 구매하는 음식물의 공급을 중지하여야 한다.

② 소장은 수용자가 감염병에 걸렸다고 의심되는 경우에는 1주 이상 격리수용하고 그 수용자의 휴대품을 소독하여야 한다.

③ 소장은 감염병이나 그 밖에 감염의 우려가 있는 질병의 발생과 확산을 방지하기 위하여 필요한 경우 수용자에 대하여 예방접종·격리수용·이송, 그 밖에 필요한 조치를 하여야 한다.

④ 소장은 수용자가 감염병에 걸린 경우에는 즉시 격리수용하고 그 수용자가 사용한 물품 및 설비를 철저히 소독해야 한다. 또한 이 사실을 지체 없이 법무부장관에게 보고하고 관할 보건기관의 장에게 알려야 한다.

14 재소자 권리구제 제도로서 옴부즈맨(Ombudsman)에 대한 설명으로 옳지 않은 것은?

① 성공 여부는 독립성, 비당파성 및 전문성에 달려있다.
② 옴부즈맨의 독립성과 전문성을 확보하기 위해서는 교정당국이 임명하여야 한다.
③ 재소자의 불평을 수리하여 조사하고 보고서를 작성하여 적절한 대안을 제시한다.
④ 원래 정부 관리에 대한 시민의 불평을 조사할 수 있는 권한을 가진 스웨덴 공무원제도에서 유래하였다.

15 「형의 집행 및 수용자의 처우에 관한 법률 시행규칙」상 수형자 직업훈련 대상자 선정의 제한사항에 해당하지 않는 것은?

① 15세 미만인 경우
② 징벌집행을 마친 경우
③ 교육과정을 수행할 문자해독능력 및 강의 이해능력이 부족한 경우
④ 작업, 교육·교화프로그램 시행으로 인하여 직업훈련의 실시가 곤란하다고 인정되는 경우

16 형의 집행 및 수용자의 처우에 관한 법령상 교도작업에 대한 설명으로 옳은 것은?

① 소장은 수형자의 가족이 사망하면 1일간 작업을 면제한다.
② 소장은 구류형의 집행 중에 있는 수형자가 작업 신청을 하더라도 작업을 부과할 수 없다.
③ 소장은 수형자의 신청에 따라 집중적인 근로가 필요한 작업을 부과하는 경우에도 접견을 제한할 수 없다.
④ 소장은 완화경비처우급 수형자가 작업기술이 탁월하고 작업성적이 우수한 경우 수형자 자신을 위한 개인작업을 하게 할 수 있다.

17 서덜랜드와 크레시(Sutherland & Cressey)가 제시한 수형자 하위문화에 대한 설명으로 옳은 것은?

① 수형자들이 지향하는 가치를 기준으로 하위문화를 구분했다.
② 범죄 지향적 하위문화를 수용하는 수형자들은 교도소 내에서의 지위 확보에 관심을 가진다.
③ 수형 지향적 하위문화를 수용하는 수형자들은 모범적으로 수형생활을 하며 성공적인 사회복귀의 가능성이 높다.
④ 합법 지향적 하위문화를 수용하는 수형자들은 수형자의 역할 중 '정의한'에 가깝고, 교도관보다는 재소자와 긍정적인 관계를 유지하며 가급적 교정시설의 규율에 따른다.

18 「형의 집행 및 수용자의 처우에 관한 법률」상 가석방심사위원회에 대한 설명으로 옳지 않은 것은?

① 가석방의 적격 여부를 심사하기 위하여 법무부장관 소속으로 가석방심사위원회를 둔다.

② 가석방심사위원회는 위원장을 포함한 5명 이상 9명 이하의 위원으로 구성하며, 위원장은 법무부차관이 된다.

③ 가석방심사위원회는 가석방 적격결정을 하였으면 5일 이내에 법무부장관에게 가석방 허가를 신청하여야 한다.

④ 가석방심사위원회의 심사와 관련하여 심의서와 회의록은 해당 가석방 결정 등을 한 후 5년이 경과한 때부터 공개한다.

19 「보호관찰 등에 관한 법률」상 조사제도에 대한 설명으로 옳지 않은 것은?

① 법원은 판결 전 조사 요구를 받은 보호관찰소의 장에게 조사진행상황에 관한 보고를 요구할 수 있다.

② 판결 전 조사 요구를 받은 보호관찰소의 장은 지체 없이 이를 조사하여 서면 또는 구두로 해당 법원에 알려야 한다.

③ 법원은 피고인에 대하여 「형법」 제59조의2 및 제62조의2에 따른 보호관찰을 명하기 위하여 필요하다고 인정하면 그 법원의 소재지 또는 피고인의 주거지를 관할하는 보호관찰소의 장에게 피고인에 관한 사항의 조사를 요구할 수 있다.

④ 법원은 「소년법」 제12조에 따라 소년 보호사건에 대한 조사 또는 심리를 위하여 필요하다고 인정하면 그 법원의 소재지 또는 소년의 주거지를 관할하는 보호관찰소의 장에게 소년의 품행, 경력, 가정상황, 그 밖의 환경 등 필요한 사항에 관한 조사를 의뢰할 수 있다.

20 「형의 집행 및 수용자의 처우에 관한 법률」상 분류처우위원회에 대한 설명으로 옳지 않은 것은?

① 분류처우위원회는 심의·의결을 위하여 외부전문가로부터 의견을 들을 수 있다.

② 분류처우위원회는 위원장을 포함한 5명 이상 9명 이하의 위원으로 구성하고, 위원장은 소장이 된다.

③ 분류처우위원회의 위원은 위원장이 소속 기관의 부소장 및 과장(지소의 경우에는 7급 이상의 교도관) 중에서 임명한다.

④ 수형자의 개별처우계획, 가석방심사신청 대상자 선정, 그 밖에 수형자의 분류처우에 관한 중요 사항을 심의·의결하기 위하여 교정시설에 분류처우위원회를 둔다.

01 다음은 「교도관 직무규칙」상 (   )에 숫자가 옳게 나열된 것은?

> ㉠ 소장은 당직간부의 지휘 아래 교정직교도관으로 하여금 전체 수용자를 대상으로 하는 인원점검을 매일 (   )회 이상 충분한 사이를 두고 하게 하여야 한다.
> ㉡ 의무관은 매일 (   )회 이상 의료수용동의 청결, 온도, 환기, 그 밖의 사항을 확인하여야 한다.
> ㉢ 당직간부는 교대근무의 각 부별로 (   )명 이상 편성한다.
> ㉣ 약무직교도관은 천재지변이나 그 밖의 중대한 사태에 대비해 필요한 약품을 확보해야 하며, 월 (   )회 이상 그 수량 및 보관상태 등을 점검한 후 점검 결과를 상관에게 보고해야 한다.

	㉠	㉡	㉢	㉣
①	1	2	1	2
②	2	1	2	1
③	2	2	1	1
④	1	1	2	2

02 다음 「교도관 직무규칙」 내용으로 옳은 것은 모두 몇 개인가?

> ㉠ 교정직교도관은 수용자의 의류 등이 오염되거나 파손된 경우에는 상관에게 보고하고, 상관의 지시를 받아 교환·수리·세탁·소독 등 적절한 조치를 하여야 한다.
> ㉡ 정문근무자는 수용자의 취침 시간부터 기상 시간까지는 당직간부의 허가 없이 정문을 여닫을 수 없다.
> ㉢ 당직간부는 교정관 또는 교감으로 임명한다. 다만, 교정시설의 사정에 따라 결원의 범위에서 교위 중 적임자를 선정해 당직간부에 임명할 수 있다.
> ㉣ 의무관은 수용자가 교정시설에서 사망한 경우에는 검시(檢屍)를 하고 사망진단서를 작성하여야 한다.

① 1개   ② 2개   ③ 3개   ④ 4개

03 현행법령상 진정실 수용에 관한 내용으로 괄호 안에 숫자를 모두 합한 것은?

> 형의 집행 및 수용자의 처우에 관한 법률 제96조 ① 소장은 수용자가 강제력을 행사하거나 보호장비를 사용하여도 그 목적을 달성 할 수 없는 경우에만 진정실에 수용할 수 있다.
> ② 수용자의 진정실 수용기간은 (   )시간 이내로 한다. 다만, 소장은 특히 계속하여 수용할 필요가 있으면 의무관의 의견을 고려하여 1회당 (   )시간의 범위에서 기간을 연장할 수 있다.
> ③ 제2항에 따라 수용자를 진정실에 수용할 수 있는 기간은 계속하여 (   )일을 초과할 수 없다.

① 30   ② 35   ③ 39   ④ 40

04 다음 보기 중 현행법령상 보호장비 종류를 모두 고르시오?

> ────〈 보기 〉────
> 수갑, 교도봉, 보호복, 보호의자, 보호대, 포승

① 수갑, 교도봉, 포승
② 수갑, 교도봉, 보호의자, 보호대
③ 수갑, 보호복, 보호의자, 보호대, 포승
④ 수갑, 교도봉, 보호복, 보호의자, 보호대, 포승

05 현행법령상 수용자에게 무기 사용 요건으로 옳지 않은 것은?
① 수용자가 다른 사람에게 위해를 끼치려고 하는 때
② 도주하는 수용자에게 교도관이 정지할 것을 명령하였음에도 계속하여 도주하는 때
③ 수용자가 교도관의 무기를 탈취하거나 탈취하려고 하는 때
④ 수용자가 폭동 일으키려고 하여 신속하게 제지하지 아니하면 그 확산 방지가 어렵다고 인정되는 때

06 다음 중 교정관련위원회에 관한 내용 중 옳지 않은 것은?

① 징벌위원회는 위원장을 포함한 5명 이상 7명 이하의 위원으로 구성하고, 외부위원은 3명 이상으로 한다.

② 귀휴심사위원회는 위원장을 포함한 6명 이상 8명 이하의 위원으로 구성하고, 외부위원은 2명 이상으로 한다.

③ 분류처우위원회는 위원장을 포함한 5명 이상 7명 이하의 위원으로 구성하고, 외부위원은 2명 이상으로 한다.

④ 가석방심사위원회는 원장을 포함한 5명 이상 9명 이하의 위원으로 구성하고, 위원은 판사, 검사, 변호사, 법무부 소속 공무원, 교정에 관한 학식과 경험이 풍부한 사람 중에서 법무부장관이 임명 또는 위촉한다.

07 현행법령상 수용자 의료처우에 관한 내용으로 옳지 않은 것은?

① 소장은 수용자가 감염병에 걸렸다고 의심되는 경우에는 1주 이상 격리수용하고 그 수용자의 휴대품을 소독하여야 한다.

② 소장은 수용자에 대하여 1년에 1회 이상 건강검진을 하여야 한다. 다만, 19세 미만의 수용자와 계호상 독거수용자에 대하여는 6개월에 1회 이상 하여야 한다.

③ 소장은 수용자가 자신의 고의 또는 중대한 과실로 부상 등이 발생하여 외부의료시설에서 진료를 받은 경우에는 그 진료비의 전부 또는 일부를 그 수용자에게 부담하게 할 수 있다.

④ 교정시설에 근무하는 간호사는 야간 또는 공휴일 등에 「의료법」 제27조에도 불구하고 대통령령으로 정하는 모든 의료행위를 할 수 있다.

08 현행법령상 작업에 관한 규정으로 옳지 않은 것은?

① 19세 미만 수형자의 작업시간은 1일에 8시간을, 1주에 40시간을 초과할 수 없다.

② 교정시설의 장은 부모의 제삿날에는 수형자가 작업을 계속하기를 원하는 경우를 제외하고는 1일간 해당 수형자의 작업을 면제한다.

③ 소장은 신입자가 환자이거나 부득이한 사정이 있는 경우가 아니면 수용된 날부터 3일 동안 신입자거실에 수용하여야 하며, 신입자거실에 수용된 사람에게는 작업을 부과해서는 아니된다.

④ 위로금은 본인 또는 가족에게 지급하고, 조위금은 그 상속인에게 지급한다.

09 현행법령상 여성수용자에 대한 처우내용으로 옳지 않은 것은?

> ⊙ 소장은 여성수용자에 대하여 여성의 신체적 심리적 특성을 고려하여 처우하여야 한다.
> ⓛ 남성교도관이 1인의 여성수용자에 대하여 실내에서 상담 등을 하려면 투명한 창문이 설치된 장소에서 다른 여성을 입회시킨 후 실시하여야 한다.
> ⓒ 소장은 여성수용자에 대하여 건강검진을 실시하는 경우에는 나이·건강 등을 고려하여 부인과질환에 관한 검사를 포함시킬 수 있다.
> ② 소장은 생리 중인 여성수용자에 대하여는 위생에 필요한 물품을 지급할 수 있다.

① 1개   ② 2개   ③ 3개   ④ 4개

10 현행법령상 종교화 문화에 관한 내용으로 옳지 않은 것은?

① 소장은 수용자의 건강과 일과시간 등을 고려하여 1일 6시간 이내에서 방송편성시간을 정한다. 다만, 토요일·공휴일, 작업·교육실태 및 수용자의 특성을 고려하여 방송편성시간을 조정할 수 있다.

② 수용자가 구독을 신청할 수 있는 신문·잡지 또는 도서는 교정시설의 보관범위 및 수용자가 지닐 수 있는 범위를 벗어나지 않는 범위에서 신문은 월 2종 이내로, 도서(잡지를 포함한다)는 월 10권 이내로 한다.

③ 수용자는 휴업일 및 휴게시간 내에 시간의 제한 없이 집필할 수 있다. 다만, 부득이한 사정이 있는 경우에는 그러하지 아니하다.

④ 소장은 수용자의 신앙생활에 필요하다고 인정하는 경우에는 외부에서 외부에서 제작된 휴대용 종교도서 및 성물을 수용자가 지니게 할 수 있다.

11 현행법령상 수용자 등의 정의이다. 옳지 않은 것은?

① "수용자"란 법률과 적법한 절차에 따라 교도소·구치소 및 그 지소에 수용된 사람을 말한다. 여기에 사형확정자는 포함되지 아니한다.

② "수형자"란 징역형·금고형 또는 구류형의 선고를 받아 그 형이 확정되어 교정시설에 수용된 사람과 벌금 또는 과료를 완납하지 아니하여 노역장 유치명령을 받아 교정시설에 수용된 사람을 말한다.

③ "미결수용자"란 형사피의자 또는 형사피고인으로서 체포되거나 구속영장의 집행을 받아 교정시설에 수용된 사람을 말한다.

④ "사형확정자"란 사형의 선고를 받아 그 형이 확정되어 교정시설에 수용된 사람을 말한다.

12 현행법령상 신입자 및 다른 교정시설로부터 이송되어 온 사람에게는 말이나 서면으로 알려주어야 하는 사항으로 옳은 것은 모두 몇 개인가?

> ㉠ 형기의 기산일 및 종료일
> ㉡ 접견 · 편지, 그 밖의 수용자의 권리에 관한 사항
> ㉢ 청원, 「국가인권위원회법」에 따른 진정, 그 밖의 권리구제에 관한 사항
> ㉣ 징벌 · 규율, 그 밖의 수용자의 의무에 관한 사항
> ㉤ 일과(日課) 그 밖의 수용생활에 필요한 기본적인 사항

① 1개   ② 2개   ③ 3개   ④ 5개

13 현행법령상 사형확정자에 관한 설명 중 옳지 않은 것은?

① 소장은 사형확정자의 자살 · 도주 등의 사고를 방지하기 위하여 필요한 경우에는 사형확정자와 수형자를 혼거수용할 수 있고, 사형확정자의 교육 · 교화프로그램, 작업 등의 적절한 처우를 위하여 필요한 경우에는 사형확정자와 미결수용자를 혼거수용할 수 있다.

② 소장은 사형확정자의 심리적 안정과 원만한 수용생활을 위하여 필요하다고 인정하는 경우에는 월 3회 이내의 범위에서 전화 통화를 허가할 수 있다.

③ 사형확정자의 심리적 안정 도모 또는 교정시설의 안전과 질서유지를 위하여 특히 필요하다고 인정하는 경우에는 교도소에 수용할 사형확정자를 구치소에 수용할 수 있고, 구치소에 수용할 사형확정자를 교도소에 수용할 수 있다.

④ 소장은 사형확정자의 심리적 안정 및 원만한 수용생활을 위하여 소속 교도관으로 하여금 지속적인 상담을 하게 하여야 한다.

14 현행법령상 조직폭력수용자에 대한 내용으로 옳지 않은 것은?

① 소장은 조직폭력수용자로 지정된 사람에 대하여는 석방할 때까지 지정을 해제할 수 없다. 다만, 공소장 변경 또는 재판 확정에 따라 지정사유가 해소되었다고 인정되는 경우에는 교도관회의의 심의 또는 분류처우위원회의 의결을 거쳐 지정을 해제한다.

② 소장은 조직폭력수용자에게 거실 및 작업장 등의 봉사원, 반장, 조장, 분임장, 그 밖에 수용자를 대표하는 직책을 부여해서는 아니 된다.

③ 소장은 조직폭력수형자가 작업장 등에서 다른 수형자와 음성적으로 세력을 형성하는 등 집단화할 우려가 있다고 인정하는 경우에는 법무부장관에게 해당 조직폭력수형자의 이송을 지체 없이 신청하여야 한다.

④ 소장은 조직폭력수용자의 편지 및 접견의 내용 중 특이사항이 있는 경우에는 검찰청, 경찰서 등 관계기관에 통보하여야 한다.

15 현행법령상 교도소에 미결수용자를 수용 가능한 경우가 아닌 것은?

① 관할 법원 및 검찰청 소재지에 구치소가 없는 때
② 구치소의 수용인원이 정원을 훨씬 초과하여 정상적인 운영이 곤란한 때
③ 범죄의 증거인멸을 방지하기 위하여 필요하거나 그 밖에 특별한 사정이 있는 때
④ 취사 등의 작업을 위하여 필요하거나 그 밖에 특별한 사정이 있는 때

16 현행법령상 물품지급과 금품관리에 관한 규정내용으로 틀린 것을 모두 고르면 몇개인가?

> ⊙ 소장은 보관품이 금·은·보석·유가증권·인장, 그 밖에 특별히 보관할 필요가 있는 귀중품인 경우에는 잠금장치가 되어 있는 견고한 용기에 넣어 보관해야 한다.
> ⓛ 소장은 수용자의 신청에 따라 보관품을 팔 경우에는 그 비용을 제외한 나머지 대금을 보관할 수 있다.
> ⓒ 음식물은 보관의 대상이 되지 않는다.
> ⓔ 수용자의 물품을 팔 경우에는 그 품목·수량·이유 및 일시를 관계 장부에 기록하여야 한다.

① 1개   ② 2개   ③ 3개   ④ 4개

17 현행법령상 수용에 관한 규정으로 옳지 않은 것은?

① 처우상 독거수용이란 주간에는 교육·작업 등의 처우를 위하여 일과(日課)에 따른 공동생활을 하게 하고 휴업일과 야간에만 독거수용하는 것을 말한다.
② 계호상 독거수용이란 사람의 생명·신체의 보호 또는 교정시설의 안전과 질서유지를 위하여 항상 독거수용하고 다른 수용자와의 접촉을 금지하는 것을 말한다. 다만, 수사·재판·실외운동·목욕·접견·진료 등을 위하여 필요한 경우에는 그러하지 아니하다.
③ 교도관은 처우상 독거수용자를 수시로 시찰하여 건강상 또는 교화상 이상이 없는지 살펴야 한다.
④ 교도관은 시찰 결과, 계호상 독거수용자가 건강상 이상이 있는 것으로 보이는 경우에는 교정시설에 근무하는 의사(공중보건의사를 포함한다. 이하 "의무관"이라 한다)에게 즉시 알려야 하고, 교화상 문제가 있다고 인정하는 경우에는 소장에게 지체 없이 보고하여야 한다.

18 **현행법령상 보호장비사용에 관한 규정으로 옳지 않은 것은?**

① 보호의자는 제184조 제2항에 따라 그 사용을 일시 중지하거나 완화하는 경우를 제외하여 8시간을 초과하여 사용할 수 없으며, 사용 중지 후 4시간이 경과하지 아니하면 다시 사용할 수 없다.

② 의무관은 수용자에게 보호장비를 계속 사용하는 것이 건강상 부적당하다고 인정하는 경우에는 소장에게 즉시 보고하여야 한다. 이 경우 소장은 특별한 사유가 없으면 보호장비 사용을 즉시 중지하여야 한다.

③ 보호장비는 징벌의 수단으로 사용해서는 아니 된다.

④ 교도관은 보호장비 착용 수용자의 목욕, 식사, 용변, 치료 등을 위하여 필요한 경우에는 보호장비 사용을 일시 중지하거나 완화할 수 있다.

19 **현행법령상 청원에 관한 내용으로 옳지 않은 것은?**

① 소장은 청원서를 개봉하여서는 아니 되며, 이를 지체 없이 법무부장관·순회점검공무원 또는 관할 지방교정청장에게 보내거나 순회점검공무원에게 전달하여야 한다.

② 청원에 관한 결정은 문서로 하여야 한다. 다만, 순회점검공무원의 결정은 말로도 할 수 있다.

③ 순회점검공무원은 청원을 스스로 결정하는 것이 부적당하다고 인정하는 경우에는 그 내용을 법무부장관에게 보고하여야 한다.

④ 소장은 수용자가 순회점검공무원에게 청원하는 경우에는 그 인적사항을 청원부에 기록하여야 한다.

20 **현형법령상 시찰과 참관에 관한 내용이다. 옳지 않은 것은?**

① 판사와 검사는 직무상 필요하면 교정시설을 시찰할 수 있다.

② 소장은 외국인에게 참관을 허가할 경우에는 미리 법무부장관의 승인을 받아야 한다.

③ 판사와 검사 외의 사람은 교정시설을 참관하려면 학술연구 등 정당한 이유를 명시하여 교정시설의 장의 허가를 받아야 한다.

④ 판사 또는 검사가 교도소·구치소 및 그 지소(이하 "교정시설"이라 한다)를 시찰할 경우에는 미리 그 신분을 나타내는 증표를 교정시설의 장(이하 "소장"이라 한다)에게 제시해야 한다.

21 현행법령상 순회점검에 관한 내용으로 옳지 않은 것은?

① 법무부장관은 교정시설을 순회점검하거나 소속 공무원으로 하여금 순회점검하게 하여야 한다.

② 순회점검은 교정시설의 운영실태 및 교도관의 복무를 점검하기 위한 것이다.

③ 순회점검은 수용자처의 처우 및 인권실태를 점검하기 위한 것이다

④ 순회점검은 매월 1회 이상 실시하여야 한다.

22 현행법령상 징벌에 관한 내용으로 옳지 않은 것은?

① 징벌사유가 발생한 날부터 1년이 지나면 이를 이유로 징벌을 부과하지 못한다.

② 징벌은 동일한 행위에 관하여 거듭하여 부과할 수 없으며, 행위의 동기 및 경중, 행위 후의 정황, 그 밖의 사정을 고려하여 수용목적을 달성하는 데에 필요한 최소한도에 그쳐야 한다.

③ 둘 이상의 징벌대상행위가 경합하는 경우에는 각각의 행위에 해당하는 징벌 중 가장 중한 징벌의 2분의 1까지 가중할 수 있다.

④ 징벌은 동일한 행위에 관하여 거듭하여 부과할 수 없으며, 행위의 동기 및 경중, 행위 후의 정황, 그 밖의 사정을 고려하여 수용목적을 달성하는 데에 필요한 최소한도에 그쳐야 한다.

23 현행법령상 주·부식 지급기준으로 옳은 것은 모두 몇 개인가?

> ㉠ 소장은 수용자의 기호 등을 고려하여 주식으로 빵이나 국수 등을 지급할 수 있다.
>
> ㉡ 소장은 수용자에 대한 원활한 급식을 위하여 해당 교정시설의 직전 반기 평균 급식 인원을 기준으로 1개월의 주식을 항상 확보하고 있어야 한다.
>
> ㉢ 소장은 작업의 장려나 적절한 처우를 위하여 필요하다고 인정하는 경우 특별한 부식을 지급할 수 있다.
>
> ㉣ 주, 부식의 지급횟수는 1일 3회로 한다.
>
> ㉤ 소장은 작업시간을 2시간 이상 연장하는 경우 주,부식 또는 대용식 2회분을 간식으로 지급할 수 있다.

① 1개 ② 2개 ③ 3개 ④ 4개

24 현행법령상 분류심사에 관한 설명으로 틀린 것은?

① 개별처우계획을 수립하기 위한 분류심사(신입심사)는 매월 초일부터 말일까지 형집행지휘서가 접수된 수형자를 대상으로 하며, 그 달까지 완료하여야 한다. 다만, 특별한 사유가 있는 경우에는 그 기간을 연장할 수 있다.

② 징역형·금고형이 확정된 사람으로서 집행할 형기가 형집행지휘서 접수일부터 3개월 미만인 사람 또는 구류형이 확정된 사람에 대해서는 분류심사를 하지 아니한다.

③ 2개 이상의 징역형 또는 금고형을 집행하는 수형자의 정기재심사 시기를 산정하는 경우에는 그 형기를 합산한다. 다만, 합산한 형기가 20년을 초과하는 경우에는 그 형기를 20년으로 본다.

④ 소장은 형집행정지 중에 있는 사람이 기간만료 또는 그 밖의 정지사유가 없어져 재수용된 경우에는 석방 당시와 동일한 처우등급을 부여할 수 있다.

25 형의 집행 및 수용자의 처우에 관한 법령상 수용자의 석방에 대한 설명으로 옳지 않은 것은?

① 소장은 피석방자에게 귀가에 필요한 여비 또는 의류가 없으면 법무부장관이 정하는 범위에서 이를 지급하거나 빌려 주어야 한다.

② 권한이 있는 사람의 명령에 따른 석방은 서류가 도달한 후 5시간 이내에 하여야 한다.

③ 소장은 피석방자가 질병이나 그 밖에 피할 수 없는 사정으로 귀가하기 곤란한 경우에 본인의 신청이 있으면 일시적으로 교정시설에 수용할 수 있다.

④ 소장은 수용자가 석방될 때 보관하고 있던 수용자의 휴대금품을 본인에게 돌려주어야 한다. 다만, 보관품을 한꺼번에 가져가기 어려운 경우 등 특별한 사정이 있어 수용자가 석방 시 소장에게 일정 기간 동안(1개월 이내의 범위로 한정한다) 보관품을 보관하여 줄 것을 신청하는 경우에는 그러하지 아니하다.

01 범죄학에 관한 고전주의와 실증주의에 대한 설명으로 옳지 않은 것은?

① 고전주의는 형벌이 범죄결과의 정도에 상응하여야 한다고 주장한 반면, 실증주의는 부정기형과 사회 내 처우를 중요시하였다.

② 고전주의는 인간은 누구나 자유의지를 지닌 존재이기 때문에 평등하고, 범죄인이나 비범죄인은 본질적으로 다르지 않다고 인식하였다.

③ 19세기의 과학적 증거로 현상을 논증하려는 학문 사조는 실증주의 범죄학의 등장에 영향을 끼쳤다.

④ 실증주의는 적법절차모델(Due Process Model)에 바탕을 둔 합리적 형사사법제도 구축에 크게 기여하였다.

02 「형법」상 형의 집행에 대한 설명으로 옳지 않은 것은?

① 징역은 교정시설에 수용하여 집행하며, 정해진 노역(勞役)에 복무하게 한다.

② 유기징역 또는 유기금고에 자격정지를 병과한 때에는 징역 또는 금고의 집행을 종료하거나 면제된 날로부터 정지기간을 기산한다.

③ 벌금과 과료는 판결확정일로부터 30일 내에 납입하여야 한다. 다만, 벌금을 선고할 때에는 동시에 그 금액을 완납할 때까지 노역장에 유치할 것을 명하여야 한다.

④ 벌금이나 과료의 선고를 받은 사람이 그 금액의 일부를 납입한 경우에는 벌금 또는 과료액과 노역장 유치기간의 일수(日數)에 비례하여 납입금액에 해당하는 일수를 노역장 유치일수에서 뺀다.

03 지역사회 교정에 대한 설명으로 옳지 않은 것은?

① 교정시설의 과밀수용 문제를 해소하기 위한 방안 중 하나이다.
② 범죄자의 처벌·처우에 대한 인도주의적 관점이 반영된 것이다.
③ 형사제재의 단절을 통해 범죄자의 빠른 사회복귀와 재통합을 실현하고자 한다.
④ 실제로는 범죄자에 대한 통제를 증대시켰다는 비판이 있다.

04 형의 집행 및 수용자의 처우에 관한 법령상 수용자의 편지수수 등에 대한 설명으로 옳지 않은 것은?

① 수용자는 시설의 안전 또는 질서를 해칠 우려가 있는 때에는 다른 사람과 편지를 주고받을 수 없다.
② 수용자가 보내거나 받는 편지는 법령에 어긋나지 않으면 횟수를 제한하지 않는다.
③ 소장은 규율위반으로 징벌집행 중인 수용자가 다른 수용자와 편지를 주고받는 때에는 그 내용을 검열하여야 한다.
④ 소장은 법원·경찰관서, 그 밖의 관계기관에서 수용자에게 보내온 문서는 다른 법령에 특별한 규정이 없으면 열람한 후 본인에게 전달하여야 한다.

05 「형의 집행 및 수용자의 처우에 관한 법률」상 수용자의 진정실 수용에 대한 설명으로 옳은 것은?

① 소장은 수용자가 교정시설의 설비 또는 기구 등을 손괴하거나 손괴하려고 하는 때로서 강제력을 행사하거나 보호장비를 사용하여도 그 목적을 달성할 수 없는 경우에는 진정실에 수용할 수 있다. 이 경우 의무관의 의견을 들어야 한다.
② 수용자의 진정실 수용기간은 24시간 이내로 한다. 다만, 소장은 특히 계속하여 수용할 필요가 있으면 의무관의 의견을 고려하여 1회당 12시간의 범위에서 기간을 연장할 수 있다.
③ 수용자를 진정실에 수용할 수 있는 기간은 계속하여 2일을 초과할 수 없다.
④ 소장은 수용자를 진정실에 수용하거나 수용기간을 연장하는 경우에는 그 사유를 가족에게 알려 주어야 한다.

06 다음 범죄학 이론에 대한 설명으로 옳지 <u>않은</u> 것은?

> 범죄가 발생하기 위해서는 최소한 범죄성향을 갖고 그 성향을 행동으로 표현할 능력을 가진 동기화된 범죄자(motivated offender)가 존재해야 한다. 이러한 범죄자에게 적당한 범행대상(suitable target)이 되는 어떤 사람이나 물체가 존재하고, 범죄를 예방할 수 있는 감시의 부재(absence of guardianship)가 같은 시간과 공간에서 만날 때 범죄가 발생한다.

① 코헨(L. Cohen)과 펠슨(M. Felson)의 견해이다.
② 합리적 선택이론을 기반으로 한 신고전주의 범죄학 이론에 속한다.
③ 동기화된 범죄자로부터 범행대상을 보호할 수 있는 수단인 가족, 친구, 이웃 등의 부재는 감시의 부재에 해당한다.
④ 범죄예방의 중점을 환경이나 상황적 요인보다는 범죄자의 성향이나 동기의 감소에 둔다.

07 「형의 집행 및 수용자의 처우에 관한 법률 시행규칙」상 수형자의 처우에 대한 설명으로 옳은 것은?

① 소장은 개방처우급 수형자에 대하여 월 3회 이내에서 경기 또는 오락회를 개최하게 할 수 있다. 다만, 소년수형자에 대하여는 그 횟수를 늘릴 수 있다.
② 완화경비처우급 수형자에 대한 중간처우 대상자의 선발절차는 법무부장관이 정한다.
③ 소장은 처우를 위하여 특히 필요한 경우에는 일반경비처우급 수형자에 대하여도 가족 만남의 날 행사 참여를 허가할 수 있다.
④ 중(重)경비처우급 수형자에 대해서는 교화 및 처우상 특히 필요한 경우 전화통화를 월 2회 이내 허용할 수 있다.

08 형의 실효와 복권에 대한 설명으로 옳지 <u>않은</u> 것은?

① 벌금형을 받은 사람이 자격정지 이상의 형을 받지 아니하고 그 형의 집행을 종료한 날부터 2년이 경과한 때에 그 형은 실효된다.
② 자격정지의 선고를 받은 자가 피해자의 손해를 보상하고 자격정지 이상의 형을 받음이 없이 정지기간의 2분의 1을 경과한 때에는 본인 또는 검사의 신청에 의하여 법원은 자격의 회복을 선고할 수 있다.
③ 징역 5년 형의 집행을 종료한 사람이 형의 실효를 받기 위해서는 피해자의 손해를 보상하고 자격정지 이상의 형을 받음이 없이 7년을 경과한 후 해당 사건에 관한 기록이 보관되어 있는 검찰청에 형의 실효를 신청하여야 한다.
④ 「형법」 제81조(형의 실효)에 따라 형이 실효되었을 때에는 수형인명부의 해당란을 삭제하고 수형인명표를 폐기한다.

09 암수범죄(暗數犯罪)에 대한 설명으로 옳은 것만을 모두 고르면?

> ㉠ 암수범죄로 인한 문제는 범죄통계학이 도입된 초기부터 케틀레(A. Quételet) 등에 의해
>   지적되었다.
> ㉡ 절대적 암수범죄란 수사기관에 의해서 인지는 되었으나 해결되지 않은 범죄를 의미하는
>   것으로, 완전범죄가 대표적이다.
> ㉢ 상대적 암수범죄는 마약범죄와 같이 피해자와 가해자의 구별이 어려운 범죄에서 많이
>   발생한다.
> ㉣ 암수범죄는 자기보고식조사, 피해자조사 등의 설문조사방법을 통해 간접적으로 관찰할
>   수 있다.

① ㉠, ㉡   ② ㉠, ㉣
③ ㉡, ㉢   ④ ㉢, ㉣

10 「형의 집행 및 수용자의 처우에 관한 법률 시행규칙」상 수형자의 개인작업에 대한 설명으로 옳지 않은 것은?

① 소장은 수형자가 개방처우급 또는 완화경비처우급으로서 작업기술이 탁월하거나 작업성적이 우수한 경우에는 수형자 자신을 위한 개인작업을 하게 할 수 있다.
② 개인작업 시간은 교도작업에 지장을 주지 아니하는 범위에서 1일 2시간 이내로 한다.
③ 소장은 개인작업을 하는 수형자에게 개인작업 용구를 사용하게 할 수 있다. 이 경우 작업용구는 특정한 용기에 보관하도록 하여야 한다.
④ 개인작업에 필요한 작업재료 등의 구입비용은 수형자가 부담한다. 다만, 처우상 필요한 경우에는 예산의 범위에서 그 비용을 지원할 수 있다.

11 형의 집행 및 수용자의 처우에 관한 법령상 징벌집행에 대한 설명으로 옳지 않은 것은?

① 소장은 30일 이내의 금치(禁置)처분을 받은 수용자에게 실외운동을 제한하는 경우라도 매주 1회 이상 실외운동을 할 수 있도록 하여야 한다.

② 수용자의 징벌대상행위에 대한 조사기간(조사를 시작한 날부터 징벌위원회의 의결이 있는 날까지를 말한다)은 10일 이내로 한다. 다만, 특히 필요하다고 인정하는 경우에는 1회에 한하여 7일을 초과하지 아니하는 범위에서 그 기간을 연장할 수 있다.

③ 소장은 징벌대상자의 질병이나 그 밖의 특별한 사정으로 인하여 조사를 계속하기 어려운 경우에는 조사를 일시 정지할 수 있다. 이 경우 조사가 정지된 다음 날부터 정지사유가 소멸한 날까지의 기간은 조사기간에 포함되지 아니한다.

④ 소장은 수용자가 교정사고 방지에 뚜렷한 공로가 있다고 인정되면 분류처우위원회의 의결을 거친 후 법무부장관의 승인을 받아 징벌을 실효시킬 수 있다.

12 「형의 집행 및 수용자의 처우에 관한 법률」상 수용을 위한 체포에 대한 설명으로 옳지 않은 것은?

① 천재지변으로 일시 석방된 수용자는 정당한 사유가 없는 한 출석요구를 받은 후 24시간 이내에 교정시설 또는 경찰관서에 출석하여야 한다.

② 교도관은 수용자가 도주한 경우 도주 후 72시간 이내에만 그를 체포할 수 있다.

③ 교도관은 도주한 수용자의 체포를 위하여 긴급히 필요하면 도주를 한 사람의 이동경로나 소재를 안다고 인정되는 사람을 정지시켜 질문할 수 있다.

④ 교도관은 도주한 수용자의 체포를 위하여 영업시간 내에 공연장·여관·음식점·역, 그 밖에 다수인이 출입하는 장소의 관리자 또는 관계인에게 그 장소의 출입이나 그 밖에 특히 필요한 사항에 관하여 협조를 요구할 수 있다.

13 수형자자치제(Inmate Self-government System)에 대한 설명으로 옳지 않은 것은?

① 수형자자치제는 부정기형제도하에서 효과적인 것으로, 수형자에 대한 과학적 분류심사를 전제로 한다.

② 수형자자치제는 수형자의 처우에 있어서 자기통제원리에 입각한 자기조절 훈련과정을 결합한 것으로, 수형자의 사회적응력을 키울 수 있다.

③ 오스본(T. Osborne)은 1914년 싱싱교도소(Sing Sing Prison)에서 행형시설 최초로 수형자자치제를 실시하였다.

④ 수형자자치제는 교도관의 권위를 저하시킬 수 있고, 소수의 힘 있는 수형자에 의해 대다수의 일반수형자가 억압·통제되는 폐단을 가져올 수 있다.

14 수용자 처우 모델에 대한 설명으로 옳은 것만을 모두 고르면?

> ㉠ 정의모델(Justice Model)은 범죄자의 법적 지위와 권리보장이라는 관점에서 처우의 문제에 접근하는 것으로, 형집행의 공정성과 법관의 재량권 제한을 강조한다.
> ㉡ 의료모델(Medical Model)은 치료를 통한 사회복귀를 목적으로 하는 것으로, 가석방제도를 중요시한다.
> ㉢ 적응모델(Adjustment Model)은 정의모델에 대한 비판·보완을 위해 등장한 것으로, 교정처우기법으로 현실요법과 교류분석을 중요시한다.
> ㉣ 재통합모델(Reintegration Model)은 사회도 범죄유발의 책임이 있으므로 지역사회에 기초한 교정을 강조한다.

① ㉡, ㉢   ② ㉢, ㉣
③ ㉠, ㉡, ㉢   ④ ㉠, ㉡, ㉣

15 「소년법」상 보호사건의 심리와 조사에 대한 설명으로 옳지 않은 것은?

① 소년이 소년분류심사원에 위탁되지 아니하였을 때에도 소년에게 신체적·정신적 장애가 의심되는 경우 법원은 직권에 의하거나 소년 또는 보호자의 신청에 따라 보조인을 선정할 수 있다.

② 소년부 판사는 보조인이 심리절차를 고의로 지연시키는 등 심리진행을 방해하거나 소년의 이익에 반하는 행위를 할 우려가 있다고 판단하는 경우에는 보조인 선임의 허가를 취소하여야 한다.

③ 소년부 판사는 사안이 가볍다는 이유로 심리를 개시하지 아니한다는 결정을 할 때에는 소년에게 훈계하거나 보호자에게 소년을 엄격히 관리하거나 교육하도록 고지할 수 있다.

④ 소년부 판사는 심리 기일을 지정하고 본인과 보호자를 소환하여야 한다. 다만, 필요가 없다고 인정한 경우에는 보호자는 소환하지 아니할 수 있다.

16 형의 집행 및 수용자의 처우에 관한 법령상 금품관리에 대한 설명으로 옳은 것은?

① 소장은 수용자가 석방될 때 보관하고 있던 수용자의 휴대금품을 본인에게 돌려주어야 한다. 다만, 보관품을 한꺼번에 가져가기 어려운 경우 등 특별한 사정이 있어 수용자가 석방 시 소장에게 일정 기간 동안(3개월 이내의 범위로 한정한다) 보관품을 보관하여 줄 것을 신청하는 경우에는 그러하지 아니하다.

② 소장은 사망자 또는 도주자가 남겨두고 간 금품이 있으면 사망자의 경우에는 그 상속인에게, 도주자의 경우에는 그 가족에게 그 내용 및 청구절차 등을 알려 주어야 한다. 다만, 썩거나 없어질 우려가 있는 것은 폐기할 수 있다.

③ 소장은 수용자 외의 사람이 신청한 수용자에 대한 금품의 전달을 허가한 경우 그 금품을 지체 없이 수용자에게 전달하여 사용하게 하여야 한다.

④ 소장은 사망자의 유류품을 건네받을 사람이 원거리에 있는 등 특별한 사정이 있는 경우에는 유류품을 팔아 그 대금을 보내야 한다.

17 「형의 집행 및 수용자의 처우에 관한 법률 시행령」상 수용자의 독거수용에 대한 설명으로 옳지 않은 것은?

① 처우상 독거수용이란 주간에는 교육·작업 등의 처우를 위하여 일과(日課)에 따른 공동생활을 하게 하고, 휴일과 야간에만 독거수용하는 것을 말한다.

② 계호상 독거수용이란 사람의 생명·신체의 보호 또는 교정시설의 안전과 질서유지를 위하여 항상 독거수용하고 다른 수용자와의 접촉을 금지하는 것을 말한다. 다만, 수사·재판·실외운동·목욕·접견·진료 등을 위하여 필요한 경우에는 그러하지 아니하다.

③ 교도관은 계호상 독거수용자를 수시로 시찰하여 건강상 또는 교화상 이상이 없는지 살펴야 하며, 시찰 결과 계호상 독거수용자가 건강상 이상이 있는 것으로 보이는 경우에는 교정시설에 근무하는 의사(공중보건의사를 포함한다)에게 즉시 알려야 하고, 교화상 문제가 있다고 인정하는 경우에는 소장에게 지체 없이 보고하여야 한다.

④ 소장은 계호상 독거수용자를 계속하여 독거수용하는 것이 건강상 또는 교화상 해롭다고 인정하는 경우에는 이를 즉시 중단하여야 한다.

18 「형의 집행 및 수용자의 처우에 관한 법률 시행규칙」상 가석방에 대한 설명으로 옳지 않은 것은?

① 소장은 「형법」 제72조제1항의 기간을 경과한 수형자로서 교정성적이 우수하고 뉘우치는 빛이 뚜렷하여 재범의 위험성이 없다고 인정하는 경우에는 분류처우위원회의 의결을 거쳐 가석방 적격심사신청 대상자를 선정한다.

② 소장은 가석방 적격심사신청을 위한 사전조사에서 신원에 관한 사항의 조사는 수형자를 수용한 날부터 2개월 이내에 하고, 그 후 변경된 사항이 있는 경우에는 지체 없이 그 내용을 변경하여야 한다.

③ 소장은 가석방 적격심사신청을 위하여 사전조사한 사항을 매월 분류처우위원회의 회의 개최일 전날까지 분류처우심사표에 기록하여야 하며, 이 분류처우심사표는 법무부장관이 정한다.

④ 소장은 가석방이 허가되지 아니한 수형자에 대하여 그 후에 가석방을 허가하는 것이 적당하다고 인정하는 경우에는 다시 가석방 적격심사신청을 할 수 있다.

19 조선시대 행형제도에 대한 설명으로 옳은 것만을 모두 고르면?

> ㉠ 인신을 직접 구속할 수 있는 권한이 부여된 기관인 직수아문(直囚衙門)에 옥(獄)이 부설되어 있었다.
>
> ㉡ 휼형제도(恤刑制度, 또는 휼수제도(恤囚制度))는 조선시대에 들어와서 더욱 폭넓게 사용되었으며, 대표적으로 감강종경(減降從輕)과 보방제도(保放制度)가 있었다.
>
> ㉢ 도형(徒刑)에는 태형(笞刑)이 병과되었으며, 도형을 대신하는 것으로 충군(充軍)이 있었다.
>
> ㉣ 1895년 「징역처단례」를 통하여 장형(杖刑)과 유형(流刑)을 전면적으로 폐지하였다.

① ㉡, ㉢   ② ㉢, ㉣

③ ㉠, ㉡, ㉢   ④ ㉠, ㉡, ㉣

20 「민영교도소 등의 설치·운영에 관한 법률」상 민영교도소의 설치·운영 등에 대한 설명으로 옳지 않은 것은?

① 교정법인은 이사 중에서 위탁업무를 전담하는 자를 선임(選任)하여야 하며, 위탁업무를 전담하는 이사는 법무부장관의 승인을 받아 취임한다.

② 법무부장관은 사전에 기획재정부장관과 협의하여 민영교도소를 운영하는 교정법인에 대하여 매년 그 교도소의 운영에 필요한 경비를 지급한다.

③ 교정법인의 대표자는 민영교도소의 장 외의 직원을 임면할 권한을 민영교도소의 장에게 위임할 수 있다.

④ 법무부장관은 「민영교도소 등의 설치·운영에 관한 법률」에 따른 권한의 일부를 교정본부장에게 위임할 수 있다.

Part 1 교정학 기출문제

Chapter

02

교정직 7급
교정학

01 교정학에 대한 설명으로 옳지 않은 것은?

① 교정학은 교화개선 및 교정행정과 관련된 일련의 문제들을 이론적·과학적으로 연구하는 학문이다.

② 교정학은 감옥학에서 시작되어 행형학, 교정교육학, 교정보호론의 명칭으로 발전해왔다.

③ 교정은 수형자에 대해 이루어지므로 교정학의 연구대상은 형벌부과대상인 범죄인에 국한된다.

④ 교정학은 자유형의 집행과정 등을 중심으로 교정전반에 관한 이념과 학리를 계통적으로 연구하는 학문일 뿐만 아니라 사회학, 심리학, 정신의학 등 관련 학문의 종합적 응용이 요청되는 분야이다.

02 교정처우의 모델 중 재통합모델(또는 재사회화 모델)에 대한 설명으로 옳지 않은 것은?

① 수형자의 주체성과 자율성을 중시하여 수형자를 처우의 객체가 아니라 처우의 주체로 보기 때문에 처우행형과 수형자의 법적 지위확립은 조화를 이루기 어렵다고 본다.

② 범죄자의 사회재통합을 위해서는 지역사회와의 접촉과 유대 관계가 중요한 전제이므로 지역사회에 기초한 교정을 강조한다.

③ 수형자의 처우프로그램은 교도관과 수형자의 공동토의에 의해 결정되므로 처우프로그램에 수형자를 강제로 참여시키는 것은 허용되지 않는다고 본다.

④ 범죄문제의 근본적 해결을 위해서는 수형자 스스로의 행동 변화는 물론 범죄를 유발했던 지역사회도 변화되어야 한다는 입장이다.

03 전과자 A는 교도소에서 배운 미용기술로 미용실을 개업하여 어엿한 사회인으로 돌아오고, 범죄와의 고리를 끊었다. 다음 중 이 사례를 설명할 수 있는 것으로 가장 거리가 먼 것은?

① 허쉬(Hirschi)의 사회유대

② 샘슨(Sampson)과 라웁(Laub)의 사회자본

③ 베커(Becker)의 일탈자로서의 지위

④ 머튼(Merton)의 제도화된 수단

04 형사정책의 연구방법에 대한 설명으로 옳지 않은 것은?

① 공식범죄통계는 범죄현상을 분석하는 데 기본적인 수단으로 활용되고 있으며, 다양한 숨은 범죄를 포함한 객관적인 범죄 상황을 정확히 나타내는 장점이 있다.

② (준)실험적 연구는 새로 도입한 형사사법제도의 효과를 검증하는데 유용하게 활용된다.

③ 표본조사방법은 특정한 범죄자 모집단의 일부를 표본으로 선정하여 그들에 대한 조사결과를 그 표본이 추출된 모집단에 유추 적용하는 방법이다.

④ 추행조사방법은 일정한 범죄자 또는 비범죄자들에 대해 시간적 간격을 두고 추적·조사하여 그들의 특성과 사회적 조건의 변화를 관찰함으로써 범죄와의 상호 연결 관계를 파악할 수 있다.

05 피해자학 또는 범죄피해자에 대한 설명으로 옳지 않은 것은?

① 멘델존(Mendelsohn)은 피해자학의 아버지로 불리며 범죄피해자의 유책성 정도에 따라 피해자를 유형화하였다.

② 「범죄피해자 보호법」에서는 대인범죄 피해자와 재산범죄 피해자를 모두 범죄피해 구조대상으로 본다.

③ 마약 복용, 성매매 등의 행위는 '피해자 없는 범죄'에 해당한다.

④ 정당방위(형법 제21조 제1항)에 해당하여 처벌되지 않는 행위 및 과실에 의한 행위로 인한 피해는 범죄피해 구조대상에서 제외된다.

06 수용관리에 대한 설명으로 옳지 않은 것만을 모두 고른 것은?

> ⊙ 수형자의 전화통화의 허용횟수는 완화경비처우급의 경우 월 5회 이내로 제한된다.
> ⓛ 교정시설의 장은 다른 사람의 건강에 위해를 끼칠 우려가 있는 감염병에 걸린 사람의 수용을 거절할 수 있다.
> ⓒ 19세 이상 수형자는 교도소에 수용한다.
> ⓔ 목욕횟수는 부득이한 사정이 없으면 매주 1회 이상이 되도록 한다.
> ⓜ 19세 미만의 수용자와 계호상 독거수용자에 대하여는 건강검진을 6개월에 1회 이상 하여야 한다.
> ⓗ 수형자의 신입 수용시 변호사 선임에 관하여 알려 주어야 한다.
> ⓢ 면회자가 가져온 음식물은 보관할 수 있다.
> ⓞ 수형자의 접견 횟수는 매월 4회이다.

① ⊙, ⓗ, ⓢ

② ⓛ, ⓔ, ⓞ

③ ⊙, ⓔ, ⓢ, ⓞ

④ ⓒ, ⓜ, ⓗ, ⓢ

07 누진계급 측정방법의 명칭과 설명이 옳게 짝지어진 것은?

① 점수제 – 일정한 기간을 경과하였을 때 행형성적을 심사하여 진급을 결정하는 방법으로 기간제라고도 하며, 진급과 가석방 심사의 구체적 타당성을 기대할 수 있으나, 진급이 교도관의 자의에 의하여 좌우되기 쉽다.

② 고사제 – 최초 9개월의 독거구금 후 교도소에서 강제노동에 취업하는 수형자에게 고사급, 제3급, 제2급, 제1급, 특별급의 다섯 계급으로 나누어 상급에 진급함에 따라 우대를 더하는 방법으로 진급에는 지정된 책임점수를 소각하지 않으면 안 되는 방법이다.

③ 엘마이라제 – 누진계급을 제1급, 제2급, 제3급으로 구분하고 신입자를 제2급에 편입시켜 작업, 교육 및 행장에 따라 매월 각 3점 이하의 점수를 채점하여 54점을 취득하였을 때 제1급에 진급시키는 방법이다.

④ 잉글랜드제 – 수형자가 매월 취득해야 하는 지정점수를 소각하는 방법으로서 책임점수제라고도 하며, 진급척도로서의 점수를 매일이 아닌 매월 계산한다.

08 「형의 집행 및 수용자의 처우에 관한 법률」, 동법 시행령 및 시행규칙상 허용되지 않는 사례는?

① 교도소장 A는 개방처우급 수형자인 B의 사회복귀와 기술습득을 촉진하기 위하여 필요하다고 여겨, B를 교도소 외부에 소재한 기업체인 C사로 통근하며 작업을 할 수 있도록 허가하였다.

② 개방처우급 수형자인 B가 교정 성적이 우수하고 타 수형자의 모범이 되는 점을 감안하여, 교도소장 A는 B가 교정시설에 수용동과 별도로 설치된 일반주택 형태의 건축물에서 1박 2일간 가족과 숙식을 함께 할 수 있도록 허가하였다.

③ 교도소장 A는 수형자 B의 교화 또는 건전한 사회복귀에 필요하다고 여겨, 인근 대학의 심리학 전공 교수 D를 초청하여 상담 및 심리치료를 하게 하였다.

④ 일반경비처우급 수용자인 E의 교정 성적이 우수하자, 교도소장 A는 E에게 자치생활을 허용하면서 월 1회 토론회를 할 수 있도록 허가하였다.

09 「형의 집행 및 수용자의 처우에 관한 법률 시행규칙」상 수형자의 가석방 적격심사신청을 위하여 교정시설의 장이 사전에 조사하여야 할 사항으로 옳은 항목의 개수는?

> • 작업장려금 및 작업상태   • 접견 및 편지의 수신 · 발신 내역
> • 범죄 후의 정황   • 석방 후의 생활계획
> • 책임감 및 협동심

① 2개   ② 3개
③ 4개   ④ 5개

10 「보호관찰 등에 관한 법률」상 구인에 대한 설명으로 옳지 않은 것은?

① 보호관찰소의 장은 구인사유가 있는 경우 관할 지방검찰청의 검사에게 신청하여 검사의 청구로 관할 지방법원 판사의 구인장을 발부받아 보호관찰 대상자를 구인할 수 있다.

② 보호관찰소의 장은 구인사유가 있는 경우로서 긴급하여 구인장을 발부받을 수 없는 경우에는 그 사유를 알리고 구인장 없이 보호관찰 대상자를 구인할 수 있다.

③ 보호관찰소의 장은 보호관찰 대상자를 긴급구인한 경우에는 긴급구인서를 작성하여 48시간 내에 관할 지방검찰청 검사의 승인을 받아야 한다.

④ 보호관찰소의 장은 긴급구인에 대하여 관할 지방검찰청 검사의 승인을 받지 못하면 즉시 보호관찰 대상자를 석방하여야 한다.

11 사회 내 처우제도에 대한 설명으로 옳지 않은 것은?

① 지역사회의 자원이 동원됨으로써 교정에 대한 시민의 관심이 높아지고, 나아가 이들의 참여의식을 더욱 강화할 수 있다.

② 수용시설의 제한된 자원과는 달리 지역사회에서는 다양한 자원을 쉽게 발굴 및 활용할 수 있다.

③ 범죄인이 경제활동을 포함하여 지역사회에서 일상생활을 하는 것이 가능하므로, 범죄인 개인의 사회적 관계성을 유지할 수 있다.

④ 전자감시제도의 경우, 처우대상자의 선정에 공정성을 기하기 용이하다.

12 「성폭력범죄자의 성충동 약물치료에 관한 법률」상 약물치료에 대한 설명으로 옳지 않은 것은?

① 법원은 정신건강의학과 전문의의 진단 또는 감정의견만으로 치료명령 피청구자의 성도착증 여부를 판단하기 어려울 때에는 다른 정신건강의학과 전문의에게 다시 진단 또는 감정을 명할 수 있다.

② 치료명령을 선고받은 사람은 치료기간 동안 「보호관찰 등에 관한 법률」에 따른 보호관찰을 받는다.

③ 치료명령을 받은 사람은 치료기간 중 상쇄약물의 투약 등의 방법으로 치료의 효과를 해하여서는 아니 된다.

④ 국가는 치료명령의 결정을 받은 모든 사람의 치료기간 동안 치료비용을 부담하여야 한다.

13 여성수용자의 처우에 대한 설명으로 옳지 않은 것은?

① 「수용자 처우에 관한 UN최저기준규칙」에서는 여성 수용자는 여자 직원에 의해서만 관리 되도록 하고 있으나, 남자직원 특히 의사 및 교사가 여자시설에서 직무를 행할 수 있도록 하고 있다.

② 남성교도관은 필요하다고 인정되는 경우에도 야간에는 수용자 거실에 있는 여성수용자를 시찰할 수 없다.

③ 여성수용자는 자신이 출산한 유아를 교정시설에서 양육할 것을 신청할 수 있으며, 특별한 사유가 없으면 생후 18개월에 이르기까지 허가하여야 한다.

④ 교정시설의 장은 여성수용자가 미성년자인 자녀와 접견하는 경우에는 차단시설이 없는 장소에서 접견하게 할 수 있다.

14 사회적 처우에 대한 설명으로 옳지 않은 것은?

① 사회견학, 사회봉사, 종교행사 참석, 연극, 영화, 그 밖의 문화공연 관람은 사회적 처우에 속한다.

② 교정시설의 장은 원칙적으로 개방처우급, 완화경비처우급 및 일반경비처우급 수형자에 대하여 교정시설 밖에서 이루어지는 활동을 허가할 수 있다.

③ 연극이나 영화, 그 밖의 문화공연 관람에 필요한 비용은 수형자 부담이 원칙이며, 처우상 필요한 경우에는 예산의 범위에서 그 비용을 지원할 수 있다.

④ 교정시설의 장은 사회적 처우시에 별도의 수형자 의류를 지정하여 입게 하지만 처우상 필요한 경우 자비구매의류를 입게 할 수 있다.

15 「형의 집행 및 수용자의 처우에 관한 법률」상 귀휴에 대한 설명으로 옳지 않은 것은?

① 교정시설의 장은 6개월 이상 형을 집행받은 수형자로서 그 형기의 3분의 1이 지나고 교정 성적이 우수한 사람의 가족 또는 배우자의 직계존속이 질병이나 사고로 위독한 때에는 형기 중 20일 이내의 귀휴를 허가할 수 있다.

② 교정시설의 장은 직계비속의 혼례가 있는 때에 수형자에게 5일 이내의 특별귀휴를 허가 할 수 있다.

③ 특별귀휴는 교정성적이 우수하지 않아도 그 요건에 해당하면 허가할 수 있다.

④ 교정시설의 장은 귀휴 중인 수형자가 거소의 제한이나 그 밖에 귀휴허가에 붙인 조건을 위반한 때에는 그 귀휴를 취소할 수 있다.

16 **수용자의 정보공개청구에 대한 지방교정청장 甲의 처분으로 적법한 것은?**

① 정보공개를 위한 비용납부의 통지를 받은 수용자 A가 그 비용을 납부하기 전에 지방교정청장 甲은 정보공개의 결정을 하고 해당 정보를 A에게 공개하였다.

② 과거의 수용기간 동안 정당한 사유 없이 정보공개를 위한 비용을 납부하지 아니한 사실이 1회 있는 수용자 B가 정보공개청구를 하자, 청구를 한 날부터 7일째 甲은 B에게 정보의 공개 및 우송 등에 들 것으로 예상되는 비용을 미리 납부할 것을 통지하였다.

③ 정보공개를 위한 비용납부의 통지를 받은 수용자 C가 그 통지를 받은 후 3일 만에 비용을 납부했지만, 甲은 비공개 결정을 하고 C가 예납한 비용 중 공개여부의 결정에 드는 비용을 제외한 금액을 반환하였다.

④ 현재의 수용기간 동안 甲에게 정보공개청구를 한 후 정당한 사유로 그 청구를 취하한 사실이 있는 수용자 D가 다시 정보공개청구를 하자, 甲은 D에게 정보의 공개 및 우송 등에 들 것으로 예상되는 비용을 미리 납부할 것을 통지하였다.

17 **사형확정자의 처우에 대한 설명 중 옳지 않은 것만을 모두 고른 것은?**

㉠ 사형확정자의 교육·교화프로그램, 작업 등의 적절한 처우를 위하여 필요한 경우에는 사형확정자와 수형자를 혼거수용할 수 있다.
㉡ 사형확정자의 번호표 및 거실표의 색상은 붉은 색으로 한다.
㉢ 사형이 집행된 후 10분이 지나야 교수형에 사용한 줄을 풀 수 있다.
㉣ 사형확정자의 신청에 따라 작업을 부과할 수 있다.
㉤ 사형확정자를 수용하는 시설은 완화경비시설 또는 일반경비시설에 준한다.
㉥ 사형확정자의 교화나 심리적 안정을 위해 필요한 경우에 접견 횟수를 늘릴 수 있으나 접견시간을 연장할 수는 없다.

① ㉠, ㉢, ㉤　　② ㉡, ㉣, ㉤　　③ ㉢, ㉣, ㉥　　④ ㉢, ㉤, ㉥

18 **교정교육에 대한 설명으로 옳지 않은 것은?**

① 독학에 의한 학위 취득과정과 방송통신대학과정의 실시에 소요되는 비용은 특별한 사정이 없으면 교육대상자의 부담으로 한다.

② 교정시설의 장은 교육을 위하여 필요한 경우에는 외부강사를 초빙할 수 있으며, 카세트 또는 재생전용기기의 사용을 허용할 수 있다.

③ 교정시설의 장은 의무교육을 받은 고령의 수형자에 대하여는 본인의 의사·나이·지식정도, 그 밖의 사정을 고려하여 그에 알맞게 교육하여야 한다.

④ 본인의 신청에 따른 미결수용자에 대한 교육·교화프로그램은 교정시설 내에서만 실시하여야 한다.

19 **수용자의 기본권에 대한 설명으로 옳은 것은?** (다툼이 있는 경우 헌법재판소 판례에 의함)

① 변호사와 접견하는 경우에도 수용자의 접견은 원칙적으로 접촉차단시설이 설치된 장소에서 하도록 규정하고 있는 「형의 집행 및 수용자의 처우에 관한 법률 시행령」 관련 조항은 수용자의 재판청구권을 침해한다.

② 수형자의 선거권을 전면적·획일적으로 제한하는 「공직선거법」 관련 조항은 범행의 불법성이 커 교정시설에 구금되어 있는 자들의 선거권을 일률적으로 제한해야 할 필요성에 근거한 것으로 수형자의 선거권을 침해하는 것은 아니다.

③ 교도소에 수용된 때에는 국민건강급여를 정지하도록 한 「국민건강보험법」상의 규정은 수용자의 건강권, 인간의 존엄성, 행복추구권, 인간다운 생활을 할 권리를 침해하는 것으로 위헌이다.

④ 교화상 또는 구금목적에 특히 부적당하다고 인정되는 기사, 조직범죄 등 수용자 관련 범죄기사에 대한 신문기사를 삭제한 후 수용자에게 구독케 한 행위는 알 권리의 과잉침해에 해당한다.

20 **바톨라스(Bartollas)와 밀러(Miller)의 소년교정모델에 대한 설명으로 옳지 않은 것은?**

① 의료모형(medical model) − 비행소년은 자신이 통제할 수 없는 요인에 의해서 범죄자로 결정되었으며, 이들은 사회적으로 약탈된 사회적 병질자이기 때문에 처벌의 대상이 아니라 치료의 대상이다.

② 적응모형(adjustment model) − 범죄자 스스로 책임 있는 선택과 합법적 결정을 할 수 없다. 그 결과, 현실요법, 환경요법 등의 방법이 처우에 널리 이용된다.

③ 범죄통제모형(crime control model) − 청소년도 자신의 행동에 대해서 책임을 져야 하므로, 청소년 범죄자에 대한 처벌을 강화하는 것만이 청소년범죄를 줄일 수 있다.

④ 최소제한모형(least−restrictive model) − 비행소년에 대해서 소년사법이 개입하게 되면, 이들 청소년들이 지속적으로 법을 위반할 가능성이 증대될 것이다.

01 낙인이론(labeling theory)에 대한 설명으로 옳지 않은 것은?

① 레머트(Lemert)는 1차적 일탈에 대한 부정적 사회반응이 2차적 일탈을 만들어 낸다고 하였다.
② 베커(Becker)는 일탈자의 지위는 다른 대부분의 지위보다도 더 중요한 지위가 된다고 하였다.
③ 중요한 정책으로는 다이버전, 비범죄화, 탈시설화 등이 있다.
④ 사회 내 처우의 문제점을 지적하면서 시설 내 처우의 필요성을 강조하였다.

02 「형의 집행 및 수용자의 처우에 관한 법률 시행규칙」상 기본수용급으로 옳은 것은?

① 형기가 8년 이상인 장기수형자
② 24세 미만의 청년수형자
③ 정신질환 또는 장애가 있는 수형자
④ 조직폭력 또는 마약류 수형자

03 범죄에 관하여 고전주의 학파와 실증주의 학파로 나눌 때, 다음 설명 중 동일한 학파의 주장으로만 묶은 것은?

> ㉠ 효과적인 범죄예방은 형벌을 통해 사람들이 범죄를 포기하게 만드는 것이다.
> ㉡ 법·제도적 문제 대신에 범죄인의 개선 자체에 중점을 둔 교정이 있어야 범죄예방이 가능하다.
> ㉢ 형이상학적인 설명보다는 체계화된 인과관계 검증 과정과 과거 경험이 더 중요하다.
> ㉣ 형벌은 계몽주의, 공리주의에 사상적 기초를 두고 이루어져야 한다.
> ㉤ 인간은 기본적으로 자유의지를 가진 합리적·이성적 존재이다.

① ㉠, ㉡, ㉤   ② ㉠, ㉣, ㉤
③ ㉡, ㉢, ㉣   ④ ㉡, ㉢, ㉤

04 교정의 이념에 대한 설명으로 옳지 않은 것은?

① 사회적 결정론자들은 사회경제적 조건을 범죄의 원인으로 보기 때문에 시장성 있는 기술교육과 취업기회의 제공 등으로 범죄자를 복귀시키는 경제모델(economic model)을 지지한다.

② 재통합모델(reintegration model)은 범죄자의 사회재통합을 위해서 지역사회와의 의미있는 접촉과 유대관계를 중시하므로 지역사회 교정을 강조한다.

③ 의료모델(medical model)은 범죄자가 자신의 의지에 따라 의사를 결정하고 선택할 능력이 없으며 교정을 통해서도 치료할 수 없기 때문에 선택적 무력화를 주장한다.

④ 정의모델(justice model)은 형사사법기관의 재량권 남용은 시민에 대한 국가권력의 남용이라고 보아 공정성으로서 정의를 중시한다.

05 「보호관찰 등에 관한 법률」상 범죄의 내용과 종류 및 본인의 특성 등을 고려하여 특별준수사항으로 따로 부과할 수 있는 것은?

① 주거지에 상주하고 생업에 종사할 것

② 재범의 기회나 충동을 줄 수 있는 특정 지역·장소의 출입을 하지 말 것

③ 주거를 이전하거나 1개월 이상 국내외 여행을 할 때에는 미리 보호관찰관에게 신고할 것

④ 범죄로 이어지기 쉬운 나쁜 습관을 버리고 선행을 하며 범죄를 저지를 염려가 있는 사람들과 교제하거나 어울리지 말 것

06 「형의 집행 및 수용자의 처우에 관한 법률 시행규칙」상 소득점수 평가기준과 처우등급 조정에 대한 설명으로 옳지 않은 것은?

① 소득점수는 수형생활 태도와 작업 또는 교육성적으로 구성되며, 수형생활 태도는 품행·책임감 및 협동심의 정도에 따라, 작업 또는 교육성적은 부과된 작업·교육의 실적 정도와 근면성 등에 따라 채점한다.

② 수형생활 태도 점수와 작업 또는 교육성적 점수를 채점하는 경우에 수는 소속작업장 또는 교육장 전체 인원의 10퍼센트를 초과할 수 없고, 우는 30퍼센트를 초과할 수 없으나, 작업장 또는 교육장 전체인원이 4명 이하인 경우에는 수·우를 각각 1명으로 채점할 수 있다.

③ 소득점수를 평정하는 경우에 평정 대상기간 동안 매월 평가된 소득점수를 합산하여 평정 대상기간의 개월 수로 나누어 얻은 점수인 평정소득점수가 5점 이하인 경우 경비처우급을 하향 조정할 수 있다.

④ 조정된 처우등급의 처우는 그 조정이 확정된 날부터 하며, 이 경우 조정된 처우등급은 그달 초일부터 적용된 것으로 본다.

07 형의 집행 및 수용자의 처우에 관한 법령상 수용자의 수용에 대한 설명으로 옳지 않은 것은?

① 수용자는 독거수용하나, 수형자의 교화 또는 건전한 사회복귀를 위하여 필요한 때에는 혼거수용할 수 있다.

② 취사 작업을 위하여 필요하거나 그 밖에 특별한 사정이 있으면 구치소에 수형자를 수용할 수 있다.

③ 교정시설의 장은 신입자의 의사에 반하여 건강진단을 할 수 없다.

④ 수용자의 생명·신체의 보호, 증거인멸의 방지 및 교정시설의 안전과 질서유지를 위하여 필요하다고 인정하면 혼거실이나 교육실, 그 밖에 수용자들이 서로 접촉할 수 있는 장소에서 수용자의 자리를 지정할 수 있다.

08 사회 내 처우로만 바르게 짝지은 것은?

① 귀휴 - 사회봉사명령 - 병영훈련

② 주말구금 - 단기보호관찰 - 외부통근

③ 가택구금 - 사회견학 - 집중보호관찰

④ 수강명령 - 전자발찌 - 외출제한명령

09 충격구금(shock incarceration)에 대한 설명으로 옳지 않은 것은?

① 장기구금에 따른 폐해를 해소하거나 줄이는 대신 구금의 긍정적 측면을 강조하기 위한 것이다.

② 구금의 고통이 큰 기간을 구금하여 범죄억제효과를 극대화하는 데 제도적 의의가 있다.

③ 형의 유예 및 구금의 일부 장점들을 결합한 것으로 보호관찰과는 결합될 수 없다.

④ 짧은 기간 구금되지만 범죄자가 악풍에 감염될 우려가 있다.

10 회복적 사법(restorative justice)에 대한 설명으로 옳지 않은 것은?

① 회복적 사법은 가해자에 대한 강한 공식적 처벌과 피해의 회복을 강조한다.

② 회복적 사법은 공식적인 형사사법이 가해자에게 부여하는 오명 효과를 줄이는 대안이 될 수 있다.

③ 회복적 사법의 시각에서 보면 범죄행동은 법을 위반한 것일 뿐만 아니라 피해자와 지역사회에 해를 끼친 것이다.

④ 회복적 사법 프로그램으로는 피해자 - 가해자 중재, 가족회합 등이 있다.

11 「형의 집행 및 수용자의 처우에 관한 법률」상 작업과 직업훈련에 대한 설명으로 옳지 않은 것은?

① 작업수입은 수형자가 석방될 때에 본인에게 지급하여야 한다.

② 취사·청소 작업은 공휴일·토요일과 대통령령으로 정하는 휴일에도 작업을 부과할 수 있다.

③ 교정시설의 장은 수형자의 직업훈련을 위하여 필요하면 외부의 기관 또는 단체에서 훈련을 받게 할 수 있고, 직업훈련 대상자의 선정기준 등에 관하여 필요한 사항은 법무부령으로 정한다.

④ 교정시설의 장은 부모의 제삿날에는 수형자가 작업을 계속하기를 원하는 경우를 제외하고는 1일간 해당 수형자의 작업을 면제한다.

12 「형의 집행 및 수용자의 처우에 관한 법률」상 안전과 질서에 대한 설명으로 옳지 않은 것은?

① 교정시설의 장은 수용자의 신체적·정신적 질병으로 인하여 특별한 보호가 필요한 때에는 의무관의 의견을 고려하여 진정실에 수용할 수 있다.

② 전자영상장비로 거실에 있는 수용자를 계호하는 것은 자살 등의 우려가 큰 때에만 할 수 있다.

③ 교도관은 이송·출정, 그 밖에 교정시설 밖의 장소로 수용자를 호송할 때 수갑 및 포승을 사용할 수 있다.

④ 교도관은 교정시설 안에서 자기 또는 타인의 생명·신체를 보호하기 위하여 급박하다고 인정되는 상당한 이유가 있으면 수용자 외의 사람에 대하여도 무기를 사용할 수 있다.

13 형의 집행 및 수용자의 처우에 관한 법령상 특별한 보호가 필요한 수용자의 처우에 대한 설명으로 옳은 것만을 모두 고른 것은?

> ㉠ 노인수형자 전담교정시설에는 별도의 공동휴게실을 마련하고 노인이 선호하는 오락용품 등을 갖춰두어야 한다.
>
> ㉡ 교정시설의 장은 유아의 양육을 허가한 경우에는 교정시설에 육아거실을 지정·운영하여야 한다.
>
> ㉢ 여성수용자는 자신이 출산한 유아를 교정시설에서 양육할 것을 신청할 수 있고, 이 경우 교정시설의 장은 생후 24개월에 이르기까지 허가하여야 한다.
>
> ㉣ 교정시설의 장은 생리 중인 여성수용자에 대하여는 위생에 필요한 물품을 지급하여야 한다.
>
> ㉤ 교정시설의 장은 노인수용자에 대하여 1년에 1회 이상 건강검진을 하여야 한다.

① ㉠, ㉡, ㉣　　　　　　　　　　② ㉠, ㉢, ㉤

③ ㉡, ㉢, ㉤　　　　　　　　　　④ ㉡, ㉣, ㉤

14 형의 집행 및 수용자의 처우에 관한 법령상 교정시설에 대한 설명으로 옳지 않은 것은?

① 판사와 검사는 직무상 필요하면 교정시설을 시찰할 수 있다.

② 교정시설의 거실은 수용자가 건강하게 생활할 수 있도록 적정한 수준의 공간과 채광·통풍·난방을 위한 시설이 갖추어져야 한다.

③ 교정시설의 장은 외국인에게 교정시설의 참관을 허가할 경우에는 미리 법무부장관의 승인을 받아야 한다.

④ 신설하는 교정시설은 수용인원이 500명 이내의 규모가 되도록 하여야 하나, 교정시설의 기능·위치나 그 밖의 사정을 고려하여 그 규모를 늘릴 수 있다.

15 형의 집행 및 수용자의 처우에 관한 법령상 다음 중 옳은 것만을 모두 고른 것은?

> ㉠ 미결수용자의 접견 횟수는 매일 1회로 하되, 변호인과의 접견은 그 횟수에 포함시키지 않는다.
> ㉡ 교정시설의 장은 미결수용자가 도주하거나 도주한 미결수용자를 체포한 경우에는 그 사실을 경찰관서에 통보하고, 기소된 상태인 경우에는 검사에게 지체 없이 통보하여야 한다.
> ㉢ 경찰관서에 설치된 유치장에는 수형자를 7일 이상 수용할 수 없다.
> ㉣ 미결수용자는 무죄의 추정을 받으므로 교정시설의 장은 미결수용자가 신청하더라도 작업을 부과할 수 없다.
> ㉤ 미결수용자와 변호인 간의 편지는 교정시설에서 상대방이 변호인임을 확인할 수 없는 경우를 제외하고는 검열할 수 없다.

① ㉠, ㉡   ② ㉠, ㉤

③ ㉡, ㉢, ㉣   ④ ㉢, ㉣, ㉤

16 「보호관찰 등에 관한 법률」상 갱생보호제도에 대한 설명으로 옳은 것은?

① 형사처분 또는 보호처분을 받은 자, 형 집행정지 중인 자 등이 갱생보호의 대상자이다.

② 갱생보호 대상자는 보호관찰소의 장에게만 갱생보호 신청을 할 수 있다.

③ 갱생보호사업을 하려는 자는 대통령령으로 정하는 바에 따라 지방교정청장의 허가를 받아야 한다.

④ 갱생보호의 방법에는 주거 지원, 출소예정자 사전상담, 갱생보호 대상자의 가족에 대한 지원이 포함된다.

17 「형의 집행 및 수용자의 처우에 관한 법률 시행규칙」상 교정시설 밖의 외부기업체에 통근하며 작업하는 수형자로 선정될 수 있는 일반적 자격요건으로 옳지 않은 것은?

① 18세 이상 65세 미만일 것

② 집행할 형기가 7년 미만이고 가석방이 제한되지 아니할 것

③ 개방처우급·완화경비처우급·일반경비처우급에 해당할 것

④ 가족·친지 또는 교정위원 등과 접견·편지수수·전화통화 등으로 연락하고 있을 것

18 「소년법」상 소년에 관한 형사사건에 대한 설명으로 옳지 않은 것은?

① 단기 3년, 장기 6년의 징역형을 선고받은 소년에게는 1년이 지나면 가석방을 허가할 수 있다.

② 소년에 대한 형사사건의 심리는 다른 피의사건과 관련된 경우에는 그 절차를 병합하여야 한다.

③ 보호처분이 계속 중일 때에 징역, 금고 또는 구류를 선고받은 소년에 대하여는 먼저 그 형을 집행한다.

④ 징역 또는 금고를 선고받은 소년에 대하여는 특별히 설치된 교도소 또는 일반 교도소 안에 특별히 분리된 장소에서 그 형을 집행하나, 소년이 형의 집행 중에 23세가 되면 일반 교도소에서 집행할 수 있다.

19 「형의 집행 및 수용자의 처우에 관한 법률」상 교도소장 A가 취한 조치 중 타당한 것은?

① 정치인 B가 신입자로 수용되면서 자신의 수감 사실을 가족에게 알려줄 것을 원하였으나, 교도소장 A는 정치인 B에게 아첨하는 것처럼 비칠까봐 요청을 거부하고 가족에게 알리지 않았다.

② 기독교 신자이며 교도소장 A의 동창인 수용자 C는 성경책을 지니기를 원하였으나, 교도소장 A는 지인에 대한 특혜처럼 비칠까봐 별다른 교화나 질서유지상의 문제가 없음에도 성경책을 지니는 것을 제한하였다.

③ 수용자인 연예인 D가 교도소 외부 대형병원에서 자신의 비용으로 치료받기를 원하였으나, 교도소장 A는 교도소의 의무관으로부터 소내 치료가 충분히 가능한 단순 타박상이라 보고받고 명백한 꾀병으로 보이기에 외부병원 치료 요청을 거부하였다.

④ 교도소장 A는 금고형을 선고받고 복역 중인 기업인 E가 교도작업을 하지 않는 것은 특혜라고 비칠까봐 기업인 E가 거부함에도 불구하고 교도작업을 부과하였다.

20 **맛차(Matza)의 표류이론(drift theory)에 대한 설명으로 옳지 않은 것은?**

① 비행청소년들은 비행의 죄책감을 모면하기 위해 다양한 중화의 기술을 구사한다.

② 비행이론은 표류를 가능하게 하는, 즉 사회통제를 느슨하게 만드는 조건을 설명해야 한다고 주장하였다.

③ 대부분의 비행청소년들은 합법적인 영역에서 오랜 시간을 보낸다.

④ 비행청소년들은 비행 가치를 받아들여 비행이 나쁘지 않다고 생각하기 때문에 비행을 한다.

01 「형의 집행 및 수용자의 처우에 관한 법률」과 동법 시행령상 청원에 대한 설명으로 옳지 않은 것은?

① 수용자는 그 처우에 관하여 불복하는 경우 법무부장관·순회점검공무원 또는 관할 지방 교정청장에게 청원할 수 있다.

② 청원하려는 수용자는 청원서를 작성하여 봉한 후 소장에게 제출하여야 한다. 다만, 순회 점검공무원에 대한 청원은 말로도 할 수 있으며, 이때 그 내용을 전부 녹음하여야 한다.

③ 순회점검공무원이 청원을 청취하는 경우 해당 교정시설의 교도관이 참여하여서는 아니 된다.

④ 청원에 관한 결정은 문서로 하여야 하며, 소장은 청원에 관한 결정서를 접수하면 청원인 에게 지체 없이 전달하여야 한다.

02 「형의 집행 및 수용자의 처우에 관한 법률」 및 동법 시행령상 교도작업에 대한 설명으로 옳지 않은 것은?

① 소장은 미결수용자에 대하여는 신청에 따라 작업을 부과할 수 있지만, 교정시설 밖에서 행하는 작업은 부과할 수 없다.

② 소장은 금고형 또는 구류형의 집행 중에 있는 사람에 대하여는 신청에 따라 작업을 부과 할 수 있다.

③ 소장은 교도관에게 매주 1회 수형자의 작업실적을 확인하게 하여야 한다.

④ 소장은 수형자의 가족 또는 배우자의 직계존속이 사망하면 2일간, 부모 또는 배우자의 제삿날에는 1일간 해당 수형자의 작업을 면제한다. 다만, 수형자가 작업을 계속하기를 원 하는 경우는 예외로 한다.

03 「형의 집행 및 수용자의 처우에 관한 법률 시행규칙」상 외국인수용자의 수용에 대한 설명으로 옳지 않은 것은?

① 법무부장관이 외국인수형자의 처우를 전담하도록 정하는 시설의 장은 외국인의 특성에 알맞은 교화프로그램 등을 개발하여 시행하여야 한다.

② 외국인수용자를 수용하는 소장은 외국어에 능통한 소속 교도관을 전담요원으로 지정하여 일상적인 개별면담, 고충해소, 통역·번역 및 외교공관 또는 영사관 등 관계기관과의 연락 등의 업무를 수행하게 하여야 한다.

③ 소장은 외국인수용자의 수용거실을 지정하는 경우에는 종교 또는 생활관습이 다르거나 민족감정 등으로 인하여 분쟁의 소지가 있는 외국인수용자는 거실을 분리하여 수용하여야 한다.

④ 소장은 외국인수용자가 질병 등으로 사망한 경우에는 관할 출입국관리사무소, 그의 국적이나 시민권이 속하는 나라의 외교공관 또는 영사관의 장이나 그 관원 및 가족에게 즉시 알려야 한다.

04 「형의 집행 및 수용자의 처우에 관한 법률」과 동법 시행규칙상 수용자의 교정시설 외부에 있는 사람(변호인 제외)과의 접견에 대한 설명으로 옳지 않은 것은?

① 시설의 안전 또는 질서를 해칠 우려가 있는 때에는 수용자는 교정시설의 외부에 있는 사람과 접견할 수 없다.

② 일반경비처우급 수형자의 접견 허용횟수는 월 6회로 하되, 1일 1회만 허용한다.

③ 접견 중인 수용자가 수용자의 처우 또는 교정시설의 운영에 관한 거짓사실을 유포하는 때에는 교도관은 접견을 중지할 수 있다.

④ 소장은 교화 및 처우상 특히 필요한 경우에는 수용자가 다른 교정시설의 수용자와 통신망을 이용하여 화상으로 접견하는 것을 허가할 수 있다.

05 개방형 처우의 한 형태로 미국에서 주로 실시하고 있는 '사법형 외부통근제'의 장점이 아닌 것은?

① 수형자의 수형생활 적응에 도움이 되고, 국민의 응보적 법감정에 부합한다.

② 수형자가 판결 전의 직업을 그대로 유지할 수 있으므로 직업이 중단되지 않고 가족의 생계를 유지시킬 수 있다.

③ 수형자에게 자율능력을 가진 노동을 허용하여 개인의 존엄을 유지하게 하는 심리적 효과가 있다.

④ 주말구금이나 야간구금과 같은 반구금제도와 함께 활용할 수 있다.

06 다음의 설명과 관련 있는 교정상담기법은?

> • 1950년대 에릭 번(Eric Berne)에 의하여 주장된 것으로 계약과 결정이라는 치료 방식을 취한다.
> • 상담자는 대체로 선생님의 역할을 하게 된다.
> • 재소자로 하여금 자신의 과거 경험이 현재 행위에 미친 영향을 보도록 녹화테이프를 재생하듯이 되돌려 보게 한다. 이 과정을 통해 재소자가 과거에 대한 부정적인 장면들은 지워버리고 올바른 인생의 목표를 성취할 수 있다는 것을 확신하도록 도와준다.
> • 자신의 문제를 검토할 의사가 전혀 없는 사람이나 사회 병리적 문제가 있는 사람에게는 도움이 되지 않는다.

① 교류분석(transactional analysis)
② 현실요법(reality therapy)
③ 환경요법(milieu therapy)
④ 사회적 요법(social therapy)

07 「치료감호 등에 관한 법률」상 치료감호에 대한 설명으로 옳지 않은 것은?

① 구속영장에 의하여 구속된 피의자에 대하여 검사가 공소를 제기하지 아니하는 결정을 하고 치료감호 청구만을 하는 때에는 구속영장의 효력은 상실되므로 별도로 치료감호영장을 청구하여야 한다.
② 피치료감호자 등의 텔레비전 시청, 라디오 청취, 신문·도서의 열람은 일과시간이나 취침시간 등을 제외하고는 자유롭게 보장된다.
③ 치료감호와 형이 병과된 경우에는 치료감호를 먼저 집행하며, 이 경우 치료감호의 집행기간은 형 집행기간에 포함한다.
④ 피치료감호자에 대한 치료감호가 가종료되었을 때 보호관찰이 시작되며, 이때 보호관찰의 기간은 3년으로 한다.

08 「전자장치 부착 등에 관한 법률」상 전자장치 부착 등에 대한 설명으로 옳은 것은?

① 전자장치 피부착자는 주거를 이전하거나 3일 이상의 국내여행 또는 출국할 때에는 미리 보호관찰관의 허가를 받아야 한다.

② 19세 미만의 사람에 대하여 성폭력범죄를 저지른 경우에는 전자장치 부착기간의 상한과 하한은 법률에서 정한 부착기간의 2배로 한다.

③ 검사는 성폭력범죄로 징역형의 실형을 선고받은 사람이 그 집행을 종료한 후 또는 집행이 면제된 후 15년 이내에 성폭력범죄를 저지르고, 성폭력범죄를 다시 범할 위험성이 있다고 인정되는 때에는 전자장치를 부착하도록 하는 명령을 법원에 청구할 수 있다.

④ 여러 개의 특정범죄에 대하여 동시에 전자장치 부착명령을 선고할 때에는 법정형이 가장 중한 죄의 부착기간 상한의 2분의 1까지 가중하되, 각 죄의 부착기간의 상한을 합산한 기간을 초과할 수 없다. 다만, 하나의 행위가 여러 특정범죄에 해당하는 경우에는 가장 중한 죄의 부착기간을 부착기간으로 한다.

09 환경범죄학(Environmental Criminology)에 대한 설명으로 옳지 않은 것은?

① 범죄사건을 가해자, 피해자, 특정 시공간상에 설정된 법체계 등의 범죄환경을 통해 설명하였다.

② 브랜팅햄(Brantingham) 부부의 범죄패턴이론(Crime Pattern Theory)에 따르면 범죄자는 일반인과 같은 정상적인 시공간적 행동패턴을 갖지 않는다.

③ 환경설계를 통한 범죄예방(CPTED)을 주장한 제프리(Jeffrey)는 "세상에는 환경적 조건에 따른 범죄행동만 있을 뿐 범죄자는 존재하지 않는다."라고 주장하였다.

④ 환경범죄학의 다양한 범죄분석 기법은 정보주도 경찰활동(ILP)에 활용되고 있다.

10 「형의 집행 및 수용자의 처우에 관한 법률」과 동법 시행규칙상 수용자의 특별한 보호를 위하여 행하는 처우에 관한 규정의 내용과 일치하지 않는 것은?

① 노인수용자의 거실은 시설부족 또는 그 밖의 부득이한 사정이 없으면 건물의 1층에 설치하고, 특히 겨울철 난방을 위하여 필요한 시설을 갖추어야 한다.

② 장애인수형자 전담교정시설의 장은 장애인의 재활에 관한 전문적인 지식을 가진 의료진과 장비를 갖추어야 한다.

③ 법무부장관이 19세 미만의 수형자의 처우를 전담하도록 정하는 시설에는 별도의 공동학습공간을 마련하고 학용품 및 소년의 정서 함양에 필요한 도서, 잡지 등을 갖춰 두어야 한다.

④ 남성교도관이 1인의 여성수용자에 대하여 실내에서 상담 등을 하려면 투명한 창문이 설치된 장소에서 다른 여성을 입회시킨 후 실시하여야 한다.

11 「민영교도소 등의 설치·운영에 관한 법률」상 민영교도소의 운영 등에 대한 설명으로 옳지 않은 것은?

① 교정법인의 대표자는 민영교도소의 장 및 대통령령으로 정하는 직원을 임면할 때에는 미리 법무부장관의 승인을 받아야 한다.

② 대한민국 국민이 아닌 자는 민영교도소의 직원으로 임용될 수 없다.

③ 민영교도소의 운영에 필요한 무기는 국가의 부담으로 법무부장관이 구입하여 배정한다.

④ 민영교도소에 수용된 수용자가 작업하여 생긴 수입은 국고수입으로 한다.

12 다음 수형자 중 「형의 집행 및 수용자의 처우에 관한 법률 시행규칙」상 분류심사 제외 대상에 해당하지 않는 것은?

① 징역형이 확정된 사람으로서 집행할 형기가 형집행지휘서 접수일부터 3개월 미만인 사람

② 금고형이 확정된 사람으로서 집행할 형기가 형집행지휘서 접수일부터 3개월 미만인 사람

③ 구류형이 확정된 사람

④ 질병 등으로 분류심사가 곤란한 사람

13 「형의 집행 및 수용자의 처우에 관한 법률 시행규칙」상 수형자의 가족 만남의 날 행사 등에 대한 설명으로 옳지 않은 것은?

① 소장은 개방처우급·완화경비처우급 수형자에 대하여 가족 만남의 날 행사에 참여하게 하거나 가족 만남의 집을 이용하게 할 수 있다.

② 소장은 가족이 없는 수형자에 대하여는 결연을 맺었거나 그 밖에 가족에 준하는 사람으로 하여금 그 가족을 대신하게 할 수 있다.

③ 수형자가 가족 만남의 날 행사에 참여하거나 가족 만남의 집을 이용하는 경우 「형의 집행 및 수용자의 처우에 관한 법률 시행규칙」 제87조에서 정한 접견 허용횟수에 포함된다.

④ 소장은 교화를 위하여 특히 필요한 경우에는 일반경비처우급 수형자에 대하여도 가족 만남의 날 행사 참여 또는 가족 만남의 집 이용을 허가할 수 있다.

14 「형의 집행 및 수용자의 처우에 관한 법률」상 신입자의 처우에 대한 설명으로 옳지 않은 것은?

① 신입자의 건강진단은 수용된 날부터 3일 이내에 하여야 한다. 다만, 휴무일이 연속되는 등 부득이한 사정이 있는 경우에는 예외로 한다.

② 소장은 신입자거실에 수용된 사람에게 교화를 위해 필요한 경우 작업을 부과할 수 있다.

③ 소장은 19세 미만의 신입자 그 밖에 특히 필요하다고 인정하는 수용자에 대하여는 신입자 거실에의 수용기간을 30일까지 연장할 수 있다.

④ 소장은 신입자를 인수한 경우에는 교도관에게 신입자의 신체·의류 및 휴대품을 지체 없이 검사하게 하여야 한다.

15 조선시대의 형벌제도에 대한 설명으로 옳지 않은 것은?

① 도형은 형집행에 있어서 집행관의 자의가 개입하기 쉽기 때문에 남형의 폐해가 가장 많았다.

② 질병에 걸린 자나 임신한 여자는 태형을 집행하지 않고 대신 속전을 받았다.

③ 장형은 태형보다 중한 벌로써 60대에서 100대까지 5등급이 있었고, 별도로 집행하는 경우도 있었지만 도·유형에 대하여 병과하는 것이 보통이었다.

④ 유형 중 안치는 왕족이나 고관현직자에 적용되었고, 유거의 성질에 따라 본향안치, 절도 안치, 위리안치 등이 있었다.

16 「가석방자관리규정」에 따른 가석방자 관리에 대한 설명으로 옳지 않은 것은?

① 가석방자는 가석방 후 그의 주거지에 도착하였을 때에 지체 없이 종사할 직업 등 생활계 획을 세우고, 이를 관할경찰서의 장에게 서면으로 신고하여야 한다.

② 관할경찰서의 장은 6개월마다 가석방자의 품행, 직업의 종류, 생활 정도, 가족과의 관계, 가족의 보호 여부 및 그 밖의 참고사항에 관하여 조사서를 작성하고 관할 지방검찰청의 장 및 가석방자를 수용하였다가 석방한 교정시설의 장에게 통보하여야 한다. 다만, 변동 사항이 없는 경우에는 그러하지 아니하다.

③ 가석방자는 국내 주거지 이전(移轉) 또는 10일 이상 국내 여행을 하려는 경우 관할경찰서 의 장에게 신고하여야 한다.

④ 가석방자가 사망한 경우 관할경찰서의 장은 그 사실을 관할 지방검찰청의 장 및 가석방자 를 수용하였다가 석방한 교정시설의 장에게 통보하여야 하고, 통보를 받은 석방시설의 장 은 그 사실을 법무부장관에게 보고하여야 한다.

17 〈보기〉에서 보호관찰과 수강명령을 병과할 수 있는 대상자를 모두 고른 것은?

─────〈 보기 〉─────

㉠ 「형법」상 선고유예를 받은 자
㉡ 「형법」상 가석방된 자
㉢ 「소년법」상 보호관찰관의 장기·단기보호관찰 처분을 받은 소년 중 12세 이상인 자
㉣ 「성폭력범죄의 처벌 등에 관한 특례법」상 성폭력범죄를 범한 사람으로서 형의 집행을 유예 받은 자

① ㉡, ㉣   ② ㉢, ㉣
③ ㉠, ㉡, ㉢   ④ ㉠, ㉢, ㉣

18 「형의 집행 및 수용자의 처우에 관한 법률」상 수용자 사망 시 조치에 대한 설명으로 옳지 않은 것은?

① 소장은 수용자가 사망한 경우에는 그 사실을 즉시 그 가족(가족이 없는 경우에는 다른 친족)에게 알려야 한다.

② 소장은 병원이나 그 밖의 연구기관이 학술연구상의 필요에 따라 수용자의 시신인도를 신청하면 본인의 유언 또는 상속인의 승낙이 있는 경우에 한하여 인도할 수 있다.

③ 소장은 가족 등 수용자가 사망한 사실을 알게 된 사람이 사망한 사실을 알게 된 날부터 법률이 정하는 소정의 기간 내에 그 시신을 인수하지 아니하거나 시신을 인수할 사람이 없으면 임시로 매장하거나 화장(火葬) 후 봉안하여야 한다. 다만, 감염병 예방 등을 위하여 필요하면 즉시 화장하여야 하며, 그 밖에 필요한 조치를 할 수 있다.

④ 소장은 수용자가 사망하면 법무부장관이 정하는 범위에서 화장·시신인도 등에 필요한 비용을 인수자에게 지급하여야 한다.

19 미국의 데이비드 스트리트(David Street) 등의 학자들은 「처우조직(Organization For Treatment)」
이라는 자신들의 저서에서 소년범죄자들에 대한 처우조직을 여러 유형으로 분류하였다. 다음 설
명에 해당하는 유형은?

> • 소년범죄자의 태도와 행동의 변화 그리고 개인적 자원의 개발에 중점을 둔다.
> • 소년범죄자를 지역사회의 학교로 외부통학을 시키기도 한다.
> • 처우시설의 직원들은 대부분 교사로서 기술 습득과 친화적 분위기 창출에 많은 관심을
>   둔다.
> • 처우시설 내 규율의 엄격한 집행이 쉽지 않다.

① 복종 및 동조(obedience/conformity) 유형
② 처우(treatment) 유형
③ 재교육 및 발전(reeducation/development) 유형
④ 변화 및 혁신(changement/innovation) 유형

20 「형의 집행 및 수용자의 처우에 관한 법률 시행규칙」상 교도작업 및 직업훈련에 대한 설명으로
옳은 것은?

① 수형자가 외부 직업훈련을 한 경우 그 비용은 국가가 부담하여야 한다.
② 소장에 의해 선발된 교육대상자는 작업·직업훈련을 면제한다.
③ 소장은 수형자가 개방처우급 또는 완화경비처우급으로서 작업기술이 탁월하고 작업성적
   이 우수한 경우에는 수형자 자신을 위한 개인작업을 하게 할 수 있다. 이 경우 개인작업
   시간은 교도작업에 지장을 주지 아니하는 범위에서 1일 4시간 이내로 한다.
④ 소장은 개방처우급 또는 완화경비처우급 수형자에 대하여 작업·교육 등의 성적이 우수
   하고 관련 기술이 있는 경우에는 교도관의 작업지도를 보조하게 할 수 있다. 다만, 처우상
   특히 필요한 경우에는 일반경비처우급 수형자에게도 교도관의 작업지도를 보조하게 할
   수 있다.

01 허쉬(Hirschi)의 사회유대이론에 대한 설명으로 옳은 것은?

① 모든 사람을 잠재적 법위반자라고 가정한다.
② 인간의 자유의지와 도덕적 책임감을 강조한다.
③ 범죄율을 이웃공동체의 생태학적 특징과 결부시킨다.
④ 범죄행위는 다른 사람들과의 상호작용으로 학습된다.

02 기소유예제도에 대한 설명으로 옳지 않은 것은?

① 피의자의 법적 안전성을 침해할 수 있다.
② 법원 및 교정시설의 부담을 줄여줄 수 있다.
③ 단기자유형의 폐해를 막는 방법이 될 수 있다.
④ 피의자에 대한 형벌적 기능을 수행하지 않는다.

03 교도작업 중 도급작업에 대한 설명으로 옳은 것은?

① 교도소 운영에 필요한 취사, 청소, 간호 등 대가 없이 행하는 작업이다.
② 일정한 공사의 완성을 약정하고 그 결과에 따라 약정금액을 지급받는 작업이다.
③ 사회 내의 사업주인 위탁자로부터 작업에 사용할 시설, 기계, 재료의 전부 또는 일부를 제공받아 물건 및 자재를 생산, 가공, 수선하여 위탁자에게 제공하고 그 대가를 받는 작업이다.
④ 교도소에서 일체의 시설, 기계, 재료, 노무 및 경비 등을 부담하여 물건 및 자재를 생산·판매하는 작업으로서 수형자의 기술 습득 면에서는 유리하지만 제품의 판매가 부진할 경우 문제가 된다.

04 형의 집행 및 수용자의 처우에 관한 법령상 교정시설에 둔다고 규정된 위원회가 아닌 것은?

① 귀휴심사위원회
② 치료감호심의위원회
③ 징벌위원회
④ 분류처우위원회

05 다음 설명에 해당하는 스미크라(Smykla)의 보호관찰 모형은?

> 보호관찰관은 외부자원을 적극 활용하여 보호관찰대상자들이 다양하고 전문적인 사회적 서비스를 받을 수 있도록 사회기관에 위탁하는 것을 주요 일과로 삼고 있다.

① 프로그램모형(program model)
② 중재자모형(brokerage model)
③ 옹호모형(advocacy model)
④ 전통적모형(traditional model)

06 형의 집행 및 수용자의 처우에 관한 법령상 소장이 완화경비처우급 수형자에게 할 수 있는 처우 내용이 아닌 것은?

① 자치생활을 허가하는 경우에는 월 1회 이상 토론회를 할 수 있도록 하여야 한다.
② 의류를 지급하는 경우에 색상, 디자인 등을 다르게 할 수 있다.
③ 작업·교육 등의 성적이 우수하고 관련 기술이 있는 경우에 교도관의 작업지도를 보조하게 할 수 있다.
④ 직업능력 향상을 위하여 특히 필요한 경우에는 교정시설 외부의 기업체 등에서 운영하는 직업훈련을 받게 할 수 있다.

07 「교도작업의 운영 및 특별회계에 관한 법률」상 교도작업에 대한 내용으로 옳지 않은 것은?

① 교도작업으로 생산된 제품은 민간기업 등에 직접 판매하거나 위탁하여 판매할 수 있다.
② 법무부장관은 교도작업으로 생산되는 제품의 종류와 수량을 회계연도 개시 3개월 전까지 공고하여야 한다.
③ 국가, 지방자치단체 또는 공공기관은 그가 필요로 하는 물품이 「교도작업의 운영 및 특별회계에 관한 법률」 제4조에 따라 공고된 것인 경우에는 공고된 제품 중에서 우선적으로 구매하여야 한다.
④ 법무부장관은 「형의 집행 및 수용자의 처우에 관한 법률」 제68조에 따라 수형자가 외부기업체 등에 통근 작업하거나 교정시설의 안에 설치된 외부기업체의 작업장에서 작업할 수 있도록 민간기업을 참여하게 하여 교도작업을 운영할 수 있다.

08 형의 집행 및 수용자의 처우에 관한 법령상 수용자의 위생과 의료에 대한 설명으로 옳은 것으로만 묶은 것은?

> ㉠ 소장은 저수조 등 급수시설을 1년에 1회 이상 청소·소독하여야 한다.
> ㉡ 소장은 수용자가 위독한 경우에는 그 사실을 가족에게 지체 없이 알려야 한다.
> ㉢ 교정시설에 근무하는 간호사는 야간 또는 공휴일 등에 응급을 요하는 수용자에 대한 응급처치를 할 수 있다.
> ㉣ 소장은 19세 미만의 수용자와 계호상 독거수용자에 대하여는 1년에 1회 이상 건강검진을 하여야 한다.
> ㉤ 소장은 수용자를 외부 의료시설에 입원시키거나 입원 중인 수용자를 교정시설로 데려온 경우에는 그 사실을 법무부장관에게 지체 없이 보고하여야 한다.

① ㉠, ㉡, ㉢   ② ㉡, ㉢, ㉣   ③ ㉡, ㉢, ㉤   ④ ㉢, ㉣, ㉤

09 수형자의 권리 및 권리구제에 대한 설명으로 옳지 않은 것은? (다툼이 있는 경우 판례에 의함)

① 교도소의 안전 및 질서유지를 위하여 행해지는 규율과 징계로 인한 기본권의 제한도 다른 방법으로는 그 목적을 달성할 수 없는 경우에만 예외적으로 허용되어야 한다.

② 교도관의 시선에 의한 감시만으로는 자살·자해 등의 교정사고 발생을 막는 데 시간적·공간적 공백이 있으므로 이를 메우기 위하여는 CCTV를 설치하여 수형자를 상시적으로 관찰하는 것이 적합한 수단이 될 수 있다.

③ 수형자의 영치품에 대한 사용신청 불허처분 후 수형자가 다른 교도소로 이송되었더라도 권리와 이익의 침해 등이 해소되지 않고 형기가 만료되기까지는 아직 상당한 기간이 남아 있을 뿐만 아니라, 재이송 가능성이 소멸하였다고 단정하기 어려운 점에서 영치품(보관품) 사용신청 불허처분의 취소를 구할 이익이 있다.

④ 교정시설의 1인당 수용면적이 수형자의 인간으로서의 기본 욕구에 따른 생활조차 어렵게 할 만큼 지나치게 협소하더라도, 이는 그 자체로 국가형벌권 행사의 한계를 넘어 수형자의 인간의 존엄과 가치를 침해한다고 보기는 어렵다.

10 「형의 집행 및 수용자의 처우에 관한 법률 시행규칙」상 직업훈련에 대한 설명으로 옳지 않은 것은?

① 소장은 직업훈련을 위하여 필요한 경우에는 수형자를 다른 교정시설로 이송할 수 있다.

② 직업훈련 직종 선정 및 훈련과정별 인원은 법무부장관의 승인을 받아 소장이 정한다.

③ 징벌대상행위의 혐의가 있어 조사 중이거나 징벌집행 중인 수형자는 직업훈련 대상자로 선정하여서는 아니 된다.

④ 수형자 취업지원협의회 회의는 재적위원 과반수 출석으로 개의하고, 출석위원 과반수 찬성으로 의결한다.

11 「전자장치 부착 등에 관한 법률」상 검사가 성폭력범죄를 다시 범할 위험성이 있다고 인정되는 사람에 대해 전자장치를 부착하도록 하는 명령을 법원에 청구할 수 있는 경우에 해당하지 않는 것은?

① 정신적 장애가 있는 사람이 성폭력범죄를 저지른 때
② 성폭력범죄를 2회 이상 범하여 그 습벽이 인정된 때
③ 19세 미만의 사람에 대하여 성폭력범죄를 저지른 때
④ 성폭력범죄로 전자장치를 부착받은 전력이 있는 사람이 다시 성폭력범죄를 저지른 때

12 중학생 甲(15세)은 동네 편의점에서 물건을 훔치다가 적발되어 관할 법원 소년부에서 심리를 받고 있다. 「소년법」상 甲에 대한 심리 결과 소년부 판사가 결정으로써 할 수 있는 보호처분의 내용에 해당하지 않는 것은?

① 50시간의 수강명령
② 250시간의 사회봉사명령
③ 1년의 단기보호관찰
④ 1개월의 소년원 송치

13 「형의 집행 및 수용자의 처우에 관한 법률 시행규칙」상 엄중관리대상자에 대한 설명으로 옳지 않은 것은?

① 조직폭력수용자는 번호표와 거실표의 색상을 노란색으로 한다.
② 엄중관리대상자는 조직폭력수용자, 마약류수용자, 그리고 관심대상수용자로 구분한다.
③ 소장은 마약류수용자로 지정된 수용자들에게 정기적으로 수용자의 소변을 채취하여 마약 반응검사를 하여야 한다.
④ 소장은 엄중관리대상자 중 지속적인 상담이 필요하다고 인정되는 사람에 대하여는 상담책임자를 지정한다.

14 우리나라 교정사를 시기순으로 바르게 나열한 것은?

> ㉠ 「감옥규칙」의 제정
> ㉡ 4개 지방교정청의 신설
> ㉢ 「행형법」의 제정
> ㉣ 「민영교도소 등의 설치·운영에 관한 법률」의 제정
> ㉤ 교정국을 교정본부로 확대 개편

① ㉠ → ㉡ → ㉢ → ㉣ → ㉤
② ㉠ → ㉢ → ㉡ → ㉣ → ㉤
③ ㉠ → ㉢ → ㉡ → ㉤ → ㉣
④ ㉠ → ㉢ → ㉣ → ㉡ → ㉤

15 「형의 집행 및 수용자의 처우에 관한 법률」상 가석방심사위원회에 대한 설명으로 옳지 않은 것은?

① 가석방심사위원회의 위원장은 법무부차관이 된다.

② 가석방심사위원회는 위원장을 포함한 5명 이상 9명 이하의 위원으로 구성한다.

③ 가석방심사위원회 위원의 명단과 경력사항은 임명 또는 위촉 즉시 공개한다.

④ 가석방심사위원회는 가석방 적격결정을 하였으면 3일 이내에 법무부장관에게 가석방 허가를 신청하여야 한다.

16 형의 집행 및 수용자의 처우에 관한 법령상 정기재심사에 대한 내용으로 옳은 것은?

① 부정기형의 재심사 시기는 장기형을 기준으로 한다.

② 소장은 재심사를 할 때는 그 사유가 발생한 달로부터 2월 이내까지 완료하여야 한다.

③ 무기형과 20년을 초과하는 징역형·금고형의 재심사 시기를 산정하는 경우에는 그 형기를 20년으로 본다.

④ 합산형기가 20년을 초과하는 경우에도 2개 이상의 징역형을 집행하는 수형자의 재심사 시기 산정은 그 형기를 합산한다.

17 형의 집행 및 수용자의 처우에 관한 법령상 수용자에게 지급하는 물품에 대한 설명으로 옳은 것으로만 묶은 것은?

> ㉠ 소장은 작업시간을 2시간 이상 연장하는 경우에는 수용자에게 주·부식 또는 대용식 1회분을 간식으로 지급할 수 있다.
> ㉡ 소장은 수용자의 기호 등을 고려하여 주식으로 빵이나 국수 등을 지급할 수 있다.
> ㉢ 소장은 쌀 수급이 곤란하거나 그 밖에 필요하다고 인정하면 주식을 쌀과 보리 등 잡곡의 혼합곡으로 하거나 대용식을 지급할 수 있다.
> ㉣ 소장은 수용자에게 건강상태, 나이, 부과된 작업의 종류, 그 밖의 개인적 특성을 고려하여 건강 및 체력을 유지하는 데에 필요한 음식물을 지급한다.

① ㉠, ㉡, ㉢

② ㉠, ㉡, ㉣

③ ㉠, ㉢, ㉣

④ ㉡, ㉢, ㉣

18 비범죄화에 대한 설명으로 옳은 것은?

① 검사의 기소유예 처분은 비범죄화와 관계가 없다.
② 형법의 탈도덕화 관점에서 비범죄화 대상으로 뇌물죄가 있다.
③ 비범죄화는 형사처벌의 완화가 아니라 폐지를 목표로 한다.
④ 비범죄화는 형법의 보충성 요청을 강화시켜주는 수단이 되기도 한다.

19 형의 집행 및 수용자의 처우에 관한 법령상 소장이 개방처우급 혹은 완화경비처우급 수형자를 교정시설에 설치된 개방시설에 수용하기 위한 요건들에 해당하지 않는 것은?

① 형기가 2년 이상인 사람
② 범죄 횟수가 3회 이하인 사람
③ 최근 1년 이내 징벌이 없는 사람
④ 중간처우를 받는 날부터 가석방 또는 형기 종료 예정일까지 기간이 3개월 이상 2년 6개월 이하인 사람

20 「보호관찰 등에 관한 법률」상 보호관찰소 소속 공무원은 구인 또는 긴급구인한 보호관찰 대상자를 보호관찰소에 인치하거나 수용기관 등에 유치하기 위해 호송하는 경우, 정당한 직무집행 과정에서 필요하다고 인정되는 상당한 이유가 있으면 보호장구를 사용할 수 있다. 이에 사용할 수 없는 보호장구는?

① 수갑
② 포승
③ 보호대
④ 전자충격기

01 범죄원인론에 대한 설명으로 옳지 않은 것은?

① 낙인이론은 범죄행위에 대한 처벌의 부정적 효과에 주목한다.
② 통제이론은 모든 인간이 범죄를 저지를 수 있는 동기를 가지고 있다고 가정한다.
③ 일반긴장이론은 계층에 따라서 범죄율이 달라지는 이유를 설명하는 데 유용하다.
④ 사회해체론은 지역사회의 안정성, 주민의 전·출입, 지역사회의 통제력에 주목한다.

02 범죄 문제에 대한 고전학파의 특징에 대비되는 실증주의 학파의 특징으로 옳지 않은 것은?

① 범죄행위를 연구하는데 있어서 경험적이고 과학적인 접근을 강조한다.
② 범죄행위는 인간이 통제할 수 없는 영향력에 의해서 결정된다고 주장한다.
③ 범죄행위의 사회적 책임보다는 위법 행위를 한 개인의 책임을 강조한다.
④ 범죄행위를 유발하는 범죄원인을 제거하는 것이 범죄통제에 효과적이라고 본다.

03 서덜랜드(E. H. Sutherland)의 차별적 접촉이론에 대한 설명으로 옳은 것은?

① 범죄행위의 학습 과정과 정상 행위의 학습 과정은 동일하다.
② 범죄행위는 유전적인 요인뿐만 아니라 태도, 동기, 범행 수법의 학습 결과이다.
③ 법에 대한 개인의 태도는 개인이 처한 경제적 위치와 차별 경험에서 비롯된다.
④ 타인과 직접 접촉이 아닌 매체를 통한 특정 인물의 동일시에 의해서도 범죄행위는 학습된다.

04 교정 이념으로서의 정의모형에 대한 설명으로 옳지 않은 것은?

① 교화개선모형을 통한 수형자의 성공적인 사회복귀는 실패하였다고 주장한다.
② 처벌은 범죄로 인한 사회적 해악이나 범죄의 경중에 상응해야 한다고 주장한다.
③ 교화개선보다 사법정의의 실현이 바람직하고 성취 가능한 형사사법의 목표라고 주장한다.
④ 범죄자는 정상인과 다른 병자이므로 적절한 처우를 통하여 치료해 주어야 한다고 주장한다.

05 조선시대 유형(流刑)에 대한 설명으로 옳은 것은?

① 유배지에 직계존속을 동반할 수도 있었다.

② 중도부처는 유형 중 행동의 제한이 가장 많았다.

③ 유배죄인에 대한 계호와 처우의 책임은 형조에 있었다.

④ 유형은 기간이 정해져 있어 현재의 유기금고형에 해당한다.

06 교도소화(prisonization)에 대한 설명으로 옳은 것만을 모두 고르면?

> ㉠ 교정시설에서 문화, 관습, 규범 등을 학습하는 과정을 의미한다.
> ㉡ 박탈모형은 수형자의 문화를 사회로부터 수형자와 함께 들어온 것으로 파악한다.
> ㉢ 유입모형은 교도소화의 원인을 수용으로 인한 고통 및 각종 권익의 상실로 본다.
> ㉣ 자유주의자들은 박탈모형을, 보수주의자들은 유입모형을 지지하는 경향이 있다.

① ㉠, ㉡　　　　② ㉠, ㉢　　　　③ ㉠, ㉣　　　　④ ㉢, ㉣

07 「형의 집행 및 수용자의 처우에 관한 법률 시행령」상 수용에 대한 설명으로 옳은 것은?

① 혼거수용 인원은 2명 이상으로 한다. 다만, 요양이나 그 밖의 부득이한 사정이 있는 경우에는 예외로 한다.

② 처우상 독거수용이란 주간과 야간에는 일과에 따른 공동생활을 하게 하고, 휴업일에만 독거수용하는 것을 말한다.

③ 계호상 독거수용이란 사람의 생명·신체의 보호 또는 교정시설의 안전과 질서유지를 위하여 실외운동·목욕 시에도 예외 없이 독거수용하는 것을 말한다.

④ 수용자를 호송하는 경우 수형자는 미결수용자와, 여성수용자는 남성수용자와, 19세 미만의 수용자는 19세 이상의 수용자와 서로 접촉하지 못하게 하여야 한다.

08 형의 집행 및 수용자의 처우에 관한 법령상 금치처분에 대한 설명으로 옳지 않은 것은?

① 금치처분을 받은 자에게는 그 기간 중 전화통화 제한이 함께 부과된다.

② 소장은 금치처분을 받은 자에게 자해의 우려가 있고 필요성을 인정하는 경우 실외운동을 전면 금지할 수 있다.

③ 소장은 금치를 집행하는 경우 의무관으로 하여금 사전에 수용자의 건강을 확인하도록 하여야 한다.

④ 소장은 금치를 집행하는 경우 징벌집행을 위하여 별도로 지정한 거실에 해당 수용자를 수용하여야 한다.

09 「민영교도소 등의 설치·운영에 관한 법률」상 교정업무의 민간 위탁에 대한 설명으로 옳지 않은 것은?

① 민영교도소 등에 수용된 수용자가 작업하여 생긴 수입은 국고수입으로 한다.

② 교정법인은 민영교도소 등에 수용되는 자에게 특별한 사유가 있다는 이유로 수용을 거절할 수 없다.

③ 법무부장관은 교정업무를 포괄 위탁하여 교도소 등을 설치·운영하도록 하는 업무를 법인 또는 개인에게 위탁할 수 있다.

④ 교정법인은 위탁업무를 수행할 때 같은 유형의 수용자를 수용·관리하는 국가운영의 교도소 등과 동등한 수준 이상의 교정서비스를 제공하여야 한다.

10 「형의 집행 및 수용자의 처우에 관한 법률」상 간이입소절차를 실시하는 대상에 해당하지 않는 것은?

① 긴급체포되어 교정시설에 유치된 피의자

② 체포영장에 의하여 체포되어 교정시설에 유치된 피의자

③ 판사의 피의자 심문 후 구속영장이 발부되어 교정시설에 유치된 피의자

④ 구인 또는 구속영장 청구에 따라 피의자 심문을 위하여 교정시설에 유치된 피의자

11 형의 집행 및 수용자의 처우에 관한 법령상 작업장려금에 대한 설명으로 옳지 않은 것은?

① 작업수입은 국고수입으로 한다.

② 작업장려금은 매월 현금으로 본인에게 직접 지급한다.

③ 징벌로 3개월 이내의 작업장려금 삭감을 할 수 있다.

④ 소장은 수형자의 가석방 적격심사 신청을 위하여 작업장려금 및 작업상태를 사전에 조사해야 한다.

12 우리나라 교정(행형)의 역사에 대한 설명으로 옳지 않은 것은?

① 조선시대 장형(杖刑)은 갑오개혁 이후에 폐지되었다.

② 미군정기에는 선시제도가 실시되고 간수교습규정이 마련되었다.

③ 1961년 법 개정으로 형무소의 명칭이 교도소로 변경되었다.

④ 1894년에 마련된 징역표는 수형자의 단계적 처우에 관한 내용을 담고 있었다.

13 형의 집행 및 수용자의 처우에 관한 법령상 귀휴허가 후 조치에 대한 설명으로 옳지 않은 것은?

① 소장은 필요하다고 인정하면 귀휴시 교도관을 동행시킬 수 있다.

② 소장은 귀휴자가 신청할 경우 작업장려금의 전부 또는 일부를 귀휴비용으로 사용하게 할 수 있다.

③ 소장은 귀휴자가 귀휴조건을 위반한 경우 귀휴를 취소하거나 이의 시정을 위하여 필요한 조치를 하여야 한다.

④ 소장은 2일 이상의 귀휴를 허가한 경우 귀휴자의 귀휴지를 관할하는 보호관찰소의 장에게 그 사실을 통보하여야 한다.

14 올린(L. E. Ohlin)의 관점에 따라 보호관찰관의 유형을 통제와 지원이라는 두 가지 차원에서 그림과 같이 구분할 때, ㉠ ~ ㉣에 들어갈 유형을 바르게 연결한 것은?

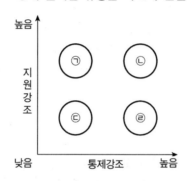

	㉠	㉡	㉢	㉣
①	복지적 관찰관	보호적 관찰관	수동적 관찰관	처벌적 관찰관
②	보호적 관찰관	복지적 관찰관	수동적 관찰관	처벌적 관찰관
③	복지적 관찰관	보호적 관찰관	처벌적 관찰관	수동적 관찰관
④	보호적 관찰관	복지적 관찰관	처벌적 관찰관	수동적 관찰관

15 형의 집행 및 수용자의 처우에 관한 법령상 수용자의 교육에 대한 설명으로 옳지 않은 것은?

① 소장은 특별한 사유가 없으면 교육기간 동안에 교육대상자를 다른 기관으로 이송할 수 없다.

② 소장은 교육대상자에게 질병, 부상, 그 밖의 부득이한 사정이 있는 경우에는 교육과정을 일시 중지할 수 있다.

③ 소장은 「교육기본법」 제8조의 의무교육을 받지 못한 수형자에 대하여는 본인의 의사·나이·지식정도, 그 밖의 사정을 고려하여 그에 알맞게 교육하여야 한다.

④ 소장이 「고등교육법」 제2조에 따른 방송통신대학 교육과정을 설치·운영하는 경우 교육 실시에 소요되는 비용은 특별한 사정이 없으면 교육대상자 소속기관이 부담한다.

16 형의 집행 및 수용자의 처우에 관한 법령상 수용자의 석방에 대한 설명으로 옳지 않은 것은?

① 권한이 있는 사람의 명령에 따른 석방은 서류가 도달한 후 5시간 이내에 하여야 한다.

② 소장은 형기종료로 석방될 수형자에 대하여는 석방 10일 전까지 석방 후의 보호에 관한 사항을 조사하여야 한다.

③ 소장은 피석방자가 질병이나 그 밖에 피할 수 없는 사정으로 귀가하기 곤란한 경우에 본인의 신청이 있으면 일시적으로 교정시설에 수용할 수 있다.

④ 소장은 수형자의 보호를 위하여 필요하다고 인정하면 석방 전 5일 이내의 범위에서 석방 예정자를 별도의 거실에 수용하여 장래에 관한 상담과 지도를 할 수 있다.

17 중간처우 제도와 시설에 대한 설명으로 옳지 않은 것은?

① 정신질환자 또는 마약중독자들이 겪는 구금으로 인한 충격을 완화해 주는 역할을 한다.

② 교도소 수용이나 출소를 대비하는 시설로 보호관찰 대상자에게는 적용되지 않는다.

③ 교정시설 내 중간처우로는 외부방문, 귀휴, 외부통근작업 및 통학제도 등을 들 수 있다.

④ 교도소 출소로 인한 혼란·불확실성·스트레스를 완화해 주는 감압실(減壓室)로 불리기도 한다.

18 「성폭력범죄자의 성충동 약물치료에 관한 법률」상 '성폭력 수형자 중 검사가 치료명령을 청구할 수 있는 대상자'에 대한 치료명령에 관한 설명으로 옳지 않은 것은?

① 법원의 치료명령 결정에 따른 치료기간은 10년을 초과할 수 없다.

② 치료비용은 법원의 치료명령 결정을 받은 사람이 부담하는 것이 원칙이다.

③ 가석방심사위원회는 성폭력 수형자의 가석방 적격심사를 할 때 치료명령이 결정된 사실을 고려하여야 한다.

④ 법원의 치료명령 결정이 확정된 후 집행을 받지 아니하고 10년이 경과하면 시효가 완성되어 집행이 면제된다.

19 「소년법」상 항고에 대한 설명으로 옳지 않은 것은?

① 항고를 제기할 수 있는 기간은 7일로 한다.

② 항고는 결정의 집행을 정지시키는 효력이 없다.

③ 보호처분의 변경 결정에 대해서는 항고할 수 없다.

④ 항고를 할 때에는 항고장을 원심 소년부에 제출하여야 한다.

20 보호관찰 등에 관한 법령상 '갱생보호 대상자에 대한 숙식 제공'에 관한 설명으로 옳지 않은 것은?

① 숙식 제공은 갱생보호시설에서 갱생보호 대상자에게 숙소·음식물 및 의복 등을 제공하고 정신교육을 하는 것으로 한다.

② 숙식을 제공한 경우에는 법무부장관이 정하는 바에 의하여 소요된 최소한의 비용을 징수할 수 있다.

③ 숙식 제공 기간의 연장이 필요하다고 인정되는 때에는 매회 6월의 범위 내에서 3회에 한하여 그 기간을 연장할 수 있다.

④ 숙식 제공 기간을 연장하고자 할 때에는 해당 갱생보호시설의 장의 신청이 있어야 한다.

01 교정학 및 형사정책의 연구방법에 대한 설명으로 옳은 것은?

① 범죄(공식)통계표 분석방법은 범죄와 범죄자의 상호 연계관계를 해명하는 데 유용하며, 숨은 범죄를 발견할 수 있다.

② 참여관찰방법은 조사대상에 대한 생생한 실증자료를 얻을 수 있고, 연구결과를 객관화할 수 있다.

③ 실험적 연구방법은 어떤 가설의 타당성을 검증하거나 새로운 사실을 관찰하는 데 유용하며, 인간을 대상으로 하는 연구를 쉽게 할 수 있다.

④ 사례조사방법은 범죄자의 일기, 편지 등 개인의 정보 획득을 바탕으로 대상자의 인격 및 환경의 여러 측면을 분석하고, 그 각각의 상호 연계관계를 밝힐 수 있다.

02 「형의 집행 및 수용자의 처우에 관한 법률 시행규칙」상 수용자의 처우에 대한 설명으로 옳은 것은?

① 소장은 수형자가 완화경비처우급 또는 일반경비처우급으로서 작업·교육 등의 성적이 우수하고 관련 기술이 있는 경우에는 교도관의 작업지도를 보조하게 할 수 있다.

② 소장은 형집행정지 중인 사람이 기간만료로 재수용된 경우에는 석방 당시와 동일한 처우등급을 부여한다.

③ 분류심사에 있어서 무기형과 20년을 초과하는 징역형·금고형의 정기재심사 시기를 산정하는 경우에는 그 형기를 20년으로 본다.

④ 소장은 수형자의 경비처우급에 따라 부식, 음료, 그 밖에 건강유지에 필요한 물품에 차이를 두어 지급할 수 있다.

03 베까리아(C. Becaria)의 형사사법제도 개혁에 대한 주장으로 옳지 않은 것만을 모두 고르면?

> ㉠ 형벌은 성문의 법률에 의해 규정되어야 하고, 법조문은 누구나 알 수 있게 쉬운 말로 작성되어야 한다.
>
> ㉡ 범죄는 사회에 대한 침해이며, 침해의 정도와 형벌 간에는 적절한 비례관계가 유지되어야 한다.
>
> ㉢ 처벌의 공정성과 확실성이 요구되며, 범죄행위와 처벌 간의 시간적 근접성은 중요하지 않다.
>
> ㉣ 형벌의 목적은 범죄예방을 통한 사회안전의 확보가 아니라 범죄자에 대한 엄중한 처벌에 있다.

① ㉠, ㉡   ② ㉠, ㉣   ③ ㉡, ㉢   ④ ㉢, ㉣

04 교정제도의 역사적 발전 단계를 시대순으로 바르게 나열한 것은?

> ㉠ 일반예방에 입각한 심리강제와 가혹하고 준엄한 형벌부과를 강조하였다.
>
> ㉡ 실증적인 범죄분석과 범죄자에 대한 개별적 처우를 실시하였다.
>
> ㉢ 인간다운 삶의 권리, 법률구조, 종교의 자유 등 헌법상 보장된 기본적 인권을 수형자들에게도 폭넓게 인정하였다.
>
> ㉣ 공리주의의 영향을 받았으며, 국가형벌권의 행사에 있어서도 박애주의 사상이 도입되었다.

① ㉠ → ㉡ → ㉣ → ㉢   ② ㉠ → ㉢ → ㉣ → ㉡
③ ㉠ → ㉣ → ㉡ → ㉢   ④ ㉡ → ㉠ → ㉢ → ㉣

05 수형자분류 및 처우에 대한 설명으로 옳지 않은 것은?

① 수형자분류는 수형자에 대한 개별적 처우를 가능하게 함으로써 수형자의 교화개선과 원만한 사회복귀에 도움을 준다.

② 19C 이후 과학의 발달에 힘입어 수형자의 합리적인 처우를 위하여 과학적인 분류의 도입이 주장되었으며, 뉴욕주 싱싱(Sing Sing)교도소에서 운영한 분류센터인 클리어링하우스(Clearing house)가 그 대표적인 예이다.

③ 누진계급(점수)의 측정방법인 고사제(기간제)는 일정 기간이 경과하였을 때에 그 기간 내의 수형자 교정성적을 담당교도관이 보고하고, 이를 교도위원회가 심사하여 진급을 결정하는 방법이다.

④ 누진계급(점수)의 측정방법인 아일랜드제(Irish system)는 수형자를 최초 9개월의 독거구금 후 교도소에서 강제노동에 취업시키고, 수형자를 5계급으로 나누어 이들이 지정된 책임점수를 소각하면 상급으로 진급시키는 방법이다.

06 범죄원인에 관한 학자들의 주장으로 옳지 않은 것은?

① 샘슨(R.J. Sampson)과 라웁(J.H. Laub) - 어려서 문제행동을 보인 아동은 부모와의 유대가 약화되고, 학교에 적응하지 못하며, 성인이 되어서도 범죄를 저지르게 되므로, 후에 사회와의 유대가 회복되더라도 비행을 중단하지 않고 생애 지속적인 범죄자로 남게 된다.

② 클라우드(R.A. Cloward)와 올린(L.E. Ohlin) - 하류계층 청소년들이 합법적 수단에 의한 목표달성이 제한될 때 비합법적 수단에 호소하게 되는 경우에도, 비행의 특성은 불법행위에 대한 기회에 영향을 미치는 지역사회의 특성에 따라 달라진다.

③ 머튼(R.K. Merton) - 문화적으로 규정된 목표는 사회의 모든 구성원이 공유하고 있으나 이들 목표를 성취하기 위한 수단은 주로 사회경제적인 계층에 따라 차등적으로 분배되며, 이와 같은 목표와 수단의 괴리가 범죄의 원인으로 작용한다.

④ 글레이저(D. Glaser) - 범죄의 학습에 있어서는 직접적인 대면접촉보다 자신의 범죄적 행동을 지지해 줄 것 같은 실존 또는 가상의 인물과 자신을 동일시하는가가 더욱 중요하게 작용한다.

07 「형의 집행 및 수용자의 처우에 관한 법률 시행규칙」상 수형자의 외부통근작업에 대한 설명으로 옳은 것은?

① 외부통근자는 개방처우급·완화경비처우급에 해당하고, 연령은 18세 이상 60세 미만이어야 한다.

② 소장은 외부통근자가 법령에 위반되는 행위를 하거나 법무부장관 또는 소장이 정하는 지켜야 할 사항을 위반한 경우에는 외부통근자 선정을 취소하여야 한다.

③ 소장은 외부통근자로 선정된 수형자에 대하여는 자치활동·행동수칙·안전수칙·작업기술 및 현장적응훈련에 대한 교육을 하여야 한다.

④ 소장은 외부통근자의 사회적응능력을 기르고 원활한 사회복귀를 촉진하기 위하여 필요하다고 인정하는 경우에는 수형자 자치에 의한 활동을 허가하여야 한다.

08 형의 집행 및 수용자의 처우에 관한 법령상 수용자의 처우에 대한 설명으로 옳은 것은?

① 소장은 징역형·금고형이 확정된 사람으로서 집행할 형기가 형집행지휘서 접수일부터 3개월 미만인 사람, 노역장 유치명령을 받은 사람, 구류형이 확정된 사람에 대해서는 분류심사를 하지 아니한다.

② 소장은 공범·피해자 등의 체포영장·구속영장·공소장 또는 재판서에 마약사범으로 명시된 수용자는 마약류수용자로 지정한다.

③ 소장은 미결수용자 등 분류처우위원회의 의결 대상자가 아닌 경우에도 관심대상수용자로 지정할 필요가 있다고 인정되는 수용자에 대하여는 교도관회의의 심의를 거쳐 관심대상 수용자로 지정할 수 있다.

④ 소장은 신입자에 대하여 시설 내의 안전과 질서유지를 위하여 특히 필요하다고 인정하면 번호표를 붙이지 아니할 수 있다.

09 형의 집행 및 수용자의 처우에 관한 법령상 수용자의 의료에 대한 설명으로 옳지 않은 것은?

① 소장은 수용자가 감염병에 걸렸다고 인정되는 경우에는 1주 이상 격리수용하고 그 수용자의 휴대품을 소독하여야 한다.

② 소장은 19세 미만의 수용자, 계호상 독거수용자 및 노인수용자에 대하여는 6개월에 1회 이상 건강검진을 하여야 한다.

③ 장애인수형자 전담교정시설의 장은 장애인의 재활에 관한 전문적인 지식을 가진 의료진과 장비를 갖추도록 노력하여야 한다.

④ 소장은 수용자를 외부 의료시설에 입원시키거나 입원 중인 수용자를 교정시설로 데려온 경우에는 그 사실을 법무부장관에게 지체 없이 보고하여야 한다.

10 형의 집행 및 수용자의 처우에 관한 법령상 각종 위원회의 구성에 대한 설명으로 옳지 않은 것은?

① 귀휴심사위원회의 위원장은 소장의 바로 다음 순위자가 되고, 위원은 소장이 소속 기관의 과장(지소의 경우에는 7급 이상의 교도관) 및 교정에 관한 학식과 경험이 풍부한 외부인사 중에서 임명 또는 위촉한다.

② 분류처우위원회의 위원장은 소장이 되고, 위원은 위원장이 소속 기관의 부소장 및 과장(지소의 경우에는 7급 이상의 교도관) 중에서 임명한다.

③ 징벌위원회의 위원장은 소장의 바로 다음 순위자가 되고, 위원은 소장이 소속 기관의 과장(지소의 경우에는 7급 이상의 교도관) 및 교정에 관한 학식과 경험이 풍부한 외부인사 중에서 임명 또는 위촉한다.

④ 가석방심사위원회의 위원장은 법무부차관이 되고, 위원은 판사, 검사, 변호사, 법무부 소속 공무원, 교정에 관한 학식과 경험이 풍부한 사람 중에서 법무부장관이 임명 또는 위촉한다.

11 형의 집행 및 수용자의 처우에 관한 법령상 교도작업에 대한 설명으로 옳지 않은 것은?

① 소장은 공휴일·토요일과 대통령령으로 정하는 휴일에는 작업을 부과하지 아니하지만, 취사·청소·간병 등 교정시설의 운영과 관리에 필요한 작업을 하는 경우에는 작업을 부과할 수 있다.

② 작업장려금은 석방할 때에 본인에게 지급한다. 다만, 본인의 가족생활 부조, 교화 또는 건전한 사회복귀를 위하여 특히 필요하면 석방 전이라도 그 전부를 지급할 수 있다.

③ 소장은 금고형 또는 구류형의 집행 중에 있는 사람에 대하여는 신청에 따라 작업을 부과할 수 있다.

④ 소장은 수형자의 부모 또는 배우자의 직계존속의 제삿날에는 1일간 해당 수형자의 작업을 면제한다.

12 중간처벌제도에 대한 설명으로 옳은 것은?

① 중간처벌은 중간처우에 비해 사회복귀에 더욱 중점을 둔 제도이다.

② 충격구금은 보호관찰의 집행 중에 실시하는 것으로, 일시적인 구금을 통한 고통의 경험이 미래 범죄행위에 대한 억지력을 발휘할 것이라는 가정을 전제로 한다.

③ 배상명령은 시민이나 교정당국에 비용을 부담시키지 않고, 범죄자로 하여금 지역사회에서 가족과 인간관계를 유지하며 직업활동에 전념할 수 있게 한다.

④ 집중감독보호관찰(intensive supervision probation)은 주로 경미범죄자나 초범자에게 실시하는 것으로, 일반보호관찰에 비해 많은 수의 사람을 대상으로 한다.

13 「형의 집행 및 수용자의 처우에 관한 법률 시행규칙」상 독학에 의한 학사학위 취득과정을 신청하기 위하여 수형자가 갖추어야 할 요건으로 옳지 않은 것은?

① 개방처우급·완화경비처우급·일반경비처우급 수형자에 해당할 것

② 고등학교 졸업 또는 이와 동등한 수준 이상의 학력이 인정될 것

③ 집행할 형기가 2년 이상일 것

④ 교육개시일을 기준으로 형기의 3분의 1(21년 이상의 유기형 또는 무기형의 경우에는 7년)이 지났을 것

14 「보호관찰 등에 관한 법률」상 구인(제39조 또는 제40조)한 보호관찰 대상자의 유치에 대한 설명으로 옳지 않은 것은?

① 보호관찰소의 장은 가석방 및 임시퇴원의 취소 신청이 필요하다고 인정되면 보호관찰 대상자를 수용기관 또는 소년분류심사원에 유치할 수 있다.

② 보호관찰 대상자를 유치하려는 경우에는 보호관찰소의 장이 검사에게 신청하여 검사의 청구로 관할 지방법원 판사의 허가를 받아야 하며, 이 경우 검사는 보호관찰 대상자가 구인된 때부터 48시간 이내에 유치 허가를 청구하여야 한다.

③ 유치된 사람에 대하여 보호관찰을 조건으로 한 형의 선고유예가 실효되거나 집행유예가 취소된 경우 또는 가석방이 취소된 경우에는 그 유치기간을 형기에 산입한다.

④ 유치의 기간은 구인한 날부터 20일로 한다. 다만, 보호처분의 변경 신청을 위한 유치에 있어서는 심사위원회의 심사에 필요하면 10일의 범위에서 한 차례만 유치기간을 연장할 수 있다.

15 형의 집행 및 수용자의 처우에 관한 법령상 수용자의 징벌에 대한 설명으로 옳은 것은?

① 다른 수용자의 징벌대상행위를 방조한 수용자에게는 그 징벌대상행위를 한 수용자에게 부과되는 징벌과 같은 징벌을 부과하되, 2분의 1로 감경한다.

② 소장은 10일의 금치처분을 받은 수용자가 징벌의 집행이 종료된 후 교정성적이 양호하고 1년 6개월 동안 징벌을 받지 아니하면 법무부장관의 승인을 받아 징벌을 실효시킬 수 있다.

③ 소장은 특별한 사유가 없으면 의사로 하여금 징벌대상자에 대한 심리상담을 하도록 해야 한다.

④ 소장은 징벌집행의 유예기간 중에 있는 수용자가 다시 징벌대상행위를 하면 그 유예한 징벌을 집행한다.

16 「형의 집행 및 수용자의 처우에 관한 법률」상 귀휴에 대한 설명으로 옳은 것(○)과 옳지 않은 것(×)을 바르게 연결한 것은?

> ㉠ 소장은 수형자의 가족 또는 배우자의 직계존속이 위독한 때 특별귀휴를 허가할 수 있다.
> ㉡ 소장은 귀휴의 허가사유가 존재하지 아니함이 밝혀진 때에는 그 귀휴를 취소하여야 한다.
> ㉢ 소장은 미결수용자의 신청이 있는 경우 필요하다고 인정하면 귀휴를 허가할 수 있다.
> ㉣ 특별귀휴 기간은 1년 중 5일 이내이다.

	㉠	㉡	㉢	㉣
①	○	×	×	×
②	×	○	×	○
③	×	×	○	○
④	×	×	×	×

17 교정처우에 대한 설명으로 옳은 것은?

① 선시제도(god time system)는 대규모 시설에서의 획일적인 수용처우로 인한 문제점을 해소하기 위해 가족적인 분위기에서 소집단으로 처우하는 제도이다.

② 개방형(사회적) 처우는 폐쇄형(시설 내) 처우의 폐해를 최소화하기 위한 것으로, 개방시설에 대한 논의가 1950년 네덜란드 헤이그에서 개최된 제12회 '국제형법 및 형무회의'에서 있었다.

③ 사회형(사회 내) 처우의 유형으로는 민영교도소, 보호관찰제도, 중간처우소 등을 들 수 있다.

④ 수형자자치제는 부정기형제도보다 정기형제도 하에서 더욱 효과적으로 운영될 수 있는 반면, 소수의 힘 있는 수형자에게 권한이 집중될 수 있어서 수형자에 의한 수형자의 억압과 통제라는 폐해를 유발할 수 있다.

CHAPTER 02

18 「벌금 미납자의 사회봉사 집행에 관한 특례법」에 대한 설명으로 옳지 않은 것은?

① 대통령령으로 정한 금액 범위 내의 벌금형이 확정된 벌금 미납자는 검사의 납부명령일부터 30일 이내에 주거지를 관할하는 지방검찰청(지방검찰청지청을 포함한다)의 검사에게 사회봉사를 신청할 수 있다. 다만, 검사로부터 벌금의 일부납부 또는 납부연기를 허가받은 자는 그 허가기한 내에 사회봉사를 신청할 수 있다.

② 사회봉사 대상자는 법원으로부터 사회봉사 허가의 고지를 받은 날부터 7일 이내에 사회봉사 대상자의 주거지를 관할하는 보호관찰소의 장에게 주거, 직업, 그 밖에 대통령령으로 정하는 사항을 신고하여야 한다.

③ 사회봉사는 1일 9시간을 넘겨 집행할 수 없다. 다만, 사회봉사의 내용상 연속집행의 필요성이 있어 보호관찰관이 승낙하고 사회봉사 대상자가 분명히 동의한 경우에만 연장하여 집행할 수 있다.

④ 사회봉사의 집행은 사회봉사가 허가된 날부터 6개월 이내에 마쳐야 한다. 다만, 보호관찰관은 특별한 사정이 있으면 검사의 허가를 받아 6개월의 범위에서 한 번 그 기간을 연장하여 집행할 수 있다.

19 형의 집행 및 수용자의 처우에 관한 법령상 여성수용자의 처우에 대한 설명으로 옳지 않은 것은?

① 여성수용자가 자신이 출산한 유아를 교정시설에서 양육할 것을 신청한 경우, 법에서 규정한 특별한 사유에 해당하지 않으면 생후 18개월에 이르기까지 이를 허가하여야 한다.

② 소장은 유아의 양육을 허가하지 아니하는 경우에는 수용자의 의사를 고려하여 유아보호에 적당하다고 인정하는 법인 또는 개인에게 그 유아를 보낼 수 있다.

③ 소장은 수용자가 임신 중이거나 출산(유산·사산을 포함한다)한 경우에는 모성보호 및 건강유지를 위하여 정기적인 검진 등 적절한 조치를 하여야 한다.

④ 남성교도관이 1인의 여성수용자에 대하여 실내에서 상담 등을 하려면 투명한 창문이 설치된 장소에서 다른 교도관을 입회시킨 후 실시하여야 한다.

20 「형의 집행 및 수용자의 처우에 관한 법률 시행규칙」상 지역사회에 설치된 개방시설에 수용하여 중간처우를 할 수 있는 자만을 모두 고르면?

> ㉠ 완화경비처우급 수형자이고, 형기는 1년이며, 범죄횟수는 1회, 중간처우를 받는 날부터 가석방 예정일까지의 기간이 3개월인 자
>
> ㉡ 개방처우급 수형자이고, 형기는 3년이며, 범죄횟수는 1회, 중간처우를 받는 날부터 형기 종료 예정일까지의 기간이 6개월인 자
>
> ㉢ 완화경비처우급 수형자이고, 형기는 4년이며, 범죄횟수는 1회, 중간처우를 받는 날부터 가석방 예정일까지의 기간이 1년인 자
>
> ㉣ 개방처우급 수형자이고, 형기는 3년이며, 범죄횟수는 1회, 중간처우를 받는 날부터 형기 종료 예정일까지의 기간이 1년 9개월인 자

① ㉠, ㉡

② ㉡, ㉢

③ ㉠, ㉡, ㉢

④ ㉡, ㉢, ㉣

07 2020년 교정직 7급

Corrections & Criminal Justice

01 형의 집행 및 수용자의 처우에 관한 법령상 감염성 질병에 관한 조치에 대한 내용으로 옳지 않은 것은?

① 소장은 수용자가 감염병에 걸렸다고 의심되는 경우에는 2주 이상 격리수용하고 그 수용자의 휴대품을 소독하여야 한다.

② 소장은 감염병이 유행하는 경우에는 수용자가 자비로 구매하는 음식물의 공급을 중지할 수 있다.

③ 소장은 수용자가 감염병에 걸린 경우 지체 없이 법무부장관에게 보고하고 관할 보건기관의 장에게 알려야 한다.

④ 소장은 감염병의 유행으로 자비구매물품의 사용이 중지된 경우에는 구매신청을 제한할 수 있다.

02 「형의 집행 및 수용자의 처우에 관한 법률 시행규칙」상 수용자의 번호표에 사용하지 않는 색상은?

① 초록색 ② 노란색
③ 파란색 ④ 붉은색

03 형의 집행 및 수용자의 처우에 관한 법령상 수용자의 종교 및 문화활동에 대한 설명으로 옳은 것은?

① 수용자가 자신의 비용으로 구독을 신청할 수 있는 신문·잡지 또는 도서는 교정시설의 보관범위 및 수용자가 지닐 수 있는 범위를 벗어나지 않는 범위에서 원칙적으로 신문은 월 3종 이내로, 도서(잡지를 포함한다)는 월 5권 이내로 한다.

② 소장은 수용자의 건강과 일과시간 등을 고려하여 1일 4시간 이내에서 방송편성시간을 정한다. 다만, 토요일·공휴일, 작업·교육실태 및 수용자의 특성을 고려하여 방송편성시간을 조정할 수 있다.

③ 수용자는 휴업일 및 휴게시간 내에 시간의 제한 없이 집필할 수 있다. 다만, 부득이한 사정이 있는 경우에는 그러하지 아니하다.

④ 소장은 수용자의 신앙생활에 필요한 서적이나 물품을 신청할 경우 외부에서 제작된 휴대용 종교서적 및 성물을 제공하여야 한다.

04 수용자의 권리구제에 대한 설명으로 옳지 않은 것은?

① 소장은 특별한 사정이 있으면 소속 교도관으로 하여금 그 면담을 대리하게 할 수 있으며, 이 경우 면담을 대리한 사람은 그 결과를 소장에게 지체 없이 보고하여야 한다.

② 사법적 권리구제수단으로는 행정소송, 민·형사소송, 청원, 헌법소원이 있다.

③ 구금·보호시설의 직원은 국가인권위원회 위원 등이 시설에 수용되어 있는 진정인과 면담하는 장소에 참석할 수 없으며, 대화내용을 듣거나 녹취하지 못한다. 다만, 보이는 거리에서 시설수용자를 감시할 수 있다.

④ 청원권자는 수형자, 미결수용자, 내·외국인을 불문하고 「형의 집행 및 수용자의 처우에 관한 법률」상 수용자이다.

05 통제이론에 대한 설명으로 옳지 않은 것은?

① 라이스(A. Reiss) - 소년비행의 원인을 낮은 자기통제력에서 찾았다.

② 레크리스(W. Reckless) - 청소년이 범죄환경의 압력을 극복한 것은 강한 자아상 때문이다.

③ 허쉬(T. Hirschi) - 범죄행위의 시작이 사회와의 유대약화에 있다고 보았다.

④ 에그뉴(R. Agnew) - 범죄는 사회적으로 용인된 기술을 학습하여 얻은 자기합리화의 결과이다.

06 발달범죄학이론에 대한 설명으로 옳지 않은 것은?

① 1930년대 글룩(Glueck) 부부의 종단연구는 발달범죄학이론의 토대가 되었다.

② 인생항로이론은 인간의 발달이 출생 시나 출생 직후에 나타나는 주된 속성에 따라 결정된다고 주장한다.

③ 인생항로이론은 인간이 성숙해 가면서 그들의 행위에 영향을 주는 요인도 변화한다는 사실을 인정한다.

④ 인생항로이론은 첫 비행의 시기가 빠르면 향후 심각한 범죄를 저지를 것이라고 가정한다.

07 교정학 연구방법 중 실험연구에 대한 설명으로 옳지 않은 것은?

① 인과관계 검증과정을 통제하여 가설을 검증하는 데 유용한 방법이다.

② 실험집단과 통제집단에 대한 사전검사와 사후검사를 통해 종속변수에 미치는 처치의 효과를 검증한다.

③ 집단의 유사성을 확보하기 위해 무작위 할당방법이 주로 활용된다.

④ 외적 타당도에 영향을 미치는 요인들을 통제하는 데 가장 유리한 연구방법이다.

08 다음 글에서 설명하는 것으로 옳은 것은?

> 재범위험성이 높다고 판단되는 상습범죄자를 장기간 구금한다면 사회 내의 많은 범죄를 줄일 수 있다.

① 다이버전
② 충격구금
③ 중간처우소
④ 선택적 무력화

09 「형의 집행 및 수용자의 처우에 관한 법률 시행규칙」상 처우등급에 대한 설명으로 옳지 않은 것은?

① 원칙적으로 경비처우급을 하향 조정하기 위하여 고려할 수 있는 평정소득점수의 기준은 5점 이하이다.
② 재심사에 따라 경비처우급을 조정할 필요가 있는 경우에는 세 단계의 범위에서 조정할 수 있다.
③ 소장은 수형자의 경비처우급을 조정한 경우에는 지체 없이 해당 수형자에게 그 사항을 알려야 한다.
④ 소장은 수형자를 처우등급별 수용하는 경우 개별처우의 효과를 증진하기 위하여 경비처우급·개별처우급이 같은 수형자 집단으로 수용하여 처우할 수 있다.

10 범죄예측에 대한 설명으로 옳은 것은?

① 전체적 평가법은 통계적 예측법에서 범하기 쉬운 객관성 문제를 개선하기 위해 개발된 방법이다.
② 통계적 예측법은 범죄자의 소질과 인격에 대한 상황을 분석하여 범죄자의 범죄성향을 임상적 경험에 의하여 예측하는 방법이다.
③ 버제스(E. W. Burgess)는 경험표(experience table)라 불렸던 예측표를 작성·활용하여 객관적인 범죄예측의 기초를 마련하였다.
④ 가석방 시의 예측은 교도소에서 가석방을 결정할 때 수용생활 중의 성적만을 고려하여 결정한다.

11 「형의 집행 및 수용자의 처우에 관한 법률 시행규칙」상 가족 만남의 날 행사 등에 대한 설명으로 옳은 것은?

① 수형자와 그 가족이 원칙적으로 교정시설 밖의 일정한 장소에서 다과와 음식을 함께 나누면서 대화의 시간을 갖는 행사를 말한다.

② 소장은 중경비처우급 수형자에 대하여 가족 만남의 날 행사에 참여하게 하거나 가족 만남의 집을 이용하게 할 수 있다.

③ 가족 만남의 날 행사에 참여하는 횟수만큼 수형자의 접견 허용횟수는 줄어든다.

④ 소장은 가족이 없는 수형자에 대하여는 결연을 맺었거나 그 밖에 가족에 준하는 사람으로 하여금 그 가족을 대신하게 할 수 있다.

12 「전자장치 부착 등에 관한 법률」에 대한 설명으로 옳은 것은?

① 만 18세 미만의 자에 대하여 부착명령을 선고한 때에는 18세에 이르기까지 이 법에 따른 전자장치를 부착할 수 없다.

② 전자장치 부착기간은 이를 집행한 날부터 기산하되, 초일은 산입하지 아니한다.

③ 전자장치 부착명령의 청구는 공소제기와 동시에 하여야 한다.

④ 법원이 특정범죄를 범한 자에 대하여 형의 집행을 유예하고 보호관찰을 받을 것을 명하면서 전자장치를 부착할 것을 명한 경우 이 부착명령은 집행유예가 실효되면 그 집행이 종료된다.

13 외국인수용자의 처우에 대한 설명으로 옳은 것은?

① 외국인수용자 전담요원은 외국인 미결수용자에게 소송 진행에 필요한 법률지식을 제공하는 조력을 하여야 한다.

② 외국인수용자를 수용하는 소장은 외국어 통역사 자격자를 전담요원으로 지정하여 외교공관 및 영사관 등 관계기관과의 연락업무를 수행하게 하여야 한다.

③ 소장은 외국인수용자의 수용거실을 지정하는 경우에는 반드시 분리수용하도록 하고, 그 생활양식을 고려하여 필요한 설비를 제공하여야 한다.

④ 외국인수용자에 대하여 소속국가의 음식문화를 고려할 필요는 없지만, 외국인수용자의 체격 등을 고려하여 지급하는 음식물의 총열량을 조정할 수 있다.

14 「교도관직무규칙」상 교정직교도관의 직무에 대한 설명으로 옳지 않은 것은?

① 수용자를 부를 때에는 수용자 번호와 성명을 함께 부르는 것이 원칙이다.

② 수용자의 도주, 폭행, 소요, 자살 등 구금목적을 해치는 행위에 관한 방지 조치는 다른 모든 직무에 우선한다.

③ 교정직교도관이 수용자의 접견에 참여하는 경우에는 수용자와 그 상대방의 행동·대화내용을 자세히 관찰하여야 한다.

④ 수용자가 작성한 문서로서 해당 수용자의 날인이 필요한 것은 오른손 엄지손가락으로 손도장을 찍게 하는 것이 원칙이다.

15 「형의 집행 및 수용자의 처우에 관한 법률 시행규칙」상 원칙적으로 교정시설 밖에 있는 외부기업체에 통근하며 작업하는 수형자의 선정기준에 해당되지 않는 것은?

① 해당 작업 수행에 건강상 장애가 없을 것

② 일반경비처우급 이상에 해당할 것

③ 가족·친지 또는 교정위원 등과 접견·편지수수·전화통화 등으로 연락하고 있을 것

④ 집행할 형기가 7년 미만이고 가석방이 제한되지 아니할 것

16 형의 집행 및 수용자의 처우에 관한 법령상 작업과 직업훈련에 대한 설명으로 옳은 것은?

① 장애인수형자 전담교정시설의 장은 장애인수형자에 대한 직업훈련이 석방 후의 취업과 연계될 수 있도록 그 프로그램의 편성 및 운영에 특히 유의하여야 한다.

② 소장은 사형확정자가 작업을 신청하면 분류처우회의의 심의를 거쳐 교정시설 안에서 실시하는 작업을 부과할 수 있다.

③ 소장은 교도관에게 매월 수형자의 작업실적을 확인하게 하여야 한다.

④ "집중적인 근로가 필요한 작업"이란 수형자의 신청에 따라 1일 작업시간 중 접견·전화통화·교육 및 공동행사 참가 등을 하지 아니하고 휴게시간을 포함한 작업시간 내내 하는 작업을 말한다.

17 형의 집행 및 수용자의 처우에 관한 법령상 귀휴를 허가할 수 있는 대상이 아닌 것은?

① 10년의 징역형을 받고 4개월을 집행받은 일반경비처우급 수형자 A가 장모님의 사망을 이유로 5일간의 귀휴를 신청하였다.

② 3년 징역형을 받고 13개월을 집행받은 완화경비처우급 수형자 B가 출소 전 취업준비를 이유로 귀휴를 신청하였다.

③ 20년 징역형을 받고 6년을 집행받은 완화경비처우급 수형자 C가 장인의 위독함을 이유로 귀휴를 신청하였다.

④ 무기형을 받고 10년을 집행받은 완화경비처우급 수형자 D가 아들의 군입대를 이유로 귀휴를 신청하였다.

18 지역사회교정에 대한 설명으로 옳지 않은 것은?

① 교정의 목표는 사회가 범죄자에게 교육과 취업기회를 제공해주고 사회적 유대를 구축 또는 재구축하는 것이다.

② 구금이 필요하지 않은 범죄자들에게는 구금 이외의 처벌이 필요하다.

③ 전통적 교정에 대한 새로운 대안의 모색으로 지역사회의 책임이 요구되었다.

④ 교정개혁에 초점을 둔 인간적 처우를 증진하며 범죄자의 책임을 경감시키는 시도이다.

19 소년수용자의 처우에 대한 설명으로 옳은 것은?

① 소년수형자 전담교정시설에는 별도의 개별학습공간을 마련하고 학용품 및 소년의 정서 함양에 필요한 도서, 잡지 등을 갖춰두어야 한다.

② 소장은 소년수형자 등의 나이·적성 등을 고려하여 필요하다고 인정하면 접견 및 전화통화 횟수를 늘릴 수 있다.

③ 소장은 소년수형자의 나이·적성 등을 고려하여 필요하다고 인정하면 발표회 및 공연 등 참가활동을 제외한 본인이 희망하는 활동을 허가할 수 있다.

④ 소년수형자 전담교정시설이 아닌 교정시설에서는 소년수용자를 수용할 수 없다.

20 「형의 집행 및 수용자의 처우에 관한 법률 시행규칙」상 노인수용자의 처우에 대한 설명으로 옳은 것은?

① 노인수형자 전담교정시설에는 별도의 개별휴게실을 마련하고 노인이 선호하는 오락용품 등을 갖춰두어야 한다.

② 노인수형자를 수용하고 있는 시설의 장은 노인문제에 관한 지식과 경험이 풍부한 외부전 문가를 초빙하여 교육하게 하는 등 노인수형자의 교육 받을 기회를 확대하고, 노인전문오락, 그 밖에 노인의 특성에 알맞은 교화프로그램을 개발·시행하여야 한다.

③ 소장은 노인수용자가 거동이 불편하여 혼자서 목욕하기 어려운 경우에는 교도관, 자원봉 사자 또는 다른 수용자로 하여금 목욕을 보조하게 할 수 있다.

④ 소장은 노인수용자가 작업을 원하는 경우에는 나이·건강상태 등을 고려하여 해당 수용자 가 감당할 수 있는 정도의 작업을 부과한다. 이 경우 담당 교도관의 의견을 들어야 한다.

01 교도소화(prisonization)에 대한 설명으로 옳지 않은 것은?

① 교도소화란 교정당국과 교도관에 대해 적대적인 태도를 학습하는 것을 말한다.
② 클레머(Clemmer)는 수형기간이 증가함에 따라 수형자의 교도소화가 강화된다고 보았다.
③ 수형지향적 하위문화에 속하는 수형자는 교도소 내의 지위획득에 관심이 없다.
④ 휠러(Wheeler)는 형기의 중간단계에서 수형자가 교도관에 대해 가장 적대적으로 된다고 보았다.

02 「교도관 직무규칙」상의 내용으로 옳은 것은?

① 소장은 교도관으로 하여금 매주 1회 이상 소화기 등 소방기구를 점검하게 하고 그 사용법의 교육과 소방훈련을 하게 하여야 한다.
② 당직간부란 보안과장이 지명하는 교정직교도관으로서 보안과의 보안업무 전반에 걸쳐 보안과장을 보좌하고, 휴일 또는 야간에 소장을 대리하는 사람을 말한다.
③ 교정직교도관이 수용자를 교정시설 밖으로 호송하는 경우에는 미리 호송계획서를 작성하여 상관에게 보고하여야 한다.
④ 정문근무자는 수용자의 취침 시간부터 기상 시간까지는 보안과장의 허가 없이 정문을 여닫을 수 없다.

03 「형의 집행 및 수용자의 처우에 관한 법률」상 구분수용의 예외로 옳지 않은 것은?

① 관할 법원 및 검찰청 소재지에 구치소가 없는 때에는 교도소에 미결수용자를 수용할 수 있다.
② 범죄의 증거인멸을 방지하기 위하여 필요하거나 그 밖에 특별한 사정이 있는 때에는 교도소에 미결수용자를 수용할 수 있다.
③ 취사 등의 작업을 위하여 필요하거나 그 밖에 특별한 사정이 있으면 구치소에 수형자를 수용할 수 있다.
④ 수형자가 소년교도소에 수용 중에 19세가 된 경우에도 교육·교화프로그램, 작업, 직업훈련 등을 실시하기 위하여 특히 필요하다고 인정되면 25세가 되기 전까지는 계속하여 수용할 수 있다.

04 형의 집행 및 수용자의 처우에 관한 법령상 수형자 계호에 대한 내용으로 옳지 않은 것은?

① 소장은 교정성적 등을 고려하여 검사가 필요하지 않다고 인정되는 경우 교도관에게 작업장이나 실외에서 거실로 돌아오는 수용자의 신체·의류 및 휴대품을 검사하지 않게 할 수 있다.

② 금치처분 집행 중인 수용자가 법원 또는 검찰청 등에 출석하는 경우에 징벌집행은 중지된 것으로 본다.

③ 교도관은 교정시설 밖에서 수용자를 계호하는 경우 보호장비나 수용자의 팔목 등에 전자경보기를 부착하여 사용할 수 있다.

④ 보호침대는 다른 보호장비와 같이 사용할 수 없다.

05 중간처우소(halfway house)에 대한 설명으로 옳지 않은 것은?

① 석방 전 중간처우소는 교도소에서 지역사회로 전환하는데 필요한 도움과 지도를 제공한다.

② 석방 전 중간처우소는 정신질환 범죄자나 마약중독자에 유용하며 석방의 충격을 완화해 주는 역할을 한다.

③ 우리나라의 중간처우소 사례인 밀양희망센터는 외부업체에서 일하고 지역사회 내의 기숙사에서 생활하는 형태로 운영된다.

④ 미국에서 가장 일반적인 중간처우소 유형은 수형자가 가석방 등 조건부 석방이 결정된 후 초기에 중간처우소에 거주하는 것이다.

06 서덜랜드(Sutherland)의 **차별접촉이론**(differential association theory)의 9가지 명제로 옳지 않은 것은?

① 범죄행위의 학습은 다른 사람들과의 의사소통과정을 통하여 이루어진다.

② 법 위반에 대한 비우호적 정의에 비해 우호적 정의를 더 많이 학습한 사람은 비행을 하게 된다.

③ 범죄행위가 학습될 때 범죄의 기술, 동기, 충동, 합리화, 태도 등도 함께 학습된다.

④ 금전적 욕구, 좌절 등 범죄의 욕구와 가치관이 범죄행위와 비범죄행위를 구별해 주는 변수가 된다.

07 학자들과 그들의 주장을 연결한 것으로 옳지 않은 것은?

① 갓프레드슨과 허쉬(Gottfredson & Hirschi) - 모든 범죄의 원인은 '낮은 자기통제력' 때문이며, 이러한 '자기통제력'은 아동기에 형성된다.

② 코헨(Cohen) - 합법적 수단이 이용가능하지 않을 때 비합법적 수단에 호소하게 되지만, 이러한 합법적 및 비합법적 수단이 모두 이용가능하지 않을 때 이중의 실패자(double failures)가 된다.

③ 샘슨(Sampson) - 지역사회의 구성원들이 범죄문제를 공공의 적으로 인식하고 이를 해결하기 위하여 적극적으로 참여하는 것이 범죄문제 해결의 열쇠가 된다.

④ 레크리스(Reckless) - 범죄다발지역에 살면서 범죄적 집단과 접촉하더라도 비행행위에 가담하지 않는 청소년들은 '좋은 자아개념'을 가지고 있기 때문이다.

08 교도작업에 대한 설명으로 옳지 않은 것은?

① 교도작업은 일에 의한 훈련(training by work)과 일을 위한 훈련(training for work)으로 구분할 수 있는데 일에 의한 훈련은 직업기술을 터득하는 것이고 일을 위한 훈련은 근로습관을 들이는 것이다.

② 교도작업에 있어서 최소자격의 원칙(principle of less eligibility)은 일반 사회의 최저임금 수준의 비범죄자에 비해서 훈련과 취업상 조건이 더 나빠야 한다는 것이다.

③ 계약노동제도(contract labor system)는 교도작업을 위한 장비와 재료를 제공하는 민간사업자에게 재소자의 노동력을 제공하는 것으로 열악한 작업환경과 노동력의 착취라는 비판이 있다.

④ 관사직영제도(public account system)는 교도소 자체가 기계장비를 갖추고 작업재료를 구입하여 재소자들의 노동력으로 제품을 생산하고 판매하는 것으로 민간분야로부터 공정경쟁에 어긋난다는 비판이 있다.

09 「형의 집행 및 수용자의 처우에 관한 법률」상 수용자의 권리구제에 대한 내용으로 옳지 않은 것은?

① 소장은 청원서의 내용을 확인한 후, 이를 지체 없이 법무부장관·순회점검공무원 또는 관할 지방교정청장에게 보내거나 순회점검공무원에게 전달하여야 한다.

② 수용자는 그 처우에 관하여 불복하는 경우 법무부장관·순회점검공무원 또는 관할 지방교정청장에게 청원할 수 있다.

③ 청원에 관한 결정은 문서로 하여야 한다.

④ 순회점검공무원에 대한 청원은 말로도 할 수 있다.

CHAPTER **02**

10 다음에서 설명하는 오린(L. E. Ohlin)의 보호관찰관 유형은?

> 이 유형의 보호관찰관은 주로 직접적인 지원이나 강연 또는 칭찬과 꾸중 등 비공식적인 방법을 이용한다. 또한 보호관찰관은 사회의 보호, 즉 사회방위와 범죄자 개인의 개선·보호를 조화시키고자 하므로 역할갈등을 크게 겪는다.

① 처벌적 보호관찰관(punitive probation officer)
② 보호적 보호관찰관(protective probation officer)
③ 복지적 보호관찰관(welfare probation officer)
④ 수동적 보호관찰관(passive probation officer)

11 보호관찰 대상자의 보호관찰 기간으로 옳지 않은 것은?

① 「치료감호 등에 관한 법률」상 치료감호 가종료자 : 3년
② 「소년법」상 단기 보호관찰처분을 받은 자 : 1년
③ 「형법」상 보호관찰을 조건으로 형의 선고유예를 받은 자 : 1년
④ 「가정폭력범죄의 처벌 등에 관한 특례법」상 보호관찰처분을 받은 자 : 1년

12 형의 집행 및 수용자의 처우에 관한 법령상 특별한 보호가 필요한 수용자에 대한 처우로 옳지 않은 것은?

① 소장은 여성수용자의 유아 양육을 허가한 경우에는 교정시설에 육아거실을 지정·운영하여야 한다.
② 소장은 신입자에게 「아동복지법」 제15조에 따른 미성년 자녀 보호조치를 의뢰할 수 있음을 알려 주어야 한다.
③ 소년수형자 전담교정시설이 아닌 교정시설에서는 소년수용자를 수용하기 위하여 별도의 거실을 지정하여 운용하여야 한다.
④ 노인수용자의 거실은 시설부족 또는 그 밖의 부득이한 사정이 없으면 건물의 1층에 설치하고, 특히 겨울철 난방을 위하여 필요한 시설을 갖추어야 한다.

13 「형의 집행 및 수용자의 처우에 관한 법률」상 수용자의 위생과 의료에 대한 내용으로 옳지 않은 것은?

① 수용자는 자신의 신체 및 의류를 청결히 하여야 하며, 자신이 사용하는 거실·작업장, 그 밖의 수용시설의 청결유지에 협력하여야 하며, 위생을 위하여 머리카락과 수염을 단정하게 유지하여야 한다.

② 소장은 수용자가 외부의료시설에서 진료받거나 치료감호시설로 이송되면 그 사실을 그 가족(가족이 없는 경우에는 수용자가 지정하는 사람)에게 지체 없이 알려야 한다. 다만, 수용자가 알리는 것을 원하지 아니하면 그러하지 아니하다.

③ 소장은 감염병이나 그 밖에 감염의 우려가 있는 질병의 발생과 확산을 방지하기 위하여 필요한 경우 수용자에 대하여 예방접종·격리수용·이송, 그 밖에 필요한 조치를 하여야 한다.

④ 소장은 수용자의 정신질환 치료를 위하여 필요하다고 인정하면 직권으로 치료감호시설로 이송할 수 있다.

14 교화개선모형에 대한 설명으로 옳지 않은 것은?

① 범죄자의 형기는 범죄행위에 대한 것이 아니라 범죄자를 교화개선시키는 데 요구되는 시간이 되어야 한다.

② 적응모형(adjustment model)의 처우기법은 주로 지역사회에 기초한 사회복귀프로그램이다.

③ 교화개선모형에 입각한 대부분의 처우 프로그램은 효과가 없다고 비판받는다.

④ 범죄자의 사회재통합을 위해서는 지역사회와의 의미 있는 접촉과 유대관계가 전제되어야 한다.

15 교정의 이념에 대한 설명으로 옳지 않은 것은?

① 집합적 무력화(collective incapacitation)는 과학적 방법을 활용하여 재범의 위험성이 높은 것으로 판단되는 개인을 구금하기 위해서 활용되고 있다.

② 범죄자를 건설적이고 법을 준수하는 방향으로 전환시키기 위해 범죄자를 구금하는 것을 교정의 교화개선(rehabilitation)적 목적이라고 할 수 있다.

③ 무력화(incapacitation)는 범죄자가 구금기간 동안 범행할 수 없도록 범행의 능력을 무력화시키는 것을 의미한다.

④ 형벌의 억제(deterrence)효과는 처벌의 확실성, 엄중성 그리고 신속성의 세 가지 차원에 의해 결정된다.

16 「보호소년 등의 처우에 관한 법률」상 옳은 것만을 모두 고르면?

> ㉠ 신설하는 소년원 및 소년분류심사원은 수용정원이 150명 이상의 규모가 되도록 하여야
> 한다. 다만, 소년원 및 소년분류심사원의 기능·위치나 그 밖의 사정을 고려하여 그 규
> 모를 축소할 수 있다.
>
> ㉡ 소년분류심사원장은 유치소년이 시설의 안전과 수용질서를 현저히 문란하게 하는 보호
> 소년에 대한 교정교육을 위하여 유치기간을 연장할 필요가 있는 경우에는 유치 허가를
> 한 지방법원 판사 또는 소년분류심사원 소재지를 관할하는 법원소년부에 유치 허가의
> 취소에 관한 의견을 제시할 수 있다.
>
> ㉢ 20일 이내의 기간 동안 지정된 실(室) 안에서 근신하게 하는 징계는 14세 미만의 보호소
> 년 등에게는 부과하지 못한다.
>
> ㉣ 출원하는 보호소년 등에 대한 사회정착지원의 기간은 6개월 이내로 하되, 6개월 이내의
> 범위에서 한 번에 한하여 그 기간을 연장할 수 있다.
>
> ㉤ 원장은 법원 또는 검찰의 조사·심리, 이송, 그 밖의 사유로 보호소년 등을 호송하는 경
> 우, 소속공무원으로 하여금 수갑, 포승이나 전자충격기를 사용하게 할 수 있다.

① ㉠, ㉡   ② ㉢, ㉣

③ ㉠, ㉢, ㉣   ④ ㉡, ㉣, ㉤

17 형의 집행 및 수용자의 처우에 관한 법령상 교도작업에 대한 설명으로 옳은 것은?

① 소장은 교정시설 안에 설치된 외부기업체의 작업장에 통근하며 작업하는 수형자를 선정
하는 데 있어서 일반경비처우급에 해당하는 수형자를 선정하여서는 아니 된다.

② 소장은 교도작업 도중 부상으로 신체에 장해를 입은 수형자에게 그 장해 발생 후 1개월
이내에 위로금을 지급하여야 한다.

③ 소장은 작업 부과 또는 교화를 위하여 특히 필요하다고 인정하는 경우에는 만 65세의 수
형자를 외부통근자로 선정할 수 있다.

④ 소장은 수형자에게 작업장려금을 지급하는 데 있어서 교정성적은 고려하여서는 아니 된다.

18 누진처우제도의 유형에 대한 설명으로 옳은 것은?

① 점수제의 종류 중 하나인 아일랜드제는 매월의 소득점수로 미리 정한 책임점수를 소각하는 방법이며, 독거구금·혼거작업·가석방이라는 3단계에 반자유구금인 중간교도소를 추가한 것이다.

② 점수제에 대해서는 교도관의 자의가 개입되기 쉽고 공평성을 저하시킬 우려가 있다는 비판이 있다.

③ 점수제의 종류 중 하나인 잉글랜드제는 수형자를 최초 9개월간 독거구금을 한 후에 공역(公役)교도소에 혼거시켜 강제노역을 시키며, 수형자를 고사급·제3급·제2급·제1급의 4급으로 나누어 책임점수를 소각하면 상급으로 진급시켜 가석방하는 제도이다.

④ 점수제의 종류 중 하나인 엘마이라제는 자력적 개선에 중점을 둔 행형제도로 일명 감화제도라고 한다. 엘마이라감화원은 16~30세까지의 재범자들을 위한 시설로서 수형자분류와 누진처우의 점수제, 부정기형과 보호관찰부 가석방 등을 운용하였다.

19 「형의 집행 및 수용자의 처우에 관한 법률」상 징벌에 대한 내용으로 옳지 않은 것은?

① 징벌은 징벌사유가 발생한 날부터 1년이 지나면 이를 이유로 징벌을 부과하지 못한다.

② 수용자가 30일 이내의 금치처분을 받은 경우 실외운동을 제한하는 경우에도 매주 1회 이상은 실외운동을 할 수 있도록 하여야 한다.

③ 징벌위원회는 징벌을 의결하는 때에 행위의 동기 및 정황, 교정성적, 뉘우치는 정도 등 그 사정을 고려할 만한 사유가 있는 수용자에 대하여 2개월 이상 6개월 이하의 기간 내에서 징벌의 집행을 유예할 것을 의결할 수 있다.

④ 동일한 행위에 관하여 거듭하여 징벌을 부과할 수 없다.

20 ㉠과 ㉡에 들어갈 내용을 바르게 연결한 것은?

> (㉠)는(은) 보호관찰관의 기능과 자원의 활용에 따라 보호관찰을 모형화하였는데, 이 중 (㉡)모형이란 전문성을 갖춘 보호관찰관이 외부의 사회적 자원을 적극 개발하고 활용하는 유형을 말한다.

	㉠	㉡
①	Crofton	옹호(advocacy)
②	Crofton	중개(brokerage)
③	Smykla	옹호(advocacy)
④	Smykla	중개(brokerage)

21 형의 집행 및 수용자의 처우에 관한 법령상 귀휴 허가에 대한 판단으로 옳은 것은?

① 징역 18년을 선고받고 현재 5년 동안 복역 중인 중(重)경비처우급 수형자 甲의 경우에, 소장은 甲의 딸의 혼례를 사유로 귀휴를 허가할 수 없다.

② 무기형을 선고받고 현재 10년 동안 복역 중인 일반경비처우급 수형자 乙은 교정성적이 우수하다. 이 경우 소장은 교화 또는 사회복귀 준비 등을 위하여 특히 필요한 경우라고 할지라도 귀휴를 허가할 수 없다.

③ 완화경비처우급 수형자 丙은 이시(異時)의 서로 다른 두 개의 범죄로 인해 각각 징역 5년과 징역 7년을 함께 선고받고 현재 3년 동안 복역 중이다. 이 경우 소장은 丙의 교정성적이 우수하다고 하더라도 아들의 군입대를 사유로 한 귀휴를 허가할 수 없다.

④ 징역 1년을 선고받고 현재 5개월 동안 복역 중인 개방처우급 수형자 丁의 장모가 사망한 경우에, 소장은 丁의 교정성적이 우수하다면 1년 동안 20일이 넘지 않는 범위에서 일반귀휴를 허가할 수 있다.

22 형벌의 목적에 대한 설명으로 옳지 않은 것은?

① 응보형주의는 개인의 범죄에 대하여 보복적인 의미로 형벌을 과하는 것이다.

② 교육형주의는 범죄인의 자유박탈과 사회로부터의 격리를 교육을 위한 수단으로 본다.

③ 응보형주의에 의하면 범죄는 사람의 의지에 의하여 발생하는 것이 아니라 사회 환경 및 사람의 성격에 의하여 발생하는 것이다.

④ 현대의 교정목적은 응보형주의를 지양하고, 교육형주의의 입장에서 수형자를 교정·교화하여 사회에 복귀시키는 데에 중점을 둔다.

23 전환제도(diversion)의 장점이 아닌 것은?

① 형사사법대상자 확대 및 형벌 이외의 비공식적 사회통제망 확대

② 구금의 비생산성에 대한 대안적 분쟁해결방식 제공

③ 법원의 업무경감으로 형사사법제도의 능률성 및 신축성 부여

④ 범죄적 낙인과 수용자 간의 접촉으로 인한 부정적 위험 회피

24 소년부 판사가 결정으로 그 기간을 연장할 수 있는 보호처분만을 모두 고르면?

> ㉠ 보호관찰관의 단기 보호관찰
> ㉡ 병원, 요양소 또는 「보호소년 등의 처우에 관한 법률」에 따른 의료재활소년원에 위탁
> ㉢ 장기 소년원 송치
> ㉣ 보호자 또는 보호자를 대신하여 소년을 보호할 수 있는 자에게 감호 위탁

① ㉠, ㉢   ② ㉡, ㉢   ③ ㉡, ㉣   ④ ㉢, ㉣

25 범죄원인에 대한 설명으로 옳은 것은?

① 퀴니(Quinney)는 대항범죄(crime of resistance)의 예로 살인을 들고 있다.
② 레크리스(Reckless)는 범죄를 유발하는 압력요인으로 불안감을 들고 있다.
③ 중화기술이론에서 세상은 모두 타락했고, 경찰도 부패했다고 범죄자가 말하는 것은 책임의 부정에 해당한다.
④ 부모 등 가족구성원이 실망할 것을 우려해서 비행을 그만두는 것은 사회유대의 형성 방법으로서 애착(attachment)에 의한 것으로 설명할 수 있다.

01 「형의 집행 및 수용자의 처우에 관한 법률 시행규칙」상 외부기업체에 통근하며 작업하는 수형자의 선정기준이 아닌 것은?

① 18세 이상 65세 미만으로 해당 작업 수행에 건강상 장애가 없을 것
② 개방처우급, 완화경비처우급에 해당할 것
③ 가족, 친지 또는 교정위원 등과 접견, 편지수수, 전화통화 등으로 연락하고 있을 것
④ 집행할 형기가 5년 미만이고 가석방이 제한되지 아니할 것

02 수용자의 처우 및 권리에 대한 설명으로 옳지 않은 것은? (다툼이 있는 경우 판례에 의함)

① 수용자가 변호사와 접견하는 경우에도 일률적으로 접촉차단시설이 설치된 장소에서 하도록 하는 규정은 과잉금지원칙에 위배되지 않으며 재판청구권을 침해하는 것도 아니다.
② 수형자가 헌법소원 사건의 국선대리인인 변호사를 접견함에 있어서 교도관이 그 접견내용을 녹음, 기록한 행위는 해당 수형자의 재판을 받을 권리를 침해한다.
③ 수용자가 보내려는 모든 서신에 대해 무봉함 상태의 제출을 강제함으로써 수용자의 발송서신(편지수수) 모두를 검열 가능한 상태에 놓이도록 하는 것은 수용자의 통신비밀의 자유를 침해하는 것이다.
④ 수형자에 대하여 전면적·획일적으로 선거권을 제한하는 것은 헌법상 선거권을 침해하는 것이며, 보통선거원칙에 위반하여 평등원칙에도 어긋난다.

03 「전자장치 부착 등에 관한 법률」상 검사가 성폭력범죄를 다시 범할 위험성이 있다고 인정되는 사람에 대하여 전자장치 부착명령을 청구할 수 있는 사유로 명시되지 않은 것은?

① 성폭력범죄로 징역형의 실형을 선고받은 사람이 그 집행을 종료한 후 또는 집행이 면제된 후 10년 이내에 성폭력범죄를 저지른 때
② 성폭력범죄를 2회 이상 범하여(유죄의 확정판결을 받은 경우를 포함한다) 그 습벽이 인정된 때
③ 신체적 또는 정신적 장애가 있는 사람이 성폭력범죄를 저지른 때
④ 19세 미만의 사람에 대하여 성폭력범죄를 저지른 때

04 「형의 집행 및 수용자의 처우에 관한 법률 시행규칙」상 중간처우에 관한 규정이다. ㉠~㉢에 들어갈 숫자를 바르게 연결한 것은?

> 소장은 개방처우급 혹은 완화경비처우급 수형자가 다음 각 호의 사유에 모두 해당하는 경우에는 교정시설에 설치된 개방시설에 수용하여 사회 적응에 필요한 교육, 취업지원 등 적정한 처우를 할 수 있다.
> 1. 형기가 (㉠)년 이상인 사람
> 2. 범죄 횟수가 (㉡)회 이하인 사람
> 3. 중간처우를 받는 날부터 가석방 또는 형기 종료 예정일까지 기간이 (㉢)개월 이상 1년 6개월 이하인 사람

	㉠	㉡	㉢
①	2	2	6
②	3	2	3
③	3	2	6
④	2	3	3

05 형의 집행 및 수용자의 처우에 관한 법령상 개별면담 등을 위하여 교도관 중 전담요원이 지정되어야 하는 수용자는?

① 소년수용자 ② 노인수용자
③ 장애인수용자 ④ 외국인수용자

06 모피트(Moffitt)의 청소년기 한정형(adolescence-limited) 일탈의 원인으로 옳은 것만을 모두 고르면?

> ㉠ 성숙의 차이(maturity gap)
> ㉡ 신경심리적 결함(neuropsychological deficit)
> ㉢ 사회모방(social mimicry)
> ㉣ 낮은 인지 능력(low cognitive ability)

① ㉠, ㉡ ② ㉠, ㉢
③ ㉡, ㉣ ④ ㉢, ㉣

07 교도작업의 운영 및 특별회계에 관한 법령상 제품생산과 판매, 회계 등의 관리에 대한 설명으로 옳은 것은?

① 법무부장관은 교도작업으로 생산되는 제품의 종류와 수량을 회계연도 개시 3개월 전까지 공고하여야 한다.

② 교도작업시설의 개량이나 확장에 필요한 경우로 예산의 범위에서 일반회계로부터의 전입된 금액은 교도작업특별회계의 세입에서 제외되어야 한다.

③ 법무부장관은 교도작업으로 생산된 제품을 전자상거래 등의 방법으로 민간기업 등에 직접 판매할 수 있지만 위탁하여 판매할 수는 없다.

④ 수용자의 교도작업 관련 직업훈련을 위한 경비는 교도작업특별회계의 세출에 포함된다.

08 우리나라 교정역사에 대한 설명으로 옳지 않은 것은?

① 고려와 조선시대에는 일정한 조건 아래 형을 대신하여 속전을 받는 제도가 있었다.

② 조선시대 죄인의 수감을 담당하던 전옥서는 갑오개혁 이후 경무청 감옥서로 변경되었다.

③ 갑오개혁 시 근대적 행형제도의 도입으로 '간수교습규정'이 제정되어 교도관학교를 설치·운영할 근거가 마련되었다.

④ 광무시대에 제정된 감옥규칙의 징역수형자 누진처우를 규정한 징역표는 범죄인의 개과촉진을 목적으로 수용자를 4종으로 분류하였다.

09 형의 집행 및 수용자의 처우에 관한 법령상 수형자의 접견에 대한 설명으로 옳은 것만을 모두 고르면?

> ㉠ 수형자의 접견 횟수는 매월 4회이지만, 소송사건의 대리인인 변호사와 수형자의 접견은 여기에 포함되지 아니한다.
> ㉡ 수형자의 접견시간은 30분 이내로 하지만, 소장은 수형자가 19세 미만임을 이유로 접견시간을 연장할 수 있다.
> ㉢ 형사사건으로 수사나 재판을 받고 있는 수형자가 변호인과 접견하는 경우에는 접촉차단시설이 설치되지 아니한 장소에서 접견하게 하여야 한다.
> ㉣ 외국인인 수형자는 국어로 의사소통이 곤란한 사정이 없더라도 접견 시 접견내용이 청취, 녹음, 녹화될 때에는 외국어를 사용할 수 있다.

① ㉠, ㉡
② ㉠, ㉢
③ ㉡, ㉣
④ ㉢, ㉣

10 「성폭력범죄자의 성충동 약물치료에 관한 법률」상 성폭력 수형자의 치료명령 청구 및 가석방에 대한 설명으로 옳지 않은 것은?

① 교도소·구치소의 장은 가석방 요건을 갖춘 성폭력 수형자에 대하여 약물치료의 내용, 방법, 절차, 효과, 부작용, 비용부담 등에 관하여 충분히 설명하고 동의 여부를 확인하여야 한다.

② 가석방 요건을 갖춘 성폭력 수형자가 약물치료에 동의한 경우 수용시설의 장은 지체 없이 수용시설의 소재지를 관할하는 지방검찰청의 검사에게 인적사항과 교정성적 등 필요한 사항을 통보하여야 한다.

③ 수용시설의 장은 법원의 치료명령 결정이 확정된 성폭력 수형자에 대하여 가석방심사위원회에 가석방 적격심사를 신청하여야 한다.

④ 검사는 성폭력 수형자의 주거지 또는 소속 검찰청 소재지를 관할하는 교도소·구치소의 장에게 범죄의 동기 등 성폭력 수형자에 관하여 필요한 사항의 조사를 요청할 수 있다.

11 형의 집행 및 수용자의 처우에 관한 법령상 여성수용자의 처우에 대한 설명으로 옳지 않은 것은?

① 여성수용자는 자신이 출산한 유아를 교정시설에서 양육할 것을 신청할 수 있다. 이 경우 소장은 법률에 규정된 사유에 해당하지 않는 한 생후 24개월에 이르기까지 허가하여야 한다.

② 소장은 여성수용자에 대하여 건강검진을 실시하는 경우에는 나이·건강 등을 고려하여 부인과질환에 관한 검사를 포함시켜야 한다.

③ 남성교도관이 1인의 여성수용자에 대하여 실내에서 상담 등을 하려면 투명한 창문이 설치된 장소에서 다른 여성을 입회시킨 후 실시하여야 한다.

④ 소장은 여성수용자가 임신 중이거나 출산(유산·사산을 포함) 후 60일이 지나지 아니한 경우에는 모성보호 및 건강유지를 위하여 정기적인 검진 등 적절한 조치를 하여야 한다.

12 「형의 집행 및 수용자의 처우에 관한 법률」상 혼거수용 사유로 옳지 않은 것은?

① 시설의 안전과 질서유지를 위하여 필요한 때

② 수형자의 교화 또는 건전한 사회복귀를 위하여 필요한 때

③ 수용자의 생명 또는 신체의 보호, 정서적 안정을 위하여 필요한 때

④ 독거실 부족 등 시설여건이 충분하지 아니한 때

13 「형의 집행 및 수용자의 처우에 관한 법률」상 미결수용자의 처우에 대한 설명으로 옳은 것은?

① 소장은 미결수용자로서 사건에 서로 관련이 있는 사람은 분리수용하고 서로 간의 접촉을 금지할 수 있다.

② 미결수용자가 변호인에게 보내는 서신은 절대로 검열할 수 없다.

③ 소장은 미결수용자가 법률로 정하는 조사에 참석할 때 도주우려가 크거나 특히 부적당한 사유가 있다고 인정하면 교정시설에서 지급하는 의류를 입게 할 수 있다.

④ 미결수용자와 변호인과의 접견에는 교도관이 참여하거나 관찰하지 못하며 그 내용을 청취 또는 녹취하지 못한다.

14 화이트칼라범죄(White-collar Crime)에 대한 설명으로 옳지 않은 것은?

① 화이트칼라범죄는 경제적·사회적 제도에 대한 불신감을 조장하여 공중의 도덕심을 감소시키고 나아가 기업과 정부에 대한 신뢰를 훼손시킨다.

② 화이트칼라범죄의 폐해가 심각한 것은 청소년비행과 기타 하류계층 범인성의 표본이나 본보기가 된다는 사실이다.

③ 오늘날 화이트칼라범죄의 존재와 현실을 부정하는 사람은 없으나, 대체로 초기 서덜랜드(Sutherland)의 정의보다는 그 의미를 좁게 해석하여 개념과 적용범위를 엄격하게 적용하려는 경향이 있다.

④ 화이트칼라범죄는 피해규모가 큰 반면 법률의 허점을 교묘히 이용하거나 권력과 결탁하여 조직적으로 은밀히 이뤄지기 때문에 암수범죄가 많다.

15 범죄의 피해자에 대한 설명으로 옳지 않은 것은?

① 「형법」에 의하면 피해의 정도뿐만 아니라 가해자와 피해자의 관계도 양형에 고려된다.

② 피해자는 제2심 공판절차에서는 사건이 계속된 법원에 「소송촉진 등에 관한 특례법」에 따른 피해배상을 신청할 수 없다.

③ 레크리스(Reckless)는 피해자의 도발을 기준으로 '가해자 - 피해자 모델'과 '피해자 - 가해자 - 피해자 모델'로 구분하고 있다.

④ 「범죄피해자보호기금법」에 의하면 「형사소송법」에 따라 집행된 벌금의 일부도 범죄피해자보호기금에 납입된다.

16 중화기술이론의 사례에서 '책임의 부정'에 해당하는 것은?

① 기초수급자로 지정받지 못한 채 어렵게 살고 있던 중에 배가 고파서 편의점에서 빵과 우유를 훔쳤다고 주장하는 사람

② 성매수를 했지만 성인끼리 합의하여 성매매를 한 것이기 때문에 누구도 법적 책임을 질 필요가 없다고 주장하는 사람

③ 부정한 행위로 인하여 사회적 비난을 받는 사람의 차량을 파손하고 사회정의를 실현한 것이라고 주장하는 사람

④ 교통범칙금을 부과하는 경찰관에게 단속실적 때문에 함정단속을 한 것이 아니냐고 따지는 운전자

17 「형의 집행 및 수용자의 처우에 관한 법률 시행규칙」상 수형자 취업지원협의회의 기능이 아닌 것은?

① 수형자 사회복귀 지원 업무에 관한 자문에 대한 조언

② 직업적성 및 성격검사 등 각종 검사 및 상담

③ 취업 및 창업활동 지원대상 수형자의 가석방적격 사전심의

④ 불우수형자 및 그 가족에 대한 지원 활동

18 「소년법」상 형사사건의 심판에 대한 설명으로 옳지 않은 것은?

① 징역 또는 금고를 선고받은 소년에 대하여는 특별히 설치된 교도소 또는 일반 교도소 안에 특별히 분리된 장소에서 그 형을 집행한다. 다만, 소년이 형의 집행 중에 23세가 되면 일반 교도소에서 집행할 수 있다.

② 죄를 범할 당시 18세 미만인 소년에 대하여 사형 또는 무기형으로 처할 경우에는 15년의 유기징역으로 한다.

③ 징역 또는 금고를 선고받은 소년에 대하여는 무기형의 경우에는 5년, 15년 유기형의 경우에는 3년, 부정기형의 경우에는 단기의 3분의 1의 기간이 각각 지나면 가석방을 허가할 수 있다.

④ 소년에 대한 형사사건의 심리는 다른 피의사건과 관련된 경우 심리에 지장이 없으면 그 절차를 병합하여야 한다.

19 「가석방자관리규정」상 가석방자의 관리에 대한 설명으로 옳은 것만을 모두 고르면?

> ㉠ 교정시설의 장은 가석방이 허가된 사람에게 가석방의 취소 및 실효사유와 가석방자로서 지켜야 할 사항 등을 알리고, 주거지에 도착할 기한 및 관할경찰서에 출석할 기한 등을 적은 가석방증을 발급하여야 한다.
> ㉡ 가석방자는 가석방증에 적힌 기한 내에 관할경찰서에 출석하여 출석확인과 동시에 종사할 직업 등 생활계획을 세워 이를 관할경찰서의 장에게 서면으로 신고하여야 한다.
> ㉢ 관할경찰서의 장은 변동사항이 없는 경우를 제외하고, 6개월마다 가석방자의 품행 등에 관하여 조사서를 작성하고 관할 지방검찰청의 장 및 가석방자를 수용하였다가 석방한 교정시설의 장에게 통보하여야 한다.
> ㉣ 가석방자가 1개월 이상 국내 및 국외 여행 후 귀국하여 주거지에 도착한 때에는 관할경찰서의 장에게 신고하여야 한다.

① ㉠, ㉡   ② ㉠, ㉢
③ ㉡, ㉣   ④ ㉢, ㉣

20 「민영교도소 등의 설치·운영에 관한 법률」상 민영교도소의 설치·운영 등에 대한 설명으로 옳은 것은?

① 민영교도소에 수용된 수용자가 작업하여 생긴 수입은 교정법인의 수입으로 한다.
② 대한민국의 국민이 아닌 자는 민영교도소의 직원으로 임용될 수 없다.
③ 검찰총장은 민영교도소의 업무 및 그와 관련된 교정법인의 업무를 지도·감독하며, 필요한 경우 지시나 명령을 할 수 있지만, 수용자에 대한 교육과 교화프로그램에 관하여는 그 교정법인의 의견을 최대한 존중하여야 한다.
④ 교정법인의 대표자는 그 교정법인이 운영하는 민영교도소의 장이 될 수 있다.

21 교정상담 기법에 대한 설명으로 옳지 않은 것은?

① 행동수정요법 중 정적 강화(positive reinforcement)는 대상자가 어떤 바람직한 행동을 했을 때 그 대상자가 싫어하는 대상물을 제거해 주는 방법이다.
② 현실요법은 상담자와의 유대관계를 바탕으로 내담자가 사회현실의 범위 내에서 자신의 욕구를 실현하도록 하는 방법이다.
③ 교류분석요법은 타인과의 교류상태에서 자신의 상호작용에 대한 중요한 피드백을 교환하도록 함으로써 적절한 행동변화를 이끌어 내는 방법이다.
④ 사회적 요법은 심리적 또는 행동수정요법의 약점을 보완하며 재소자들을 위하여 건전한 사회적 지원 유형을 개발하는 방법이다.

22 「형의 집행 및 수용자의 처우에 관한 법률 시행규칙」상 수갑의 사용방법에 대한 설명으로 옳지 않은 것은?

① 이송·출정, 그 밖에 교정시설 밖의 장소로 수용자를 호송하는 때에는 한손수갑을 채워야 한다.

② 도주·자살·자해 또는 다른 사람에 대한 위해의 우려가 큰 때 양손수갑을 앞으로 채워 사용목적을 달성할 수 없다고 인정되면 양손수갑을 뒤로 채워야 한다.

③ 위력으로 교도관의 정당한 직무집행을 방해하는 때에는 양손수갑을 앞으로 채워야 한다.

④ 일회용수갑은 일시적으로 사용하여야 하며, 사용목적을 달성한 후에는 즉시 사용을 중단하거나 다른 보호장비로 교체하여야 한다.

23 「보호관찰 등에 관한 법률」상 사회봉사명령에 대한 설명으로 옳지 않은 것은?

① 사회봉사명령 대상자가 그 집행 중 금고 이상의 형의 집행을 받게 된 때에는 해당 형의 집행이 종료·면제되거나 가석방된 경우 잔여 사회봉사명령을 집행하지 않는다.

② 보호관찰관은 사회봉사명령 집행의 전부 또는 일부를 국공립기관이나 그 밖의 단체에 위탁할 수 있다.

③ 법원은 형의 집행을 유예하는 경우, 500시간의 범위에서 기간을 정하여 사회봉사를 명할 수 있다.

④ 형의 집행유예 기간이 지난 때에는 사회봉사는 잔여 집행기간에도 불구하고 종료한다.

24 「치료감호 등에 관한 법률」상 피치료감호자의 보호관찰에 대한 설명으로 옳지 않은 것은?

① 피치료감호자에 대한 치료감호가 가종료되면 보호관찰이 시작된다.

② 피치료감호자가 치료감호시설 외에서 치료받도록 법정대리인 등에게 위탁되었을 때 보호관찰이 시작된다.

③ 보호관찰의 기간은 3년으로 한다.

④ 피보호관찰자가 새로운 범죄로 금고 이상의 형의 집행을 받게 되었을지라도 보호관찰은 종료되지 아니하고 해당 형의 집행기간 동안 보호관찰기간은 정지된다.

25 브레이스웨이트(Braithwaite)의 **재통합적 수치심부여이론**(reintegrative shaming theory)에 대한 설명으로 옳지 않은 것은?

① 재통합적 수치심 개념은 낙인이론, 하위문화이론, 기회이론, 통제이론, 차별접촉이론, 사회학습이론 등을 기초로 하고 있다.

② 해체적 수치심(disintegrative shaming)을 이용한다면 범죄자의 재범확률을 낮출 수 있으며, 궁극적으로는 사회의 범죄율을 감소시키는 효과를 기대할 수 있다.

③ 재통합적 수치심의 궁극적인 목표는 범죄자가 자신의 잘못을 진심으로 뉘우치고 사회로 복귀할 수 있도록 그들이 수치심을 느끼게 할 방법을 찾아내는 것이다.

④ 브레이스웨이트는 형사사법기관의 공식적 개입을 지양하며 가족, 사회지도자, 피해자, 피해자 가족 등 지역사회의 공동체 강화를 중시하는 '회복적 사법(restorative justice)'에 영향을 주었다.

01 형의 집행 및 수용자의 처우에 관한 법령상 사형확정자의 처우에 대한 설명으로 옳은 것은?

① 사형확정자의 접견 횟수는 매월 5회로 하고, 필요하다고 인정하면 접견 횟수를 늘릴 수 있다.

② 사형확정자는 교도소에서만 독거수용하고, 교육·교화프로그램을 위해 필요한 경우에는 혼거수용할 수 있다.

③ 사형확정자를 수용하는 시설의 설비 및 계호의 정도는 일반경비시설 또는 중경비시설에 준한다.

④ 사형확정자가 수용된 거실은 자살방지를 위해 필요한 경우 참관할 수 있다.

02 형의 집행 및 수용자의 처우에 관한 법령상 보호장비에 대한 설명으로 옳지 않은 것은?

① 이송·출정, 그 밖에 교정시설 밖의 장소로 수용자를 호송할 때는 수갑을 사용할 수 있으며, 진료를 받거나 입원 중인 수용자에 대하여 한손수갑을 사용할 수 있다.

② 머리부분을 자해할 우려가 큰 때에는 머리보호장비를 사용할 수 있으며, 머리보호장비를 포함한 다른 보호장비로는 자살·자해를 방지하기 어려운 특별한 사정이 있는 경우는 보호침대를 사용할 수 있다.

③ 하나의 보호장비로 사용 목적을 달성할 수 없는 경우에는 둘 이상의 보호장비를 사용할 수 있으며, 주로 수갑과 보호의자를 함께 사용한다.

④ 보호침대는 그 사용을 일시 중지하거나 완화하는 경우를 포함하여 8시간을 초과하여 사용할 수 없으며, 사용 중지 후 4시간이 경과하지 아니하면 다시 사용할 수 없다.

03 「형의 집행 및 수용자의 처우에 관한 법률」상 수형자에 대한 휴일의 작업부과 사유로 옳지 않은 것은?

① 취사·청소·간병 등 교정시설의 운영과 관리에 필요한 작업을 하는 경우

② 작업장의 운영을 위하여 불가피한 경우

③ 공공의 안전이나 공공의 이익을 위하여 긴급히 필요한 경우

④ 교도관이 신청하는 경우

04 「형의 집행 및 수용자의 처우에 관한 법률」상 권리구제에 대한 설명으로 옳은 것은?

① 소장은 수용자의 신청에 따라 면담한 결과, 처리가 필요한 사항이 있으면 그 결과를 수용자에게 알려야 한다.

② 수용자가 순회점검공무원에게 말로 청원하여 순회점검공무원이 그 청원을 청취하는 경우에는 해당 교정시설의 교도관이 참여한다.

③ 수용자는 그 처우에 관하여 불복하는 경우 법무부장관·순회점검공무원 또는 소장에게 청원할 수 있다.

④ 수용자는 「공공기관의 정보공개에 관한 법률」에 따라 법무부장관, 순회점검공무원 또는 관할 지방교정청장에게 정보의 공개를 청구할 수 있다.

05 형의 집행 및 수용자의 처우에 관한 법령상 가석방심사위원회에 대한 설명으로 옳지 않은 것은?

① 가석방심사위원회는 위원장을 포함한 5명 이상 9명 이하의 위원으로 구성한다.

② 가석방심사위원회 위원은 판사, 검사, 변호사, 법무부 소속 공무원, 교정에 관한 학식과 경험이 풍부한 사람 중에서 법무부장관이 임명 또는 위촉한다.

③ 가석방심사위원회 위원장은 법무부장관이 된다.

④ 가석방심사위원회의 회의는 재적위원 과반수의 출석으로 개의하고, 출석위원 과반수의 찬성으로 의결한다.

06 형의 집행 및 수용자의 처우에 관한 법령상 교화프로그램에 대한 설명으로 옳지 않은 것은?

① 소장은 수형자의 교정교화를 위하여 상담·심리치료, 그 밖의 교화프로그램을 실시하여야 한다.

② 소장은 수형자의 인성 함양 등을 위하여 문화예술과 관련된 다양한 프로그램을 개발하여 운영할 수 있다.

③ 소장은 교화프로그램의 효과를 높이기 위하여 범죄유형별로 적절한 교화프로그램의 내용, 교육장소 및 전문인력의 확보 등 적합한 환경을 갖추도록 노력하여야 한다.

④ 가족관계회복프로그램 대상 수형자는 교도관회의의 심의를 거쳐 선발하고, 참여인원은 5명 이내의 가족으로 하며, 특히 필요하다고 인정하면 참여인원을 늘릴 수 있다.

07 밀러(Miller)의 하류계층 문화이론(lower class culture theory)에 대한 설명으로 옳지 않은 것은?

① 밀러는 하류계층의 문화를 고유의 전통과 역사를 가진 독자적 문화로 보았다.

② 하류계층의 여섯 가지 주요한 관심의 초점은 사고치기(trouble), 강인함(toughness), 영악함(smartness), 흥분추구(excitement), 운명(fate), 자율성(autonomy)이다.

③ 중류계층의 관점에서 볼 때, 하류계층 문화는 중류계층 문화의 가치와 갈등을 초래하여 범죄적·일탈적 문화로 간주된다.

④ 범죄와 비행은 중류계층 문화에 대한 저항으로서 하류계층 문화 자체에서 발생한다.

08 교정이념 중 무력화(incapacitation)에 대한 설명으로 옳지 않은 것은?

① 일반적으로 구금을 의미하고, 국외추방이나 사형집행도 포함한다.

② 집단적 무력화(collective incapacitation)란 재범의 위험성이 높다고 판단되는 상습범죄자의 구금을 통해 추가적인 범죄가 발생할 가능성을 제거하는 것을 의미한다.

③ 선택적 무력화(selective incapacitation)는 과학적인 방법으로 범죄를 예측하며, 교정자원을 효율적으로 활용할 수 있다.

④ 무력화 대상자 선택에 있어 잘못된 긍정(false positive)과 잘못된 부정(false negative)의 문제를 야기할 수 있다.

09 연구방법론에 대한 설명으로 옳지 않은 것은?

① 실험연구는 연구결과의 외적 타당성을 확보하기에 유용한 연구방법이다.

② 범죄피해조사는 연구대상자로 하여금 범죄피해 경험을 스스로 보고하게 하는 연구방법으로 암수범죄(Dunkelfeld)를 파악하는 데 용이하다.

③ 사례연구는 연구대상자에 대한 깊이 있는 정밀조사를 목표로 하며, 서덜랜드(Sutherland)의 전문절도범(the professional thief) 연구가 대표적이다.

④ 참여관찰법은 연구자가 스스로 범죄집단에 참여함으로써 연구대상을 관찰하여 자료를 수집하는 연구방법이다.

10 형의 집행 및 수용자의 처우에 관한 법령상 귀휴제도에 대한 설명으로 옳은 것은?

① 소장은 6개월 이상 형을 집행받은 수형자로서 그 형기의 3분의 1이 지나고 교정성적이 우수한 사람이 가족 또는 배우자의 직계존속이 위독한 때에는 형기 중 20일 이내의 귀휴를 허가할 수 있다.

② 귀휴자는 귀휴 중 천재지변이나 그 밖의 사유로 자신의 신상에 중대한 사고가 발생한 경우에는 가까운 교정시설이나 경찰관서에 신고하여야 한다.

③ 귀휴기간은 형 집행 기간에 포함되나 특별귀휴기간은 형 집행 기간에 포함되지 않는다.

④ 귀휴자의 여비는 본인이 부담하지만, 귀휴자가 신청할 경우 소장은 예산의 범위 내에서 지원할 수 있다.

11 「범죄피해자 보호법」상 형사조정에 대한 설명으로 옳지 않은 것은?

① 검사는 피의자와 범죄피해자 사이에 형사분쟁을 공정하고 원만하게 해결하여 범죄피해자가 입은 피해를 실질적으로 회복하는 데 필요하다고 인정하면 직권으로 수사 중인 형사사건을 형사조정에 회부할 수 있다.

② 형사조정위원회는 필요하다고 인정하면 직권으로 형사조정의 결과에 이해관계가 있는 사람을 형사조정에 참여하게 할 수 있다.

③ 검사는 형사사건을 수사하고 처리할 때 형사조정이 성립되지 아니하였다는 사정을 피의자에게 불리하게 고려하여서는 아니 된다.

④ 검사는 기소유예처분 사유에 해당함이 명백한 형사사건을 형사조정에 회부하여서는 아니 된다.

12 「소년법」상 보호사건의 조사와 심리에 대한 설명으로 옳지 않은 것은?

① 소년부 또는 조사관이 범죄 사실에 관하여 소년을 조사할 때에는 미리 소년에게 불리한 진술을 거부할 수 있음을 알려야 한다.

② 소년부는 조사 또는 심리를 할 때에 정신건강의학과의사 등 전문가의 진단, 소년분류심사원의 분류심사 결과와 의견, 보호관찰소의 조사결과와 의견 등을 고려하여야 한다.

③ 소년부 판사는 조사 또는 심리에 필요하다고 인정하여 기일을 지정해서 소환한 사건 본인의 보호자가 정당한 이유 없이 소환에 응하지 아니하면 동행영장을 발부할 수 있다.

④ 소년부 판사가 사건을 조사 또는 심리하는 데에 필요하다고 인정하여 소년의 감호에 관한 결정으로써 병원이나 그 밖의 요양소에 위탁하는 조치를 하는 경우 그 위탁의 최장기간은 2개월이다.

13 「민영교도소 등의 설치·운영에 관한 법률」상 교정업무의 민간 위탁에 대한 설명으로 옳은 것은?

① 법무부장관은 교정업무를 포괄적으로 위탁하여 교도소를 설치·운영하도록 하는 경우 개인에게 위탁할 수 있다.

② 수탁자가 교도소의 설치비용을 부담하는 경우가 아니라면 위탁계약의 기간은 6년 이상 10년 이하로 하며, 그 기간은 갱신이 가능하다.

③ 법무부장관은 위탁계약을 체결하기 전에 계약 내용을 기획재정부장관과 미리 협의하여야 한다.

④ 법무부장관은 수탁자가 「민영교도소 등의 설치·운영에 관한 법률」에 따른 처분을 위반한 경우 1년 동안 위탁업무 전부의 정지를 명할 수 있다.

14 「보호관찰 등에 관한 법률 시행령」상 갱생보호의 개시와 방법에 대한 설명으로 옳지 않은 것은?

① 숙식제공은 6월을 초과할 수 없으나, 필요하다고 인정하는 때에는 매회 6월의 범위 내에서 3회에 한하여 그 기간을 연장할 수 있다.

② 주거 지원은 갱생보호 대상자에게 주택의 임차에 필요한 지원을 하는 것이다.

③ 갱생보호는 갱생보호 대상자가 친족 또는 연고자 등으로부터 도움을 받을 수 없는 경우에 한정하여 행한다.

④ 취업 지원은 갱생보호 대상자에게 직장을 알선하고 필요한 경우 신원을 보증하는 것이다.

15 보호관찰 등에 관한 법령상 대상자의 특별준수사항을 포함한 준수사항으로 옳지 않은 것은?

① 사행행위에 빠지지 아니할 것

② 피해자 등 재범의 대상이 될 우려가 있는 특정인에 대한 접근금지

③ 주거를 이전할 때에는 미리 보호관찰관의 허가를 받을 것

④ 일정량 이상의 음주를 하지 말 것

16 발달이론에 관한 설명으로 옳지 않은 것은?

① 글룩(Glueck)부부는 반사회적인 아이들은 성인이 되어 가해 경력을 지속할 가능성이 크다고 보았다.

② 모피트(T. Moffitt)의 생애지속형(life-course-persistent) 비행청소년은 생래적인 신경심리적 결함이 주된 비행의 원인이며, 유아기의 비행은 성인기까지도 지속된다.

③ 손베리(T. Thornberry)는 후기개시형(late starters) 비행청소년 일탈의 원인을 비행친구와의 접촉으로 보았다.

④ 샘슨(R. Sampson)과 라웁(J. Laub)은 생애주기에 있어 시기에 따라 서로 다른 비공식적 사회통제가 존재하며 인생의 전환점에 의해 언제든지 변할 수 있다고 보았다.

17 「형의 집행 및 수용자의 처우에 관한 법률 시행규칙」상 분류심사에 관한 설명으로 옳은 것은?

① 정기재심사는 일정한 형기가 도달한 때 하는 재심사를 말하고, 형기의 3분의 1에 도달한 때 실시하며, 부정기형의 정기재심사 시기는 장기형을 기준으로 한다.

② 분류조사 방법에는 수용기록 확인 및 수형자와의 상담, 수형자의 가족 등과의 면담, 외부 전문가에 대한 의견조회 등이 포함된다.

③ 수형자가 질병으로 인해 분류심사가 곤란한 경우, 소장은 그 수형자에 대해서는 분류심사를 하지 아니한다.

④ 소장은 분류심사를 위하여 수형자의 인성, 지능, 적성 등의 특성을 진단하기 위한 검사를 할 수 있으며, 인성검사는 신입심사 대상자만을 그 대상으로 한다.

18 「형의 집행 및 수용자의 처우에 관한 법률 시행령」상 지방교정청장의 이송승인권에 따라 수용자의 이송을 승인할 수 있는 경우로 옳지 않은 것은?

① 수용시설의 공사 등으로 수용거실이 일시적으로 부족한 때

② 교정시설 간 수용인원의 뚜렷한 불균형을 조정하기 위하여 특히 필요하다고 인정되는 때

③ 교정시설의 안전과 질서유지를 위하여 긴급하게 이송할 필요가 있다고 인정되는 때

④ 다른 지방교정청장의 요청에 의하여 수용인원을 다른 지방교정청과 조정할 필요가 있을 때

19 형의 집행 및 수용자의 처우에 관한 법령상 수형자의 사회적 처우와 위로금에 대한 설명으로 옳은 것은?

① 화상접견은 접견 허용횟수에 포함되지만, 가족 만남의 날 참여는 접견 허용횟수에 포함되지 않는다.

② 사회적 처우 활동 중 사회견학이나 사회봉사에 필요한 비용은 수형자가 부담한다.

③ 가족 만남의 집 이용은 완화경비처우급과 개방처우급 수형자에 한하여 그 대상이 될 수 있다.

④ 작업으로 인한 부상으로 신체에 장해가 발생한 때 지급하는 위로금은 소장이 수형자를 석방할 때 수형자 본인에게 지급하여야 한다.

20 외국 국적의 여성 A가 죄를 범해 신입자로 교도소에 수용된 경우 형의 집행 및 수용자의 처우에 관한 법령상 A에 대한 설명으로 옳지 않은 것은?

① 소장은 A가 질병 등으로 위독하거나 사망한 경우에는 그의 국적이 속하는 나라의 외교공관 또는 영사관의 장이나 그 관원 또는 가족에게 이를 즉시 알려야 한다.

② A를 이송이나 출정으로 호송하는 경우 남성수용자와 호송 차량의 좌석을 분리하는 등의 방법으로 서로 접촉하지 못하게 하여야 한다.

③ A와 교정시설 외부의 사람이 접견하는 경우에 접견내용이 청취·녹음 또는 녹화될 때, A가 국어로 의사소통하기 곤란한 사정이 있는 경우에는 외국어를 사용할 수 있다.

④ 소장은 A가 환자이거나 부득이한 사정이 있는 경우가 아니면 수용된 날부터 3일 동안 신입자거실에 수용해야 하고, 신청에 따라 작업을 부과할 수 있다.

21 「전자장치 부착 등에 관한 법률」상 전자장치 부착에 대한 설명으로 옳은 것은?

① 19세 미만의 사람에 대하여 성폭력범죄를 저지른 경우에는 부착기간 상한을 법이 정한 부착기간 상한의 2배로 한다.

② 19세 미만의 사람에 대하여 성폭력범죄를 저지른 사람에게 부착명령을 선고하는 경우, 법원은 어린이 보호구역 등 특정지역·장소에의 출입금지 및 접근금지를 준수사항으로 부과하여야 한다.

③ 피부착자는 주거를 이전하거나 7일 이상 국내여행을 하거나 출국할 때에는 미리 보호관찰관에게 신고하여야 한다.

④ 살인범죄로 징역형의 실형 이상의 형을 선고받아 그 집행이 면제된 후 다시 살인범죄를 저지른 사람에 대해서 검사는 부착명령을 청구하여야 한다.

22 형의 집행 및 수용자의 처우에 관한 법령과 「소년법」상 소년수용자의 처우에 대한 설명으로 옳지 않은 것은?

① 19세 이상 수형자와 19세 미만 수형자를 같은 교정시설에 수용하는 경우에는 서로 분리하여 수용한다.

② 소년에 대한 부정기형을 집행하는 기관의 장은 형의 단기가 지난 소년범의 행형 성적이 양호하고 교정의 목적을 달성하였다고 인정되는 경우에는 관할 지방법원 판사의 명령에 따라 그 형의 집행을 종료시킬 수 있다.

③ 15년 유기징역형을 선고받은 15세 소년이 3년이 지나 가석방된 경우, 가석방된 후 그 처분이 취소되지 아니하고 3년이 경과한 때에 형의 집행을 종료한 것으로 한다.

④ 19세 미만 수형자의 처우를 전담하는 시설에는 별도의 공동학습공간을 마련하고 학용품 및 소년의 정서 함양에 필요한 도서, 잡지 등을 갖춰 두어야 한다.

23 다음 글에서 설명하는 이론은?

> 공동체의 사회통제에 대한 노력이 무뎌질 때 범죄율은 상승하고 지역의 응집력은 약해진다. 이에 지역사회 범죄를 줄이기 위해서는 이웃 간의 유대 강화와 같은 비공식적 사회통제가 중요하며, 특히 주민들의 사회적 참여는 비공식적 사회통제와 밀접하게 관련되어 있다.

① 샘슨(Sampson)의 집합효율성(collective efficacy)
② 쇼(Shaw)와 맥케이(Mckay)의 사회해체(social disorganization)
③ 머튼(Merton)의 긴장(strain)
④ 뒤르켐(Durkheim)의 아노미(anomie)

24 형의 집행 및 수용자의 처우에 관한 법령상 수형자 교육과 작업시간에 대한 설명으로 옳은 것은?

① 수형자의 1일 작업시간은 휴식시간을 포함하여 8시간을 초과할 수 없다.
② 소장은 교육을 위하여 필요하면 수형자를 중간처우를 위한 전담교정시설에 수용하여 외부 교육기관에 통학하게 할 수 있다.
③ 소장은 집행할 형기가 1년 남은 수형자도 독학에 의한 학사학위 취득과정 대상자로 선발할 수 있다.
④ 19세 미만 수형자의 1주의 작업시간은 40시간을 초과할 수 없지만, 그 수형자가 신청하는 경우에는 주 8시간 이내의 범위에서 연장할 수 있다.

25 낙인이론(labeling theory)과 전환(diversion)제도에 대한 설명으로 옳지 않은 것은?

① 전환은 범죄자를 공식적인 형사사법절차와 과정으로부터 비공식적인 절차와 과정으로 우회시키는 제도이다.
② 레머트(Lemert)는 비행소년이라는 꼬리표가 청소년의 지속적인 비행을 유발하는 요인이 된다고 하면서, 이를 '악의 극화(the dramatization of evil)'라고 불렀다.
③ 전환은 범죄적 낙인으로 인한 부정적 위험을 피함으로써 이차적 일탈을 방지한다는 장점이 있다.
④ 낙인이론에서는 경미한 범죄에 대하여 공식적 처벌과 같은 낙인보다는 다양한 대체처분으로서의 전환을 강조한다.

Chapter

03

교정관(5급) 등
승진시험 교정학

01 범죄예측에 대한 설명으로 옳지 않은 것은?

① 재판단계에서의 예측은 효율적인 양형산정의 기준이 될 수 있다.

② 교정단계에서는 주로 가석방시 예측이 중요하다.

③ 통계적 예측방법은 범죄자의 특징을 계량화하여 그 점수의 많고 적음에 따라 장래의 범죄 활동을 예측하는 것이다.

④ 임상적 예측방법은 판단자의 주관적 평가를 배제하고 객관성을 확보할 수 있는 장점이 있다.

⑤ 통계적 예측방법은 이미 만들어진 판정척도를 사용하므로 전문가의 개입을 요하지 않고 예측을 할 수 있는 장점이 있다.

02 「형의 집행 및 수용자의 처우에 관한 법률 시행규칙」상 경비처우급에 따른 처우내용에 대한 설명으로 옳지 않은 것은?

① 완화경비처우급은 개방지역작업 및 필요시 외부통근작업이 가능하다.

② 일반경비처우급은 구내작업 및 필요시 개방지역작업이 가능하다.

③ 소장은 개방처우급·완화경비처우급·일반경비처우급 수형자에게 자치생활을 허가할 수 있다.

④ 중경비처우급 수형자의 접견의 허용횟수는 월 4회이다.

⑤ 개방처우급 수형자에게 지급하는 의류는 그 색상과 디자인을 다르게 할 수 있다.

03 「형의 집행 및 수용자의 처우에 관한 법률 시행규칙」상 형집행지휘서가 접수된 날부터 6개월이 지난 수형자에 대한 정기재심사를 해야 하는 경우가 아닌 것은?

① 형기의 3분의 1에 도달한 때   ② 형기의 2분의 1에 도달한 때

③ 형기의 3분의 2에 도달한 때   ④ 형기의 4분의 3에 도달한 때

⑤ 형기의 6분의 5에 도달한 때

04 형의 집행 및 수용자의 처우에 관한 법령상 수용자의 전화통화에 대한 설명으로 옳지 않은 것은?

① 소장이 수용자에 대하여 교정시설의 외부에 있는 사람과 전화통화를 허가할 때에는 통화 내용의 청취 또는 녹음을 조건으로 붙일 수 있다.

② 전화통화의 통화시간은 특별한 사정이 없으면 5분 이내로 하고, 수용자의 전화통화 요금은 수용자가 부담하는 것을 원칙으로 한다.

③ 소장은 전화통화 허가 후 수용자가 형사법령에 저촉되는 행위를 할 우려가 있을 때에는 전화통화의 허가를 취소할 수 있다.

④ 소장은 사형확정자의 심리적 안정과 원만한 수용생활을 위하여 월 2회 이내의 범위에서 전화통화를 허가하여야 한다.

⑤ 교도관은 전화통화 중인 수용자가 교정시설의 운영에 관하여 거짓사실을 유포하는 때에는 전화통화를 중지할 수 있다.

05 교정처우를 시설 내 처우, 개방처우, 사회 내 처우로 나눌 때 개방처우에 해당하는 것만을 고른 것은?

> ㉠ 가족접견　　　　㉡ 전자감시　　　　㉢ 귀휴
> ㉣ 외부통근　　　　㉤ 집중보호관찰　　　㉥ 가택구금

① ㉠, ㉡, ㉤　　　　　　　　　② ㉠, ㉢, ㉣
③ ㉡, ㉢, ㉥　　　　　　　　　④ ㉡, ㉤, ㉥
⑤ ㉢, ㉣, ㉤

06 에이커스(R. Akers)의 사회학습이론이 개인의 범죄활동을 설명하기 위하여 제시한 네 가지 개념이 아닌 것은?

① 차별접촉(differential association)

② 정의(definition)

③ 차별강화(differential reinforcement)

④ 모방(imitation)

⑤ 동일시(identification)

07 「형법」상 재산형에 대한 설명으로 옳지 않은 것은?

① 벌금과 과료는 판결확정일로부터 30일 내에 납입하여야 한다. 단, 벌금을 선고할 때에는 동시에 그 금액을 완납할 때까지 노역장에 유치할 것을 명할 수 있다.

② 과료를 납입하지 아니한 자는 1일 이상 30일 미만의 기간 노역장에 유치하여 작업에 복무하게 한다.

③ 벌금이나 과료를 선고할 때에는 이를 납입하지 아니하는 경우의 노역장 유치기간을 정하여 동시에 선고하여야 한다.

④ 선고하는 벌금이 50억원 이상인 경우에는 500일 이상의 노역장 유치기간을 정하여야 한다.

⑤ 벌금이나 과료의 선고를 받은 사람이 그 금액의 일부를 납입한 경우에는 벌금 또는 과료액과 노역장 유치기간의 일수에 비례하여 납입금액에 해당하는 일수를 뺀다.

08 「보호관찰 등에 관한 법률」상 보호처분에 대한 설명으로 옳지 않은 것은?

① 임시퇴원자의 보호관찰 기간은 퇴원일부터 2년 이상 5년 이하의 범위에서 보호관찰심사위원회가 정한 기간이다.

② 보호관찰은 보호관찰 대상자의 주거지를 관할하는 보호관찰소 소속 보호관찰관이 담당한다.

③ 보호관찰소의 장은 보호관찰 대상자가 준수사항을 위반하거나 위반할 위험성이 있다고 인정할 상당한 이유가 있는 경우에는 준수사항의 이행을 촉구하고 형의 집행 등 불리한 처분을 받을 수 있음을 경고할 수 있다.

④ 보호관찰소의 장은 보호처분의 변경 신청이 필요하다고 인정되면 구인한 보호관찰 대상자를 수용기관 또는 소년분류심사원에 유치할 수 있다.

⑤ 사회봉사·수강명령 대상자에 대한 형의 집행유예 기간이 지난 때에 사회봉사·수강은 종료한다.

09 「소년법」상 보호처분에 대한 설명으로 옳지 않은 것만을 고른 것은?

> ㉠ 사회봉사명령은 14세 이상의 소년에게만 할 수 있다.
> ㉡ 보호관찰처분을 하는 경우 2년 이내의 기간을 정하여 야간 등 특정 시간대의 외출을 제한하는 명령을 보호관찰대상자의 준수사항으로 부과할 수 있다.
> ㉢ 장기로 소년원에 송치된 소년의 보호기간은 2년으로 한다. 다만, 소년부 판사는 보호관찰관의 신청에 따라 결정으로써 1년의 범위에서 한 번에 한하여 그 기간을 연장할 수 있다.
> ㉣ 1개월 이내의 소년원 송치 처분은 보호관찰관의 단기 보호관찰 처분과 병합할 수 있다.
> ㉤ 보호처분이 계속 중일 때에 사건 본인에 대하여 새로운 보호처분이 있었을 때에는 그 처분을 한 소년부 판사는 이전의 보호처분을 한 소년부에 조회하여 어느 하나의 보호처분을 취소하여야 한다.

① ㉠, ㉡, ㉢   ② ㉠, ㉢, ㉤
③ ㉠, ㉣, ㉤   ④ ㉡, ㉢, ㉣
⑤ ㉡, ㉣, ㉤

10 「형의 집행 및 수용자의 처우에 관한 법률 시행령」상 수용자 처우에 대한 설명으로 옳지 않은 것은?

① 사형확정자를 수용하는 시설의 설비 및 계호의 정도는 일반경비시설 또는 중경비시설에 준한다.
② 소장은 미결수용자가 빈곤하거나 무지하여 수사 및 재판 과정에서 권리를 충분히 행사하지 못한다고 인정하는 경우에는 법률구조에 필요한 지원을 할 수 있다.
③ 의무관은 수용자에게 보호장비를 계속 사용하는 것이 건강상 부적당하다고 인정하는 경우에는 소장에게 즉시 보고하여야 하며, 이 경우 소장은 특별한 사유가 없으면 보호장비 사용을 즉시 중지하여야 한다.
④ 소장은 미결수용자가 위독하거나 사망한 경우에는 그 사실을 검사에게 통보하고, 기소된 상태인 경우에는 법원에도 지체 없이 통보하여야 한다.
⑤ 소장은 수형자의 건전한 사회복귀를 위하여 필요하다고 인정하면 석방 전 7일 이내의 범위에서 석방예정자를 별도의 거실에 수용하여 장래에 관한 상담과 지도를 할 수 있다.

11 「보호소년 등의 처우에 관한 법률」상 보호장비의 종류가 아닌 것은?

① 발목보호장비   ② 머리보호장비
③ 전자충격기   ④ 가스총
⑤ 수갑

12 「형의 집행 및 수용자의 처우에 관한 법률」상 미결수용자의 처우에 대한 설명으로 옳지 않은 것은?

① 미결수용자는 무죄의 추정을 받으며 그에 합당한 처우를 받는다.

② 미결수용자가 수용된 거실은 참관할 수 없다.

③ 미결수용자는 수사·재판·국정감사 또는 법률로 정하는 조사에 참석할 때에는 사복을 착용하여야 한다.

④ 미결수용자의 머리카락과 수염은 특히 필요한 경우가 아니면 본인의 의사에 반하여 짧게 깎지 못한다.

⑤ 경찰관서에 설치된 유치장은 교정시설의 미결수용실로 본다.

13 작업임금제도에 대한 설명으로 옳지 않은 것은?

① 영국의 노역장에서 처음 시작되었으며, 이후 프랑스와 미국 등에서 인정되었다.

② 수형자의 작업에 대해 보상을 제공함으로써 노동에 대한 흥미와 노동의 의욕을 높일 수 있는 장점이 있다.

③ 임금을 받아 가족의 생활부조를 할 수 있어서 가족과의 연대감을 길러주고 사회복귀 의욕을 북돋아 줄 수 있는 장점이 있다.

④ 국가에 대하여 손해를 끼친 수형자에게 보상을 제공한다는 것은 이율배반이란 비판이 제기된다.

⑤ 석방 후의 생계준비금의 기반이 될 수 있지만, 피해자에 대한 손해배상에는 도움이 되지 않는다.

14 「형의 집행 및 수용자의 처우에 관한 법률」상 귀휴제도에 대한 설명으로 옳은 것은?

① 소장은 수형자가 질병이나 사고로 외부의료시설에의 입원이 필요한 때에는 5일 이내의 특별귀휴를 허가할 수 있다.

② 소장은 귀휴 중인 수형자가 거소의 제한이나 그 밖의 귀휴허가에 붙인 조건을 위반한 때에는 귀휴를 취소하여야 한다.

③ 귀휴기간은 형 집행기간에 포함되지 않는다.

④ 소장은 무기형의 경우 7년이 지나고 교정성적이 우수한 수형자에 대하여 가족이 위독한 때에는 1년 중 20일 이내의 귀휴를 허가할 수 있다.

⑤ 소장은 수형자의 직계비속의 혼례가 있는 때에는 1년 중 20일 이내의 귀휴를 허가하여야 한다.

15 지역사회교정에 대한 설명으로 옳지 않은 것은?

① 범죄자와 지역사회와의 의미 있는 유대관계를 유지하여 범죄자를 재사회화하려는 것이다.

② 지역사회교정 프로그램은 주로 전환, 옹호, 재통합의 형태로 시행된다.

③ 전환이란 범죄자를 공식적인 형사사법 절차와 과정으로부터 비공식적인 형사사법 절차와 과정으로 우회시키는 제도로서 교도소 과밀화 해소에 도움이 된다.

④ 국가에 의해서 통제되고 규제되는 시민의 비율이 증가하여 형사사법의 그물망 확대라는 문제점이 대두된다.

⑤ 중간처우소, 수형자자치제, 집단가정은 지역사회교정의 대표적인 프로그램이다.

16 「치료감호 등에 관한 법률」상 치료감호에 대한 설명으로 옳지 않은 것은?

① 소아성기호증, 성적가학증 등 성적 성벽이 있는 정신성적 장애인으로서 금고 이상의 형에 해당하는 성폭력범죄를 지은 자로서 치료감호시설에서 치료를 받을 필요가 있고 재범의 위험성이 있는 자는 치료감호대상자에 해당한다.

② 치료감호를 선고 받은 자의 텔레비전 시청, 라디오 청취, 신문·도서의 열람은 일과시간 이나 취침시간 등을 제외하고는 자유롭게 보장된다.

③ 검사는 피의자가 「형법」 제10조 제1항(심신상실)에 해당하여 벌할 수 없는 경우에는 공소 를 제기하지 아니하고 치료감호만을 청구할 수 있다.

④ 근로에 종사하는 치료감호를 선고 받은 자에게는 근로의욕을 북돋우고 석방 후 사회정착 에 도움이 될 수 있도록 법무부장관이 정하는 바에 따라 근로보상금을 지급하여야 한다.

⑤ 치료감호를 선고받은 자에 대한 치료감호가 가종료되었을 때에는 보호관찰이 시작되며, 이때 보호관찰의 기간은 2년으로 한다.

17 「소년법」상 소년사건의 처리에 대한 설명으로 옳지 않은 것은? (다툼이 있는 경우 판례에 의함)

① 소년의 특성에 비추어 상당하다고 인정되는 때에는 그 형을 감경하여야 한다.

② 소년에 대하여 형을 감경하는 경우의 '소년'인지의 여부는 심판시, 즉 사실심 판결 선고시 를 기준으로 판단하여야 한다.

③ 소년에 대한 피고사건을 심리한 법원이 그 결과에 따라 보호처분에 해당할 사유가 있는지 의 여부를 인정하는 것은 법관의 자유재량에 의하여 판정될 사항이다.

④ 소년부는 조사 또는 심리한 결과 금고 이상의 형에 해당하는 범죄 사실이 발견된 경우 그 동기와 죄질이 형사처분을 할 필요가 있다고 인정하면 결정으로써 사건을 관할 지방법 원에 대응한 검찰청 검사에게 송치하여야 한다.

⑤ 보호처분이 계속 중일 때에 징역, 금고 또는 구류를 선고받은 소년에 대하여는 먼저 그 형을 집행한다.

18 교정의 이념에 대한 설명으로 옳지 않은 것은?

① 교화개선(rehabilitation)은 범죄자에 초점을 맞춘 것으로 재소자들에게 기술과 지식을 습득하게 하여 사회복귀를 도모하는 것이다.

② 선택적 무력화(selective incapacitation)는 범죄자의 특성에 기초하여 행해지고, 범죄자의 개선을 의도하지 않는 점에 특색이 있으며, 비슷한 정도의 범죄를 저지른 사람들에게 비슷한 정도의 장기형이 선고되어야 한다는 입장이다.

③ 응보주의(retribution)는 탈리오(Talio) 법칙과 같이 피해자에게 가해진 해악에 상응하는 처벌을 하는 것이다.

④ 억제(deterrence)는 처벌의 확실성, 엄중성, 신속성의 3가지 차원에서 결정되므로 재소자에 대한 엄정한 처벌이 강조된다.

⑤ 정의모델(just deserts)은 사법기관이나 교정기관의 재량권 남용에 대하여 비판하고 부정기형의 폐지를 주장한다.

19 「형의 집행 및 수용자의 처우에 관한 법률 시행규칙」상 분류처우에 대한 설명으로 옳지 않은 것은?

① 징역형·금고형이 확정된 사람으로서 집행할 형기가 형집행지휘서 접수일부터 3개월 미만인 사람, 구류형이 확정된 사람은 분류심사를 하지 아니한다.

② 조정된 처우등급에 따른 처우는 그 조정이 확정된 날부터 하며, 이 경우 조정된 처우등급은 그 달 초일부터 적용된 것으로 본다.

③ 수형자를 징벌하기로 의결한 때에는 부정기재심사를 할 수 있다.

④ 처우계획 수립에 관한 사항은 신입심사를 할 때에 조사하고, 처우계획 변경에 관한 사항은 재심사를 할 때에 조사한다.

⑤ 소득점수의 평가는 작업장 또는 교육장 전체인원이 4명 이하인 경우에는 수·우를 각각 1명으로 채점할 수 있다.

20 형의 집행 및 수용자의 처우에 관한 법령상 징벌에 대한 설명으로 옳지 않은 것은? (다툼이 있는 경우 판례에 의함)

① 동일한 행위로 징벌을 받은 뒤에 형사처벌을 한다고 하여 일사부재리의 원칙에 반하는 것은 아니다.

② 징벌사유가 발생한 날부터 2년이 지나면 이를 이유로 징벌을 부과하지 못한다.

③ 30일 이내의 공동행사참가 정지의 징벌을 집행 중인 수용자가 다른 교정시설로 이송되거나 법원 또는 검찰청 등에 출석하는 경우 징벌집행이 정지되는 것으로 본다.

④ 소장은 징벌집행을 받고 있는 수용자가 같은 행위로 형사 법률에 따른 처벌이 확정되어 징벌을 집행할 필요가 없다고 인정하면 징벌집행을 감경하거나 면제할 수 있다.

⑤ 소장은 미결수용자에게 징벌을 부과한 경우에는 그 징벌대상행위를 양형 참고자료로 작성하여 관할 검찰청 검사 또는 관할 법원에 통보할 수 있다.

21 범죄이론에 대한 설명으로 옳은 것은?

① 밀러(W. Miller)의 하층계급문화이론에서 자율성(autonomy)이란 자신의 미래가 노력보다는 스스로 통제할 수 없는 운명에 달려있다는 믿음이다.

② 허쉬(T. Hirschi)의 사회유대이론에 따르면, 모든 사람들은 범죄나 비행을 저지를 가능성에서 차이가 없는 본성을 가지고 있다고 주장한다.

③ 클로워드(Cloward)와 올린(Ohlin)의 차별적 기회구조이론은 뒤르켐(E. Durkheim)의 아노미이론과 하위문화이론을 통합하여 만든 이론이다.

④ 코헨(A. Cohen)의 비행하위문화이론에 따르면, 비행하위문화는 중산층 문화에 대한 거부감에서 비롯되는 것이 아니라 하류계층 고유의 독자성을 가지고 형성된 것이다.

⑤ 낙인이론은 어떤 행위가 범죄인지 아닌지는 사람들과의 관계가 아닌 그 행위자체가 가지고 있는 속성에 의해서 판명되는 것이라고 주장한다.

22 학자와 이론적 주장을 연결한 것으로 옳지 않은 것은?

① 머튼(R. Merton) − 하층계급은 성공을 위한 전통적 교육과 직업의 기회로부터 상대적으로 차단되어 있다.

② 샘슨(R. Sampson) − 열악한 환경에도 불구하고 많은 소년들이 비행을 저지르지 않고 정상적인 사회구성원으로 성장할 수 있는 것은 올바른 자아관념이 있기 때문이다.

③ 서덜랜드(E. Sutherland) − 범죄는 일반적 욕구와 가치의 표현이지만 그 욕구와 가치로는 설명되지 않는다.

④ 맛차(D. Matza) − 비행소년도 다른 일반적인 사람들과 마찬가지로 대부분의 시간을 법을 준수하며 보낸다.

⑤ 볼드(G. Vold) − 입법이나 법집행 등의 모든 과정이 집단 간 이해갈등의 결과로 빚어지며 국가의 경찰력 역시 자신의 이익에 도움이 되는 방향으로 유도하려는 집단들 간의 경쟁을 반영한다.

23 「형의 집행 및 수용자의 처우에 관한 법률 시행규칙」상 직업훈련에 대한 설명으로 옳지 않은 것은?

① 직업훈련 직종 선정 및 훈련과정별 인원은 법무부장관의 승인을 받아 소장이 정한다.

② 직업훈련 전담 교정시설에서 실시하는 집체직업훈련 대상자는 해당 훈련을 실시하는 교정시설의 관할 지방교정청장이 선정한다.

③ 15세 미만의 소년수형자의 경우라도 선도를 위해 필요하다면 직업훈련 대상자로 선정하여 교육할 수 있다.

④ 법무부장관은 직업훈련을 위하여 필요한 경우에는 수형자를 다른 교정시설로 이송할 수 있다.

⑤ 작업, 교육·교화프로그램 시행으로 인하여 직업훈련의 실시가 곤란하다고 인정되는 경우 직업훈련 대상자로 선정해서는 아니 된다.

24 「형의 집행 및 수용자의 처우에 관한 법률」상 교도작업에 대한 설명으로 옳은 것은?

① 소장은 수형자의 가족 또는 배우자의 직계존속이 사망하면 2일간, 수형자의 가족 또는 배우자의 직계존속의 제삿날에는 1일간 해당 수형자의 작업을 면제한다.

② 외부통근작업 대상자의 선정기준 등에 관하여 필요한 사항은 법무부령으로 정한다.

③ 위로금 또는 조위금을 지급받을 권리는 다른 사람 또는 법인에게 양도하거나 담보로 제공할 수 있다.

④ 위로금은 석방할 때에 본인에게 지급한다. 다만, 본인의 가족생활 부조, 교화 또는 건전한 사회복귀를 위하여 특히 필요하면 석방 전이라도 그 전부 또는 일부를 지급할 수 있다.

⑤ 소장은 수형자에게 작업을 부과하는 경우 성격이나 취미를 고려해서는 아니 된다.

25 「전자장치 부착 등에 관한 법률」상 전자감시에 대한 설명으로 옳지 않은 것은?

① 전자장치가 부착된 자는 전자장치의 부착기간 중 전자장치를 신체에서 임의로 분리·손상, 전파 방해 또는 수신자료의 변조, 그 밖의 방법으로 그 효용을 해하여서는 아니 된다.

② 전자장치가 부착된 자는 특정범죄사건에 대한 형의 집행이 종료되거나 면제·가석방되는 날부터 10일 이내에 주거지를 관할하는 보호관찰소에 출석하여 대통령령으로 정하는 신상정보 등을 서면으로 신고하여야 한다.

③ 전자장치가 부착된 자는 주거를 이전하거나 5일 이상의 국내여행을 하거나 출국할 때에는 미리 보호관찰관의 허가를 받아야 한다.

④ 수사기관은 체포 또는 구속한 사람이 전자장치가 부착된 자임을 알게 된 경우에는 전자장치가 부착된 자의 주거지를 관할하는 보호관찰소의 장에게 그 사실을 통보하여야 한다.

⑤ 보호관찰관은 전자장치 부착기간 중 전자장치가 부착된 자의 소재지 인근 의료기관에서의 치료, 상담시설에서의 상담치료 등 전자장치가 부착된 자의 재범방지 및 수치심으로 인한 과도한 고통의 방지를 위하여 필요한 조치를 할 수 있다.

01 휠러(S. Wheeler)는 재소자들이 교도소 입소 초기단계에서 후기단계로 갈수록, 친교도관적 태도가 어떠한 형태로 나타난다고 보았는가?

① ─형 직선   ② \형 직선   ③ /형 직선
④ U형 곡선   ⑤ ∩형 곡선

02 단기자유형에 대한 설명으로 옳지 않은 것은?

① 단기자유형의 개선방안으로 주말구금, 휴일구금 등을 통한 탄력적인 구금제도의 활용이 있다.

② 우리나라의 경우 총액벌금제를 취하고 있으므로 단기자유형을 벌금형으로 대체한다면 경제적으로 부유한 사람에 대하여 큰 형벌효과를 가져올 수 있다.

③ 단기자유형의 경우 수형시설 내 범죄자들의 범죄성향에 오염될 위험성이 높아 형벌의 예방적 효과를 위태롭게 한다는 문제점이 지적된다.

④ 단기자유형을 선고받고 복역한 후에는 누범문제가 제기되어 3년 동안 집행유예 결격 사유가 발생할 수 있다.

⑤ 단기자유형으로 인하여 수형시설의 부족현상을 가중한다는 점이 문제점으로 지적된다.

03 「형의 집행 및 수용자의 처우에 관한 법률」상 ㉠~㉢에 들어갈 단어를 바르게 나열한 것은?

> • 법무부장관은 교정시설의 운영, 교도관의 복무, 수용자의 처우 및 인권실태 등을 파악하기 위하여 매년 1회 이상 교정시설을 (㉠)하거나 소속 공무원으로 하여금 (㉠)하게 하여야 한다.
> • 판사와 검사는 직무상 필요하면 교정시설을 (㉡)할 수 있다.
> • 판사와 검사 외의 사람은 교정시설을 (㉢)하려면 학술연구 등 정당한 이유를 명시하여 교정시설의 장의 허가를 받아야 한다.

	㉠	㉡	㉢
①	순회점검	시찰	참관
②	순회감찰	감독순시	견학
③	순회점검	시찰	견학
④	순회감찰	감독순시	참관
⑤	직무감찰	감독순시	견학

04 형의 집행 및 수용자의 처우에 관한 법령상 보안장비 사용에 대한 설명으로 옳지 않은 것은?

① 교도봉과 전기교도봉은 얼굴이나 머리 부분에 사용해서는 아니 되며, 전기교도봉은 타격 즉시 떼어야 한다.

② 발사용 최루탄은 30미터 이상의 원거리에서 사용하되, 30도 이상의 발사각을 유지하여야 한다.

③ 1미터 이내의 거리에서는 상대방의 얼굴을 향하여 가스분사기나 가스총을 발사해서는 안 된다.

④ 전극침 발사장치가 있는 전자충격기를 사용할 경우 전극침을 상대방의 얼굴을 향해 발사해서는 안 된다.

⑤ 교도관은 수용자 외의 사람이 교도관 또는 수용자에게 위해를 끼치거나 끼치려고 하는 때에는 강제력을 행사할 수 있다.

05 과밀수용 해소방안에 대한 설명으로 옳지 않은 것은?

① 정문(Front-Door) 전략은 구금 이전의 단계에서 범죄자를 보호관찰, 가택구금, 사회봉사명령 등의 비구금적 제재로 전환시킴으로써 수용인원을 줄이자는 것으로 강력범죄자들에게는 적용이 적절하지 않다.

② 후문(Back-Door) 전략은 일단 수용된 수용자를 대상으로 보호관찰부 가석방, 선도조건부 기소유예, 선시제도 등을 적용하여 새로운 입소자를 위한 공간을 확보하자는 것으로 형사사법망의 확대를 초래한다.

③ 사법절차와 과정의 개선은 형의 선고 시에 수용능력을 고려하고 검찰의 기소나 법원의 양형결정 시에 수용능력과 현황에 관한 자료를 참고하는 전략이며, 형사사법협의체의 구성과 형사사법체제 간의 협조를 강조한다.

④ 소극적 전략(Null-Strategy)은 수용인구가 증가하더라도 교정시설에서는 그만큼의 인구를 수용할 수밖에 없다는 전략으로 단기적으로 교정시설의 증설을 회피할 수 있으나 장기적으로는 과잉수용으로 인해 직원들의 재소자에 대한 통제력이 약화될 수 있다.

⑤ 선별적 무능력화(Selective Incapacitation)는 교정시설의 공간을 확보하는 데 비용이 과다하고 이용할 수 있는 공간이 제한되어 있기 때문에 재범의 위험성이 높은 수형자를 예측하여 선별적으로 구금함으로써 교정시설 공간을 효율적으로 운영하자는 것이다.

06 범죄원인론 중 갈등이론에 대한 설명으로 옳지 않은 것은?

① 갈등이론에 의하면 한 사회의 법률을 위반하는 범죄 문제는 사회경제적이고 정치적인 함의를 지니는 문제가 아니라 도덕성의 문제로 다루어진다.

② 베버(M. Weber)는 범죄를 사회 내 여러 집단들이 자기의 생활기회를 증진시키기 위해 하는 정치적 투쟁 내지 권력투쟁의 산물이라고 본다.

③ 볼드(G. B. Vold)는 범죄를 법제정과정에 참여하여 자기의 이익을 반영시키지 못한 집단의 구성원이 일상생활 속에서 법을 위반하며 자기의 이익을 추구하는 행위로 본다.

④ 셀린(T. Sellin)은 전체 사회의 규범과 개별집단의 규범 사이에는 갈등이 존재하고, 개인도 이러한 종류의 갈등이 내면화됨으로써 인격해체가 이루어지고 범죄원인으로 작용하게 된다고 한다.

⑤ 터크(A. Turk)는 갈등의 개연성은 지배집단과 피지배자 양자의 조직화 정도와 세련됨의 수준에 의해 영향을 받는다고 한다.

07 「교도작업의 운영 및 특별회계에 관한 법률 시행령」상 계약담당자가 추정가격이 「국가를 당사자로 하는 계약에 관한 법률 시행령」 제26조 제1항 제5호 가목에 따른 추정가격의 2배를 초과하는 계약을 하려는 경우에 원칙적으로 일반경쟁에 부쳐야 하는 계약에 해당하지 않는 것은?

① 고정자산에 속하거나 속하게 될 재산의 매매

② 유동자산에 속하는 물건의 구입

③ 잡수입(雜收入) 과목으로 처리되는 물건의 매도

④ 법에 따라 중소기업제품으로 성능인증을 받은 제품의 구입

⑤ 손실 과목으로 처리되는 물건의 구입

08 「소년법」상 소년부 판사의 조치로 옳은 것은?

① 절도행위를 상습적으로 저지른 11세 소년에게 소년부 판사는 장기 소년원 송치를 부과하였다.

② 폭력행위를 저지른 15세 소년에게 소년부 판사는 사회봉사명령 100시간과 의료재활소년원 위탁이라는 병합처분을 내렸다.

③ 이전에 보호관찰 기간 연장 결정을 받은 바 없는 장기 보호관찰 중인 17세 소년에 대하여 소년부 판사는 담당 보호관찰관의 신청에 따라 보호관찰 1년 연장을 결정하였다.

④ 16세 보호소년에게 소년부 판사는 장기 보호관찰 처분과 수강명령 150시간을 명령하였다.

⑤ 아동복지시설 위탁 처분을 받고 시설에 수용 중인 소년에 대하여 소년부 판사는 위탁기간 1년 연장을 결정하였다.

09 「소년법」상 소년보호사건의 처리에 대한 설명으로 옳지 않은 것은?

① 소년보호사건이 중한 경우에는 소년부가 합의부를 구성하여 심리와 처분결정을 한다.

② 소년부 또는 조사관이 범죄 사실에 관하여 소년을 조사할 때에는 미리 소년에게 불리한 진술을 거부할 수 있음을 알려야 한다.

③ 소년보호사건의 심리는 공개하지 않는 것이 원칙이다.

④ 보호처분이 계속 중일 때에 사건 본인에 대하여 새로운 보호처분이 있었을 때에는 그 처분을 한 소년부 판사는 이전의 보호처분을 한 소년부에 조회하여 어느 하나의 보호처분을 취소하여야 한다.

⑤ 보호처분결정에 영향을 미칠 법령 위반이 있는 경우 관할 가정법원 또는 지방법원 본원 합의부에 항고할 수 있다.

10 범죄전이는 개인 또는 사회의 예방활동에 의한 범죄의 변화를 의미한다. 레페토(Reppetto)는 범죄의 전이를 다섯 가지 유형으로 분류하였는데, 다음 지문이 설명하는 전이의 유형은?

> • 범죄자가 한 범죄를 그만두고, 다른 범죄유형으로 옮겨가는 유형
> • 침입절도가 목표물을 견고화하는 장치에 의해 어려워졌을 때, 침입절도 범죄자들은 대신 강도범죄를 하기로 함

① 공간적(territorial) 전이　　　② 시간적(temporal) 전이
③ 전술적(tactical) 전이　　　　④ 목표물(target) 전이
⑤ 기능적(functional) 전이

11 「형의 집행 및 수용자의 처우에 관한 법률 시행규칙」상 분류심사의 제외 또는 유예에 해당하지 않는 경우는?

① 징역형이 확정된 사람으로서 집행할 형기가 형집행지휘서 접수일부터 3개월 미만인 사람

② 금고형이 확정된 사람으로서 집행할 형기가 형집행지휘서 접수일부터 3개월 미만인 사람

③ 노역장 유치명령을 받은 사람

④ 수형자가 질병 등으로 분류심사가 곤란한 때

⑤ 수형자가 징벌대상행위의 혐의가 있어 조사 중이거나 징벌집행 중인 때

12 「형의 집행 및 수용자의 처우에 관한 법률 시행규칙」상 외부기업체 통근작업에 대한 설명으로 옳지 않은 것은?

① 외부기업체에 통근하며 작업하는 수형자로 선정되기 위한 요건에는 가족·친지 또는 교정위원 등과 접견·편지수수·전화통화 등으로 연락하고 있을 것이 포함되어 있다.

② 소장은 외부통근자가 법령에 위반되는 행위를 하거나 법무부장관 또는 소장이 정하는 지켜야 할 사항을 위반한 경우에는 외부통근자 선정을 취소하여야 한다.

③ 소장은 외부통근자로 선정된 수형자에 대하여는 자치활동·행동수칙·안전수칙·작업기술 및 현장적응훈련에 대한 교육을 하여야 한다.

④ 집행할 형기가 7년 이상 남은 수형자도 작업 부과와 교화를 위해서 특히 필요하다고 인정하는 경우에는 교정시설 밖에 위치한 외부기업체에 통근 작업하는 수형자로 선정될 수 있다.

⑤ 소장은 외부통근자의 사회적응능력을 기르고 원활한 사회복귀를 촉진하기 위하여 필요하다고 인정하는 경우에는 수형자 자치에 의한 활동을 허가할 수 있다.

13 「형의 집행 및 수용자의 처우에 관한 법률」상 가석방심사위원회의 위원 중 공무원이 아닌 사람도 「형법」의 일부 규정을 적용할 때에는 공무원인 것으로 간주하도록 하고 있다. 이러한 「형법」 규정에 해당하지 않는 것은?

① 「형법」 제122조(직무유기)

② 「형법」 제127조(공무상 비밀의 누설)

③ 「형법」 제130조(제3자 뇌물제공)

④ 「형법」 제131조(수뢰후 부정처사, 사후수뢰)

⑤ 「형법」 제132조(알선수뢰)

14 「범죄피해자 보호법」상 규정하고 있는 것이 아닌 것은?

① 형사조정제도

② 배상명령제도

③ 범죄피해 구조금 지급

④ 범죄피해자보호위원회의 설치

⑤ 범죄피해자 지원법인의 등록 및 지원

15 범죄학이론 중 발달이론(Developmental Theory)에 대한 설명으로 옳지 않은 것은?

① 이 이론은 1990년대 샘슨(R. Sampson)과 라웁(J. Laub)이 1930년대 글룍(Glueck) 부부의 연구를 재분석하며 활성화된 이론이다.

② 범죄자의 삶의 궤적을 통해 범죄를 지속하는 요인과 중단하는 요인이 무엇인지를 찾아내는 데 관심이 있다.

③ 심리학자 모핏(Moffitt)은 범죄자를 청소년한정형 범죄자와 인생지속형 범죄자로 분류하면서 이들 중 인생지속형 범죄자는 아주 이른 나이에 비행을 시작하고 성인이 되어서도 범죄를 지속하는 유형이라고 정의하였다.

④ 인생지속형 범죄자보다 청소년한정형 범죄자가 정신건강상의 문제를 더 많이 가지고 있다.

⑤ 발달이론에서 범죄경력을 중단하는 계기가 되는 사건으로 결혼, 취직 등이 있다.

16 「형의 집행 및 수용자의 처우에 관한 법률」상 수용자의 의료처우에 대한 설명으로 옳은 것만을 모두 고른 것은?

> ㉠ 소장은 수용자에 대하여 건강검진을 정기적으로 하여야 한다.
> ㉡ 소장은 감염병이나 그 밖에 감염의 우려가 있는 질병의 발생과 확산을 방지하기 위하여 필요한 경우 수용자에 대하여 예방접종·격리수용·이송, 그 밖에 필요한 조치를 하여야 한다.
> ㉢ 소장은 수용자가 부상을 당하거나 질병에 걸리면 적절한 치료를 받도록 하여야 한다.
> ㉣ 소장은 수용자에 대한 적절한 치료를 위하여 필요하다고 인정하면 교정시설 밖에 있는 의료시설에서 진료를 받게 하여야 한다.
> ㉤ 소장은 수용자가 자신의 비용으로 외부의료시설에서 근무하는 의사에게 치료받기를 원하면 교정시설에 근무하는 의사의 의견을 고려하여 이를 허가해야 한다.
> ㉥ 소장은 정신질환이 있다고 의심되는 수용자가 있으면 정신건강의학과 의사의 진료를 받을 수 있도록 하여야 한다.

① ㉠, ㉡, ㉢, ㉣   ② ㉠, ㉢, ㉣, ㉤

③ ㉡, ㉢, ㉣, ㉤   ④ ㉢, ㉣, ㉤, ㉥

⑤ ㉠, ㉡, ㉢, ㉥

17 **아동·청소년의 성보호를 위한 공개명령 및 고지명령 제도에 대한 설명으로 옳지 않은 것은?** (다툼이 있는 경우 판례에 의함)

① 공개명령 및 고지명령 제도는 일종의 보안처분이므로 범죄행위를 한 자에 대한 응보 등을 목적으로 그 책임을 추궁하는 사후적 처분인 형벌과 구분되어 그 본질을 달리한다.

② 집행유예를 선고받은 고지대상자에 대한 고지명령은 신상정보 최초 등록일부터 1개월 이내에 하여야 한다.

③ 아동·청소년대상 성범죄 사건에서 공개명령 등의 예외사유로 규정되어 있는 '피고인이 아동·청소년인 경우'에 해당하는지는 사실심 판결의 선고시를 기준으로 판단하여야 한다.

④ 공개명령은 여성가족부장관이 정보통신망을 이용하여 집행하며, 고지명령의 집행은 여성가족부장관이 한다.

⑤ 법원은 고지명령의 판결이 확정되면 판결문 등본을 판결이 확정된 날부터 14일 이내에 여성가족부장관에게 송달하여야 한다.

18 **현행법상 보호관찰명령을 부과하면서 사회봉사명령을 병과할 수 없는 것만을 모두 고른 것은?**

> ㉠ 「형법」 제59조의2에 의한 선고유예자인 경우
> ㉡ 「형법」 제73조의2에 의한 가석방자인 경우
> ㉢ 「소년법」 제32조 제1항의 보호처분 대상 소년으로 12세인 경우
> ㉣ 「성폭력범죄의 처벌 등에 관한 특례법」상 성폭력범죄를 범한 사람에 대하여 형의 집행을 유예하는 경우
> ㉤ 「가정폭력범죄의 처벌 등에 관한 특례법」 제40조 제1항의 보호처분을 할 경우

① ㉠, ㉡, ㉢　　　　　　　　② ㉠, ㉡, ㉣
③ ㉠, ㉣, ㉤　　　　　　　　④ ㉡, ㉢, ㉤
⑤ ㉢, ㉣, ㉤

19 「형의 집행 및 수용자의 처우에 관한 법률 시행규칙」상 엄중관리대상자에 대한 설명으로 옳은 것은?

① 소장은 엄중관리대상자에게 작업을 부과하여서는 안 된다.

② 마약류수용자나 관심대상수용자로 지정된 수용자는 거실 및 작업장의 봉사원, 반장, 조장, 분임장 등 수용자를 대표하는 직책을 맡을 수 없다.

③ 공소장이나 재판서에 조직폭력사범으로 명시되어 있지 않으면 「형법」 제114조(범죄단체 등의 조직)가 적용된 수용자라 할지라도 조직폭력수용자로 지정할 수 없다.

④ 마약류수용자나 관심대상수용자로 지정되면 공소장 변경이나 재판 확정에 따라 지정사유가 해소되는 경우 이외에는 석방 때까지 지정이 해제되지 않는다.

⑤ 미결수용자 등 분류처우위원회의 의결 대상자가 아닌 경우에도 관심대상수용자로 지정할 필요가 있다고 인정되는 수용자에 대하여는 교도관회의의 심의를 거쳐 관심대상수용자로 지정할 수 있다.

20 형의 집행 및 수용자의 처우에 관한 법령상 수용자의 상벌제도에 대한 설명으로 옳은 것은?

① 9일 이하의 금치, 1개월의 작업장려금 삭감, 30일 이내의 실외운동 및 공동행사참가 정지는 징벌실효기간이 1년으로 동일하다.

② 징벌위원회는 재적위원 과반수의 출석으로 개의하고, 출석위원 과반수의 찬성으로 의결한다. 이 경우 외부위원 3명 이상이 출석한 경우에만 개의할 수 있다.

③ 수용자가 사람의 생명을 구조하거나 도주를 방지한 때와 재난 시 응급용무 보조에 공로가 있는 때에는 소장표창 및 가족만남의 날 행사참여 대상자 선정기준에 해당된다.

④ 소장은 징벌집행을 받고 있거나 집행을 앞둔 수용자가 같은 행위로 형사 법률에 따른 처벌이 확정되어 징벌을 집행할 필요가 없다고 인정하면 징벌위원회의 의결을 거쳐 징벌집행을 감경하거나 면제할 수 있다.

⑤ 징벌이 집행 중에 있거나 징벌의 집행이 끝난 후 또는 집행이 면제된 후 1년 내에 다시 징벌사유에 해당하는 행위를 한 때에는 징벌기간에 있어서 장기의 2분의 1까지 가중할 수 있다.

21 「형의 집행 및 수용자의 처우에 관한 법률」상 분류심사에 대한 설명으로 옳지 않은 것은?

① 소장은 수형자에 대한 개별처우계획을 합리적으로 수립하고 조정하기 위하여 수형자의 인성, 행동특성 및 자질 등을 과학적으로 조사·측정·평가하여야 한다. 다만, 집행할 형기가 짧거나 그 밖의 특별한 사정이 있을 경우에는 예외로 할 수 있다.

② 소장은 분류심사를 위하여 외부전문가로부터 필요한 의견을 듣거나 외부전문가에게 조사를 의뢰할 수 있다.

③ 소장은 분류심사와 그 밖에 수용목적의 달성을 위하여 필요하면 수용자의 가족 등을 면담하거나 법원·경찰관서, 그 밖의 관계 기관 또는 단체에 대하여 필요한 사실을 조회할 수 있다. 이 때 조회를 요청받은 관계기관 등의 장은 특별한 사정이 없으면 지체 없이 그에 관하여 답하여야 한다.

④ 분류처우위원회는 5명 이상 9명 이하의 위원으로 구성하며, 분류처우에 관한 중요 사항을 심의 및 의결한다.

⑤ 분류처우위원회는 심의 및 의결을 위하여 외부전문가로부터 의견을 들을 수 있다.

22 「형의 집행 및 수용자의 처우에 관한 법률 시행규칙」상 수형자 취업지원협의회에 대한 설명으로 옳지 않은 것은?

① 수형자 사회복귀 지원 업무에 관한 자문에 대한 조언 기능을 담당한다.

② 협의회는 회장 1명을 포함하여 3명 이상 5명 이하의 내부위원과 10명 이하의 외부위원으로 구성한다.

③ 외부위원의 임기는 3년으로 하며, 연임할 수 있다.

④ 수형자의 사회복귀 지원을 위하여 협의가 필요한 때에는 임시회의를 개최할 수 있다.

⑤ 협의회의 회의는 재적위원 과반수 출석으로 개의하고, 출석위원 과반수 찬성으로 의결한다.

23 수용자의 처우 및 권리에 대한 헌법재판소의 판례 중 옳지 않은 것만을 모두 고른 것은?

> ⊙ 교정시설의 1인당 수용면적이 수형자의 인간으로서의 기본 욕구에 따른 생활조차 어렵게 할 만큼 지나치게 협소하다면, 이는 그 자체로 국가형벌권 행사의 한계를 넘어 수형자의 인간의 존엄과 가치를 침해하는 것이다.
> ⓛ 교도소 수용자의 동절기 취침시간을 21:00로 정한 행위는 수용자의 일반적 행동자유권을 침해하지 않는다.
> ⓒ 금치기간 중 수용자의 실외운동을 원칙적으로 금지하는 것은 수용자 신체의 자유를 침해하지 않는다.
> ⓔ 구치소장이 변호인접견실에 CCTV를 설치하여 미결수용자와 변호인 간의 접견을 관찰한 행위는 법률유보원칙에 위배된다.
> ⓜ 징벌혐의의 조사를 받고 있는 수용자가 변호인 아닌 자와 접견할 당시 교도관이 참여하여 대화내용을 기록하게 한 행위는 수용자의 사생활의 비밀과 자유를 침해하지 않는다.

① ⊙, ⓛ   ② ⓛ, ⓜ

③ ⓒ, ⓔ   ④ ⊙, ⓒ, ⓔ

⑤ ⓒ, ⓔ, ⓜ

24 「형의 집행 및 수용자의 처우에 관한 법률」상 징벌위원회에 대한 설명으로 옳은 것은 모두 몇 개인가?

> ⊙ 징벌위원회 위원장은 소장의 바로 다음 순위자가 된다.
> ⓛ 징벌위원회의 외부위원은 4명 이상으로 한다.
> ⓒ 징벌위원회는 소장의 징벌요구에 따라 개회한다.
> ⓔ 징벌대상자가 위원에 대하여 기피신청하면 소장이 기피 여부를 결정하여야 한다.
> ⓜ 징벌위원회는 징벌대상자가 진술하기 전에 불이익한 진술을 거부할 수 있음을 고지하여야 한다.

① 1개   ② 2개

③ 3개   ④ 4개

⑤ 5개

25 「형의 집행 및 수용자의 처우에 관한 법률」상 신체검사 등의 처우에 대한 설명으로 옳은 것은?
(다툼이 있는 경우 판례에 의함)

① 교도관은 시설의 안전과 질서를 위하여 필요하면 교정시설에 출입하는 수용자 외의 사람에 대하여 의류와 휴대품 및 신체검사를 할 수 있다.

② 교도소장이 수용자가 없는 상태에서 실시한 거실 및 작업장 검사행위는 수용자의 사생활의 비밀 및 자유를 침해한다.

③ 신체검사 당시 다른 방법으로는 은닉한 물품을 찾아내기 어렵다고 볼 만한 합리적인 이유가 없음에도, 유치장에 수용된 여자 수용자들의 옷을 전부 벗긴 상태에서 앉았다 일어서기를 반복하게 한 신체검사는 위법하다.

④ 교도소 독거실 내 화장실 창문과 철격자 사이에 안전 철망을 설치한 행위는 더 이상 바깥 풍경을 조망할 수 없게 하고 원활한 통풍과 최소한의 채광 확보를 어렵게 하였으므로 이는 헌법상 보장된 수용자의 인간의 존엄과 가치 및 행복추구권, 그리고 환경권을 침해한 것이다.

⑤ 수용자를 교정시설에 수용할 때마다 전자영상 검사기를 이용하여 수용자의 항문 부위에 대한 신체검사를 하는 행위는 수용시설의 목적 달성을 넘어 지나친 것일 뿐 아니라, 수용자의 명예나 수치심을 포함하여 신체의 자유 등 기본권을 침해한다.

01 범죄학자들과 그 주장 내용을 연결한 것으로 옳지 않은 것은?

① 코헨(A. Cohen) - 빈곤 계층 청소년들은 중산층의 가치나 규범을 중심으로 형성된 사회의 중심문화와 자신들이 익숙한 생활 사이에서 긴장이나 갈등을 겪게 되고, 이러한 긴장관계를 해소하려는 시도에서 비행적 대체문화가 형성된다.

② 리스트(F. Liszt) - 범죄는 범죄자의 타고난 특성과 범행 당시 그를 둘러싼 사회적 환경의 산물이다.

③ 라까사뉴(A. Lacassagne) - 사회환경은 범죄의 배양기이며, 범죄자는 미생물에 불과하므로 범죄자가 아닌 사회를 벌해야 한다.

④ 뒤르껭(E. Durkheim) - 범죄는 범죄자의 비인간성이나 성격적 불안정성에서 기인한다.

⑤ 탄넨바움(F. Tannenbaum) - 사회에서 범죄자로 규정되는 과정이 일탈강화의 악순환으로 작용하며, 이를 '악의 극화'라고 한다.

02 형의 집행 및 수용자의 처우에 관한 법령상 교정장비의 사용에 대한 설명으로 옳지 않은 것은? (다툼이 있는 경우 판례에 의함)

① 교도관이 전자영상장비로 거실에 있는 수용자를 계호하는 것은 자살·자해·도주·폭행·손괴, 그 밖에 수용자의 생명·신체를 해하거나 시설의 안전 또는 질서를 해하는 행위의 우려가 큰 때에만 할 수 있다.

② 구치소장이 금지물품의 수수나 교정사고를 방지하거나 이에 적절하게 대처하기 위해 변호인 접견실에 CCTV를 설치하여 미결수용자와 변호인 간의 접견을 관찰하는 행위는 변호인의 조력을 받을 권리를 침해한다고 할 수 없다.

③ 교정장비의 종류로는 전자장비, 보호장비, 보안장비, 무기가 있다.

④ 교도관이 교정시설을 출입하는 수용자 외의 사람의 의류와 휴대품을 검사하는 경우에는 고정식 물품검색기를 통과하게 한 후, 휴대식 금속탐지기 또는 손으로 이를 확인해야 한다.

⑤ 보호의자는 그 사용을 일시 중지하거나 완화하는 경우를 포함하여 8시간을 초과하여 사용할 수 없으며, 사용 중지 후 4시간이 경과하지 아니하면 다시 사용할 수 없다.

03 형의 집행 및 수용자의 처우에 관한 법령상 수용자의 이송에 대한 설명으로 옳지 않은 것은?

① 소장은 수용자를 다른 교정시설에 이송하는 경우에 의무관으로부터 수용자가 건강상 감당하기 어렵다는 보고를 받으면, 이송을 중지하고 그 사실을 이송 받을 소장에게 알려야 한다.

② 지방교정청장은 수용자를 관할 외 다른 교정시설로 이송하려는 경우 이에 대한 승인 권한을 가지고 있다.

③ 수용자가 이송 중에 징벌대상 행위를 하거나 다른 교정시설에서 징벌대상 행위를 한 사실이 이송된 후에 발각된 경우에는 그 수용자를 인수한 소장이 징벌을 부과한다.

④ 수용자를 이송하는 경우에는 수형자는 미결수용자와, 여성수용자는 남성수용자와, 19세 미만의 수용자는 19세 이상의 수용자와 각각 호송 차량의 좌석을 분리하는 등의 방법으로 서로 접촉하지 못하게 하여야 한다.

⑤ '20일 텔레비전 시청 제한'의 징벌 집행 중인 수용자가 다른 교정시설로 이송되거나 법원 또는 검찰청 등에 출석하는 경우에는 징벌집행이 계속되는 것으로 본다.

04 「형의 집행 및 수용자의 처우에 관한 법률 시행규칙」상 소득점수와 처우등급에 대한 설명으로 옳지 않은 것은?

① 소득점수를 산정할 때 '수형생활 태도'와 '작업 또는 교육 성적'은 각각 5점 이내의 범위에서 한다.

② 소장은 수형자가 부상이나 질병, 그 밖에 부득이한 사유로 작업 또는 교육을 받지 못한 경우에는 3점 이내의 범위에서 작업 또는 교육 성적을 부여할 수 있다.

③ 경비처우급을 하향 조정하기 위하여 고려할 수 있는 평정소득점수의 기준은 5점 이하이다. 다만, 수용 및 처우를 위하여 특히 필요한 경우 법무부장관이 달리 정할 수 있다.

④ 원칙적으로 수형생활 태도 점수와 작업 또는 교육성적 점수를 채점하는 경우에 수는 소속 작업장 또는 교육장 전체 인원의 10퍼센트를 초과할 수 없고, 우는 30퍼센트를 초과할 수 없다. 다만, 작업장 또는 교육장 전체인원이 4명 이하인 경우에는 수·우를 각각 1명으로 채점할 수 있다.

⑤ 조정된 처우등급에 따른 처우는 그 조정이 확정된 날의 다음 달 초일부터 적용된다.

05 「형의 집행 및 수용자의 처우에 관한 법률 시행규칙」상 수형자 자치제에 대한 설명으로 옳지 않은 것은?

① 소장은 개방처우급·완화경비처우급 수형자에게 자치생활을 허가할 수 있다.

② 소장은 자치생활 수형자에 대하여 월 2회 이내에서 경기 또는 오락회를 개최하게 할 수 있다. 다만, 소년수형자에 대하여는 그 횟수를 늘릴 수 있다.

③ 소장은 자치생활 수형자들이 교육실, 강당 등 적당한 장소에서 연 1회 이상 토론회를 할 수 있도록 하여야 한다.

④ 수형자 자치생활의 범위는 인원점검, 취미활동, 일정한 구역 안에서의 생활 등으로 한다.

⑤ 소장은 외부통근자의 사회적응능력을 기르고 원활한 사회복귀를 촉진하기 위하여 필요하다고 인정하는 경우에는 수형자 자치에 의한 활동을 허가할 수 있다.

06 「성폭력범죄자의 성충동 약물치료에 관한 법률」상 약물치료명령에 대한 설명으로 옳지 않은 것은?

① 보호관찰관의 약물치료명령 집행에 수용시설의 장, 치료감호시설의 장, 보호감호시설의 장은 약물의 제공, 의사·간호사 등 의료인력 지원 등의 협조를 하여야 한다.

② 치료기간은 최초로 성 호르몬 조절약물을 투여한 날 또는 법 제14조 제1항에 따른 심리치료 프로그램의 실시를 시작한 날부터 기산하되, 초일은 시간을 계산함이 없이 1일로 산정한다.

③ 약물치료명령을 받은 사람은 주거 이전 또는 5일 이상의 국내여행을 하거나 출국할 때에는 미리 보호관찰관의 허가를 받아야 한다.

④ 검사는 사람에 대하여 성폭력범죄를 저지른 성도착증 환자로서 성폭력범죄를 다시 범할 위험성이 있다고 인정되는 19세 이상의 사람에 대하여 약물치료명령을 법원에 청구할 수 있다.

⑤ 가석방심사위원회는 성폭력 수형자의 가석방 적격심사를 할 때에는 약물치료명령이 결정된 사실을 고려하여야 한다.

07 브랜팅햄 부부(P. Brantingham & P. Brantingham)의 **범죄패턴이론에 대한 설명으로 옳은 것만** 을 모두 고르면?

> ㉠ 개인은 의사결정을 통해 일련의 행동을 하게 되는데, 활동들이 반복되는 경우 의사결정
> 과정은 규칙화된다.
> ㉡ 범죄자들은 평범한 일상생활 속에서 범행기회와 조우하게 된다.
> ㉢ 범죄자는 일반인과 같은 정상적인 시공간적 행동패턴을 갖지 못한다.
> ㉣ 잠재적 피해자는 잠재적 범죄자의 활동공간과 교차하는 활동공간이나 위치를 갖는다.
> ㉤ 사람들이 활동하기 위해 움직이고 이동하는 것과 관련하여 축(교차점, nodes), 통로(경로,
> paths), 가장자리(edges)의 세 가지 개념을 제시한다.

① ㉠, ㉤
② ㉡, ㉢
③ ㉠, ㉡, ㉣
④ ㉡, ㉢, ㉤
⑤ ㉠, ㉡, ㉣, ㉤

08 **심리학적 범죄원인론에 대한 설명으로 옳은 것은?**

① 글릭부부(S. Glueck & E. Glueck)는 비행소년들이 일반소년들보다 도전적이고 반항적이
지만 외향적이고 양면가치적인 성격은 갖지 않는다고 주장한다.

② 아이젠크(H. Eysenck)는 범죄행동과 성격특성 간의 관련성을 정신병적(정신증적) 경향
성(psychoticism), 외향성(extraversion), 신경증(neuroticism) 등 세 가지 차원에서 설
명한다.

③ 프로이트(S. Freud)는 유아기로부터 성인기로의 사회화과정을 구순기(oral stage), 남근
기(phallic stage), 항문기(anal stage), 잠복기(latency stage), 성기기(genital stage)
라는 성심리적 단계(psychosexual stage) 순으로 발전한다고 설명하면서, 이러한 단계별
발전이 건전한 성인으로의 발전을 좌우한다고 주장한다.

④ 콜버그(L. Kohlberg)는 개인마다 어떤 특정 상황에서 옳다고 판단하는 평가의 기준이 다
르고, 이 기준은 도덕발달 단계에 따라 다르다고 주장하며, 도덕발달 단계를 처벌과 복종
단계, 법과 질서유지 단계 그리고 보편적 윤리 단계의 세 단계로 구분한다.

⑤ 질만(D. Zillmann)은 좌절-공격이론을 주장하면서, 인간의 공격성은 자연적이고 좌절
상황에 대하여 거의 자동적으로 반응한다고 설명한다.

09 「전자장치 부착 등에 관한 법률」상 위치추적 전자장치 부착명령에 대한 설명으로 옳지 않은 것은?

① 부착명령의 원인이 된 특정범죄사건이 아닌 다른 범죄사건으로 형이나 치료감호의 집행이 계속될 경우에는 부착명령의 원인이 된 특정범죄사건이 아닌 다른 범죄사건에 대한 형의 집행이 종료되거나 면제·가석방 되는 날 또는 치료감호의 집행이 종료·가종료 되는 날부터 부착명령을 집행한다.

② 부착명령의 집행 중 다른 죄를 범하여 금고 이상의 형의 집행을 받게 된 때에는 부착명령의 집행이 정지된다.

③ 부착명령의 집행은 신체의 완전성을 해하지 아니하는 범위 내에서 이루어져야 하며, 부착명령이 여러 개인 경우 확정된 순서에 따라 집행한다.

④ 피부착명령자가 부착명령 판결 확정 시 석방된 상태이고 미결구금일수 산입 등의 사유로 이미 형의 집행이 종료된 경우에는 부착명령 판결 확정일부터 부착명령을 집행한다.

⑤ 부착명령의 집행 중 다른 죄를 범하여 구속영장의 집행을 받아 구금된 후에 검사가 혐의 없음을 이유로 불기소처분을 함으로써 구금이 종료된 경우 그 구금기간 동안에는 부착명령이 정지된 것으로 본다.

10 형의 집행 및 수용자의 처우에 관한 법령상 수형자에 대한 분류와 처우에 대한 설명으로 옳은 것만을 모두 고르면?

> ㉠ 통상적인 수준의 처우가 필요한 일반경비처우급 수형자 A에게는 정보화 교육과 외국어 교육과정의 교육기회가 주어질 수 있다.
>
> ㉡ 개방지역작업 및 외부통근작업이 가능한 개방처우급 수형자 B는 1일 1회의 접견이 가능하다.
>
> ㉢ 소장은 5년형의 징역형 중 형기가 6개월 남은 초범인 완화경비처우급 수형자 C를 교정시설에 설치된 개방시설에 수용하여 사회적응에 필요한 교육, 취업지원 등 적정한 처우를 할 수 있다.
>
> ㉣ 구내작업을 하며 기본적인 처우만을 보장받는 중경비처우급인 수형자 D는 소장의 허가를 받아야만 문예·학술 등의 집필활동을 할 수 있다.
>
> ㉤ 소장은 통상적인 수준보다 높은 수준의 처우가 필요한 완화경비처우급인 수형자 E에게 교화 또는 사회복귀 준비 등을 위하여 특히 필요한 경우에 한하여 귀휴를 허가할 수 있다.

① ㉠, ㉡, ㉢   ② ㉠, ㉡, ㉣

③ ㉠, ㉢, ㉤   ④ ㉡, ㉢, ㉣

⑤ ㉡, ㉣, ㉤

11 형의 집행 및 수용자의 처우에 관한 법령상 교도관의 무기사용에 대한 설명으로 옳지 않은 것은?

① 소장은 소속 교도관에 대하여 연 1회 이상 총기의 조작·정비·사용에 관한 교육을 한다.

② 기관총은 대공초소 또는 집중사격이 가장 용이한 장소에 설치하고, 유사 시 즉시 사용할 수 있도록 충분한 인원의 사수·부사수·탄약수를 미리 지정하여야 한다.

③ 교도관이 총기를 사용하는 경우에는 공포탄 발사, 구두경고, 위협사격, 조준사격의 순서에 따라야 한다. 다만, 상황이 긴급하여 시간적 여유가 없을 때에는 예외로 한다.

④ 무기의 사용은 필요한 최소한도에 그쳐야 하며, 최후의 수단이어야 한다.

⑤ 교도관은 소장 또는 그 직무를 대행하는 사람의 명령을 받아 무기를 사용한다. 다만, 그 명령을 받을 시간적 여유가 없으면 그러하지 아니하다.

12 「치료감호 등에 관한 법률」상 치료감호에 대한 설명으로 옳지 않은 것은?

① 피치료감호자가 치료감호시설 외에서 치료받도록 법정대리인 등에게 위탁되었을 때에는 「보호관찰 등에 관한 법률」에 따른 보호관찰이 시작되고, 이때 보호관찰의 기간은 3년으로 한다.

② 「치료감호 등에 관한 법률」에 따른 치료감호의 내용과 실태는 대통령령으로 정하는 바에 따라 공개하여야 한다. 이 경우 피치료감호자나 그의 보호자가 동의한 경우라도 피치료감호자의 개인신상에 관한 것은 공개할 수 없다.

③ 피치료감호자의 연령이 70세 이상인 때에는 검사는 치료감호의 집행을 정지할 수 있다.

④ 법원은 공소제기된 사건의 심리 결과 치료감호를 할 필요가 있다고 인정할 때에는 검사에게 치료감호 청구를 요구할 수 있다.

⑤ 치료감호와 형이 병과된 경우에는 치료감호를 먼저 집행한다. 이 경우 치료감호의 집행기간은 형 집행기간에 포함한다.

13 현행법상 형벌제도에 대한 설명으로 옳은 것은?

① 2 이상의 형의 집행은 자격상실, 자격정지, 벌금, 과료와 몰수 외에는 그 중한 형을 먼저 집행한다. 단, 검사는 소속장관의 허가를 얻어 중한 형의 집행을 정지하고 다른 형의 집행을 할 수 있다.

② 사형의 선고를 받은 자가 심신의 장애로 의사능력이 없는 상태에 있거나 잉태 중에 있는 여자인 때에는 대통령의 명령으로 집행을 정지한다.

③ 무기징역형을 선고받은 소년은 7년, 15년 유기징역형을 선고받은 소년은 3년이 각각 지나야만 가석방을 허가할 수 있다.

④ 징역 또는 금고는 무기 또는 유기로 하고, 유기는 1개월 이상 30년 이하로 한다. 단, 유기 징역 또는 유기금고에 대하여 형을 가중하는 때에는 60년까지로 한다.

⑤ 3년 이하의 징역이나 금고 또는 500만원 이하의 벌금의 형을 선고할 경우에 「형법」 제51조의 사항을 참작하여 그 정상에 참작할 만한 사유가 있는 때에는 1년 이상 5년 이하의 기간 형의 집행을 유예할 수 있다. 다만, 벌금 이상의 형이 확정된 때부터 그 집행을 종료하거나 면제된 후 3년까지의 기간에 범한 죄에 대하여 형을 선고하는 경우에는 그러하지 아니하다.

14 형의 집행 및 수용자의 처우에 관한 법령상 교도작업에 대한 설명 중 옳은 것(○)과 옳지 않은 것(×)을 바르게 표시한 것은?

> ㉠ 소장은 법무부장관의 승인을 받아 수형자에게 부과하는 작업의 종류를 정한다.
> ㉡ 소장은 수형자의 근로의욕을 고취하고 건전한 사회복귀를 지원하기 위하여 법무부장관이 정하는 바에 따라 작업의 종류, 작업성적, 교정성적, 그 밖의 사정을 고려하여 수형자에게 작업장려금을 지급하여야 한다.
> ㉢ 소장은 미결수용자의 신청에 따라 작업을 부과하는 경우 교정시설 밖에서 작업하게 할 수 있다.
> ㉣ 소장은 교도관에게 매일 수형자의 작업실적을 확인하게 하여야 한다.
> ㉤ 공휴일·토요일과 대통령령으로 정하는 휴일에는 교정시설의 운영과 관리에 필요한 작업 이외의 작업은 부과할 수 없다.

	㉠	㉡	㉢	㉣	㉤
①	○	×	×	○	×
②	○	×	×	×	×
③	×	×	○	×	○
④	○	×	○	○	○
⑤	○	○	×	○	×

15 「민영교도소 등의 설치 · 운영에 관한 법률」상 민영교도소 등의 설치 · 운영에 대한 설명으로 옳은 것만을 모두 고르면?

> ㉠ 법무부장관은 필요하다고 인정하면 이 법에서 정하는 바에 따라 교정업무를 공공단체를 포함하여 법인 · 단체 또는 그 기관이나 개인에게 위탁할 수 있다.
>
> ㉡ 법무부장관은 민영교도소 등의 업무 및 그와 관련된 교정법인의 업무를 지도 · 감독하며, 필요한 경우 지시나 명령을 할 수 있다. 다만, 수용자에 대한 교육과 교화프로그램에 관하여는 그 교정법인의 의견을 최대한 존중하여야 한다.
>
> ㉢ 교정법인 이사의 과반수는 대한민국 국민이어야 하며, 이사의 2분의 1 이상은 교정업무에 종사한 경력이 5년 이상이어야 한다.
>
> ㉣ 교정법인의 이사는 해당 교정법인이 운영하는 민영교도소 등의 장을 겸할 수 없다.
>
> ㉤ 교정법인은 민영교도소 등에 수용되는 자에게 특별한 사유가 있다는 이유로 수용을 거절할 수 없다. 다만, 수용 · 작업 · 교화, 그 밖의 처우를 위하여 특별히 필요하다고 인정되는 경우에는 법무부장관에게 수용자의 이송을 신청할 수 있다.

① ㉠, ㉡

② ㉠, ㉢

③ ㉡, ㉤

④ ㉢, ㉣

⑤ ㉣, ㉤

16 「소년법」상 소년보호사건에 대한 설명으로 옳은 것은?

① 소년부 판사는 증거인멸을 방지하기 위하여 긴급조치가 필요하다고 인정하면 사건 본인이나 보호자를 법 제13조 제1항에 따른 소환 없이 동행영장을 발부할 수 있다.

② 소년이 소년분류심사원에 위탁된 경우 보조인이 없을 때에는 법원은 변호사 등 적정한 자를 보조인으로 선정하여야 한다.

③ 보호처분 중 수강명령, 보호관찰관의 장기 보호관찰, 장기 소년원 송치는 형벌법령에 저촉되는 행위를 한 10세 이상 12세 미만의 소년에게는 부과할 수 없다.

④ 보호처분이 계속 중일 때에 사건 본인에 대하여 유죄판결이 확정된 경우에 보호처분을 한 소년부 판사는 결정으로써 보호처분을 취소하여야 한다.

⑤ 보호처분이 계속 중일 때에 사건 본인에 대하여 새로운 보호처분이 있었을 때에는 그 처분을 한 소년부 판사는 이전의 보호처분을 한 소년부에 조회하여 이전의 보호처분을 취소하여야 한다.

17 교화개선적 교정모형을 실증적으로 연구한 결과 교화개선적 교정은 유효하지 못하다고 밝히며, 극단적으로 '무의미한 일(nothing works)'이라고 주장한 학자는?

① 팔머(T. Palmer) ② 갠드류(P. Gendreau)
③ 로스(R. Ross) ④ 마틴슨(R. Martinson)
⑤ 홀랙(S. Halleck)

18 「소년법」상 소년보호사건의 처리에 대한 설명으로 옳지 않은 것은?

① 검사는 소년에 대한 피의사건을 수사한 결과 보호처분에 해당하는 사유가 있다고 인정한 경우에는 사건을 관할 소년부에 송치하여야 한다.
② 법원은 소년에 대한 피고사건을 심리한 결과 보호처분에 해당할 사유가 있다고 인정하면 결정으로써 사건을 관할 소년부에 송치하여야 한다.
③ 소년부는 죄를 범한 소년을 조사 또는 심리한 결과 금고 이상의 형에 해당하는 범죄 사실이 발견된 경우 그 동기와 죄질이 형사처분을 할 필요가 있다고 인정하면 결정으로써 사건을 관할 지방법원에 대응한 검찰청 검사에게 송치하여야 한다.
④ 소년부는 검사로부터 송치된 사건을 조사 또는 심리한 결과 그 동기와 죄질이 금고 이상의 형사처분을 할 필요가 있다고 인정할 때에는 결정으로써 해당 검찰청 검사에게 송치할 수 있다.
⑤ 소년부는 법원으로부터 송치받은 사건을 조사 또는 심리한 결과 그 동기와 죄질이 금고 이상의 형사처분을 할 필요가 있다고 인정할 때에는 결정으로써 송치한 법원에 사건을 다시 이송하여야 한다.

19 쉬랙(C. Schrag)이 제시한 수용자의 역할유형에 대한 설명으로 옳지 않은 것은?

① 고지식자(square Johns) - 교정시설의 규율에 동조하고 법을 준수하는 생활을 하며, 교도소문화에 거의 가담하지 않는 유형
② 정의한(right guys) - 반사회적 수용자로서 교도소 부문화적 활동에 깊이 개입하며, 동료 수용자들로부터 범죄적 전문성으로 인해 존경받는 유형
③ 생쥐(rats) - 실제보다 더 강한 척하고, 허풍을 떨며 말로만 강한 척하는 유형
④ 무법자(outlaws) - 자신의 목적을 위해서 폭력을 이용하고, 동료 수용자와 교도관 모두를 피해자로 만드는 유형
⑤ 정치인(politicians) - 교정시설 내의 각종 재화와 용역을 위한 투쟁에서 이점을 확보하기 위하여 교도관과 동료 수용자 모두를 이용하는 유형

20 교도작업의 운영 및 특별회계에 관한 법령상 교도작업에 대한 설명으로 옳지 않은 것은?

① 법무부장관은 「형의 집행 및 수용자의 처우에 관한 법률」 제68조에 따라 수형자가 외부기업체 등에 통근 작업하거나 교정시설의 안에 설치된 외부기업체의 작업장에서 작업할 수 있도록 민간기업을 참여하게 하여 교도작업을 운영할 수 있다.

② 교정시설의 장은 민간기업이 참여할 교도작업의 내용을 해당 기업체와의 계약으로 정하고, 이에 대하여 법무부장관의 승인(재계약의 경우에는 지방교정청장의 승인)을 받아야 한다. 다만, 법무부장관이 정하는 단기의 계약에 대하여는 그러하지 아니하다.

③ 교정시설의 장은 교도작업으로 생산되는 제품의 종류와 수량을 회계연도 개시 1개월 전까지 공고하여야 한다.

④ 교도작업 특별회계의 세입·세출의 원인이 되는 계약을 담당하는 공무원은 계약을 수의계약으로 하려면 「교도관직무규칙」 제21조에 따른 교도관회의의 심의를 거쳐야 한다.

⑤ 교도작업으로 생산된 제품은 민간기업 등에 직접 판매하거나 위탁하여 판매할 수 있다.

21 소년사건과 관련된 판례의 태도를 설명한 것으로 옳지 않은 것은?

① 「아동·청소년의 성보호에 관한 법률」에서는 아동·청소년대상 성범죄 사건에 대하여 피고인이 아동·청소년인 경우 신상정보 공개명령 선고에 관한 예외사유를 규정하고 있는데, 이때 '피고인이 아동·청소년인 경우'에 해당하는지는 사실심 판결의 선고시를 기준으로 판단하여야 한다.

② 「소년법」 제60조(구 「소년법」 제54조) 제1항 단서는 소년에 대한 부정기 선고형의 상한을 정한 것에 불과하고 법정형을 정한 것이 아니므로, 「형법」 제53조에 의한 작량감경 사유가 있다고 하여 「소년법」 소정의 부정기 선고형의 상한도 아울러 감경되어야 하는 것은 아니다.

③ 「소년법」 제32조의 보호처분은 확정판결에 준하는 법적 효력이 있으므로, 보호처분을 받은 사건과 동일한 사건에 대하여 다시 공소제기가 되었다면 이에 대하여 법원은 면소판결을 하여야 한다.

④ 법원은 과거 「소년법」에 의한 보호처분을 받은 사실을 범죄의 상습성 인정 자료로 삼을 수 있다.

⑤ 「소년법」 제67조(소년이었을 때 범한 죄에 의하여 형을 선고받은 자가 그 집행을 종료하거나 면제받은 경우 자격에 관한 법령을 적용할 때에는 장래에 향하여 형의 선고를 받지 아니한 것으로 본다.)의 규정은 '사람의 자격'에 관한 법령의 적용에 있어 장래에 향하여 형의 선고를 받지 아니한 것으로 본다는 취지에 불과할 뿐 전과까지 소멸한다는 것은 아니다.

22 「벌금 미납자의 사회봉사 집행에 관한 특례법」상 벌금 미납자의 사회봉사에 대한 설명으로 옳지 않은 것은?

① 「형법」 제69조 제1항 단서에 따라 법원으로부터 벌금 선고와 동시에 벌금을 완납할 때까지 노역장에 유치할 것을 명받은 사람은 사회봉사를 신청할 수 있다.

② 사회봉사 신청인은 사회봉사의 신청을 기각하는 검사의 처분에 대하여 재판을 선고한 법원에 이의신청을 할 수 있다.

③ 사회봉사 신청인이 일정한 수입원이나 재산이 있어 벌금을 낼 수 있다고 판단되는 경우에는 법원은 사회봉사를 허가하지 아니한다.

④ 법원은 사회봉사를 허가하는 경우 벌금 미납액에 의하여 계산된 노역장 유치 기간에 상응하는 사회봉사시간을 산정하여야 한다. 다만, 산정된 사회봉사시간 중 1시간 미만은 집행하지 아니한다.

⑤ 보호관찰관은 사회봉사 대상자의 성격, 사회경력, 범죄의 원인 및 개인적 특성 등을 고려하여 사회봉사의 집행분야를 정하여야 한다.

23 다음 사례와 관련하여 현행법상 수용자의 처우에 대한 설명으로 옳지 않은 것은? (다툼이 있는 경우 판례에 의함)

> 징역 10년을 선고받고 교도소에 수용 중이던 A는 2017년 1월 19일경 라디에이터 등 간접 난방시설만 설치되고 직접 난방시설이 설치되지 아니하였다는 이유로 소란을 피우다가 교도관들로부터 제압을 당하였다. 이로 인해 같은 해 1월 23일 징벌위원회에 회부되었다. A는 조사도중 분리수용되었고 소란에 대하여 해명을 하였으나 금치 15일의 처분을 받았다. 이에 A는 담당 교도관들을 상대로 하여 가혹행위를 이유로 형사고소 및 민사소송을 제기하는 한편, 그 증명자료 확보를 위해 소장을 상대로 같은 해 1월 19일자 근무보고서와 1월 23일자의 징벌위원회 회의록 등의 정보공개를 요청하였으나 소장은 이를 거부하였다.

① 교정시설에서 라디에이터 등 간접 난방시설이 설치되어 운용되고 있는 경우라면, 헌법의 규정상 또는 헌법의 해석상 특별히 교도소장에게 직접 난방시설 등을 설치해야 할 의무가 부여되어 있다고 볼 수 없다.

② 소장은 징벌사유에 해당하는 행위를 하였다고 의심되는 상당한 이유가 있는 수용자에 대하여 조사가 필요하다고 인정되는 경우 증거를 인멸할 우려가 있거나, 다른 사람에게 위해를 끼칠 우려 또는 다른 수용자의 위해로부터 보호할 필요가 있는 때에는 조사기간 중 분리수용을 할 수 있다.

③ 수용자가 큰 소리를 내거나 시끄럽게 하여 다른 수용자의 평온한 수용생활을 현저히 방해하는 행위를 한 때에는 '10일 이상 15일 이하의 금치'의 징벌을 부과할 수 있다.

④ '30일 이내의 금치처분'을 받은 수형자의 실외 운동을 제한하는 경우에도 매주 1회 이상의 실외 운동을 할 수 있도록 하여야 한다.

⑤ 교도관의 근무보고서는 「공공기관의 정보공개에 관한 법률」 제9조 제1항 제4호에 정한 비공개대상정보에 해당하지 않지만, 징벌위원회 회의록 중 재소자의 진술, 위원장 및 위원들과 재소자의 문답 등은 같은 법 제9조 제1항 제5호의 비공개사유에 해당한다.

01 낙인이론(Labeling Theory)에 대한 설명 중 옳은 것만을 모두 고르면?

> ㉠ 공식적 처벌이 가지는 긍정적 효과보다는 부정적 효과에 주목하였다.
> ㉡ 범죄자에 대한 시설 내 처우의 축소와 사회 내 처우의 확대를 주장하였다.
> ㉢ 사회적 위험성이 없는 행위는 범죄목록에서 제외해야 한다고 주장하였다.
> ㉣ 다이버전(Diversion)에 대해서는 사회적 통제망의 확대를 이유로 반대하였다.
> ㉤ 일탈과 비일탈을 뚜렷하게 구분하면서 일차적 일탈의 근본원인을 설명하였다.

① ㉠, ㉡, ㉢　　　　　　　　② ㉠, ㉡, ㉣
③ ㉠, ㉢, ㉣　　　　　　　　④ ㉠, ㉡, ㉢, ㉤
⑤ ㉡, ㉢, ㉣, ㉤

02 사이크스(Sykes)와 마짜(Matza)가 제시한 중화의 기법 중 '(A) 책임의 부인'과 '(B) 상위의 충성심에 호소'에 해당하는 것을 바르게 연결한 것은?

> ㉠ 무엇인가가 나를 그렇게 하도록 만들었어. 어쩔 수 없었잖아.
> ㉡ 난 단지 그것을 잠시 빌린 것뿐이야.
> ㉢ 다른 사람들은 더 나쁜 짓을 하고서도 처벌받지 않잖아.
> ㉣ 나는 내 가족의 생계를 위해서 훔쳤어.

	(A)	(B)
①	㉠	㉡
②	㉠	㉣
③	㉠, ㉡	㉢
④	㉠, ㉣	㉢
⑤	㉡, ㉢	㉠, ㉣

03 「형법」상 형벌의 종류와 경중에 대한 설명 중 옳은 것만을 모두 고르면?

> ㉠ 유기징역 또는 유기금고에 대하여 형을 가중하는 때에는 50년까지로 한다.
> ㉡ 법률이 정한 자격의 전부 또는 일부에 대한 정지는 1년 이상 20년 이하로 한다.
> ㉢ 벌금을 감경하는 경우에는 5만원 미만으로 할 수 있다.
> ㉣ 구류는 1일 이상 30일 이하로 한다.
> ㉤ 과료는 2천원 이상 5만원 미만으로 한다.

① ㉠, ㉡ ② ㉠, ㉢ ③ ㉠, ㉢, ㉤
④ ㉡, ㉢, ㉤ ⑤ ㉢, ㉣, ㉤

04 「형의 집행 및 수용자의 처우에 관한 법률 시행규칙」상 관심대상수용자 지정대상으로 옳지 않은 것은?

① 조직폭력수용자로서 무죄 외의 사유로 출소한 후 5년 이내에 교정시설에 다시 수용된 사람
② 사회적 물의를 일으킨 사람으로서 죄책감 등으로 인하여 자살 등 교정사고를 일으킬 우려가 큰 수용자
③ 징벌집행이 종료된 날부터 2년 이내에 다시 징벌을 받는 등 규율 위반의 상습성이 인정되는 수용자
④ 상습적으로 법령에 위반하여 연락을 하거나 금지물품을 반입하는 등의 방법으로 부조리를 기도하는 수용자
⑤ 교도관을 폭행하거나 협박하여 징벌을 받은 전력이 있는 사람으로서 같은 종류의 징벌대상행위를 할 우려가 큰 수용자

05 현행법령상 다음에 제시된 괄호 안에 들어갈 숫자들의 합은?

> ㉠ 경찰관서에 설치된 유치장에는 수형자를 (   )일 이상 수용할 수 없다.
> ㉡ 개방처우급 수형자의 전화통화 허용횟수는 처우상 특히 필요한 경우를 제외하고는 월 (   )회 이내이다.
> ㉢ 공소가 제기된 범죄는 판결의 확정이 없이 공소를 제기한 때로부터 (   )년을 경과하면 공소시효가 완성한 것으로 간주한다.
> ㉣ 형의 선고를 유예하는 경우에 재범방지를 위하여 지도 및 원호가 필요한 때에는 (   )년간 보호관찰을 받을 것을 명할 수 있다.

① 41 ② 61 ③ 62
④ 64 ⑤ 6

06 교정 및 형사정책 분야의 발전과 국제협력에 기여한 학회(협회) 및 회의(총회)에 대한 설명으로 옳지 않은 것은?

① 국제형사학협회 – 1889년 독일의 리스트(Liszt)를 중심으로 네덜란드의 하멜(Hamel), 벨기에의 프린스(Prins)에 의해 설립되어 1937년까지 11회의 국제회의를 개최하였다.

② 국제형법 및 형무회의 – 처음에는 '국제형무회의'라는 명칭으로 각국 정부의 공식적인 대표들이 참여하였으며, 5년마다 소집되어 초기에는 행형문제를 주로 토의하였다.

③ 국제형법학회 – 1924년 파리에서 프랑스, 벨기에, 이탈리아, 스위스, 폴란드 및 미국의 학자들이 모여 창설하였으며, 벨기에의 브뤼셀에서 1회 회의를 개최하였다.

④ 국제범죄학회 – '국제범죄인류학회의'를 계승한 것으로 1934년 12월 프랑스와 이탈리아 학자들의 주도로 파리에서 '범죄과학회의'라는 이름으로 창립하였다.

⑤ 유엔범죄예방 및 형사사법총회 – '국제형법 및 형무회의'를 계승한 것으로 1955년에 스위스 제네바에서 제1회 회의를 개최하였다.

07 보호소년 등의 처우에 관한 법령상 보호소년의 면회, 편지, 전화통화에 대한 설명으로 옳은 것은?

① 보호소년이 면회를 할 때에는 소속 공무원이 참석할 수 있으나, 면회를 중지시킬 수는 없다.

② 보호소년이 변호인이나 보조인과 면회를 할 때에는 소속 공무원이 참석하지 아니하며, 보이는 거리에서 지켜볼 수도 없다.

③ 소년원장은 보호소년의 보호 및 교정교육에 지장이 있다고 인정되는 경우 보호소년의 편지 왕래를 제한할 수 있으나, 그 편지의 내용을 검사할 수는 없다.

④ 소년원장은 그 상대방이 변호인이나 보조인임을 확인할 수 없는 경우를 제외하고는 보호소년이 변호인이나 보조인과 주고받는 편지를 제한하거나 검사할 수 없다.

⑤ 소년원장은 보호소년의 야간 및 휴일 전화통화를 허가할 수 없다.

08 「소년법」상 소년범의 보호관찰에 대한 설명으로 옳지 않은 것은?

① 소년에게 단기 보호관찰 처분을 할 때에는 3개월 이내의 기간을 정하여 「보호소년 등의 처우에 관한 법률」에 따른 대안교육 또는 소년의 상담·선도·교화와 관련된 단체나 시설에서의 상담·교육을 받을 것을 동시에 명할 수 있다.

② 소년에게 장기 보호관찰 처분을 할 때에는 1년 이내의 기간을 정하여 야간 등 특정 시간대의 외출을 제한하는 명령을 보호관찰대상자의 준수 사항으로 부과할 수 있다.

③ 소년에 대하여 단기 보호관찰 처분을 하는 경우 「아동복지법」에 따른 아동복지시설이나 그 밖의 소년보호시설에 감호 위탁 또는 1개월 이내의 소년원 송치 처분을 병합할 수 있다.

④ 소년에 대한 장기 보호관찰의 기간은 2년으로 하되, 소년부 판사는 보호관찰관의 신청에 따라 결정으로써 1년의 범위에서 한 번에 한하여 그 기간을 연장할 수 있다.

⑤ 소년부 판사는 가정상황 등을 고려하여 필요하다고 판단되면 보호자에게 소년원·소년분류심사원 또는 보호관찰소 등에서 실시하는 소년의 보호를 위한 특별교육을 받을 것을 명할 수 있다.

09 「범죄피해자 보호법」상 범죄피해자 구조제도에 대한 설명 중 옳은 것만을 모두 고르면?

> ㉠ 구조금은 유족구조금, 장해구조금 및 중상해구조금으로 구분하며, 일시금으로 지급한다.
> ㉡ 정당행위나 정당방위, 긴급피난에 의해 처벌되지 아니하는 행위로 인한 피해는 구조대상 범죄피해에서 제외한다.
> ㉢ 외국인이 구조피해자이거나 유족인 경우에도 해당 국가의 상호보증 유무와 관계없이 구조금을 지급하여야 한다.
> ㉣ 구조금을 받을 권리는 양도하거나 담보로 제공하거나 압류할 수 없다.
> ㉤ 구조금을 받을 권리는 구조대상 범죄피해가 발생한 날부터 2년간 행사하지 아니하면 시효로 인하여 소멸된다.

① ㉠, ㉣
② ㉡, ㉢
③ ㉠, ㉡, ㉣
④ ㉠, ㉣, ㉤
⑤ ㉠, ㉡, ㉢, ㉤

10 워렌(Waren)이 제시한 비행소년 유형분류에 대한 설명으로 옳지 않은 것은?

① 동조자 유형은 일관성 없는 훈육이나 적정한 성인모형의 부재에서 기인한다.

② 부문화 동일시자 유형은 일탈적 하위문화 가치체계의 내재화가 원인이다.

③ 반사회적 약취자 유형은 관습적인 규범이 내재화되어 있지 않고 죄의식이 없다.

④ 상황적 유형은 동료 일탈집단에 대한 강력한 지향과 비행자로서의 낙인에 대한 만족을 특징으로 한다.

⑤ 비사회적 유형은 심리요법보다 교육을 통하여 사회에 대한 거부감과 방치를 해소하는 처우가 적합하다.

11 현행법상 노역장 유치에 대한 설명으로 옳지 않은 것은? (다툼이 있는 경우 판례에 의함)

① 노역장 유치는 그 실질이 신체의 자유를 박탈하는 것으로서 징역형과 유사한 형벌적 성격을 가지므로 형벌불소급원칙의 적용대상이 된다.

② 벌금이나 과료를 선고할 때에는 이를 납입하지 아니하는 경우의 노역장 유치기간을 정하여 동시에 선고하여야 한다.

③ 과료를 납입하지 아니한 자는 1일 이상 30일 미만, 벌금을 납입하지 아니한 자는 1개월 이상 3년 이하의 기간 노역장에 유치하여 작업에 복무하게 한다.

④ 벌금을 선고하는 경우 벌금액이 50억 원인 때에는 1천일 이상의 노역장 유치기간을 정하여야 한다.

⑤ 징역 또는 금고와 동시에 벌금을 선고받은 사람은 노역장 유치를 대신하기 위한 사회봉사를 신청할 수 없다.

12 「형의 집행 및 수용자의 처우에 관한 법률」상 신입자에게 간이입소절차를 실시하는 경우에 해당하는 것만을 모두 고르면?

> ㉠ 영장에 의해 체포되어 교정시설에 유치된 피의자
> ㉡ 긴급체포되어 교정시설에 유치된 피의자
> ㉢ 현행범인으로 체포되어 교정시설에 유치된 피의자
> ㉣ 구속영장이 집행되어 교정시설에 유치된 피의자
> ㉤ 구속영장 청구에 따라 구속전 피의자 심문을 위하여 교정시설에 유치된 피의자

① ㉠, ㉣　　　　　　　　　　　② ㉣, ㉤

③ ㉠, ㉡, ㉢　　　　　　　　　④ ㉡, ㉢, ㉤

⑤ ㉠, ㉡, ㉢, ㉤

13 형의 집행 및 수용자의 처우에 관한 법령상 귀휴에 대한 설명으로 옳지 않은 것은?

① 소장은 동행귀휴를 허가한 경우 '귀휴지에서 매일 1회 이상 소장에게 전화보고' 조건을 붙일 수 있다.

② 소장은 일반경비처우급 수형자에게도 귀휴를 허가할 수 있다.

③ 소장은 직계비속의 혼례가 있는 수형자에게 5일 이내의 특별귀휴를 허가할 수 있다.

④ 특별귀휴 기간은 형 집행기간에 포함한다.

⑤ 소장은 귀휴 중인 수형자가 거소의 제한이나 그 밖에 귀휴허가에 붙인 조건을 위반한 때에는 그 귀휴를 취소할 수 있다.

14 「형의 집행 및 수용자의 처우에 관한 법률 시행규칙」상 직업훈련에 대한 설명으로 옳지 않은 것은?

① 소장은 수형자가 직업훈련 대상자 선정 요건을 갖춘 경우에도, 교육과정을 수행할 문자해독능력 및 강의 이해능력이 부족한 경우 직업훈련 대상자로 선정하여서는 아니 된다.

② 소장은 소년수형자의 선도를 위하여 필요한 경우에는, 직업훈련 대상자 선정 요건을 갖추지 못한 15세 미만의 수형자를 직업훈련 대상자로 선정하여 교육할 수 있다.

③ 소장은 훈련취소 등 특별한 사유가 있는 경우를 제외하고는 직업훈련 중인 수형자를 다른 교정시설로 이송해서는 아니 된다.

④ 직업훈련 직종 선정 및 훈련과정별 인원은 법무부장관의 승인을 받아 소장이 정한다.

⑤ 직업훈련 대상자는 소속기관의 수형자 중에서 소장이 선정하되, 집체직업훈련 대상자는 집체직업훈련을 실시하는 교정시설의 관할 지방교정청장이 선정한다.

15 「형의 집행 및 수용자의 처우에 관한 법률」상 수용자가 '위력으로 교도관의 정당한 직무집행을 방해하는 때'에 사용할 수 있는 보호장비에 해당하는 것만을 모두 고르면?

㉠ 보호대(帶)	㉡ 보호복
㉢ 보호의자	㉣ 보호침대
㉤ 발목보호장비	㉥ 머리보호장비

① ㉠, ㉡, ㉢

② ㉠, ㉢, ㉤

③ ㉠, ㉡, ㉣, ㉥

④ ㉡, ㉢, ㉣, ㉤

⑤ ㉢, ㉣, ㉤, ㉥

16 「교도작업의 운영 및 특별회계에 관한 법률 시행령」상 법무부장관이 다음 연도에 생산할 교도작업 제품의 종류와 수량을 결정하여 공고할 때 고려해야 할 사항에 해당하는 것만을 모두 고르면?

> ㉠ 교도작업의 운영 여건에 적합한지 여부
> ㉡ 교정교화 및 직업훈련에 적합한지 여부
> ㉢ 국민생활에 도움이 되는 제품인지 여부
> ㉣ 특별회계의 건전한 운영에 도움을 줄 수 있는지 여부
> ㉤ 교정시설의 자체 수요품이 우선적으로 포함되는지 여부

① ㉠, ㉡, ㉢   ② ㉠, ㉡, ㉣
③ ㉡, ㉢, ㉣   ④ ㉡, ㉢, ㉤
⑤ ㉢, ㉣, ㉤

17 교정상담의 기법에 대한 설명으로 옳은 것은?
① 행동수정(behavior modifcation)은 교정시설의 환경을 통제하고 조절하여 재소자들의 행동의 변화를 추구한다.
② 물리요법(physical therapy)은 상담치료를 통하여 일정한 성과를 얻은 후 재소자의 자발적 참여를 전제로 이루어진다.
③ 사회요법 중 환경요법(mileu therapy)은 미래 지향적이며, 긍정적 강화와 부정적 강화를 통한 행위의 변화를 시도한다.
④ 교류분석(transaction analysis)은 교도소 전체 생활단위에서 이루어지며, 개인적인 의사결정기회를 많이 제공할 수 있다.
⑤ 현실요법(reality therapy)은 기본 원리를 쉽게 터득할 수 있다는 점에서 고도로 훈련된 전문가가 아니어도 사용할 수 있다.

18 「수형자 등 호송 규정」상 수형자의 호송에 대한 설명으로 옳은 것은?
① 교정시설 간의 호송은 교도관, 경찰관, 검찰청 직원이 행한다.
② 호송관의 여비나 피호송자의 호송비용은 수송관서가 부담한다.
③ 피호송자의 질병이나 사망으로 인한 비용은 발송관서가 부담한다.
④ 열차를 이용할 경우에는 일출 전 또는 일몰 후에도 호송할 수 있다.
⑤ 피호송자가 도주하면 호송관은 즉시 발송관서와 수송관서에 통지하여야 한다.

19 「보호관찰 등에 관한 법률」상 보호관찰소 소속 공무원이 보호관찰 대상자에 대해 사용할 수 있는 보호장구가 아닌 것은?

① 수갑   ② 포승

③ 보호복   ④ 가스총

⑤ 전자충격기

20 사이크스(Sykes)가 구분한 재소자의 역할 유형에 대한 설명으로 옳은 것은?

① 진짜 남자(real men) - 교도관의 부당한 처사에 저항하고 교도관에게 공격적 행위를 일삼는 자

② 중심인(centerman) - 교도관으로부터 특혜를 얻기 위해 교도관에게 아첨하고 교도관 편에 서는 자

③ 은둔자(retreatist) - 교정시설의 구금 환경에 적응을 못하여 정신적으로 이상증세를 보이는 자

④ 상인(merchants) - 개인적 이득을 취하기 위해 교도관과 내통하고 동료를 배신하는 행위를 하는 자

⑤ 떠벌이(hipsters) - 재화나 서비스를 쟁취하는 데 이점을 얻기 위해 교도관과 동료를 이용하려는 자

21 「보호관찰 등에 관한 법률」상 보호관찰 대상자의 구인 및 유치에 대한 설명으로 옳은 것은?

① 보호관찰소의 장은 보호관찰 대상자가 일정한 주거가 없는 경우, 준수사항을 위반하였다고 의심할 상당한 이유가 있다는 이유만으로도 구인장을 발부받아 보호관찰 대상자를 구인할 수 있다.

② 보호관찰소의 장은 보호관찰 대상자를 긴급구인한 경우에는 즉시 관할 지방검찰청의 검사에게 신청하여 검사의 청구로 관할 지방법원 판사의 구인장을 발부받아야 한다.

③ 보호관찰소의 장은 법률에 따라 보호관찰 대상자를 구인하였을 때에는 계속 구금을 위한 구속영장을 청구한 경우를 제외하고는 구인한 때부터 48시간 이내에 석방하여야 한다.

④ 보호관찰소의 장은 유치 허가를 받은 때부터 48시간 이내에 유치 사유에 따른 신청을 하여야 한다.

⑤ 보호관찰소의 장은 소년에 대한 보호관찰 처분의 변경 신청이 있는 경우에 보호관찰심사위원회의 심사에 필요하면 검사에게 신청하여 검사의 청구로 지방법원 판사의 허가를 받아 10일의 범위에서 한 차례만 유치기간을 연장할 수 있다.

22 현행법상 가석방제도에 대한 설명으로 옳은 것은?

① 가석방 기간은 무기형에 있어서는 20년으로 하고, 유기형에 있어서는 남은 형기로 하되 그 기간은 20년을 초과할 수 없다.

② 가석방 기간 중 업무상과실치사의 죄로 금고형을 선고받아 그 판결이 확정된 경우에 가석방 처분은 효력을 잃지 않는다.

③ 가석방 처분을 받은 후 그 처분이 실효 또는 취소되지 아니하고 가석방 기간을 경과한 때에는 형의 선고는 효력을 잃은 것으로 본다.

④ 징역 또는 금고를 선고받은 소년에 대하여는 15년 유기형의 경우 5년이 지난 후부터 가석방을 허가할 수 있다.

⑤ 소년수형자의 가석방 적격 여부는 법무부장관 소속 가석방심사위원회가 심사하여 결정한다.

23 현행법령상 갱생보호제도에 대한 설명으로 옳은 것은?

① 갱생보호는 「형의 집행 및 수용자의 처우에 관한 법률」에서 규정하고 있다.

② 갱생보호는 형의 집행이 종료하거나 면제되어 석방된 이후에만 가능한 조치이다.

③ 보호처분을 받은 자는 갱생보호의 대상이 될 수 없다.

④ 보호관찰소의 장에 대하여 갱생보호를 신청할 수 없다.

⑤ 갱생보호 대상자가 친족 등으로부터 충분한 도움을 받을 수 있는 경우 갱생보호를 행하지 않는다.

24 조선시대의 형벌제도에 대한 설명으로 옳은 것은?

① 태형(笞刑)은 작은 회초리로 죄인의 볼기를 때리는 형벌로, 60대에서 10대까지 5등급이 있었다.

② 장형(杖刑)은 큰 회초리로 죄인의 볼기를 때리는 형벌로, 10대에서 50대까지 5등급이 있었다.

③ 부처(付處)는 죄인을 가족과 함께 변방으로 강제 이주시키는 형벌로, 주로 관원에 대하여 적용되었다.

④ 안치(安置)는 죄인을 유형지 내의 일정 장소에 격리하여 유거시키는 형벌로, 주로 왕족 또는 고관 등에게 적용되었다.

⑤ 자자형(刺字刑)은 신체의 일부에 글씨 등을 새겨 넣는 부가형으로, 조선시대 전(全)시기에 걸쳐 활용되었다.

25 「형의 집행 및 수용자의 처우에 관한 법률 시행규칙」상 부정기재심사를 실시할 수 있는 경우에 해당하는 것만을 모두 고르면?

> ㉠ 수형자를 징벌하기로 의결한 때
> ㉡ 수형자가 학사 학위를 취득한 때
> ㉢ 수형자가 지방기능경기대회에서 입상한 때
> ㉣ 수형자가 기능사 자격을 취득한 때
> ㉤ 수형자가 교정사고의 예방에 뚜렷한 공로가 있는 때
> ㉥ 수형자가 추가사건으로 벌금형이 확정된 때

① ㉠, ㉢

② ㉠, ㉡, ㉤

③ ㉡, ㉣, ㉤

④ ㉠, ㉡, ㉣, ㉥

⑤ ㉡, ㉢, ㉤, ㉥

01 「형의 집행 및 수용자의 처우에 관한 법률 시행규칙」상 분류심사의 제외 및 유예에 대한 설명으로 옳지 않은 것은?

① 징역형·금고형이 확정된 사람으로서 집행할 형기가 형집행지휘서 접수일부터 3개월 미만인 사람에 대해서는 분류심사를 하지 아니한다.

② 구류형이 확정된 사람에 대해서는 분류심사를 하지 아니한다.

③ 노역장 유치명령을 받은 사람에 대해서는 분류심사를 하지 아니한다.

④ 징벌대상행위의 혐의가 있어 조사 중이거나 징벌집행 중인 때에는 분류심사를 유예한다.

⑤ 소장은 분류심사의 유예 사유가 소멸한 경우에는 지체 없이 분류심사를 하여야 하나, 집행할 형기가 사유 소멸일부터 3개월 미만인 경우에는 분류심사를 하지 아니한다.

02 형의 집행 및 수용자의 처우에 관한 법령상 권리구제에 대한 설명으로 옳은 것은?

① 수용자는 그 처우에 관하여 불복하는 경우 법무부장관·순회점검공무원 또는 관할 지방교정청장에게 청원할 수 있으며, 소장은 수용자가 순회점검공무원에게 청원하는 경우에는 그 인적사항을 청원부에 기록하여야 한다.

② 소장은 수용자가 정보공개의 청구를 한 경우에는 그 공개를 결정한 날부터 7일 이내에 소요 비용을 산정하여 해당 수용자에게 미리 납부할 것을 통지하여야 한다.

③ 현재의 수용기간 동안 소장에게 정보공개청구를 한 후 정당한 사유 없이 그 청구를 취하하거나 소요 비용을 납부하지 아니한 사실이 있는 수용자가 정보공개청구를 한 경우에 소장은 그 수용자에게 정보의 공개 및 우송 등에 들 것으로 예상되는 비용을 미리 납부하게 할 수 있다.

④ 소장은 수용자의 면담신청이 있으면 동일한 사유로 면담한 사실이 있는 경우를 제외하고는 면담을 하여야 한다.

⑤ 소장은 원칙적으로 소속 교도관으로 하여금 그 면담을 대리하게 할 수 있으며, 이 경우 면담을 대리한 사람은 그 결과를 소장에게 보고하여야 한다.

03 형의 집행 및 수용자의 처우에 관한 법령상 작업에 대한 설명으로 옳은 것만을 모두 고르면?

> ○ 소장은 수용자거실을 작업장으로 사용해서는 아니 되지만, 수용자의 심리적 안정, 교정교화 또는 사회적응능력 함양을 위하여 특히 필요하다고 인정하면 작업장으로 사용할 수 있다.
> ○ 소장은 신입자가 환자이거나 부득이한 사정이 있는 경우가 아니면 수용된 날부터 3일동안 신입자거실에 수용하여야 하며, 신입자거실에 수용된 사람에게는 작업을 부과할 수 있다.
> ○ 소장은 작업시간을 3시간 이상 연장하는 경우에는 수용자에게 주·부식 또는 대용식 1회분을 간식으로 지급할 수 있다.
> ○ 소장은 수형자가 일반경비처우급으로서 작업·교육 등의 성적이 우수하고 관련 기술이있는 경우에는 교도관의 작업지도를 보조하게 할 수 있다.
> ○ 경비처우급에 따른 작업기준상 중경비처우급에 대하여는 필요시 구내작업이 가능하다.

① ㉠, ㉣   ② ㉠, ㉢, ㉣
③ ㉠, ㉢, ㉤   ④ ㉡, ㉢, ㉤
⑤ ㉡, ㉣, ㉤

04 애그뉴(R. Agnew)의 일반긴장이론(general strain theory)에 대한 설명으로 옳지 않은 것은?

① 개인적 수준에서의 열망(aspiration)과 기대(expectation) 간의 괴리로 인해 긴장 및 스트레스가 발생하고 이는 범죄를 유발하는 요인이 된다.
② 아노미 이론에 기초를 두고 있는 점에서 주된 연구들은 거시적 범죄이론으로 분류된다.
③ 목표달성의 실패, 긍정적 자극의 소멸, 부정적 자극의 발생을 통해 범죄가 유발된다.
④ 자신에게 중요한 이성 친구와의 결별이나 실연, 친한 친구나 가족의 사망 등은 긍정적 자극이 소멸한 예라 할 수 있다.
⑤ 같은 수준의 긴장이 주어졌다 하더라도 모든 사람이 동일한 정도로 범죄를 저지르는 것은 아니다.

05 「소년법」상 보호처분 중 처분 상호 간에 그 전부 또는 일부를 병합할 수 있는 것으로 바르게 묶인 것은?

① 보호관찰관의 장기 보호관찰과 1개월 이내의 소년원 송치
② 보호관찰관의 단기 보호관찰과 단기 소년원 송치
③ 사회봉사명령과 장기 소년원 송치
④ 수강명령과 소년보호시설에 감호 위탁
⑤ 보호자에게 감호 위탁과 의료재활소년원에 위탁

06 「범죄피해자 보호법」상 형사조정위원회에 대한 설명으로 옳지 않은 것은?

① 형사조정을 담당하기 위하여 각급 지방검찰청 및 지청에 형사조정위원회를 둔다.

② 형사조정위원회는 2명 이상의 형사조정위원으로 구성한다.

③ 형사조정위원은 형사조정에 필요한 법적 지식 등 전문성과 덕망을 갖춘 사람 중에서 관할 지방검찰청 또는 지청의 장이 미리 위촉한다.

④ 형사조정위원회의 위원장은 관할 지방검찰청 또는 지청의 장이 형사조정위원 중에서 위촉한다.

⑤ 형사조정위원의 임기는 3년으로 하며, 연임할 수 있다.

07 범죄사회학의 주요이론에 대한 설명으로 옳지 않은 것은?

① 머튼(R. Merton)의 아노미 이론은 기회구조가 차단된 하류계층의 범죄를 설명하는 데에는 유용하지만 최근 증가하는 중산층 범죄나 상류층의 범죄를 설명하는 데에는 한계가 있다.

② 클로워드와 올린(R. Cloward & L. Ohlin)의 차별적 기회구조이론은 성공하기 위하여 합법적인 수단을 사용할 수 없는 사람들은 비합법적 수단을 사용한다는 머튼(Merton)의 가정에 동조하지 않는다.

③ 쇼와 맥케이(C. Shaw & H. McKay)의 사회해체이론은 지역사회에 새로운 거주자들이 증가하면 과거 이 지역을 지배하였던 여러 사회적 관계가 와해되고 시간이 흐르면서 새로운 관계가 형성되는 생태학적 과정을 거친다고 주장한다.

④ 레머트(E. Lemert)의 낙인이론은 일차적 일탈자가 이차적 일탈자로 발전하는 데에 일상생활에서 행해지는 비공식적 반응이 공식적 반응보다 더욱 심각한 낙인효과를 끼친다고 주장한다.

⑤ 갓프레드슨과 허쉬(M. Gottfredson & T. Hirschi)의 범죄의 일반이론은 범죄의 발생에는 개인의 자기통제력도 중요하지만 범죄의 기회도 중요한 기능을 한다고 주장한다.

08 다음에서 설명하는 범죄학 이론을 주창한 이론가는?

> 반사회적 범죄자를 두 가지 발달경로로 분류하여 설명한 이론으로 청소년 범죄를 청소년기 한정형(adolescence-limited)과 생애과정 지속형(life course-persistent)으로 구분하여 설명하였다. 청소년기 한정형은 늦게 비행을 시작해서 청소년기에 비행이 한정되는 유형을 의미하며, 생애과정 지속형은 오랜 기간에 걸쳐 비행행위가 지속된다는 것을 의미하고 있어 지속 또는 변화를 설명하는 대표적인 이론이라고 할 수 있다.

① 쏜베리(T. Thornberry)　　　　② 라이스(A. Reiss)

③ 샘슨과 라웁(R. Sampson & J. Laub)　　④ 브레이쓰웨이트 (J. Braithwaite)

⑤ 모피트(T. Moffitt)

09 재산형에 대한 설명으로 옳은 것만을 모두 고르면?

> ㉠ 500만원 이하의 벌금형이 확정된 벌금 미납자는 검사의 납부명령일부터 30일 이내(검사로부터 벌금의 일부납부 또는 납부연기를 허가받은 자는 그 허가기한 내)에 사회봉사를 신청할 수 있지만, 징역 또는 금고와 동시에 벌금을 선고받은 경우에는 사회봉사를 신청할 수 없다.
>
> ㉡ 과료의 선고를 받은 사람이 그 금액의 일부를 납입한 경우에는 과료액과 노역장 유치기간의 일수에 비례하여 납입금액에 해당하는 일수를 뺀다.
>
> ㉢ 형의 시효는 벌금형을 선고하는 재판이 확정된 후 그 집행을 받지 아니하고 3년이 지나면 완성된다.
>
> ㉣ 1천만원 이하의 벌금의 형을 선고할 경우에 「형법」제51조의 사항을 참작하여 그 정상에 참작할 만한 사유가 있는 때에는 1년 이상 5년 이하의 기간 형의 집행을 유예할 수 있다.
>
> ㉤ 사회봉사 집행 중에 벌금을 내려는 사회봉사 대상자는 보호관찰소의 장으로부터 사회봉사집행확인서를 발급받아 주거지를 관할하는 지방검찰청의 검사에게 제출하여야 한다.

① ㉠, ㉡, ㉢   ② ㉠, ㉡, ㉤   ③ ㉠, ㉢, ㉣
④ ㉢, ㉣, ㉤   ⑤ ㉠, ㉡, ㉣, ㉤

10 현행 법령상 사회봉사·수강명령에 대한 설명으로 옳지 않은 것은? (다툼이 있는 경우 판례에 의함)

① 형의 집행을 유예하는 경우에는 보호관찰을 받을 것을 명하거나 사회봉사 또는 수강을 명할 수 있고, 사회봉사 또는 수강명령은 집행유예기간 내에 이를 집행한다.

② 「보호관찰 등에 관한 법률」상 법원은 「형법」에 따른 사회봉사를 명할 때에는 500시간, 수강을 명할 때에는 200시간의 범위에서 그 기간을 정하여야 하나, 다른 법률에 특별한 규정이 있는 경우에는 그 법률에서 정하는 바에 따른다.

③ 사회봉사·수강명령은 당해 대상자의 교화·개선 및 범죄예방을 위하여 필요하고도 상당한 한도 내에서 이루어져야 하므로, 보호관찰명령 없이 수강명령만 선고하는 경우에도 보호관찰대상자에 대한 특별준수사항을 수강명령대상자에게 그대로 적용하는 것이 허용된다.

④ 「성폭력범죄의 처벌 등에 관한 특례법」에 따라 병과하는 수강명령 또는 이수명령은 이른바 범죄인에 대한 사회 내 처우의 한 유형으로서 형벌 그 자체가 아니라 보안처분의 성격을 가지는 것이지만, 의무적 강의 수강 또는 성폭력 치료프로그램의 의무적 이수를 받도록 함으로써 실질적으로는 신체적 자유를 제한하는 것이 된다.

⑤ 법원이 「보호관찰 등에 관한 법률」에 의한 검사의 청구에 의하여 「형법」제64조 제2항에 규정된 집행유예취소의 요건에 해당하는가를 심리함에 있어, 보호관찰기간 중의 재범에 대하여 따로 처벌받는 것과는 별도로 보호관찰자 준수사항 위반 여부 및 그 정도를 평가하여야 하고, 보호관찰이나 사회봉사 또는 수강명령은 각각 병과되는 것이므로 사회봉사 또는 수강명령의 이행 여부는 보호관찰자 준수사항 위반 여부나 그 정도를 평가하는 결정적인 요소가 될 수 없다.

11 「소년법」상 소년의 사형 및 무기형의 완화에 대한 설명이다. ㉠과 ㉡에 들어갈 옳은 숫자의 합은?

> 죄를 범할 당시 (㉠)세 미만인 소년에 대하여 사형 또는 무기형으로 처할 경우에는 (㉡) 년의 유기징역으로 한다.

① 29

② 31

③ 33

④ 35

⑤ 38

12 교정처우를 시설 내 처우, 사회적 처우(개방처우·중간처우) 및 사회 내 처우(지역사회교정)의 세 가지로 구분할 때, 사회적 처우에 해당하는 것만을 모두 고르면?

> ㉠ 사회봉사·수강명령　　　　　㉡ 하프웨이 하우스(halfway house)
> ㉢ 보호관찰　　　　　　　　　　㉣ 외부통근
> ㉤ 주말구금　　　　　　　　　　㉥ 갱생보호
> ㉦ 귀휴　　　　　　　　　　　　㉧ 가석방

① ㉠, ㉡, ㉤, ㉧

② ㉠, ㉢, ㉥, ㉧

③ ㉡, ㉢, ㉣, ㉦

④ ㉡, ㉣, ㉤, ㉦

⑤ ㉢, ㉣, ㉥, ㉧

13 집중보호관찰(intensive probation)에 대한 설명으로 옳지 않은 것은?

① 과밀수용의 해소방안으로서 중요한 의미를 가진다.

② 집중보호관찰 대상자 선정 시 약물남용경험, 가해자 - 피해자 관계, 초범 시 나이 등을 고려하지 않는다.

③ 일반보호관찰보다는 감독의 강도가 높고, 구금에 비해서는 그 강도가 낮다.

④ 집중보호관찰은 대개의 경우 야간 통행금지시간을 정하고, 일정시간의 사회봉사를 행하게 한다.

⑤ 집중보호관찰의 대상자는 재범의 위험성이 높은 보호관찰대상자가 보편적이다.

14 현행법령상 〈보기 1〉의 위원회와 〈보기 2〉의 위원 수가 바르게 연결된 것은?

───────────── 〈보기1〉 ─────────────
㉠ 보안관찰처분심의위원회　　　　㉡ 분류처우위원회
㉢ 징벌위원회　　　　　　　　　　㉣ 보호관찰심사위원회
㉤ 가석방심사위원회

───────────── 〈보기2〉 ─────────────
A. 위원장 포함 5명 이상 9명 이하　　　B. 위원장 1명과 6명의 위원
C. 위원장 포함 5명 이상 7명 이하　　　D. 위원장 포함 6명 이상 8명 이하
E. 위원장 1명 포함 7명 이상 9명 이하

① ㉠ − A　　　　　　　　　　② ㉡ − C
③ ㉢ − E　　　　　　　　　　④ ㉣ − B
⑤ ㉤ − D

15 「형의 집행 및 수용자의 처우에 관한 법률 시행규칙」상 외부통근 작업에 대한 설명으로 옳지 않은 것은?

① 외부기업체에 통근하며 작업하는 수형자의 선정기준에는 18세 이상 65세 미만인 자라야 한다는 연령상의 제한이 있다.

② 소장은 외부통근자가 법령에 위반되는 행위를 하거나 법무부장관 또는 소장이 정하는 지켜야 할 사항을 위반한 경우에는 외부통근자 선정을 취소할 수 있다.

③ 소장은 외부통근자의 사회적응능력을 기르고 원활한 사회복귀를 촉진하기 위하여 필요하다고 인정하는 경우에는 수형자 자치에 의한 활동을 허가할 수 있다.

④ 소장이 교화를 위하여 특히 필요하다고 인정하더라도 중경비처우급 수형자는 외부통근자로 선정할 수 없다.

⑤ 교정시설 안에 설치된 외부기업체의 작업장에 통근하며 작업하는 수형자에는 일반경비처우급에 해당하는 수형자도 포함될 수 있다.

16 「형의 집행 및 수용자의 처우에 관한 법률 시행규칙」상 수용자의 처우에 대한 설명으로 옳지 않은 것은?

① 조정된 처우등급에 따른 처우는 그 조정이 확정된 다음 날부터 하며, 이 경우 조정된 처우등급은 그 달 초일부터 적용된 것으로 본다.

② 소장은 수형자의 경비처우급에 따라 물품에 차이를 두어 지급할 수 있으나, 주ㆍ부식, 음료, 그 밖에 건강유지에 필요한 물품은 그러하지 아니하다.

③ 소장은 수용자의 신앙생활에 필요하다고 인정하는 경우에는 외부에서 제작된 휴대용 종교도서 및 성물을 수용자가 지니게 할 수 있다.

④ 소장은 노인수용자가 거동이 불편하여 혼자서 목욕하기 어려운 경우에는 교도관 또는 자원봉사자로 하여금 목욕을 보조하게 할 수 있으나 다른 수용자로 하여금 목욕을 보조하게 할 수는 없다.

⑤ 소장은 수형자가 개방처우급 또는 완화경비처우급으로서 작업기술이 탁월하고 작업성적이 우수한 경우에는 수형자 자신을 위한 개인작업을 하게 할 수 있으며, 이 경우 개인작업 시간은 교도작업에 지장을 주지 아니하는 범위에서 1일 2시간 이내로 한다.

17 「보호소년 등의 처우에 관한 법률」상 소년원장 또는 소년분류심사원장이 소속 공무원으로 하여금 보호소년 등에 대하여 수갑이나 포승 또는 보호대 외에 가스총이나 전자충격기를 사용하게 할 수 있는 경우에 해당하지 않는 것은?

① 이탈, 자살, 자해하거나 이탈, 자살, 자해하려고 하는 때

② 다른 사람에게 위해를 가하거나 가하려고 하는 때

③ 위력으로 소속 공무원의 정당한 직무집행을 방해하는 때

④ 법원 또는 검찰의 조사ㆍ심리, 이송, 그 밖의 사유로 호송하는 경우

⑤ 소년원ㆍ소년분류심사원의 설비ㆍ기구 등을 손괴하거나 손괴하려고 하는 때

18 「소년법」상 보호처분에 대한 설명으로 옳지 않은 것은?

① 보호자 위탁감호처분 기간은 6개월로 하되, 6개월의 범위에서 한 번에 한하여 그 기간을 연장할 수 있다.

② 사회봉사명령은 14세 이상의 소년을 대상으로 하며, 100시간을 초과할 수 없다.

③ 수강명령 및 사회봉사명령은 단기 보호관찰처분 또는 장기 보호관찰처분과 병합할 수 있다.

④ 「아동복지법」에 따른 아동복지시설이나 그 밖의 소년보호시설 위탁감호처분 기간은 6개월로 하되, 6개월의 범위에서 한 번에 한하여 그 기간을 연장할 수 있다.

⑤ 보호처분이 계속 중일 때에 사건 본인에 대하여 유죄판결이 확정된 경우에 보호처분을 한 소년부 판사는 그 처분을 존속할 필요가 없다고 인정하면 결정으로써 보호처분을 취소할 수 있다.

19 「형의 집행 및 수용자의 처우에 관한 법률 시행령」상 수용자의 위생과 의료에 대한 설명으로 옳은 것은?

① 소장은 작업의 특성상 실외운동이 필요 없다고 인정되면 수용자의 실외운동을 실시하지 않을 수 있다.

② 소장은 수용자가 공동으로 사용하는 시설과 저수조 등 급수시설을 6개월에 1회 이상 청소·소독하여야 한다.

③ 소장은 작업의 특성, 계절 등을 고려하여 수용자의 목욕 횟수를 정하되 부득이한 사정이 없으면 매주 2회 이상이 되도록 한다.

④ 소장은 수용자가 감염병에 걸렸다고 의심되는 경우에는 15일 이상 격리수용하고 그 수용자의 휴대품을 소독하여야 한다.

⑤ 소장은 모든 수용자에 대하여 「건강검진기본법」에 따라 지정된 건강검진기관에 의뢰하여 1년에 1회 이상 건강검진을 하여야 한다.

20 구금제도 중 하나인 오번제(Auburn system)에 대한 설명으로 옳지 않은 것은?

① 1820년대 초 린즈(E. Lynds)에 의해 시행되었고 엄정독거제에 비하여 인간적이라는 평가가 있다.

② 주간에는 수형자를 공장에 혼거 취업하게 하되 상호 간의 교담을 엄격히 금지하고, 야간에는 독방에 구금하여 취침하게 하는 제도이다.

③ 완화독거제 또는 침묵제(silent system)라고도 불린다.

④ 인간의 본성인 공동생활의 습성을 박탈하지 않으므로 공동작업 중 악풍감염의 폐단이 발생한다는 단점이 있다.

⑤ 공모에 의한 도주·반항 등을 방지할 수 있다는 장점이 있다.

21 형벌제도에 대한 설명으로 옳지 않은 것은?

① 부족국가인 부여국에 원형옥이 있었다.

② 고구려에는 5종의 형벌 외에도 죄인의 얼굴에 죄명을 먹물로 새겨 넣는 삽루형이 있었다.

③ 조선의 태형은 가장 가벼운 형벌로서 10대에서 50대까지 5등급으로 나뉜다.

④ 조선의 도형의 복역기간은 1년에서 최장기 3년까지 5종으로 구분된다.

⑤ 조선의 유형수 중에는 유배지에 처와 첩이 동행하는 경우가 있었다.

22 교정의 이념으로서 재통합(reintegration)을 채택할 때 가장 가능성이 높을 것으로 예상되는 교도행정의 변화는?

① 가석방 및 부정기형 폐지
② 교도소에서의 엄격한 질서유지 강조
③ 보호감호제도 신설
④ 교도소에서 재소자를 위한 대인관계 개선프로그램 신설
⑤ 중간처우소 신설

23 형의 집행 및 수용자의 처우에 관한 법령상 수용자의 전화통화(발신하는 것만을 말한다) 및 접견에 대한 설명으로 옳지 않은 것은?

① 교도관은 수용자의 접견, 편지수수, 전화통화 등의 과정에서 수용자의 처우에 특히 참고할 사항을 알게 된 경우에는 그 요지를 수용기록부에 기록해야 한다.
② 전화통화의 통화시간은 특별한 사정이 없으면 5분 이내로 한다.
③ 소장은 수용자 또는 수신자가 서로의 관계 등에 대한 확인 요청에 따르지 아니하거나 거짓으로 대답할 때에는 전화통화의 허가를 취소하여야 한다.
④ 수용자의 전화통화는 매일(공휴일 및 법무부장관이 정한 날은 제외한다)「국가공무원 복무규정」제9조에 따른 근무시간 내에서 실시하되, 소장은 평일에 전화를 이용하기 곤란한 특별한 사유가 있는 수용자에 대해서는 전화이용시간을 따로 정할 수 있다.
⑤ 수용자의 전화통화 요금은 수용자가 부담하되, 소장은 교정성적이 양호한 수형자 또는 보관금이 없는 수용자 등에 대하여는 예산의 범위에서 요금을 부담할 수 있다.

24 「전자장치 부착 등에 관한 법률」상 전자장치부착명령 관련 위반 행위에 대한 벌칙의 설명으로 옳은 것은?

① 전자장치 부착 업무를 담당하는 자가 정당한 사유 없이 피부착자의 전자장치를 해제하거나 손상한 때에는 3년 이하의 징역에 처한다.

② 전자장치 부착 업무를 담당하는 자가 금품을 수수·요구 또는 약속하고 정당한 사유 없이 피부착자의 전자장치를 해제하거나 손상한 때에는 1년 이상의 유기징역에 처한다.

③ 타인으로 하여금 부착명령 또는 보호관찰명령을 받게 할 목적으로 공무소 또는 공무원에 대하여 허위의 사실을 신고하거나 「형법」 제152조 제1항(위증)의 죄를 범한 때에는 10년 이하의 징역에 처한다.

④ 전자장치 피부착자가 정당한 사유 없이 「보호관찰 등에 관한 법률」 제32조 제3항 제1호의 야간 등 특정 시간대의 외출 제한의 준수사항을 위반하여 같은 법 제38조에 따른 경고를 받은 후 다시 정당한 사유 없이 같은 법 제32조 제2항 또는 제3항에 따른 준수사항을 위반한 경우 5년 이하의 징역 또는 2천만원 이하의 벌금에 처한다.

⑤ 전자장치 피부착자가 「전자장치 부착에 관한 법률」 제14조 제1항을 위반하여 전자장치의 부착기간 중 전자장치를 신체에서 임의로 분리·손상, 전파 방해 또는 수신자료의 변조, 그 밖의 방법으로 그 효용을 해한 때에는 10년 이하의 징역 또는 3천만원 이하의 벌금에 처한다.

25 「형의 집행 및 수용자의 처우에 관한 법률」상 안전과 질서에 대한 설명으로 옳은 것만을 모두 고르면? (다툼이 있는 경우 판례에 의함)

> ㉠ 검사는 조사실에서 피의자를 신문할 때 해당 피의자에게 「형의 집행 및 수용자의 처우에 관한 법률」 제97조 제1항 각호에 규정된 사유에 해당하지 않는 이상 교도관에게 보호장비의 해제를 요청할 의무가 있고, 교도관은 이에 응하여야 한다.
> ㉡ 보호장비는 징벌의 수단으로 사용되어서는 아니 된다.
> ㉢ 교도관은 시설의 안전과 질서유지를 위하여 필요하더라도 교정시설을 출입하는 수용자 외의 사람에 대하여 의류와 휴대품을 검사할 수는 없다.
> ㉣ 수용자의 보호실 수용기간은 15일 이내로 하되, 소장은 특히 계속하여 수용할 필요가 있으면 의무관의 의견을 고려하여 1회당 10일의 범위에서 기간을 연장할 수 있다.
> ㉤ 수용자의 진정실 수용기간은 24시간 이내로 하되, 소장은 특히 계속하여 수용할 필요가 있으면 의무관의 의견을 고려하여 1회당 12시간의 범위에서 기간을 연장할 수 있으나 수용자를 진정실에 수용할 수 있는 기간은 계속하여 3일을 초과할 수 없다.

① ㉠, ㉡, ㉢
② ㉠, ㉡, ㉤
③ ㉠, ㉢, ㉣
④ ㉡, ㉣, ㉤
⑤ ㉢, ㉣, ㉤

교정직 각급 승진시험에서 교정학은 2021년 이후 교정실무 과목으로 개편되어 시행되어 왔다. 교정실무에는 형집행법령을 비롯한 지침문제까지 포함하고 있어 공채시험 범위에서 벗어나 있다. 승진시험 문제의 중요성을 감안하여 기출문제로 구성하되, 공채 및 경채 수험생들에게 불필요한 순수 실무 문제는 삭제하여 구성하였다.

01 「교도관직무규칙」상 당직간부의 직무에 대한 설명으로 옳지 않은 것은 모두 몇 개인가?

ⓐ 당직간부는 보안근무 교정직교도관의 근무배치를 하고, 수시로 보안근무 교정직교도관의 근무상황을 순시 감독하여야 하며, 근무배치 및 순시 감독 결과를 보안과장에게 보고하여야 한다.

ⓑ 당직간부는 수용자의 기상시간에 인원점검을 하고 이상이 없으면 수용자가 일과활동을 하는 작업장 등에 교정직교도관을 배치한 후 일과 시작을 명한다.

ⓒ 당직간부는 수용자의 작업 등 일과활동이 끝나면 교정직교도관으로 하여금 수용자가 일과활동을 한 작업장 등에서 인원 및 도구를 점검하게 하고 그 결과를 보안과장에게 보고한 후 수용자를 거실로 들어가게 하여야 한다. 수용자가 거실로 들어가면 다시 인원점검을 하고 그 결과를 소장에게 보고한 후 일과종료를 명한다.

ⓓ 당직간부는 매월 1회 이상 교도관의 비상소집망을 확인하여 정확하게 유지하도록 해야 한다.

ⓔ 당직간부는 교정시설에 수용되거나 교정시설에서 석방되는 사람의 신상을 직접 확인하는 등 수용 및 석방에 관한 사무를 감독하여야 한다.

ⓕ 당직간부는 당직근무 중에 발생한 수용자의 인원변동 사항 및 중요사항을 소장, 부소장, 보안과장에게 보고한 후 다음 당직간부에게 인계하여야 한다.

① 1개   ② 2개
③ 3개   ④ 4개

02 「형의 집행 및 수용자의 처우에 관한 법률」상 교도관이 접견 중인 수용자 또는 그 상대방의 접견을 중지할 수 있는 경우를 모두 고른 것은?

> ㉠ 범죄의 증거를 인멸하거나 인멸하려고 하는 때
> ㉡ 시설의 안전 또는 질서를 해하는 행위를 하거나 하려고 하는 때
> ㉢ 수형자의 교화 또는 건전한 사회복귀를 해칠 우려가 있는 행위를 하거나 하려고 하는 때
> ㉣ 수용자의 처우 또는 교정시설의 운영에 관하여 거짓사실을 유포하는 때

① ㉠, ㉢
② ㉠, ㉡, ㉣
③ ㉡, ㉢, ㉣
④ ㉠, ㉡, ㉢, ㉣

03 현행 법령상 (　　)에 들어갈 숫자를 모두 합한 것으로 옳은 것은?

> ㉠ 여성수용자는 자신이 출산한 유아를 교정시설에서 양육할 것을 신청할 수 있다. 이 경우 소장은 「형집행법」 제53조(유아의 양육) 제1항 각 호의 어느 하나에 해당하는 사유가 없으면, 생후 (㉠)개월에 이르기까지 허가하여야 한다.
> ㉡ 징벌사유가 발생한 날부터 (㉡)년이 지나면 이를 이유로 징벌을 부과하지 못한다.
> ㉢ 소장의 허가 없이 무인비행장치, 전자·통신기기를 고정시설에 반입한 사람은 (㉢)년 이하의 징역 또는 3천만원 이하의 벌금에 처한다.
> ㉣ 주류·담배·화기·현금·수표·음란물·사행행위에 사용되는 물품을 수용자에게 전달한 목적으로 교정시설에 반입한 사람은 (㉣)년 이하의 징역 또는 1천만원 이하의 벌금에 처한다.
> ㉤ 소장은 수형자의 건전한 사회복귀를 위하여 필요하다고 인정되면 석방 전 (㉤)일 이내의 범위에서 석방예정자를 별도의 거실에 수용하여 장래에 관한 상담과 지도를 할 수 있다.
> ㉥ 소장은 형기종료로 석방될 수형자에 대하여는 석방 (㉥)일 전까지는 석방 후의 보호에 관한 사항을 조사하여야 한다.

① 36
② 37
③ 38
④ 39

04 수용자의 기본권에 대한 설명으로 가장 옳지 않은 것은? (다툼이 있는 경우 판례에 의함)

① 헌법재판소는 각종 교정사고를 미연에 방지하고 사후에 신속하게 대처함으로써 교정시설의 안전과 질서를 유지하기 위해서는 수시로 인원점검을 할 필요가 있다고 하면서, 거실 내 수형자를 대상으로 인원점검을 하는 점호행위는 필요한 최소한도를 벗어나 과잉금지원칙에 위배되어 청구인의 인격권 및 일반적 행동의 자유를 침해한다 할 수 없다고 판단하였다.

② 교정시설의 1인당 수용면적이 수형자의 인간으로서의 기본 욕구에 따른 생활조차 어렵게 할 만큼 지나치게 협소하다면, 이는 그 자체로 국가형벌권 행사의 한계를 넘어 수형자의 인간의 존엄과 가치를 침해하는 것이다.

③ 교정시설 내 자살사고는 수용자 본인이 생명을 잃는 중대한 결과를 초래할 뿐만 아니라 다른 수용자들에게도 직접적으로 부정적인 영향을 미치고, 나아가 교정시설이나 교정정책 전반에 대한 불신을 야기할 수 있다는 점에서 이를 방지할 필요성이 매우 크다. 그에 비해 청구인에게 가해지는 불이익은 채광·통풍이 다소 제한되는 정도에 불과하므로 교도소 독거실 내 화장실 창문과 철격자 사이에 안전철망을 설치한 행위는 청구인의 환경권 등 기본권을 침해하지 아니한다.

④ 수용자가 보내려는 모든 서신에 대해 무봉함 상태의 제출을 강제하는 것은 구금의 목적 달성 및 시설의 안전과 질서유지, 수형자의 교화 및 건전한 사회복귀를 위한 불가피한 제한이므로 수용자인 청구인의 통신비밀의 자유를 침해하는 것이 아니다.

05 「형의 집행 및 수용자의 처우에 관한 법률」상 교도관이 수용자 외의 사람에 대하여 강제력을 행사할 수 있는 요건에 해당하는 것을 모두 고른 것은?

> ㉠ 도주하거나 도주하려고 하는 때
> ㉡ 위력으로 교도관의 정당한 직무집행을 방해하는 때
> ㉢ 자해하거나 자해하려고 하는 때
> ㉣ 자살하려고 하는 때
> ㉤ 교정시설의 설비·기구 등을 손괴하거나 하려고 하는 때
> ㉥ 교도관에게 위해를 끼치거나 끼치려고 하는 때

① ㉡, ㉤　　　　② ㉢, ㉤
③ ㉠, ㉣, ㉥　　④ ㉡, ㉤, ㉥

06 「형의 집행 및 수용자의 처우에 관한 법률」상 보호실 및 진정실 수용에 대한 설명으로 가장 옳은 것은?

① 소장은 수용자가 신체적·정신적 질병으로 인하여 특별한 보호가 필요할 때 의무관의 의견을 고려하여 진정실에 수용할 수 있다.

② 수용자의 보호실 수용기간은 15일 이내로 한다. 다만, 소장은 특히 계속하여 수용할 필요가 있으면, 의무관의 의견을 고려하여 1회당 7일의 범위에서 기간을 연장할 수 있다.

③ 소장은 수용자가 교도관의 제지에도 불구하고 소란행위를 계속하여 다른 수용자의 평온한 수용생활을 방해하는 때에 강제력을 행사하거나 보호장비를 사용하여도 그 목적을 달성할 수 없는 경우에만 보호실에 수용할 수 있다.

④ 수용자를 보호실에 수용할 수 있는 기간은 계속하여 2개월을 초과할 수 없다.

07 형집행법령상 사형확정자의 처우에 대한 설명으로 가장 옳지 않은 것은?

① 소장은 사형확정자의 교육·교화 프로그램, 작업 등을 위하여 필요하거나 교정시설의 안전과 질서유지를 위하여 특히 필요하다고 인정하는 경우에는 법무부장관의 승인을 받아 사형 확정자를 다른 교정시설로 이송할 수 있다.

② 소장은 사형확정자의 자살·도주 등의 사고를 방지하기 위하여 필요한 경우에는 사형확정자와 미결수용자를 혼거수용할 수 있다.

③ 소장은 사형확정자의 심리적 안정과 원만한 수용생활을 위하여 필요하다고 인정하는 경우에는 월 3회 이내의 범위에서 전화통화를 허가할 수 있다.

④ 소장은 사형확정자가 작업을 신청하면 교도관회의의 심의를 거쳐 교정시설 밖에서 실시하는 작업을 부과할 수 있다.

08 형집행법령상 귀휴에 대한 설명으로 가장 옳지 않은 것은?

① 귀휴기간은 형 집행기간에 포함한다.

② 소장은 2일 이상의 귀휴를 허가한 경우에는 귀휴를 허가받은 사람의 귀휴지를 관할하는 경찰관서의 장에게 그 사실을 통보하여야 한다.

③ 귀휴자의 여비와 귀휴 중 착용할 복장은 본인이 부담한다.

④ 소장은 귀휴자가 신청할 경우 작업장려금의 전부 또는 일부를 귀휴비용으로 사용하게 하여야 한다.

09 형집행법령상 미결수용자의 처우에 대한 설명으로 가장 옳은 것은?

① 미결수용자를 수용하는 시설의 설비 및 계호의 정도는 완화경비시설에 준한다.

② 소장은 신청에 따라 작업이 부과된 미결수용자가 작업의 취소를 요청하는 경우에는 그 미결수용자의 의사에 따라 작업을 취소하여야 한다.

③ 미결수용자의 머리카락과 수염은 어떠한 경우에도 본인의 의사에 반하여 짧게 깎지 못한다.

④ 소장은 미결수용자가 징벌대상자로서 조사받고 있거나 징벌집행 중인 경우에도 소송서류의 작성, 변호인과의 접견·편지수수, 그 밖에 수사 및 재판 과정에서의 권리행사를 보장하여야 한다.

10 형집행법령상 전자장비를 이용한 계호에 대한 설명으로 가장 옳지 않은 것은?

① 소장은 전자장비의 효율적인 운용을 위하여 각종 전자장비를 통합적으로 관리할 수 있는 시스템이 설치된 중앙통제실을 설치하여 운영한다.

② 교도관은 자살·자해·도주·폭행·손괴, 그 밖에 수용자의 생명·신체를 해하거나 시설의 안전 또는 질서를 해하는 행위(이하 "자살 등"이라 한다)를 방지하기 위하여 필요한 범위에서 전자장비를 이용하여 수용자 또는 시설을 계호할 수 있다. 다만, 전자영상장비로 거실에 있는 수용자를 계호하는 것은 자살등의 우려가 큰 때에만 할 수 있다.

③ 전자감지기는 교정시설의 주벽·울타리, 그 밖에 수용자의 도주 및 외부로부터의 침입을 방지하기 위하여 필요한 장소에 설치한다.

④ 교도관이 외부의료시설 입원, 이송·출정, 그 밖의 사유로 교정시설 밖에서 수용자를 계호하는 경우 보호장비나 수용자의 팔목 등에 전자경보기를 부착하여 사용하는 것은 허용되지 않는다.

11 형집행법령상 권리구제에 대한 설명으로 가장 옳지 않은 것은?

① 수용자는 그 처우에 관하여 불복하는 경우 법무부장관·순회점검공무원 또는 관할 지방교정청장에게 청원할 수 있다.

② 소장은 수용자가 정보공개의 청구를 한 경우에는 청구를 한 날부터 10일 이내에 예상비용을 산정하여 해당 수용자에게 미리 납부할 것을 통지하여야 한다.

③ 소장은 소장 면담을 신청한 수용자가 정당한 사유 없이 면담사유를 밝히지 아니하는 때에는 면담을 하지 아니할 수 있다.

④ 소장은 특별한 사정이 있으면 소속 교도관으로 하여금 소장 면담을 대리하게 할 수 있다. 이 경우 면담을 대리한 사람은 그 결과를 소장에게 지체 없이 보고하여야 한다.

12 형집행법령상 도주한 수용자 체포에 대한 설명으로 가장 옳지 않은 것은?

① 교도관은 수용자가 도주를 한 경우에는 도주 후 72시간 이내에만 그를 체포할 수 있다.

② 교도관은 도주한 수용자의 체포를 위하여 긴급히 필요하면 도주를 하였다고 의심할 만한 상당한 이유가 있는 사람 또는 도주를 한 사람의 이동경로나 소재를 안다고 인정되는 사람을 정지시켜 질문할 수 있다.

③ 교도관은 도주한 수용자의 체포를 위하여 영업시간 외에도 다수인이 출입하는 장소의 관리자 또는 관계인에게 그 장소의 출입에 관하여 협조를 요구할 수 있다.

④ 소장은 수용자가 도주를 하거나 도주자를 체포한 경우에는 법무부장관에게 지체없이 보고하여야 한다.

13 형집행법령상 수용에 대한 설명으로 가장 옳지 않은 것은?

① 수용자의 생명 또는 신체의 보호, 정서적 안정을 위하여 필요한 때에는 혼거수용 할 수 있다.

② 소장은 계호상 독거수용자를 계속하여 독거수용하는 것이 건강상 또는 교화상 해롭다고 인정하는 경우에는 이를 중단할 수 있다.

③ 혼거수용 인원은 3명 이상으로 한다. 다만, 요양이나 그 밖의 부득이한 사정이 있는 경우에는 예외로 한다.

④ 소장은 수용자의 거실을 지정하는 경우에는 죄명·형기·죄질·성격·범죄전력·나이·경력 및 수용생활 태도, 그 밖에 수용자의 개인적 특성을 고려하여야 한다.

14 「형의 집행 및 수용자의 처우에 관한 법률」상 교정시설에 대한 설명으로 가장 옳지 않은 것은?

① 신설하는 교정시설은 수용인원이 500명 이내의 규모가 되도록 하여야 한다. 다만, 교정시설의 기능·위치나 그 밖에 사정을 고려하여 그 규모를 늘릴 수 있다.

② 법무부장관은 수용자에 대한 처우 및 교정시설의 유지·관리를 위한 적정한 인력을 확보해야 한다.

③ 법무부장관은 교정시설의 설치 및 운영에 관한 업무의 전부 또는 일부를 법인에게만 위탁할 수 있다.

④ 판사와 검사는 직무상 필요하면 교정시설을 시찰할 수 있다.

15 「형의 집행 및 수용자의 처우에 관한 법률」상 신입자 및 다른 교정시설로부터 이송되어 온 사람에게 말이나 서면으로 고지해야 할 사항에 해당하지 않은 것은?

① 형기의 기산일 및 종료일
② 접견·편지, 그 밖의 수용자의 권리에 관한 사항
③ 진술거부에 관한 사항
④ 청원, 「국가인원위원회법」에 따른 진정, 그 밖의 권리구제에 관한 사항

16 「가석방 업무지침」상 가석방 심사에 대한 설명으로 가장 옳지 않은 것은?

① 가석방 심사 유형 중 관리사범에 해당하는 조직폭력사범은 범죄행위 시 기준 조직폭력원으로 구속영장, 공소장, 판결문에 명시된 경우에 한한다.
② 신입분류심사가 완료된 수형자 중 가석방 예비심사 대상자 선정기준을 경과한 수형자는 모두 가석방 예비심사 대상자로 선정하여야 하며, 가석방 예비심사 대상자 선정 기준은 비공개를 원칙으로 한다.
③ 가석방 예비심사 대상자에 대하여 수사·재판 중인 사건이 있는 경우에는 법원, 검찰 등 관련기관의 의견 등을 조회하여 예비심사에 반영하여야 한다.
④ 벌금 및 추징금이 있는 자는 가석방 예비회의 개최 전일까지 완납한 경우 가석방적격심사를 신청할 수 있다.

17 형집행법령상 다음 설명으로 가장 옳지 않은 것은?

① 소장은 수형자가 개방처우급 또는 완화경비처우급으로서 작업기술이 탁월하고 작업성적이 우수한 경우에는 수형자 자신을 위한 개인작업을 하게 할 수 있다.
② 가족관계회복프로그램 대상 수형자는 교도관회의의 심의를 거쳐 선발하고, 참여인원은 7명이내의 가족으로 한다. 다만, 특히 필요하다고 인정하는 경우에는 참여인원을 늘릴 수 있다.
③ 가석방심사위원회가 동일하거나 유사한 죄로 2회 이상 징역형 또는 금고형의 집행을 받은 수형자에 대하여 가석방 적격심사할 때에는 뉘우치는 정도, 노동능력 및 의욕, 근면성, 그 밖에 정상적인 업무에 취업할 수 있는 생활계획과 보호관계에 관하여 중점적으로 심사하여야 한다.
④ 투척용 최루탄은 근거리용으로 사용하고, 발사용 최루탄은 50미터 이상의 원거리에서 사용하되, 30도 이상의 발사각을 유지하여야 한다.

18 형집행법령상 수용자의 처우에 대한 설명으로 가장 옳지 않은 것은?

① 소장은 노인수용자가 작업을 원하는 경우에는 나이·건강상태 등을 고려하여 해당 수용자가 감당할 수 있는 정도의 작업을 부과한다. 이 경우 의무관의 의견을 들어야 한다.

② 장애인수용자의 거실은 시설부족 또는 그 밖의 부득이한 사정이 없으면 건물의 1층에 설치하고, 특히 장애인이 이용할 수 있는 변기 등의 시설을 갖추도록 하여야 한다.

③ 소장은 외국인수용자에 대하여는 그 생활양식을 고려하여 필요한 수용설비를 제공하도록 해야 한다.

④ 소년수형자 전담교정시설에는 별도의 개인학습공간을 마련하고 학용품 및 소년의 정서 함양에 필요한 도서, 잡지 등을 갖춰 두어야 한다.

19 형집행법령상 수용자 급식에 대한 설명으로 가장 옳지 않은 것은?

① 소장은 작업시간을 3시간 이상 연장하는 경우에는 수용자에게 주·부식 또는 대용식 1회분을 간식으로 지급할 수 있다.

② 수용자에게 지급하는 주식은 1명당 1일 390그램을 기준으로 하며, 소장은 수용자의 나이, 건강, 작업 여부 및 작업의 종류 등을 고려하여 필요한 경우에는 주식의 지급기준량을 변경할 수 있다.

③ 소장은 수용자에 대한 원활한 급식을 위하여 해당 교정시설의 직전 분기 평균 급식인원을 기준으로 3개월분의 주식을 항상 확보하고 있어야 한다.

④ 부식은 주식과 함께 지급하며, 소장은 작업의 장려나 적절한 처우를 위하여 필요하다고 인정하는 경우 특별한 부식을 지급할 수 있다.

20 「형의 집행 및 수용자의 처우에 관한 법률 시행규칙」상 분류심사에 대한 설명으로 옳은 것(○)과 옳지 않은 것(×)을 바르게 연결한 것은?

> ㉠ 신입심사는 매월 초일부터 말일까지 형집행지휘서가 접수된 수형자를 대상으로 하며, 그 다음 달까지 완료하여야 한다. 다만, 특별한 사유가 있는 경우에는 그 기간을 연장할 수 있다.
> ㉡ 무기형과 20년을 초과하는 징역형·금고형의 재심사 시기를 산정하는 경우에는 그 형기를 20년으로 본다.
> ㉢ 부정기형의 재심사 시기는 단기형을 기준으로 한다.
> ㉣ 지능 및 적성 검사는 분류심사가 유예된 때, 그 밖에 인성검사가 곤란하거나 불필요하다고 인정되는 사유가 있는 때에 해당하지 아니하는 신입심사 대상자로서 집행할 형기가 형집행지휘서 접수일부터 1년 이상이고 나이가 50세 이하인 경우에 한다. 다만, 직업훈련 또는 그 밖의 처우를 위하여 특히 필요한 경우에는 예외로 할 수 있다.

	㉠	㉡	㉢	㉣
①	×	○	×	○
②	○	×	○	×
③	×	○	○	○
④	○	○	○	×

21 형집행법령상 이송에 대한 설명으로 가장 옳은 것은?

① 지방교정청장은 수용시설의 공사 등으로 수용거실이 일시적으로 부족한 때에는 관할 외 교정시설로 수용자의 이송을 승인할 수 있다.

② 소장은 수용자의 정신질환 치료를 위하여 필요하다고 인정하면 법무부장관의 승인을 받아 치료감호시설로 이송하여야 한다.

③ 소장은 수용자의 수용·작업·교화·의료, 그 밖의 처우를 위하여 필요하거나 시설의 안전과 질서유지를 위하여 필요하다고 인정하면 법무부장관의 승인을 받아 수용자를 다른 교정시설로 이송할 수 있다.

④ 소장은 다른 교정시설로부터 이송되어 온 사람이 있으면 그 사실을 수용자의 의사에 관계없이 수용자의 가족(배우자, 직계 존속·비속 또는 형제자매를 말한다.)에게 지체없이 알려야 한다.

22 형집행법령상 징벌에 대한 설명으로 가장 옳지 않은 것은?

① 소장은 수용자가 교정사고 방지에 뚜렷한 공로가 있다고 인정되면 징벌위원회의 의결을 거친 후 법무부장관의 승인을 받아 징벌을 실효시킬 수 있다.

② 소장은 실외운동 정지의 징벌을 부과하는 경우 또는 금치 처분을 받은 수용자에 대해 실외운동을 제한하는 경우라도 수용자가 매주 1회 이상 실외운동을 할 수 있도록 한다.

③ 금치와 그 밖의 징벌을 집행할 경우에는 금치를 우선하여 집행한다. 다만, 작업장려금의 삭감과 경고는 금치와 동시에 집행할 수 있다.

④ 소장은 징벌대상자에게 접견·편지수수 또는 전화통화를 제한하는 경우에는 징벌대상자의 가족 등에게 그 사실을 알려야 한다. 다만, 징벌대상자가 알리기를 원하지 않는 경우에는 그렇지 않다.

23 「형의 집행 및 수용자의 처우에 관한 법률」에 명시된 수용자의 편지수수가 금지되는 사유에 해당하지 않은 것은?

① 「형사소송법」이나 그 밖의 법률에 따른 편지의 수수금지 및 압수의 결정이 있는 때

② 수형자의 교화 또는 건전한 사회복귀를 해칠 우려가 있는 때

③ 시설의 안전 또는 질서를 해칠 우려가 있는 때

④ 편지의 상대방이 누구인지 확인할 수 없는 때

24 형집행법령상 분류심사에 대한 설명으로 가장 옳지 않은 것은?

① 징역형·금고형이 확정된 사람으로서 집행할 형기가 형집행지휘서 접수일부터 3개월 미만인 사람에 대해서는 분류심사를 하지 아니한다.

② 소장은 형집행정지 중에 있는 사람이 기간만료 또는 그 밖의 정지사유가 없어져 재수용된 경우에는 석방 당시와 동일한 처우등급을 부여할 수 있다.

③ 소장은 형집행정지 중이거나 가석방기간 중에 있는 사람이 형사사건으로 재수용되어 형이 확정된 경우에는 개별처우계획을 새로 수립하여야 한다.

④ 분류처우위원회는 위원장을 포함한 7명 이상 9명 이하의 위원으로 구성하고, 위원장은 소장이 된다.

25 형집행법령상 수용자 처우에 대한 설명으로 가장 옳지 않은 것은?

① 수용자가 구독을 신청할 수 있는 신문은 교정시설의 보관범위 및 수용자가 지닐 수 있는 범위를 벗어나지 않는 범위에서 월 3종 이내로 한다. 다만, 소장은 수용자의 지식함양 및 교양습득에 특히 필요하다고 인정하는 경우에는 신청수량을 늘릴 수 있다.

② 소장은 수용자의 건강과 일과시간 등을 고려하여 1일 6시간 이내에서 방송편성 시간을 정한다. 다만, 토요일·공휴일, 작업·교육실태 및 수용자의 특성을 고려하여 방송편성 시간을 조정할 수 있다.

③ 소장은 시설의 안전 또는 질서를 해칠 우려가 있다고 인정하는 경우에 수용자의 문예 등에 관한 집필을 허용하지 않을 수 있다.

④ 수용자는 휴업일 및 휴게시간 내에 시간의 제한 없이 집필할 수 있다. 다만, 부득이한 사정이 있는 경우에는 그러하지 아니하다.

26 형집행법령상 수용자 처우에 대한 설명으로 가장 옳지 않은 것은?

① 소장은 개방처우급·완화경비처우급 수형자에게 자치생활을 허가할 수 있으며, 자치생활 수형자들이 교육실, 강당 등 적당한 장소에서 월 1회 이상 토론회를 할 수 있도록 하여야 한다.

② 일반경비처우급 수형자의 접견 허용횟수는 월 5회이며, 접견은 1일 1회만 허용하되 처우상 특히 필요한 경우에는 그러하지 아니하다.

③ 소장은 교화를 위하여 특히 필요한 경우에는 일반경비처우급 수형자에 대하여도 가족 만남의 날 행사 참여 또는 가족 만남의 집 이용을 허가할 수 있다.

④ 소장은 개방처우급·완화경비처우급 또는 일반경비처우급 수형자에 대하여 월 2회 이내에서 경기 또는 오락회를 개최하게 할 수 있다. 다만, 소년수형자에 대하여는 그 횟수를 늘릴 수 있다.

01 형집행법령상 종교와 문화에 대한 설명으로 가장 옳은 것은?

① 소장은 수용자의 건강과 일과시간 등을 고려하여 1일 8시간 이내에서 방송편성시간을 정한다.

② 집필용구의 관리, 집필의 시간·장소, 집필과 문서 또는 도화의 외부반출 등에 관하여 필요한 사항은 대통령령으로 정한다.

③ 소장은 시설의 안전과 질서유지를 위하여 필요한 경우에도 교정시설의 안에서 실시하는 수용자의 종교의식 또는 행사 참석을 제한할 수 없다.

④ 소장은 수용자가 자신의 비용으로 구독 신청한 신문·잡지 또는 도서가 시설의 안전을 해하거나 건전한 사회복귀를 저해하는 경우를 제외하고는 구독을 허가하여야 한다.

02 형집행법령상 교정자문위원회에 대한 설명으로 가장 옳은 것은?

① 수용자의 관리·교정교화 등 사무에 관한 지방교정청장의 자문에 응하기 위하여 지방교정청에 교정자문위원회를 둔다. 위원회는 6명 이상 8명 이하의 위원으로 성별을 고려하여 구성하고, 위원장은 위원 중에서 호선하며, 위원은 교정에 관한 학식과 경험이 풍부한 외부인사 중에서 지방교정청장의 추천을 받아 법무부장관이 위촉한다.

② 위원회는 위원 중에서 호선하여 부위원장을 둔다. 위원 중 3명 이상은 여성으로 한다. 지방교정청장이 위원을 추천하는 경우에는 교정자문위원회 위원 추천서를 법무부장관에게 제출하여야 한다. 다만, 재위촉의 경우에는 지방교정청장의 의견서를 추천서로 갈음한다.

③ 위원의 임기는 2년으로 하며, 연임할 수 있다. 지방교정청장은 위원의 결원이 생긴 경우에는 결원이 생긴 날부터 30일 이내에 후임자를 법무부장관에게 추천해야 한다. 결원이 된 위원의 후임으로 위촉된 위원의 임기는 전임자 임기의 남은 기간으로 한다.

④ 위원장은 위원회를 소집하고 위원회의 업무를 총괄한다. 위원장이 부득이한 사유로 직무를 수행할 수 없을 때에는 부위원장이 그 직무를 대행하고, 부위원장도 부득이한 사유로 직무를 수행할 수 없을 때에는 호선으로 선출하여 선출된 위원이 그 직무를 대행한다.

03 「형의 집행 및 수용자의 처우에 관한 법률 시행규칙」상 소득점수 평가에 대한 설명으로 가장 옳지 않은 것은?

① 작업 또는 교육성적은 법에 따라 부과된 작업·교육의 실적 정도와 근면성 등에 따라 매우우수(수, 5점), 우수(우, 4점), 보통(미, 3점), 노력요망(양, 2점), 불량(가, 1점)으로 구분하여 채점한다.

② 수형생활 태도는 품행·책임감 및 협동심의 정도에 따라 매우양호 (수, 5점), 양호(우, 4점), 보통(미, 3점), 개선요망(양, 2점), 불량(가, 1점)으로 구분하여 채점한다.

③ 소장은 재심사를 하는 경우에는 그 때마다 평가한 수형자의 소득점수를 평정하여 경비처우급을 조정할 것인지를 고려하여야 한다. 다만, 부정기재심사의 소득점수 평정대상기간은 사유가 발생한 다음 달까지로 한다.

④ 경비처우급을 하향 조정하기 위하여 고려할 수 있는 평정소득점수의 기준은 5점 이하이다. 다만, 수용 및 처우를 위하여 특히 필요한 경우 법무부장관이 달리 정할 수 있다.

04 「형의 집행 및 수용자의 처우에 관한 법률 시행규칙」상 방송통신대학 교육과정 교육대상자 선발에 대한 설명으로 (   ) 안에 들어갈 숫자의 합으로 옳은 것은?

> 제110조(독학에 의한 학위취득과정 설치 및 운영) ① 소장은 수형자에게 학위취득 기회를 부여하기 위하여 독학에 의한 학사학위 취득과정(이하 '학사고시반 교육'이라 한다)을 설치·운영할 수 있다.
> ② 소장은 다음 각 호의 요건을 갖춘 수형자가 제1항의 학사고시반 교육을 신청하는 경우에는 교육대상자로 선발할 수 있다.
> 1. 고등학교 졸업 또는 이와 동등한 수준 이상의 학력이 인정될 것
> 2. 교육개시일을 기준으로 형기의 (   )분의 1[(   )년 이상의 유기형 또는 무기형의 경우에는 (   )년] 이 지났을 것
> 3. 집행할 형기가 (   )년 이상일 것

① 32 ② 33
③ 34 ④ 36

05 「형의 집행 및 수용자의 처우에 관한 법률 시행규칙」상 개별처우급(수형자의 개별적인 특성에 따라 중점처우의 내용을 구별하는 기준)의 구분으로 명시된 것이 아닌 것은?

① 생활지도 ② 학과교육
③ 개방처우 ④ 집단처우

06 형집행법령상 석방(예정)자 관련 사항에 대한 설명으로 옳은 것은 모두 몇 개인가?

> ㉠ 소장은 수형자의 건전한 사회복귀를 위하여 필요하다고 인정하면 석방 전 3일 이내의 범위에서 석방예정자를 별도의 거실에 수용하여 장래에 관한 상담과 지도를 할 수 있다.
> ㉡ 소장은 형기종료로 석방될 수형자에 대하여는 석방 10일 전까지 석방 후의 보호에 관한 사항을 조사하여야 한다.
> ㉢ 소장은 피석방자가 질병이나 그 밖에 피할 수 없는 사정으로 귀가하기 관란한 경우에 본인의 신청이 있으면 일시적으로 교정시설에 수용할 수 있다.
> ㉣ 소장은 피석방자에게 귀가에 필요한 여비 또는 의류가 없으면 법무부장관이 정하는 범위에서 이를 지급하거나 빌려 줄 수 있다.
> ㉤ 소장은 수형자를 석방하는 경우 특히 필요하다고 인정하면 한국법무보호복지공단에 그에 대한 보호를 요청할 수 있다.
> ㉥ 소장은 석방될 수형자의 재범방지, 자립지원 및 피해자 보호를 위하여 필요하다고 인정하면 해당 수형자의 수용이력 또는 사회복귀에 관한 의견을 그의 거주지를 관할하는 경찰관서나 자립을 지원할 법인 또는 개인에게 통보할 수 있다. 다만, 법인 또는 개인에게 통보하는 경우에는 해당 수형자의 동의를 받아야 한다.

① 3개
② 4개
③ 5개
④ 6개

07 「형의 집행 및 수용자의 처우에 관한 법률 시행령」상 수용자 의료처우에 대한 설명으로 가장 옳은 것은?

① 소장은 수용자가 감염병에 걸렸다고 의심되는 경우에는 2주 이상 격리수용하고 그 수용자의 휴대품을 소독하여야 한다.
② 소장은 감염병이 유행하는 경우에는 수용자가 자비로 구매하는 음식물의 공급을 중지하여야 한다.
③ 소장은 수용자가 감염병에 걸린 경우에는 즉시 격리수용하고 그 수용자가 사용한 물품과 설비를 철저히 소독하여야 하며 그 사실을 지체없이 법무부장관에게 보고하고 관할 보건기관의 장에게 알려야 한다.
④ 소장은 수용자가 부상을 당하거나 질병에 걸린 경우에는 그 수용자를 의료거실에 수용하고 다른 수용자에게 그 수용자를 간병하게 하여야 한다.

08 형집행법령상 여성수용자의 처우에 대한 설명으로 옳은 것은 모두 몇 개인가?

> ㉠ 여성교도관이 부족하거나 그 밖의 부득이한 사정으로 남성교도관이 1인 이상의 여성수
> 용자에 대하여 실내에서 상담 등을 하려면 투명한 창문이 설치된 장소에서 다른 여성교
> 도관을 입회시킨 후 실시하여야 한다.
> ㉡ 소장은 여성수용자에 대하여 6개월에 1회 이상 건강검진을 하여야 한다. 이 경우 여성수
> 용자의 나이·건강 등을 고려하여 부인과질환에 관한 검사를 포함시킬 수 있다.
> ㉢ 여성수용자는 자신이 출산한 유아를 교정시설에서 양육할 것을 신청할 수 있다.
> ㉣ 소장은 수용자가 출산하려고 하는 경우에는 외부의료시설에 진료를 받게 하는 등 적절
> 한 조치를 하여야 한다.
> ㉤ 수용자가 출산(유산·사산을 제외한다)한 경우란 출산(유산·사산한 경우를 제외한다)
> 후 60일이 지나지 아니한 경우를 말한다.

① 1개   ② 2개   ③ 3개   ④ 4개

09 「형의 집행 및 수용자의 처우에 관한 법률 시행령」상 거실 현황표 등에 대한 설명으로 가장 옳지 않은 것은?

① 소장은 수용자거실에 면적, 정원 및 현재 인원을 적은 현황표를 붙여야 한다.
② 소장은 수용자거실 앞에 붙인 이름표의 윗부분에는 수용자의 성명·출생연도·죄명·형
    명 및 형기를 적는다.
③ 소장은 수용자거실 앞에 붙인 이름표의 아랫부분에는 수용자번호 및 입소일을 적되, 아랫
    부분의 내용이 보이지 않도록 해야 한다.
④ 소장은 수용자가 법령에 따라 지켜야 할 사항과 수용자의 권리구제 절차에 관한 사항을
    수용자거실의 보기 쉬운 장소에 붙이는 등의 방법으로 비치하여야 한다.

10 형집행법령상 안전과 질서에 대한 설명으로 가장 옳은 것은?

① 소장이 수용자의 처우를 위하여 허가하는 경우, 수용자는 무인비행장치나 전자통신기기
    를 지닐수도 있다.
② 거실에 영상정보처리기기 카메라를 설치하는 경우에는 용변을 보는 전신의 모습이 촬영
    되지 아니하도록 카메라의 각도를 한정하거나 화장실 차폐시설을 설치하여야 한다.
③ 교도관이 중경비시설의 거실에 있는 수용자를 전자장비를 이용하여 계호하는 경우에는
    거실수용자 영상계호부에 피계호자의 인적사항 및 주요 계호내용을 개별적으로 기록하여
    야 한다.
④ 교도관은 교정시설 안에서 수용자를 계호하는 경우 보호장비나 수용자의 팔목 등에 전자
    경보기를 부착하여 사용할 수 있다.

11 「형의 집행 및 수용자의 처우에 관한 법률 시행규칙」상 가석방의 취소 등에 대한 설명으로 가장 옳지 않은 것은?

① 가석방 기간 중 형사사건으로 구속되어 교정시설에 미결수용 중인 자의 가석방 취소 결정으로 남은 형기를 집행하게 된 경우에는 가석방된 형의 집행을 지휘하였던 검찰청 검사에게 남은 형기 집행지휘를 받아 우선 집행하여야 한다.

② 소장은 가석방이 취소된 사람 또는 가석방이 실효된 사람이 교정시설에 수용되지 아니한 사실을 알게 된 때에는 관할 지방검찰청 검사 또는 관할 경찰서장에게 구인하도록 의뢰하여야 한다.

③ 가석방이 취소된 사람 및 가석방이 실효된 사람의 남은 형기 집행 기산일은 가석방의 취소 또는 실효로 인하여 교정시설에 수용된 날의 다음 날부터 한다.

④ 가석방이 취소된 사람 및 가석방이 실효된 사람의 남은 형기 기간은 가석방을 실시한 다음 날부터 원래 형기의 종료일까지로 한다.

12 「형의 집행 및 수용자의 처우에 관한 법률」상 가족관계회복프로그램에 대한 설명으로 가장 옳지 않은 것은?

① 소장은 수형자와 그 가족의 관계를 유지·회복하기 위하여 수형자의 가족이 참여하는 각종 프로그램을 운영할 수 있다.

② 소장은 가족이 없는 수형자의 경우 교화를 위하여 필요하면 결연을 맺었거나 그 밖에 가족에 준하는 사람의 참여를 허가할 수 있다.

③ 가족관계회복프로그램 대상 수형자는 교도관회의의 심의를 거쳐 선발한다.

④ 가족관계회복프로그램 참여인원은 3명 이내의 가족으로 한다. 다만, 특히 필요하다고 인정하는 경우에는 참여인원을 늘릴 수 있다.

13 형집행법령상 수용자의 사망에 대한 설명으로 옳은 것을 모두 고른 것은?

> ㉠ 소장은 수용자가 사망한 경우에는 그 사실을 즉시 그 가족(가족이 없는 경우에는 다른 친족)에게 알려야 한다. 이 경우 사망 일시·장소 및 사유도 같이 알려야 한다.
> ㉡ 소장은 수용자가 질병으로 사망한 경우에는 사망장에 그 병명·병력·사인 및 사망일시를 기록하고 서명하여야 한다.
> ㉢ 소장은 법 제128조에 따라 시신을 인도, 화장, 임시 매장, 집단 매장 또는 자연장으로 한 경우에는 그 사실을 사망장에 기록하여야 한다.
> ㉣ 소장은 시신을 임시 매장하거나 봉안한 경우에는 그 장소에 사망자의 성명을 적은 표지를 비치하고, 별도의 장부에 주민등록지, 성명, 사망일시를 기록하여 관리하여야 한다.

① ㉠, ㉡   ② ㉡, ㉢   ③ ㉠, ㉢   ④ ㉢, ㉣

14 「형의 집행 수용자의 처우에 관한 법률」상 미결수용자의 처우에 대한 설명으로 가장 옳은 것은?

① 미결수용자가 수용된 거실과 교정시설은 참관할 수 없다.

② 미결수용자는 수사·재판·국정감사 또는 법률로 정하는 조사에 참석할 때에는 사복을 착용할 수 있다. 다만, 소장은 도주우려가 크거나 특히 부적당한 사유가 있다고 인정하면 출석을 요청한 기관에서 지급하는 의류를 입게 할 수 있다.

③ 소장은 미결수용자에 대하여는 신청에 따라 교육 또는 교화프로그램을 실시하거나 작업을 부과할 수 있다.

④ 소장은 미결수용자가 징벌대상자로서 조사받고 있거나 징벌집행 중인 경우에도 소송서류의 작성, 교정시설의 외부에 있는 가족과의 접견·편지수수, 그 밖의 수사 및 재판 과정에서의 권리행사를 보장하여야 한다.

15 형집행법령상 수용자 음식물의 지급에 대한 설명으로 가장 옳은 것은?

① 수용자에게 지급하는 주식은 원칙적으로 쌀과 보리 등 잡곡의 혼합곡으로 한다.

② 수용자에게 지급하는 주식은 1명당 1식 390그램을 기준으로 하며, 지급횟수는 1일 3회로 한다.

③ 소장은 작업시간을 3시간 이상 연장하는 경우에는 수용자에게 주·부식 또는 대용식 1회분을 간식으로 지급할 수 있다.

④ 소장은 수용자에 대한 원활한 급식을 위하여 해당 교정시설의 직전 반기 평균 급식 인원을 기준으로 1개월분의 주식을 항상 확보하고 있어야 한다.

16 「형의 집행 및 수용자의 처우에 관한 법률」상 (   ) 안에 들어갈 숫자의 합으로 옳은 것은?

> ㉠ 수용자의 보호실 수용기간은 (   )일 이내로 한다. 다만, 소장은 특히 계속하여 수용할 필요가 있으면 의무관의 의견을 고려하여 1회당 (   )일의 범위에서 기간을 연장할 수 있다.
> ㉡ 사면, 가석방, 형의 집행면제, 감형에 따른 석방은 그 서류가 교정시설에 도달한 후 (   )시간 이내에 하여야 한다.
> ㉢ 소장의 허가 없이 무인비행장치, 전자·통신기기를 교정시설에 반입한 사람은 (   )년 이하의 징역 또는 (   )천만원 이하의 벌금에 처한다.

① 34

③ 40

② 37

④ 45

17 형집행법령상 접견에 대한 설명으로 가장 옳지 않은 것은?

① 수용자가 미성년자인 자녀와 접견하는 경우에는 접촉차단시설이 설치되지 아니한 장소에서 접견하게 할 수 있다.

② 수용자가 소송사건의 대리인인 변호사와 접견하는 경우로서 교정시설의 안전 또는 질서를 해칠 우려가 없는 경우에는 접촉차단시설이 설치되지 아니한 장소에서 접견하게 한다.

③ 미결수용자의 처우를 위하여 소장이 특별히 필요하다고 인정하는 경우에는 접촉차단시설이 설치되지 아니한 장소에서 접견하게 할 수 있다.

④ 수용자가 19세 미만인 때, 교정성적이 우수한 때, 교화 또는 건전한 사회복귀를 위하여 특히 필요하다고 인정되는 때에는 접촉차단시설이 설치되지 아니한 장소에서 접견하게 할 수 있다.

18 「형의 집행 및 수용자의 처우에 관한 법률 시행규칙」상 중간처우에 대한 설명이다. (   ) 안에 들어갈 숫자의 합으로 옳은 것은?

> 제93조(중간처우) ① 소장은 개방처우급 혹은 완화경비처우급 수형자가 다음 각 호의 사유에 모두 해당하는 경우에는 교정시설에 설치된 개방시설에 수용하여 사회 적응에 필요한 교육, 취업지원 등 적정한 처우를 할 수 있다.
> 1. 형기가 (   )년 이상인 사람
> 2. 범죄 횟수가 (   )회 이하인 사람
> 3. 중간처우를 받는 날부터 가석방 또는 형기 종료 예정일까지 기간이 (   )개월 이상
>   (   )년 (   )개월 이하인 사람

① 15   ② 16   ③ 17   ④ 18

19 「교도관직무규칙」상 교도관회의에 대한 설명으로 옳은 것은 모두 몇 개인가?

> ㉠ 교정시설에는 소장의 자문에 응하여 교정행정에 관한 중요한 시책의 집행방법 등을 심의하게 하기 위하여 소장 소속의 교도관회의를 둘 수 있다.
> ㉡ 소장은 회의의 의장이 되며, 매월 1회 이상 회의를 소집하여야 한다.
> ㉢ 회의는 소장을 포함한 5명 이상 9명 이하의 과장과 교정에 관한 학식과 경험이 풍부한 외부위원을 위촉하여 구성한다. 이 경우 외부위원은 2명으로 한다.
> ㉣ 교도작업 및 교도작업특별회계의 운영에 관한 주요사항은 외부위원 1명 이상이 출석한 경우에만 심의할 수 있다.
> ㉤ 소장은 회의의 사무를 원활히 처리하기 위하여 총무과(지소의 경우에는 총무계)소속의 교도관 중에서 서기 1명을 임명하여야 한다.

① 0개   ② 1개   ③ 2개   ④ 3개

01 형집행법령상 교정시설에 대한 설명으로 가장 옳은 것은?

① 신설하는 교정시설은 수용인원이 500명 이상의 규모가 되도록 하여야 한다. 다만, 교정시설의 기능 위치나 그 밖의 사정을 고려하여 그 규모를 줄일 수 있다.

② 법무부장관은 교정시설의 설치 및 운영에 관한 업무의 일부를 법인에 한하여 위탁할 수 있다.

③ 법무부장관은 교정시설의 운영, 교도관의 복무, 수용자의 처우 및 인권실태 등을 파악하기 위하여 매년 1회 이상 교정시설을 순회점검하거나 소속 공무원으로 하여금 순회점검하게 하여야 한다.

④ 판사와 검사 외의 사람은 교정시설을 참관하려면 학술연구 등 정당한 이유를 명시하여 관할 지방교정청장의 허가를 받아야 한다.

02 형집행법령상 보안장비에 대한 설명으로 가장 옳지 않은 것은?

① 교도관은 수용자가 도주하거나 도주하려고 하는 때에는 수용자에게 최루탄을 사용할 수 있다.

② 교도관은 수용자 외의 사람이 시설의 안전 또는 질서를 크게 해치는 행위를 하거나 하려고 하는 때에는 가스분사기를 사용할 수 있다.

③ 가스총은 1미터 이내의 거리에서는 상대방의 얼굴을 향하여 발사해서는 안 된다.

④ 발사용 최루탄은 50미터 이상의 원거리에서 사용하되, 30도 이상의 발사각을 유지하여야 한다.

03 형집행법령상 보호실 및 진정실 수용에 대한 설명으로 가장 옳지 않은 것은?

① 소장은 수용자가 교정시설의 설비 또는 기구 등을 손괴하거나 손괴하려고 하는 때에 강제력을 행사하거나 제98조의 보호장비를 사용하여도 그 목적을 달성할 수 없는 경우에는 의무관의 의견을 고려하여 진정실에 수용할 수 있다.

② 소장은 수용자가 자살 또는 자해의 우려가 있는 때에는 의무관의 의견을 고려하여 보호실에 수용할 수 있다.

③ 수용자의 보호실 수용기간은 15일 이내로 한다. 다만, 소장은 특히 계속하여 수용할 필요가 있으면 의무관의 의견을 고려하여 연장할 수 있다. 기간연장은 1회당 7일의 범위에서 연장하되, 수용자를 보호실에 수용할 수 있는 기간은 계속하여 3개월을 초과할 수 없다.

④ 수용자의 진정실 수용기간은 24시간 이내로 한다. 다만, 소장은 특히 계속하여 수용할 필요가 있으면 의무관의 의견을 고려하여 연장할 수 있다. 기간연장은 1회당 12시간의 범위에서 연장하되, 수용자를 진정실에 수용할 수 있는 기간은 계속하여 3일을 초과할 수 없다.

04 형집행법령상 수용자의 편지수수에 대한 설명으로 가장 옳지 않은 것은?

① 소장은 편지의 내용을 검열했을 때에는 그 사실을 해당 수용자에게 지체없이 알려주어야 한다.

② 편지발송의 횟수, 편지 내용물의 확인방법 및 편지 내용의 검열절차 등에 관하여 필요한 사항은 대통령령으로 정한다.

③ 수용자 간에 오가는 편지에 대한 검열은 편지를 받는 교정시설에서 한다. 다만, 특히 필요하다고 인정되는 경우에는 편지를 보내는 교정시설에서도 할 수 있다.

④ 같은 교정시설의 수용자 간에 편지를 주고받으려면 소장의 허가를 받아야 한다.

05 형집행법령상 수용에 대한 설명으로 가장 옳은 것은?

① 교도관은 계호상 독거수용자가 건강상 이상이 있는 것으로 보이는 경우에는 교정시설에 근무하는 의무관 또는 소장에게 지체 없이 보고하여야 한다.

② 소장은 특히 필요하다고 인정하는 경우가 아니면 남성교도관이 주·야간에 수용자 거실에 있는 여성수용자를 시찰하게 하여서는 아니 된다.

③ 수용자는 독거수용한다. 다만, 시설의 안전과 질서유지를 위하여 필요한 때에는 혼거수용할 수 있다.

④ 소장은 수용자의 생명 신체의 보호, 증거인멸의 방지 및 교정시설의 안전과 질서유지를 위하여 필요하다고 인정하면 혼거실, 교육실, 강당, 작업장, 그 밖에 수용자들이 서로 접촉할 수 있는 장소에서 수용자의 자리를 지정할 수 있다.

06 형집행법령상 교정시설에 근무하는 간호사가 야간 또는 공휴일 등에 할 수 있는 경미한 의료행위에 해당하지 않는 것은?

① 외상 등 흔히 볼 수 있는 상처의 치료
② 응급을 요하는 수용자에 대한 응급처치
③ 부상과 질병의 악화방지를 위한 처치
④ 의약품의 처방

07 형집행법령상 이송, 재수용의 개별처우계획에 대한 설명으로 가장 옳지 않은 것은?

① 소장은 형집행정지 중에 있는 사람이 기간만료 또는 그 밖의 정지사유가 없어져 재수용된 경우에는 석방 당시와 동일한 처우등급을 부여할 수 있다.
② 소장은 가석방의 취소로 재수용되어 남은형기가 집행되는 경우에는 석방 당시보다 한 단계 낮은 처우등급(제74조의 경비처우급에만 해당한다.)을 부여한다. 다만, 「가석방자관리규정」제5조 단서를 위반하여 가석방이 취소되는 등 가석방 취소사유에 특히 고려할 만한 사정이 있는 때에는 석방당시와 동일한 처우등급을 부여할 수 있다.
③ 소장은 해당 교정시설의 특성 등을 고려하여 필요한 경우에는 다른 교정시설로부터 이송되어 온 수형자의 개별처우계획(법 제56조제1항에 따른 개별처우계획을 말한다)을 변경할 수 있다.
④ 소장은 형집행정지 중이거나 가석방기간 중에 있는 사람이 형사사건으로 재수용되어 형이 확정된 경우에는 종전 개별처우계획을 적용하여야 한다.

08 형집행법령상 수용자의 위생과 의료에 대한 설명으로 가장 옳은 것은?

① 소장은 저수조 등 급수시설을 1개월에 1회 이상 청소·소독하여야 한다.
② 소장은 수용자에 대하여 1년에 1회 이상 건강검진을 하여야 하며, 19세 미만의 수용자와 처우상 독거수용자에 대하여는 6개월에 1회 이상 하여야 한다.
③ 소장은 수용자가 감염병에 걸렸다고 의심되는 경우에는 1주 이상 격리수용하고 그 수용자의 휴대품을 소독하여야 한다.
④ 소장은 수용자가 진료 또는 음식물의 섭취를 거부하면 교도관으로 하여금 관찰·조언 또는 설득을 하도록 하여야 한다.

09 형집행법령상 수용자의 변호사 접견에 대한 설명으로 가장 옳지 않은 것은?

① 수용자가 소송사건의 대리인인 변호사와 접견하는 시간은 회당 60분으로 한다.

② 수용자가 「형사소송법」에 따른 상소권회복 또는 재심 청구사건의 대리인이 되려는 변호사와 접견하는 횟수는 월 4회로 하고 접견 횟수에 포함시키지 아니한다.

③ 소송사건의 대리인인 변호사가 수용자를 접견하고자 하는 경우에는 변호사 접견신청서에 소송위임장 사본 등 소송사건의 대리인임을 소명할 수 있는 자료를 첨부해야 한다.

④ 수용자가 「형사소송법」에 따른 상소권회복 또는 재심 청구사건의 대리인이 되려는 변호사와 접견하는 경우에는 교정시설의 안전 또는 질서를 해칠 우려가 없는 한 접촉차단 시설이 설치되지 않은 장소에서 접견하게 한다.

10 형집행법령상 사형확정자의 작업에 대한 설명으로 가장 옳지 않은 것은?

① 소장은 사형확정자가 작업을 신청하면 교도관회의의 심의를 거쳐 교정시설 안에서 실시하는 작업을 부과할 수 있다.

② 소장은 작업이 부과된 사형확정자에 대하여 교도관회의의 심의를 거쳐 번호표 및 거실표의 색상은 붉은색으로 하지 않을 수 있다.

③ 소장은 작업이 부과된 사형확정자가 작업의 취소를 요청하면 사형확정자의 의사(意思)·건강, 담당교도관의 의견 등을 고려하여 작업을 취소할 수 있다.

④ 사형확정자에게 작업을 부과하는 경우에는 법률상 집중근로에 따른 처우도 준용된다.

11 형집행법령 및 판례상 수용자의 징벌에 대한 설명으로 가장 옳은 것은?

① 수용자가 2 이상의 징벌사유가 경합하는 때 또는 징벌이 집행 중에 있거나 징벌의 집행이 끝난 후 또는 집행이 면제된 후 1년 내에 다시 징벌사유에 해당하는 행위를 한 때에는 징벌의 장기의 2분의 1까지 가중할 수 있다.

② 수용자가 금지물품을 지니거나 반입·제작·사용·수수·교환·은닉하는 행위를 한 경우에는 21일 이상 30일 이하의 금치(禁置)에 처할 것. 다만, 위반의 정도가 경미한 경우 그 기간의 2분의 1의 범위에서 감경할 수 있다.

③ 대법원은 징벌위원회가 징벌혐의자에게 출석통지서를 전달하지 않았다고 하더라도 징벌위원회 개최 일시와 장소를 구두로 통지하였다면 출석통지서 미전달의 하자가 치유되어 위법하지 않다고 판단하였다.

④ 징벌위원회는 재적위원 과반수의 출석으로 개의하고, 출석위원 과반수의 찬성으로 의결한다. 이 경우 외부위원 2명 이상이 출석한 경우에만 개의할 수 있다.

12 형집행법령상 지방교정청장의 권한이 아닌 것은?

① 집체직업훈련 대상자 선정
② 소속 교정시설을 보호장비 사용 실태의 정기적 점검
③ 외국인의 관할 교정시설 참관 승인
④ 수용자의 징벌 실효에 대한 승인

13 형집행법령상 접견 중인 수용자 또는 그 상대방에 대해 교도관이 접견을 중지할 수 있는 사유로 가장 옳지 않은 것은?

① 범죄의 증거를 인멸하려고 하는 때
② 형사 법령에 저촉되는 행위를 하려고 하는 때
③ 미결수용자의 건전한 사회복귀를 해칠 우려가 있는 행위를 하려고 하는 때
④ 수용자의 처우에 관하여 거짓사실을 유포하는 때

14 형집행법령상 금품관리에 대한 설명으로 가장 옳지 않은 것은?

① 수형자 외의 사람이 수형자에게 금품을 건네줄 것을 신청하는 경우 소장은 그 금품이 수형자의 건강, 교화 또는 건전한 사회복귀를 해칠 우려가 있는 때에는 허가하지 않는다.
② 소장은 법무부장관이 정하는 범위를 벗어난 물품으로서 교정시설에 특히 보관할 필요가 있다고 인정하지 아니하는 물품을 수용자로 하여금 자신이 지정하는 사람에게 보내게 하거나 그 밖에 적당한 방법으로 처분하게 할 수 있다.
③ 소장은 사망자 또는 도주자가 남겨두고 간 금품 중에 썩거나 없어질 우려가 있는 것은 폐기할 수 있다.
④ 소장은 수용자가 석방될 때 보관하고 있던 수용자의 휴대금품을 본인에게 돌려주어야 한다. 다만, 보관품을 한꺼번에 가져가기 어려운 경우 등 특별한 사정이 있어 수용자가 석방 시 소장에게 일정 기간 동안(1개월 이내의 범위로 한정한다) 보관품을 보관하여 줄 것을 신청하는 경우에는 그러하지 아니하다.

15 형집행법령상 소장이 개방처우급 혹은 완화 경비처우급 수형자에게 교정시설에 설치된 개방시설에 수용하여 사회 적응에 필요한 교육, 취업지원 등 적정한 처우를 할 수 있는 사유에 해당하지 않는 것은?

① 소득점수가 우수한 사람
② 형기가 2년 이상인 사람
③ 범죄 횟수가 3회 이하인 사람
④ 중간처우를 받는 날부터 가석방 또는 형기 종료 예정일까지 기간이 3개월 이상 2년 6개월 이하인 사람

16 형집행법령상 (   )에 들어갈 숫자를 모두 합한 것으로 옳은 것은?

> ㉠ 사면, 가석방, 형의 집행면제, 감형에 따른 석방은 그 서류가 교정시설에 도달한 후 (   )시간 이내에 하여야 한다.
> ㉡ 권한이 있는 사람의 명령에 따른 석방은 서류가 도달한 후 (   )시간 이내에 하여야 한다.
> ㉢ 소장은 수형자의 건전한 사회복귀를 위하여 필요하다고 인정하면 석방 전 (   )일 이내의 범위에서 석방예정자를 별도의 거실에 수용하여 장래에 관한 상담과 지도를 할 수 있다.
> ㉣ 소장은 형기종료로 석방될 수형자에 대하여는 석방 (   )일 전까지 석방 후의 보호에 관한 사항을 조사하여야 한다.

① 27   ② 28   ③ 29   ④ 30

17 형집행법령상 의무관이 건강상태를 수시로 확인하여야 하는 수용자에 해당하는 것은 모두 몇 개인가?

> ㉠ 보호실 수용자
> ㉡ 실외운동정지의 징벌을 집행 중인 수용자
> ㉢ 보호장비를 착용 중인 수용자
> ㉣ 다른 수용자를 간병하는 수용자
> ㉤ 진정실 수용자
> ㉥ 금치의 징벌을 집행 중인 수용자
> ㉦ 취사장에서 작업하는 수용자

① 4개   ② 5개   ③ 6개   ④ 7개

18 형집행법령상 수용자에게 포상할 수 있는 사유에 대한 설명으로 옳은 것(○)과 옳지 않은 것(×)을 순서대로 바르게 나열한 것은?

> ㉠ 사람의 생명·신체를 구조하거나 도주를 방지한 때
> ㉡ 제102조(재난 시의 조치) 제1항에 따른 응급용무에 공로가 있는 때
> ㉢ 시설의 안전과 질서 유지에 뚜렷한 공이 인정되는 때
> ㉣ 수용생활에 모범을 보이거나 건설적이고 창의적인 제안을 하는 등 특히 포상할 필요가 있다고 인정되는 때

	㉠	㉡	㉢	㉣
①	○	○	○	○
②	×	○	○	○
③	×	○	×	○
④	○	×	○	×

19 다음 중 교도작업에 대한 설명으로 가장 옳지 않은 것은?

① 수형자에게 부과하는 작업은 건전한 사회복귀를 위하여 기술을 습득하고 근로의욕을 고취하는 데에 적합한 것이어야 한다.

② 소장은 작업을 폐지하고자 할 때에는 법무부장관에게 보고를 하여야 한다. 다만, 직영작업을 폐지하고자 할 때에는 법무부장관의 승인을 받아야 한다.

③ 우리나라는 현재 교도작업의 효율적이고 합리적인 운영을 위하여 「교도작업의 운영 및 특별회계에 관한 법률」을 제정·시행하고 있다.

④ 수형자의 가족 또는 배우자의 직계존속이 사망하면 2일간, 부모 또는 배우자의 부모의 제삿날에는 1일간 해당 수형자의 작업을 면제한다. 다만, 수형자가 작업을 계속하기를 원하는 경우는 예외로 한다.

20 형집행법령상 수형자의 분류심사에 대한 설명으로 가장 옳지 않은 것은?

① 소장은 군사법원에서 징역형 또는 금고형이 확정되거나 그 형의 집행 중에 있는 사람이 이송되어 온 경우에는 개별처우계획을 새로 수립하여 시행한다.

② 징역형·금고형이 확정된 사람으로서 집행할 형기가 형집행지휘서 접수일부터 3개월 미만인 사람은 분류심사를 하지 아니한다.

③ 2개 이상의 징역형 또는 금고형을 집행하는 수형자의 재심사 시기를 산정하는 경우에는 그 형기를 합산한다. 다만, 합산한 형기가 20년을 초과하는 경우에는 그 형기를 20년으로 본다.

④ 소장은 재심사를 할 때에는 그 사유가 발생한 달까지 완료하여야 한다.

21 형집행법령상 수형자 취업 및 창업지원에 대한 설명으로 가장 옳은 것은?

① 수형자의 건전한 사회복귀를 지원하기 위하여 교정시설에 취업알선 및 창업지원에 관한 협의기구를 두어야 한다.

② 수형자 취업지원협의회는 3명 이상 5명 이하의 내부위원과 10명 이상의 외부위원으로 구성하며, 회장은 외부위원 중에서 호선한다.

③ 수형자 취업지원협의회의 외부위원 임기는 2년으로 하고 연임할 수 없다.

④ 수형자 취업지원협의회 회의는 반기마다 개최한다. 다만, 수형자의 사회복귀지원을 위하여 협의가 필요하거나 회장이 필요하다고 인정하는 때 또는 위원 3분의 1이상의 요구가 있는 때에는 임시회의를 개최할 수 있다.

22 형집행법령상 소장이 수용자의 면담신청을 받아들이지 않을 수 있는 사유를 모두 고른 것은?

> ㉠ 정당한 사유 없이 면담사유를 밝히지 아니하는 때
> ㉡ 면담목적이 법령이나 지시에 명백히 위배되는 사항을 요구하는 것인 때
> ㉢ 동일한 사유로 면담한 사실이 있음에도 불구하고 정당한 사유 없이 반복하여 면담을 신청하는 때
> ㉣ 교도관의 직무집행을 방해할 목적이라고 인정되는 상당한 이유가 있는 때

① ㉠, ㉡   ② ㉠, ㉢, ㉣   ③ ㉡, ㉢, ㉣   ④ ㉠, ㉡, ㉢, ㉣

23 형집행법령상 수형자의 외부인 접견에 대한 설명으로 가장 옳지 않은 것은?

① 소장은 수형자가 19세 미만인 때에는 접견 횟수를 늘릴 수 있다.

② 소장은 수형자의 교화 또는 건전한 사회복귀를 위하여 특히 필요하다고 인정하면 접견시간대 외에도 접견을 하게 할 수 있고 접견시간을 연장할 수 있다.

③ 소장은 수형자의 교화 또는 건전한 사회복귀를 위하여 필요한 때에는 교도관으로 하여금 수용자의 접견내용을 청취·기록·녹음 또는 녹화하게 할 수 있다.

④ 소장은 수용자와 외부인의 접견을 녹음하는 경우에는 교도관으로 하여금 수용자와 그 상대방이 접견실에 들어간 후에 즉시 구두 또는 서면으로 알려 주게 하여야 한다.

24 형집행법령상 보호장비 사용에 대한 설명으로 가장 옳지 않은 것은?

① 보호장비는 징벌의 수단으로 사용되어서는 아니 된다.

② 보호장비를 착용 중인 수용자는 특별한 사정이 없으면 계호상 독거수용한다.

③ 자살·자해의 우려가 큰 때에도 포승을 사용할 수 있다.

④ 보호침대를 사용하는 경우 수용자가 임의로 해체하지 못하도록 다른 보호장비를 함께 사용할 수 있다.

01 형집행법령 및 「교도관직무규칙」상 위생 등에 대한 설명으로 가장 옳은 것은?

① 교정시설에는 「의료법」 제3조에 따른 의료기관 중 의원(醫院)이 갖추어야 하는 시설 수준 이상의 의료시설을 갖추어야 한다. 의료시설의 세부종류 및 설치기준은 보건복지부장관이 정한다.

② 소장은 수용자가 건강유지에 필요한 운동 및 목욕을 정기적으로 할 수 있도록 하여야 한다. 운동시간·목욕횟수 등에 관하여 필요한 사항은 법무부령으로 정한다.

③ 소장은 거실·작업장·목욕탕, 그 밖에 수용자가 공동으로 사용하는 시설과 취사장, 주식·부식 저장고, 그 밖에 음식물 공급과 관련된 시설을 수시로 청소·소독하여야 하며, 저수조 등 급수시설은 6개월에 1회 이상 청소·소독하여야 한다.

④ 의무관은 수용자에게 지급하는 주식, 부식 등 음식물 검사에 참여하여 식중독 등을 예방하여야 한다. 의무관은 매주 1회 이상 의료수용동의 청결상태, 온도, 환기, 그 밖의 사항을 확인하여야 한다. 의무관은 교정시설의 모든 설비와 수용자가 사용하는 물품 또는 급식 등에 관하여 매월 1회 이상 전반적으로 그 위생에 관계된 사항을 확인하여야 하고, 그 결과 특히 중요한 사항은 소장에게 보고하여야 한다.

02 「형의 집행 및 수용자의 처우에 관한 법률 시행규칙」상 외국인수용자의 처우에 대한 설명으로 옳지 않은 것은 모두 몇 개인가?

> 가. 소장은 외국인수용자의 수용거실을 지정하는 경우에는 종교 또는 생활습관이 다르거나 민족감정 등으로 인하여 분쟁의 소지가 있는 외국인수용자는 거실을 분리하여 수용하여야 한다.
>
> 나. 소장은 외국인수용자에 대하여는 그 생활양식을 고려하여 필요한 수용설비를 제공하도록 노력하여야 한다.
>
> 다. 외국인수용자를 수용하는 소장은 외국어에 능통한 소속 교도관을 전담요원으로 지정하여 일상적인 개별면담, 고충해소, 통역·번역 및 외교공관 또는 영사관 등 관계기관과의 연락 등의 업무를 수행하게 하여야 한다.
>
> 라. 외국인수용자에 대하여는 쌀, 빵 또는 그 밖의 식품을 주식으로 지급하되, 소속국가의 음식문화를 고려하여야 한다.
>
> 마. 소장은 외국인수용자가 질병 등으로 위독하거나 사망한 경우에는 그의 국적이나 시민권이 속하는 나라의 외교공관 또는 영사관의 장이나 그 관원 또는 가족에게 이를 즉시 알려야 한다.

① 0개   ② 1개   ③ 2개   ④ 3개

03 「형의 집행 및 수용자의 처우에 관한 법률」상 교도관이 수용자 외의 사람에게 강제력을 행사할 수 있는 사유로 가장 옳지 않은 것은?

① 수용자를 도주하게 하려고 하는 때
② 자해하거나 자해하려고 하는 때
③ 위력으로 교도관의 정당한 직무집행을 방해하는 때
④ 교정시설에 침입하거나 하려고 하는 때

04 「교도관직무규칙」상 당직간부에 대한 설명으로 가장 옳지 않은 것은?

① 소장은 당직간부의 지휘 아래 교정직교도관으로 하여금 전체 수용자를 대상으로 하는 인원점검을 매일 2회 이상 충분한 사이를 두고 하게 하여야 하며, 이에 따라 인원점검을 한 당직간부는 그 결과를 소장에게 보고하여야 한다.
② 당직간부는 수용자의 작업 등 일과활동이 끝나면 교정직교도관으로 하여금 수용자가 일과활동을 한 작업장 등에서 인원 및 도구를 점검하게 하고 그 결과를 보안과장에게 보고한 후 수용자를 거실로 들어가게 하여야 한다. 수용자가 거실로 들어가면 다시 인원점검을 하고 그 결과를 소장에게 보고한 후 일과종료를 명한다.
③ 당직간부는 매월 1회 이상 교도관의 비상소집망을 확인하여 정확하게 유지하도록 하여야 한다.
④ 당직간부는 수용자가 수용된 거실을 여닫거나 여러 명의 수용자를 이동시키는 등 계호를 강화할 필요가 있다고 판단되는 경우에는 휴식 중인 교정직교도관 등을 특정 근무지에 임시로 증가시켜 배치하여야 한다.

05 「형의 집행 및 수용자의 처우에 관한 법률 시행규칙」상 수용자의 범죄횟수에 대한 설명으로 가장 옳지 않은 것은?

① 수용자의 범죄횟수는 징역 또는 금고 이상의 형을 선고받아 확정된 횟수로 하는 것이 원칙이다.
② 집행유예의 선고를 받은 사람이 유예기간 중 고의로 범한 죄로 금고 이상의 실형이 확정되지 아니하고 그 기간이 지난 경우에는 집행이 유예된 형은 범죄횟수에 포함하지 아니한다.
③ 징역 4년을 선고받고 확정되어 그 집행을 종료한 날로부터 5년이 지난 경우에는 범죄횟수에 포함하지 아니한다.
④ 수용기록부 등 수용자의 범죄횟수를 기록하는 문서에는 필요한 경우 수용횟수(징역 또는 금고 이상의 형을 선고받고 그 집행을 위하여 교정시설에 수용된 횟수를 말한다)를 함께 기록하여 해당 수용자의 처우에 참고할 수 있도록 한다.

06 「형의 집행 및 수용자의 처우에 관한 법률」상 귀휴에 대한 내용이다. ( ) 안에 들어갈 숫자를 모두 합한 것으로 옳은 것은?

> 제77조(귀휴) ① 소장은 ( )개월 이상 형을 집행받은 수형자로서 그 형기의 ( )분의 1 [( )년 이상의 유기형 또는 무기형의 경우에는 ( )년]이 지나고 교정성적이 우수한 사람이 다음 각 호의 어느 하나에 해당하면 1년 중 20일 이내의 귀휴를 허가할 수 있다.
> 1. 가족 또는 배우자의 직계존속이 위독한 때
> 2. 질병이나 사고로 외부의료시설에의 입원이 필요한 때
> 3. 천재지변이나 그 밖의 재해로 가족, 배우자의 직계존속 또는 수형자 본인에게 회복할 수 없는 중대한 재산상의 손해가 발생하였거나 발생할 우려가 있는 때
> 4. 그 밖에 교화 또는 건전한 사회복귀를 위하여 법무부령으로 정하는 사유가 있는 때

① 36

② 37

③ 40

④ 49

07 「형의 집행 및 수용자의 처우에 관한 법률 시행규칙」상 ( ) 안에 들어갈 숫자를 모두 합한 것으로 옳은 것은?

> 제90조(전화통화의 허용횟수) ① 수형자의 경비처우급별 전화통화의 허용횟수는 다음 각 호와 같다.
> 1. 개방처우급 : 월 (   )회 이내
> 2. 완화경비처우급 : 월 (   )회 이내
> 3. 일반경비처우급·중(重)경비처우급 : 처우상 특히 필요한 경우 월 (   )회 이내
> ② 소장은 제1항에도 불구하고 처우상 특히 필요한 경우에는 개방처우급·완화경비처우급 수형자의 전화통화 허용횟수를 늘릴 수 있다.
> ③ 제1항 각 호의 경우 전화통화는 1일 (   )회만 허용한다. 다만, 처우상 특히 필요한 경우에는 그러하지 아니하다.

① 32

② 34

③ 36

④ 38

08 「형의 집행 및 수용자의 처우에 관한 법률 시행령」상 소장이 금지물품의 확인을 위하여 수용자의 편지를 봉함하지 않은 상태로 제출하게 할 수 있는 사유로 가장 옳지 않은 것은?

① 마약류사범·조직폭력사범 등 법무부령으로 정하는 수용자가 변호인 외의 자에게 편지를 보내려는 경우
② 중(重)경비시설 수용대상인 수형자가 변호인 외의 자에게 편지를 보내려는 경우
③ 수용자가 같은 교정시설에 수용 중인 다른 수용자에게 편지를 보내려는 경우
④ 순회점검공무원에게 청원 중인 수용자가 다른 교정시설에 수용 중인 수용자에게 편지를 보내려는 경우

09 「형의 집행 및 수용자의 처우에 관한 법률」상 신체검사 등에 대한 설명으로 가장 옳지 않은 것은?

① 교도관은 시설의 안전과 질서유지를 위하여 필요하면 수용자의 신체·의류·휴대품·거실 및 작업장 등을 검사할 수 있다.
② 수용자의 신체를 검사하는 경우에는 불필요한 고통이나 수치심을 느끼지 아니하도록 유의하여야 하며, 특히 신체를 면밀하게 검사할 필요가 있으면 다른 수용자가 볼 수 없는 차단된 장소에서 하여야 한다.
③ 교도관은 시설의 안전과 질서유지를 위하여 필요하면 교정시설을 출입하는 수용자 외의 사람에 대하여 신체·의류 및 휴대품을 검사할 수 있다.
④ 여성의 신체·의류 및 휴대품에 대한 검사는 여성교도관이 하여야 한다.

10 「형의 집행 및 수용자의 처우에 관한 법률 시행규칙」상 가석방 적격심사에 대한 설명으로 가장 옳지 않은 것은?

① 소장은 가석방 적격심사신청에 필요하다고 인정하면 분류처우위원회에 담당교도관을 출석하게 하여 수형자의 가석방 적격심사사항에 관한 의견을 들을 수 있다.
② 소장은 수형자의 가석방 적격심사신청을 위하여 신원에 관한 사항, 범죄에 관한 사항, 보호에 관한 사항을 사전에 조사해야 한다.
③ 소장은 가석방이 허가되지 아니한 수형자에 대하여 그 후에 가석방을 허가하는 것이 적당하다고 인정하는 경우에는 다시 가석방 적격심사신청을 할 수 있다.
④ 가석방 적격심사신청을 위한 범죄에 관한 사항에 대한 조사는 수형자를 수용한 날로부터 6개월 이내에 하고, 조사에 필요하다고 인정하는 경우에는 소송기록을 열람할 수 있다.

11 형집행법령상 수형자의 처우에 대한 설명으로 가장 옳지 않은 것은?

① 소장은 미결수용자로서 자유형이 확정된 사람에 대하여는 검사의 집행 지휘서가 발송된 때부터 수형자로 처우할 수 있다.

② 수형자에 대한 처우는 교화 또는 건전한 사회복귀를 위하여 교정성적에 따라 상향 조정될 수 있으며, 특히 그 성적이 우수한 수형자는 개방시설에 수용되어 사회생활에 필요한 적정한 처우를 받을 수 있다.

③ 수형자의 처우등급은 기본수용급, 경비처우급, 개별처우급으로 구분한다.

④ 수형자 취업지원협의회는 회장 1명을 포함하여 3명 이상 5명 이하의 내부위원과 10명 이상의 외부위원으로 구성한다.

12 「형의 집행 및 수용자의 처우에 관한 법률 시행규칙」상 보안장비의 종류별 사용기준으로 가장 옳지 않은 것은?

① 전기교도봉은 얼굴이나 머리부분에 사용해서는 아니 되며, 타격 즉시 떼어야 한다.

② 가스총은 1미터 이내의 거리에서는 상대방의 얼굴을 향하여 발사해서는 안 된다.

③ 투척용 최루탄은 근거리용으로 사용하고, 발사용 최루탄은 30미터 이상의 원거리에서 사용하되, 50도 이상의 발사각을 유지하여야 한다.

④ 전극침 발사장치가 있는 전자충격기를 사용할 경우 전극침을 상대방의 얼굴을 향해 발사해서는 안 된다.

13 「형의 집행 및 수용자의 처우에 관한 법률」상 수용자의 석방에 대한 설명으로 가장 옳지 않은 것은?

① 소장은 사면·형기종료 또는 권한이 있는 사람의 명령에 따라 수용자를 석방한다.

② 사면, 가석방, 형의 집행면제, 감형에 따른 석방은 그 서류가 교정시설에 도달한 후 24시간 이내에 하여야 한다.

③ 형기종료에 따른 석방은 형기종료일에 하여야 한다.

④ 권한이 있는 사람의 명령에 따른 석방은 서류가 도달한 후 5시간 이내에 하여야 한다.

14 「형의 집행 및 수용자의 처우에 관한 법률」상 벌칙규정에 대한 설명으로 가장 옳지 않은 것은?

① 귀휴·외부통근, 그 밖의 사유로 소장의 허가를 받아 교도관의 계호 없이 교정시설 밖으로 나간 후에 정당한 사유 없이 기한까지 돌아오지 아니하는 행위를 한 수용자는 1년 이하의 징역 또는 1천만원 이하의 벌금에 처한다.

② 소장의 허가 없이 무인비행장치, 전자·통신기기를 교정시설에 반입한 사람은 3년 이하의 징역 또는 3천만원 이하의 벌금에 처한다.

③ 주류·담배·화기·현금·수표·음란물·사행행위에 사용되는 물품을 수용자에게 전달할 목적으로 교정시설에 반입한 사람은 1년 이하의 징역 또는 1천만원 이하의 벌금에 처한다.

④ 소장의 허가 없이 교정시설 내부를 녹화·촬영한 사람은 1년 이하의 징역 또는 1천만원 이하의 벌금에 처한다.

15 「형의 집행 및 수용자의 처우에 관한 법률」상 보호실 수용에 대한 설명으로 가장 옳은 것은?

① 소장은 수용자가 교정시설의 설비 등을 손괴하려고 하는 때에는 의무관의 의견을 고려하여 보호실에 수용할 수 있다.

② 수용자의 보호실 수용기간은 15일 이내로 한다. 다만, 소장은 특히 계속하여 수용할 필요가 있으면 의무관의 의견을 고려하여 1회당 7일의 범위에서 기간을 연장할 수 있으며, 보호실에 수용할 수 있는 기간은 계속하여 3개월을 초과할 수 없다.

③ 소장은 보호실 수용자의 건강상태를 수시로 확인하여야 한다.

④ 소장은 수용자의 보호실 수용기간을 연장하는 경우에는 그 사유를 수용자의 가족에게 알려 주어야 한다.

16 형집행법령상 분류심사에 대한 설명으로 가장 옳지 않은 것은?

① 소장은 수형자에 대한 개별처우계획을 합리적으로 수립하고 조정하기 위하여 수형자의 인성, 행동특성 및 자질 등을 과학적으로 조사·측정·평가하여야 한다.

② 소장은 형집행정지 중에 있는 사람이 기간만료 또는 그 밖의 정지사유가 없어져 재수용된 경우에는 석방 당시와 동일한 처우등급을 부여할 수 있다.

③ 교정본부장은 수형자를 과학적으로 분류하기 위하여 분류심사를 전담하는 교정시설을 지정·운영할 수 있다.

④ 분류처우위원회는 위원장을 포함한 5명 이상 7명 이하의 위원으로 구성한다.

17 형집행법령상 교정시설에 대한 설명으로 가장 옳지 않은 것은?

① 법무부장관은 교정시설의 설치 및 운영에 관한 업무의 일부를 법인에게 위탁할 수는 있으나 개인에게는 위탁할 수 없다.

② 법무부장관은 수용자에 대한 처우 및 교정시설의 유지·관리를 위한 적정한 인력을 확보하여야 한다.

③ 판사 또는 검사가 교정시설을 시찰할 경우에는 미리 그 신분을 나타내는 증표를 교정시설의 장에게 제시해야 한다.

④ 판사와 검사 외의 사람은 교정시설을 참관하려면 학술연구 등 정당한 이유를 명시하여 교정시설의 장의 허가를 받아야 한다.

18 「형의 집행 및 수용자의 처우에 관한 법률」상 징벌의 집행에 대한 설명으로 가장 옳지 않은 것은?

① 소장은 징벌집행 중인 사람이 뉘우치는 빛이 뚜렷한 경우에는 그 징벌을 감경하거나 남은 기간의 징벌집행을 면제할 수 있다.

② 징벌위원회는 징벌을 의결하는 때에 행위의 동기 및 정황, 교정성적, 뉘우치는 정도 등 그 사정을 고려할 만한 사유가 있는 수용자에 대하여 3개월 이상 6개월 이하의 기간 내에서 징벌의 집행을 유예할 것을 의결할 수 있다.

③ 수용자가 징벌집행을 유예받은 후 징벌을 받음이 없이 유예기간이 지나면 그 징벌의 집행은 종료된 것으로 본다.

④ 소장은 징벌의 집행이 종료되거나 집행이 면제된 수용자가 교정성적이 양호하고 법무부령으로 정하는 기간 동안 징벌을 받지 아니하면 법무부장관의 승인을 받아 징벌을 실효시킬 수 있다.

19 형집행법령상 여성수용자에 대한 설명으로 가장 옳지 않은 것은?

① 소장은 수용자가 임신 중이거나 출산(유산·사산은 제외한다)한 경우에는 모성보호 및 건강유지를 위하여 정기적인 검진 등 적절한 조치를 하여야 한다.

② 여성수용자는 자신이 출산한 유아를 교정시설에서 양육할 것을 신청할 수 있다.

③ 소장은 여성수용자에 대하여 상담·교육·작업 등을 실시하는 때에는 여성교도관이 담당하도록 하여야 한다. 다만, 여성교도관이 부족하거나 그 밖의 부득이한 사정이 있으면 그러하지 아니하다.

④ 소장은 교정시설에서 유아의 양육을 신청한 여성수용자에게 그 양육을 허가한 경우에는 교정시설에 육아거실을 지정·운영하여야 한다.

20 「형의 집행 및 수용자의 처우에 관한 법률 시행규칙」상 수용자의 종교행사 참석을 제한할 수 있는 사유로 옳은 것은 모두 몇 개인가?

> 가. 종교행사용 시설의 부족 등 여건이 충분하지 아니할 때
> 나. 수용자가 종교행사 장소를 허가 없이 벗어나거나 다른 사람과 연락을 할 때
> 다. 수용자가 계속 큰 소리를 내거나 시끄럽게 하여 종교행사를 방해할 때
> 라. 수용자가 전도를 핑계삼아 다른 수용자의 평온한 신앙생활을 방해할 때
> 마. 그 밖에 다른 법령에 따라 공동행사의 참석이 제한될 때

① 2개
③ 4개

② 3개
④ 5개

21 「형의 집행 및 수용자의 처우에 관한 법률 시행령」상 미결수용자의 처우에 대한 설명으로 가장 옳지 않은 것은?

① 미결수용자를 수용하는 시설의 설비 및 계호의 정도는 완화경비시설에 준한다.
② 미결수용자의 접견 횟수는 매일 1회로 하되, 변호인과의 접견은 그 횟수에 포함 시키지 않는다.
③ 소장은 이송이나 출정, 그 밖의 사유로 미결수용자를 교정시설 밖으로 호송하는 경우에는 해당 사건에 관련된 사람과 호송 차량의 좌석을 분리하는 등의 방법으로 서로 접촉하지 못하게 하여야 한다.
④ 소장은 미결수용자가 빈곤하거나 무지하여 수사 및 재판 과정에서 권리를 충분히 행사하지 못한다고 인정하는 경우에는 법률구조에 필요한 지원을 할 수 있다.

22 「형의 집행 및 수용자의 처우에 관한 법률 시행령」상 의료 등에 대한 설명으로 가장 옳지 않은 것은?

① 소장은 19세 미만의 수용자에 대하여는 1년에 1회 건강검진을 하여야 한다.
② 소장은 수용자가 감염병에 걸렸다고 의심되는 경우에는 1주 이상 격리수용하고 그 수용자의 휴대품을 소독하여야 한다.
③ 소장은 수용자가 위독한 경우에는 그 사실을 가족에게 지체 없이 알려야 한다.
④ 소장은 수용자가 부상을 당하거나 질병에 걸린 경우에는 그 수용자를 의료거실에 수용하거나, 다른 수용자에게 그 수용자를 간병하게 할 수 있다.

23 「형의 집행 및 수용자의 처우에 관한 법률 시행규칙」상 소년수용자에 대한 설명으로 가장 옳지 않은 것은?

① 소년수형자 전담교정시설이 아닌 교정시설에서는 소년수용자를 수용하기 위하여 별도의 거실을 지정하여 운용하여야 한다.

② 소년수형자 전담교정시설에는 별도의 공동학습공간을 마련하고 학용품 및 소년의 정서 함양에 필요한 도서, 잡지 등을 갖춰 두어야 한다.

③ 소년수형자 전담교정시설이 아닌 교정시설에서 소년수용자를 수용한 경우 소년의 나이·적성 등 특성에 알맞은 교육·교화프로그램을 개발하여 시행하여야 한다.

④ 소장은 소년수용자가 작업을 원하는 경우에는 나이·건강상태 등을 고려하여 해당 수용자가 감당할 수 있는 정도의 작업을 부과한다. 이 경우 의무관의 의견을 들어야 한다.

24 형집행법령상 징벌에 대한 설명으로 가장 옳지 않은 것은?

① 작업장려금의 삭감은 징벌위원회가 해당 징벌을 의결한 날이 속하는 달의 작업장려금부터 이미 지급된 작업장려금에 대하여 역순으로 집행한다.

② 소장은 금치를 집행하는 경우에는 징벌집행을 위하여 별도로 지정한 거실에 해당수용자를 수용하여야 한다.

③ 징벌위원회는 위원장을 포함한 5명 이상 7명 이하의 위원으로 구성하고, 위원장은 소장의 바로 다음 순위자가 되며, 위원은 소장이 소속 기관의 과장(지소의 경우에는 7급 이상의 교도관) 및 교정에 관한 학식과 경험이 풍부한 외부인사 중에서 임명 또는 위촉한다. 이 경우 외부위원은 2명 이상으로 한다.

④ 소장은 징벌집행을 받고 있거나 집행을 앞둔 수용자가 같은 행위로 형사 법률에 따른 처벌이 확정되어 징벌을 집행할 필요가 없다고 인정하면 징벌집행을 감경하거나 면제할 수 있다.

Corrections & Criminal Justice

01 「형의 집행 및 수용자의 처우에 관한 법률」상 안전과 질서에 대한 설명으로 옳은 것을 모두 고른 것은?

> (ㄱ) 교도관은 시설의 안전과 질서유지를 위하여 필요하면 교정시설을 출입하는 수용자 외의 사람에 대하여 의류와 휴대품을 검사할 수 있다.
> (ㄴ) 교도관은 자살·자해·도주·폭행·손괴, 그 밖에 수용자의 생명·신체를 해하거나 시설의 안전 또는 질서를 해하는 행위(이하 "자살 등"이라 한다)를 방지하기 위하여 필요한 범위에서 전자장비를 이용하여 수용자 또는 시설을 계호할 수 있다. 다만, 전자영상장비로 거실에 있는 수용자를 계호하는 것은 자살 등의 우려가 큰 때에만 할 수 있다.
> (ㄷ) 수용자의 보호실 수용기간은 15일 이내로 하지만, 소장은 특히 계속하여 수용할 필요가 있으면 의무관의 의견을 고려하여 1회당 7일의 범위에서 기간을 연장할 수 있다.
> (ㄹ) 소장이 수용자의 처우를 위하여 허가하는 경우 수용자는 전자·통신기기를 지닐 수 있다.

① (ㄱ)

② (ㄱ), (ㄴ)

③ (ㄱ), (ㄴ), (ㄷ)

④ (ㄱ), (ㄴ), (ㄷ), (ㄹ)

02 「형의 집행 및 수용자의 처우에 관한 법률」상 각종 위원회에 대한 설명으로 가장 옳은 것은?

① 법무부장관은 가석방심사위원회의 가석방 허가신청이 적정하다고 인정하면 이를 허가하여야 한다.

② 교정자문위원회의 위원은 교정에 관한 학식과 경험이 풍부한 외부인사 중에서 교정본부장의 추천을 받아 법무부장관이 위촉한다.

③ 분류처우위원회는 위원장을 포함한 5명 이상 10명 이하의 위원으로 구성하고, 위원장은 소장이 된다.

④ 징벌위원회는 징벌대상자가 위원회에 출석하여 충분한 진술을 할 수 있는 기회를 부여여야 하며, 징벌대상자는 서면 또는 말로써 자기에게 유리한 사실을 진술하거나 증거를 제출 할 수 있다.

03 「형의 집행 및 수용자의 처우에 관한 법률」상 소장의 직무에 대한 설명으로 옳은 것을 모두 고른 것은 ?

> (ㄱ) 소장은 수형자의 근로의욕을 고취하고 건전한 사회복귀를 지원하기 위하여 지방교정청장이 정하는 바에 따라 작업의 종류, 작업성적, 교정성적, 그 밖의 사정을 고려하여 수형자에게 작업장려금을 지급할 수 있다.
> (ㄴ) 소장은 다른 사람의 건강에 위해를 끼칠 우려가 있는 감염병에 걸린 사람의 수용을 거절한 경우 그 사유를 지체 없이 수용지휘기관과 관할 보건소장에게 통보하고 지방교정청장에게 보고하여야 한다.
> (ㄷ) 소장은 수용자의 수용 · 작업 · 교회 · 의료, 그 밖의 처우를 위하여 필요하거나 시설의 안전과 질서유지를 위하여 필요하다고 인정하면 법무부장관의 승인을 받아 수용자를 다른 교정시설로 이송할 수 있다.
> (ㄹ) 소장은 수용자의 정신질환 치료를 위하여 필요하다고 인정하면 법무부장관의 승인을 받아 치료감호시설로 이송할 수 있다.

① (ㄱ), (ㄴ)　　　　　　　　　② (ㄱ), (ㄹ)
③ (ㄴ), (ㄷ)　　　　　　　　　④ (ㄷ), (ㄹ)

04 형집행법령상 귀휴에 대한 설명으로 옳은 것은 모두 몇 개인가?

> (ㄱ) 귀휴심사위원회는 위원장을 포함한 5명 이상 7명 이하의 위원으로 구성한다.
> (ㄴ) 귀휴심사위원회의 회의는 재적위원 과반수의 출석으로 개의하고 출석위원 과반수의 찬성으로 의결한다.
> (ㄷ) 소장은 6개월 이상 형을 집행받은 수형자로서 그 형기의 3분의 1(21년 이상의 유기형 또는 무기형의 경우에는 7년)이 지나고 교정성적이 우수한 사람이 가족 또는 배우자의 직계존속이 위독한 때에는 1년 중 20일 이내의 귀휴를 허가할 수 있다.
> (ㄹ) 소장은 귀휴 중인 수형자가 귀휴의 허가사유가 존재하지 아니함이 밝혀진 때, 거소의 제한이나 그 밖에 귀휴허가에 붙인 조건을 위반한 때에 해당하면 귀휴를 취소하여야 한다.

① 1개　　　　　　　　　　　② 2개
③ 3개　　　　　　　　　　　④ 4개

05 형집행법령상 수용자 계호 등에 대한 설명으로 가장 옳지 않은 것은?

① 귀휴·외부통근, 그 밖의 사유로 소장의 허가를 받아 교도관의 계호 없이 교정시설 밖으로 나간 후에 정당한 사유 없이 기한까지 돌아오지 아니하는 행위를 한 수용자는 1년 이하의 징역 또는 1천만원 이하의 벌금에 처한다.

② 중경비시설의 거실에 있는 수용자를 전자장비를 이용하여 계호하는 경우에는 중앙통제실 등에 비치된 현황표에 피계호인원 등 전체 현황만을 기록할 수 있다.

③ 소장은 다수의 관심대상수용자가 수용되어 있는 수용동 및 작업장에는 사명감이 투철한 교도관을 엄선하여 배치하여야 한다.

④ 전자장비의 종류·설치장소·사용방법 및 녹화기록물의 관리 등에 관하여 필요한 사항은 법무부령으로 정한다.

06 형집행법령상 수용자의 접견에 대한 설명으로 가장 옳지 않은 것은?

① 수용자가 미성년자인 자녀와 접견하는 경우에는 접촉차단시설이 설치되지 아니한 장소에서 접견하게 할 수 있다.

② 미결수용자(형사사건으로 수사 또는 재판을 받고 있는 수형자와 사형확정자를 포함한다)가 변호인(변호인이 되려는 사람을 포함한다)과 접견하는 경우에는 접촉차단시설이 설치되지 아니한 장소에서 접견하게 한다.

③ 소장은 범죄의 증거를 인멸하거나 형사 법령에 저촉되는 행위를 할 우려가 있을 때에는 교도관으로 하여금 수용자의 접견내용을 청취·기록·녹음 또는 녹화하게 하여야 한다.

④ 수용자가「형사소송법」에 따른 상소권회복 또는 재심 청구사건의 대리인이 되려는 변호사와 접견하는 경우에는 교정시설의 안전 또는 질서를 해칠 우려가 없는 한 접촉차단시설이 설치되지 않은 장소에서 접견하게 한다.

07 「형의 집행 및 수용자의 처우에 관한 법률 시행규칙」상 가석방에 대한 설명으로 가장 옳지 않은 것은?

① 가석방자는 가석방 기간 중 「가석방자관리규정」에 따른 지켜야 할 사항 및 관할 경찰서장의 명령 또는 조치를 따라야 하며 이를 위반하는 경우에는 「형법」 제75조에 따라 가석방을 취소할 수 있다.

② 소장은 가석방을 취소하는 것이 타당하다고 인정하는 경우 긴급한 사유가 있을 때에는 위원회의 심사를 거치지 아니하고 전화, 전산망 또는 그 밖의 통신수단으로 법무부장관에게 가석방의 취소를 신청할 수 있다.

③ 소장은 가석방이 취소된 사람 또는 가석방이 실효된 사람이 교정시설에 수용 되지 아니한 사실을 알게 된 때에는 관할 지방검찰청 검사 또는 관할 경찰서장에게 구인하도록 의뢰하여야 한다.

④ 가석방취소자 및 가석방실효자의 남은 형기 기간은 가석방을 실시한 날부터 원래 형기의 종료일까지로 하고, 남은 형기 집행 기산일은 가석방의 취소 또는 실효로 인하여 교정시설에 수용된 날부터 한다.

08 「형의 집행 및 수용자의 처우에 관한 법률 시행규칙」상 보호장비에 대한 설명으로 옳은 것은 모두 몇 개인가?

> (ㄱ) 소장은 보호장비를 착용 중인 수용자에 대하여 보호장비 사용 심사부 및 보호 장비 착용자 관찰부 등의 기록과 관계직원의 의견 등을 토대로 보호장비의 계속 사용 여부를 매일 심사하여야 한다.
> (ㄴ) 의무관은 보호장비 착용 수용자의 건강상태를 확인한 결과 특이사항을 발견한 경우에는 보호장비 사용심사부에 기록하여야 한다.
> (ㄷ) 소장이 의무관 또는 의료관계 직원으로부터 보호장비의 사용 중지의견을 보고 받은 경우에는 해당 수용자에 대하여 보호장비를 계속하여 사용할 필요가 있는 경우라 할지라도 즉시 사용을 중단하여야 한다.
> (ㄹ) 보호의자는 수용자의 목욕, 식사, 용변, 치료 등을 위하여 필요한 경우 그 사용을 일시 중지하거나 완화하는 경우를 제외하고 8시간을 초과하여 사용할 수 없으며, 사용 중지 후 4시간이 경과하지 아니하면 다시 사용할 수 없다.
> (ㅁ) 하나의 보호장비로 사용목적을 달성할 수 없는 경우에는 둘 이상의 보호장비를 사용할 수 있다. 다만, 보호의자 또는 보호침대를 사용하는 경우에는 다른 보호장비와 같이 사용할 수 없다.

① 2개   ② 3개
③ 4개   ④ 5개

09 형집행법령상 편지 · 신문 · 도서 · 방송에 대한 설명으로 가장 옳지 않은 것은?

① 소장은 수용자의 건강과 일과시간 등을 고려하여 1일 8시간 이내에서 방송편성 시간을 정하지만, 토요일 · 공휴일, 작업 · 교육실태 및 수용자의 특성을 고려하여 방송편성시간을 조정할 수 있다.

② 수용자는 편지 · 도서를 법무부장관이 정하는 범위에서 지닐 수 있다.

③ 소장은 신문을 구독하는 수용자가 허가 없이 다른 거실 수용자와 신문을 주고 받을 때에는 구독의 허가를 취소할 수 있다.

④ 수용자는 방송설비 또는 채널을 임의 조작 · 변경하거나 임의수신 장비를 지녀서는 안 된다.

10 출정에 대한 헌법재판소 결정 내용으로 옳지 않은 것은 모두 몇 개인가?

> (ㄱ) 검사가 검사조사실에서 피의자신문을 하는 절차에서는 피의자가 신체적으로나 심리적으로 위축되지 않은 상태에서 자기의 방어권을 충분히 행사할 수 있어야 하므로 계구를 사용하지 말아야 하는 것이 원칙이고 다만 도주, 폭행, 소요, 자해 등의 위험이 분명하고 구체적으로 드러나는 경우에만 예외적으로 계구를 사용하여야 할 것이다.
>
> (ㄴ) 무죄 등 판결 선고 후 석방대상자가 교도소에서 지급한 각종 지급품의 회수, 수용 시의 휴대금품 또는 수용 중 영치된 금품의 반환 내지 환급문제 때문에 임의로 교도관과 교도소에 동행하는 것은 무방하나, 동의를 얻지 않고 의사에 반하여 교도소로 연행하는 것은 「헌법」 제12조의 규정에 비추어 도저히 허용 될 수 없다.
>
> (ㄷ) 피의자신문 중 변호인 등의 접견신청이 있는 경우에는 검사 또는 사법경찰관이 그 허가 여부를 결정하여야 하므로, 피의자를 수사기관으로 호송한 교도관에게 이를 허가하거나 제한할 권한은 인정되지 않는다.

① 0개   ② 1개

③ 2개   ④ 3개

11 「형의 집행 및 수용자의 처우에 관한 법률 시행규칙」상 조직폭력수용자 지정 대상으로 가장 적절하지 않은 것은?

① 체포영장, 구속영장, 공소장 또는 재판서에 조직폭력사범으로 명시된 수용자

② 공소장 또는 재판서에 조직폭력사범으로 명시되어 있지는 아니하나 「폭력행위 등 처벌에 관한 법률」제4조 · 제5조 또는 「형법」제114조가 적용된 수용자

③ 공범 · 피해자 등의 체포영장 · 구속영장 · 공소장 또는 재판서에 조직폭력사범으로 명시된 수용자

④ 조직폭력사범으로 형의 집행을 종료한 후 5년 이내에 교정시설에 다시 수용된 자로서 분류처우위원회에서 조직폭력수용자로 심의 · 의결된 수용자

12 「형사소송법」상 구속기간에 대한 설명으로 가장 옳지 않은 것은?

① 피고인에 대한 구속기간은 2개월로 한다. 특히 구속을 계속할 필요가 있는 경우에는 심급마다 2개월 단위로 2차에 한하여 결정으로 갱신할 수 있다. 다만, 상소심은 '피고인 또는 변호인이 신청한 증거의 조사, 상소이유를 보충하는 서면의 제출'등으로 추가 심리가 필요한 부득이한 경우에는 3차에 한하여 갱신할 수 있다.

② 상소 중의 사건에 관하여 구속기간의 갱신, 구속의 취소, 보석, 구속의 집행정지와 그 정지의 취소에 대한 결정은 소송기록이 원심법원에 있는 때에는 원심법원이 하여야 한다.

③ 기피신청에 의한 소송 진행의 정지, 질병으로 인한 공판절차정지에 의하여 공판절차가 정지된 기간은 피고인 구속기간에 산입한다.

④ 지방법원판사는 검사의 신청에 의하여 수사를 계속함에 상당한 이유가 있다고 인정한 때에는 10일을 초과하지 아니하는 한도에서 「형사소송법」 제203조의 구속기간의 연장을 1차에 한하여 허가할 수 있다.

13 「형의 집행 및 수용자의 처우에 관한 법률 시행규칙」상 명시된 관심대상수용자 지정대상으로 가장 적절하지 않은 것은?

① 다른 수용자에게 폭력을 행사하는 수용자

② 수용생활의 편의 등 자신의 요구를 관철할 목적으로 상습적으로 자해를 하는 수용자

③ 징벌집행이 종료된 날부터 1년 이내에 다시 징벌을 받는 등 규율위반의 상습성이 인정되는 수용자

④ 다른 수용자를 괴롭히거나 세력을 모으는 등 수용질서를 문란하게 하는 조직 폭력 수용자 (조직폭력사범으로 행세하는 경우를 포함한다).

14 「형의 집행 및 수용자의 처우에 관한 법률 시행규칙」상 처우등급별 처우에 대한 설명으로 가장 옳지 않은 것은?

① 소장은 봉사원의 활동기간을 1년 이하로 정하되, 필요한 경우에는 그 기간을 연장할 수 있다.

② 소장은 봉사원 선정, 기간연장 및 선정취소에 관한 사항을 결정할 때에는 법무부 장관이 정하는 바에 따라 분류처우위원회의 심의·의결을 거쳐야 한다.

③ 수형자 자치생활의 범위는 인원점검, 취미활동, 일정한 구역 안에서의 생활 등으로 한다.

④ 소장은 자치생활 수형자들이 교육실, 강당 등 적당한 장소에서 월 2회 이상 토론회를 할 수 있도록 하여야 한다.

15 형집행법령상 교육과 교화프로그램에 대한 설명으로 가장 옳지 않은 것은?

① 소장은 수형자가 건전한 사회복귀에 필요한 지식과 소양을 습득하도록 교육할 수 있다.

② 소장은 수형자의 교정교화를 위하여 상담·심리치료, 그 밖의 교화프로그램을 실시하여야 한다.

③ 교육대상자에게는 작업·직업훈련 등을 면제한다.

④ 작업·직업훈련 수형자 등도 독학으로 검정고시·학사고시 등에 응시하게 할 수 있다. 독학으로 응시하는 것이므로 자체 평가시험 성적 등을 고려할 필요는 없다.

16 법무부장관은 「형의 집행 및 수용자의 처우에 관한 법률」의 목적을 효율적으로 달성하기 위하여 5년마다 기본계획을 수립하고 추진하여야 한다. 다음 중 기본 계획에 명시적으로 포함되어야 할 사항으로 올바르게 묶인 것은?

> (ㄱ) 인구·범죄의 증감 및 수사 또는 형 집행의 동향 등 교정시설의 수요 증감에 관한 사항
> (ㄴ) 수형자 사회복귀 지원을 위한 지역사회 네트워크 추진
> (ㄷ) 교도작업과 직업훈련의 현황, 수형자의 건전한 사회복귀를 위한 작업설비 및 프로그램의 확충 방안
> (ㄹ) 수용자 인권보호 실태와 인권 증진 방안
> (ㅁ) 노인·장애인수용자 등의 보호, 성차별 및 성폭력 예방정책

① (ㄱ), (ㄷ), (ㄹ)　　　　　　② (ㄱ), (ㄴ), (ㅁ)

③ (ㄴ), (ㄷ), (ㄹ)　　　　　　④ (ㄴ), (ㄹ), (ㅁ)

17 「형의 집행 및 수용자의 처우에 관한 법률 시행규칙」상 이송·재수용 수형자의 개별처우계획 등에 대한 설명으로 가장 옳은 것은?

① 소장은 형집행정지 중이거나 가석방기간 중에 있는 사람이 형사사건으로 재수용되어 형이 확정된 경우에는 석방 당시보다 한 단계 낮은 처우등급을 부여하여야 한다.

② 소장은 다른 교정시설로부터 이송되어 온 수형자의 개별처우계획을 변경하여야 한다.

③ 소장은 형집행정지 중에 있는 사람이 기간만료 또는 그 밖의 정지사유가 없어져 재수용된 경우에는 석방 당시와 동일한 처우등급을 부여할 수 있다.

④ 소장은 가석방의 취소로 재수용되어 남은 형기가 집행되는 경우에는 석방 당시와 동일한 처우등급을 부여하여야 한다.

18 형집행법령상 징벌에 대한 설명으로 옳은 것은 모두 몇 개인가?

> (ㄱ) 징벌은 동일한 행위에 관하여 거듭하여 부과할 수 없으며, 행위의 동기 및 경중, 수 행위 후의 정황, 그 밖의 사정을 고려하여 수용목적을 달성하는 데에 필요한 최소한도에 그쳐야 한다.
>
> (ㄴ) 징벌이 집행 중에 있거나 징벌의 집행이 끝난 후 또는 집행이 면제된 후 6개월 내에 다시 징벌사유에 해당하는 행위를 한 때 징벌을 부과하게 되면 장기의 2분의 1까지 가중하여야 한다.
>
> (ㄷ) 징벌대상자의 징벌을 결정하기 위하여 교정시설에 징벌위원회를 둔다.
>
> (ㄹ) 징벌위원회는 위원장을 포함한 5명 이상 7명 이하의 위원으로 구성하고, 위원장은 소장의 바로 다음 순위자가 되며, 위원은 소장이 소속 기관의 과장(지소의 경우에는 7급 이상의 교도관)및 교정에 관한 학식과 경험이 풍부한 외부인사 중에서 임명 또는 위촉한다. 이 경우 외부위원은 2명 이상으로 한다.
>
> (ㅁ) 징벌위원회는 재적위원 과반수의 출석으로 개의하고, 출석위원 과반수의 찬성으로 의결한다. 이 경우 외부위원 1명 이상이 출석한 경우에만 개의할 수 있다.

① 2개 ② 3개 ③ 4개 ④ 5개

19 「형의 집행 및 수용자의 처우에 관한 법률 시행규칙」상 교화프로그램의 종류에 해당하지 않는 것은?

① 문화프로그램 ② 문제행동예방프로그램
③ 가족관계회복프로그램 ④ 정보화교육과정프로그램

20 「형의 집행 및 수용자의 처우에 관한 법률 시행규칙」상 중간처우(교정시설에 설치된 개방시설에 수용하여 사회 적응에 필요한 교육, 취업지원 등 적정한 처우)대상자가 될 수 있는 경우를 모두 고른 것은? (단, 모두 개방처우급 혹은 완화경 비 처우급 수형자이다)

> (ㄱ) 형기 1년, 범죄 횟수 1회, 중간처우를 받는 날부터 가석방 또는 형기 종료 예정일까지 기간이 3개월
>
> (ㄴ) 형기 5년, 범죄 횟수 4회, 중간처우를 받는 날부터 가석방 또는 형기 종료 예정일까지 기간이 3년
>
> (ㄷ) 형기 3년, 범죄 횟수 2회, 중간처우를 받는 날부터 가석방 또는 형기 종료 예정일까지 기간이 1년 6개월
>
> (ㄹ) 형기 1년 6월, 범죄 횟수 2회, 중간처우를 받는 날부터 가석방 또는 형기 종료 예정일까지 기간이 4개월

① (ㄱ), (ㄴ), (ㄷ), (ㄹ) ② (ㄴ), (ㄷ), (ㄹ) ③ (ㄷ), (ㄹ) ④ (ㄷ)

01 형집행법령상 수용자의 자비구매물품에 대한 설명으로 가장 옳지 않은 것은?

① 자비구매물품의 종류에는 의약품 및 의료용품도 포함된다.

② 수용자가 자비로 구매하는 물품은 교화 또는 건전한 사회복귀에 적합하고 교정시설의 안전과 질서를 해칠 우려가 없는 것이어야 한다.

③ 소장은 수용자가 자비로 구매한 의류·침구, 그 밖의 생활용품을 보관한 후 그 수용자가 사용하게 할 수 있다.

④ 소장은 감염병(「감염병의 예방 및 관리에 관한 법률」에 따른 감염병을 말한다)의 유행 또는 수용자의 징벌집행 등으로 자비구매물품의 사용이 중지된 경우에는 구매신청을 제한하여야 한다.

02 「형의 집행 및 수용자의 처우에 관한 법률」상 보호실 및 진정실에 대한 설명으로 옳은 것은 모두 몇 개인가?

> ㉠ 수용자의 보호실 수용기간은 15일 이내로 한다. 다만, 소장은 특히 계속하여 수용할 필요가 있으면 의무관의 의견을 고려하여 1회당 5일의 범위에서 기간을 연장할 수 있다.
> ㉡ 수용자를 보호실에 수용할 수 있는 기간은 계속하여 2개월을 초과할 수 없다.
> ㉢ 수용자의 진정실 수용기간은 24시간 이내로 한다. 다만, 소장은 특히 계속하여 수용할 필요가 있으면 의무관의 의견을 고려하여 1회당 12시간의 범위에서 기간을 연장할 수 있다.
> ㉣ 수용자를 진정실에 수용할 수 있는 기간은 계속하여 3일을 초과할 수 없다.

① 1개   ② 2개

③ 3개   ④ 4개

03 「형의 집행 및 수용자의 처우에 관한 법률 시행규칙」상 관심대상 수용자 지정대상에 대한 내용으로 옳지 않은 것은 모두 몇 개인가?

> ㉠ 조직폭력수용자로서 무죄 외의 사유로 출소한 후 5년 이내에 교정시설에 다시 수용된 사람
> ㉡ 도주(음모, 예비 또는 미수에 그친 경우를 포함한다)한 전력이 있는 사람으로서 도주의 우려가 있는 수용자
> ㉢ 징벌집행이 종료된 날부터 1년 이내에 다시 징벌을 받는 등 규율 위반의 상습성이 인정되는 수용자
> ㉣ 수용생활의 편의 등 자신의 요구를 관철할 목적으로 상습적으로 자해를 하거나 각종 이물질을 삼키는 수용자
> ㉤ 중형선고 등에 따른 심적 불안으로 수용생활에 적응하기 곤란하다고 인정되는 수용자
> ㉥ 상습적으로 교정시설의 설비·기구 등을 파손하거나 소란행위를 하여 공무집행을 방해하는 수용자

① 0개   ② 1개   ③ 2개   ④ 3개

04 형집행법령상 아래의 협의체에 대한 설명으로 가장 옳지 않은 것은?

> 형의 집행 및 수용자 처우에 관한 법률 제5조의3(협의체의 설치 및 운영) ① 법무부장관은 형의 집행 및 수용자 처우에 관한 사항을 협의하기 위하여 법원, 검찰 및 경찰 등 관계기관과 협의체를 설치하여 운영할 수 있다.

① 협의체는 위원장을 포함하여 12명이 위원으로 구성한다.
② 협의체의 위원장은 협의체 회의를 소집하며, 회의 개최 7일 전까지 회의의 일시·장소 및 안건 등을 각 위원에게 알려야 한다.
③ 협의체의 위원장은 협의체의 회의 결과를 위원이 소속된 기관의 장에게 통보해야 한다.
④ 협의체의 위원장은 법무부장관이 된다.

05 「형의 집행 및 수용자의 처우에 관한 법률」상 보호장비 사용요건에 대한 내용으로 가장 옳지 않은 것은?

① 이송·출정, 그 밖에 교정시설 밖의 장소로 수용자를 호송하는 때
② 도주·자살·자해 또는 다른 사람에 대한 위해의 우려가 큰 때
③ 위계로 교도관의 정당한 직무집행을 방해하는 때
④ 교정시설의 설비·기구 등을 손괴하거나 그 밖에 시설의 안전 또는 질서를 해칠 우려가 큰 때

06 「형의 집행 및 수용자의 처우에 관한 법률」상 교정시설의 설치 및 운영에 대한 설명으로 가장 옳지 않은 것은?

① 판사와 검사 외의 사람은 교정시설을 참관하려면 학술연구 등 정당한 이유를 명시하여 법무부장관의 허가를 받아야 한다.

② 신설하는 교정시설은 수용인원 500명 이내의 규모가 되도록 하여야 한다. 다만, 교정시설의 기능·위치나 그 밖의 사정을 고려하여 그 규모를 늘릴수 있다.

③ 법무부장관은 교정시설의 운영, 교도관의 복무, 수용자의 처우 및 인권실태 등을 파악하기 위하여 매년 1회 이상 교정시설을 순회점검하거나 소속 공무원으로 하여금 순회점검하게 하여야 한다.

④ 법무부장관은 교정시설의 설치 및 운영에 관한 업무의 일부를 법인 또는 개인에게 위탁할 수 있다.

07 형집행법령상 수용에 대한 설명으로 가장 옳지 않은 것은?

① 독거수용은 처우상 독거수용과 계호상 독거수용으로 구분한다.

② 소장은 계호상 독거수용자를 계속하여 독거수용하는 것이 건강상 또는 교화상 해롭다고 인정하는 경우에는 이를 즉시 중단하여야 한다.

③ 노역장 유치명령을 받은 수형자와 징역형·금고형 또는 구류형을 선고받아 형이 확정된 수형자를 혼거수용하는 것은 어떠한 경우에도 허용되지 아니한다.

④ 소장은 수용자의 거실을 지정하는 경우에는 죄명·형기·죄질·성격·범죄전력·나이·경력 및 수용생활 태도, 그 밖에 수용자의 개인적 특성을 고려하여야 한다.

08 「형의 집행 및 수용자의 처우에 관한 법률 시행규칙」상 분류처우에 대한 설명으로 옳지 않은 것은 모두 몇 개인가?

> ㉠ 징역형·금고형이 확정된 사람으로서 집행할 형기가 형집행지휘서 접수일부터 6개월 미만인 사람, 구류형이 확정된 사람, 노역장 유치명령을 받은 사람은 분류심사를 하지 아니한다.
>
> ㉡ 조정된 처우등급에 따른 처우는 그 조정이 확정된 날부터 한다. 이 경우 조정된 처우등급은 그 달 초일부터 적용된 것으로 본다.
>
> ㉢ 수형자를 징벌하기로 의결한 때에는 부정기재심사를 할 수 있다.
>
> ㉣ 소장이 작업장 중 작업의 특성이나 난이도 등을 고려하여 필수 작업장으로 지정하는 경우 소득점수의 수는 10퍼센트 이내, 우는 20퍼센트 이내의 범위에서 각각 확대할 수 있다.

① 1개   ② 2개   ③ 3개   ④ 4개

09 형집행법령상 수용자 이송에 대한 설명으로 가장 옳지 않은 것은?

① 소장은 수용자의 수용·작업·교화·의료, 그 밖의 처우를 위하여 필요하거나 시설의 안전과 질서유지를 위하여 필요하다고 인정하면 법무부장관의 승인을 받아 수용자를 다른 교정시설로 이송할 수 있다.

② 지방교정청장은 교정시설의 안전과 질서유지를 위하여 긴급하게 이송할 필요가 있다고 인정되는 때에는 관할 외 다른 교정시설로의 수용자 이송을 승인할 수 있다.

③ 수용자를 이송이나 출정, 그 밖의 사유로 호송하는 경우에는 수형자는 미결수용자와, 여성수용자는 남성수용자와, 19세 미만의 수용자는 19세 이상의 수용자와 각각 호송 차량의 좌석을 분리하는 등의 방법으로 서로 접촉하지 못하게 하여야 한다.

④ 소장은 수용자를 다른 교정시설로 이송하는 경우에 의무관으로부터 수용자가 건강상 감당하기 어렵다고 보고를 받으면 이송을 중지하고 그 사실을 이송받을 소장에게 알려야 한다.

10 형집행법령상 가석방에 대한 설명으로 가장 옳은 것은?

① 가석방심사위원회는 위원장을 포함한 7명 이상 9명 이하의 위원으로 구성한다.

② 가석방심사위원회는 가석방 적격결정을 하였으면 5일 이내에 법무부장관에게 가석방 허가를 신청하여야 한다.

③ 가석방에 따른 석방은 그 서류가 교정시설에 도달 한 후 24시간 이내에 하여야 한다. 다만, 그 서류에서 석방일시를 지정하고 있으면 그 일시에 한다.

④ 가석방실효자의 남은 형기 집행 기산일은 가석방의 실효로 인하여 교정시설에 수용된 다음 날부터 한다.

11 「형의 집행 및 수용자의 처우에 관한 법률」상 징벌에 대한 설명으로 가장 옳지 않은 것은?

① 징벌사유가 발생한 날부터 2년이 지나면 이를 이유로 징벌을 부과하지 못한다.

② 징벌위원회는 징벌을 의결하는 때에 행위의 동기 및 정황, 교정성적, 뉘우치는 정도 등 그 사정을 고려할 만한 사유가 있는 수용자에 대하여 3개월 이상 9개월 이하의 기간 내에서 징벌의 집행을 유예할 것을 의결할 수 있다.

③ 징벌위원회의 외부위원은 3명 이상으로 한다.

④ 소장은 미결수용자에게 징벌을 부과한 경우에는 그 징벌대상행위를 양형참고자료로 작성하여 관할 검찰청 검사 또는 관할 법원에 통보할 수 있다.

12 「형의 집행 및 수용자의 처우에 관한 법률 시행규칙」상 형집행지휘서가 접수된 날부터 6개월이 지난 이후 정기재심사를 해야하는 시기로 가장 옳지 않은 것은?

① 형기의 3분의 1에 도달한 때
② 형기의 2분의 1에 도달한 때
③ 형기의 3분의 2에 도달한 때
④ 형기의 7분의 5에 도달한 때

13 「형의 집행 및 수용자의 처우에 관한 법률 시행규칙」상 수용자 의류의 품목에 대한 설명으로 가장 옳지 않은 것은?

① 평상복은 겨울옷·봄가을옷·여름옷을 수형자용, 미결수용자용 및 피보호감호자(종전의 「사회보호법」에 따라 보호감호선고를 받고 교정시설에 수용 중인 사람을 말한다)용과 남녀용으로 각각 구분하여 16종으로 한다.
② 보조복은 위생복·조끼 및 비옷으로 구분하여 3종으로 한다.
③ 특수복은 모범수형자복·외부통근자복·임산부복·환자복·운동복 및 반바지로 구분하고, 그 중 모범수형자복 및 외부통근자복은 겨울옷·봄가을옷·여름옷을 남녀용으로 각각 구분하여 6종으로 한다.
④ 신발은 고무신·운동화 및 방한화로 구분하여 3종으로 한다.

14 형집행법령상 교정자문위원회에 대한 설명으로 가장 옳지 않은 것은?

① 수용자의 관리·교정교화 등 사무에 관한 지방교정청장의 자문에 응하기 위하여 지방교정청에 교정자문위원회를 둔다.
② 교정자문위원회 위원 중 4명 이상은 여성으로 한다.
③ 교정자문위원회의 간사는 해당 지방교정청의 총무과장 또는 6급 이상의 교도관으로 한다.
④ 지방교정청장은 위원의 결원이 생긴 경우에는 결원이 생긴 날부터 60일 이내에 후임자를 법무부장관에게 추천해야 한다.

15 형집행법령상 수용절차에 대한 설명으로 옳지 않은 것은 모두 몇 개인가?

> ㉠ 소장은 신입자 및 다른 교정시설로부터 이송되어 온 사람에 대하여 다른 사람과의 식별을 위하여 필요한 한도에서 사진촬영, 지문채취, 수용자 번호지정, 그 밖에 대통령령으로 정하는 조치를 하여야 한다.
> ㉡ 소장은 보관품이 금·은·보석·유가증권·인장, 그 밖에 특별히 보관할 필요가 있는 귀중품인 경우에는 잠금장치가 되어 있는 견고한 용기에 넣어 보관해야 한다.
> ㉢ 소장은 신입자 또는 다른 교정시설로부터 이송되어 온 사람이 있으면 그 사실을 수용자의 가족(배우자, 직계 존속·비속 또는 형제자매를 말한다)에게 지체 없이 알려야 한다. 다만, 수용자가 알리는 것을 원하지 아니하면 그러하지 아니하다.

① 0개   ② 1개
③ 2개   ④ 3개

16 「형의 집행 및 수용자의 처우에 관한 법률」상 벌칙규정으로 가장 옳은 것은?

① 소장의 허가 없이 교정시설 내부를 녹화·촬영한 사람은 3년 이하의 징역 또는 3천만원 이하의 벌금에 처한다.
② 소장의 허가 없이 무인비행장치, 전자·통신기기를 교정시설에 반입한 사람은 1년 이하의 징역 또는 1천만원 이하의 벌금에 처한다.
③ 주류·담배·화기·현금·수표·음란물·사행행위에 사용되는 물품을 수용자에게 전달할 목적으로 교정시설에 반입한 사람은 1년 이하의 징역 또는 1천만원 이하의 벌금에 처한다.
④ 귀휴·외부통근, 그 밖의 사유로 소장의 허가를 받아 교도관의 계호 없이 교정시설 밖으로 나간 후에 정당한 사유없이 기한까지 돌아오지 않은 수용자는 2년 이하의 징역에 처한다.

17 「형의 집행 및 수용자의 처우에 관한 법률」상 전화통화 중지 사유에 해당하지 않는 것은 모두 몇 개인가?

> ㉠ 범죄의 증거를 인멸하거나 인멸하려고 하는 때
> ㉡ 형사 법령에 저촉되는 행위를 하거나 하려고 하는 때
> ㉢ 수용자의 처우 또는 교정시설의 운영에 관하여 거짓사실을 유포하는 때
> ㉣ 수형자의 교화 또는 건전한 사회복귀를 해칠 우려가 있는 행위를 하거나 하려고 하는 때
> ㉤ 시설의 안전 또는 질서를 해하는 행위를 하거나 하려고 하는 때

① 0개 ② 1개
③ 2개 ④ 3개

18 형집행법령상 금품관리에 대한 설명으로 가장 옳지 않은 것은?

① 휴대금품이란 신입자가 교정시설에 수용될 때에 지니고 있는 현금(자기앞수표를 포함한다)과 휴대품을 말한다.
② 소장은 사망자 또는 도주자가 남겨두고 간 금품이 있으면 사망자의 경우에는 그 상속인에게, 도주자의 경우에는 그 가족에게 그 내용 및 청구절차 등을 알려 주어야 한다. 다만, 썩거나 없어질 우려가 있는 것은 폐기할 수 있다.
③ 수용자 외의 사람이 수용자에게 금품을 건네줄 것을 신청하는 때에는 소장은 수형자의 교화 또는 건전한 사회복귀를 해칠 우려가 있거나 시설의 안전 또는 질서를 해칠 우려가 있는 때가 아니면 허가할 수 있다.
④ 소장은 수용자의 신청에 따라 보관품을 팔 경우에는 그 비용을 제외한 나머지 대금을 보관할 수 있다.

19 형집행법령상 귀휴에 대한 설명으로 가장 옳은 것은?

① 소장은 6개월 이상 형을 집행받은 수형자로서 그 형기의 3분의 1(21년 이상의 유기형 또는 무기형의 경우에는 7년)이 지나고 교정성적이 우수한 사람이 가족 또는 배우자의 직계존속이 위독한 때에는 1년 중 20일 이내의 귀휴를 허가할 수 있다.
② 소장은 귀휴를 허가하는 경우에 대통령령으로 정하는 바에 따라 거소의 제한이나 그 밖에 필요한 조건을 붙일 수 있다.
③ 소장은 귀휴중인 수형자가 귀휴의 허가사유가 존재하지 아니함이 밝혀진 때에는 그 귀휴를 취소하여야 한다.
④ 소장은 2일 이상의 귀휴를 허가한 경우에는 귀휴를 허가받은 사람의 귀휴지를 관할하는 경찰관서의 장에게 그 사실을 통보할 수 있다.

20 형집행법령상 징벌에 대한 설명으로 옳은 것은 모두 몇 개인가?

> ㉠ 다른 수용자를 교사하여 징벌대상행위를 하게 한 수용자에게는 그 징벌 대상행위를 한 수용자에게 부과되는 징벌과 같은 징벌을 부과한다.
> ㉡ 다른 수용자의 징벌대상행위를 방조한 수용자에게는 그 징벌대상행위를 한 수용자에게 부과되는 징벌과 같은 징벌을 부과하되, 그 정황을 고려하여 2분의 1까지 감경할 수 있다.
> ㉢ 징벌은 동일한 행위에 관하여 거듭하여 부과할 수 없으며, 행위의 동기 및 경중, 행위 후의 정황, 그 밖의 사정을 고려하여 수용목적을 달성하는 데에 필요한 최소한도에 그쳐야 한다.
> ㉣ 둘 이상의 징벌대상행위가 경합하는 경우에는 각각의 행위에 해당하는 징벌 중 가장 중한 징벌의 2분의 1까지 가중할 수 있다.

① 1개   ② 2개
③ 3개   ④ 4개

21 「형의 집행 및 수용자의 처우에 관한 법률」상 수용자의 규율과 포상에 대한 설명으로 가장 옳지 않은 것은?

① 수용자는 소장이 정하는 일과시간표를 지켜야 한다.
② 수용자는 교도관의 직무상 지시에 따라야 한다.
③ 수용자는 교정시설의 안전과 질서유지를 위하여 법무부장관이 정하는 규율을 지켜야 한다.
④ 소장은 수용자가 사람의 생명을 구조하거나 도주를 방지한 때에는 그 수용자에 대하여 법무부령이 정하는 바에 따라 포상하여야 한다.

22 형집행법령상 교정시설 안에서의 특별한 보호에 대한 설명으로 가장 옳지 않은 것은?

① 소장은 임산부인 수용자에 대하여 필요하다고 인정하는 경우에는 교정시설에 근무하는 의사(공중보건의사를 포함한다)의 의견을 들어 필요한 양의 죽 등의 주식과 별도로 마련된 부식을 지급할 수 있다.
② 여성수용자는 자신이 출산한 유아를 교정시설에서 양육할 것을 신청할 수 있고, 소장은 유아의 양육을 허가한 경우에는 필요한 설비와 물품의 제공, 그 밖에 양육을 위하여 필요한 조치를 하여야 한다.
③ 소장은 노인수용자에 대하여 1년에 1회 이상 건강검진을 하여야 한다.
④ 노인수형자 전담교정시설에는 별도의 공동휴게실을 마련하고 노인이 선호하는 오락용품 등을 갖춰두어야 한다.

23 「형의 집행 및 수용자의 처우에 관한 법률 시행규칙」상 교정시설에 설치된 개방시설에 수용하여 중간처우를 할 수 있는 대상자로 가장 옳은 것은? (단, 가석방은 고려하지 않음)

① 개방처우급 수형자의 형기가 1년 6월이며 범죄횟수는 1회, 중간처우를 받는 날부터 형기종료 예정일까지 기간이 3개월인 사람

② 개방처우급 수형자의 형기가 4년이며, 범죄횟수는 2회, 중간처우를 받는 날부터 형기종료 예정일까지 기간이 1년인 사람

③ 완화경비처우급 수형자의 형기가 4년이며, 범죄횟수는 4회, 중간처우를 받는 날부터 형기종료 예정일까지 기간이 9개월인 사람

④ 완화경비처우급 수형자의 형기가 1년이며, 범죄횟수는 1회, 중간처우를 받는 날부터 형기종료 예정일까지 기간이 1년 6개월인 사람

24 「형의 집행 및 수용자의 처우에 관한 법률 시행규칙」상 수형자 취업지원협의회에 대한 설명으로 가장 옳지 않은 것은?

① 취업지원협의회의 기능에는 직업적성 및 성격검사 등 각종 검사 및 상담도 포함된다.

② 취업지원협의회는 회장 1명을 포함하여 5명 이상 8명 이하의 내부위원과 10명 이상의 외부위원으로 구성한다.

③ 취업지원협의회의 회장은 소장이 되고, 부회장은 2명을 두되 1명은 소장이 내부위원 중에서 지명하고 1명은 외부위원 중에서 호선한다.

④ 취업지원협의회 외부위원의 임기는 3년으로 하며, 연임할 수 있다.

Part 2 형사정책 기출문제

Chapter

01

보호직 7급
형사정책

01 형사정책(학)에 대한 설명으로 옳지 않은 것은?

① 형사정책은 초기에는 형사입법정책이라는 좁은 의미로 사용되었으나, 점차 범죄의 실태와 원인을 규명하여 이를 방지하려는 일반대책의 개념으로 확대되었다.

② 좁은 의미의 형사정책학은 범죄와 범죄자, 사회적 일탈행위 및 이에 대한 통제방법을 연구하는 경험과학 또는 규범학이 아닌 사실학의 총체를 말한다.

③ 형사정책학은 법학은 물론 심리학, 사회학 등 다양한 주변 학문영역의 성과를 기초로 하나, 단순한 종합과학이 아니라 범죄방지를 위한 체계적인 대책수립을 목표로 하는 독립과학이다.

④ 형사정책학은 기존 형벌체계가 과연 범죄대책으로서 유효한가에 대한 검증을 함으로써 형법규정의 개정방향을 선도한다는 점에서 형법학과 형사정책학은 상호의존성을 가진다.

02 머튼(Merton)의 아노미이론에서 제시한 개인의 적응방식 중 다음의 사례에서 찾을 수 없는 유형은?

> ㉠ 비록 자신은 충분한 교육을 받지 못했지만 주어진 조건 내에서 돈을 많이 벌려고 노력하는 자
> ㉡ 정상적인 방법으로는 부자가 될 수 없다고 판단하고 사기, 횡령 등을 행하는 자
> ㉢ 사업이 수차례 실패로 끝나자 자신의 신세를 한탄하면서 부랑생활을 하는 자
> ㉣ 환경보호를 이유로 공공기관이 시행하는 댐건설현장에서 공사 중단을 요구하며 시위를 하는 자

① 혁신형(innovation) ② 회피형(retreatism)
③ 의례형(ritualism) ④ 반역형(rebellion)

03 학습이론(learning theory)에 대한 설명으로 옳은 것은?

① 버제스(Burgess)와 에이커스(Akers)에 따르면 범죄행위를 학습하는 과정은 과거에 이러한 행위를 하였을 때에 주위로부터 칭찬, 인정, 더 나은 대우를 받는 등의 보상이 있었기 때문이다.

② 타르드(Tarde)의 모방의 법칙에 따르면 학습의 방향은 대개 우월한 사람이 열등한 사람을 모방하는 방향으로 진행된다.

③ 서덜랜드(Sutherland)에 따르면 범죄자와 비범죄자의 차이는 접촉유형의 차이가 아니라 학습과정의 차이에서 발생한다.

④ 글레이저(Glaser)에 따르면 범죄를 학습하는 과정에 있어서는 누구와 자신을 동일시하는지 또는 자기의 행동을 평가하는 준거집단의 성격이 어떠한지보다는 직접적인 대면접촉이 더욱 중요하게 작용한다.

04 각종 법률에서 규정하고 있는 연령에 대한 설명으로 옳지 않은 것은?

① 「아동복지법」상 아동이란 18세 미만인 사람을 말한다.

② 「아동·청소년의 성보호에 관한 법률」상 아동·청소년이란 19세 미만의 자를 말한다. 다만, 19세에 도달하는 연도의 1월 1일을 맞이한 자는 제외한다.

③ 「청소년 보호법」상 청소년이란 만 19세 미만인 사람을 말한다. 다만, 만 19세가 되는 해의 1월 1일을 맞이한 사람은 제외한다.

④ 「청소년 기본법」상 청소년이란 9세 이상 24세 미만인 사람을 말한다.

05 기소유예제도에 대한 설명으로 옳은 것만을 모두 고른 것은?

㉠ 초범자와 같이 개선의 여지가 큰 범죄자를 모두 기소하여 전과자를 양산시키고, 무의미한 공소제기와 무용한 재판 등으로 인하여 소송경제에 반하는 문제점이 있다.

㉡ 「소년법」상 검사는 피의자에 대하여 범죄예방자원봉사 위원의 선도를 받게 하고 공소를 제기하지 아니할 수 있으며, 이 경우 소년과 소년의 친권자·후견인 등 법정대리인의 동의를 받아야 한다.

㉢ 공소권행사에 있어 법 앞의 평등을 실현하고 공소권 행사에 정치적 영향을 배제할 수 있다.

㉣ 피의자에게 전과의 낙인 없이 기소 전 단계에서 사회복귀를 가능하게 하고, 법원 및 교정기관의 부담을 덜 수 있다.

---

① ㉠, ㉢   ② ㉡, ㉢

③ ㉡, ㉣   ④ ㉠, ㉣

06 벌금형에 대한 설명으로 옳은 것은?

① 벌금은 판결확정일로부터 30일 이내에 납입하여야 하고, 벌금을 납입하지 아니한 자는 1년 이상 3년 이하의 기간 동안 노역장에 유치하여 작업에 복무하게 한다.

② 벌금은 상속이 되지 않으나 몰수 또는 조세, 전매 기타 공과에 관한 법령에 의하여 벌금의 재판을 받은 자가 재판확정 후 사망한 경우에는 그 상속재산에 관하여 집행할 수 있다.

③ 벌금형의 확정판결을 선고받은 자는 법원의 허가를 받아 벌금을 분할납부하거나 납부를 연기받을 수 있다.

④ 500만원 이하의 벌금형이 확정된 벌금 미납자는 검사의 허가를 받아 사회봉사를 할 수 있고, 이 경우 사회봉사시간에 상응하는 벌금액을 낸 것으로 본다.

07 사회해체론에 대한 설명으로 옳지 않은 것만을 모두 고른 것은?

㉠ 개별적으로 누가 거주하든지 관계없이 지역의 특성과 범죄발생 간에는 중요한 연관성이 있다고 본다.

㉡ 쇼우(Shaw)와 맥케이(Mckay)는 도심과 인접하면서 주거지역에서 상업지역으로 바뀐 이른바 전이지역(transitional zone)의 범죄발생률이 지속적으로 높다고 지적하였다.

㉢ 버식(Bursik)과 웹(Webb)은 지역사회가 주민들에게 공통된 가치체계를 실현하지 못하고 지역주민들이 공통적으로 겪는 문제를 해결할 수 없는 상태를 사회해체라고 정의하고, 그 원인을 주민의 비이동성과 동질성으로 보았다.

㉣ 버식(Bursik)과 웹(Webb)은 사회해체지역에서는 공식적인 행동지배규범이 결핍되어 있으므로 비공식적 감시와 지역주민에 의한 직접적인 통제가 커진다고 주장하였다.

㉤ 사회해체지역에서는 전통적인 사회통제기관들이 규제력을 상실하면서 반가치를 옹호하는 하위문화가 형성되나, 주민이동이 많아지면서 이러한 문화는 계승되지 않고 점차 줄어들면서 범죄율이 낮아진다고 본다.

① ㉠, ㉡, ㉢   ② ㉡, ㉢, ㉣

③ ㉡, ㉣, ㉤   ④ ㉢, ㉣, ㉤

08 다이버전(diversion)에 대한 설명 중 옳은 것(○)과 옳지 않은 것(×)을 순서대로 바르게 나열한 것은?

> ㉠ 일반적으로 공식적 형사절차로부터의 이탈과 동시에 사회 내 처우프로그램에 위탁하는 것을 내용으로 한다.
>
> ㉡ 형사사법기관이 통상의 형사절차를 중단하고 이를 대체하는 새로운 절차로 이행하는 것으로, 성인형사사법보다 소년형사사법에서 그 필요성이 더욱 강조된다.
>
> ㉢ 기존의 사회통제체계가 낙인효과로 인해 범죄문제를 해결하기보다는 오히려 악화시킨다는 가정에서 출발하고 있다.
>
> ㉣ 종래에 형사처벌의 대상이 되었던 문제가 다이버전의 대상이 됨으로써 형사사법의 통제망이 축소되고 나아가 형사사법의 평등을 가져온다.

	㉠	㉡	㉢	㉣
①	○	○	○	×
②	○	×	×	○
③	×	○	×	○
④	○	×	○	×

09 「전자장치 부착 등에 관한 법률」상 위치추적 전자장치에 대한 설명으로 옳지 않은 것은?

① 검사는 법원에 성폭력범죄, 미성년자 대상 유괴범죄, 살인범죄 또는 강도범죄(이하 '특정범죄'라고 한다)를 범하고 다시 범할 위험성이 있다고 인정되는 사람에 대하여 위치추적 전자장치를 부착하는 명령(이하 '부착명령'이라고 한다)을 청구할 수 있다.

② 부착명령의 청구는 특정범죄사건의 공소제기와 동시에 하여야 하고, 법원은 공소가 제기된 특정범죄사건을 심리한 결과 부착명령을 선고할 필요가 있다고 인정하는 때에는 직권으로 부착명령을 할 수 있다.

③ 법원은 특정범죄를 범한 자에 대하여 형의 집행을 유예하면서 보호관찰을 받을 것을 명할 때에는 보호관찰기간의 범위 내에서 기간을 정하여 준수사항의 이행여부 확인 등을 위하여 전자장치를 부착할 것을 명할 수 있다.

④ 보호관찰심사위원회가 필요하지 아니하다고 결정한 경우를 제외하고, 부착명령 판결을 선고받지 아니한 특정범죄자로서 형의 집행 중 가석방되어 보호관찰을 받게 되는 자는 준수사항 이행여부 확인 등을 위하여 가석방기간 동안 전자장치를 부착하여야 한다.

10 「소년법」상의 부정기형에 대한 설명으로 옳지 않은 것은?

① 소년이 법정형으로 장기 2년 이상의 유기형에 해당하는 죄를 범한 경우 그 형의 범위에서 선고하되 장기는 10년, 단기는 5년을 초과하지 못한다.

② 형의 집행유예나 선고유예를 선고할 때에는 부정기형을 선고할 수 없다.

③ 검사는 형의 단기가 지난 소년범의 행형 성적이 양호하고 교정의 목적을 달성하였다고 인정되는 경우 법원의 허가를 얻어 형집행을 종료시킬 수 있다.

④ 부정기형을 선고받은 소년에 대해서는 단기의 3분의 1을 경과하면 가석방을 허가할 수 있다.

11 다음 설명 중 옳지 않은 것은?

① 라까사뉴(Lacassagne)는 사회는 범죄의 배양기이고 범죄자는 그 미생물에 해당한다고 하여 범죄원인은 결국 사회와 환경에 있다는 점을 강조하였다.

② 셀린(Sellin)은 동일한 문화 안에서의 사회변화에 의한 갈등을 1차적 문화갈등이라고 하고, 이질적 문화 간의 충돌에 의한 갈등을 2차적 갈등이라고 설명하였다.

③ 뒤르켐(Durkheim)은 집단적 비승인이 존재하는 한 범죄는 모든 사회에 어쩔 수 없이 나타나는 현상으로 병리적이기보다는 정상적인 현상이라고 주장하였다.

④ 코헨(Cohen)은 중산층 문화에 적응하지 못한 하위계층 출신 소년들이 자신을 궁지에 빠뜨린 문화나 가치체계와는 정반대의 비행하위문화를 형성한다고 보았다.

12 낙인이론이 주장하는 형사정책적 결론에 부합하는 것만을 모두 고른 것은?

> ⊙ 기존 형법의 범죄목록 중에서 사회변화로 인하여 더 이상 사회위해성이 없는 행위로 평가되는 것은 범죄목록에서 삭제해야 한다.
>
> ⓒ 가능한 한 범죄에 대한 공식적 반작용은 비공식적 반작용으로, 중한 공식적 반작용은 경한 공식적 반작용으로 대체되어야 한다.
>
> ⓒ 가능한 한 범죄자를 자유로운 공동체 내에 머물게 하여 자유로운 상태에서 그를 처우하여야 한다.
>
> ② 범죄자의 재사회화가 성공적으로 이루어진 후에는 그의 사회적 지위를 되돌려주는 탈낙인화가 뒤따라야 한다.

① ⊙, ⓒ

② ⓒ, ②

③ ⊙, ⓒ, ⓒ

④ ⊙, ⓒ, ⓒ, ②

13 「소년법」상 보호사건의 처리절차에 대한 설명으로 옳은 것만을 모두 고른 것은?

> ㉠ 경찰서장이 촉법소년과 우범소년을 발견한 때에는 검사를 거쳐 소년부에 송치하여야 한다.
>
> ㉡ 검사는 소년에 대한 피의사건을 수사한 결과 보호처분에 해당하는 사유가 있다고 인정한 경우에는 사건을 관할 소년부에 송치하여야 한다.
>
> ㉢ 소년부 판사는 소년의 품행을 교정하고 피해자를 보호하기 위하여 필요하다고 인정하면 소년에게 피해 변상 등 피해자와의 화해를 권고할 수 있다.
>
> ㉣ 소년부 판사는 심리결과 보호처분을 할 수 없거나 할 필요가 없다고 인정하면 불처분 결정을 하고, 이를 사건 본인과 보호자에게 알려야 한다.
>
> ㉤ 보호처분의 결정에 대해서 본인·보호자·보조인 또는 그 법정대리인은 관할 가정법원 또는 지방법원 본원 합의부에 항고할 수 있고, 항고가 있는 경우 보호처분의 집행은 정지된다.

① ㉠, ㉡, ㉣   ② ㉡, ㉢, ㉣

③ ㉡, ㉢, ㉤   ④ ㉢, ㉣, ㉤

14 「치료감호 등에 관한 법률」상 치료감호에 대한 설명으로 옳지 않은 것은?

① 심신장애, 마약류·알코올이나 그 밖의 약물중독, 정신성적 장애가 있는 상태 등에서 범죄행위를 한 자로서 재범위험성이 있고 특수한 교육·개선 및 치료가 필요하다고 인정되는 자에 대해 보호와 치료를 하는 것을 말한다.

② 피의자가 심신상실자(형법 제10조 제1항)에 해당하여 벌할 수 없는 경우 검사는 공소를 제기하지 아니하고 치료감호만을 청구할 수 있다.

③ 치료감호와 형이 병과된 경우에는 형을 먼저 집행하고, 이 경우 형의 집행기간은 치료감호 집행기간에 포함한다.

④ 소아성기호증, 성적가학증 등 성적 성벽이 있는 정신성적 장애인으로서 금고 이상의 형에 해당하는 성폭력범죄를 지은 자에 대한 치료감호는 15년을 초과할 수 없다.

15 다음 설명 중 옳지 않은 것은?

① 롬브로조(Lombroso)는 범죄인류학적 입장에서 범죄인을 분류하였으나, 페리(Ferri)는 롬브로조가 생물학적 범죄원인에 집중한 나머지 범죄인의 사회적 영향을 무시한다고 비판하고 범죄사회학적 요인을 고려하여 범죄인을 분류하였다.

② 가로팔로(Garofalo)는 생물학적 요소에 사회심리학적 요소를 덧붙여 범죄인을 자연범과 법정범으로 구분하고, 과실범은 처벌하지 말 것을 주장하였다.

③ 아샤펜부르크(Aschaffenburg)는 개인적 요인과 환경적 요인을 결합하여 범죄인으로부터 생겨나는 법적 위험성을 기준으로 범죄인을 분류하였다.

④ 리스트(Liszt)는 형벌의 목적을 개선, 위하, 무해화로 나누고 선천적으로 범죄성향이 있으나 개선이 가능한 자에 대해서는 개선을 위한 형벌을 부과해야 한다고 하면서, 이러한 자에 대해서는 단기 자유형이 효과적이라고 주장하였다.

16 형사절차상 피해자에 대한 설명으로 옳지 않은 것은?

① 범죄로 인해 인적 또는 물적 피해를 받은 자가 가해자의 불명 또는 무자력의 사유로 인하여 피해의 전부 또는 일부를 배상받지 못하는 경우 국가는 피해자 또는 유족에게 범죄피해 구조금을 지급한다.

② 제1심 또는 제2심 형사공판절차에서 일정한 범죄에 관하여 유죄판결을 선고할 경우, 법원은 범죄행위로 인하여 발생한 직접적인 물적 피해, 치료비 손해 및 위자료의 배상을 명할 수 있다.

③ 범죄로 인한 피해자는 고소할 수 있고, 고소는 제1심판결 선고 전까지 취소할 수 있다.

④ 법원은 범죄 피해자의 신청이 있는 때에는, 당해 사건에 관하여 공판절차에서 충분히 진술하여 다시 진술할 필요가 없거나 공판절차가 현저하게 지연될 우려가 있는 경우를 제외하고는 피해자를 증인으로 신문하여야 한다.

17 「소년법」상 보호처분에 대한 설명으로 옳지 않은 것은?

① 사회봉사명령은 14세 이상의 소년에게만 할 수 있다.

② 수강명령과 장기 소년원 송치처분은 12세 이상의 소년에게만 할 수 있다.

③ 보호관찰관의 장기 보호관찰과 단기 소년원 송치처분 상호간에는 병합할 수 있다.

④ 보호관찰관의 단기 보호관찰 또는 장기 보호관찰처분을 부과하는 때에는 3개월 이내의 기간을 정하여 대안교육 또는 소년의 상담·선도·교화와 관련된 단체나 시설에서의 상담·교육을 받을 것을 동시에 명할 수 있다.

18 소년비행의 원인에 대한 설명으로 옳지 않은 것은?

① 맛차(Matza)와 사이크스(Sykes)에 따르면 일반소년과 달리 비행소년은 처음부터 전통적인 가치와 문화를 부정하는 성향을 가지고 있으며, 차별적 접촉과정에서 전통규범을 중화시키는 기술이나 방법을 습득한다.

② 레크리스(Reckless)에 따르면 누구든지 비행으로 이끄는 힘과 이를 차단하는 힘을 받게 되는데, 만일 비행으로 이끄는 힘이 차단하는 힘보다 강하면 범죄나 비행을 저지르게 된다.

③ 허쉬(Hirschi)에 따르면 누구든지 비행가능성이 잠재되어 있고, 이를 통제하는 요인으로 개인이 사회와 맺고 있는 일상적인 유대가 중요하다.

④ 나이(Nye)에 따르면 소년비행을 예방할 수 있는 방법 중 가장 효율적인 것은 비공식적 간접통제방법이다.

19 다음 설명 중 옳지 않은 것은?

① 형의 선고유예를 받은 날로부터 2년을 경과한 때에는 면소된 것으로 간주한다.

② 형의 집행유예를 받은 후 실효 또는 취소됨이 없이 유예기간을 경과한 때에는 형의 집행이 면제된다.

③ 가석방의 처분을 받은 후 그 처분이 실효 또는 취소되지 아니하고 가석방기간을 경과한 때에는 형의 집행을 종료한 것으로 본다.

④ 일반사면을 받은 경우 특별한 규정이 있을 때를 제외하고는 형 선고의 효력이 상실되며, 형을 선고받지 아니한 자에 대해서는 공소권이 상실된다.

20 보안처분에 대한 설명으로 옳지 않은 것은? (다툼이 있는 경우 판례에 의함)

① 일반적으로 보안처분은 반사회적 위험성을 가진 자에 대하여 사회방위와 교화를 목적으로 하는 예방적 처분이라는 점에서 범죄자에 대하여 응보를 주된 목적으로 하는 사후적 처분인 형벌과 그 본질을 달리한다.

② 「아동·청소년의 성보호에 관한 법률」상 신상정보 공개·고지명령은 아동·청소년대상 성폭력범죄 등을 효과적으로 예방하고 그 범죄로부터 아동·청소년을 보호함을 목적으로 하는 일종의 보안처분이다.

③ 「전자장치 부착 등에 관한 법률」상 성폭력범죄자에 대한 전자감시는 성폭력범죄자의 재범방지와 성행교정을 통한 재사회화를 위하여 위치추적 전자장치를 신체에 부착함으로써 성폭력범죄로부터 국민을 보호함을 목적으로 하는 일종의 보안처분이다.

④ 「가정폭력범죄의 처벌 등에 관한 특례법」이 정한 사회봉사명령은 가정폭력범죄를 범한 자에 대하여 환경의 조정과 성행의 교정을 목적으로 하는 보안처분으로서, 원칙적으로 형벌불소급의 원칙이 적용되지 않는다.

01 비판범죄학에 대한 설명으로 옳지 않은 것은?

① 비판범죄학의 기초가 되는 마르크스(Marx)는 범죄발생의 원인을 계급갈등과 경제적 불평등으로 설명하고, 생활에 필요한 물적 자산을 충분히 갖지 못한 피지배계급이 물적 자산 내지 지배적 지위에 기존사회가 허락하지 않는 방법으로 접근하는 행위를 범죄로 인식했다.

② 봉거(Bonger)는 사법체계가 가진 자에게는 그들의 욕망을 달성할 수 있는 합법적인 수단을 허용하는 반면, 가난한 자에게는 이러한 기회를 허용하지 않기 때문에 범죄는 하위계급에 집중된다고 주장했다.

③ 퀴니(Quinney)는 마르크스의 경제계급론을 부정하면서 사회주의 사회에서의 범죄 및 범죄통제를 분석하였다.

④ 볼드(Vold)는 집단갈등이 입법정책 영역에서 가장 첨예하게 나타난다고 보았다.

02 다음 ㉠, ㉡에 들어갈 용어가 바르게 연결된 것은?

> • 뒤르껨(Durkheim)에 의하면 (㉠)는 현재의 사회구조가 구성원 개인의 욕구나 욕망에 대한 통제력을 유지할 수 없을 때 발생한다고 보았으며, 머튼(Merton)에 의하면 문화적 목표와 이를 달성하기 위한 제도적 수단 사이에 간극이 있고 구조적 긴장이 생길 경우에 발생한다고 보았다.
> • 밀러(Miller)에 의하면 (㉡)는 중산층과 상관없이 고유의 전통과 역사를 가진 독자적 문화로 보았으며, 코헨(Cohen)에 의하면 중산층의 보편적인 문화에 대항하고 반항하기 위해서 형성되는 것이라고 보았다.

	㉠	㉡
①	아노미	저항문화
②	아노미	하위문화
③	사회해체	저항문화
④	사회해체	하위문화

03 교정처우 중 사회 내 처우에 해당하지 않는 것을 모두 고른 것은?

ㅤ⊙ 가택구금ㅤㅤㅤㅤㅤㅤㅤㅤㅤㅤ○ 수강명령
ㅤ© 개방교도소ㅤㅤㅤㅤㅤㅤㅤㅤㅤ® 집중감시보호관찰(ISP)
ㅤ@ 외부통근

① ○, ®ㅤㅤㅤㅤㅤㅤㅤㅤㅤㅤㅤㅤ② ©, @
③ ⊙, ○, ®ㅤㅤㅤㅤㅤㅤㅤㅤㅤㅤ④ ⊙, ©, @

04 「소년법」상 소년에 대한 형사사건의 처리절차로서 옳지 않은 것은?

① 검사는 소년에 대한 피의사건을 수사한 결과 보호처분에 해당하는 사유가 있다고 인정한 경우에는 사건을 관할 소년부에 송치해야 한다.

② 검사는 피의소년에 대하여 피의소년과 법정대리인의 동의하에 범죄예방자원봉사위원의 선도를 받게 하고 피의사건에 대한 공소를 제기하지 않을 수 있다.

③ 죄를 범할 당시 18세 미만인 소년에 대해 사형 또는 무기형으로 처할 경우에는 15년의 유기징역으로 한다.

④ 보호처분이 계속 중일 때에 징역, 금고 또는 구류를 선고받은 소년에 대해서는 보호처분이 종료된 후에 그 형을 집행해야 한다.

05 사회봉사 명령 또는 허가의 대상이 될 수 없는 자를 모두 고른 것은?

ㅤ⊙ 「가정폭력범죄의 처벌 등에 관한 특례법」의 가정폭력 행위자 중 보호처분이 필요하다고 인정되는 자
ㅤ○ 「성매매 알선 등 행위의 처벌에 관한 법률」의 성매매를 한 자 중 보호처분이 필요하다고 인정되는 자
ㅤ© 「소년법」에 따라 보호처분을 할 필요가 있다고 인정되는 만 12세의 소년
ㅤ® 「벌금 미납자의 사회봉사 집행에 관한 특례법」상 징역과 동시에 벌금을 선고받아 확정되었음에도 불구하고 벌금을 미납한 자
ㅤ@ 「아동·청소년의 성보호에 관한 법률」상 집행유예를 선고받은 성범죄자

① ⊙, ○ㅤㅤㅤㅤㅤㅤㅤㅤㅤㅤㅤㅤ② ©, ®
③ ⊙, ®, @ㅤㅤㅤㅤㅤㅤㅤㅤㅤㅤ④ ○, ©, @

06 「소년법」상 보호처분들 간의 병합이 가능하지 않은 경우는?

① 소년보호시설에 감호위탁과 보호관찰관의 단기보호관찰
② 소년보호시설에 감호위탁과 보호관찰관의 장기보호관찰
③ 1개월 이내의 소년원 송치와 보호관찰관의 단기보호관찰
④ 보호자에게 감호위탁과 수강명령과 사회봉사명령과 보호관찰관의 장기보호관찰

07 「범죄피해자 보호법」상 범죄피해자를 위한 지원에 대한 설명으로 옳지 않은 것은?

① 국가 또는 지방자치단체는 법무부장관에게 등록한 범죄피해자 지원법인의 건전한 육성과 발전을 위하여 등록법인에 운영 또는 사업에 필요한 경비를 보조할 수 있다.
② 범죄피해구조금 지급에 관한 사항을 심의·결정하기 위하여 각 지방검찰청에 범죄피해구조심의회를 둔다.
③ 검사는 피의자와 범죄피해자 사이에 범죄피해자가 입은 피해를 실질적으로 회복하는데 필요하다고 인정되더라도 당사자의 신청이 없으면 수사 중인 형사사건을 형사조정에 회부할 수 없다.
④ 국가는 구조피해자나 유족이 해당 구조대상 범죄피해를 원인으로 하여 손해배상을 받았으면 그 범위에서 구조금을 지급하지 아니한다.

08 환경과 범죄원인에 대한 설명으로 옳지 않은 것은?

① 물가와 범죄의 관계에 대한 경험적 연구는 주로 곡물류 가격과 범죄의 관계를 대상으로 하였다.
② 계절과 범죄의 관계에 대한 연구에 의하면 성범죄와 폭력범죄는 추울 때보다 더울 때에 더 많이 발생한다고 알려져 있다.
③ 범죄인자 접촉빈도와 범죄발생과의 관계에 대한 이론인 습관성가설은 마약범죄 발생의 원인규명에 주로 활용되었다.
④ 엑스너(Exner)는 전쟁을 진행 단계별로 나누어 전쟁과 범죄의 관련성을 설명하였다.

CHAPTER 01

09 「소년법」상 보호사건에 대한 설명으로 옳지 않은 것은?

① 소년보호사건은 소년의 행위지, 거주지 또는 현재지의 가정법원 소년부 또는 지방법원 소년부의 관할에 속한다.

② 소년부는 조사 또는 심리한 결과 금고 이상의 형에 해당하는 범죄사실이 발견된 경우 그 동기와 죄질이 형사처분을 할 필요가 있다고 인정하면 결정으로써 사건을 관할 지방법원에 송치하여야 한다.

③ 소년부 판사는 송치서와 조사관의 조사보고에 따라 사건의 심리를 개시할 수 없거나 개시할 필요가 없다고 인정하면 심리를 개시하지 아니한다는 결정을 하여야 한다.

④ 단기로 소년원에 송치된 소년의 보호기간은 6개월을 초과하지 못하며, 장기로 소년원에 송치된 소년의 보호기간은 2년을 초과하지 못한다.

10 「형법」상 벌금형에 대한 설명으로 옳지 않은 것은?

① 벌금을 선고할 때에는 동시에 그 금액을 완납할 때까지 노역장에 유치할 것을 명하여야 한다.

② 벌금을 납입하지 아니한 자는 1일 이상 3년 이하의 기간 노역장에 유치하여 작업에 복무하게 한다.

③ 벌금은 5만원 이상으로 한다. 다만, 감경하는 경우에는 5만원 미만으로 할 수 있다.

④ 선고하는 벌금이 1억원 이상 5억원 미만인 경우에는 300일 이상, 5억원 이상 50억원 미만인 경우에는 500일 이상, 50억원 이상인 경우에는 1천일 이상의 노역장 유치기간을 정하여야 한다.

11 생물학적 범죄원인론에 대한 설명으로 옳지 않은 것은?

① 랑게(Lange)는 일란성 쌍둥이가 이란성 쌍둥이에 비해 쌍둥이가 함께 범죄를 저지를 가능성이 높다고 하였다.

② 허칭스(Hutchings)와 메드닉(Mednick)의 연구결과에 의하면 입양아는 생부와 양부 둘 중 한 편만 범죄인인 경우가 생부와 양부 모두가 범죄인인 경우보다 범죄인이 될 가능성이 낮다고 하였다.

③ 크레취머(Kretschmer)는 사람의 체형 중 비만형이 범죄확률이 높은데 특히 절도범이 많다고 하였다.

④ 제이콥스(Jacobs)에 의하면 XYY형의 사람은 남성성을 나타내는 염색체 이상으로 신장이 크고 지능이 낮으며 정상인들에 비하여 수용시설에 구금되는 비율이 높다고 하였다.

12 다음 설명의 내용과 형사정책학의 연구대상이 옳게 짝지어진 것은?

> ⊙ 형법해석과 죄형법정주의에 의한 형법의 보장적 기능의 기준이 된다.
> ⓛ 범죄행위뿐만 아니라 그 자체가 범죄로 되지 아니하는 알코올 중독, 자살기도, 가출 등
> 과 같은 행위도 연구의 대상이 된다.
> ⓒ 사회유해성 내지 법익을 침해하는 반사회적 행위를 의미하며, 범죄화와 비범죄화의 기
> 준이 된다.
> ⓔ 범죄 가운데 시간과 문화를 초월하여 인정되는 범죄행위가 존재한다고 보고, 이는 형법상
> 금지여부와 상관없이 그 자체의 반윤리성·반사회성으로 인해 비난받는 범죄행위이다.

> A. 실질적 범죄개념   B. 자연적 범죄개념
> C. 형식적 범죄개념   D. 사회적 일탈행위

	⊙	ⓛ	ⓒ	ⓔ
①	A	B	C	D
②	A	D	C	B
③	C	B	A	D
④	C	D	A	B

13 범죄예측에 대한 설명으로 옳지 않은 것을 모두 고른 것은?

> ⊙ 글룩(Glueck) 부부는 아버지의 훈육, 어머니의 감독, 아버지의 애정, 어머니의 애정, 가
> 족의 결집력 등 다섯 가지 요인으로 구분하여 범죄예측표를 작성하였다.
> ⓛ 통계적 예측법은 많은 사례를 중심으로 개발된 것이기 때문에 개별 범죄자의 고유한 특
> 성이나 편차를 충분히 반영할 수 있다는 장점이 있다.
> ⓒ 직관적 예측법은 실무에서 자주 사용되는 방법이지만, 이는 판단자의 주관적 입장에 의
> 존한다는 점에서 비판을 받는다.
> ⓔ 예방단계의 예측은 주로 소년범죄 예측에 사용되는데 잠재적인 비행소년을 식별함으로
> 써 비행을 미연에 방지하고자 하는 방법이다.
> ⓜ 재판단계에서 행해지는 예측은 주로 가석방결정에 필요한 예측이다.

① ⊙, ⓒ   ② ⊙, ⓔ
③ ⓛ, ⓒ   ④ ⓛ, ⓜ

14 다음에서 설명하는 형사정책 연구방법은?

> 청소년들의 약물남용실태를 조사하기 위하여 매 2년마다 청소년 유해환경조사를 실시하고 있다. 이 조사는 매 조사 연도에 3,000명의 청소년들을 새롭게 표본으로 선정하여 설문지를 통해 지난 1년 동안 어떤 약물을, 얼마나 복용하였는지를 질문하고 있다.

① 자기보고식조사   ② 범죄피해조사
③ 추행조사   ④ 참여관찰조사

15 여성범죄에 대한 설명으로 옳지 않은 것은?

① 여성범죄는 우발적이거나 상황적인 경우가 많고 경미한 범행을 반복해서 자주 저지르는 성향이 있다.
② 폴락(Pollak)은 여성이 남성 못지않게 범죄행위를 저지르지만, 은폐 또는 편견적 선처에 의해 통계상 적게 나타나는 것일 뿐이라고 지적하였다.
③ 신여성범죄자(new female criminals) 개념은 여성의 사회적 역할변화와 그에 따른 여성 범죄율의 변화와의 관계에 초점을 맞추어 등장하였다.
④ 롬브로조(Lombroso)는 범죄여성은 신체적으로는 다른 여성과 구별되는 특징이 없지만, 감정적으로는 다른 여성과 구별되는 특징이 있다고 설명하였다.

16 「보호관찰 등에 관한 법률」에 대한 설명으로 옳지 않은 것은?

① 보호관찰은 법원의 판결이나 결정이 확정된 때 또는 가석방·임시퇴원된 때부터 시작된다.
② 보호관찰은 보호관찰 대상자의 행위지, 거주지 또는 현재지를 관할하는 보호관찰소 소속 보호관찰관이 담당한다.
③ 보호관찰소의 장은 범행 내용, 재범위험성 등 보호관찰 대상자의 개별적 특성을 고려하여 그에 알맞은 지도·감독의 방법과 수준에 따라 분류처우를 하여야 한다.
④ 보호관찰소 소속 공무원은 보호관찰 대상자가 자살·자해 또는 다른 사람에 대한 위해의 우려가 큰 때에 해당하고, 상황이 긴급하여 다른 보호장구만으로는 그 목적을 달성할 수 없는 경우에는 전자충격기를 사용할 수 있다.

17 범죄이론에 대한 설명으로 옳지 않은 것은?

① 서덜랜드(Sutherland)에 의하면 범죄행동은 학습되며 범죄자와 비범죄자의 차이는 학습 과정의 차이가 아니라 접촉유형의 차이라고 한다.

② 글래저(Glaser)에 의하면 범죄는 행위자가 단순히 범죄적 가치와 접촉함으로써 발생하는 것이 아니라, 행위자 스스로 그것을 자기 것으로 동일시하는 단계로까지 나가야 발생한다 고 한다.

③ 사이크스(Sykes)와 맛짜(Matza)에 의하면 비행소년들이 범죄자와 접촉하는 과정에서 전 통의 규범을 중화시키는 기술을 습득하게 된다고 한다.

④ 머튼(Merton)에 의하면 반응양식 중 혁신(innovation)은 문화적 목표는 부정하지만 제도 화된 수단은 승인하는 형태라고 한다.

18 「전자장치 부착 등에 관한 법률」상 옳지 않은 것은?

① 특정범죄에는 「형법」상 살인죄의 기수범은 포함되나 살인죄의 미수범과 예비, 음모죄는 포함되지 않는다.

② 만 19세 미만의 자에 대하여 부착명령을 선고한 때에는 19세에 이르기까지 이 법에 따른 전자장치를 부착할 수 없다.

③ 피부착자는 특정범죄사건에 대한 형의 집행이 종료되거나 면제 · 가석방되는 날부터 10일 이내에 주거지를 관할하는 보호관찰소에 출석하여 대통령령으로 정하는 신상정보 등을 서면으로 신고하여야 한다.

④ 수사기관은 체포 또는 구속한 사람이 피부착자임을 알게 된 경우에는 피부착자의 주거지 를 관할하는 보호관찰소의 장에게 그 사실을 통보하여야 한다.

19 「형법」상 보호관찰제도에 대한 설명으로 옳지 않은 것은?

① 형의 선고를 유예하는 경우에 재범방지를 위하여 지도 및 원호가 필요한 때에는 보호관찰 을 받을 것을 명할 수 있으며, 이 경우 보호관찰의 기간은 1년 이내의 범위에서 법원이 정한다.

② 보호관찰을 명한 선고유예를 받은 자가 보호관찰기간 중에 준수사항을 위반하고 그 정도 가 무거운 때에는 법원은 유예한 형을 선고할 수 있다.

③ 형의 집행을 유예하는 경우에 보호관찰을 받을 것을 명할 수 있으며, 이 경우 보호관찰의 기간은 원칙적으로 집행을 유예한 기간으로 하되, 다만 법원은 유예기간의 범위 내에서 보호관찰기간을 따로 정할 수 있다.

④ 가석방된 자는 가석방을 허가한 행정관청이 필요 없다고 인정한 때가 아닌 한 가석방기간 중 보호관찰을 받는다.

20 소년사건에 대한 조사제도를 설명한 것으로 옳지 않은 것은?

① 검사는 소년피의사건에 대해 소년부송치, 공소제기 등의 처분을 결정하기 위하여 필요하다고 인정하면 피의자의 주거지 또는 검찰청 소재지를 관할하는 보호관찰소의 장 등에게 피의자의 품행, 생활환경 등에 관한 조사를 요구할 수 있다.

② 소년분류심사관은 사건의 조사에 필요하다고 인정한 때에는 기일을 정하여 보호자 또는 참고인을 소환할 수 있고, 정당한 이유 없이 이에 응하지 않을 경우 동행영장을 발부할 수 있다.

③ 법원은 소년형사범에 대해 집행유예에 따른 보호관찰, 사회봉사 또는 수강을 명하기 위해 필요하다고 인정하면 그 법원의 소재지 등의 보호관찰소의 장에게 범행동기, 생활환경 등의 조사를 요구할 수 있다.

④ 수용기관의 장은 단기 소년원송치 처분 등을 받은 소년을 수용한 경우에는 지체 없이 거주예정지를 관할하는 보호관찰소의 장에게 신상조사서를 보내 환경조사를 의뢰하여야 한다.

01 화이트칼라범죄에 대한 설명으로 옳지 않은 것은?

① 서덜랜드(Sutherland)에 따르면 사회적 지위가 높은 사람이 그 직업 활동과 관련하여 행하는 범죄로 정의된다.

② 범죄로 인한 피해의 규모가 크기 때문에 행위자는 죄의식이 크고 일반인은 범죄의 유해성을 심각하게 생각하는 것이 특징이다.

③ 범죄행위의 적발이 용이하지 않고 증거수집에 어려움이 있다.

④ 암수범죄의 비율이 높고 선별적 형사소추가 문제되는 범죄유형이다.

02 형사정책학의 연구방법에 대한 설명으로 옳지 않은 것은?

① 참여적 관찰법은 체포되지 않은 범죄자들의 일상을 관찰할 수 있게 한다.

② 범죄통계는 범죄의 일반적인 경향과 특징을 파악할 수 있게 한다.

③ 범죄율과 범죄시계는 인구변화율을 반영하여 범죄의 심각성을 인식할 수 있게 한다.

④ 피해자조사는 암수범죄의 조사방법으로서 많이 활용되는 방법이다.

03 차별적 접촉이론, 차별적 동일시이론 및 차별적 강화이론에 대한 설명으로 옳지 않은 것은?

① 서덜랜드(Sutherland)의 차별적 접촉이론은 범죄자의 학습과정과 비범죄자의 학습과정에 차이가 있다는 데에서 출발한다.

② 서덜랜드(Sutherland)의 차별적 접촉이론에 따르면 범죄행위는 타인과의 의사소통을 통한 상호작용으로 학습된다.

③ 글래저(Glaser)의 차별적 동일시이론에 따르면 범죄자와의 직접적인 접촉이 없이도 범죄행위의 학습이 가능하다.

④ 버제스(Burgess)와 에이커스(Akers)의 차별적 강화이론도 차별적 접촉이론과 마찬가지로 범죄행위의 학습에 기초하고 있다.

04 형벌의 본질과 목적에 대한 설명으로 옳지 않은 것은?

① 응보형주의에 따르면 범죄는 정의에 반하는 악행이므로 범죄자에 대해서는 그 범죄에 상응하는 해악을 가함으로써 정의가 실현된다.

② 목적형주의에 따르면 형벌은 과거의 범행에 대한 응보가 아니라 장래의 범죄예방을 목적으로 한다.

③ 일반예방주의는 범죄자에게 형벌을 과함으로써 수형자에 대한 범죄예방의 효과를 기대하는 사고방식이다.

④ 특별예방주의는 형벌의 목적을 범죄자의 사회복귀에 두고 형벌을 통하여 범죄자를 교육·개선함으로써 그 범죄자의 재범을 예방하려는 사고방식이다.

05 사이크스(Sykes)와 맛차(Matza)는 청소년들이 표류상태에 빠지는 과정에서 '중화(neutralization) 기술'을 습득함으로써 자신의 비행을 합리화한다고 하였다. 〈보기 1〉의 중화기술의 유형과 〈보기 2〉의 구체적인 사례를 바르게 연결한 것은?

───────── 〈보기1〉 ─────────
㉠ 책임의 부정(denial of responsibility)
㉡ 가해의 부정(denial of injury)
㉢ 피해(자)의 부정(denial of victim)
㉣ 비난자에 대한 비난(condemnation of the condemners)

───────── 〈보기2〉 ─────────
A. 甲은 경찰, 검사, 판사는 부패한 공무원들이기 때문에 자신의 비행을 비난할 자격이 없다고 합리화한다.
B. 乙은 자신이 비행을 범한 것은 열악한 가정환경과 빈곤, 불합리한 사회적 환경 탓이라고 합리화한다.
C. 丙은 마약을 사용하면서 마약은 누구에게도 피해를 주지 않는다고 합리화한다.
D. 점원 丁은 점주의 물건을 훔치면서 점주가 평소 직원들을 부당하게 대우하여 노동을 착취해왔기 때문에 그의 물건을 가져가는 것은 당연하다고 합리화한다.

	㉠	㉡	㉢	㉣
①	B	A	D	C
②	B	C	D	A
③	B	D	C	A
④	D	C	B	A

06 낙인이론에 대한 설명으로 옳지 않은 것은?

① 낙인이론은 범죄행위에 대하여 행해지는 부정적인 사회적 반응이 범죄의 원인이라고 보며 이를 통해 1차적 일탈과 2차적 일탈의 근본원인을 설명한다.

② 탄넨바움(Tannenbaum)에 따르면, 청소년의 사소한 비행에 대한 사회의 부정적 반응이 그 청소년으로 하여금 자신을 부정적인 사람으로 인식하게 한다.

③ 레머트(Lemert)에 따르면, 1차적 일탈에 대한 사회적 반응이 2차적 일탈을 저지르게 한다.

④ 베커(Becker)에 따르면, 일탈자라는 낙인은 그 사람의 사회적 지위와 타인과의 상호작용에 부정적인 영향을 미친다.

07 범죄인류학파(이탈리아 실증주의학파)에 대한 설명으로 옳지 않은 것은?

① 롬브로조(Lombroso)는 자유의지에 따라 이성적으로 행동하는 인간을 전제로 하여 범죄의 원인을 자연과학적 방법으로 분석하였다.

② 페리(Ferri)는 범죄포화의 법칙을 주장하였으며 사회적·경제적·정치적 요소도 범죄의 원인이라고 주장하였다.

③ 가로팔로(Garofalo)는 범죄의 원인으로 심리적 측면을 중시하여 이타적 정서가 미발달한 사람일수록 범죄를 저지르는 경향이 있다고 하였다.

④ 생래적 범죄인에 대한 대책으로 롬브로조(Lombroso)는 사형을 찬성하였지만 페리(Ferri)는 사형을 반대하였다.

08 범죄예측에 대한 설명으로 옳지 않은 것은?

① 수사단계에서의 범죄예측은 수사를 종결하면서 범죄자에 대한 처분을 내리는 데에 중요한 역할을 할 수 있다.

② 범죄예측은 재판단계 및 교정단계에서도 행해지지만 교정시설의 과밀화 현상을 해소하는 데는 기여할 수 없다.

③ 범죄예측의 방법 중 '임상적 예측법(경험적 예측법)'은 대상자의 범죄성향을 임상전문가가 종합분석하여 대상자의 범죄가능성을 판단하는 것이므로 대상자의 특성을 집중관찰할 수 있는 장점이 있다.

④ 범죄예측의 방법 중 '통계적 예측법'은 여러 자료를 통하여 범죄예측요인을 수량화함으로써 점수의 비중에 따라 범죄 또는 비행을 예측하는 것으로 점수법이라고도 한다.

09 범죄예방모델에 대한 설명으로 옳지 않은 것은?

① 범죄억제모델은 고전주의의 형벌위하적 효과를 중요시하며 이를 위하여 처벌의 신속성, 확실성, 엄격성을 요구한다.

② 사회복귀모델은 범죄자의 재사회화와 갱생에 중점을 둔다.

③ 제프리(Jeffery)는 사회환경개선을 통한 범죄예방모델로 환경설계를 통한 범죄예방(Crime Prevention Through Environmental Design : CPTED)을 제시하였다.

④ 상황적 범죄예방모델은 한 지역의 범죄가 예방되면 다른 지역에도 긍정적 영향이 전해진다는 소위 범죄의 전이효과(displacement effect)를 주장한다.

10 다이버전(diversion)에 대한 설명으로 옳지 않은 것은?

① 구속적부심사제도는 법원에 의한 다이버전에 해당된다.

② 다이버전에 대해서는 형사사법의 대상조차 되지 않을 문제가 다이버전의 대상이 된다는 점에서 오히려 사회적 통제가 강화된다는 비판이 있다.

③ 다이버전의 장점은 경미범죄를 형사사법절차에 의하지 아니하고 처리함으로써 낙인효과를 줄이는 것이다.

④ 검사가 소년피의자에 대하여 선도를 받게 하면서 공소를 제기하지 아니하는 조건부 기소유예는 다이버전의 예이다.

11 벌금형과 관련하여 현행법에 도입된 제도가 아닌 것은?

① 벌금형에 대한 선고유예　　　　② 벌금의 연납·분납

③ 일수벌금제　　　　　　　　　　④ 벌금미납자에 대한 사회봉사허가

12 「형법」상 형벌제도에 대한 설명으로 옳지 않은 것은?

① 유기징역의 기간은 1개월 이상 30년 이하이지만 형을 가중하는 경우에는 50년까지 가능하다.

② 무기징역은 종신형이지만 20년이 경과하면 가석방이 가능하다.

③ 형의 선고를 유예하는 경우에 보호관찰을 받을 것을 명하거나 사회봉사 또는 수강을 명할 수 있다.

④ 벌금을 납입하지 않은 자는 1일 이상 3년 이하의 기간 노역장에 유치하여 작업에 복무하게 한다.

13 암수범죄에 대한 설명으로 옳지 않은 것은?

① 암수범죄란 실제로 발생하였지만 범죄통계에 포착되지 않은 범죄를 말한다.
② 신고에 따른 불편, 수사기관 출두의 번거로움, 보복의 두려움은 절대적 암수범죄의 발생 원인이다.
③ 수사기관의 낮은 검거율과 채증력, 법집행기관의 자의적 판단은 상대적 암수범죄의 발생 원인이다.
④ 설문조사는 정치범죄, 가정범죄 등 내밀한 관계 및 조직관계에서 일어나는 범죄의 암수를 밝히는 데에 적합하다.

14 「소년법」상 소년형사사건에 대한 설명으로 옳지 않은 것은?

① 징역 또는 금고를 선고받은 소년에 대하여는 특별히 설치된 교도소 또는 일반 교도소 안에 특별히 분리된 장소에서 그 형을 집행한다. 다만, 소년이 형의 집행 중에 19세가 되면 일반 교도소에서 집행할 수 있다.
② 죄를 범할 당시 18세 미만인 소년에 대하여 사형 또는 무기형으로 처할 경우에는 15년의 유기징역으로 한다.
③ 소년이 법정형으로 장기 2년 이상의 유기형에 해당하는 죄를 범한 경우에는 그 형의 범위에서 장기와 단기를 정하여 선고한다. 다만, 장기는 10년, 단기는 5년을 초과하지 못한다.
④ 검사는 피의자에 대하여 범죄예방자원봉사위원의 선도를 받게 하고 피의사건에 대한 공소를 제기하지 아니할 수 있다. 이 경우 소년과 소년의 친권자·후견인 등 법정대리인의 동의를 받아야 한다.

15 소년보호의 원칙에 대한 설명으로 옳은 것만을 모두 고르면?

> ㉠ 효율적 소년보호를 위해 국가는 물론이고 소년의 보호자를 비롯한 민간단체 등이 서로 협력해야 한다는 협력주의에 바탕을 둔 조치들이 필요하다.
> ㉡ 보호소년을 개선하여 사회생활에 적응시키고 건전하게 육성하기 위해서는 소년사법절차를 가급적이면 비공개로 해야 한다는 밀행주의가 중요하다.
> ㉢ 소년의 보호를 위하여 사후적 처벌보다는 장래에 다시 죄를 범하는 것을 예방하는 활동을 중시하는 예방주의에 비중을 두어야 한다.

① ㉠, ㉡   ② ㉠, ㉢
③ ㉡, ㉢   ④ ㉠, ㉡, ㉢

16 「소년법」상 보호처분에 대한 설명으로 옳지 않은 것은?

① 수강명령은 10세 이상 12세 미만의 소년에 대하여 부과할 수 없다.

② 수강명령은 100시간을, 사회봉사명령은 200시간을 초과할 수 없다.

③ 단기 보호관찰기간은 6개월로 하고, 장기 보호관찰기간은 2년으로 한다.

④ 단기로 소년원에 송치된 소년의 보호기간은 6개월을, 장기로 소년원에 송치된 소년의 보호기간은 2년을 초과하지 못한다.

17 범죄피해자에 대한 설명으로 옳지 않은 것은?

① 멘델존(Mendelsohn)은 범죄발생에 있어 귀책성의 정도에 따라 피해자를 구분하였고, 엘렌베르거(Ellenberger)는 심리학적 기준에 따라 피해자를 분류하였다.

② 「범죄피해자 보호법」상 범죄피해자의 개념에는 타인의 범죄행위로 피해를 당한 사람의 배우자는 포함되지 않는다.

③ 피해자는 공판절차에서 증인으로 신문을 받는 경우 자신과 신뢰관계에 있는 자의 동석을 신청할 수 있다.

④ 회복적 사법은 범죄피해자의 피해회복을 통하여 사회적 화합을 성취하고 이를 통하여 가해자에게도 사회복귀의 기회와 가능성을 높여주기 위한 프로그램이다.

18 「범죄피해자 보호법」상 형사조정에 대한 설명으로 옳은 것은?

① 공소시효의 완성이 임박한 형사사건이라도 형사조정에 회부할 수 있다.

② 형사조정위원회는 2명 이상의 형사조정위원으로 구성한다.

③ 형사조정위원회는 형사조정의 결과에 이해관계가 있는 사람의 신청이 없는 한 직권으로 이해관계인을 형사조정에 참여하게 할 수 없다.

④ 기소유예처분의 사유에 해당하는 형사사건은 형사조정에 회부할 수 없다.

19 「보호관찰 등에 관한 법률」상 별도의 부과절차 없이도 보호관찰 대상자가 지켜야 할 준수사항 (일반준수사항)에 해당하지 않는 것은?

① 범죄로 이어지기 쉬운 나쁜 습관을 버리고 선행을 하며 범죄를 저지를 염려가 있는 사람들과 교제하거나 어울리지 말 것

② 보호관찰관의 지도·감독에 따르고 보호관찰관이 방문하게 되면 응대할 것

③ 1개월 이상 국내외 여행을 할 때에는 미리 보호관찰관에게 신고할 것

④ 범죄행위로 발생한 손해를 회복하기 위해 노력할 것

20 「소년법」상 소년보호사건의 조사와 심리에 대한 설명으로 옳지 않은 것은?

① 소년부 판사는 사건 본인이나 보호자가 정당한 이유 없이 소환에 응하지 아니하면 동행영장을 발부할 수 있다.

② 소년부 판사는 사건 본인을 보호하기 위하여 긴급조치가 필요하다고 인정하더라도 소환 없이는 동행영장을 발부할 수 없다.

③ 사건 본인이나 보호자는 소년부 판사의 허가를 받아 보조인을 선임할 수 있다. 다만, 보호자나 변호사를 보조인으로 선임하는 경우에는 소년부 판사의 허가를 받지 아니하여도 된다.

④ 소년부 판사는 조사관에게 사건 본인, 보호자 또는 참고인의 심문이나 그 밖에 필요한 사항을 조사하도록 명할 수 있다.

01 형사정책학의 연구방법론에 대한 설명으로 옳지 않은 것은?

① 일반적으로 범죄율이라 함은 범죄통계와 관련하여 인구 100,000명당 범죄발생건수의 비율을 말한다.

② 자기보고조사란 일정한 집단을 대상으로 개개인의 범죄 또는 비행을 스스로 보고하게 함으로써 암수를 측정하는 방법이다.

③ 개별적 사례조사방법이란 연구자가 직접 범죄자 집단에 들어가 함께 생활하면서 그들의 생활을 관찰하는 조사방법을 말한다.

④ 범죄통계에는 필연적으로 암수가 발생하는 바, 암수를 조사하는 방법으로는 참여적 관찰, 비참여적 관찰, 인위적 관찰방법 등이 있다.

02 형벌과 보안처분에 대한 설명으로 옳지 않은 것은? (다툼이 있는 경우 판례에 의함)

① 형벌은 행위자가 저지른 과거의 불법에 대한 책임을 전제로 부과되는 제재이다.

② 보안처분은 행위자의 재범의 위험성에 근거한 것으로 책임능력이 있어야 부과되는 제재이다.

③ 이원주의에 따르면 형벌은 책임을, 보안처분은 재범의 위험성을 전제로 부과되는 것으로 양자는 그 기능이 다르다고 본다.

④ 일원주의에 따르면 형벌과 보안처분이 모두 사회방위와 범죄인의 교육 및 개선을 목적으로 하므로 본질적 차이가 없다고 본다.

03 형사정책에 대한 설명으로 옳지 않은 것은?

① 형사정책을 시행함에 있어서도 죄형법정주의는 중요한 의미를 가진다.

② 형사정책을 시행함에 있어서는 공식적인 통계에 나타나지 않는 범죄도 고려의 대상이 된다.

③ 형사정책의 기본원칙으로 법치주의가 요구되는 점에서 형식적 의미의 범죄가 아닌 것은 형사정책의 대상에서 제외된다.

④ 형사정책은 사회학, 통계학 등 다양한 주변 학문의 성과를 기초로 범죄 현상을 분석함으로써 일반적인 범죄방지책을 제시한다.

04   허쉬(Hirschi)의 사회유대이론에 대한 설명으로 옳지 않은 것은?

① 신념(belief)은 지역사회가 청소년의 초기 비행행동에 대해 과잉반응하지 않고 꼬리표를 붙이지 않는 것을 말한다.

② 애착(attachment)은 개인이 다른 사람과 맺는 감성과 관심으로, 이를 통해서 청소년은 범죄를 스스로 억누르게 되는 것을 말한다.

③ 관여 또는 전념(commitment)은 관습적 활동에 소비하는 시간·에너지·노력 등으로, 시간과 노력을 투자할수록 비행을 저지름으로써 잃게 되는 손실이 커져 비행을 저지르지 않는 것을 말한다.

④ 참여(involvement)는 관습적 활동 또는 일상적 활동에 열중하는 것으로, 참여가 높을수록 범죄에 빠질 기회와 시간이 적어져 범죄를 저지를 가능성이 감소되는 것을 말한다.

05   사회해체이론(social disorganization theory)에 대한 설명으로 옳지 않은 것은?

① 화이트칼라 범죄 등 기업범죄를 설명하는 데에 유용하다.

② 범죄는 개인적인 차이에 의한 것이라기보다는 환경적 요인들을 범죄의 근원적 원인으로 본다.

③ 지역사회의 생태학적 변화가 범죄의 발생에 중요한 역할을 한다고 보는 것이다.

④ 범죄의 발생이 비공식적인 감시기능의 약화에서 비롯되는 것으로 설명하기도 한다.

06   통제이론에 대한 설명으로 옳은 것은?

① 나이(Nye)는 범죄통제방법 중 비공식적인 직접통제가 가장 효율적인 방법이라고 주장하였다.

② 레크리스(Reckless)는 외부적 통제요소와 내부적 통제요소 중 어느 한 가지만 제대로 작동되어도 범죄는 방지될 수 있다고 보았다.

③ 맛차(Matza)와 사이크스(Sykes)가 주장한 중화기술 중 '가해의 부정'은 자신의 행위로 피해를 입은 사람은 그러한 피해를 입어도 마땅하다고 합리화하는 기술이다.

④ 통제이론은 "개인이 왜 범죄로 나아가지 않게 되는가"의 측면이 아니라 "개인이 왜 범죄를 하게 되는가"의 측면에 초점을 맞춘다.

07 머튼(Merton)의 아노미이론에 대한 설명으로 옳지 않은 것은?

① 순응(conformity)은 문화적 목표와 제도화된 수단을 모두 승인하는 적응방식으로 반사회적인 행위유형이 아니다.

② 혁신(innovation)은 문화적 목표는 승인하지만 제도화된 수단을 부정하는 적응방식으로 마약밀매, 강도, 절도 등이 이에 해당한다.

③ 퇴행(retreatism)은 문화적 목표와 제도화된 수단을 모두 부정하고 사회활동을 거부하는 적응방식으로 만성적 알코올 중독자, 약물 중독자, 부랑자 등이 이에 해당한다.

④ 의식주의(ritualism)는 문화적 목표와 제도화된 수단을 모두 부정하고 기존의 사회질서를 다른 사회질서로 대체할 것을 요구하는 적응방식으로 혁명을 시도하는 경우 등이 이에 해당한다.

08 문화적 비행이론(cultural deviance theory)에 대한 설명으로 옳지 않은 것은?

① 밀러(Miller)는 권위적 존재로부터 벗어나고 다른 사람으로부터 간섭을 받는 것을 혐오하는 자율성(autonomy)이 하위계층의 주된 관심 중 하나라고 한다.

② 코헨(Cohen)은 비행하위문화가 비합리성을 추구하기 때문에 공리성, 합리성을 중요시하는 중심문화와 구별된다고 한다.

③ 코헨(Cohen)의 비행하위문화이론은 중산계층이나 상류계층 출신이 저지르는 비행이나 범죄를 설명하지 못하는 한계가 있다.

④ 클로워드(Cloward)와 오린(Ohlin)의 범죄적 하위문화는 합법적인 기회구조와 비합법적인 기회구조 모두가 차단된 상황에서 폭력을 수용한 경우에 나타나는 하위문화이다.

09 보호관찰소의 조사제도에 대한 설명으로 옳지 않은 것은?

① 「보호관찰 등에 관한 법률」 제19조에 따른 판결 전 조사는 법원이 「형법」 제59조의2 및 제62조의2에 따른 보호관찰, 사회봉사 또는 수강을 명하기 위하여 필요하다고 인정되는 경우에 조사를 요구할 수 있는 것을 말한다.

② 「보호관찰 등에 관한 법률」 제19조의2에 따른 결정 전 조사는 법원이 「소년법」 제12조에 따라 소년 보호사건뿐만 아니라 소년 형사사건에 대한 조사 또는 심리를 위하여 필요하다고 인정되는 경우에 조사를 의뢰하는 것을 말한다.

③ 「소년법」 제49조의2에 따른 검사의 결정 전 조사는 검사가 소년 피의사건에 대하여 소년부 송치, 공소제기, 기소유예 등의 처분을 결정하기 위하여 필요하다고 인정되는 경우에 조사를 요구할 수 있는 것을 말한다.

④ 「전자장치 부착 등에 관한 법률」 제6조에 따른 청구 전 조사는 검사가 전자장치 부착명령을 청구하기 위하여 필요하다고 인정하는 경우에 조사를 요청할 수 있는 것을 말한다.

10 「전자장치 부착 등에 관한 법률」상 전자장치 부착명령에 대한 설명으로 옳은 것은?

① 19세 미만의 자에 대하여 전자장치 부착명령을 선고한 때에는 19세에 이르기 전이라도 전자장치를 부착할 수 있다.

② 전자장치가 부착된 자는 주거를 이전하거나 7일 이상의 국내여행을 하거나 출국할 때에는 미리 보호관찰관의 허가를 받아야 한다.

③ 성폭력범죄, 미성년자 대상 유괴범죄, 살인범죄, 강도·절도범죄 및 방화범죄가 전자장치 부착 대상범죄이다.

④ 전자장치 부착명령의 집행 중 다른 죄를 범하여 벌금 이상의 형이 확정된 때에는 전자장치 부착명령의 집행이 정지된다.

11 「보호소년 등의 처우에 관한 법률」에 대한 설명으로 옳은 것은?

① 소년원장은 보호소년이 19세가 되면 퇴원시켜야 한다.

② 소년원장이 필요하다고 판단하는 경우 수갑, 포승 등 보호장비를 징벌의 수단으로 사용할 수 있다.

③ 보호소년 등을 소년원이나 소년분류심사원에 수용할 때에는 검사의 수용지휘서에 의하여야 한다.

④ 20일 이내의 기간 동안 지정된 실 안에서 근신하게 하는 징계처분은 14세 미만의 보호소년 등에게는 부과하지 못한다.

12 「소년법」상 보호처분 및 그 부가처분에 대한 설명으로 옳은 것은?

① 수강명령과 사회봉사명령은 14세 이상의 소년에게만 할 수 있다.

② 최대 200시간을 초과하지 않는 범위 내에서 수강명령처분을 결정할 수 있다.

③ 「아동복지법」에 따른 아동복지시설이나 그 밖의 소년보호시설에 감호 위탁 기간은 6개월로 하되, 그 기간을 연장할 수 없다.

④ 소년부 판사는 가정상황 등을 고려하여 필요하다고 판단되면 보호자에게 보호관찰소 등에서 실시하는 소년의 보호를 위한 특별교육을 받을 것을 명할 수 있다.

13 보호관찰심사위원회의 관장사무에 해당하지 않는 것은?

① 징역 또는 금고의 집행 중에 있는 성인수형자에 대한 가석방 적격 심사

② 소년원에 수용된 보호소년에 대한 임시퇴원 심사

③ 가석방 중인 사람의 부정기형의 종료에 관한 사항

④ 보호관찰대상자에 대한 보호관찰의 임시해제 취소 심사

14 「형법」상 가석방제도에 대한 설명으로 옳은 것은?

① 형기에 산입된 판결선고 전 구금일수는 가석방을 하는 경우 집행한 기간에 산입하지 아니한다.

② 가석방의 기간은 무기형에 있어서는 20년으로 하고, 유기형에 있어서는 남은 형기로 하되, 그 기간은 10년을 초과할 수 없다.

③ 징역이나 금고의 집행 중에 있는 사람이 행상이 양호하여 뉘우침이 뚜렷한 때에는 무기형은 10년, 유기형은 형기의 3분의 1이 지난 후 행정처분으로 가석방을 할 수 있다.

④ 가석방의 처분을 받은 자가 감시에 관한 규칙을 위배하거나, 보호관찰의 준수사항을 위반하고 그 정도가 무거운 때에는 가석방처분을 취소할 수 있다.

15 「소년법」에 대한 설명 중 옳은 것만을 모두 고르면?

> ㉠ 소년보호사건에 있어서 보호자는 소년부 판사의 허가 없이 변호사를 보조인으로 선임할 수 있다.
> ㉡ 보호자는 형벌 법령에 저촉되는 행위를 한 10세 이상 14세 미만인 소년을 발견한 경우 이를 관할 소년부에 통고할 수 있다.
> ㉢ 소년이 법정형으로 장기 2년 이상의 유기형에 해당하는 죄를 범한 경우에는 그 형의 범위에서 장기와 단기를 정하여 선고한다. 다만, 장기는 5년, 단기는 3년을 초과하지 못한다.
> ㉣ 소년부 판사는 사안이 가볍다는 이유로 심리를 개시하지 아니한다는 결정을 할 때에는 소년에게 훈계하거나 보호자에게 소년을 엄격히 관리하거나 교육하도록 고지할 수 있다.

① ㉠, ㉡   ② ㉠, ㉢
③ ㉠, ㉡, ㉣   ④ ㉡, ㉢, ㉣

16 형의 유예에 대한 설명으로 옳은 것은?

① 형의 선고유예를 받은 날로부터 2년을 경과한 때에는 기소유예된 것으로 간주한다.

② 형의 선고를 유예하거나 형의 집행을 유예하는 경우 보호관찰의 기간은 1년으로 한다.

③ 형의 집행유예 시 부과되는 수강명령은 집행유예기간이 완료된 이후에 이를 집행한다.

④ 형을 병과할 경우에는 그 형의 일부에 대하여 집행을 유예할 수 있다.

17 소년범의 형사처분에 대한 설명 중 옳은 것만을 모두 고르면?

> ㉠ 존속살해죄를 범한 당시 16세인 소년 甲에 대하여 무기형에 처하여야 할 때에는 15년의 유기징역으로 한다.
>
> ㉡ 17세인 소년 乙에게 벌금형이 선고된 경우 노역장유치 선고로 환형처분할 수 없다.
>
> ㉢ 소년교도소에서 형 집행 중이던 소년 丙이 23세가 되면 일반 교도소에서 형을 집행할 수 있다.
>
> ㉣ 15년의 유기징역을 선고받은 소년 丁의 경우 성인범죄자의 경우와 같이 5년이 지나야 가석방을 허가할 수 있다.

① ㉠, ㉡   ② ㉠, ㉢

③ ㉡, ㉢   ④ ㉡, ㉣

18 「소년법」상 보호처분 불복에 대한 설명으로 옳은 것은?

① 항고를 제기할 수 있는 기간은 10일로 한다.

② 보호처분이 현저히 부당한 경우에는 사건 본인이나 보호자는 고등법원에 항고할 수 있다.

③ 항고를 기각하는 결정에 대하여는 그 결정이 법령에 위반되는 경우에만 대법원에 재항고를 할 수 있다.

④ 항고법원은 항고가 이유가 있다고 인정한 경우에는 원결정을 파기하고 직접 불처분 또는 보호처분의 결정을 하는 것이 원칙이다.

19 「치료감호 등에 관한 법률」상 치료감호와 치료명령에 대한 설명으로 옳은 것은?

① 치료감호와 형이 병과된 경우 형 집행 완료 후 치료감호를 집행한다.

② 피의자가 심신장애로 의사결정능력이 없기 때문에 벌할 수 없는 경우 검사는 공소제기 없이 치료감호만을 청구할 수 있다.

③ 소아성기호증 등 성적 성벽이 있는 장애인으로서 금고 이상의 형에 해당하는 성폭력범죄를 지은 자에 대한 치료감호의 기간은 2년을 초과할 수 없다.

④ 법원은 치료명령대상자에 대하여 형의 선고를 유예하는 경우 치료기간을 정하여 치료를 받을 것을 명할 수 있으며, 이때 보호관찰을 병과할 수 있다.

20 범죄피해자와 관련한 현행 제도에 대한 설명으로 옳지 않은 것은? (다툼이 있는 경우 판례에 의함)

① 「소송촉진 등에 관한 특례법」제25조 제1항에 따른 배상명령은 피고사건의 범죄행위로 발생한 직접적인 물적 피해, 치료비 손해와 위자료에 대하여 피고인에게 배상을 명함으로써 간편하고 신속하게 피해자의 피해회복을 도모하고자 하는 제도이다.

② 「범죄피해자 보호법」은 피해자와 피의자 사이의 합의가 이루어졌더라도 기소유예처분의 사유에 해당함이 명백한 경우 형사조정에 회부하지 못하도록 하고 있다.

③ 「범죄피해자 보호법」상 범죄피해자란 타인의 범죄행위로 피해를 당한 사람과 그 법률상·사실상 배우자, 직계친족 및 형제자매를 말한다.

④ 「성폭력범죄의 처벌 등에 관한 특례법」에 따르면 검사는 성폭력범죄 피해자에게 변호사가 없는 경우 국선변호사를 선정하여 형사절차에서 피해자의 권익을 보호할 수 있다.

01 암수범죄(숨은범죄)에 대한 설명으로 옳지 않은 것은?

① 수사기관에 의하여 인지되었으나 해결되지 않은 경우를 상대적 암수범죄라고 한다.

② 케틀레(Quetelet) 정비례 법칙에 의하면, 공식적 범죄통계상의 범죄현상이 실제 범죄현상을 징표한다고 보기는 어렵다.

③ 피해자가 특정되지 않거나 간접적 피해자만 존재하는 경우, 암수범죄가 발생하기 쉽다.

④ 낙인이론이나 비판범죄학에 의하면 범죄화의 차별적 선별성을 암수범죄의 원인으로 설명한다.

02 「보호소년 등의 처우에 관한 법률」상 보호장비가 아닌 것은?

① 가스총　　　　　　　　　② 보호복
③ 머리보호장비　　　　　　④ 전자충격기

03 학습이론에 대한 설명으로 옳지 않은 것은?

① 타르드(Tarde)는 인간은 다른 사람들과 접촉하면서 관념을 학습하며, 행위는 자신이 학습한 관념으로부터 유래한다고 주장하였다.

② 서덜랜드(Sutherland)의 차별적 접촉이론(differential association theory)은 범죄자도 정상인과 다름없는 성격과 사고방식을 갖는다고 보는 데에서 출발한다.

③ 그레이저(Glaser)의 차별적 동일시이론(differential identification theory)은 자신과 동일시하려는 대상이나 자신의 행동을 평가하는 준거집단의 성격보다는 직접적인 대면접촉이 범죄학습 과정에서 더욱 중요하게 작용한다고 본다.

④ 조작적 조건화의 논리를 반영한 사회적 학습이론은 사회적 상호작용과 더불어 물리적 만족감(굶주림, 갈망, 성적욕구 등의 해소)과 같은 비사회적 사항에 의해서도 범죄행위가 학습될 수 있다고 본다.

04 고전학파 범죄이론에 대한 설명으로 옳지 않은 것은?

① 사회계약설에 입각한 성문형법전의 제정이 필요하다고 주장하였다.

② 파놉티콘(Panopticon) 교도소를 구상하여 이상적인 교도행정을 추구하였다.

③ 인간의 합리적인 이성을 신뢰하지 않고 범죄원인을 개인의 소질과 환경에 있다고 하는 결정론을 주장하였다.

④ 심리에 미치는 강제로서 형벌을 부과해야 한다고 하는 심리강제설을 주장하였다.

05 일상활동이론(routine activities theory)의 범죄발생 요소에 해당하지 않는 것은?

① 동기화된 범죄자(motivated offenders)

② 비범죄적 대안의 부재(absence of non-criminal alternatives)

③ 적절한 대상(suitable targets)

④ 보호의 부재(absence of capable guardians)

06 「형사소송법」상 피해자 등 진술권에 대한 설명으로 옳지 않은 것은?

① 범죄로 인한 피해자 등의 신청으로 그 피해자 등을 증인으로 신문하는 경우, 신청인이 출석통지를 받고도 정당한 이유 없이 출석하지 아니한 때에는 그 신청을 철회한 것으로 본다.

② 법원은 범죄로 인한 피해자를 증인으로 신문하는 경우 당해 피해자·법정대리인 또는 검사의 신청에 따라 피해자의 사생활의 비밀이나 신변보호를 위하여 필요하다고 인정하는 때에는 결정으로 심리를 공개하지 아니할 수 있다.

③ 법원은 동일한 범죄사실에서 피해자 등의 증인신문을 신청한 그 피해자 등이 여러 명이라도 진술할 자의 수를 제한할 수 없다.

④ 법원이 범죄로 인한 피해자의 신청에 의하여 신문할 증인의 신문방식은 재판장이 정하는 바에 의한다.

07 범죄피해자 보호법령상 형사조정에 대한 설명으로 옳지 않은 것은?

① 피의자가 도주하거나 증거를 인멸할 염려가 있는 경우에는 형사조정에 회부하여서는 아니 된다.

② 각 형사조정사건에 대한 형사조정위원회(개별 조정위원회)는 3명 이내의 조정위원으로 구성한다.

③ 검사는 형사조정이 성립되지 아니하였다는 사정을 피의자에게 불리하게 고려하여서는 아니 된다.

④ 형사조정에 회부하는 것이 분쟁해결에 적합하다고 판단되는 경우에는 당사자의 동의가 없어도 조정절차를 개시할 수 있다.

08 「소년법」상 보호처분의 결정에 대한 항고와 관련한 설명으로 옳지 않은 것은?

① 항고를 제기할 수 있는 기간은 7일이며, 항고장은 원심 소년부에 제출하여야 한다.

② 항고는 보호처분의 결정의 집행을 정지시키는 효력이 있다.

③ 보호처분의 결정에 영향을 미칠 법령위반이 있거나 중대한 사실오인이 있는 경우뿐 아니라 처분이 현저히 부당한 경우에도 항고할 수 있다.

④ 사건 본인, 보호자 및 보조인 또는 그 법정대리인은 항고할 수 있다.

09 「보호소년 등의 처우에 관한 법률」상 보호소년 등의 처우와 교정교육에 대한 설명으로 옳지 않은 것은?

① 보호소년 등은 그 처우에 대하여 불복할 때에는 법무부장관에게 문서로 청원할 수 있다.

② 보호장비는 보호소년 등에 대하여 징벌의 수단으로 사용되어서는 아니 된다.

③ 보호소년 등이 사용하는 목욕탕, 세면실 및 화장실에 전자영상장비를 설치하여 운영하는 것은 자해 등의 우려가 큰 때에만 할 수 있다.

④ 소년분류심사원이 설치되지 아니한 지역에서는 소년분류심사원이 설치될 때까지 소년분류심사원의 임무는 소년을 분리 유치한 구치소에서 수행한다.

10 소년의 형사사건에 대한 설명으로 옳은 것은?

① 협의의 불기소처분 사건은 조건부 기소유예의 대상에서 제외된다.

② 법원은 판결만을 선고하는 경우라도 피고인인 소년에 대하여 변호인이 없거나 출석하지 아니한 때에는 국선변호인을 선정하여야 한다.

③ 소년에 대해 형의 선고유예 시에는 부정기형을 선고하지 못하나, 집행유예 시에는 부정기형을 선고할 수 있다.

④ 소년에 대한 부정기형을 집행하는 기관의 장은 교정 목적이 달성되었다고 인정되는 경우에는 법원의 결정에 따라 그 형의 집행을 종료할 수 있다.

11 「전자장치 부착 등에 관한 법률」상 전자장치 부착명령에 대한 설명으로 옳지 않은 것은?

① 만 19세 미만의 자에 대하여 부착명령을 선고한 때에는 19세에 이르기까지 전자장치를 부착할 수 없다.

② 검사는 미성년자 대상 모든 유괴범죄자에 대하여 전자장치 부착명령을 법원에 청구하여야 한다.

③ 전자장치 부착명령은 검사의 지휘를 받아 보호관찰관이 집행한다.

④ 전자장치 부착명령의 임시해제 신청은 부착명령의 집행이 개시된 날로부터 3개월이 경과한 후에 하여야 한다.

12 「치료감호 등에 관한 법률」상 치료감호에 대한 설명으로 옳지 않은 것은?

① 검사는 심신장애인으로 금고 이상의 형에 해당하는 죄를 지은 자에 대하여 정신건강의학과 등의 전문의의 진단이나 감정을 받은 후, 치료감호를 청구하여야 한다.

② 구속영장에 의하여 구속된 피의자에 대하여 검사가 공소를 제기하지 아니하는 결정을 하고 치료감호 청구만을 하는 때에는 구속영장은 치료감호영장으로 보며 그 효력을 잃지 아니한다.

③ 약식명령이 청구된 후 치료감호가 청구되었을 때에는 약식명령청구는 그 치료감호가 청구되었을 때부터 공판절차에 따라 심판하여야 한다.

④ 피치료감호자 등의 텔레비전 시청, 라디오 청취, 신문·도서의 열람은 일과시간이나 취침시간 등을 제외하고는 자유롭게 보장된다.

13 코헨(Cohen)이 주장한 비행하위문화의 특징에 해당하지 않는 것은?

① 자율성(autonomy) : 다른 사람의 간섭을 받기 싫어하는 태도나 자기 마음대로 행동하려는 태도로서 일종의 방종을 의미한다.

② 악의성(malice) : 중산층의 문화나 상징에 대한 적대적 표출로서 다른 사람에게 불편을 주는 행동, 사회에서 금지하는 행동을 하는 것을 즐긴다.

③ 부정성(negativism) : 기존의 지배문화, 인습적 가치에 반대되는 행동을 추구하며, 기존 어른들의 문화를 부정하는 성향을 갖는다.

④ 비합리성(non-utilitarianism) : 합리성의 추구라는 중산층 가치에 반대되는 것으로 합리적 계산에 의한 이익에 따라서 행동하는 것이 아니라 스릴과 흥미 등에 따른 행동을 추구한다.

14 선고유예 및 가석방에 대한 설명으로 옳지 않은 것은? (다툼이 있는 경우 판례에 의함)

① 선고유예 판결에서도 그 판결 이유에서는 선고형을 정해 놓아야 하고, 그 형이 벌금형일 경우에는 벌금액뿐만 아니라 환형유치처분까지 해 두어야 한다.

② 형의 집행유예의 선고가 실효 또는 취소됨이 없이 정해진 유예기간을 경과하여 형의 선고가 효력을 잃게 되었더라도, 이는 선고유예 결격사유인 자격정지 이상의 형을 받은 전과가 있는 경우에 해당한다.

③ 형기에 산입된 판결선고 전 구금일수는 가석방을 하는 경우 집행한 기간에 산입한다.

④ 사형을 무기징역으로 특별감형한 경우, 사형집행 대기기간을 처음부터 무기징역을 받은 경우와 동일하게 가석방요건 중의 하나인 형의 집행기간에 산입할 수 있다.

15 사회봉사명령에 대한 설명으로 옳지 않은 것은? (다툼이 있는 경우 판례에 의함)

① 법원이 형의 집행을 유예하는 경우 명할 수 있는 사회봉사는 500시간 내에서 시간 단위로 부과될 수 있는 일 또는 근로활동을 의미하는 것으로 해석된다.

② 보호관찰관은 사회봉사명령의 집행을 국공립기관이나 그 밖의 단체에 위탁한 때에는 이를 법원 또는 법원의 장에게 통보하여야 한다.

③ 사회봉사의 도움을 필요로 하는 일반 국민들에게 직접 지원 분야를 신청받아 관할 보호관찰소에서 적절성을 심사한 후, 사회봉사명령대상자를 투입하여 무상으로 사회봉사명령을 집행할 수 있다.

④ 500만원 이하의 벌금형이 확정된 벌금 미납자는 검사의 납부명령일로부터 30일 이내에 주거지를 관할하는 보호관찰관에게 사회봉사를 신청할 수 있다.

16 「범죄피해자 보호법」상 범죄피해 구조제도에 대한 설명으로 옳은 것은? (다툼이 있는 경우 판례에 의함)

① 사실혼 관계에 있는 배우자는 구조금을 받을 수 있는 유족에 포함되지 않는다.

② 유족구조금은 범죄행위로 인한 손실 또는 손해를 전보하기 위하여 지급된다는 점에서 불법행위로 인한 소극적 손해의 배상과 같은 종류의 금원에 해당하지 않는다.

③ 국가 간 상호보증과 무관하게 구조피해자나 유족이 외국인이라도 구조금 지급대상이 된다.

④ 범죄피해자 구조청구권의 대상이 되는 범죄피해에 해외에서 발생한 범죄피해의 경우를 포함하고 있지 아니한 것은 평등원칙에 위배되지 아니한다.

17 벌금형 제도에 대한 설명으로 옳지 않은 것은? (다툼이 있는 경우 판례에 의함)

① 벌금형의 집행을 위한 검사의 명령은 집행력 있는 채무명의와 동일한 효력이 있다.

② 500만원 이하 벌금형을 선고할 경우 피고인의 사정을 고려하여 100만원만 집행하고 400만원은 집행을 유예할 수 있다.

③ 벌금을 납입하지 아니한 자는 1일 이상 3년 이하의 기간 노역장에 유치하여 작업에 복무하게 한다.

④ 벌금형에 따르는 노역장 유치는 실질적으로 자유형과 동일하므로, 그 집행에 대하여는 자유형의 집행에 관한 규정이 준용된다.

18 ㉠~㉢의 보호관찰 기간을 모두 더하면?

> ㉠ 「형법」상 선고유예를 받은 자의 보호관찰 기간
> ㉡ 「형법」상 실형 5년을 선고받고 3년을 복역한 후 가석방된 자의 보호관찰 기간(허가행정
>   관청이 필요가 없다고 인정한 경우 제외)
> ㉢ 「소년법」상 단기 보호관찰을 받은 소년의 보호관찰 기간
> ㉣ 「치료감호 등에 관한 법률」상 피치료감호자에 대한 치료감호가 가종료된 자의 보호관찰
>   기간

① 6년　　　　　　　　　　　　　② 7년
③ 8년　　　　　　　　　　　　　④ 9년

19 회복적 사법(restorative justice)을 지지할 수 있는 이론으로 옳지 않은 것은?

① 코헨과 펠슨(Cohen & Felson)의 일상활동이론(routine activities theory)
② 레머트(Lemert)의 낙인이론(labeling theory)
③ 퀴니와 페핀스키(Quinney & Pepinsky)의 평화구축범죄학(peace-making criminology)
④ 브레이스웨이트(Braithwaite)의 재통합적 수치심부여이론(reintegrative shaming theory)

20 낙인이론에 대한 설명으로 옳지 않은 것은?

① 낙인이론에 따르면 범죄자에 대한 국가개입의 축소와 비공식적인 사회 내 처우가 주된
   형사정책의 방향으로 제시된다.
② 슈어(Schur)는 이차적 일탈로의 발전은 정형적인 것이 아니며 사회적 반응에 대한 개인
   의 적응노력에 따라 달라질 수 있다고 주장하였다.
③ 레머트(Lemert)는 일탈행위에 대한 사회적 반응은 크게 사회구성원에 의한 것과 사법기
   관에 의한 것으로 구분할 수 있고, 현대사회에서는 사회구성원에 의한 것이 가장 권위 있
   고 광범위한 영향력을 행사하는 것으로 보았다.
④ 베커(Becker)는 일탈자라는 낙인은 그 사람의 지위를 대변하는 주된 지위가 되어 다른
   사람들과의 상호작용에 부정적인 영향을 미치는 요인이 되는 것으로 설명하였다.

21 **소년법령상 화해권고제도에 대한 설명으로 옳지 않은 것은?**

① 소년부 판사는 소년의 품행을 교정하고 피해자를 보호하기 위하여 필요하다고 인정하면 소년에게 피해 변상 등 피해자와의 화해를 권고할 수 있다.

② 소년부 판사는 피해자와의 화해를 위하여 필요하다고 인정하면 기일을 지정하여 소년, 보호자 또는 참고인을 소환할 수 있다.

③ 소년부 판사는 소년이 화해권고에 따라 피해자와 화해하였을 경우에는 보호처분을 결정할 때 이를 고려할 수 있다.

④ 소년부 판사는 심리를 시작하기 전까지 화해를 권고할 수 있고, 화해권고기일까지 소년, 보호자 및 피해자의 서면동의를 받아야 한다.

22 **소년부 판사가 결정으로 그 기간을 연장할 수 있는 보호처분만을 모두 고르면?**

> ㉠ 보호관찰관의 단기 보호관찰
> ㉡ 병원, 요양소 또는 「보호소년 등의 처우에 관한 법률」에 따른 의료재활소년원에 위탁
> ㉢ 장기 소년원 송치
> ㉣ 보호자 또는 보호자를 대신하여 소년을 보호할 수 있는 자에게 감호 위탁

① ㉠, ㉢   ② ㉡, ㉢

③ ㉡, ㉣   ④ ㉢, ㉣

23 **범죄원인에 대한 설명으로 옳은 것은?**

① 퀴니(Quinney)는 대항범죄(crime of resistance)의 예로 살인을 들고 있다.

② 레크리스(Reckless)는 범죄를 유발하는 압력요인으로 불안감을 들고 있다.

③ 중화기술이론에서 세상은 모두 타락했고, 경찰도 부패했다고 범죄자가 말하는 것은 책임의 부정에 해당한다.

④ 부모 등 가족구성원이 실망할 것을 우려해서 비행을 그만두는 것은 사회유대의 형성 방법으로서 애착(attachment)에 의한 것으로 설명할 수 있다.

24 형벌의 목적에 대한 설명으로 옳지 않은 것은?

① 응보형주의는 개인의 범죄에 대하여 보복적인 의미로 형벌을 과하는 것이다.

② 교육형주의는 범죄인의 자유박탈과 사회로부터의 격리를 교육을 위한 수단으로 본다.

③ 응보형주의에 의하면 범죄는 사람의 의지에 의하여 발생하는 것이 아니라 사회 환경 및 사람의 성격에 의하여 발생하는 것이다.

④ 현대의 교정목적은 응보형주의를 지양하고, 교육형주의의 입장에서 수형자를 교정·교화하여 사회에 복귀시키는 데에 중점을 둔다.

25 전환제도(diversion)의 장점이 아닌 것은?

① 형사사법대상자 확대 및 형벌 이외의 비공식적 사회통제망 확대

② 구금의 비생산성에 대한 대안적 분쟁해결방식 제공

③ 법원의 업무경감으로 형사사법제도의 능률성 및 신축성 부여

④ 범죄적 낙인과 수용자 간의 접촉으로 인한 부정적 위험 회피

01 「보호소년 등의 처우에 관한 법률」이 보호소년에 대하여 수갑, 포승 또는 보호대 외에 가스총이나 전자충격기를 사용할 수 있는 경우로 명시하지 않은 것은?

① 이탈·난동·폭행을 선동·선전하거나 하려고 하는 때
② 다른 사람에게 위해를 가하거나 가하려고 하는 때
③ 위력으로 소속 공무원의 정당한 직무집행을 방해하는 때
④ 소년원·소년분류심사원의 설비·기구 등을 손괴하거나 손괴하려고 하는 때

02 다음 사례에서 甲에 대한 「소년법」상 처리절차로 옳지 않은 것은?

> 13세 甲은 정당한 이유 없이 가출한 후 집단적으로 몰려다니며 술을 마시고 소란을 피움으로써 주위 사람들에게 불안감을 조성하였고, 그의 성격이나 환경에 비추어 앞으로 형벌 법령에 저촉되는 행위를 할 우려가 있다.

① 경찰서장은 직접 관할 소년부에 송치하여야 하며, 송치서에 甲의 주거·성명·생년월일 및 행위의 개요와 가정 상황을 적고, 그 밖의 참고자료를 첨부하여야 한다.
② 보호자 또는 학교·사회복리시설·보호관찰소의 장은 甲을 관할 소년부에 통고할 수 있다.
③ 소년부 판사는 사건의 조사 또는 심리에 필요하다고 인정하면 기일을 지정하여 甲이나 그 보호자를 소환할 수 있으며, 정당한 이유 없이 소환에 응하지 아니하면 소년부 판사는 동행영장을 발부할 수 있다.
④ 소년부 판사는 심리 결과 보호처분의 필요성이 인정되더라도 甲에게 수강명령과 사회봉사명령은 부과할 수 없다.

03 「소년법」상 보조인 제도에 대한 설명으로 옳지 않은 것은?

① 소년이 소년분류심사원에 위탁된 경우 보조인이 없을 때에는 법원은 변호사 등 적정한 자를 보조인으로 선정하여야 한다.
② 소년이 소년분류심사원에 위탁되지 아니하였을 때에도 소년에게 신체적·정신적 장애가 의심되는 경우에는 법원은 직권으로 보조인을 선정하여야 한다.
③ 소년이 보호자나 변호사를 보조인으로 선임하는 경우에 소년부 판사의 허가 없이 보조인을 선임할 수 있다.
④ 보조인의 선임은 심급마다 하여야 한다.

04 「소년법」 제32조에 따른 소년보호처분에 대한 설명으로 옳지 않은 것은?

① 제1호 처분은 보호자 또는 보호자를 대신하여 소년을 보호할 수 있는 자에게 감호 위탁하는 것이다.

② 제6호 처분은 「아동복지법」에 따른 아동복지시설이나 그 밖의 소년보호시설에 감호 위탁하는 것이다.

③ 제4호 처분을 할 때 6개월의 기간을 정하여 야간 등 특정 시간대의 외출을 제한하는 명령을 보호관찰대상자의 준수 사항으로 부과할 수 있다.

④ 제5호 처분을 할 때 6개월의 기간을 정하여 「보호소년 등의 처우에 관한 법률」에 따른 대안교육 또는 소년의 상담·선도·교화와 관련된 단체나 시설에서의 상담·교육을 받을 것을 동시에 명할 수 있다.

05 형법학과 형사정책에 대한 설명으로 옳지 않은 것은?

① 19세기 말 리스트(Liszt)는 '형법에서의 목적사상'을 주장하여 형이상학적 형법학이 아니라 현실과 연계된 새로운 형사정책 사상을 강조하였다.

② 형법학과 형사정책학은 상호의존적이며 동시에 상호제약적인 성격을 가지며, 리스트(Liszt)는 '형법은 형사정책의 극복할 수 없는 한계'라고 주장하였다.

③ 포이에르바흐(Feuerbach)는 형사정책을 '입법을 지도하는 국가적 예지'로 이해하고, 형사정책은 정책적 목적을 유지하기 위한 형법의 보조수단으로서 의미가 있다고 주장하였다.

④ 공리주의적 형벌목적을 강조한 벤담(Bentham)에 의하면, 형벌은 특별예방목적에 의해 정당화될 수 있고, 사회방위는 형벌의 부수적 목적에 지나지 않는다.

06 「보호소년 등의 처우에 관한 법률」상 퇴원 등에 대한 설명으로 옳지 않은 것은?

① 위탁소년 또는 유치소년의 소년분류심사원 퇴원은 법원소년부의 결정서에 의하여야 한다.

② 「소년법」 제32조 제1항 제8호의 보호처분을 받은 보호소년의 경우에 소년원장은 해당 보호소년이 교정성적이 양호하고 교정 목적을 이루었다고 인정되면 보호관찰심사위원회에 퇴원을 신청하여야 한다.

③ 퇴원 또는 임시퇴원이 허가된 보호소년이 질병에 걸리거나 본인의 편익을 위하여 필요하면 본인의 신청에 의하여 계속 수용할 수 있다.

④ 출원하는 보호소년에 대한 사회정착지원의 기간은 6개월 이내로 하되, 6개월 이내의 범위에서 한 번에 한하여 그 기간을 연장할 수 있다.

07 갈등이론에 대한 설명으로 옳지 않은 것은?

① 셀린(Sellin)은 이민 집단의 경우처럼 특정 문화집단의 구성원이 다른 문화의 영역으로 이동할 때에 발생할 수 있는 갈등을 이차적 문화갈등으로 보았다.

② 볼드(Vold)는 이해관계의 갈등에 기초한 집단갈등론을 주장하였으며, 특히 집단 간의 이익갈등이 가장 첨예한 상태로 대립하는 영역으로 입법정책 부문을 지적하였다.

③ 터크(Turk)는 사회를 통제할 수 있는 권력 또는 권위의 개념을 범죄원인과 대책 분야에 적용시키고자 하였다.

④ 퀴니(Quinney)는 노동자계급의 범죄를 자본주의 체제에 대한 적응범죄와 대항범죄로 구분하였다.

08 중화기술이론의 사례에서 '책임의 부정'에 해당하는 것은?

① 기초수급자로 지정받지 못한 채 어렵게 살고 있던 중에 배가 고파서 편의점에서 빵과 우유를 훔쳤다고 주장하는 사람

② 성매수를 했지만 성인끼리 합의하여 성매매를 한 것이기 때문에 누구도 법적 책임을 질 필요가 없다고 주장하는 사람

③ 부정한 행위로 인하여 사회적 비난을 받는 사람의 차량을 파손하고 사회정의를 실현한 것이라고 주장하는 사람

④ 교통범칙금을 부과하는 경찰관에게 단속실적 때문에 함정단속을 한 것이 아니냐고 따지는 운전자

09 「형법」상 형벌제도에 대한 설명으로 옳지 않은 것은?

① 유기징역 또는 유기금고는 1개월 이상 25년 이하로 하되, 형을 가중하는 때에는 50년까지로 한다.

② 유기징역 또는 유기금고에 자격정지를 병과한 때에는 징역 또는 금고의 집행을 종료하거나 면제된 날로부터 정지기간을 기산한다.

③ 벌금을 납입하지 아니한 자는 1일 이상 3년 이하, 과료를 납입하지 아니한 자는 1일 이상 30일 미만의 기간 노역장에 유치하여 작업에 복무하게 한다.

④ 벌금에 대한 노역장 유치기간을 정하는 경우, 선고하는 벌금이 1억원 이상 5억원 미만인 경우에는 300일 이상, 5억원 이상 50억원 미만인 경우에는 500일 이상, 50억원 이상인 경우에는 1천일 이상의 유치기간을 정하여야 한다.

10 서덜랜드(Sutherland)의 차별적 접촉이론에 대한 설명으로 옳지 않은 것은?

① 차별접촉은 빈도, 기간, 우선순위, 그리고 강도(强度) 등에 의하여 차이가 발생한다고 주장한다.

② 범죄학습이 신문·영화 등 비대면적인 접촉수단으로부터도 큰 영향을 받는다는 점을 간과하고 있다.

③ 범죄원인으로는 접촉의 경험이 가장 큰 역할을 한다고 보아, 나쁜 친구들을 사귀면 범죄를 저지를 것이라는 단순한 등식을 제시했다.

④ 범죄인과 가장 접촉이 많은 경찰·법관·형집행관들이 범죄인이 될 확률이 높지 않다는 비판이 있다.

11 환경설계를 통한 범죄예방(CPTED)에 대한 설명으로 옳지 않은 것은?

① 자연적 감시(natural surveillance) : 건축물이나 시설을 설계함에 있어서 가시권을 최대한 확보하고, 범죄행동에 대한 감시기능을 확대함으로써 범죄발각 위험을 증가시켜 범죄기회를 감소시키거나 범죄를 포기하도록 하는 원리

② 접근통제(access control) : 일정한 지역에 접근하는 사람들을 정해진 공간으로 유도하거나 외부인의 출입을 통제하도록 설계함으로써 접근에 대한 심리적 부담을 증대시켜 범죄를 예방하는 원리

③ 영역성 강화(territorial reinforcement) : 레크레이션 시설의 설치, 산책길에의 벤치설치 등 당해 지역에 일반인의 이용을 장려하여 그들에 의한 감시기능을 강화하는 전략

④ 유지·관리(maintenance·management) : 시설물이나 장소를 처음 설계된 대로 지속해서 이용할 수 있도록 관리함으로써 범죄예방 환경설계의 장기적·지속적 효과를 유지

12 부정기형제도에 대한 설명으로 옳지 않은 것은?

① 부정기형은 범죄인의 개선에 필요한 기간을 판결선고시에 정확히 알 수 없기 때문에 형을 집행하는 단계에서 이를 고려한 탄력적 형집행을 위한 제도로 평가된다.

② 부정기형은 범죄자에 대한 위하효과가 인정되고, 수형자자치제도의 효과를 높일 수 있으며, 위험한 범죄자를 장기구금하게 하여 사회방위에도 효과적이다.

③ 부정기형은 형벌개별화원칙에 반하고, 수형자의 특성에 따라서 수형기간이 달라지게 되는 문제점이 있으며, 교도관의 자의가 개입할 여지가 있고, 석방결정과정에서 적정절차의 보장이 결여될 위험이 있다.

④ 「소년법」 제60조 제1항은 "소년이 법정형으로 장기 2년 이상의 유기형에 해당되는 죄를 범한 경우에는 그 형의 범위 내에서 장기와 단기를 정하여 형을 선고하되, 장기는 10년, 단기는 5년을 초과하지 못한다."고 규정하여 상대적 부정기형제도를 채택하였다.

13 「전자장치 부착 등에 관한 법률」상 형기종료 후 보호관찰명령의 대상자가 아닌 것은?

① 성폭력범죄를 저지른 사람으로서 성폭력범죄를 다시 범할 위험성이 있다고 인정되는 사람

② 미성년자 대상 유괴범죄를 저지른 사람으로서 미성년자 대상 유괴범죄를 다시 범할 위험성이 있다고 인정되는 사람

③ 살인범죄를 저지른 사람으로서 살인범죄를 다시 범할 위험성이 있다고 인정되는 사람

④ 스토킹범죄를 저지른 사람으로서 스토킹범죄를 다시 범할 위험성이 있다고 인정되는 사람

14 사회 · 문화적 환경과 범죄에 대한 설명으로 옳지 않은 것은?

① 체스니-린드(Chesney-Lind)는 여성범죄자가 남성범죄자보다 더 엄격하게 처벌받으며, 특히 성(性)과 관련된 범죄에서는 더욱 그렇다고 주장하였다.

② 스토우퍼(Stouffer), 머튼(Merton) 등은 상대적 빈곤론을 주장하면서 범죄발생에 있어 빈곤의 영향은 단지 빈곤계층에 국한된 현상이 아니라고 지적하였다.

③ 매스컴과 범죄에 대하여 '카타르시스 가설'과 '억제가설'은 매스컴의 역기능성을 강조하는 이론이다.

④ 서덜랜드(Sutherland)는 화이트칼라 범죄를 직업활동과 관련하여 존경과 높은 지위를 가지고 있는 사람이 저지르는 범죄라고 정의했다.

15 미결구금에 대한 설명으로 옳지 않은 것은? (다툼이 있는 경우 판례에 의함)

① 미결구금의 폐해를 줄이기 위한 정책으로는 구속영장실질심사제, 신속한 재판의 원칙, 범죄피해자보상제도, 미결구금 전용수용시설의 확대 등이 있다.

② 미결구금된 사람을 위하여 변호인이 되려는 자의 접견교통권은 변호인의 조력을 받을 권리의 실질적 확보를 위해서 헌법상 기본권으로서 보장되어야 한다.

③ 판결선고 전 미결구금일수는 그 전부가 법률상 당연히 본형에 산입되므로 판결에서 별도로 미결구금일수 산입에 관한 사항을 판단할 필요가 없다.

④ 재심재판에서 무죄가 확정된 피고인이 미결구금을 당하였을 때에는 국가에 대하여 그 구금에 대한 보상을 청구할 수 있다.

16 다음 개념을 모두 포괄하는 범죄이론은?

> • 울프강(Wolfgang)의 폭력사용의 정당화
> • 코헨(Cohen)의 지위좌절
> • 밀러(Miller)의 주요 관심(focal concerns)

① 갈등이론   ② 환경범죄이론
③ 하위문화이론   ④ 정신분석이론

17 뉴먼(Newman)과 레피토(Reppetto)의 범죄예방모델에 대한 설명으로 옳지 않은 것은?

① 뉴먼은 주택건축과정에서 공동체의 익명성을 줄이고 순찰·감시가 용이하도록 구성하여 범죄예방을 도모해야 한다는 방어공간의 개념을 사용하였다.
② 범죄행위에 대한 위험과 어려움을 높여 범죄기회를 줄임으로써 범죄예방을 도모하려는 방법을 '상황적 범죄예방모델'이라고 한다.
③ 레피토는 범죄의 전이양상을 시간적 전이, 전술적 전이, 목표물 전이, 지역적 전이, 기능적 전이의 5가지로 분류하였다.
④ 상황적 범죄예방활동에 대해서는 '이익의 확산효과'로 인해 사회 전체적인 측면에서는 범죄를 줄일 수 없게 된다는 비판이 있다.

18 대법원 양형위원회가 작성한 양형기준표에 대한 설명으로 옳지 않은 것은?

① 주요 범죄 대부분에 대하여 공통적, 통일적으로 적용되는 종합적 양형기준이 아닌 범죄유형별로 적용되는 개별적 양형기준을 설정하였다.
② 양형인자는 책임을 증가시키는 가중인자인 특별양형인자와 책임을 감소시키는 감경인자인 일반양형인자로 구분된다.
③ 양형인자 평가결과에 따라 감경영역, 기본영역, 가중영역의 3가지 권고영역 중 하나를 선택하여 권고형량의 범위를 정한다.
④ 양형에 있어서 권고형량범위와 함께 실형선고를 할 것인가, 집행유예를 선고할 것인가를 판단하기 위한 기준을 두고 있다.

19 보안처분에 대한 설명으로 옳지 않은 것은? (다툼이 있는 경우 판례에 의함)

① 성범죄 전력만으로 재범의 위험성이 있다고 간주하고 일률적으로 장애인복지시설에 10년 간 취업제한을 하는 것은 헌법에 위반된다.

② 구 「특정 성폭력범죄자에 대한 위치추적 전자장치 부착에 관한 법률」상 전자감시제도는 일종의 보안처분으로서, 범죄행위를 한 자에 대한 응보를 주된 목적으로 그 책임을 추궁 하는 사후적 처분인 형벌과 구별되어 그 본질을 달리하는 것이다.

③ 취업제한명령은 범죄인에 대한 사회 내 처우의 한 유형으로 형벌 그 자체가 아니라 보안 처분의 성격을 가지는 것이다.

④ 「성폭력범죄자의 성충동 약물치료에 관한 법률」상 약물치료명령은 헌법이 보장하고 있는 신체의 자유와 자기결정권에 대한 침익적인 처분에 해당하지 않는다.

20 범죄의 피해자에 대한 설명으로 옳지 않은 것은?

① 「형법」에 의하면 피해의 정도뿐만 아니라 가해자와 피해자의 관계도 양형에 고려된다.

② 피해자는 제2심 공판절차에서는 사건이 계속된 법원에 「소송촉진 등에 관한 특례법」에 따른 피해배상을 신청할 수 없다.

③ 레크리스(Reckless)는 피해자의 도발을 기준으로 '가해자 – 피해자 모델'과 '피해자 – 가 해자 – 피해자 모델'로 구분하고 있다.

④ 「범죄피해자보호기금법」에 의하면 형사소송법 에 따라 집행된 벌금의 일부도 범죄피해자 보호기금에 납입된다.

21 「성폭력범죄자의 성충동 약물치료에 관한 법률」상 성충동 약물치료에 대한 설명으로 옳지 않은 것은?

① 법원은 성충동 약물치료명령 청구가 이유 있다고 인정하는 때에는 15년의 범위에서 치료 기간을 정하여 판결로 치료명령을 선고하여야 한다.

② 성충동 약물치료명령의 대상은 사람에 대하여 성폭력범죄를 저지른 성도착증 환자로서, 성폭력범죄를 다시 범할 위험성이 있다고 인정되는 19세 이상의 사람이다.

③ 성충동 약물치료명령 청구는 검사가 하며, 성충동 약물치료명령 청구대상자에 대하여 정 신건강의학과 전문의의 진단이나 감정을 받은 후 치료명령을 청구하여야 한다.

④ 징역형과 함께 성충동 약물치료명령을 받은 사람이 치료감호의 집행 중인 경우, 치료명령 대상자 및 그 법정대리인은 치료명령이 집행될 필요가 없을 정도로 개선되어 성폭력범죄 를 다시 범할 위험성이 없음을 이유로, 주거지 또는 현재지를 관할하는 지방법원에 치료 명령의 집행 면제를 신청할 수 있다.

22 형사정책학의 연구대상과 연구방법에 대한 설명으로 옳지 않은 것은?

① 범죄학이나 사회학에서 말하는 일탈행위의 개념은 형법에서 말하는 범죄개념보다 더 넓다.

② 사회에 새롭게 등장한 법익침해행위를 형법전에 편입해야 할 필요성을 인정함에 사용되는 범죄개념은 형식적 범죄개념이다.

③ 헌법재판소의 위헌결정으로 폐지된 간통죄와 같이 기존 형법전의 범죄를 삭제해야 할 필요성을 인정함에 사용되는 범죄개념은 실질적 범죄개념이다.

④ 공식적 범죄통계를 이용하는 연구방법은 두 변수 사이의 2차원 관계 수준의 연구를 넘어서기 어렵다는 비판이 가능하다.

23 소년 형사사건에 대한 설명으로 옳은 것은? (다툼이 있는 경우 판례에 의함)

① 「소년법」 제60조 제1항에 정한 '소년'은 「소년법」 제2조에 정한 19세 미만인 자를 의미하는 것으로, 이에 해당하는지는 행위시를 기준으로 판단하여야 한다.

② 소년에 대한 부정기형을 집행하는 기관의 장은 형의 단기가 지난 소년범의 행형(行刑) 성적이 양호하고 교정의 목적을 달성하였다고 인정되는 경우에는 관할 법원의 결정에 따라 그 형의 집행을 종료시킬 수 있다.

③ 15년 유기징역형을 선고받은 소년이 6년이 지나 가석방된 경우, 가석방된 후 그 처분이 취소되지 아니하고 9년이 경과한 때에 형의 집행을 종료한 것으로 한다.

④ 보호처분 당시 19세 이상인 것으로 밝혀진 경우를 제외하고는 「소년법」 제32조의 보호처분을 받은 소년에 대하여는 그 심리가 결정된 사건은 다시 공소를 제기하거나 소년부에 송치할 수 없다.

24 모피트(Moffitt)의 청소년기 한정형(adolescence-limited) 일탈의 원인으로 옳은 것만을 모두 고르면?

> ㉠ 성숙의 차이(maturity gap)
> ㉡ 신경심리적 결함(neuropsychological deficit)
> ㉢ 사회모방(social mimicry)
> ㉣ 낮은 인지 능력(low cognitive ability)

① ㉠, ㉡ 　　② ㉠, ㉢
③ ㉡, ㉣ 　　④ ㉢, ㉣

25 브레이스웨이트(Braithwaite)의 재통합적 수치심부여이론(reintegrative shaming theory)에 대한 설명으로 옳지 않은 것은?

① 재통합적 수치심 개념은 낙인이론, 하위문화이론, 기회이론, 통제이론, 차별접촉이론, 사회학습이론 등을 기초로 하고 있다.

② 해체적 수치심(disintegrative shaming)을 이용한다면 범죄자의 재범확률을 낮출 수 있으며, 궁극적으로는 사회의 범죄율을 감소시키는 효과를 기대할 수 있다.

③ 재통합적 수치심의 궁극적인 목표는 범죄자가 자신의 잘못을 진심으로 뉘우치고 사회로 복귀할 수 있도록 그들이 수치심을 느끼게 할 방법을 찾아내는 것이다.

④ 브레이스웨이트는 형사사법기관의 공식적 개입을 지양하며 가족, 사회지도자, 피해자, 피해자 가족 등 지역사회의 공동체 강화를 중시하는 '회복적 사법(restorative justice)'에 영향을 주었다.

07 2023년 보호직 7급

01 범죄측정에 대한 설명으로 옳은 것은?

① 참여관찰 연구는 조사자의 주관적 편견이 개입할 수 있고, 시간과 비용이 많이 들며 연구 결과의 일반화가 어렵다.

② 인구대비 범죄발생건수를 의미하는 범죄율(crime rate)은 각 범죄의 가치를 서로 다르게 평가한다.

③ 자기보고식 조사(self-report survey)는 경미한 범죄보다는 살인 등 중대한 범죄를 측정 하는 데 사용된다.

④ 피해 조사(victimization survey)는 개인적 보고에 기반하는 점에서 조사의 객관성과 정 확성을 확보할 수 있다.

02 비범죄화에 대한 설명으로 옳지 않은 것은?

① 비범죄화는 형법의 보충적 성격을 강조한다.

② 비범죄화는 형사처벌에 의한 낙인의 부정적 효과를 감소시킨다.

③ 「형법」상 간통죄의 폐지는 비범죄화의 예라고 할 수 없다.

④ 피해자 없는 범죄는 비범죄화의 주요 대상으로 논의된다.

03 회복적 사법에 대한 설명으로 옳지 않은 것은?

① 범죄로 인한 피해에는 지역사회가 겪는 피해가 포함된다.

② 시민에게 갈등과 사회문제의 해결에 참여하는 기회를 제공함으로써 공동체 의식을 강화 하는 것을 목표로 한다.

③ 지역사회 내에서 범죄자와 그 피해자의 재통합을 추구한다.

④ 가해자는 배상과 교화의 대상으로서 책임을 수용하기보다는 비난을 수용하여야 한다.

04 행태이론(behavior theory)에 대한 설명으로 옳지 않은 것은?

① 버제스(Burgess)와 에이커스(Akers)의 차별적 강화이론에 의하면, 범죄행동은 고전적 조건형성의 원리에 따라 학습된다.

② 범죄행위는 어떤 행위에 대한 보상 혹은 처벌의 경험에 따라 학습된 것이다.

③ 행태이론은 범죄의 원인을 설명하면서 개인의 인지능력을 과소평가한다.

④ 반두라(Bandura)는 직접적인 자극이나 상호작용이 없어도 미디어 등을 통해 간접적으로 범죄학습이 이루어질 수 있다는 이론적 근거를 제시하였다.

05 심리학적 범죄이론에 대한 설명으로 옳지 않은 것은?

① 프로이트(Freud) 이론에 의하면, 성 심리의 단계적 발전 중에 필요한 욕구가 충족되지 못함으로써 야기된 긴장이 사회적으로 수용되지 못할 때 범죄행위를 유발하는 것으로 설명할 수 있다.

② 아이젠크(Eysenck)는 저지능이 저조한 학업성취를 가져오고, 학업에서의 실패와 무능은 비행 및 범죄와 높은 관련성을 갖는다고 하였다.

③ 고다드(Goddard)는 적어도 비행청소년의 50%가 정신적 결함을 갖고 있다고 하였다.

④ 콜버그(Kohlberg)의 도덕발달이론에 의하면, 인간의 도덕발달과정은 전관습적(pre-conventional), 관습적(conventional), 후관습적(post-conventional)이라는 3개의 수준으로 구분되고, 각 수준은 2개의 단계로 나뉜다.

06 갓프레드슨(Gottfredson)과 허쉬(Hirschi)의 낮은 자기통제(low self-control)에 대한 설명으로 옳지 않은 것은?

① 폭력범죄부터 화이트칼라범죄에 이르기까지 모든 범죄를 낮은 자기통제의 결과로 이해한다.

② 순간적인 쾌락과 즉각적 만족에 대한 욕구가 장기적 관심보다 클 때 범죄가 발생한다.

③ 비효율적 육아와 부적절한 사회화보다는 학습이나 문화전이와 같은 실증적 근원에서 낮은 자기통제의 원인을 찾는다.

④ 자기통제가 결여된 자도 범죄기회가 주어지지 않는 한 범죄를 저지르지 않는다.

07 「형법」상 벌금에 대한 설명으로 옳지 않은 것은? (다툼이 있는 경우 판례에 의함)

① 벌금을 감경하는 경우에는 5만 원 미만으로 할 수 있다.

② 벌금을 선고하는 재판이 확정된 후 그 집행을 받지 아니하고 5년이 지나면 형의 시효가 완성된다.

③ 60억 원의 벌금을 선고하면서 이를 납입하지 아니하는 경우의 노역장 유치기간을 700일로 정할 수 있다.

④ 「형법」 제55조 제1항 제6호의 벌금을 감경할 때의 '다액의 2분의 1'이라는 문구는 '금액의 2분의 1'을 뜻하므로 그 상한과 함께 하한도 감경되는 것으로 해석하여야 한다.

08 「스토킹범죄의 처벌 등에 관한 법률」의 내용에 대한 설명으로 옳지 않은 것은?

① 스토킹행위가 지속적 또는 반복적으로 이루어진 경우가 아니라면 스토킹범죄에 해당하지 않는다.

② 법원이 스토킹범죄를 저지른 사람에 대하여 형의 선고를 유예하는 경우에는 200시간의 범위에서 재범 예방에 필요한 수강명령을 병과할 수 있다.

③ 상대방의 의사에 반하여 정당한 이유 없이 상대방 또는 그의 동거인, 가족을 따라다님으로써 상대방에게 불안감을 일으켰다면 스토킹행위에 해당한다.

④ 법원이 스토킹범죄를 저지른 사람에 대하여 벌금형의 선고와 함께 120시간의 스토킹 치료프로그램의 이수를 명한 경우 그 이수명령은 형 확정일부터 6개월 이내에 집행한다.

09 「보호관찰 등에 관한 법률」상 보호관찰의 종료와 임시해제에 대한 설명으로 옳은 것은?

① 보호관찰을 조건으로 한 형의 선고유예가 실효되더라도 보호관찰은 종료되지 않는다.

② 보호관찰의 임시해제 결정이 취소된 경우 그 임시해제 기간을 보호관찰 기간에 포함한다.

③ 보호관찰 대상자는 보호관찰이 임시해제된 기간 중에는 그 준수사항을 계속하여 지키지 않아도 된다.

④ 임시퇴원된 보호소년이 보호관찰이 정지된 상태에서 21세가 된 때에는 보호관찰이 종료된다.

10 「사면법」상 사면에 대한 설명으로 옳지 않은 것은?

① 특별사면은 형을 선고받은 자를 대상으로 한다.

② 일반사면이 있으면 특별한 규정이 없는 한 형을 선고받지 아니한 자에 대하여는 공소권이 상실된다.

③ 형의 집행유예를 선고받은 자에 대하여는 형 선고의 효력을 상실하게 하는 특별사면을 할 수 없다.

④ 일반사면은 죄의 종류를 정하여 대통령령으로 한다.

11 법률상 소년 등의 연령 기준으로 옳지 않은 것은?

① 「형법」상 형사미성년자는 14세가 되지 아니한 자이다.

② 「소년법」상 소년은 19세 미만인 자를 말한다.

③ 「청소년 기본법」상 청소년은 8세 이상 24세 이하인 사람을 말한다. 다만, 다른 법률에서 청소년에 대한 적용을 다르게 할 필요가 있는 경우에는 따로 정할 수 있다.

④ 「아동·청소년의 성보호에 관한 법률」상 아동·청소년은 19세 미만의 자를 말한다.

12 사이코패스에 대한 설명으로 옳지 않은 것은?

① 감정, 정서적 측면에서 타인에 대한 공감능력이 부족하며 죄의식이나 후회의 감정이 결여되어 있다.

② 헤어(Hare)의 사이코패스 체크리스트 수정본(PCL-R)은 0 ～ 2점의 3점 척도로 평가되는 총 25개 문항으로 구성된다.

③ 모든 사이코패스가 형사사법제도 안에서 범죄행위가 드러나는 형태로 걸러지는 것은 아니다.

④ 공감, 양심, 대인관계의 능력 등에 대한 전통적 치료프로그램의 효과를 거의 기대하기 어렵다.

13 생물학적 범죄이론에 대한 설명으로 옳지 않은 것은?

① 입양아 연구는 쌍생아 연구를 보충하여 범죄에 대한 유전의 영향을 조사할 수 있지만, 입양 환경의 유사성을 보장할 수 없기 때문에 연구결과를 일반화하기 어렵다.

② 가계연구는 범죄에 대한 유전과 환경의 영향을 분리할 수 없는 단점을 갖는다.

③ 롬브로조(Lombroso)는 격세유전이라는 생물학적 퇴행성에 근거하여 생래성 범죄인을 설명하였다.

④ 셸던(Sheldon)은 크고 근육질의 체형을 가진 자를 외배엽형(ectomorph)으로 분류하고 비행행위에 더 많이 관여하는 경향이 있다고 주장하였다.

14 「보호소년 등의 처우에 관한 법률」상 수용과 보호 등에 대한 설명으로 옳지 않은 것은?

① 소년원장은 분류수용, 교정교육상의 필요, 그 밖의 이유로 보호소년을 다른 소년원으로 이송하는 것이 적당하다고 인정하면 법무부장관의 허가를 받아 이송할 수 있다.

② 소년원장은 14세 미만의 보호소년에게는 20일 이내의 기간 동안 지정된 실(室) 안에서 근신하게 하는 징계를 할 수 없다.

③ 소년원장은 미성년자인 보호소년이 친권자나 후견인이 없거나 있어도 그 권리를 행사할 수 없을 때에는 법무부장관의 허가를 받아 그 보호소년을 위하여 친권자나 후견인의 직무를 행사할 수 있다.

④ 소년원장은 품행이 타인의 모범이 되는 보호소년에게 포상을 할 수 있고, 이에 따른 포상을 받은 보호소년에게는 특별한 처우를 할 수 있다.

15 다음 글에서 설명하는 이론은?

> 공동체의 사회통제에 대한 노력이 무뎌질 때 범죄율은 상승하고 지역의 응집력은 약해진다. 이에 지역사회 범죄를 줄이기 위해서는 이웃 간의 유대 강화와 같은 비공식적 사회통제가 중요하며, 특히 주민들의 사회적 참여는 비공식적 사회통제와 밀접하게 관련되어 있다.

① 샘슨(Sampson)의 집합효율성(collective efficacy)

② 쇼(Shaw)와 맥케이(Mckay)의 사회해체(social disorganization)

③ 머튼(Merton)의 긴장(strain)

④ 뒤르켐(Durkheim)의 아노미(anomie)

16 「범죄피해자 보호법」상 형사조정에 대한 설명으로 옳지 않은 것은?

① 검사는 피의자와 범죄피해자 사이에 형사분쟁을 공정하고 원만하게 해결하여 범죄피해자가 입은 피해를 실질적으로 회복하는 데 필요하다고 인정하면 직권으로 수사 중인 형사사건을 형사조정에 회부할 수 있다.

② 형사조정위원회는 필요하다고 인정하면 직권으로 형사조정의 결과에 이해관계가 있는 사람을 형사조정에 참여하게 할 수 있다.

③ 검사는 형사사건을 수사하고 처리할 때 형사조정이 성립되지 아니하였다는 사정을 피의자에게 불리하게 고려하여서는 아니 된다.

④ 검사는 기소유예처분 사유에 해당함이 명백한 형사사건을 형사조정에 회부하여서는 아니 된다.

17 「소년법」상 보호처분과 그 변경 등에 대한 설명으로 옳지 않은 것은?

① 수강명령 및 장기 소년원 송치의 처분은 12세 이상의 소년에게만 할 수 있다.

② 소년부 판사는 보호관찰관의 장기 보호관찰의 처분을 할 때에 1년 이내의 기간을 정하여 야간 등 특정 시간대의 외출을 제한하는 명령을 보호관찰대상자의 준수 사항으로 부과할 수 있다.

③ 소년부 판사는 보호관찰관의 단기 보호관찰의 처분을 할 때에 3개월 이내의 기간을 정하여 「보호소년 등의 처우에 관한 법률」에 따른 대안교육을 받을 것을 동시에 명할 수 있다.

④ 보호처분을 집행하는 자의 신청이 없더라도 소년부 판사는 직권으로 1개월 이내의 소년원 송치의 처분을 변경할 수 있다.

18 「소년법」상 형사사건의 심판 등에 대한 설명으로 옳지 않은 것은?

① 소년에 대한 부정기형을 집행하는 기관의 장은 형의 단기의 3분의 1이 지난 소년범의 행형 성적이 양호하고 교정의 목적을 달성하였다고 인정되는 경우에는 관할 검찰청 검사의 지휘에 따라 그 형의 집행을 종료시킬 수 있다.

② 무기징역을 선고받은 소년에 대하여는 5년의 기간이 지나면 가석방을 허가할 수 있다.

③ 징역 또는 금고를 선고받은 소년에 대하여는 특별히 설치된 교도소 또는 일반 교도소 안에 특별히 분리된 장소에서 그 형을 집행한다. 다만, 소년이 형의 집행 중에 23세가 되면 일반 교도소에서 집행할 수 있다.

④ 죄를 범할 당시 18세 미만인 소년에 대하여 사형 또는 무기형으로 처할 경우에는 15년의 유기징역으로 한다.

19 「소년법」상 보호사건의 조사와 심리에 대한 설명으로 옳지 않은 것은?

① 소년부 또는 조사관이 범죄 사실에 관하여 소년을 조사할 때에는 미리 소년에게 불리한 진술을 거부할 수 있음을 알려야 한다.

② 소년부는 조사 또는 심리를 할 때에 정신건강의학과의사 등 전문가의 진단, 소년분류심사원의 분류심사 결과와 의견, 보호관찰소의 조사결과와 의견 등을 고려하여야 한다.

③ 소년부 판사는 조사 또는 심리에 필요하다고 인정하여 기일을 지정해서 소환한 사건 본인의 보호자가 정당한 이유 없이 소환에 응하지 아니하면 동행영장을 발부할 수 있다.

④ 소년부 판사가 사건을 조사 또는 심리하는 데에 필요하다고 인정하여 소년의 감호에 관한 결정으로써 병원이나 그 밖의 요양소에 위탁하는 조치를 하는 경우 그 위탁의 최장기간은 2개월이다.

20 「범죄피해자 보호법」상 범죄피해의 구조에 대한 설명으로 옳지 않은 것은?

① 범죄피해 구조금을 받을 권리는 그 구조결정이 해당 신청인에게 송달된 날부터 2년간 행사하지 아니하면 시효로 인하여 소멸된다.

② 구조대상 범죄피해를 받은 사람이 해당 범죄피해의 발생 또는 증대에 가공한 부적절한 행위를 한 때에는 범죄피해 구조금의 일부를 지급하지 아니한다.

③ 범죄피해구조심의회에서 범죄피해 구조금 지급신청을 일부기각하면 신청인은 결정의 정본이 송달된 날부터 2주일 이내에 그 범죄피해구조심의회를 거쳐 범죄피해구조본부심의회에 재심을 신청할 수 있다.

④ 범죄피해 구조금을 받은 사람이 거짓이나 그 밖의 부정한 방법으로 범죄피해 구조금을 받은 경우, 국가는 범죄피해구조심의회 또는 범죄피해구조본부심의회의 결정을 거쳐 그가 받은 범죄피해 구조금의 전부를 환수해야 한다.

21 아바딘스키(Abadinsky)가 제시한 조직범죄의 특성에 대한 설명으로 옳지 않은 것은?

① 정치적 목적이나 이해관계가 개입되지 않는 점에서 비이념적이다.

② 내부 구성원이 따라야 할 규칙을 갖고 있고, 이를 위반한 경우에는 상응한 응징이 뒤따른다.

③ 조직의 활동이나 구성원의 참여가 일정 정도 영속적이다.

④ 조직의 지속적 확장을 위하여, 조직구성원이 제한되지 않고 배타적이지 않다.

22 「형법」상 형의 선고유예에 대한 설명으로 옳지 않은 것은? (다툼이 있는 경우 판례에 의함)

① 주형의 선고유예를 하는 경우 몰수의 요건이 있더라도 몰수형만의 선고를 할 수는 없다.

② 피고인이 범죄사실을 자백하지 않고 부인할 경우에는 언제나 선고유예를 할 수 없다고 해석할 것은 아니다.

③ 형의 선고를 유예하는 경우에 재범방지를 위하여 지도 및 원호가 필요한 때에는 보호관찰을 받을 것을 명할 수 있는데, 이에 따른 보호관찰의 기간은 1년으로 한다.

④ 형의 선고유예 판결이 확정된 후 2년을 경과한 때에는 면소된 것으로 간주하고, 그 뒤에는 실효의 대상이 되는 선고유예의 판결이 존재하지 않으므로 선고유예 실효의 결정을 할 수 없다.

23 「소년법」상 사건의 송치 및 통고 등에 대한 설명으로 옳지 않은 것은?

① 형벌 법령에 저촉되는 행위를 한 10세 이상 14세 미만인 소년이 있을 때에는 경찰서장은 직접 관할 소년부에 송치하여야 한다.

② 법원이 소년에 대한 피고사건을 심리한 결과 보호처분에 해당할 사유가 있다고 인정하여 결정으로써 사건을 관할 소년부에 송치한 경우, 해당 소년부는 조사 또는 심리한 결과 사건의 본인이 19세 이상인 것으로 밝혀지면 결정으로써 송치한 법원에 사건을 다시 이송하여야 한다.

③ 소년부는 송치받은 보호사건이 그 관할에 속하지 아니한다고 인정하더라도 보호의 적정을 기하기 위하여 필요하다고 인정하면 그 사건을 관할 소년부에 이송하지 않을 수 있다.

④ 정당한 이유 없이 가출하고 그의 성격이나 환경에 비추어 앞으로 형벌 법령에 저촉되는 행위를 할 우려가 있는 10세의 소년을 발견한 보호자는 이를 관할 소년부에 통고할 수 있다.

24 범죄예방에 대한 설명으로 옳지 않은 것은?

① 생활양식이론에 의하면, 범죄예방을 위하여 체포가능성의 확대와 처벌의 확실성 확보를 강조한다.

② 브랜팅햄(Brantingham)과 파우스트(Faust)는 질병예방에 관한 보건의료모형을 응용하여 단계화한 범죄예방모델을 제시하였다.

③ 일상활동이론에 의하면, 동기 부여된 범죄자와 매력적인 목표물, 보호능력의 부재나 약화라는 범죄의 발생조건의 충족을 제지함으로써 범죄를 예방할 수 있다.

④ 이웃감시는 일반시민을 대상으로 한 1차적 범죄예방모델의 예에 해당한다.

25 밀러(Miller)의 하류계층 문화이론(lower class culture theory)에 대한 설명으로 옳지 않은 것은?

① 밀러는 하류계층의 문화를 고유의 전통과 역사를 가진 독자적 문화로 보았다.

② 하류계층의 여섯 가지 주요한 관심의 초점은 사고치기(trouble), 강인함(toughness), 영악함(smartness), 흥분추구(excitement), 운명(fate), 자율성(autonomy)이다.

③ 중류계층의 관점에서 볼 때, 하류계층 문화는 중류계층 문화의 가치와 갈등을 초래하여 범죄적·일탈적 행위로 간주된다.

④ 범죄와 비행은 중류계층에 대한 저항으로서 하류계층 문화 자체에서 발생한다.

Chapter

02

보호직 9급
형사정책

01 암수범죄에 대한 설명으로 옳지 않은 것은?

① 피해자의 개인적 사정이나 신고에 따른 불편·불이익뿐만 아니라 수사기관의 자유재량도 암수범죄의 원인이 된다.

② 암수조사의 방법 중 '자기 보고식 조사'는 중범죄보다는 경미한 범죄의 현상을 파악하는 데에 유용하다.

③ 암수조사의 방법 중 '피해자 조사'는 암수범죄에 대한 직접적 관찰방법에 해당한다.

④ 암수범죄는 피해자와 가해자의 구별이 어려운 범죄에 비교적 많이 존재한다.

02 「보호관찰 등에 관한 법률」상 보호관찰 기간에 대한 설명으로 옳지 않은 것은?

① 보호관찰을 조건으로 형의 선고유예를 받은 사람의 경우, 보호관찰 기간은 1년이다.

② 보호관찰을 조건으로 형의 집행유예를 선고받은 사람의 경우, 집행유예 기간이 보호관찰 기간이 되지만, 법원이 보호관찰 기간을 따로 정한 때에는 그 기간이 보호관찰 기간이 된다.

③ 소년 가석방자의 경우, 6개월 이상 2년 이하의 범위에서 가석방심사위원회가 정한 기간이 보호관찰 기간이 된다.

④ 소년원 임시퇴원자의 경우, 퇴원일로부터 6개월 이상 2년 이하의 범위에서 보호관찰 심사위원회가 정한 기간이 보호관찰 기간이 된다.

03 다이버전(diversion)에 대한 설명으로 옳지 않은 것은?

① 범죄학 이론 중 낙인이론의 정책적 함의와 관련이 있다.

② 소년범에 대해 그 필요성이 강조되고 있다.

③ 검찰 단계의 대표적 다이버전으로서 훈방과 통고처분이 있다.

④ 형사사법기관의 업무량을 줄여 상대적으로 더 중요한 범죄사건에 집중할 수 있게 해 준다.

04 **프로이드(Freud)의 정신분석학적 범죄이론에 대한 설명으로 옳지 않은 것은?**

① 일탈행위의 원인은 유아기의 발달단계와 관련이 있다.

② 인간의 무의식은 에고(ego)와 슈퍼에고(superego)로 구분된다.

③ 이드(id)는 생물학적 충동, 심리적 욕구, 본능적 욕망 등을 요소로 하는 것이다.

④ 슈퍼에고는 도덕적 원칙을 따르고 이드의 충동을 억제한다.

05 **사회해체이론에 대한 설명으로 옳지 않은 것은?**

① 범죄를 예방하기 위해서는 도시의 지역사회를 재조직함으로써 사회통제력을 증가시키는
것이 중요하다.

② 버제스(Burgess)의 동심원 이론에 따르면, 도시 중심부로부터 멀어질수록 범죄 발생률이
높아진다.

③ 쇼우(Shaw)와 맥케이(McKay)는 사회해체가 높은 범죄율과 상관관계가 있다고 보았다.

④ 버제스의 동심원 이론은 소위 변이지역(zone in transition)의 범죄율이 거주민들의 국적
이나 인종의 변화에도 불구하고 지속해서 높다는 것을 보여 준다.

06 **「보호관찰 등에 관한 법률」상 보호관찰 대상자의 구인 및 유치에 대한 설명으로 옳은 것은?**

① 보호관찰관은, 보호관찰 대상자가 준수사항을 위반하였다고 의심할 상당한 이유가 있고 조
사에 따른 소환에 불응하는 경우, 관할 지방검찰청의 검사에게 구인장을 신청할 수 있다.

② 유치된 보호관찰 대상자에 대하여 보호관찰을 조건으로 한 형의 선고유예가 실효된 경우
에 그 유치기간은 형기에 산입되지 않는다.

③ 구인한 대상자를 유치하기 위한 신청이 있는 경우, 검사는 보호관찰 대상자가 구인된 때
부터 48시간 이내에 관할 지방법원 판사에게 유치 허가를 청구하여야 한다.

④ 보호관찰부 집행유예의 취소 청구를 하려는 경우, 보호관찰소의 장은 유치 허가를 받은
때부터 48시간 이내에 관할 지방검찰청의 검사에게 그 신청을 하여야 한다.

07 부정기형 제도에 대한 설명으로 옳지 않은 것은?

① 소년이 법정형으로 장기 2년 이상의 유기형에 해당하는 죄를 범한 경우에는 그 형의 범위에서 장기와 단기를 정하여 선고한다.

② 「특정강력범죄의 처벌에 관한 특례법」 소정의 특정강력범죄를 범한 소년에 대하여 부정기형을 선고할 때에는 장기는 15년, 단기는 7년을 초과하지 못한다.

③ 소년교도소의 장은 부정기형을 선고받은 소년이 단기의 3분의 1을 경과한 때에는 소년교도소의 소재지를 관할하는 보호관찰소의 장에게 그 사실을 통보하여야 한다.

④ 판례에 따르면, 상고심에서의 심판대상은 항소심 판결 당시를 기준으로 하여 그 당부를 심사하는 데에 있는 것이므로 항소심 판결 선고 당시 미성년이었던 피고인이 상고 이후에 성년이 되었다고 하여 항소심의 부정기형의 선고가 위법이 되는 것은 아니다.

08 범죄이론에 대한 설명으로 옳지 않은 것은?

① 에이커스(Akers)의 사회학습이론에 따르면, 비행이나 일탈은 사회구성원 간의 상호작용을 통해 학습된다.

② 라이스(Reiss)와 나이(Nye)의 내적·외적 통제이론에 따르면, 애정·인정·안전감 및 새로운 경험에 대한 청소년의 욕구가 가족 내에서 충족될수록 범죄를 저지를 확률이 낮아진다.

③ 허쉬(Hirschi)의 사회유대이론에 따르면, 모든 사람은 잠재적 범죄자로서 자신의 행위로 인해 주변인과의 관계가 악화하는 것을 두려워하기 때문에 범죄를 저지르게 된다.

④ 사이크스(Sykes)와 맛차(Matza)의 중화(기술)이론에 따르면, 자신의 비행에 대하여 책임이 없다고 합리화하는 것도 중화기술의 하나에 해당한다.

09 소년보호의 원칙에 대한 설명으로 옳지 않은 것은?

① 개별주의 : 소년보호조치를 취할 때 소년사건을 형사사건과 병합하여 1개의 사건으로 취급한다.

② 인격주의 : 소년보호사건에서는 소년의 행위에서 나타난 개성과 환경을 중시한다.

③ 과학주의 : 소년범죄인의 처우를 법률가의 규범적 판단에만 맡기지 않고 여러 전문가의 조언·협조를 받아 그 과학적 진단과 의견을 바탕으로 행한다.

④ 협력주의 : 소년사법에서는 국가가 전담하는 사법뿐만 아니라 보호자와 관계기관은 물론 사회 전반의 상호부조와 연대의식이 뒷받침되어야 한다.

10 「소년법」상 보호관찰 처분에 대한 설명으로 옳은 것은?

① 1개월 이내의 소년원 송치 처분을 하는 경우 이 처분과 장기보호관찰을 병합할 수 없다.

② 단기보호관찰을 받은 보호관찰 대상자가 준수사항을 위반하는 경우, 1년의 범위에서 보호관찰 기간을 연장할 수 있다.

③ 장기보호관찰의 기간은 2년 이내로 한다.

④ 보호관찰 처분을 할 때는 1년 이내의 기간을 정하여 야간 등 특정 시간대의 외출을 제한하는 명령을 보호관찰 대상자의 준수사항으로 부과할 수 있다.

11 베카리아(Beccaria)의 주장으로 옳지 않은 것은?

① 형벌의 목적은 범죄를 억제하는 것이다.

② 범죄를 억제하는 효과를 높이기 위해서는 처벌의 신속성뿐만 아니라 처벌의 확실성도 필요하다.

③ 형벌이 그 목적을 달성하기 위해서는 형벌로 인한 고통이 범죄로부터 얻는 이익을 약간 넘어서는 정도가 되어야 한다.

④ 인도주의의 실천을 위하여 사형제도는 폐지되어야 하고 사면제도가 활용되어야 한다.

12 「소년법」상 보호처분의 취소에 대한 설명으로 옳지 않은 것은?

① 보호처분이 계속 중일 때에 당해 보호사건 본인에 대하여 새로운 보호처분이 있었을 때에는 그 처분을 한 소년부 판사는 이전의 보호처분을 한 소년부에 조회하여 이전의 보호처분을 취소하여야 한다.

② 보호처분이 계속 중일 때에 당해 보호사건 본인이 처분 당시 19세 이상인 것으로 밝혀진 경우, 법원이 소년에 대한 피고사건을 심리한 결과 보호처분에 해당할 사유가 있다고 인정하여 결정으로써 관할 소년부에 송치한 사건에 대해서는 소년부 판사는 결정으로써 그 보호처분을 취소하고 송치한 법원에 이송한다.

③ 보호처분이 계속 중일 때에 당해 보호사건 본인에 대하여 유죄판결이 확정된 경우에 보호처분을 한 소년부 판사는 그 처분을 존속할 필요가 없다고 인정하면 결정으로써 보호처분을 취소할 수 있다.

④ 보호처분이 계속 중일 때에 당해 보호사건 본인이 처분 당시 19세 이상인 것으로 밝혀진 경우, 검사·경찰서장의 송치에 의한 사건에 대해서는 소년부 판사는 결정으로써 그 보호처분을 취소하고 관할 지방법원에 대응하는 검찰청 검사에게 송치한다.

13 보호관찰, 사회봉사, 수강(受講)에 대한 설명으로 옳지 않은 것은?

① 「보호관찰 등에 관한 법률」상 보호관찰은 법원의 판결이나 결정이 확정된 때 또는 가석방·임시퇴원된 때부터 시작된다.

② 사회봉사명령 대상자가 사회봉사명령 집행 중 금고 이상의 형의 집행을 받게 된 때에는 해당 형의 집행이 종료·면제되거나 사회봉사명령 대상자가 가석방된 경우 잔여 사회봉사명령을 집행한다.

③ 판례에 따르면, 형의 집행을 유예하는 경우에 명해지는 보호관찰은 장래의 위험성으로부터 행위자를 보호하고 사회를 방위하기 위한 조치이다.

④ 판례에 따르면, 「보호관찰 등에 관한 법률」 제32조 제3항이 보호관찰 대상자에게 과할 수 있는 특별준수사항으로 정한 '범죄행위로 인한 손해를 회복하기 위하여 노력할 것(제4호)'은 수강명령대상자에 대해서도 부과할 수 있다.

14 갈등이론에 대한 설명으로 옳지 않은 것은?

① 터크(Turk)는 법제도 자체보다는 법이 집행되는 과정에서 특정집단의 구성원이 범죄자로 규정되는 과정에 주목하였다.

② 셀린(Sellin)은 이질적인 문화 사이에서 발생하는 갈등을 일차적 문화갈등이라고 하고, 하나의 단일 문화가 각기 독특한 행위규범을 갖는 여러 개의 상이한 하위문화로 분화될 때 일어나는 갈등을 이차적 문화갈등이라고 하였다.

③ 스핏처(Spitzer)는 후기 자본주의 사회에서는 생산활동에서 소외되는 인구가 양산됨에 따라 이로 인해 많은 일탈적 행위가 야기될 것이라고 보았다.

④ 봉거(Bonger)는 법규범과 문화적·사회적 규범의 일치도, 법 집행자와 저항자 간의 힘의 차이, 법규범 집행에 대한 갈등의 존재 여부가 범죄화에 영향을 미친다고 보았다.

15 범죄예방에 대한 설명으로 옳지 않은 것은?

① 적극적 일반예방 이론은 형벌이 사회의 규범의식을 강화해 주는 효과를 가짐으로써 범죄가 예방된다고 보는 것이다.

② 브랜팅햄(Brantingham)과 파우스트(Faust)가 제시한 범죄예방 구조모델에 따르면, 사회환경 가운데 범죄의 원인이 될 수 있는 것을 정화하는 것은 3차 예방에 해당한다.

③ 환경설계를 통한 범죄예방(CPTED)모델은 사전적 범죄예방을 지향한다.

④ 일상활동이론(routine activity theory)에서는, 범죄예방에 관하여 범죄자의 범죄 성향이나 동기를 감소시키는 것보다는 범행 기회를 축소하는 것이 강조된다.

16 벌금형에 관하여 현행법상 허용되는 것은? (다툼이 있는 경우 판례에 의함)

① 벌금형에 대한 선고유예

② 1000만 원의 벌금형에 대한 집행유예

③ 범죄자의 경제력을 반영한 재산비례벌금제(일수벌금제)

④ 500만 원의 벌금형을 선고하면서 300만 원에 대해서만 집행유예

17 성범죄자의 신상정보 등록·공개·고지에 대한 설명으로 옳지 않은 것은?

① 신상정보 등록의 원인이 된 성범죄로 형의 선고를 유예받은 사람이 선고유예를 받은 날부터 2년이 경과하여 면소된 것으로 간주되면 신상정보 등록을 면제한다.

② 성범죄자의 신상정보 등록·공개·고지에 관한 제도는 성범죄자의 교화·개선에 중점을 두기보다는 성범죄자의 정보를 제공하여 지역사회의 안전을 강화하고자 하는 것이다.

③ 신상정보의 등록은 여성가족부장관이 집행하고, 신상정보의 공개·고지는 법무부장관이 집행한다.

④ 판례에 따르면, 공개명령 및 고지명령 제도는 범죄행위를 한 자에 대한 응보 등을 목적으로 그 책임을 추궁하는 사후적 처분인 형벌과 구별되어 그 본질을 달리한다.

18 「성폭력범죄자의 성충동 약물치료에 관한 법률」상 치료명령의 집행에 대한 설명으로 옳지 않은 것은?

① 치료명령은 범죄예방정책국장의 지휘를 받아 보호관찰관이 집행한다.

② 치료명령을 받은 사람은 주거 이전 또는 7일 이상 국내여행을 하거나 출국할 때에는 미리 보호관찰관의 허가를 받아야 한다.

③ 치료명령을 받은 사람이 형의 집행이 종료되거나 면제·가석방 또는 치료감호의 집행이 종료·가종료 또는 치료위탁으로 석방되는 경우, 보호관찰관은 석방되기 전 2개월 이내에 치료명령을 받은 사람에게 치료명령을 집행하여야 한다.

④ 치료명령의 집행 중 구속영장의 집행을 받아 구금된 때에는 치료명령의 집행이 정지되며, 이 경우 구금이 해제되거나 금고 이상의 형의 집행을 받지 아니하는 것으로 확정된 때부터 그 잔여기간을 집행한다.

19 「전자장치 부착 등에 관한 법률」상 '특정범죄'에 관한 형 집행 종료 후의 전자장치 부착에 대한 설명으로 옳지 않은 것은?

① 검사는, 19세 미만의 사람에 대하여 성폭력범죄를 저지른 때에 성폭력범죄를 다시 범할 위험성이 있다고 인정되는 사람에 대하여 전자장치를 부착하도록 하는 명령을 법원에 청구할 수 있다.

② 검사는, 스토킹범죄를 2회 이상 범하여(유죄의 확정판결을 받은 경우를 제외한다) 그 습벽이 인정된 때에 스토킹범죄를 다시 범할 위험성이 있다고 인정되는 사람에 대하여 전자장치를 부착하도록 하는 명령을 법원에 청구할 수 있다.

③ 검사는, 미성년자 대상 유괴범죄를 저지른 사람으로서 미성년자 대상 유괴범죄를 다시 범할 위험성이 있다고 인정되는 사람에 대하여 전자장치를 부착하도록 하는 명령을 법원에 청구할 수 있다. 다만, 유괴범죄로 징역형의 실형 이상의 형을 선고받아 그 집행이 종료 또는 면제된 후 다시 유괴범죄를 저지른 경우에는 전자장치를 부착하도록 하는 명령을 청구하여야 한다.

④ 검사는, 강도범죄로 「전자장치 부착 등에 관한 법률」에 따른 전자장치를 부착하였던 전력이 있는 사람이 다시 강도범죄를 저지른 때에 강도범죄를 다시 범할 위험성이 있다고 인정되는 경우 전자장치를 부착하도록 하는 명령을 법원에 청구할 수 있다.

20 「스토킹범죄의 처벌 등에 관한 법률」상 조치에 대한 설명으로 옳지 않은 것은?

① 사법경찰관리는 진행 중인 스토킹행위에 대하여 신고를 받은 경우, 즉시 현장에 나가 '스토킹행위자와 스토킹행위의 상대방의 분리 및 범죄수사' 조치를 하여야 한다.

② 사법경찰관은, 스토킹행위 신고와 관련하여 스토킹행위가 지속적 또는 반복적으로 행하여질 우려가 있고 스토킹범죄의 예방을 위하여 긴급을 요하는 경우, 직권으로 스토킹행위자에게 '스토킹행위의 상대방으로부터 100미터 이내의 접근 금지' 조치를 할 수 있다.

③ 법원은 스토킹범죄의 피해자 보호를 위하여 필요하다고 인정하는 경우, 결정으로 스토킹행위자에게 '피해자의 주거로부터 100미터 이내의 접근 금지' 조치를 할 수 있다.

④ 사법경찰관은 스토킹범죄의 원활한 조사·심리를 위하여 필요하다고 인정하는 경우, 직권으로 스토킹행위자에게 '국가경찰관서의 유치장 또는 구치소에의 유치' 조치를 할 수 있다.

이준
마법교정학·형사정책

이준 편저 · 이언담 감수

모의고사형 최신 **10개년** 기출문제

개정 법령 반영 · 풍부하고 알찬 해설

연도별
기출문제집 해설편

동영상 강의 www.pmg.co.kr

이 책의 차례
CONTENTS

해설편

| 제1편 | 교정학 기출문제 |

제2편 형사정책 기출문제

Chapter

01

교정직 9급
교정학개론

01	02	03	04	05	06	07	08	09	10
③	①	③	②	③	②	②	②	③	④
11	12	13	14	15	16	17	18	19	20
④	④	③	③	④	④	①	④	④	①

01 서덜랜드의 차별적 접촉이론에 대한 설명이다.

02 형사사법망의 확대는 지역사회교정의 단점에 해당한다. 즉 지역사회교정의 확대는 과거에는 범죄통제의 대상이 되지 않았던 대상자를 범죄의 통제대상이 되게 함으로써 형사사법망의 확대를 초래한다는 비판을 받고 있다.

03 ① 약물남용경험, 소년비행경력, 가해자와 피해자의 관계, 피해자에 대한 피해, 과거 보호관찰 파기 여부, 초범 당시의 나이 등을 고려하여 위험성이 높은 보호관찰대상자를 집중보호관찰의 대상자로 정하는 것이 보편적이다.
② 집중감독보호관찰은 구금과 보호관찰에 대한 대체방안으로, 감독의 강도가 일반보호관찰보다는 엄격하고 교도소의 구금에 비해서는 관대한 중간처벌을 말하며, 집중적인 접촉관찰을 실시함으로써 대상자의 욕구와 문제점을 보다 정확히 파악하고, 이에 알맞은 지도·감독 및 원호를 실시하여 재범방지의 효과를 높일 수 있다.
③ 집중감시(감독)보호관찰(IPS)은 교정시설의 과잉구금을 피하기 위하여 일반 보호관찰 위반자를 교도소에 수용하는 대신에 또는 갱집단이나 약물중독자에 대하여 주 5회 이상의 집중적인 접촉관찰과 병행해서 대상자의 신체에 전자추적장치를 부착하여 제한구역을 이탈하면 즉시 감응장치가 작동되도록 하여 추적관찰을 실시하는 프로그램으로, 대상자의 자발적 동의와 참여를 요건으로 하지 않는다.

04 ① 형집행법 제89조 제2항
② 소장은 사형확정자의 자살·도주 등의 사고를 방지하기 위하여 필요한 경우에는 사형확정자와 미결수용자를 혼거수용할 수 있고, 사형확정자의 교육·교화프로그램, 작업 등의 적절한 처우를 위하여 필요한 경우에는 사형확정자와 수형자를 혼거수용할 수 있다(동법 시행규칙 제150조 제3항).
③ 동법 제90조 제1항
④ 동법 시행규칙 제156조

05 ① 형집행법 시행규칙 제59조의6(준용규정)
② 동법 시행규칙 제59조의4
③ 소년수형자 전담교정시설이 아닌 교정시설에서는 소년수용자를 수용하기 위하여 별도의 거실을 지정하여 운용할 수 있다(동법 시행규칙 제59조의3 제1항).
④ 동법 시행규칙 제59조의2 제2항

06 전자감시는 ㉠, ㉡, ㉢에 모두 부합한다.
- 전자감시, 사회봉사, 수강명령은 ㉠과 부합한다. 개방처우는 시설 내 처우에 기반을 두므로 ㉠과 부합되지 않는다. 개방처우는 시설 내 처우에 기반을 두면서 시설의 폐쇄성을 완화하여 구금의 폐해를 최소화하고 그 생활조건을 일반 사회에 접근시킴으로써 수형자의 재사회화 내지 개선효과를 얻고자하는 처우방법이다.
- 개방처우, 전자감시, 수강명령은 ㉡과 부합한다. 사회봉사는 임산부에게 적합하지 않다.
- 전자감시는 ㉢과 부합한다. 개방처우, 사회봉사, 수강명령은 판결 이후에 사용될 수 있다.

07 ① 퇴원 또는 임시퇴원이 허가된 보호소년이 질병에 걸리거나 본인의 편익을 위하여 필요하면 본인의 신청에 의하여 계속 수용할 수 있다(보호소년 등의 처우에 관한 법률 제46조 제1항).
② 보호소년 등이 면회를 할 때에는 소속 공무원이 참석하여 보호소년 등의 보호 및 교정교육에 지장이 없도록 지도할 수 있으며(동법 제18조 제2항), 보호소년 등이 변호인이나 보조인(변호인 등)과 면회를 할 때에는 소속 공무원이 참석하지 아니한다. 다만, 보이는 거리에서 보호소년 등을 지켜볼 수 있다(동법 제18조 제3항).
③ 보호소년 등이 사용하는 목욕탕, 세면실 및 화장실에 전자영상장비를 설치하여 운영하는 것은 자해 등의 우려가 큰 때에만 할 수 있다. 이 경우 전자영상장비로 보호소년 등을 감호할 때에는 여성인 보호소년 등에 대해서는 여성인 소속 공무원만, 남성인 보호소년 등에 대해서는 남성인 소속 공무원만이 참여하여야 한다(동법 제14조의3 제2항).
④ 원장은 공범 등 교정교육에 해가 된다고 인정되는 사람과의 전화통화를 제한하는 등 보호소년 등의 보호 및 교정교육에 지장을 주지 아니하는 범위에서 가족 등과 전화통화를 허가할 수 있으며(동법 제18조 제6항), 보호소년에게 외출 사유가 있을 때에는 본인이나 보호자 등의 신청에 따라 또는 직권으로 외출을 허가할 수 있다(동법 제19조).

08 ① 보호관찰 등에 관한 법률 제61조 제1항
② 법원은 사회봉사·수강명령 대상자가 사회봉사를 하거나 수강할 분야와 장소 등을 지정할 수 있다(동법 제59조 제2항).
③ 동법 제62조 제2항
④ 동법 제59조 제1항

09 블럼스타인은 교도소 과밀수용 해소방안으로 선별적 무능력화, 인구감소전략(정문정책, 후문정책), 교정시설의 증설, 사법절차와 과정의 개선, 무익한 전략을 주장하였다.

10 ① 형집행법 시행규칙 제47조 제2항
② 동법 시행규칙 제43조 제2항
③ 동법 시행규칙 제45조
④ 노인수용자의 거실은 시설부족 또는 그 밖의 부득이한 사정이 없으면 건물의 1층에 설치하고, 특히 겨울철 난방을 위하여 필요한 시설을 갖추어야 한다(동법 시행규칙 제44조 제2항).

11 ✦ **편지 내용의 검열사유**(형집행법 제43조 제4항 단서)
① 편지의 상대방이 누구인지 확인할 수 없는 때
② 「형사소송법」이나 그 밖의 법률에 따른 편지검열의 결정이 있는 때
③ 수형자의 교화 또는 건전한 사회복귀를 해칠 우려가 있는 내용이 기재되어 있다고 의심할 만한 상당한 이유가 있는 때
④ 시설의 안전 또는 질서를 해칠 우려가 있는 내용이 기재되어 있다고 의심할 만한 상당한 이유가 있는 때
⑤ 형사 법령에 저촉되는 내용이 기재되어 있다고 의심할 만한 상당한 이유가 있는 때
⑥ 대통령령으로 정하는 수용자 간의 편지인 때

✦ **수용자 간의 편지 내용 검열사유**(동법 시행령 제66조 제1항)
① 마약류사범 · 조직폭력사범 등 법무부령으로 정하는 수용자인 때
② 편지를 주고받으려는 수용자와 같은 교정시설에 수용 중인 때
③ 규율위반으로 조사 중이거나 징벌집행 중인 때
④ 범죄의 증거를 인멸할 우려가 있는 때

12 ① 형집행법 시행령 제89조
② 동법 제74조 제1항 · 제2항
③ 동법 제70조 제1항 단서
④ 집중적인 근로가 필요한 작업이란 수형자의 신청에 따라 1일 작업시간 중 접견 · 전화통화 · 교육 및 공동행사 참가 등을 하지 아니하고 휴게시간을 제외한 작업시간 내내 하는 작업을 말한다(동법 시행령 제95조).

13 ① 신입자 및 다른 교정시설로부터 이송되어 온 사람에게는 말이나 서면으로 ㉠ 형기의 기산일 및 종료일, ㉡ 접견 · 편지, 그 밖의 수용자의 권리에 관한 사항, ㉢ 청원, 「국가인권위원회법」에 따른 진정, 그 밖의 권리구제에 관한 사항, ㉣ 징벌 · 규율, 그 밖의 수용자의 의무에 관한 사항, ㉤ 일과 그 밖의 수용생활에 필요한 기본적인 사항을 알려 주어야 한다(형집행법 제17조).
② 동법 시행령 제15조
③ 소장은 신입자가 환자이거나 부득이한 사정이 있는 경우가 아니면 수용된 날부터 3일 동안 신입자거실에 수용하여야 하며(동법 시행령 제18조 제1항), 19세 미만의 신입자 그 밖에 특히 필요하다고 인정하는 수용자에 대하여는 신입자거실 수용기간을 30일까지 연장할 수 있다(동법 시행령 제18조 제3항).
④ 동법 제21조

14 ① 형집행법 시행령 제122조
② 동법 제97조 제1항 제3호
③ 이송 · 출정, 그 밖에 교정시설 밖의 장소로 수용자를 호송하는 때에는 발목보호장비를 사용할 수 없다(동법 제98조 제2항).
④ 동법 제101조 제2항

15 ① 형집행법 시행규칙 제140조 제4호
② 동법 시행규칙 제142조 제1항
③ 소장은 귀휴자가 신청할 경우 작업장려금의 전부 또는 일부를 귀휴비용으로 사용하게 할 수 있다(동법 시행규칙 제142조 제2항).
④ 소장은 귀휴를 허가하는 경우에는 귀휴심사위원회의 심사를 거쳐야 하지만(동법 시행규칙 제129조 제1항), 귀휴 취소의 경우에는 취소사유에 해당하면 소장이 취소할 수 있는 소장의 재량에 속한다(동법 제78조).

16 거리의 규범(code of the street)에 대한 설명이다. 거리의 규범은 폭력의 부문화(폭력의 하위문화, subculture of violence)를 설명하는 이론으로, 미국 도심의 아프리카계 흑인공동체들이 가지고 있는 폭력적 성향에 대한 것이다. 엘리야 앤더슨(Elijah Anderson)은 사회구조적 결핍은 대안적 가치로써 높은 수준의 폭력을 수반하는 거리의 규범을 채택하게 하고, 결국 사회구조적 결핍은 높은 수준의 폭력을 양산하게 된다고 보았다.

✦ 재통합적 수치심부여이론(브레이스웨이트, Braithwaite)

사회가 범죄를 감소시키기 위해서는 좀 더 효과성 있게 수치심부여를 하여야 한다고 주장하고, 이를 재통합과 거부로 나누었다. 재통합적 수치심부여는 범죄자를 사회와 결속시키기 위한 고도의 낙인을 주는 것이고, 거부적 수치심부여는 범죄자에게 명백한 낙인을 찍어 높은 수치심을 주는 것으로, 재통합적 수치심부여는 범죄율이 보다 낮은 반면 거부적 수치심부여는 범죄율이 더 높은 결과가 초래된다고 하였다.

재통합적 수치심 주기 이론에 의하면 범죄자는 피해자가 앞에 있고 피해자가 적극적으로 참여하게 되면 자신의 범죄를 대면(직면)하지 않을 수 없게 되고 자신이 가한 피해에 대한 자신의 책임을 회피하거나 중립화시킬 가능성은 그 만큼 더 적어진다. 감정이 섞이지 않은 판사 앞에서 보다는 '의미있는 타인들' 앞에서 수치심을 입을 때가 범죄자에게 더 큰 영향력이 생긴다는 것이다.

이 관점은 지역사회에서 범죄자에게 수치심을 주는 태도 및 방법의 차이를 잘 설명하면서 회복적 사법을 지지한다(재통합적 수치이론은 회복적 사법의 기본적 이론 틀이다).

※ 브레이스웨이트는 수치는 '수치를 당하는 사람에게 양심의 가책을 느끼게 하는 효과를 가진 사회적 불승인과 타인의 비난'이며, 재통합적 수치는 '용서의 단어나 몸짓 또는 일탈자라는 낙인을 벗겨주는 의식을 통하여 범법자가 법을 준수하고 존중하는 시민의 공동체로 돌아가도록 재통합시키는 노력'이라 정의하였다.

17 ㉣ 민간시장의 가격경쟁원리를 해친다.
㉤ 위탁작업의 장점에 해당한다.

✦ 직영작업의 장·단점

장 점	단 점
① 교도작업관용주의에 가장 적합하다. ② 형벌집행의 통일과 작업에 대한 통제가 용이하다. ③ 사인의 관여를 금지할 수 있다. ④ 수형자의 적성에 맞는 작업을 부과할 수 있다. ⑤ 국고수입을 증대시키면서 자급자족할 수 있다. ⑥ 자유로이 작업종목을 선택할 수 있으므로 직업훈련이 용이하다. ⑦ 엄격한 규율을 유지(질서유지)하며 작업이 가능하다. ⑧ 자급자족으로 경기변동에 영향을 많이 받지 않는다. ⑨ 작업의 통일성을 유지할 수 있다.	① 기계·기구의 설비자금, 재료구입자금 등 많은 예산의 소요와 사무가 번잡하다. ② 관계법규의 제약으로 적절한 시기에 기계·기구·원자재 구입이 곤란하다. ③ 시장개척 및 경쟁의 곤란으로 제품판매가 용이치 않은 점 때문에 손실우려가 있다(일반사회와 경제경쟁에 불리). ④ 자유시장에 대량출하를 할 경우 민간기업체를 압박할 수 있다.

18 ① 소장은 ㉠ 수용자가 자살 또는 자해의 우려가 있는 때, ㉡ 신체적·정신적 질병으로 인하여 특별한 보호가 필요한 때에는 의무관의 의견을 고려하여 보호실에 수용할 수 있다(형집행법 제95조 제1항).
② 소장은 보호실 수용요건에 해당하면 의무관의 의견을 고려하여 보호실에 수용할 수 있고(동법 제95조 제1항), 진정실 수용요건에 해당하면 의무관의 의견을 고려하지 않고 진정실에 수용할 수 있다(동법 제96조 제1항). 즉 변호인의 의견 고려 규정은 없다.
③ 소장은 수용자를 보호실/진정실에 수용하거나 수용기간을 연장하는 경우에는 그 사유를 본인에게 알려주어야 한다(동법 제95조 제4항·제96조 제4항). 즉 가족에게 알려야 하는 규정은 없다.
④ 동법 제95조 제2항·제96조 제2항

19　① 치료감호 등에 관한 법률 제32조 제1항·제2항

② 동법 제22조

③ 동법 제2조 제1항 제3호

④ 치료감호의 내용과 실태는 대통령령으로 정하는 바에 따라 공개하여야 한다. 이 경우 피치료감호자나 그의 보호자가 동의한 경우 외에는 피치료감호자의 개인신상에 관한 것은 공개하지 아니한다(동법 제20조).

20　• 시설 내 처우(폐쇄형 처우) : ㉚

　• 사회적 처우(개방형 처우) : ㉠, ㉡, ㉢

　• 사회 내 처우(사회형 처우) : ㉣, ㉤

✦ 교정처우의 구분

폐쇄형 처우	수형자자치제, 선시제도
개방형 처우	개방교도소, 외부통근과 통학, 귀휴, 부부 및 가족접견, 카티지제도, 주말구금제도, 사회견학제, 합동접견제, 보스탈제
사회형 처우	① 구금의 대안으로서 중간처벌 : 배상명령, 사회봉사와 수강명령, 집중보호관찰, 전자감시와 가택구금, 충격구금 ② 지역사회교정 ③ 보호관찰 ④ 중간처우소 ⑤ 비행소년에 대한 지역사회교정 : 청소년봉사국, 대리가정, 집단가정, 주간처우, Outward Bound

02 2017년 교정직 9급 정답 및 해설

Corrections & Criminal Justice

01	02	03	04	05	06	07	08	09	10
③	①	④	③	④	④	②	③	④	①

11	12	13	14	15	16	17	18	19	20
②	④	①	②	②	②	②	③	③	①

01

① 수용자는 문서 또는 도화를 작성하거나 문예·학술, 그 밖의 사항에 관하여 집필할 수 있다. 다만, 소장이 시설의 안전 또는 질서를 해칠 명백한 위험이 있다고 인정하는 경우는 예외로 한다(형집행법 제49조 제1항). 집필용구의 구입비용은 수용자가 부담한다. 다만, 소장은 수용자가 그 비용을 부담할 수 없는 경우에는 필요한 집필용구를 지급할 수 있다(동법 시행령 제74조).

② 소장은 수용자의 지식함양 및 교양습득에 필요한 도서를 비치하고 수용자가 이용할 수 있도록 하여야 한다(동법 제46조).

③ 수용자는 자신의 비용으로 신문·잡지 또는 도서(이하 "신문 등")의 구독을 신청할 수 있다(동법 제47조 제1항). 소장은 구독을 신청한 신문 등이 「출판문화산업 진흥법」에 따른 유해간행물인 경우를 제외하고는 구독을 허가하여야 한다(동법 제47조 제2항).

④ 소장은 수용자의 건강과 일과시간 등을 고려하여 1일 6시간 이내에서 방송편성시간을 정한다. 다만, 토요일·공휴일, 작업·교육실태 및 수용자의 특성을 고려하여 방송편성시간을 조정할 수 있다(동법 시행규칙 제39조).

02

① 교도관은 수용자가 위력으로 교도관의 정당한 직무집행을 방해하는 때에 강제력을 행사할 수 있다(형집행법 제100조 제1항 제5호).

② 동법 제100조 제2항 제2호

③ 동법 제100조 제5항

④ 동법 시행령 제125조

03

집행할 형기가 10년 미만이거나 형기기산일부터 10년 이상이 지났을 것(형집행법 시행규칙 제120조 제2항)

04

① 형집행법 시행규칙 제153조 제1항

② 동법 제72조 제1항

③ 직업훈련 대상자는 소속기관의 수형자 중에서 소장이 선정한다. 다만, 집체직업훈련(직업훈련 전담 교정시설이나 그 밖에 직업훈련을 실시하기에 적합한 교정시설에 수용하여 실시하는 훈련) 대상자는 집체직업훈련을 실시하는 교정시설의 관할 지방교정청장이 선정한다(동법 시행규칙 제124조 제2항).

④ 동법 제76조 제1항

05 ① 형집행법 제25조 제1항
② 동법 시행령 제34조 제3항
③ 소장은 보관품이 금·은·보석·유가증권·인장, 그 밖에 특별히 보관할 필요가 있는 귀중품인 경우에는 잠금장치가 되어 있는 견고한 용기에 넣어 보관해야 한다(동법 시행령 제36조).
④ 소장은 수용자 외의 사람의 신청에 따라 수용자에게 건네줄 것을 허가한 물품은 검사할 필요가 없다고 인정되는 경우가 아니면 교도관으로 하여금 검사하게 해야 한다. 이 경우 그 물품이 의약품인 경우에는 의무관으로 하여금 검사하게 해야 한다(동법 시행령 제43조).

06 ① 형집행법 제38조
② 동법 제40조 제2항
③ 동법 시행령 제51조 제1항
④ 소장은 수용자가 자신의 고의 또는 중대한 과실로 부상 등이 발생하여 외부의료시설에서 진료를 받은 경우에는 그 진료비의 전부 또는 일부를 그 수용자에게 부담하게 할 수 있다(동법 제37조 제5항).

07 ①, ② 수형인이 자격정지 이상의 형을 받지 아니하고 형의 집행을 종료하거나 그 집행이 면제된 날부터 3년을 초과하는 징역·금고는 10년, 3년 이하의 징역·금고는 5년, 벌금은 2년이 경과한 때에 그 형은 실효된다. 다만, 구류와 과료는 형의 집행을 종료하거나 그 집행이 면제된 때에 그 형이 실효된다(형의 실효 등에 관한 법률 제7조 제1항).
③ 동법 제7조 제2항
④ 형법 제81조

08 보호장비의 종류에는 수갑, 포승, 가스총, 전자충격기, 머리보호장비, 보호대가 있다(보호소년 등의 처우에 관한 법률 제14조의2 제1항).

09 ① 누진처우제도는 수형자 자신의 노력 여하에 따라 누진계급이 올라가고 계급에 따라 혜택도 주어지는 반면, 수형성적이 좋지 못한 수형자에게는 계급과 처우에 있어서 불이익을 감수하도록 함으로써 일종의 토큰경제(token economy), 즉 토큰을 보수로 주는 행동요법에 해당하는 제도로 볼 수 있다.
④ 엘마이라제는 자력적 갱생에 중점을 둔 행형제도로 일명 감화제라고도 하는데, 16세에서 30세까지의 초범자들을 대상으로 하며, 정상 시민으로의 복귀준비를 위해서 엘마이라 감화원에서는 학과교육, 직업훈련, 도덕교육 등의 과정을 제공하고 학교와 같은 분위기를 만들고자 하였다.

10 ① 샘슨(Sampson)과 라웁(Laub)의 나이등급 이론에 대한 설명이다. 범죄에 대한 생애관점을 지지하는 샘슨과 라웁은 일탈행동이 생애 전 과정을 통해 안정적으로 유지된다는 관점에 반대하고 생애과정을 거치면서 범죄성의 안정성은 변화한다는 관점을 제시한다. 사회자본(사회유대)은 결혼, 직업 등을 의미하는 것으로, 샘슨과 라웁은 어릴 때 비행소년이었던 사람이 후에 범죄를 저지르지 않고 다른 사람들과 같이 정상적인 삶을 살게 되는 것은 결혼이나 군복무, 직업, 형사사법절차에의 경험과 같은 요소에서 찾고 있으며 이와 같은 인생에서의 계기를 통해 공식적 혹은 비공식적 통제가 가능하게 되고 그런 통제를 통해 범죄에서 탈출하게 된다는 것이다.
심리학자 모핏(Moffit)은 범죄자를 청소년한정형 범죄자와 인생지속형 범죄자로 분류하고, 청소년한정형 범죄자보다 인생지속형 범죄자가 정신건강상의 문제를 더 많이 가지고 있으며, 탈비행과 관련하여 특단의 예외적 상황이 없는 한 청소년한정형 비행자들은 모두 탈비행을 하고, 인생지속형 범죄자들은 모두 탈비행에 실패한다고 주장하였다.

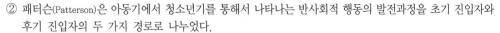

② 패터슨(Patterson)은 아동기에서 청소년기를 통해서 나타나는 반사회적 행동의 발전과정을 초기 진입자와 후기 진입자의 두 가지 경로로 나누었다.

초기 진입자의 경우 아동기의 부적절한 양육에 원인이 있고, 이것은 후에 학업의 실패와 친구집단의 거부를 초래하게 되고, 이러한 이중적 실패는 비행집단에 참가할 가능성을 높이게 된다. 이러한 발전과정을 경험한 사람들은 아동기 후기와 청소년기 초기에 이르러 만성적 비행자가 될 가능성이 매우 높다. 청소년기 중기에서 청소년 후기에 처음 비행을 시작한 사람의 경우 이중적 실패를 경험하지 않게 되고 보다 쉽게 범죄경력에서 은퇴할 수 있게 된다고 한다.

이 이론을 더욱 발전시켜 나온 것이 모핏(Moffit)의 이론이다.

③ 워렌(Warren)은 비행소년을 6가지 유형으로 분류하고, 각 유형별 비행소년의 특성과 유형별 비행의 원인 및 적정한 처우기법을 소개하고 있다. 신경증적 비행소년의 특징은 위협적, 혼란스러운, 과다하게 억제된, 불안한, 우울한, 위축됨이며, 비행의 원인은 부모불안 또는 신경증적 갈등의 피해자, 남성다움 동일시 추구이고, 처우기법으로는 가족집단요법, 소년에 대한 집단·개별심리요법 등이 있다.

④ 바톨라스(Bartollas)의 적응(개선, 조정)모델은 실증주의와 국친사상 등 의료모형의 가정과 재통합의 철학을 결합시킨 것으로, 비행소년은 치료의 대상으로 과학적 전문가의 치료를 필요로 하지만, 환자가 아닌 스스로 책임있는 선택과 합리적 결정을 할 수 있다고 간주한다. 처우기법으로는 현실요법, 환경요법, 집단지도 상호작용, 교류분석, 긍정적 동료문화 등이 있으며, 이를 통해 범죄소년의 사회재통합을 강조한다.

11 귀휴제도는 사회적 처우에 해당한다.
단기자유형의 대체방안으로 벌금형의 활용, 선고유예·집행유예·기소유예제도의 활용, 주말구금, 휴일구금, 단속구금, 원상회복, 사회봉사명령제도 등이 거론된다.

12 ① 이 법은 교정시설의 구내와 교도관이 수용자를 계호하고 있는 그 밖의 장소로서 교도관의 통제가 요구되는 공간에 대하여 적용한다(형집행법 제3조).
② 법무부장관은 교정시설의 설치 및 운영에 관한 업무의 일부를 법인 또는 개인에게 위탁할 수 있다(동법 제7조 제1항).
③ 판사와 검사는 직무상 필요하면 교정시설을 시찰할 수 있다(동법 제9조 제1항).
④ 동법 제6조 제1항

13 ① 소장은 형집행정지 중에 있는 사람이 기간만료 또는 그 밖의 정지사유가 없어져 재수용된 경우에는 석방 당시와 동일한 처우등급을 부여할 수 있다(형집행법 시행규칙 제60조 제2항).
② 동법 시행규칙 제60조 제1항
③ 소장은 가석방의 취소로 재수용되어 잔형이 집행되는 경우에는 석방 당시보다 한 단계 낮은 처우등급(경비처우급에만 해당한다)을 부여한다. 다만, 「가석방자관리규정」 제5조 단서(천재지변, 질병, 부득이한 사유로 출석의무를 위반 시)를 위반하여 가석방이 취소되는 등 가석방 취소사유에 특히 고려할 만한 사정이 있는 때에는 석방당시와 동일한 처우등급을 부여할 수 있다(동법 시행규칙 제60조 제3항).
④ 동법 시행규칙 제60조 제4항

14 수강명령에 대한 설명이다. 수강명령은 유죄가 인정된 범죄인이나 보호소년을 교화·개선하기 위하여 일정한 강의나 교육을 받도록 명하는 것을 말한다.
사회봉사명령은 유죄가 인정된 범죄인이나 보호소년을 교도소나 소년원에 구금하는 대신에 정상적인 사회생활을 영위하면서 일정한 기간 내에 지정된 시간 동안 무보수로 근로에 종사하도록 명하는 것을 말한다.

15
- 일반준수사항(보호관찰 등에 관한 법률 제32조 제2항) : ㉠, ㉢, ㉣, ㉤
- 특별준수사항(보호관찰 등에 관한 법률 제32조 제3항) : ㉡, ㉥

16
① 범죄행위 당시 구조피해자와 가해자 사이에 부부(사실상의 혼인관계를 포함한다), 직계혈족, 4촌 이내의 친족, 동거친족관계가 있는 경우에는 구조금을 지급하지 아니한다(범죄피해자 보호법 제19조 제1항). 구조금의 실질적인 수혜자가 가해자로 귀착될 우려가 없는 경우 등 구조금을 지급하지 아니하는 것이 사회통념에 위배된다고 인정할 만한 특별한 사정이 있는 경우에는 구조금의 전부 또는 일부를 지급할 수 있다(동법 제19조 제7항).

② 구조금은 유족구조금·장해구조금 및 중상해구조금으로 구분하며, 일시금으로 지급한다(동법 제17조 제1항).

③ 유족구조금을 지급받을 수 있는 유족은 ㉠ 배우자(사실상 혼인관계를 포함한다) 및 구조피해자의 사망 당시 구조피해자의 수입으로 생계를 유지하고 있는 구조피해자의 자녀, ㉡ 구조피해자의 사망 당시 구조피해자의 수입으로 생계를 유지하고 있는 구조피해자의 부모, 손자·손녀, 조부모 및 형제자매, ㉢ ㉠ 및 ㉡에 해당하지 아니하는 구조피해자의 자녀, 부모, 손자·손녀, 조부모 및 형제자매로 한다(동법 제18조 제1항).

④ 동법 제21조 제1항

17
① 소장은 미결수용자에 대하여는 신청에 따라 교육 또는 교화프로그램을 실시하거나 작업을 부과할 수 있다(형집행법 제86조 제1항).

② 형법 제57조 제1항 중 "또는 일부"부분은 헌법재판소 2009.6.25. 2007헌바25 사건의 위헌결정으로 효력이 상실되었다. 그리하여 판결선고 전 미결구금일수는 그 전부가 법률상 당연히 본형에 산입하게 되었으므로, 판결에서 별도로 미결구금일수 산입에 관한 사항을 판단할 필요가 없다고 할 것이다(대법원 2009.12.10. 2009도11448).

③ 헌법재판소가 91헌마111 결정에서 미결수용자와 변호인과의 접견에 대해 어떠한 명분으로도 제한할 수 없다고 한 것은 구속된 자와 변호인 간의 접견이 실제로 이루어지는 경우에 있어서의 자유로운 접견, 즉 대화내용에 대하여 비밀이 완전히 보장되고 어떠한 제한, 영향, 압력 또는 부당한 간섭 없이 자유롭게 대화할 수 있는 접견을 제한할 수 없다는 것이지, 변호인과의 접견 자체에 대해 아무런 제한도 가할 수 없다는 것을 의미하는 것이 아니므로 미결수용자의 변호인 접견권 역시 국가안전보장·질서유지 또는 공공복리를 위해 필요한 경우에는 법률로써 제한될 수 있음은 당연하다(헌재 2011.5.26. 2009헌마341).

④ 소장은 미결수용자가 징벌대상자로서 조사받고 있거나 징벌집행 중인 경우에도 소송서류의 작성, 변호인과의 접견·편지수수, 그 밖의 수사 및 재판 과정에서의 권리행사를 보장하여야 한다(형집행법 제85조).

18
①,② 보호자 등에게 감호위탁, 아동복지시설이나 그 밖의 소년보호시설에 감호위탁, 병원·요양소 또는 의료재활소년원에 위탁기간은 6개월로 하되, 소년부 판사는 결정으로써 6개월의 범위에서 한 번에 한하여 그 기간을 연장할 수 있다(소년법 제33조 제1항).

③ 단기 보호관찰기간은 1년으로 한다(동법 제33조 제2항). ⇨ 기간연장에 대한 규정은 없다.

④ 장기 보호관찰기간은 2년으로 한다. 다만, 소년부 판사는 보호관찰관의 신청에 따라 결정으로써 1년의 범위에서 한 번에 한하여 그 기간을 연장할 수 있다(동법 제33조 제3항).

19
옳은 것은 ㉠, ㉢, ㉣이다.
다양한 원인으로부터 긴장이 발생하여 부정적 감정 상태(분노, 좌절, 실망, 의기소침, 두려움)로 이어지고, 반사회적 행위(약물남용, 비행, 폭력, 낙오)에 이르게 된다는 것이 일반긴장이론의 논리구조이다. 스트레스와 긴장을 느끼는 개인이 범죄를 저지르기 쉬운 이유를 설명하는 이론으로 미시적 관점에 해당한다.

20 올린(Ohlin)은 보호관찰관의 유형을 처벌적(Punitive), 보호적(Protective), 복지적(Welfare), 수동적(Passive) 보호관찰관으로 구분하였다.

처벌적 보호관찰관	① 통제는 강조하지만, 지원에는 소극적이다. ② 위협과 처벌을 수단으로 범죄자를 사회에 동조하도록 강요한다. ③ 사회의 보호, 범죄자의 통제, 범죄자에 대한 체계적 의심 등을 중요시한다.
보호적 보호관찰관	① 통제나 지원 모두 강조한다. ② 지역사회보호와 범죄자의 보호 양자 사이를 망설이는 유형으로, 주로 직접적인 지원이나 강연 또는 칭찬과 꾸중의 방법을 이용한다. ③ 지역사회와 범죄자의 입장을 번갈아 편들기 때문에 어정쩡한 입장에 처하기 쉽다.
복지적 보호관찰관	① 지원은 강조하지만, 통제에는 소극적이다. ② 자신의 목표를 범죄자에 대한 복지의 향상에 두고 범죄자의 능력과 한계를 고려하여 적응할 수 있도록 도와주려고 한다. ③ 범죄자의 개인적 적응 없이는 사회의 보호도 있을 수 없다고 믿고 있다.
수동적 보호관찰관	① 통제나 지원 모두에 소극적이다. ② 자신의 임무를 단지 최소한의 노력을 요하는 것으로 인식하는 사람이다.

01	02	03	04	05	06	07	08	09	10
②	②	①	③	③	③	③	②	②	②
11	12	13	14	15	16	17	18	19	20
③	③	④	②	①	④	①	①	④	①

01
① 수용자란 수형자·미결수용자·사형확정자 등 법률과 적법한 절차에 따라 교도소·구치소 및 그 지소(교정시설)에 수용된 사람을 말한다(형집행법 제2조 제1호).
② 수형자란 징역형·금고형 또는 구류형의 선고를 받아 그 형이 확정되어 교정시설에 수용된 사람과 벌금 또는 과료를 완납하지 아니하여 노역장 유치명령을 받아 교정시설에 수용된 사람을 말한다(동법 제2조 제2호).
③ 동법 제2조 제3호
④ 동법 제2조 제4호

02
사법(정의·공정)모델은 갱생에 대한 회의론과 구금모델로의 회귀경향이 맞물려 등장하였다. 즉 개선모델과 의료모델의 인권침해적 요소(재량권 남용, 차별적 처우 등)에 대한 반성과 더불어 행형의 특별예방효과와 개방적 교정처우제도의 효과에 대한 의심에서 비롯되었다.

03
㉠ **가해(손상)의 부정** : 훔친 것을 빌린 것이라고 하는 등 자신의 행위가 위법한 것일지는 몰라도 실제로 자신의 행위로 인하여 손상을 입은 사람은 아무도 없다고 주장하며 합리화하는 경우가 이에 해당한다(자신의 범죄사실을 부정하는 것).
㉡ **책임의 부정** : 의도적인 것이 아니었거나 자기의 잘못이 아니라 주거환경, 친구 등에 책임을 전가하거나 자신도 자기를 통제할 수 없는 외부세력의 피해자라고 여기는 경우가 이에 해당한다(자신의 범죄사실은 인정하지만, 사람·환경에 책임을 전가하는 것).

04
㉠ **동조형** : 정상인
㉡ **개혁·혁신형** : 대부분의 범죄(성매매, 마약거래, 강도, 사기, 횡령 등)
㉢ **의례·의식형** : 사회적으로 중하층인, 자기가 하는 일의 목표는 안중에 없고 무사안일하게 절차적 규범이나 규칙만을 준수하는 관료 등
㉣ **도피·회피·퇴행형** : 정신병자, 빈민층, 방랑자, 폭력배, 만성적 알코올중독자 및 마약상습자 등
㉤ **혁명·전복·반역형** : 정치범, 환경보호론자, 낙태금지론자, 동물보호론자 등

05
① 소년법 제62조
② 소년에 대한 형사사건의 심리는 다른 피의사건과 관련된 경우에도 심리에 지장이 없으면 그 절차를 분리하여야 한다(동법 제57조).
③ 형의 집행유예나 선고유예를 선고할 때에는 부정기형을 선고하지 못한다(동법 제60조 제3항).
④ 동법 제55조 제1항

06 펜실베니아제는 엄정독거제, 분방제, 필라델피아제로 불리며, 오번제는 절충제(엄정독거제와 혼거제를 절충), 완화독거제(반독거제. 엄정독거제보다 완화된 형태), 교담금지제(침묵제. 주간작업시 엄중침묵 강요)라고도 한다.

07 ① 소년법 제33조 제4항
② 동법 제38조
③ 단기 보호관찰 또는 장기 보호관찰의 처분을 할 때에 1년 이내의 기간을 정하여 야간 등 특정 시간대의 외출을 제한하는 명령을 보호관찰대상자의 준수 사항으로 부과할 수 있다(동법 제32조의2 제2항).
④ 동법 제32조 제3항·제4항

08 ㉠ 보호자, 소년을 보호할 수 있는 적당한 자 또는 시설에 위탁, ㉡ 병원이나 그 밖의 요양소에의 위탁의 감호위탁기간은 3개월을, 소년분류심사원에의 감호위탁기간은 1개월을 초과하지 못한다. 다만, 특별히 계속 조치할 필요가 있을 때에는 한 번에 한하여 결정으로써 연장할 수 있다(소년법 제18조 제3항).

09 옳은 것은 ㉠, ㉢, ㉣이다.
㉠ 형집행법 제59조 제3항
㉡ 개별처우계획을 조정할 것인지를 결정하기 위한 분류심사(재심사)는 정기재심사(일정한 형기가 도달한 때 하는 재심사), 부정기재심사(상벌 또는 그 밖의 사유가 발생한 경우에 하는 재심사)로 구분한다(동법 시행규칙 제65조).
㉢ 경비처우급을 상향 또는 하향 조정하기 위하여 고려할 수 있는 평정소득점수의 기준은 상향 조정은 8점 이상(형기의 6분의 5에 도달한 때에 하는 재심사의 경우에는 7점 이상), 하향 조정은 5점 이하이다. 다만, 수용 및 처우를 위하여 특히 필요한 경우 법무부장관이 달리 정할 수 있다(동법 시행규칙 제81조).
㉣ 동법 시행규칙 제79조 제3항
㉤ 조정된 처우등급에 따른 처우는 그 조정이 확정된 다음 날부터 한다. 이 경우 조정된 처우등급은 그 달 초일부터 적용된 것으로 본다(동법 시행규칙 제82조 제1항).

10 옳은 것은 ㉠, ㉡, ㉣이다.
㉠ 형집행법 제72조 제2항
㉡ 동법 시행규칙 제95조 제1항
㉢ 소장은 법무부장관의 승인을 받아 수형자에게 부과하는 작업의 종류를 정한다(동법 시행령 제89조).
㉣ 동법 제73조 제3항
㉤ 소장은 수형자의 가족 또는 배우자의 직계존속이 사망하면 2일간, 부모 또는 배우자의 제삿날에는 1일간 해당 수형자의 작업을 면제한다. 다만, 수형자가 작업을 계속하기를 원하는 경우는 예외로 한다(동법 제72조 제1항).

11 ㉠ 존 하워드, ㉡ 베카리아, ㉢ 벤담, ㉣ 페리

12 ① 소장은 ㉠ 가족 또는 배우자의 직계존속이 사망한 때, ㉡ 직계비속의 혼례가 있는 때의 사유가 있는 수형자에 대하여는 5일 이내의 특별귀휴를 허가할 수 있다(형집행법 제77조 제2항).
② 동법 제12조 제3항
③ 매년 1회 이상 교정시설을 순회점검하거나 소속 공무원으로 하여금 순회점검하게 하여야 한다(동법 제8조).
④ 동법 제7조 제1항

13　✦ **경비처우급에 따른 작업기준**(형집행법 시행규칙 제74조 제2항)

1. **개방처우급** : 외부통근작업 및 개방지역작업 가능
2. **완화경비처우급** : 개방지역작업 및 필요시 외부통근작업 가능
3. **일반경비처우급** : 구내작업 및 필요시 개방지역작업 가능
4. **중경비처우급** : 필요시 구내작업 가능

14　① 형집행법 시행령 제3조 제1항
② 판사와 검사 외의 사람은 교정시설을 참관하려면 학술연구 등 정당한 이유를 명시하여 교정시설의 장(소장)의 허가를 받아야 한다(동법 제9조 제2항).
③ 동법 시행령 제2조 제1항
④ 동법 시행령 제2조 제2항

15　① 형의 선고유예를 받은 날로부터 2년을 경과한 때에는 면소된 것으로 간주한다(형법 제60조).
② 동법 제62조 제2항
③ 동법 제42조
④ 죄를 범할 당시 18세 미만인 소년에 대하여 사형 또는 무기형으로 처할 경우에는 15년의 유기징역으로 한다(소년법 제59조). 즉 죄를 범할 당시 18세 미만인 소년에 대하여는 사형 또는 무기형을 선고할 수 없다.

16　① 형집행법 제50조 제2항
② 수용자가 미성년자인 자녀와 접견하는 경우에는 접촉차단시설이 설치되지 아니한 장소에서 접견하게 할 수 있다(동법 제41조 제3항).
③ 동법 제51조 제1항
④ 소장은 수용자가 임신 중이거나 출산(유산·사산을 포함한다)한 경우에는 모성보호 및 건강유지를 위하여 정기적인 검진 등 적절한 조치를 하여야 한다(동법 제52조 제1항).

17　① 직업훈련 직종 선정 및 훈련과정별 인원은 법무부장관의 승인을 받아 소장이 정한다(형집행법 시행규칙 제124조 제1항).
② 소장은 소년수형자의 선도를 위하여 필요한 경우에는 직업훈련 대상자 선정기준(동법 시행규칙 제125조 제1항)의 요건을 갖추지 못한 경우에도 직업훈련 대상자로 선정하여 교육할 수 있다(동법 시행규칙 제125조 제2항).
③ 동법 시행규칙 제126조 제1호
④ 동법 시행규칙 제128조 제1항 제1호

18　① 가석방취소자 및 가석방실효자의 잔형 기간은 가석방을 실시한 다음 날부터 원래 형기의 종료일까지로 하고, 잔형집행 기산일은 가석방의 취소 또는 실효로 인하여 교정시설에 수용된 날부터 한다(형집행법 시행규칙 제263조 제5항).
② 동법 제122조 제1항
③ 동법 제120조 제1항
④ 징역이나 금고의 집행 중에 있는 사람이 행상이 양호하여 뉘우침이 뚜렷한 때에는 무기형은 20년, 유기형은 형기의 3분의 1이 지난 후 행정처분으로 가석방을 할 수 있다(형법 제72조 제1항).

19 ① 치료감호 등에 관한 법률 제32조 제2항
②,③ 동법 제32조 제1항
④ 보호관찰기간이 끝나기 전이라도 치료감호심의위원회의 치료감호의 종료결정이 있을 때에는 보호관찰이 종료된다(동법 제32조 제3항 제2호).

20 • 미결수용자의 접견 횟수는 매일 1회로 하되, 변호인과의 접견은 그 횟수에 포함시키지 않는다(형집행법 시행령 제101조).
• 소장은 수용자에 대하여 1년에 1회 이상 건강검진을 하여야 한다. 다만, 19세 미만의 수용자와 계호상 독거수용자에 대하여는 6개월에 1회 이상 하여야 한다(동법 시행령 제51조 제1항).
• 소장은 작업의 특성, 계절, 그 밖의 사정을 고려하여 수용자의 목욕횟수를 정하되 부득이한 사정이 없으면 매주 1회 이상이 되도록 한다(동법 시행령 제50조).

01	02	03	04	05	06	07	08	09	10
④	④	②	②	④	③	②	②	③	③
11	12	13	14	15	16	17	18	19	20
④	①	②	③	③	④	①	②	①	②

01 ① 형집행법 제14조

② , ③ 동법 시행령 제5조

④ 교도관은 계호상 독거수용자를 수시로 시찰하여 건강상 또는 교화상 이상이 없는지 살펴야 한다(동법 시행령 제6조 제1항).

02 ② 지역사회교정의 장점에 대한 설명이다. 대부분의 지역사회교정은 전환을 전제로 하며, 알코올중독자·마약사용자·경범죄인 등 시설 내 형사처벌이 부적당한 자에 대한 유용한 대책이다.

④ 과거에는 범죄통제의 대상이 되지 않았던 대상자를 범죄의 통제대상이 되게 함으로써 형사사법망 확대를 초래한다는 비판을 받고 있다.

03 ① 형집행법 제77조 제4항, 동법 시행규칙 제142조 제1항

② 소장은 가족 또는 배우자의 직계존속이 사망한 때, 직계비속의 혼례가 있는 때의 사유가 있는 수형자에 대하여는 5일 이내의 특별귀휴를 허가할 수 있다(동법 제77조 제2항).

수형자의 '가족 또는 배우자의 직계존속이 위독한 때'는 일반귀휴 사유에 해당한다(동법 제77조 제1항).

③ 동법 시행규칙 제129조 제2항

④ 동법 제77조 제1항

04 옳은 것은 ㉠, ㉡, ㉣이다.

㉢, ㉤ : 실증주의학파

05 ① 검사는 강도범죄로 징역형의 실형을 선고받은 사람이 그 집행을 종료한 후 또는 집행이 면제된 후 10년 이내에 다시 강도범죄를 저지른 자로서 강도범죄를 다시 범할 위험성이 있다고 인정되는 사람에 대하여 부착명령을 법원에 청구할 수 있다(전자장치 부착 등에 관한 법률 제5조 제4항 제1호).

② 피부착자는 주거를 이전하거나 7일 이상의 국내여행을 하거나 출국할 때에는 미리 보호관찰관의 허가를 받아야 한다(동법 제14조 제3항).

③ 동법 제17조 제1항·제2항

④ 만 19세 미만의 자에 대하여 부착명령을 선고한 때에는 19세에 이르기까지 이 법에 따른 전자장치를 부착할 수 없다(동법 제4조). 즉 19세 미만의 자에 대해서도 전자장치 부착명령을 선고할 수 있으나, 19세에 이르기까지 부착할 수 없을 뿐이다.

06 ① 죄를 범할 당시 18세 미만인 소년에 대하여 사형 또는 무기형으로 처할 경우에는 15년의 유기징역으로 한다(소년법 제59조).

② 보호처분이 계속 중일 때에 사건 본인에 대하여 유죄판결이 확정된 경우에 보호처분을 한 소년부 판사는 그 처분을 존속할 필요가 없다고 인정하면 결정으로써 보호처분을 취소할 수 있다(동법 제39조).

③ 동법 제13조

④ 제49조 제1항(검사의 소년부 송치)이나 제50조(법원의 소년부 송치)에 따른 소년부 송치결정이 있는 경우에는 소년을 구금하고 있는 시설의 장은 검사의 이송 지휘를 받은 때로부터 법원 소년부가 있는 시·군에서는 24시간 이내에, 그 밖의 시·군에서는 48시간 이내에 소년을 소년부에 인도하여야 한다. 이 경우 구속영장의 효력은 소년부 판사가 제18조(소년부 판사의 임시조치) 제1항에 따른 소년의 감호에 관한 결정을 한 때에 상실하며, 인도와 결정은 구속영장의 효력기간 내에 이루어져야 한다(동법 제52조).

07 베커(Becker)의 사회적 지위로서의 일탈에 대한 설명이다.

슈어(Schur)는 자기관념으로부터의 일탈을 통해 사회적 낙인보다 스스로 일탈자라고 규정함으로써 이차적 일탈에 이르는 경우도 있다는 점을 강조하고(내적인 자아낙인 강조), 불간섭주의를 대책으로 제시하였다.

08 ① 법무부장관은 분류심사를 전담하는 교정시설을 지정·운영하는 경우에는 지방교정청별로 1개소 이상이 되도록 하여야 한다(형집행법 시행령 제86조).

② 동법 시행규칙 제64조

③ 소장은 분류심사를 위하여 수형자를 대상으로 상담 등을 통한 신상에 관한 개별사안의 조사, 심리·지능·적성 검사, 그 밖에 필요한 검사를 할 수 있다(동법 제59조 제3항).

소장은 분류심사와 그 밖에 수용목적의 달성을 위하여 필요하면 수용자의 가족 등을 면담하거나 법원·경찰관서, 그 밖의 관계 기관 또는 단체(관계기관 등)에 대하여 필요한 사실을 조회할 수 있다(동법 제60조 제1항).

④ 징역형·금고형이 확정된 사람으로서 집행할 형기가 형집행지휘서 접수일부터 3개월 미만인 사람 또는 구류형이 확정된 사람에 대해서는 분류심사를 하지 아니한다(동법 시행규칙 제62조 제1항).

09 ① 징역수형자에 대한 일종의 기초적 분류 및 누진처우를 규정한 「징역표」는 1894년 범죄인의 개과천선을 목적으로 제정하였다. 수형자를 특수기능소지자·보통자·부녀자·노유자의 네 가지 유형으로 분류하고, 1~5등급으로 나누어 일정기간이 지나면 상위등급으로 진급시켜 점차 계호를 완화하는 등의 단계적 처우를 실시하였다.

② 1597년 네덜란드의 암스테르담 징치장 내 여자조사장(성별 분류의 시초), 1603년 암스테르담 징치장 내 불량청소년 숙식소(연령별 분류의 시초)

③ 대인적 성숙도검사(I-Level)제도는 범죄자를 각자의 사회심리학적 성숙의 단계에 따라 분류하여 그에 맞는 일련의 처우를 행하는 것이다. 이러한 인성에 기초한 분류인 I-Level검사는 교정당국에서 범죄자를 임상전문가에게 진단을 위한 면담을 행할 수 있게 한 다음, 임상전문가가 상이한 처우를 집행하는 데 필요한 훈련을 처우요원에게 제공한다면, 효과적일 수 있다고 한다. 그러나 그것은 매우 비용이 많이 들고 복잡하며, 매우 훈련이 잘된 그러나 흔치 않은 전문가에 크게 의존해야 하는 단점이 있다.

④ 550개 문항의 질문지를 주고 그 응답유형을 바탕으로 피검사자의 성격을 검사하는 방법으로, 왈도와 디니츠는 범죄자들은 일반인에 비해 정신병리적 일탈경향이 강한 성격이라고 특정지을 수 있다고 보았다.

10 수형지향적 부문화는 교도소 사회에서의 모든 생활방식을 수용하고 적응하려고 하며, 자신의 수용생활을 보다 쉽고 편하게 보내기 위해 교도소 내에서의 지위획득에만 몰두하며 출소 후의 생활에 대해서는 관심을 두지 않는다. 수형자 사회의 부문화집단 중에서 교도소화가 가장 쉽게, 빨리 그리고 많이 되며(교정시설에 가장 빨리 적응), 출소 후 재입소율(재범률)이 가장 높은 유형이다.

11
① 형집행법 제117조 제1항
② 동법 제117조 제2항
③ 동법 제117조 제3항
④ 소장은 수용자가 순회점검공무원에게 청원하는 경우에는 그 인적사항을 청원부에 기록하여야 한다(동법 시행령 제139조 제1항).

12
① 형집행법 시행령 제65조 제1항
② 소장은 편지수수 제한(동법 제43조 제1항 단서) 또는 발신·수신이 금지된 편지는 수용자에게 그 사유를 알린 후 교정시설에 보관한다. 다만, 수용자가 동의하면 폐기할 수 있다(동법 제43조 제7항).
③ 소장은 전화통화 불허사유(동법 시행규칙 제25조 제1항)에 해당하지 아니한다고 명백히 인정되는 경우가 아니면 통화내용을 청취하거나 녹음한다(동법 시행규칙 제28조 제1항). 즉 전화통화 불허사유에 해당하지 아니한다고 명백히 인정되는 경우에는 통화내용을 청취하거나 녹음하지 않을 수 있다.
④ 수용자의 전화통화 요금은 수용자가 부담한다(동법 시행규칙 제29조 제1항). 소장은 교정성적이 양호한 수형자 또는 보관금이 없는 수용자 등에 대하여는 예산의 범위에서 요금을 부담할 수 있다(동법 시행규칙 제29조 제2항).

✦ 편지를 봉함하지 않은 상태로 제출하는 경우(형집행법 시행령 제65조 제1항)
수용자는 편지를 보내려는 경우 해당 편지를 봉함하여 교정시설에 제출한다. 다만, 소장은 다음의 어느 하나에 해당하는 경우로서 금지물품의 확인을 위하여 필요한 경우에는 편지를 봉함하지 않은 상태로 제출하게 할 수 있다.
1. 마약류사범·조직폭력사범 등 법무부령으로 정하는 수용자나 처우등급이 중경비시설 수용대상인 수형자가 변호인 외의 자에게 편지를 보내려는 경우
2. 수용자가 같은 교정시설에 수용 중인 다른 수용자에게 편지를 보내려는 경우
3. 규율위반으로 조사 중이거나 징벌집행 중인 수용자가 다른 수용자에게 편지를 보내려는 경우

13
정문정책에 대한 설명이다. 정문정책은 형사사법망의 확대시키는 결과를 초래하여 더 많은 사람을 교정의 대상으로 삼게 되는 문제점이 야기된다.

14
① 민영교도소 등의 설치·운영에 관한 법률 제3조 제1항
② 동법 제4조 제4항
③ 교정법인의 대표자는 그 교정법인이 운영하는 민영교도소 등의 장을 겸할 수 없고, 이사는 감사나 해당 교정법인이 운영하는 민영교도소 등의 직원(민영교도소 등의 장은 제외한다)을 겸할 수 없으며, 감사는 교정법인의 대표자·이사 또는 직원(그 교정법인이 운영하는 민영교도소 등의 직원을 포함한다)을 겸할 수 없다(동법 제13조).
④ 동법 제33조 제1항

15
옳은 것은 ⓛ, ⓒ이다.
㉠ 소장은 수용자가 자살 또는 자해의 우려가 있거나 신체적·정신적 질병으로 인하여 특별한 보호가 필요한 때에는 의무관의 의견을 고려하여 보호실(자살 및 자해 방지 등의 설비를 갖춘 거실)에 수용할 수 있다(형집행법 제95조 제1항).
ⓛ 동법 제94조 제1항
ⓒ 동법 제98조 제2항 제1호
㉣ 교도관은 수용자가 다른 사람에게 위해를 끼치거나 끼치려고 하는 때에는 강제력을 행사할 수 있고(동법 제100조 제1항), 수용자가 다른 사람에게 중대한 위해를 끼치거나 끼치려고 하여 그 사태가 위급한 때에는 무기를 사용할 수 있다(동법 제101조 제1항).

16 ① 살인범죄를 저질러 치료감호를 선고받은 피치료감호자가 살인범죄를 다시 범할 위험성이 있고 계속 치료가 필요하다고 인정되는 경우에는 법원은 치료감호시설의 장의 신청에 따른 검사의 청구로 3회까지 매회 2년의 범위에서 피치료감호자를 치료감호시설에 수용하는 기간을 연장하는 결정을 할 수 있고(치료감호 등에 관한 법률 제16조 제3항), 검사의 청구는 피치료감호자를 치료감호시설에 수용하는 기간(치료감호기간) 또는 치료감호가 연장된 기간이 종료하기 6개월 전까지 하여야 한다(동법 제16조 제5항).
② 치료감호심의위원회는 치료감호만을 선고받은 피치료감호자에 대한 집행이 시작된 후 1년이 지났을 때에는 상당한 기간을 정하여 그의 법정대리인, 배우자, 직계친족, 형제자매(법정대리인 등)에게 치료감호시설 외에서의 치료를 위탁할 수 있다(동법 제23조 제1항).
③ 근로에 종사하는 피치료감호자에게는 근로의욕을 북돋우고 석방 후 사회정착에 도움이 될 수 있도록 법무부장관이 정하는 바에 따라 근로보상금을 지급하여야 한다(동법 제29조).
④ 동법 제12조 제1항

17 ① 교정시설의 장은 민간기업이 참여할 교도작업(민간참여작업)의 내용을 해당 기업체와의 계약으로 정하고 이에 대하여 법무부장관의 승인(재계약의 경우에는 지방교정청장의 승인)을 받아야 한다. 다만, 법무부장관이 정하는 단기의 계약(계약기간이 2개월 이하인 계약)에 대하여는 그러하지 아니하다(교도작업의 운영 및 특별회계에 관한 법률 제6조 제2항).
② 동법 시행규칙 제6조 제1항
③ 동법 시행규칙 제6조 제2항
④ 동법 시행규칙 제9조 제1항

18 ① 형법 제45조, 제47조
② 벌금과 과료는 판결확정일로부터 30일 내에 납입하여야 한다. 단, 벌금을 선고할 때에는 동시에 그 금액을 완납할 때까지 노역장에 유치할 것을 명할 수 있다(동법 제69조 제1항).
③ 동법 제70조 제2항
④ 동법 제69조 제2항

19 ① 소년원장은 미성년자인 보호소년 등이 친권자나 후견인이 없거나 있어도 그 권리를 행사할 수 없을 때에는 법원의 허가를 받아 그 보호소년 등을 위하여 친권자나 후견인의 직무를 행사할 수 있다(보호소년 등의 처우에 관한 법률 제23조).
② 동법 제18조 제4항
③ 동법 제14조의3 제2항
④ 동법 제12조 제1항

20 ㉠ – A, ㉡ – B, ㉢ – D, ㉣ – C
A. **의료모형** : 교정은 질병치료라고 보고, 소년원에 있어 교정교육기법의 기저가 되었다.
B. **적응**(개선, 조정)**모형** : 범죄자를 환자가 아닌 스스로 책임 있는 선택과 합리적 결정을 할 수 있는 자로 간주하고, 과학적 전문가의 치료를 필요로 한다.
C. **범죄통제모형** : 청소년도 자신의 행동에 대해서 책임을 져야 하므로, 청소년 범죄자에 대한 처벌을 강화하는 것만이 청소년범죄를 줄일 수 있다.
D. **최소제한**(제약)**모형** : 낙인이론에 근거하여 시설수용의 폐단을 지적하며 처벌 및 처우개념을 모두 부정한다.

01	02	03	04	05	06	07	08	09	10
①	④	①	③	①	①	③	②	④	③
11	12	13	14	15	16	17	18	19	20
②	④	①	②	④	④	①	③	④	③

01 뒤르껨(Durkheim)에 대한 설명이다.
- **범죄정상설**: 집단적 비승인이 존재하는 한 범죄는 모든 사회에 어쩔 수 없이 나타나는 현상으로 병리적이기보다는 정상적인 현상이라고 주장하였다. 즉 범죄를 사회의 구조적 모순에서 자연적으로 발생하는 정상적이고 불가피한 현상으로 본다.
- **아노미**: 인간의 생래적인 끝없는 욕망을 사회의 규범이나 도덕으로서 제대로 통제하지 못하는 상태로, 사회적·도덕적 권위가 훼손되어 사회구성원들이 '자신의 삶을 지도할 수 있는 기준(지향적인 삶의 기준)'을 상실한 무규범 상태를 말한다.
- **머튼(Merton)의 아노미 이론**: 개인의 욕망에 대한 사회적 규제가 안되는 상황을 나타내는 뒤르껨의 아노미 개념을 미국의 머튼은 사회구조 내에서 문화적으로 정의된 목표와 이를 달성할 수 있는 수단 간의 불일치로 파악하여 기능주의적 범죄이론을 전개하였다.

02 ⓒ,ⓔ 교도봉과 전자충격기는 보안장비에 해당한다(형집행법 시행규칙 제186조).
ⓐ 포승은 보호장비에 해당한다(동법 제98조 제1항, 동법 시행규칙 제169조).
ⓑ 전자경보기는 전자장비에 해당한다(동법 시행규칙 제160조).

03 ① 형집행법 시행령 제92조
② 소장은 수형자에게 작업을 부과하는 경우에는 작업의 종류 및 작업과정을 정하여 고지하여야 한다(동법 시행령 제91조 제1항).
③ 공휴일·토요일과 대통령령으로 정하는 휴일에는 작업을 부과하지 아니한다. 다만, ⓐ 취사·청소·간병 등 교정시설의 운영과 관리에 필요한 작업을 하는 경우, ⓑ 작업장의 운영을 위하여 불가피한 경우, ⓒ 공공의 안전이나 공공의 이익을 위하여 긴급히 필요한 경우, ⓔ 수형자가 신청하는 경우에는 작업을 부과할 수 있다(동법 제71조 제5항).
④ 작업과정은 작업성적, 작업시간, 작업의 난이도 및 숙련도를 고려하여 정한다. 작업과정을 정하기 어려운 경우에는 작업시간을 작업과정으로 본다(동법 시행령 제91조 제2항).

04 ① 형집행법 시행규칙 제198조 제3호
② 동법 시행규칙 제200조
③ 소장은 조직폭력수용자로 지정된 사람에 대하여는 석방할 때까지 지정을 해제할 수 없다. 다만, 공소장 변경 또는 재판 확정에 따라 지정사유가 해소되었다고 인정되는 경우에는 교도관회의의 심의 또는 분류처우위원회의 의결을 거쳐 지정을 해제한다(동법 시행규칙 제199조 제2항).
④ 동법 시행규칙 제201조

05 접견의 중지사유에 해당한다(형집행법 제42조).

> ✦ **접견내용의 청취 · 기록 · 녹음 · 녹화사유**(형집행법 제41조 제4항)
> 1. 범죄의 증거를 인멸하거나 형사 법령에 저촉되는 행위를 할 우려가 있는 때
> 2. 수형자의 교화 또는 건전한 사회복귀를 위하여 필요한 때
> 3. 시설의 안전과 질서유지를 위하여 필요한 때

06 ① 소장은 수용자가 임신 중이거나 출산(유산 · 사산을 포함한다)한 경우에는 모성보호 및 건강유지를 위하여 정기적인 검진 등 적절한 조치를 하여야 한다(형집행법 제52조 제1항).
② 동법 시행규칙 제51조 제2항
③ 동법 시행규칙 제57조 제1항
④ 동법 시행규칙 제43조 제2항

07 옳지 않은 것은 ㉡, ㉢이다.
㉠ 교도작업의 운영 및 특별회계에 관한 법률 제11조 제1항
㉡ 특별회계는 세입총액이 세출총액에 미달된 경우 또는 시설 개량이나 확장에 필요한 경우에는 예산의 범위에서 일반회계로부터 전입을 받을 수 있다(동법 제10조).
㉢ 특별회계의 결산상 잉여금은 다음 연도의 세입에 이입한다(동법 제11조의2).
㉣ 동법 제7조, 동법 제8조 제1항

08 ① 민영교도소 등의 설치 · 운영에 관한 법률 제15조 제2항, 동법 제26조
② 교정법인은 기본재산에 대하여 매도 · 증여 또는 교환, 용도 변경, 담보 제공, 의무의 부담이나 권리의 포기를 하려면 법무부장관의 허가를 받아야 한다. 다만, 대통령령으로 정하는 경미한 사항은 법무부장관에게 신고하여야 한다(동법 제14조 제2항).
③ 동법 제31조 제1항
④ 동법 제36조 제1항

09 ① 치료감호시설 수용 기간은 2년을 초과할 수 없다(치료감호 등에 관한 법률 제16조 제2항 제2호).
② 구속영장에 의하여 구속된 피의자에 대하여 검사가 공소를 제기하지 아니하는 결정을 하고 치료감호 청구만을 하는 때에는 구속영장은 치료감호영장으로 보며 그 효력을 잃지 아니한다(동법 제8조).
③ 치료감호와 형이 병과된 경우에는 치료감호를 먼저 집행한다. 이 경우 치료감호의 집행기간은 형 집행기간에 포함한다(동법 제18조).
④ 동법 제27조

10 옳은 것은 ㉠, ㉡, ㉤이다.
㉠ 소년법 제33조 제2항
㉡ 동법 제33조 제3항
㉢ ⓐ 보호자 또는 보호자를 대신하여 소년을 보호할 수 있는 자에게 감호 위탁, ⓑ 아동복지시설이나 그 밖의 소년보호시설에 감호 위탁, ⓒ 병원 · 요양소 또는 의료재활소년원에 위탁기간은 6개월로 하되, 소년부 판사는 결정으로써 6개월의 범위에서 한 번에 한하여 그 기간을 연장할 수 있다. 다만, 소년부 판사는 필요한 경우에는 언제든지 결정으로써 그 위탁을 종료시킬 수 있다(동법 제33조 제1항).
㉣ 단기로 소년원에 송치된 소년의 보호기간은 6개월을 초과하지 못한다(동법 제33조 제5항).
㉤ 동법 제33조 제6항

11 ① 형집행법 제116조 제2항 제1호

② 수용자는 그 처우에 관하여 불복하는 경우 법무부장관·순회점검공무원 또는 관할 지방교정청장에게 청원할 수 있다(동법 제117조 제1항).

③ 동법 제117조 제2항

④ 동법 제118조

12 선도조건부 기소유예 제도는 검찰단계의 기소 전 다이버전 프로그램이다.

선도조건부 기소유예 제도는 검사가 범죄소년에 대하여 일정한 기간 동안 준수사항을 이행하고 민간인인 범죄예방위원의 선도를 받을 것을 조건으로 기소유예처분을 하고, 그 소년이 준수사항을 위반하거나 재범을 하지 않고 선도 기간을 경과한 때에는 공소를 제기하지 않는 제도를 말하며 소년에 대한 다이버전제도의 일종이라고 할 수 있다.

13 사법의 과거 패러다임(피해자로서 국가, 응보적 사법)은 경쟁적·개인주의적 가치를 권장하고, 사법의 새로운 패러다임(회복적 사법)은 상호성을 권장한다. 회복적 사법의 핵심가치는 피해자욕구, 가해자욕구뿐만 아니라 지역사회욕구까지 균형을 이루는 것이다.

14 보스탈 제도에 대한 설명이다.

보스탈은 1897년 러글스 브라이스(Ruggles Brise)에 의해 창안된 것인데, 초기에는 군대식의 통제방식으로 엄격한 규율·분류수용·중노동 등이 처우의 기본원칙으로 적용되었다. 그 후 1906년 범죄방지법에 의해 보스탈제도가 법제화되면서 영국의 가장 효과적인 시설 내 처우로 주목받고 있다. 1920년 보스탈 감옥의 책임자 피터슨(Peterson)은 종래의 군대식 규율에 의한 강압적 훈련을 비판하고, 소년의 심리변화를 목적으로 하는 각종 처우방식을 적용하였다. 1930년대의 보스탈 제도는 개방처우 하에서 생산활동, 인근지역과의 관계, 수용자 간의 토의 등을 중시한 소년교정시설의 선구적 모델이 되었다.

15 ① 형집행법 제79조·제80조

② 동법 제86조 제1항, 동법 시행령 제103조 제2항

③ 동법 시행령 제104조·제105조

④ 소장은 미결수용자로서 사건에 서로 관련이 있는 사람은 분리수용하고 서로 간의 접촉을 금지하여야 하며(동법 제81조), 이송이나 출정, 그 밖의 사유로 미결수용자를 교정시설 밖으로 호송하는 경우에는 해당 사건에 관련된 사람과 호송 차량의 좌석을 분리하는 등의 방법으로 서로 접촉하지 못하게 하여야 한다(동법 시행령 제100조).

16 ① 형집행법 제63조 제2항·제3항

② 동법 제64조 제1항, 동법 시행령 제88조

③ 동법 시행규칙 제106조 제1항

④ 독학에 의한 학위 취득과정, 방송통신대학과정, 전문대학 위탁교육과정, 정보화 및 외국어 교육과정을 실시하는 경우 소요되는 비용은 특별한 사정이 없으면 교육대상자의 부담으로 한다(동법 시행규칙 제102조 제2항).

17 ① 필요적 청구(전자장치 부착 등에 관한 법률 제5조 제2항 단서)

② 임의적 청구(동법 제5조 제4항 제3호)

③ 임의적 청구(동법 제5조 제1항 제1호)

④ 임의적 청구(동법 제5조 제1항 제5호)

18　① 보호관찰 등에 관한 법률 제59조 제1항

　　② 동법 제60조 제1항

　　③ 사회봉사·수강명령 대상자는 주거를 이전하거나 1개월 이상 국내외 여행을 할 때에는 미리 보호관찰관에게 신고하여야 한다(동법 제62조 제2항 제2호).

　　④ 동법 제63조 제2항

19　보호관찰을 조건으로 한 형의 선고유예의 실효 및 집행유예의 취소는 법원에서 한다.

　　✦ **보호관찰 심사위원회의 심사·결정사항**(보호관찰 등에 관한 법률 제6조)

　　1. 가석방과 그 취소에 관한 사항

　　2. 임시퇴원, 임시퇴원의 취소 및 보호소년의 퇴원에 관한 사항

　　3. 보호관찰의 임시해제와 그 취소에 관한 사항

　　4. 보호관찰의 정지와 그 취소에 관한 사항

　　5. 가석방 중인 사람의 부정기형의 종료에 관한 사항

　　6. 이 법 또는 다른 법령에서 심사위원회의 관장 사무로 규정된 사항

　　7. 제1호부터 제6호까지의 사항과 관련된 사항으로서 위원장이 회의에 부치는 사항

20　옳은 것은 ㉠, ㉡, ㉣이다.

　　㉢ 학습이론인 버제스(Burgess)와 에이커스(Akers)의 차별적(분화적) 강화이론에 대한 설명이다. 범죄행위의 결과로서 보상이 취득되고 처벌이 회피될 때 그 행위는 강화되는 반면, 보상이 상실되고 처벌이 강화되면 그 행위는 약화된다는 것이다.

01	02	03	04	05	06	07	08	09	10
①	②	③	①	④	②	①	③	①	④
11	12	13	14	15	16	17	18	19	20
①	③	④	②	②	②	③	④	③	②

01
① 소년법 제32조 제3항
② 수강명령 및 장기 소년원 송치 처분은 12세 이상의 소년에게만 할 수 있다(동법 제32조 제4항).
③ 보호관찰관의 단기 보호관찰 또는 장기 보호관찰의 처분을 할 때에 1년 이내의 기간을 정하여 야간 등 특정 시간대의 외출을 제한하는 명령을 보호관찰대상자의 준수 사항으로 부과할 수 있다(동법 제32조의2 제2항).
④ 수강명령은 100시간을, 사회봉사명령은 200시간을 초과할 수 없으며, 보호관찰관이 그 명령을 집행할 때에는 사건 본인의 정상적인 생활을 방해하지 아니하도록 하여야 한다(동법 제33조 제4항).

02
① 성폭력범죄자의 성충동 약물치료에 관한 법률 제13조 제1항
② 치료명령을 받은 사람은 형의 집행이 종료되거나 면제·가석방 또는 치료감호의 집행이 종료·가종료 또는 치료위탁되는 날부터 10일 이내에 주거지를 관할하는 보호관찰소에 출석하여 서면으로 신고하여야 한다(동법 제15조 제2항).
③ ㉠ 치료명령의 집행 중 구속영장의 집행을 받아 구금된 때, ㉡ 치료명령의 집행 중 금고 이상의 형의 집행을 받게 된 때, ㉢ 가석방 또는 가종료·가출소된 자에 대하여 치료기간 동안 가석방 또는 가종료·가출소가 취소되거나 실효된 때에는 치료명령의 집행이 정지된다(동법 제14조 제4항).
④ 동법 제16조 제1항

03
① 뉴욕의 쥬크(Jukes)가(家)에 대한 덕데일(Dugdale)의 연구(1877)에 의하면 Jukes가계에서 수많은 범죄자나 창녀 등이 출현하였으며, 이러한 사실들은 모두 유전과 관련되는 것으로 결론을 내렸다.
② 독일의 생리학자 랑게(Lange)는 일란성 쌍생아에서 쌍생아 모두가 범죄를 저지른 비율이 이란성 쌍생아에서 쌍생아 모두가 범죄를 저지른 비율보다 높다고 하였다.
③ 달가드(Dalgard)와 크링그렌(Kringlen)은 쌍둥이 연구에서 유전적 요인 이외에 환경적 요인(양육 과정의 차이)도 함께 고려하여 연구하였으며, 실제 양육과정별 분석상 일치율 차이가 없어 '범죄발생에 있어 유전적인 요소는 중요하지 않다.'고 주장하였다.
④ 허칭스(Hutchings)와 메드닉(Mednick)은 코펜하겐에서의 입양아연구에서 생부모가 전과자인 경우 입양아가 범죄자가 될 경우가 더 많았으며, 양부모와 생부모의 범죄성 간에는 상호작용효과가 있어서 양부모와 생부모가 모두 범죄자인 경우 입양아가 범죄자가 될 확률이 가장 높으나, 생부모의 영향이 양부모의 영향보다는 크다는 결론을 내렸다.

04
① 피호송자가 도주한 때에는 서류와 금품은 발송관서에 반환하여야 한다(수형자 등 호송규정 제10조 제2항).
② 동 규정 제2조
③ 동 규정 제6조 제4항
④ 동 규정 제13조 제1항

05

① 수용자의 관리·교정교화 등 사무에 관한 지방교정청장의 자문에 응하기 위하여 지방교정청에 교정자문위원회를 둔다(형집행법 제129조 제1항).

② 위원회는 10명 이상 15명 이하의 위원으로 성별을 고려하여 구성하고, 위원장은 위원 중에서 호선하며, 위원은 교정에 관한 학식과 경험이 풍부한 외부인사 중에서 지방교정청장의 추천을 받아 법무부장관이 위촉한다(동법 제129조 제2항).

③ 위원장이 부득이한 사유로 직무를 수행할 수 없을 때에는 부위원장이 그 직무를 대행하고, 부위원장도 부득이한 사유로 직무를 수행할 수 없을 때에는 위원장이 미리 지명한 위원이 그 직무를 대행한다(동법 시행규칙 제267조 제2항).

④ 동법 시행규칙 제265조 제2항

06

① 형집행법 제109조 제2항

② 소장은 징벌사유에 해당하는 행위를 하였다고 의심할 만한 상당한 이유가 있는 수용자가 ㉠ 증거를 인멸할 우려가 있는 때, ㉡ 다른 사람에게 위해를 끼칠 우려가 있거나 다른 수용자의 위해로부터 보호할 필요가 있는 때에는 조사기간 중 분리하여 수용할 수 있다(동법 제110조 제1항).

③ 동법 제114조 제1항

④ 동법 제111조 제2항

07

① 외국에서 무죄판결을 받고 석방되기까지의 미결구금은, 국내에서의 형벌권 행사가 외국에서의 형사절차와는 별개의 것인 만큼 우리나라 형벌법규에 따른 공소의 목적을 달성하기 위하여 필수불가결하게 이루어진 강제처분으로 볼 수 없고, 유죄판결을 전제로 한 것이 아니어서 해당 국가의 형사보상제도에 따라 구금 기간에 상응하는 금전적 보상을 받음으로써 구제받을 성질의 것에 불과하다. 또한 형사절차에서 미결구금이 이루어지는 목적, 미결구금의 집행 방법 및 피구금자에 대한 처우, 미결구금에 대한 법률적 취급 등이 국가별로 다양하여 외국에서의 미결구금으로 인해 피고인이 받는 신체적 자유 박탈에 따른 불이익의 양상과 정도를 국내에서의 미결구금이나 형의 집행과 효과 면에서 서로 같거나 유사하다고 단정할 수도 없다. 따라서 위와 같이 외국에서 이루어진 미결구금을 형법 제57조 제1항에서 규정한 '본형에 당연히 산입되는 미결구금'과 같다고 볼 수 없다(대법원 2017.8.24. 2017도5977).

② 대법원 2019.4.18. 2017도14609

③ 그 본형이 실형이든 집행유예가 부가된 형이든 불문하고 그 산입된 미결구금 일수는 형사보상의 대상이 되지 않는다. 그 미결구금은 유죄에 대한 본형에 산입되는 것으로 확정된 이상 형의 집행과 동일시되므로, 형사보상할 미결구금 자체가 아닌 셈이기 때문이다(대법원 2017.11.28. 2017모1990).

④ 형사소송법 제471조의2 제2항

08

① 법무부장관은 이송승인에 관한 권한을 대통령령으로 정하는 바에 따라 지방교정청장에게 위임할 수 있다(형집행법 제20조 제2항).

② 소장은 수용자를 다른 교정시설에 이송하는 경우에 의무관으로부터 수용자가 건강상 감당하기 어렵다는 보고를 받으면 이송을 중지하고 그 사실을 이송받을 소장에게 알려야 한다(동법 시행령 제23조).

③ 동법 제37조 제2항

④ 수용자가 이송 중에 징벌대상 행위를 하거나 다른 교정시설에서 징벌대상 행위를 한 사실이 이송된 후에 발각된 경우에는 그 수용자를 인수한 소장이 징벌을 부과한다(동법 시행령 제136조).

09 옳은 것은 ㉡, ㉣이다.

✦ 외부통근작업자 선정기준(형집행법 시행규칙 제120조 제1항)
외부기업체에 통근하며 작업하는 수형자는 다음의 요건을 갖춘 수형자 중에서 선정한다.
1. 18세 이상 65세 미만일 것
2. 해당 작업 수행에 건강상 장애가 없을 것
3. 개방처우급·완화경비처우급에 해당할 것
4. 가족·친지 또는 교정위원 등과 접견·편지수수·전화통화 등으로 연락하고 있을 것
5. 집행할 형기가 7년 미만이고 가석방이 제한되지 아니할 것

10 ① 소장은 임산부인 수용자 및 유아의 양육을 허가받은 수용자에 대하여 필요하다고 인정하는 경우에는 교
정시설에 근무하는 의사(의무관)의 의견을 들어 필요한 양의 죽 등의 주식과 별도로 마련된 부식을 지급할
수 있으며, 양육유아에 대하여는 분유 등의 대체식품을 지급할 수 있다(형집행법 시행규칙 제42조).
② 소장은 소년수형자 등의 나이·적성 등을 고려하여 필요하다고 인정하면 접견 및 전화통화 횟수를 늘릴
수 있다(동법 시행규칙 제59조의4).
③ 소장은 외국인수용자가 질병 등으로 위독하거나 사망한 경우에는 그의 국적이나 시민권이 속하는 나라
의 외교공관 또는 영사관의 장이나 그 관원 또는 가족에게 이를 즉시 알려야 한다(동법 시행규칙 제59조).
④ 동법 시행규칙 제46조 제2항

11 ① 촉법소년(형벌법령에 저촉되는 행위를 한 10세 이상 14세 미만의 소년)·우범소년(형벌 법령에 저촉되는 행위를 할 우려
가 있는 10세 이상 19세 미만인 소년)이 있을 때에는 경찰서장은 직접 관할 소년부에 송치하여야 한다(소년법
제4조 제2항).
② 동법 제6조 제1항
③ 동법 제13조 제1항
④ 동법 제29조 제1항

12 고전주의 학자들의 견해이다.
실증주의는 인간은 자신이 희망하는 사항이나 이성적 판단에 따라 행동하는 자율적 존재가 아니라 이미 행
위 하도록 결정된 대로 행동하는 존재로 보는 입장으로 인간의 행위는 개인의 특수한 소질조건과 그 주변의
환경조건에 따라 결정된다고 이해한다.

13 **✦ 소년법원이 일반법원과 다른 특성**
① 비행소년을 형사법원에서 재판할 때 생기는 부작용인 부정적 낙인으로부터 아동을 보호하기 위한 것이다.
② 소년법원은 처음부터 처벌과 억제 지향에 반대되는 교화개선과 재활의 철학을 지향하고 있다.
③ 관할대상이 범죄소년만을 대상으로 하지 않는다. 비행소년은 물론이고, 지위비행자와 방치된 소년뿐만
아니라 다양한 유형의 가정문제까지도 대상으로 하고 있다.
④ 소년법원의 절차가 일반법원에 비해 훨씬 비공식적이고 융통성이 있다는 점이 있는 반면, 적법절차에
대한 관심은 적다.
⑤ 일반법원에 비해 소년법원은 감별 또는 분류심사 기능과 절차 및 과정이 비교적 잘 조직되어 있다.
⑥ 일반법원이 선택할 수 있는 형의 종류에 비해 소년법원에서 결정할 수 있는 처분의 종류가 더 다양하다.

14 ① 진정실 수용 요건에 대한 설명이다(형집행법 제96조 제1항).

② 동법 제95조 제2항

③ 소장은 수용자를 보호실에 수용하거나 수용기간을 연장하는 경우에는 그 사유를 본인에게 알려 주어야 한다(동법 제95조 제4항).

④ 수용자를 보호실에 수용할 수 있는 기간은 계속하여 3개월을 초과할 수 없다(동법 제95조 제3항).

15 ① 형집행법 제41조 제2항

② 수용자가 「형사소송법」에 따른 상소권회복 또는 재심 청구사건의 대리인이 되려는 변호사와 접견할 수 있는 횟수는 사건 당 2회이다(동법 시행령 제59조의2 제2항).

③ 동법 제41조 제4항

④ 동법 제41조 제3항

16 ✦ **형사조정 회부 제외사유**(범죄피해자 보호법 제41조 제2항)

1. 피의자가 도주하거나 증거를 인멸할 염려가 있는 경우

2. 공소시효의 완성이 임박한 경우

3. 불기소처분의 사유에 해당함이 명백한 경우(다만, 기소유예처분의 사유에 해당하는 경우는 제외한다)

17 ① 보호관찰 등에 관한 법률 제70조의2

② 동법 제70조 제4호

③ 갱생보호 대상자와 관계 기관은 보호관찰소의 장, 갱생보호사업 허가를 받은 자 또는 한국법무보호복지공단에 갱생보호 신청을 할 수 있다(동법 제66조 제1항). 즉 갱생보호 대상자와 관계 기관의 신청에 의한 임의적 갱생보호의 원칙에 의해 운영되고 있다.

④ 동법 제71조

18 선별적 무능력화는 재범가능성에 대한 개인별 예측에 의해 범죄성이 강한 개별 범죄자를 선별적으로 구금하거나 형량을 강화하는 것으로, 시설 내 처우에 해당한다.

19 ✦ **전자장치 부착 등에 관한 법률 제9조의2 제3항**

제1항에도 불구하고 법원은 성폭력범죄를 저지른 사람(19세 미만의 사람을 대상으로 성폭력범죄를 저지른 사람으로 한정한다) 또는 스토킹범죄를 저지른 사람에 대해서 제9조 제1항에 따라 부착명령을 선고하는 경우에는 다음 각 호의 구분에 따라 제1항의 준수사항을 부과하여야 한다.

1. 19세 미만의 사람을 대상으로 성폭력범죄를 저지른 사람 : 제1항 제1호(야간, 아동·청소년의 통학시간 등 특정 시간대의 외출제한) 및 제3호(피해자 등 특정인에의 접근금지)의 준수사항을 포함할 것. 다만, 제1항 제1호의 준수사항을 부과하여서는 아니 될 특별한 사정이 있다고 판단하는 경우에는 해당 준수사항을 포함하지 아니할 수 있다.

2. 스토킹범죄를 저지른 사람 : 제1항 제3호(피해자 등 특정인에의 접근금지)의 준수사항을 포함할 것

20 ① 치료감호대상자는 「형법」 제10조 제1항(심신상실자)에 따라 벌하지 아니하거나 제2항(심신미약자)에 따라 형을 감경할 수 있는 심신장애인으로서 금고 이상의 형에 해당하는 죄를 지은 자이다(치료감호 등에 관한 법률 제2조 제1항 제1호).

② 동법 제16조 제2항

③ 보호관찰의 기간은 3년으로 한다(동법 제32조 제2항).

④ 피치료감호자에 대한 치료감호가 가종료되었을 때 또는 피치료감호자가 치료감호시설 외에서 치료받도록 법정대리인 등에게 위탁되었을 때에는 보호관찰기간이 끝나면 피보호관찰자에 대한 치료감호가 끝난다(동법 제35조 제1항).

01	02	03	04	05	06	07	08	09	10
④	②	②	③	①	①	②	①	③	②
11	12	13	14	15	16	17	18	19	20
②	④	②	①	④	③	④	③	④	①

01 성공목표를 달성하기 위한 수단이 주로 사회경제적 계층에 따라 차등적으로 분배되어 목표와 수단의 괴리가 커지게 될 때 범죄가 발생한다는 머튼(Merton)의 아노미이론은 기회구조가 차단된 하류계층의 범죄를 설명하는 데에는 유용하지만, 최근 증가하는 중산층 범죄나 상류층의 범죄를 설명하는 데에는 한계가 있다.

02 의료모형에 대한 설명이다.
범죄는 우리가 밝힐 수 있는 원인에 의해서 이루어지며 치료하고 완치시킬 수 있으므로 처벌은 범죄자의 문제를 해결하는 데는 아무런 도움이 안 되며, 오히려 범죄자가 이미 가지고 있는 부정적인 관념을 재강화시키기 때문에 범죄자의 처벌은 바람직하지 않다고 한다. 즉 범죄자는 자신의 이성을 이용하여 자신의 자유에 따라 의사결정을 하고 선택할 능력을 결하고 있기 때문에 이들의 책임을 묻는 것으로 볼 수 있는 처벌은 옳지 못하다는 것이다. 그래서 범죄자의 치료를 위하여 다양한 정신건강시설의 폭넓은 활용을 권장하고 있다.

03 소년사법의 개선은 대체로 소년사법의 개입을 최소화하고 개입 시 적법절차를 극대화하는 것으로 요약할 수 있으며, 소년사법의 개입을 최소화하는 것은 지위비행 등 일부 비행에 대한 비범죄화를 통해서 소년비행의 범위와 대상을 가급적 축소하는 것에서 시작하여 일단 소년사법의 대상이 된 비행에 대해서는 수용을 최소화하여 비시설수용적 대안을 적극 활용하고, 국가의 공적 개입을 줄이기 위해서 각종 전환제도를 최대한 활용하여 소년사법절차에 있어서 절차적 권리, 즉 적법절차를 극대화하자는 것이다. 이를 소년사법에 있어서 4D, 즉 비범죄화, 비시설수용, 적법절차, 전환이라고 한다.
비시설수용(deinstitutionalization)은 청소년범죄자는 시설수용보다는 비시설수용적 처우와 지역사회 처우를 하여, 구금으로 인한 범죄의 학습과 악풍의 감염, 부정적 낙인 등의 폐해를 방지하고자 하는 것이다.

04 ① 징벌은 동일한 행위에 관하여 거듭하여 부과할 수 없으며, 행위의 동기 및 경중, 행위 후의 정황, 그 밖의 사정을 고려하여 수용목적을 달성하는 데에 필요한 최소한도에 그쳐야 한다(형집행법 제109조 제3항).
② 동법 제109조 제4항
③ 징벌위원회는 징벌을 의결하는 때에 행위의 동기 및 정황, 교정성적, 뉘우치는 정도 등 그 사정을 고려할 만한 사유가 있는 수용자에 대하여 2개월 이상 6개월 이하의 기간 내에서 징벌의 집행을 유예할 것을 의결할 수 있다(동법 제114조 제1항).
④ 소장은 질병이나 그 밖의 사유로 징벌집행이 곤란하면 그 사유가 해소될 때까지 그 집행을 일시 정지할 수 있으며(동법 제113조 제1항), 소장은 징벌집행 중인 사람이 뉘우치는 빛이 뚜렷한 경우에는 그 징벌을 감경하거나 남은 기간의 징벌집행을 면제할 수 있다(동법 제113조 제2항).

05 누진처우제도는 자유형의 기간 내에 수개의 계급을 두고 수형자의 개선정도에 따라 상위계급으로 진급함에 따라 점차 처우를 완화하는 제도를 말하며, 누진처우에 있어서 누진점수의 채점은 누진처우의 전제조건으로, 누진점수는 대체로 고사제와 점수제에 의해서 채점관리되고 있다.

고사제는 기간제 또는 심사제라고도 하며, 수형생활에 중요한 몇 가지 사항에 대해서 고가점수를 부여하여 누진계급을 결정하는 것으로, 일정기간이 경과하였을 때에 그 기간 내의 행형(교정)성적을 담당교도관의 보고에 의하여 교도위원회가 심사하여 진급을 결정하는 방식이다.

점수제(점수소각제)는 일일 또는 월마다의 교정성적을 점수로 나타내는 것으로, 교정성적에 따른 소득점수로 소각하여 진급시키는 것으로 교정성적이 숫자로 표시되므로 자력적 개선을 촉진시킬 수 있다. 점수제의 종류에는 점수의 계산방법에 따라 잉글랜드제, 아일랜드제, 엘마이라제가 있다.

06 다이버전이란 형사사법기관이 통상의 형사절차를 중단하고 이를 대체하는 절차에 의해 범죄인을 처리하는 제도를 말하며, 다이버전의 등장으로 인하여 그동안 형사사법의 대상조차 되지 않았던 문제가 통제대상이 되어 오히려 사회적 통제가 강화될 우려가 있다.

07 구금인구 감소전략 중 후문정책(Back-door)에 대한 설명으로, 형벌의 제지효과는 형벌의 엄중성보다 확실성에 더 크게 좌우되기 때문에 지나친 장기구금은 사실상 의미가 없으며, 오히려 일종의 낭비에 불과하다는 주장이다. 또한 형벌의 제지효과는 구금 초기에 가장 크다는 사실도 장기형보다 단기형이 더 효과적인 수단일 수 있다는 것이다.

08 ① 노무작업은 경기변동에 큰 영향을 받지 않으며 제품처리의 문제가 없고, 취업비가 필요 없고 자본이 없어도 시행이 가능하다.
② 노무작업은 설비투자 등에 따른 부담이 없어 자본이 없어도 경제적인 효과(상당한 수익)가 크지만, 교정행정(행형)의 통일성을 유지하기 곤란하여 수형자의 교화목적이 외면될 우려가 있다.
③ 도급작업은 대량작업을 전제로 하므로 수형자의 대규모 취업을 가능하게 하여 불취업자 해소에 유리하지만, 작업수준에 맞는 기술자의 확보가 곤란하다.
④ 도급작업은 구외작업으로 인한 계호부담이 크고, 민간기업 압박의 우려가 크다.

09 ① ㉠ 징역형·금고형이 확정된 사람으로서 집행할 형기가 형집행지휘서 접수일부터 3개월 미만인 사람, ㉡ 구류형이 확정된 사람에 대해서는 분류심사를 하지 아니한다(형집행법 시행규칙 제62조 제1항).
② 무기형과 20년을 초과하는 징역형·금고형의 정기재심사 시기를 산정하는 경우에는 그 형기를 20년으로 본다(동법 시행규칙 제66조 제3항).
③ 부정기형의 정기재심사 시기는 단기형을 기준으로 한다(동법 시행규칙 제66조 제2항).
④ 소장은 분류심사 유예사유가 소멸한 경우에는 지체 없이 분류심사를 하여야 한다. 다만, 집행할 형기가 분류심사 유예사유 소멸일부터 3개월 미만인 경우에는 분류심사를 하지 아니한다(동법 시행규칙 제62조 제3항).

10 ① 형집행법 제81조
② 소장은 사형확정자의 자살·도주 등의 사고를 방지하기 위하여 필요한 경우에는 사형확정자와 미결수용자를 혼거수용할 수 있고, 사형확정자의 교육·교화프로그램, 작업 등의 적절한 처우를 위하여 필요한 경우에는 사형확정자와 수형자를 혼거수용할 수 있다(동법 시행규칙 제150조 제3항).
③ 동법 시행령 제101조
④ 사형확정자의 접견 횟수는 매월 4회로 하며(동법 시행령 제109조), 소장은 사형확정자의 교화나 심리적 안정을 도모하기 위하여 특히 필요하다고 인정하면 접견 시간대 외에도 접견을 하게 할 수 있고 접견시간을 연장하거나 접견 횟수를 늘릴 수 있다(동법 시행령 제110조).

11 통제이론을 주장한 학자는 ⓛ, ②이다.

통제이론은 개인적 통제(라이스와 나이의 개인통제, 디니츠의 자기관념이론, 레크리스의 봉쇄이론, 브라이어와 필리아빈의 동조성 전념이론, 사이크스와 맛차의 표류이론·중화기술이론 등), 사회적 통제(허쉬의 사회통제이론 등), 법률적 통제(고전학파의 억제이론, 현대적 억제이론, 클라크와 코니쉬의 합리적 선택이론 등)가 있다.

ⓐ 서덜랜드(Sutherland)는 사회학습이론(차별적 접촉이론)을 주장하였다.

ⓛ 나이(Nye)는 통제이론을 주장하였으며, 청소년의 비행을 예방할 수 있는 통제방법의 종류를 직접통제(공식통제, 비공식통제), 간접통제, 내부적 통제로 분류하였다.

ⓒ 애그뉴(Agnew)는 일반긴장이론을 주장하였다.

② 라이스(Reiss)는 통제이론을 주장하였으며, 개인의 자기통제력과 범죄와의 관계에 주목하여 소년비행의 원인을 개인통제력의 미비와 사회통제력의 부족으로 파악하였다.

ⓜ 베커(Becker)는 낙인이론(사회적 지위로서의 일탈)을 주장하였다.

12 ① 소년법 제55조 제1항

② 징역 또는 금고를 선고받은 소년에 대하여는 무기형의 경우에는 5년, 15년 유기형의 경우에는 3년, 부정기형의 경우에는 단기의 3분의 1이 지나면 가석방을 허가할 수 있다(동법 제65조).

③ 소년이 법정형으로 장기 2년 이상의 유기형에 해당하는 죄를 범한 경우에는 그 형의 범위에서 장기와 단기를 정하여 선고한다. 다만, 장기는 10년, 단기는 5년을 초과하지 못한다(동법 제60조 제1항).

④ 검사는 소년에 대한 피의사건을 수사한 결과 보호처분에 해당하는 사유가 있다고 인정한 경우에는 사건을 관할 소년부에 송치하여야 하고(동법 제49조 제1항), 소년부는 검사에 의해 송치된 사건을 조사 또는 심리한 결과 그 동기와 죄질이 금고 이상의 형사처분을 할 필요가 있다고 인정할 때에는 결정으로써 해당 검찰청 검사에게 송치할 수 있으며(동법 제49조 제2항), 검사는 소년부가 송치한 사건을 다시 소년부에 송치할 수 없다(동법 제49조 제3항).

13 ① 레머트(Lemert)는 1차적 일탈에 대하여 부여된 사회적 낙인으로 인해 일탈적 자아개념이 형성되고, 이 자아개념이 직접 범죄를 유발하는 요인으로 작용하여 2차적 일탈이 발생된다고 하였다.

② 허쉬(Hirschi)는 누구든지 비행가능성이 잠재되어 있고, 이를 통제하는 요인으로 개인이 사회와 맺고 있는 일상적인 유대가 중요하다고 하였으며, 개인이 사회와 유대관계를 맺는 방법으로 애착, 전념, 믿음, 참여를 제시하였다. 낙인이론은 범죄가 범죄통제를 야기하기보다는 범죄통제가 오히려 범죄를 야기한다고 주장하였으며, 국가의 범죄통제가 오히려 범죄를 증가시키는 경향이 있으므로 과감하게 이를 줄여야 한다고 하였다.

③ 머튼(Merton)은 정상적인 기회구조에 접근하기 어려운 아노미 상황에서 사람들이 본인의 곤경을 해결하는 방법으로 동조형(순응형), 혁신형(개혁형), 의례형(의식형), 도피형(회피형, 퇴행형), 반역형(혁명형, 전복형)의 5가지 개인적 적응유형을 제시하였다.

④ 갓프레드슨(Gottfredson)과 허쉬(Hirschi)는 범죄에 대한 일반이론(General Theory of Crime)에서 범죄성향을 인간의 자기통제 능력에서 찾고, 모든 범죄의 원인은 '낮은 자기통제력'때문이며, 낮은 자기 통제력의 근본적인 원인을 타고난 것으로 보지 않고 부모의 부적절한 양육에 의해 형성된다고 주장한다. 자기 통제력 부족 현상은 아주 어릴 때 형성되고, 성인이 되었어도 안정적인 상태로 계속 존재한다고 보았다.

14 ① 소장은 금고형 또는 구류형의 집행 중에 있는 사람에 대하여는 신청에 따라 작업을 부과할 수 있다(형집행법 제67조).

② 소장은 직업훈련 대상자 선정기준(동법 시행규칙 제125조)에도 불구하고 수형자가 ⓐ 15세 미만인 경우, ⓛ 교육과정을 수행할 문자해독능력 및 강의 이해능력이 부족한 경우, ⓒ 징벌대상행위의 혐의가 있어 조사 중이거나 징벌집행 중인 경우, ② 작업, 교육·교화프로그램 시행으로 인하여 직업훈련의 실시가 곤란하다고 인정되는 경우, ⓜ 질병·신체조건 등으로 인하여 직업훈련을 감당할 수 없다고 인정되는 경우에는 직업훈련 대상자로 선정해서는 아니 된다(동법 시행규칙 제126조).

③ 소장은 직업훈련 대상자가 ⑤ 징벌대상행위의 혐의가 있어 조사를 받게 된 경우, ⑥ 심신이 허약하거나 질병 등으로 훈련을 감당할 수 없는 경우, ⑥ 소질·적성·훈련성적 등을 종합적으로 고려한 결과 직업훈 련을 계속할 수 없다고 인정되는 경우, ⑫ 그 밖에 직업훈련을 계속할 수 없다고 인정되는 경우에는 직업 훈련을 보류할 수 있다(동법 시행규칙 제128조 제1항).

④ 동법 시행규칙 제127조 제1항

15 ① 수용자가 위력으로 교도관의 정당한 직무집행을 방해하는 때에는 ⑤ 보호장비(수갑, 포승, 발목보호장비, 보호대, 보호의자), ⑥ 보안장비 사용요건에 해당한다(형집행법 제97조 제1항 제3호, 동법 제100조 제1항 제5호).

② 수용자가 도주·자살·자해 또는 다른 사람에 대한 위해의 우려가 큰 때에는 보호장비 사용요건에 해당한다(동법 제97조 제1항 제2호).

③ 수용자가 교정시설의 설비·기구 등을 손괴하거나 손괴하려고 하는 때에는 ⑤ 보호장비(수갑, 포승, 발목보호장비, 보호대, 보호의자), ⑥ 보안장비 사용요건에 해당한다(동법 제97조 제1항 제4호, 동법 제100조 제1항 제6호).

④ 동법 제101조 제1항 제4호

16 ① 소장은 교정시설에 마약류를 반입하는 것을 방지하기 위하여 필요하면 강제에 의하지 아니하는 범위에서 수용자의 소변을 채취하여 마약반응검사를 할 수 있다(형집행법 시행규칙 제206조 제2항).

② 소장은 엄중관리대상자 중 지속적인 상담이 필요하다고 인정되는 사람에 대하여는 상담책임자를 지정하고(동법 시행규칙 제196조 제1항), 상담책임자는 감독교도관 또는 상담 관련 전문교육을 이수한 교도관을 우선하여 지정하여야 하며, 상담대상자는 상담책임자 1명당 10명 이내로 하여야 한다(동법 시행규칙 제196조 제2항).

③ 소장은 관심대상수용자 지정대상(동법 시행규칙 제210조)에 해당하는 수용자에 대하여는 분류처우위원회의 의결을 거쳐 관심대상수용자로 지정한다. 다만, 미결수용자 등 분류처우위원회의 의결 대상자가 아닌 경우에도 관심대상수용자로 지정할 필요가 있다고 인정되는 수용자에 대하여는 교도관회의의 심의를 거쳐 관심대상수용자로 지정할 수 있다(동법 시행규칙 제211조 제1항).

④ 소장은 조직폭력수용자에게 거실 및 작업장 등의 봉사원, 반장, 조장, 분임장, 그 밖에 수용자를 대표하는 직책을 부여해서는 아니 된다(동법 시행규칙 제200조). ⇨ 작업이 부과된 사형확정자에게 준용된다(동법 시행규칙 제153조 제4항).

17 ① 소장은 외부통근자의 사회적응능력을 기르고 원활한 사회복귀를 촉진하기 위하여 필요하다고 인정하는 경우에는 수형자 자치에 의한 활동을 허가할 수 있다(형집행법 시행규칙 제123조).

② 소장은 수형자의 건전한 사회복귀와 기술습득을 촉진하기 위하여 필요하면 외부기업체 등에 통근 작업하게 하거나 교정시설의 안에 설치된 외부기업체의 작업장에서 작업하게 할 수 있다(동법 제68조 제1항).

③ 동법 시행규칙 제121조

④ 소장은 제1항(외부기업체에 통근하며 작업하는 수형자의 선정기준) 및 제2항(교정시설 안에 설치된 외부기업체의 작업장에 통근하며 작업하는 수형자의 선정기준)에도 불구하고 작업 부과 또는 교화를 위하여 특히 필요하다고 인정하는 경우에는 제1항 및 제2항의 수형자 외의 수형자에 대하여도 외부통근자로 선정할 수 있다(동법 시행규칙 제120조 제3항).

18 ① 보호소년 등은 ⑤ 남성과 여성, ⑥ 보호소년, 위탁소년 및 유치소년으로 분리 수용한다(보호소년 등의 처우에 관한 법률 제8조 제2항).

② 20일 이내의 기간 동안 지정된 실(室) 안에서 근신하게 하는 처분을 받은 보호소년 등에게는 그 기간 중 20일 이내의 텔레비전 시청 제한(제15조 제1항 제4호), 20일 이내의 단체 체육활동 정지(제15조 제1항 제5호), 20일 이내의 공동행사 참가 정지(제15조 제1항 제6호)의 처우 제한이 함께 부과된다. 다만, 원장은 보호소년 등의 교화 또는 건전한 사회복귀를 위하여 특히 필요하다고 인정하면 텔레비전 시청, 단체 체육활동 또는 공동행사 참가를 허가할 수 있다(동법 제15조 제5항).

③ 동법 제14조의2 제7항

④ 보호소년 등이 사용하는 목욕탕, 세면실 및 화장실에 전자영상장비를 설치하여 운영하는 것은 자해 등의 우려가 큰 때에만 할 수 있다. 이 경우 전자영상장비로 보호소년 등을 감호할 때에는 여성인 보호소년 등에 대해서는 여성인 소속 공무원만, 남성인 보호소년 등에 대해서는 남성인 소속 공무원만이 참여하여야 한다(동법 제14조의3 제2항).

19 부정기재심사를 할 수 있는 경우는 ㉢, ㉣, ㉤이다.

✦ **부정기재심사**(형집행법 시행규칙 제67조)
1. 분류심사에 오류가 있음이 발견된 때
2. 수형자가 교정사고(교정시설에서 발생하는 화재, 수용자의 자살·도주·폭행·소란, 그 밖에 사람의 생명·신체를 해하거나 교정시설의 안전과 질서를 위태롭게 하는 사고)의 예방에 뚜렷한 공로가 있는 때
3. 수형자를 징벌하기로 의결한 때
4. 수형자가 집행유예의 실효 또는 추가사건(현재 수용의 근거가 된 사건 외의 형사사건)으로 금고 이상의 형이 확정된 때
5. 수형자가 「숙련기술장려법」 제20조 제2항에 따른 전국기능경기대회 입상, 기사 이상의 자격취득, 학사 이상의 학위를 취득한 때
6. 삭제(2014.11.17. 가석방 심사와 관련하여 필요한 때)
7. 그 밖에 수형자의 수용 또는 처우의 조정이 필요한 때

20 ① 소장은 수형자가 개방처우급 또는 완화경비처우급으로서 직업능력 향상을 위하여 특히 필요한 경우에는 교정시설 외부의 공공기관 또는 기업체 등에서 운영하는 직업훈련을 받게 할 수 있다(형집행법 시행규칙 제96조 제1항).

② 소장은 수형자의 가족(배우자, 직계존속·비속, 형제자매) 또는 배우자의 직계존속이 사망하면 2일간, 부모 또는 배우자의 제삿날에는 1일간 해당 수형자의 작업을 면제한다. 다만, 수형자가 작업을 계속하기를 원하는 경우는 예외로 한다(동법 제72조 제1항).

③ 작업장려금은 석방할 때에 본인에게 지급한다. 다만, 본인의 가족생활 부조, 교화 또는 건전한 사회복귀를 위하여 특히 필요하면 석방 전이라도 그 전부 또는 일부를 지급할 수 있다(동법 제73조 제3항).

④ 직업훈련 직종 선정 및 훈련과정별 인원은 법무부장관의 승인을 받아 소장이 정한다(동법 시행규칙 제124조 제1항).

01	02	03	04	05	06	07	08	09	10
④	①	③	③	④	③	③	③	④	④
11	12	13	14	15	16	17	18	19	20
②	④	①	②	②	④	①	④	②	②

01
① 머튼(Merton)은 성공 목표 달성을 위한 합법적 수단에 대한 접근이 계급에 따라 차별적으로 주어진다는 점만을 고려하여, 불법적 수단에는 누구나 접근할 수 있는 것처럼 가정했다. 클라워드와 오린은 이 부분을 비판하며, 성공을 위한 불법적 수단에 대한 접근 역시 모두에게 동등하게 주어지는 것은 아니라고 하였다. 즉 '차별 기회'를 합법적 수단뿐만 아니라 불법적 수단에 대해서도 고려해야 한다는 것이다.
② 도피적 하위문화는 문화적 목표의 가치는 인정하지만 이를 달성하기 위한 수단이 모두 봉쇄되어 있고 이를 해소할 폭력도 사용하지 못하는 자포자기 집단의 유형으로, 마약 소비 행태가 두드러지게 나타나는 갱(gang)에서 주로 발견된다.
③ 일탈에 이르는 압력의 근원에 초점을 맞춘 머튼의 아노미이론과 비행을 학습의 결과로 파악하는 서덜랜드의 차별적 접촉이론으로 대도시 하층 거주 지역에서 하위문화가 형성되는 과정을 설명하였다.
④ 비행 하위문화를 합법적 수단, 비합법적 수단, 폭력의 수용 여부에 따라 범죄적 하위문화, 갈등적 하위문화, 도피적 하위문화로 구분하였다.

02
① 대상자의 신체에 송신기를 부착하고 행동의 세세한 부분까지 감시하게 되므로 인간의 존엄성에 배치되며, 지나치게 사생활을 침해한다는 비판이 있다.
② 구금에 필요한 경비를 절감할 수 있고, 과밀수용을 방지할 수 있다는 장점이 있다.
③ 형사제재를 받지 않아도 되는 자에게 전자감시라는 형사제재가 부과되는 결과를 초래하므로, 국가형벌권 또는 형사사법에 의한 사회통제망의 확대라는 비판이 있다.
④ 감시장치를 통해 얻은 정보는 소재만을 파악할 수 있을 뿐 감시구역 내에서 대상자가 어떤 행동(마약복용 등)을 하고 있는지 파악할 수 없다는 단점이 있다.

03 ✦ **보호관찰 대상자의 일반준수사항**(보호관찰 등에 관한 법률 제32조 제2항)
1. 주거지에 상주하고 생업에 종사할 것
2. 범죄로 이어지기 쉬운 나쁜 습관을 버리고 선행을 하며 범죄를 저지를 염려가 있는 사람들과 교제하거나 어울리지 말 것
3. 보호관찰관의 지도·감독에 따르고 방문하면 응대할 것
4. 주거를 이전하거나 1개월 이상 국내외 여행을 할 때에는 미리 보호관찰관에게 신고할 것

04
① 개방시설에 수용되어 가장 높은 수준의 처우가 필요한 수형자는 개방처우급으로 구분한다(형집행법 시행규칙 제74조 제1항 제1호).
② 완화경비시설에 수용되어 통상적인 수준보다 높은 수준의 처우가 필요한 수형자는 완화경비처우급으로 구분한다(동법 시행규칙 제74조 제1항 제2호).
③ 동법 시행규칙 제74조 제1항 제3호
④ 중경비시설에 수용되어 기본적인 처우가 필요한 수형자는 중경비처우급으로 구분한다(동법 시행규칙 제74조 제1항 제4호).

05 메스너와 로젠펠드의 제도적 아노미이론에 대한 설명이다.
- 아메리칸 드림이라는 문화사조는 경제제도가 다른 사회제도들(정치·종교·가족·교육제도 등)을 지배하는, '제도적 힘의 불균형'상태를 초래했다고 주장하였다.
- 아메리칸 드림과 경제제도의 지배는 서로 되먹임(feedback)하면서 상승작용을 일으킴으로써 미국의 심각한 범죄 문제를 불가피하게 만드는 것이라고 주장하였다.

06 공익보다는 사적 잘못(private wrong)에 지나치게 초점을 맞춘다는 비판을 받고 있다.
회복적 사법은 범죄가 사회에 대한 위반뿐 아니라 일차적으로는 특정한 피해자에 대한 사적 잘못이라는 범죄관에 기초하고 있고, 더구나 형사사법제도의 일차적 목적은 그 사적 잘못의 복구에 초점을 맞추는 것이라는 입장을 견지하고 있다. 그러나 비판가들은 회복적 사법이 사회 속의 개인이 경험한 손상을 통하여 사회 전체가 고통받는 손상에는 충분한 관심을 주지 않는다고 반대하고 있다. 형법이란 단순히 사적 이익보다는 공익을 건드리는 형태의 잘못을 벌하기 위한 것이며, 형벌은 공익적으로 행사되는 국가의 기능이라고 이들은 주장한다. 국가의 관심은 개별 사건 그 자체뿐만 아니라 다른 잠재적 미래 피해자와 지역사회 전체의 이익에도 주어져야 하기 때문이다.

07 루소는 사형제도 존치론자에 해당한다. 그는 사회적 원리를 침해하는 악인은 자신의 범죄로 인하여 조국에의 반역자, 배신자가 되는 것이므로 추방에 의하여 격리되거나 공중의 적으로서 죽음에 의해 격리되어야 한다고 보면서도 무제한적 사형집행을 시인하지는 않았다.
※ **사형제도 폐지론자**: 베카리아, 존 하워드, 페스탈로치, 빅토르 위고, 리프만, 앙셀, 셀린, 캘버트, 서덜랜드 등
※ **사형제도 존치론자**: 칸트, 헤겔, 루소, 비르크메이어, 로크 등

08 옳은 것은 ㉠, ㉡, ㉢이다.
㉠ 보호소년 등의 처우에 관한 법률 제14조의2 제6항
㉡ 원장은 보호소년 등이 위력으로 소속 공무원의 정당한 직무집행을 방해하는 경우에는 소속 공무원으로 하여금 보호소년 등에 대하여 수갑, 포승 또는 보호대 외에 가스총이나 전자충격기를 사용하게 할 수 있다(동법 제14조의2 제3항 제3호). 가스총이나 전자충격기를 사용하려면 사전에 상대방에게 이를 경고하여야 한다. 다만, 상황이 급박하여 경고할 시간적 여유가 없는 때에는 그러하지 아니하다(동법 제14조의2 제4항).
㉢ 동법 제14조의2 제5항
㉣ 원장은 법원 또는 검찰의 조사·심리, 이송, 그 밖의 사유로 호송하는 경우에는 소속 공무원으로 하여금 보호소년 등에 대하여 수갑, 포승 또는 보호대를 사용하게 할 수 있다(동법 제14조의2 제2항 제2호).

09 ① 소년법 제11조 제1항
② 동법 제17조의2 제1항
③ 동법 제16조 제2항
④ 소년부는 조사 또는 심리를 할 때에 정신건강의학과 의사·심리학자·사회사업가·교육자나 그 밖의 전문가의 진단, 소년 분류심사원의 분류심사 결과와 의견, 보호관찰소의 조사결과와 의견 등을 고려하여야 한다.

10 ① 비범죄화 논의의 대표적 범죄로 거론되었던 혼인빙자간음죄와 간통죄는 위헌 및 형법 개정으로 폐지되었다. 이는 법률상 비범죄화에 해당한다.
② 비범죄화 또는 탈범죄화란 형사사법절차에서 특정범죄에 대한 형사처벌의 범위를 축소하는 것을 의미한다.
③ 경미범죄를 비범죄화해서 형사사법기관의 부담을 덜어주고, 한정된 수단을 좀 더 중한 범죄와 위험한 범죄자에게 집중함으로써 형사사법의 효율을 높이려는 사법경제 차원에서 경미범죄에 대한 비범죄화의 필요성이 주장된다.
④ 사실상 비범죄화는 형사사법의 공식적 통제권한에는 변함이 없으면서도 일정한 행위양태에 대해 형사사법체계의 점진적 활동축소로 이루어지는 비범죄화를 의미한다.

11 소장이 수용자의 처우를 위하여 허가하는 경우에는 무인비행장치, 전자·통신기기, 그 밖에 도주나 다른 사람과의 연락에 이용될 우려가 있는 물품을 지닐 수 있다(형집행법 제92조 제2항).

12 ① 형집행법 제14조 제2호
② 동법 제12조 제1항 제2호
③ 동법 제12조 제3항
④ 소장은 특별한 사정이 있으면 구분수용 기준(동법 제11조)에 따라 다른 교정시설로 이송하여야 할 수형자를 6개월을 초과하지 아니하는 기간 동안 계속하여 수용할 수 있다(동법 제12조 제4항).

13 ① 소장은 감염병이 유행하는 경우에는 수용자가 자비로 구매하는 음식물의 공급을 중지할 수 있다(형집행법 시행령 제53조 제2항).
② 동법 시행령 제53조 제1항
③ 동법 제35조
④ 동법 시행령 제53조 제3항·제4항

14 ① 독립성, 비당파성(비정치성) 및 전문성이 성공적인 옴부즈만의 요건으로 지적되어 왔다.
② 옴부즈만의 독립성과 전문성을 확보하기 위해서는 교정당국이 아닌 외부기관에 의해서 임명되고 지원되어야 한다.
③ 일반적으로 옴부즈만은 재소자의 불평을 수리하여 조사하고, 보고서를 작성하고, 적절한 기관에 대안을 제시하며, 그 결과를 공개하는 권한을 가진다.
④ 옴부즈만은 원래 정부관리에 대한 시민의 불평을 조사할 수 있는 권한을 가진 스웨덴의 공무원에서 유래되어, 미국의 경우 교정분야의 분쟁해결제도 중 가장 많이 활용되는 것의 하나가 되었다.

15 ✦ **직업훈련 대상자 선정의 제한**(형집행법 시행규칙 제126조)
1. 15세 미만인 경우
2. 교육과정을 수행할 문자해독능력 및 강의 이해능력이 부족한 경우
3. 징벌대상행위의 혐의가 있어 조사 중이거나 징벌집행 중인 경우
4. 작업, 교육·교화프로그램 시행으로 인하여 직업훈련의 실시가 곤란하다고 인정되는 경우
5. 질병·신체조건 등으로 인하여 직업훈련을 감당할 수 없다고 인정되는 경우

16 ① 소장은 수형자의 가족 또는 배우자의 직계존속이 사망하면 2일간, 부모 또는 배우자의 제삿날에는 1일간 해당 수형자의 작업을 면제한다. 다만, 수형자가 작업을 계속하기를 원하는 경우는 예외로 한다(형집행법 제72조 제1항).

② 소장은 금고형 또는 구류형의 집행 중에 있는 사람에 대하여는 신청에 따라 작업을 부과할 수 있다(동법 제67조).

③ 소장은 수형자의 신청에 따라 외부통근작업, 외부직업훈련, 그 밖에 집중적인 근로가 필요한 작업을 부과하는 경우에는 접견·전화통화·교육·공동행사 참가 등의 처우를 제한할 수 있다. 다만, 접견 또는 전화통화를 제한한 때에는 휴일이나 그 밖에 해당 수용자의 작업이 없는 날에 접견 또는 전화통화를 할 수 있게 하여야 한다(동법 제70조 제1항).

④ 소장은 수형자가 개방처우급 또는 완화경비처우급으로서 작업기술이 탁월하고 작업성적이 우수한 경우에는 수형자 자신을 위한 개인작업을 하게 할 수 있다. 이 경우 개인작업 시간은 교도작업에 지장을 주지 아니하는 범위에서 1일 2시간 이내로 한다(동법 시행규칙 제95조 제1항).

17

① 수형자 문화(수형자 사회의 부문화)는 수형자들이 가지고 있는 문화적 성향이나 지향성 또는 가치와 규범에 관한 것으로 교도소 문화라고도 부른다. 서덜랜드와 크레시는 수형자들이 지향하는 가치를 기준으로 범죄 지향적 부문화, 수형 지향적 부문화, 합법 지향적 부문화로 구분하였다.

② 수형 지향적 부문화를 수용하는 수형자에 대한 설명이다. 범죄 지향적 부문화를 수용하는 수형자들은 교도소 내에서의 어떤 공식적 지위를 얻고자 하는 일 없이 그냥 반교도소적이거나 조용한 수형생활을 보낸다.

③ 합법 지향적 부문화를 수용하는 수형자에 대한 설명이다. 수형 지향적 부문화를 수용하는 수형자들은 교도소 사회에서의 모든 생활방식을 수용하고 적응하려고 하며, 자신의 수용생활을 보다 쉽고 편하게 보내기 위해 교도소 내에서의 지위 획득에만 몰두하며 출소 후의 생활에 대해서는 관심을 두지 않는다.

④ 수형자의 역할유형 중 '정의한'에 가까운 것은 수형 지향적 부문화를 수용하는 수형자이다. 합법 지향적 부문화를 수용하는 수형자들은 수형자의 역할 중 '고지식자'에 해당되는 경우로 이들은 교정시설에 입소할 때도 범죄 지향적 부문화에 속하지 않았고, 수용생활 동안에도 범죄나 수형생활 지향적 부문화를 받아들이지 않는다. 가급적 교정시설의 규율을 따르려고 하며, 교정당국이나 직원과도 긍정적인 관계를 유지하는 편이다.

18

① 형집행법 제119조

② 동법 제120조 제1항·제2항

③ 동법 제122조 제1항

④ 심의서는 해당 가석방 결정 등을 한 후부터 즉시, 회의록은 해당 가석방 결정 등을 한 후 5년이 경과한 때부터 공개한다(동법 제120조 제3항).

19

① 보호관찰 등에 관한 법률 제19조 제3항

② 판결 전 조사 요구를 받은 보호관찰소의 장은 지체 없이 이를 조사하여 서면으로 해당 법원에 알려야 한다. 이 경우 필요하다고 인정하면 피고인이나 그 밖의 관계인을 소환하여 심문하거나 소속 보호관찰관에게 필요한 사항을 조사하게 할 수 있다(동법 제2항).

③ 동법 제19조 제1항

④ 동법 제19조의2 제1항

20

① 형집행법 제62조 제3항

② 위원회는 위원장을 포함한 5명 이상 7명 이하의 위원으로 구성하고, 위원장은 소장이 된다(동법 제62조 제2항).

③ 동법 제62조 제2항

④ 동법 제62조 제1항

01	02	03	04	05	06	07	08	09	10
②	④	③	③	①	③	④	④	②	②
11	12	13	14	15	16	17	18	19	20
①	④	①	④	④	①	③	①	②	②
21	22	23	24	25					
④	①	③	①	①					

01 ㉠ 직무규칙 제35조
㉡ 직무규칙 제84조 제1항
㉢ 직무규칙 제49조 제1항
㉣ 직무규칙 제80조 제4항

02 ㉠ 직무규칙 제31조 제2항
㉡ 직무규칙 제42조 제4항
㉢ 직무규칙 제49조 제2항
㉣ 직무규칙 제82조

03 24 + 12 + 3 = 39
형집행법 제96조 제2항 : 24시간 / 12시간
동법 제96조 제3항 : 3일

04 형집행법 제98조

05 ✦ **무기사용요건**(형집행법 제101조 제1항)
1. 수용자가 다른 사람에게 중대한 위해를 끼치거나 끼치려고 하여 그 사태가 위급한 때

06 ③ 분류처우위원회는 위원장을 포함한 5명 이상 7명 이하의 위원으로 구성하고, 위원장은 소장이 되며, 위원은 위원장이 소속 기관의 부소장 및 과장(지소의 경우에는 7급 이상의 교도관) 중에서 임명한다(형집행법 제62조).

07 ① 형집행법 시행령 제53조 제1항
② 동법 시행령 제51조
③ 동법 제37조
④ 교정시설에 근무하는 간호사는 야간 또는 공휴일 등에 「의료법」 제27조에도 불구하고 대통령령으로 정하는 경미한 의료행위를 할 수 있다(동법 제36조 제2항).

08 ① 형집행법 제71조
② 동법 제72조

③ 동법 시행령 제18조 제2항
④ 위로금은 본인에게 지급하고, 조위금은 그 상속인에게 지급한다(동법 제74조).

09 ㉠ 형집행법 제50조
㉡ 동법 제51조 제2항
㉢ 소장은 여성수용자에 대하여 건강검진을 실시하는 경우에는 나이·건강 등을 고려하여 부인과질환에 관한 검사를 포함시켜야 한다(동법 제50조 제2항).
㉣ 소장은 생리 중인 여성수용자에 대하여는 위생에 필요한 물품을 지급하여야 한다(동법 제50조 제3항).

10 ① 형집행법 시행규칙 제39조
② 수용자가 구독을 신청할 수 있는 신문·잡지 또는 도서는 교정시설의 보관범위 및 수용자가 지닐 수 있는 범위를 벗어나지 않는 범위에서 신문은 월 3종 이내로, 도서(잡지를 포함한다)는 월 10권 이내로 한다(동법 시행규칙 제35조).
③ 동법 시행령 제75조
④ 동법 시행규칙 제34조

11 ✦ **정의**(형집행법 제2조)
1. "수용자"란 법률과 적법한 절차에 따라 교도소·구치소 및 그 지소에 수용된 사람을 말한다.

12 ✦ **신입자 등에 대한 고지사항**(형집행법 제17조)

13 ① 소장은 사형확정자의 자살·도주 등의 사고를 방지하기 위하여 필요한 경우에는 사형확정자와 미결수용자를 혼거수용할 수 있고, 사형확정자의 교육·교화프로그램, 작업 등의 적절한 처우를 위하여 필요한 경우에는 사형확정자와 수형자를 혼거 수용할 수 있다(형집행법 제89조 제1항 단서).
② 동법 시행규칙 제156조
③ 동법 시행규칙 제150조 제2항
④ 동법 시행규칙 제152조

14 ① 형집행법 시행규칙 제199조
② 동법 시행규칙 제200조
③ 동법 시행규칙 제201조
④ 소장은 조직폭력수용자의 편지 및 접견의 내용 중 특이사항이 있는 경우에는 검찰청, 경찰서 등 관계기관에 통보할 수 있다(동법 시행규칙 제203조).

15 ④ 구치소에 수형자를 수용하는 경우에 해당한다(형집행법 제12조).

16 틀린 것은 ㉣이다.
㉠ 형집행법 시행령 제36조
㉡ 동법 시행령 제37조
㉢ 동법 시행령 제44조
㉣ 수용자의 물품을 폐기하는 경우에는 그 품목·수량·이유 및 일시를 관계 장부에 기록하여야 한다(동법 시행령 제40조).

17 ①, ② 형집행법 시행령 제5조
③ 교도관은 계호상 독거수용자를 수시로 시찰하여 건강상 또는 교화상 이상이 없는지 살펴야 한다(동법 시행령 제6조 제1항).
④ 동법 시행령 제6조 제3항

18 ① 보호의자는 제184조 제2항에 따라 그 사용을 일시 중지하거나 완화하는 경우를 포함하여 8시간을 초과하여 사용할 수 없으며, 사용 중지 후 4시간이 경과하지 아니하면 다시 사용할 수 없다(형집행법 시행규칙 제176조).
② 동법 시행령 제121조 제1항
③ 동법 제99조
④ 동법 시행규칙 제184조

19 ① 형집행법 제117조 제3항
② 청원에 관한 결정은 문서로 하여야 한다(동법 제117조 제5항)
③ 동법 시행령 제139조 제4항
④ 동법 시행령 제139조 제3항

20 ① 형집행법 제9조 제1항
② 소장은 외국인에게 참관을 허가할 경우에는 미리 관할 지방교정청장의 승인을 받아야 한다(동법 시행령 제3조 제2항).
③ 동법 제9조 제2항
④ 동법 시행령 제2조 제1항

21 ✦ **순회점검**(형집행법 제8조)
법무부장관은 교정시설의 운영, 교도관의 복무, 수용자의 처우 및 인권실태 등을 파악하기 위하여 매년 1회 이상 교정시설을 순회점검하거나 소속 공무원으로 하여금 순회점검하게 하여야 한다.

22 ① 징벌사유가 발생한 날부터 2년이 지나면 이를 이유로 징벌을 부과하지 못한다(형집행법 제109조 제4항).
② 동법 제109조 제3항
③ 동법 시행규칙 제218조
④ 동법 제109조 제3항

23 옳은 것은 ㉠, ㉢, ㉣ 3개이다.
㉠ 형집행법 시행규칙 제11조
㉡ 소장은 수용자에 대한 원활한 급식을 위하여 해당 교정시설의 직전 분기 평균 급식 인원을 기준으로 1개월의 주식을 항상 확보하고 있어야 한다(동법 시행규칙 제12조).
㉢ 동법 시행규칙 제13조
㉣ 동법 시행규칙 제14조
㉤ 소장은 작업시간을 3시간 이상 연장하는 경우에는 주·부식 또는 대용식 1회분을 간식으로 지급할 수 있다(동법 시행규칙 제15조 제2항).

24 ① 개별처우계획을 수립하기 위한 분류심사(신입심사)는 매월 초일부터 말일까지 형집행지휘서가 접수된 수형자를 대상으로 하며, 그 다음 달까지 완료하여야 한다. 다만, 특별한 사유가 있는 경우에는 그 기간을 연장할 수 있다(형집행법 시행규칙 제64조).
② 동법 시행규칙 제62조
③ 동법 시행규칙 제66조
④ 동법 시행규칙 제60조

25 ① 소장은 피석방자에게 귀가에 필요한 여비 또는 의류가 없으면 법무부장관이 정하는 범위에서 이를 지급하거나 빌려 줄 수 있다(형집행법 제126조).
② 동법 제124조
③ 동법 제125조
④ 동법 제29조 제1항

01	02	03	04	05	06	07	08	09	10
④	③	③	③	②	④	②	③	②	①
11	12	13	14	15	16	17	18	19	20
③	①	③	④	②	②	①	②	①	④

01
① 고전주의는 범죄를 예방하고 범죄자를 제지하기 위해 범죄에 상응한 처벌을 주장한 반면, 범죄인의 교정·교화를 주요 목적으로 하는 실증주의는 결정론의 입장에서 범죄자의 치료를 위한 부정기형과 범죄자와 지역사회의 유대 및 지역사회에 기초한 처우를 중요시한다.

② 고전주의는 인간이 여러 가지 대안 행위 중에서 어떠한 행위를 선택하는 데 있어서 자신의 자유의사를 활용한다고 가정한다. 범죄행위는 상대적인 위험과 이득에 대한 합리적인 계산의 결과로 선택된 행위이므로, 범죄인이나 비범죄인은 본질적으로 다르지 않다고 한다. 반면에, 실증주의는 인간은 자신이 희망하는 사항이나 이성적 판단에 따라 행동하는 자율적 존재가 아니며 인간의 행위는 이미 결정된 대로 행동하는 것으로 보는 입장으로, 인간의 행위는 개인의 특수한 소질조건과 그 주변의 환경조건에 따라 결정된다고 이해한다. 따라서 범죄인과 비범죄인은 근본적으로 다르다고 본다.

③ 범죄학에서의 실증주의학파는 사회문제의 연구에 과학적인 방법을 적용하였던 19세기의 실증철학에서 따온 것이다. 19세기의 실증주의학파는 범죄자의 연구를 위하여 과학적인 방법을 적용하기 위한 시도로써 발전되었으며, 특정의 범죄자에게 상응한 개별화된 처우와 더불어 범죄자로부터 사회의 보호를 동시에 강조하였다.

④ 고전주의에 대한 설명이다. 베카리아와 벤담은 범죄를 현실적으로 사회의 안녕과 존속을 해치는 정도에 따라 구분했으며, 자의적인 형벌운영을 지양하기 위해서 모든 형벌집행은 법률에 의하도록 주장했으며, 이를 배경으로 당시 자의적이고 전횡적인 형사사법 운영실태를 비판하고, 인본주의를 바탕으로 합목적적인 형사사법제도의 토대를 마련하기 위해 노력하였다. 이는 효율적인 범죄방지를 위하여 형벌 등 현대적인 형사사법제도의 발전에 크게 기여하였다.

02
① 형법 제67조
② 동법 제44조 제2항
③ 벌금과 과료는 판결확정일로부터 30일 내에 납입하여야 한다. 다만, 벌금을 선고할 때에는 동시에 그 금액을 완납할 때까지 노역장에 유치할 것을 명할 수 있다(형법 제69조 제1항).
④ 동법 제71조

03
① 현대교정이 안고 있는 가장 큰 문제 중의 하나가 과밀수용인데, 지역사회교정이 있음으로써 상당수 범죄자를 교도소에 수용하지 않고도 처우할 수 있기 때문에 과밀수용을 해소할 수 있고, 따라서 수용자의 수용관리도 그만큼 쉬워지며 더불어 교정경비 또한 절감될 수 있다.

② 지역사회교정은 범죄자에 대한 인도주의적 처우, 사회복귀의 긍정적 효과 그리고 교정경비의 절감과 수용자관리상 이익의 필요성 등의 요청에 의해 대두되었다.

③ 지역사회교정이란 지역사회와 범죄자와의 상호 의미 있는 유대라는 개념을 바탕으로 지역사회에서 행해지는 범죄자에 대한 다양한 제재와 비시설 내 교정프로그램을 말한다. 이는 지역사회의 보호, 처벌의 연속성 제공, 사회복귀와 재통합 등을 목표로 한다.

④ 과거에는 범죄통제의 대상이 되지 않았던 대상자를 범죄의 통제대상이 되게함으로써 형사사법망 확대를 초래한다는 비판을 받고 있다.

04 ① 형집행법 제43조 제1항 제3호
② 동법 시행령 제64조
③ 소장은 수용자가 주고받는 편지가 시행령 제43조 제4항 어느 하나에 해당하면 이를 개봉한 후 검열할 수 있다(시행령 제66조 제3항).

> **[편지내용 검열사유]**(법 제43조 제4항)
> 1. 편지의 상대방이 누구인지 확인할 수 없는 때
> 2. 「형사소송법」이나 그 밖의 법률에 따른 편지검열의 결정이 있는 때
> 3. 제1항 제2호 또는 제3호에 해당하는 내용이나 형사법령에 저촉되는 내용이 기재되어 있다고 의심할 만한 상당한 이유가 있는 때
>   가. 수형자의 교화 또는 건전한 사회복귀를 해칠 우려가 있는 때(제1항 제2호)
>   나. 시설의 안전 또는 질서를 해칠 우려가 있는 때(제1항 제3호)
>   다. 형사 법령에 저촉되는 내용이 기재되어 있다고 의심할 만한 상당한 이유가 있는 때
> 4. 대통령령으로 정하는 수용자 간의 편지인 때
>
> **[대통령령으로 정한 수용자 간의 편지 검열사유]**(시행령 제66조 제1항)
> 소장은 다음의 어느 하나에 해당하는 수용자가 다른 수용자와 편지를 주고받는 때에는 그 내용을 검열할 수 있다.
> 1. 법 제104조 제1항에 따른 마약류사범·조직폭력사범 등 법무부령으로 정하는 수용자인 때
> 2. 편지를 주고받으려는 수용자와 같은 교정시설에 수용 중인 때
> 3. 규율위반으로 조사 중이거나 징벌집행 중인 때
> 4. 범죄의 증거를 인멸할 우려가 있는 때

④ 동법 시행령 제67조

05 ① 소장은 수용자가 ㉠ 교정시설의 설비 또는 기구 등을 손괴하거나 손괴하려고 하는 때, ㉡ 교도관의 제지에도 불구하고 소란행위를 계속하여 다른 수용자의 평온한 수용생활을 방해하는 때로서 강제력을 행사하거나 보호장비를 사용하여도 그 목적을 달성할 수 없는 경우에만 진정실(일반 수용거실로부터 격리되어 있고 방음설비 등을 갖춘 거실)에 수용할 수 있다(형집행법 제96조 제1항). ⇨ 의무관의 의견은 진정실에 수용할 경우의 고려사항이 아니다.
② 동법 제96조 제2항
③ 수용자를 진정실에 수용할 수 있는 기간은 계속하여 3일을 초과할 수 없다(동법 제96조 제3항).
④ 소장은 수용자를 진정실에 수용하거나 수용기간을 연장하는 경우에는 그 사유를 본인에게 알려 주어야 한다(동법 제96조 제4항).

06 ① 일상활동이론은 1970년대 미국의 범죄증가율을 설명하기 위하여 코헨과 펠슨이 제안하였다.
② 억제이론과 합리적 선택이론의 요소들을 근간으로 한 신고전주의 범죄학이론에 속한다. 합리적 선택이론, 생활양식·노출이론, 일상활동이론, 구조적 선택이론, 범죄패턴이론 등이 신고전주의 범죄학이론에 해당한다.
③ 감시(보호자)의 부존재는 동기화된 범죄자로부터 범행대상을 보호할 수 있는 수단인 가족, 친구, 이웃 등의 부재를 말한다. 펠슨은 감시인 또는 보호자는 경찰이나 민간경비원 등의 공식 감시인을 의미하는 것이 아니라, 그 존재나 근접성 자체가 범죄를 좌절시킬 수 있는 사람들을 의미하는 것으로 의도하지 않더라도 사람들이 친지나 친구 또는 모르는 사람들로부터 보호받게 되는 측면을 의미한다고 설명하였다. 즉 일상활동이론은 비공식적 통제체계에서의 자연스러운 범죄예방과 억제를 중요시한다.
④ 범죄발생의 원인에 대하여 범죄자의 동기적 측면을 주로 강조하는 기존의 범죄이론과 달리 일상활동이론은 피해자를 둘러싸고 있는 범행의 조건을 강조한다. 따라서 범죄예방의 중점을 범죄자의 성향이나 동기의 감소보다는 환경이나 상황적 요인에 두고 있다.

07 ① 소장은 개방처우급 수형자에 대하여 월 2회 이내에서 경기 또는 오락회를 개최하게 할 수 있다. 다만, 소년수형자에 대하여는 그 횟수를 늘릴 수 있다.(동법 시행규칙 제86조 제3항)
③ 소장은 제1항에도 불구하고 교화를 위하여 특히 필요한 경우에는 일반경비처우급 수형자에 대하여도 가족 만남의 날 행사 참여 또는 가족 만남의 집 이용을 허가할 수 있다.(동법시행규칙 제93조 제3항)
④ 중(重)경비처우급 수형자에 대해서는 처우상 특히 필요한 경우 전화통화를 월 2회 이내 허용할 수 있다.
⇨ 제90조(전화통화의 허용횟수)
⑴ 수형자의 경비처우급별 전화통화의 허용횟수는 다음 각 호와 같다.
　1. 개방처우급 : 월 20회 이내
　2. 완화경비처우급 : 월 10회 이내
　3. 일반경비처우급 : 월 5회 이내
　4. 중(重)경비처우급 : 처우상 특히 필요한 경우 월 2회 이내
⑵ 소장은 제1항에도 불구하고 처우상 특히 필요한 경우에는 개방처우급·완화경비처우급·일반경비처우급 수형자의 전화통화 허용횟수를 늘릴 수 있다.
⑶ 제1항 각 호의 경우 전화통화는 1일 1회만 허용한다. 다만, 처우상 특히 필요한 경우에는 그러하지 아니하다.

08 ①, ② 「형의 실효 등에 관한 법률」상 형의 실효(제7조)
수형인이 자격정지 이상의 형을 받지 아니하고 형의 집행을 종료하거나 그 집행이 면제된 날부터 다음의 구분에 따른 기간이 경과한 때에 그 형은 실효된다. 다만, 구류와 과료는 형의 집행을 종료하거나 그 집행이 면제된 때에 그 형이 실효된다.(제1항)

> **[형의 실효요건]**
> 1. 3년을 초과하는 징역·금고 : 10년
> 2. 3년 이하의 징역·금고 : 5년
> 3. 벌금 : 2년

하나의 판결로 여러 개의 형이 선고된 경우에는 각 형의 집행을 종료하거나 그 집행이 면제된 날부터 가장 무거운 형에 대한 ①의 기간이 경과한 때에 형의 선고는 효력을 잃는다. 다만, 징역과 금고는 같은 종류의 형으로 보고 각 형기를 합산한다(제2항)
③ 징역 또는 금고의 집행을 종료하거나 집행이 면제된 자가 피해자의 손해를 보상하고 자격정지 이상의 형을 받음이 없이 7년을 경과한 때에는 본인 또는 검사의 신청에 의하여 법원은 그 재판의 실효를 선고할 수 있다.
④ 다음 각 호의 어느 하나에 해당하는 경우에는 수형인명부의 해당란을 삭제하고 수형인명표를 폐기한다.
　1. 제7조 또는 「형법」 제81조에 따라 형이 실효되었을 때(동법 제8조 제1항)
　2. 형의 집행유예기간이 경과한 때
　3. 자격정지기간이 경과한 때
　4. 일반사면이나 형의 선고의 효력을 상실하게 하는 특별사면 또는 복권이 있을 때

09   ㉠ 범죄통계학이 발달한 초기부터 케틀레(Quetelet)·외팅겐(Oettingen)·페리(Ferri) 등에 의해 암수범죄가 지적되었지만, 보고된 범죄와 암수범죄의 관계가 일정한 비율을 지닌다고 보아 20C 초반까지는 특별히 문제 삼지 않았다.
　　㉡ 실제로 범하여졌지만 어느 누구도 인지하지 않았거나 기억조차 하지 못하는 범죄를 절대적 암수범죄, 수사기관에서 인지는 되었으나 해결되지 않은 범죄를 상대적 암수범죄라 한다.
　　㉢ 절대적 암수범죄는 성매매, 도박, 마약매매와 같은 피해자가 없거나 피해자와 가해자의 구별이 어려운 범죄에 많이 발생하게 된다. 이러한 범죄에 대한 국민의 고소·고발은 거의 기대될 수 없기 때문이다. 상대적 암수범죄는 수사기관과 법원과 같은 법집행기관의 자의 내지 재량 때문에 발생한다.
　　㉣ 암수범죄의 측정(조사)방법에는 직접적 관찰과 간접적 관찰이 있다. 직접적 관찰에는 자연적 관찰(참여적 관찰과 비참여적 관찰이 있다)과 실험적 관찰(인위적 관찰)이 있으며, 간접적 관찰(설문조사)에는 자기보고조사, 피해자조사, 정보제공자 조사가 있다.

10   ① 소장은 수형자가 개방처우급 또는 완화경비처우급으로서 작업기술이 탁월하고 작업성적이 우수한 경우에는 수형자 자신을 위한 개인작업을 하게 할 수 있다. 이 경우 개인작업 시간은 교도작업에 지장을 주지 아니하는 범위에서 1일 2시간 이내로 한다(동법 시행규칙 제95조).
　　② 형집행법 시행규칙 제95조 제1항
　　③ 형집행법 시행규칙 제95조 제2항
　　④ 형집행법 시행규칙 제95조 제3항

11   ① 동법 제112조 제5항
　　② 동법시행규칙 제220조 제1항
　　③ 조사의 일시정지(동법 시행규칙 제221조)
　　　㉠ 소장은 징벌대상자의 질병이나 그 밖의 특별한 사정으로 인하여 조사를 계속하기 어려운 경우에는 조사를 일시 정지할 수 있다.
　　　㉡ 일시정지된 조사기간은 그 사유가 해소된 때부터 다시 진행한다. 이 경우 조사가 정지된 다음 날부터 정지사유가 소멸한 전날까지의 기간은 조사기간에 포함되지 아니한다.
　　④ 동법 제115조 제2항

12   ① 재난 시의 조치(형집행법 제102조)
　　① 천재지변이나 그 밖의 재해가 발생하여 시설의 안전과 질서유지를 위하여 긴급한 조치가 필요하면 소장은 수용자로 하여금 피해의 복구나 그 밖의 응급용무를 보조하게 할 수 있다.
　　② 소장은 교정시설의 안에서 천재지변이나 그 밖의 사변에 대한 피난의 방법이 없는 경우에는 수용자를 다른 장소로 이송할 수 있다.
　　③ 소장은 제2항에 따른 이송(긴급이송)이 불가능하면 수용자를 일시 석방할 수 있다.
　　④ 제3항에 따라 석방된 사람(일시석방된 사람)은 석방 후 24시간 이내에 교정시설 또는 경찰관서에 출석하여야 한다.
　　② 동법 제103조 제1항
　　③ 동법 제103조 제2항
　　④ 동법 제103조 제4항

13 ① 정기형제도 하에서는 자치심이 형성되지 않은 수형자라도 형기가 종료되면 반드시 사회에 복귀시켜야되므로 부정기형제도 하에서 운영되어야 하며, 자치제에 적합한 자를 선정하기 위해서는 수형자에 대한과학적 조사 및 분류가 선행되어야 한다.
② 자치생활은 자유에 상응한 책임을 부여하는 자기통제의 원리에 입각한 교육·훈련이라고 할 수 있으며, 수형자의 책임과 자율성을 강조하여 사회적응력을 함양하고, 건전한 사회인으로의 복귀를 용이하게 한다.
③ 오스본(T. Osborne)은 1914년 오번교도소는 수형자자치제를 실시되었으며, 미국 오번제도의 시초이다.
④ 교도관의 권위를 하락시킬 수 있고, 수형자 중 소수의 힘 있는 수형자에게 권한이 집중될 수 있어 수형자에 의한 수형자의 억압과 통제라는 폐해를 유발할 수 있다.

14 ㉢ 개선(적응, 경제, 처우)모델은 1960~1970년대에 의료모델을 비판하면서 등장한 이론으로 결정론적 시각에서 19세기 후반 진보주의자(실증주의자)들과 교육형사상에 기초하고 있다. 의료모형과 같이 범죄자는 비범죄자와 다른 병자이며 처우를 필요로 하고 치료될 수 있다고 믿고 있지만, 범죄자도 자신에 대해서 책임질 수 있고 법을 준수하는 의사결정을 할 수 있다고 주장한다. 주로 사용하는 교정처우기법으로 현실요법, 교류분석, 집단지도상호작용, 환경요법, 요법처우공동체, 행동수정 등이 있다.

15 ① 동법 제17조의2 제2항 제1호
② 소년부 판사는 보조인이 심리절차를 고의로 지연시키는 등 심리진행을 방해하거나 소년의 이익에 반하는행위를 할 우려가 있다고 판단하는 경우에는 보조인 선임의 허가를 취소할 수 있다(소년법 제17조 제4항).
③ 동법 제19조 제2항
④ 동법 제21조 제1항

16 ① 소장은 수용자가 석방될 때 제25조에 따라 보관하고 있던 수용자의 휴대금품을 본인에게 돌려주어야 한다. 다만, 보관품을 한꺼번에 가져가기 어려운 경우 등 특별한 사정이 있어 수용자가 석방 시 소장에게일정 기간 동안(1개월 이내의 범위로 한정한다) 보관품을 보관하여 줄 것을 신청하는 경우에는 그러하지 아니하다(형집행법 제29조 제1항).
③ 소장은 수용자에 대한 금품의 전달을 허가한 경우에는 그 금품을 보관한 후 해당 수용자가 사용하게 할수 있다(동법 시행령 제42조 제1항).
④ 소장은 사망자의 유류품을 건네받을 사람이 원거리에 있는 등 특별한 사정이 있는 경우에는 유류품을받을 사람의 청구에 따라 유류품을 팔아 그 대금을 보낼 수 있다.(동법 시행령 제 42조 제1항), 법 제28조(유류금품의 처리)에 따라 사망자의 유류금품을 보내거나 제1항에 따라 유류품을 팔아 대금을 보내는 경우에드는 비용은 유류금품의 청구인이 부담한다(동법 시행령 제42조 제2항).

17 처우상 독거수용이란 주간에는 교육·작업 등의 처우를 위하여 일과(日課)에 따른 공동생활을 하게 하고, 휴업일과 야간에만 독거수용하는 것을 말한다(형집행법시행령 제5조 제1호).
② 동법 시행령 제5조 제2호
③ 동법 시행령 제6조 제1항·제2항
④ 동법 시행령 제6조 제4항

18 ② ⓐ 신원에 관한 사항에 대한 조사는 수형자를 수용한 날부터 1개월 이내에 하고, 그 후 변경할 필요가 있는 사항이 발견되거나 가석방 적격심사신청을 위하여 필요한 경우에 한다(형집행법 시행규칙 제249조 제1항).

　　ⓑ 범죄에 관한 사항에 대한 조사는 수형자를 수용한 날부터 2개월 이내에 하고, 조사에 필요하다고 인정하는 경우에는 소송기록을 열람할 수 있다(형집행법 시행규칙 제249조 제2항).

　　ⓒ 보호에 관한 사항에 대한 조사는 형기의 3분의 1이 지나기 전에 하여야 하고, 그 후 변경된 사항이 있는 경우에는 지체 없이 그 내용을 변경하여야 한다(형집행법 시행규칙 제249조 제3항).

① 동법 시행규칙 제245조 제1항

③ 동법 시행규칙 제248조 제1항, 제2항

④ 동법 시행규칙 제251조

19 ㉠ 조선시대 인신을 직접 구속할 수 있는 권한이 부여된 기관을 직수아문이라고 하여 형조·병조·한성부·승정원·장예원·종적사·관찰사·수령·비변사, 포도청과 관찰사, 수령 등으로 한정하였다. 직수아문에는 옥이 부설되어 있었고, 지방에도 도옥·부옥·군옥 등이 있었다. 직수아문에 부설되어 있었던 옥은 갑오개혁(1894)으로 모두 폐지되었다.

㉡ 휼형이란 범죄인에 대한 수사·신문.재판·형집행 과정을 엄중하고 공정하게 진행하되, 처리를 신중하게 하고 죄인을 진실로 불쌍히 여겨 성심껏 보살피며 용서하는 방향으로 고려해주는 일체의 행위를 말하며, 삼국시대에서 비롯되어 고려를 거쳐 조선시대에도 폭 넓게 시행되었다. 대표적으로 보방제도, 감강종경, 인신구속기관인 직수아문을 경국대전에 규정, 죄수를 보호하는 휼수의 규정, 사면 등이 있다.

㉢ 도형은 관아에 구금하여 소금을 굽거나 쇠를 달구는 노역을 부과하는 형벌로 오늘날의 자유형(유기징역형)에 해당하며, 단기 1년에서 장기 3년까지 5종으로 구분하였고, 반드시 장형이 병과되었다. 도형을 대신하는 것으로 충군이 있었는데, 이는 도역에 복역하는 대신 군역에 복무시키는 것으로 일종의 대체형벌이라 할 수 있다.

㉣ 1895년 5월 「징역처단례」를 제정하여 형벌에 있어서도 조선의 기본형이었던 5형(태·장·도·유·사) 중 장형을 폐지하고, 도형은 징역으로 바꾸고, 유형은 정치범(국사범)에 한해서 적용하도록 하였다(징역형이 보편적인 형벌로 정착됨. 즉 신체형·생명형 → 자유형).

20 ① 민영교도소법 제11조 제1항, 제2항

② 민영교도소법 제23조 제1항

③ 법무부장관은 「민영교도소 등의 설치·운영에 관한 법률」에 따른 권한의 일부를 관할 지방교정청장에게 위임할 수 있다.(민영교도소법 제29조 제2항)

④ 민영교도소법 제39조

Chapter

02

교정직 7급
교정학

01	02	03	04	05	06	07	08	09	10
③	①	③	①	②	①	③	④	④	③

11	12	13	14	15	16	17	18	19	20
④	④	②	②	①	①	④	③	①	②

01 교정의 영역은 자유형 집행대상자 이외에 노역장 유치자, 사형확정자, 미결수용자, 보안처분 및 보호처분의 대상자까지 포함시킨다. 대체적으로 비행이나 범죄를 저지른 사람들의 재사회화 처우기법을 연구하는 영역과 그 목적을 수행하고 있는 미결구금시설, 기결구금시설, 보호관찰과 갱생보호 조직의 관리연구를 포함하는 종합적인 영역을 의미한다.

02 수형자의 주체성과 자율성을 인정하면서 수형자의 동의와 참여하에 처우프로그램을 결정하고 시행하게 되며, 수형자를 처우의 객체가 아니라 처우의 주체로 보므로 처우행형과 수형자의 법적 지위확립은 조화를 이루게 된다.

03
① 허쉬의 사회유대이론 중 전념으로 설명이 가능하다. 전념은 각자의 합리적인 판단을 바탕으로 개인과 사회의 유대가 형성되고 유지되는 형태이며, 미래를 위해 교육에 투자하고 저축하는 것처럼 관습적 활동에 소비하는 시간과 에너지, 노력 등을 의미한다.
② 사회자본(사회유대)은 결혼, 직업 등을 의미하는 것으로, 샘슨과 라웁은 어릴 때 비행소년이었던 사람이 후에 범죄를 저지르지 않고 다른 사람들과 같이 정상적인 삶을 살게 되는 것은 결혼이나 군복무, 직업, 형사사법절차에의 경험과 같은 요소에서 찾고 있으며 이와 같은 인생에서의 계기를 통해 공식적 혹은 비공식적 통제가 가능하게 되고 그런 통제를 통해 범죄에서 탈출하게 된다는 것으로, A의 정상적인 사회생활에 대한 설명이 가능하다.
③ 베커는 범죄행위로 낙인을 찍는 것은 사회적 지위와 같은 효과를 주어 낙인찍힌 자에게 '주지위'를 부여하는 결과가 되고, 낙인찍힌 일탈자는 다른 영역에서 정상적인 사회생활을 하는 것이 힘들게 되는 반면 일탈은 더욱 용이하다고 보았다. 그러므로 베커의 '사회적 지위로서의 일탈'은 정상적인 사회생활을 하고 있는 A에 대해 설명하기 어렵다.
④ 머튼은 문화적 목표를 달성할 수 있는 제도화된 수단이 제한되었을 때 개인의 적응방식에 따라 비행이 발생한다고 보았으므로, 제도화된 수단을 가진 A의 사회생활 적응에 대한 설명이 가능하다.

04 공식범죄통계는 범죄상황을 파악하는데 있어서 가장 기본적인 수단으로 활용되고 있으나, 통계에는 암수범죄가 나타나 있지 않기 때문에 객관적인 범죄상황을 정확히 나타내 주지는 못한다.

05
② 범죄피해자 보호법은 사람의 생명 또는 신체를 해치는 죄에 해당하는 행위로 인하여 사망하거나 장해 또는 중상해를 입은 것을 구조대상 범죄피해로 규정하고 있으므로(범죄피해자 보호법 제3조 제1항 제4호), 대인범죄 피해자에 대해서만 구조대상으로 하고 있다.
④ 범죄피해자 보호법 제3조 제1항 제4호

06 옳지 않은 것은 ㉠, ㉃, ㉄이다.

㉠ 수형자의 경비처우급별 전화통화의 허용횟수는 개방처우급은 월 5회 이내, 완화경비처우급은 월 3회 이내, 일반경비처우급·중경비처우급은 처우상 특히 필요한 경우 월 2회 이내이다(형집행법 시행규칙 제90조 제1항).

㉡ 동법 제18조 제1항

㉢ 동법 제11조 제1항

㉣ 소장은 작업의 특성, 계절, 그 밖의 사정을 고려하여 수용자의 목욕횟수를 정하되 부득이한 사정이 없으면 매주 1회 이상이 되도록 한다(동법 시행령 제50조).

㉤ 동법 시행령 제51조 제1항

㉥ 신입자 및 다른 교정시설로부터 이송되어 온 사람에게는 말이나 서면으로 ⓐ 형기의 기산일 및 종료일, ⓑ 접견·편지, 그 밖의 수용자의 권리에 관한 사항, ⓒ 청원, 국가인권위원회법에 따른 진정, 그 밖의 권리구제에 관한 사항, ⓓ 징벌·규율, 그 밖의 수용자의 의무에 관한 사항, ⓔ 일과 그 밖의 수용생활에 필요한 기본적인 사항을 알려 주어야 한다(동법 제17조).

㉦ 음식물은 보관의 대상이 되지 아니한다(동법 시행령 제44조).

㉧ 동법 시행령 제58조 제3항

07 ① 고사제(기간제, 심사제)에 대한 설명이다.

점수제(점수소각제)는 일일 또는 월마다의 교정성적을 점수로 나타내는 것이고, 교정성적에 따른 소득점수로 소각하여 진급시키는 것으로 교정성적이 숫자로 표시되므로 자력적 개선을 촉진시킬 수 있다. 그러나 규정점수를 소각만 하면 진급이 되므로 형식에 흐르기 쉽고, 가석방 부적격자 등이 최상급에 진급하는 단점이 있다. 이러한 점수제의 종류에는 잉글랜드제, 아일랜드제, 엘마이라제가 있다.

② 점수제 중 잉글랜드제에 대한 설명으로, 수형자가 매일 취득해야 하는 지정점수를 소각하는 방법으로 진급척도로서의 점수를 매일 계산한다.

고사제는 일정기간을 경과하였을 때에 그 기간 내의 교정성적을 담당교도관의 보고에 의하여 교도위원회가 심사하고 진급을 결정하는 방법이다. 이것은 교도관의 자의가 개입되기 쉽고 관계직원이 공평을 저하시킬 우려가 있다는 비판을 받는다.

③ 엘마이라제도는 자력적 개선에 중점을 둔 행형제도로서 일명 감화제라고도 하는데, 1876년 뉴욕의 엘마이라 감화원에서 브록웨이(Brockway)에 의해서 시도된 새로운 누진제도이다. 엘마이라 감화원은 16세에서 30세까지의 초범자들을 위한 시설로 수형자 분류와 누진처우의 점수제, 부정기형 그리고 보호관찰부가석방(parole)과 함께 운용되었다. 범죄자가 판사에 의해서 엘마이라 감화원에 보내지면 교정당국이 당해 범죄에 대해서 법으로 규정된 최고 형기를 초과하지 않는 범위 내에서 수형자의 석방시기를 결정할 수 있었다.

④ 점수제 중 아일랜드제(Irish System)에 대한 설명이다.

08 ① 소장은 수형자의 건전한 사회복귀와 기술습득을 촉진하기 위하여 필요하면 외부기업체 등에 통근 작업하게 할 수 있으며(형집행법 제68조 제1항), 외부기업체에 통근하며 작업하는 수형자(외부통근작업자)의 선정기준으로 개방처우급·완화경비처우급에 해당하여야 한다(동법 시행규칙 제120조 제1항 제3호).

② 소장은 개방처우급·완화경비처우급 수형자에 대하여 가족 만남의 집을 이용하게 할 수 있으며(동법 시행규칙 제89조 제1항), 가족 만남의 집이란 수형자와 그 가족이 숙식을 함께 할 수 있도록 교정시설에 수용동과 별도로 설치된 일반주택 형태의 건축물을 말한다(동법 시행규칙 제89조 제4항).

③ 소장은 수형자의 교정교화를 위하여 상담·심리치료, 그 밖의 교화프로그램을 실시하여야 하고(동법 제64조 제1항), 교화상담을 위하여 교도관이나 교정참여인사를 교화상담자로 지정할 수 있다(동법 시행규칙 제118조 제2항).

④ 소장은 개방처우급·완화경비처우급 수형자에게 자치생활을 허가할 수 있다(동법 시행규칙 제86조 제1항).

09   ✦ **사전조사 사항**(형집행법 시행규칙 제246조)

신원에 관한 사항	범죄에 관한 사항	보호에 관한 사항

• 건강상태
• 정신 및 심리 상태
• 책임감 및 협동심
• 경력 및 교육 정도
• 노동 능력 및 의욕
• 교정성적
• 작업장려금 및 작업상태
• 그 밖의 참고사항
	• 범행 시의 나이
	• 형기
	• 범죄횟수
	• 범죄의 성질·동기·수단 및 내용
	• 범죄 후의 정황
	• 공범관계
	• 피해 회복 여부
	• 범죄에 대한 사회의 감정
	• 그 밖의 참고사항
		• 동거할 친족·보호자 및 고용할
		  자의 성명·직장명·나이·직업·
		  주소·생활 정도 및 수형자와의
		  관계
		• 가정환경
		• 접견 및 전화통화 내역
		• 가족의 수형자에 대한 태도·감정
		• 석방 후 돌아갈 곳
		• 석방 후의 생활계획
		• 그 밖의 참고사항

수용한 날부터 1개월 이내 조사	수용한 날부터 2개월 이내 조사	형기의 3분의 1이 지나기 전에 조사

10   ① 보호관찰소의 장은 보호관찰 대상자가 준수사항을 위반하였거나 위반하였다고 의심할 상당한 이유가 있고, ㉠ 일정한 주거가 없는 경우, ㉡ 소환에 따르지 아니한 경우, ㉢ 도주한 경우 또는 도주할 염려가 있는 경우 중 어느 하나에 해당하는 사유가 있는 경우에는 관할 지방검찰청의 검사에게 신청하여 검사의 청구로 관할 지방법원 판사의 구인장을 발부받아 보호관찰 대상자를 구인할 수 있다(보호관찰 등에 관한 법률 제39조 제1항).
② 보호관찰소의 장은 준수사항을 위반한 보호관찰 대상자가 구인사유(동법 제39조 제1항)가 있는 경우로서 긴급하여 구인장을 발부받을 수 없는 경우에는 그 사유를 알리고 구인장 없이 그 보호관찰 대상자를 구인할 수 있다(동법 제40조 제1항).
③ 보호관찰소의 장은 보호관찰 대상자를 긴급구인한 경우에는 긴급구인서를 작성하여 즉시 관할 지방검찰청 검사의 승인을 받아야 한다(동법 제40조 제2항).
④ 보호관찰소의 장은 긴급구인에 대한 검사의 승인을 받지 못하면 즉시 보호관찰 대상자를 석방하여야 한다(동법 제40조 제3항).

11   대상자 선정에 있어 재량권 남용 등의 문제로 공정성을 기하기가 용이하지 않다.

12   ① 성폭력범죄자의 성충동 약물치료에 관한 법률 제9조
② 동법 제8조 제2항
③ 동법 제15조 제1항
④ 치료명령의 결정을 받은 사람은 치료기간 동안 치료비용을 부담하여야 한다. 다만, 치료비용을 부담할 경제력이 없는 사람의 경우에는 국가가 비용을 부담할 수 있다(동법 제24조 제1항).

13   ① 여자 직원만이 여성 수용자를 관리해야 한다. 그러나 남자 직원, 특히 의사와 교사가 교정시설이나 여성 전용구역에서 직무를 수행하는 것을 제한하지 않는다(수용자 처우에 관한 UN최저기준규칙 제81조 제3항).
② 소장은 특히 필요하다고 인정하는 경우가 아니면 남성교도관이 야간에 수용자거실에 있는 여성수용자를 시찰하게 하여서는 아니 된다(형집행법 시행령 제7조). 그러므로 특히 필요하다고 인정하는 경우에는 남성교도관이 야간에 수용자거실에 있는 여성수용자를 시찰할 수 있다.
③ 동법 제53조 제1항
④ 수용자가 미성년자인 자녀와 접견하는 경우에는 접촉차단시설이 설치되지 아니한 장소에서 접견하게 할 수 있다(동법 제41조 제3항).

14 ① 형집행법 시행규칙 제92조 제1항

② 소장은 개방처우급·완화경비처우급 수형자에 대하여 교정시설 밖에서 이루어지는 활동을 허가할 수 있다. 다만, 처우상 특히 필요한 경우에는 일반경비처우급 수형자에게도 이를 허가할 수 있다(동법 시행규칙 제92조 제1항).

③ 동법 시행규칙 제92조 제3항

④ 동법 시행규칙 제92조 제2항

15 ① 가족 또는 배우자의 직계존속이 위독한 때, 수용자가 질병이나 사고로 외부의료시설에의 입원이 필요한 때이며, 1년 중 20일 이내의 귀휴를 허가할 수 있다(형집행법 제77조 제1항).

②,③ 동법 제77조 제2항

④ 동법 제78조

16 ① 법무부장관, 지방교정청장 또는 소장은 비용이 납부되기 전에 정보공개 여부의 결정을 할 수 있다(형집행법 시행령 제139조의2 제7항).

② 현재의 수용기간 동안 정보공개청구를 한 후 정당한 사유 없이 비용을 납부하지 아니한 사실이 2회 이상 있는 수용자에 대해 비용을 미리 납부하게 할 수 있으며(동법 제117조의2 제2항), 법무부장관, 지방교정청장 또는 소장은 법 제117조의2 제2항에 해당하는 수용자(정보공개청구를 한 후 정당한 사유 없이 그 청구를 취하하거나 정보공개결정 후 정보공개 등에 소요되는 비용을 납부하지 않은 사실이 2회 이상 있는 수용자)가 정보공개의 청구를 한 경우에는 청구를 한 날부터 7일 이내에 비용을 산정하여 해당 수용자에게 미리 납부할 것을 통지할 수 있다(동법 시행령 제139조의2 제2항).

③ 비공개 결정을 한 경우에는 납부된 비용의 전부를 반환하고 부분공개 결정을 한 경우에는 공개 결정한 부분에 대하여 드는 비용을 제외한 금액을 반환하여야 한다(동법 시행령 제139조의2 제6항).

④ 현재의 수용기간 동안 정보공개청구를 한 후 정당한 사유 없이 그 청구를 취하한 사실이 2회 이상 있는 수용자에 대해 비용을 미리 납부하게 할 수 있다(동법 제117조의2 제2항). ⇨ 정당한 사유로 청구를 취하하였으므로 예상되는 비용을 미리 납부할 대상에 해당하지 않는다.

17 옳지 않은 것은 ㉢, ㉤, ㉥이다.

㉠ 소장은 사형확정자의 자살·도주 등의 사고를 방지하기 위하여 필요한 경우에는 사형확정자와 미결수용자를 혼거수용할 수 있고, 사형확정자의 교육·교화프로그램, 작업 등의 적절한 처우를 위하여 필요한 경우에는 사형확정자와 수형자를 혼거수용할 수 있다(형집행법 시행규칙 제150조 제3항).

㉡ 동법 시행규칙 제150조 제4항

㉢ 소장은 사형을 집행하였을 경우에는 시신을 검사한 후 5분이 지나지 아니하면 교수형에 사용한 줄을 풀지 못한다(동법 시행령 제111조).

㉣ 소장은 사형확정자의 심리적 안정 및 원만한 수용생활을 위하여 교육 또는 교화프로그램을 실시하거나 신청에 따라 작업을 부과할 수 있다(동법 제90조 제1항).

㉤ 사형확정자를 수용하는 시설의 설비 및 계호의 정도는 일반경비시설 또는 중경비시설에 준한다(동법 시행령 제108조).

㉥ 소장은 사형확정자의 교화나 심리적 안정을 도모하기 위하여 특히 필요하다고 인정하면 접견 시간대 외에도 접견을 하게 할 수 있고 접견시간을 연장하거나 접견 횟수를 늘릴 수 있다(동법 시행령 제110조).

18 ① 독학에 의한 학위 취득과정, 방송통신대학과정, 전문대학 위탁교육과정, 정보화 및 외국어 교육과정에 따른 교육을 실시하는 경우 소요되는 비용은 특별한 사정이 없으면 교육대상자의 부담으로 한다(형집행법 시행규칙 제102조 제2항).

② 동법 시행규칙 제104조 제2항

③ 소장은 의무교육을 받지 못한 수형자에 대하여는 본인의 의사·나이·지식정도, 그 밖의 사정을 고려하여 그에 알맞게 교육하여야 한다(동법 제63조 제2항).

④ 동법 시행령 제103조 제1항

19　① 형집행법 시행령 제58조 제4항에 따르면 수용자가 형사사건이 아닌 민사, 행정, 헌법소송 등 법률적 분쟁과 관련하여 변호사의 도움을 받는 경우에는 원칙적으로 접촉차단시설이 설치된 장소에서 접견을 해야 한다. 그 결과 수용자는 효율적인 재판준비를 하는 것이 곤란하게 되고, 특히 교정시설 내에서의 처우에 대하여 국가 등을 상대로 소송을 하는 경우에는 소송의 상대방에게 소송자료를 그대로 노출하게 되어 무기대등의 원칙을 훼손할 수 있다. 변호사 직무의 공공성, 윤리성 및 사회적 책임성은 변호사 접견권을 이용한 증거인멸, 도주 및 마약 등 금지물품 반입 시도 등의 우려를 최소화시킬 수 있으며, 변호사접견이라 하더라도 교정시설의 질서 등을 해할 우려가 있는 특별한 사정이 있는 경우에는 예외를 두도록 한다면 악용될 가능성도 방지할 수 있다. 따라서 형집행법 시행령 제58조 제4항은 과잉금지원칙에 위반하여 청구인의 재판청구권을 지나치게 제한하고 있으므로, 헌법에 위반된다(헌재 2013.8.29. 2011헌마122).

② 수형자에 관한 부분의 위헌성은 지나치게 전면적·획일적으로 수형자의 선거권을 제한한다는 데 있다. 그런데 그 위헌성을 제거하고 수형자에게 헌법합치적으로 선거권을 부여하는 것은 입법자의 형성재량에 속하므로 심판대상조항 중 수형자에 관한 부분에 대하여 헌법불합치결정을 선고한다(헌재 2014.1.28. 2012헌마409).

③ 교도소에 수용된 때에는 국민건강보험급여를 정지하도록 한 국민건강보험법 제49조 제4호는 수용자의 의료보장수급권을 직접 제약하는 규정이 아니며, 입법재량을 벗어나 수용자의 건강권을 침해하거나 국가의 보건의무를 저버린 것으로 볼 수 없으므로 수용자의 건강권, 인간의 존엄성, 행복추구권, 인간다운 생활을 할 권리를 침해하는 것이라 할 수 없고, 위 조항이 미결수용자에게 있어서 무죄추정의 원칙에 위반된다고 할 수 없다(헌재 2005.2.24. 2003헌마31).

④ 교화상 또는 구금목적에 특히 부적당하다고 인정되는 기사, 조직범죄 등 수용자 관련 범죄기사에 대한 신문기사 삭제행위는 구치소내 질서유지와 보안을 위한 것으로, 신문기사 중 탈주에 관한 사항이나 집단단식, 선동 등 구치소내 단체생활의 질서를 교란하는 내용이 미결수용자에게 전달될 때 과거의 예와 같이 동조단식이나 선동 등 수용의 내부질서와 규율을 해하는 상황이 전개될 수 있고, 이는 수용자가 과밀하게 수용되어 있는 현 구치소의 실정과 과소한 교도인력을 볼 때 구치소내의 질서유지와 보안을 어렵게 할 우려가 있다. 이 사건 신문기사의 삭제 내용은 그러한 범위 내에 그치고 있을 뿐 신문기사 중 주요기사 대부분이 삭제된 바 없음이 인정되므로, 구치소의 질서유지와 보안에 대한 공익을 비교할 때 청구인의 알 권리를 과도하게 침해한 것은 아니다(헌재 1998.10.29. 98헌마4).

20　적응모형은 의료모형과 거의 유사한 가정에 기초하고 있다. 즉 범죄자는 비범죄자와 차이가 있으며, 그 차이점이 파악될 수 있고 처우를 필요로 하며 치료될 수 있다는 것이다. 의료모형의 가정 외에 적응모형은 재통합의 철학을 하나 더 추가하고 있어서 범죄자의 사회 재통합을 돕는 데 상당한 무게를 싣고 있다.

의료모형이 결정론적 입장에서 범죄자를 환자로 보지만, 적응모형에서는 범죄자를 환자가 아닌 스스로 책임 있는 선택과 합리적 결정을 할 수 있는 자로 간주한다. 처우기법으로는 현실요법, 환경요법, 집단지도 상호작용, 교류분석, 긍정적 동료문화 등이 이용된다.

✦ 소년교정모형(바툴라스와 밀러)

1. **의료모형** : 교정은 질병치료라고 보았으며, 소년원에 있어 교정교육기법의 기저가 되었다.
2. **적응(개선, 조정)모형** : 범죄자를 환자가 아닌 스스로 책임 있는 선택과 합리적 결정을 할 수 있는 자로 간주하고, 과학적 전문가의 치료를 필요로 한다.
3. **범죄통제모형** : 범죄에 상응한 처벌이 범죄행동을 통제할 것이라고 보았다.
4. **최소제한(제약)모형** : 낙인이론에 근거하여 시설수용의 폐단을 지적하며 처벌 및 처우개념을 모두 부정한다.

01	02	03	04	05	06	07	08	09	10
④	③	②	③	②	④	③	④	③	①
11	12	13	14	15	16	17	18	19	20
①	①	①	③	②	④	③	②	③	④

01
① 레머트(Lemert)는 일차적 일탈에 대하여 부여된 사회적 낙인으로 인해 일탈적 자아개념이 형성되고, 이 자아개념이 직접 범죄를 유발하는 요인으로 작용하여 이차적 일탈이 발생된다고 하였다.
② 베커(Becker)는 사람에게 범죄적 낙인이 일단 적용되면, 일탈자로서의 신분이 그 사람의 '주지위(master status)'로 인식된다고 하였다. 여기서 주지위는 그 사람의 사회적 상호작용의 과정과 형태에 영향을 미치는 다른 지위나 신분을 제압하는 신분이며 지위이다. 그러므로 일탈자로서의 공식낙인 또는 신분은 그 사람의 주지위로 기능하여 그 사람의 취업이나 인간관계 등에 영향을 미치게 되어 그 사람을 일종의 체계적 규범 위반자로 전이시킨다는 것이다.
③ 낙인이론은 경미한 일탈에 대해서는 낙인의 방지와 제한을 통한 이차적 일탈의 예방을 목표로 비범죄화시켰고, 공적 개입과 그로 인한 공식적 낙인보다는 다양한 대체처분으로서 전환시켰으며, 교정시설의 선별적 수용 등으로 교정시설의 다양한 대체처분을 활용하는 등 형사정책분야에 공헌하였다.
④ 시설 내 처우의 문제점을 지적하면서 사회 내 처우의 필요성을 강조하였다.

02
① 형기가 10년 이상인 장기수형자
② 23세 미만의 청년수형자
④ 엄중관리대상자의 구분에 해당한다(형집행법 제194조).

✦ 기본수용급(형집행법 시행규칙 제73조)
1. 여성수형자
2. 외국인수형자
3. 금고형수형자
4. 19세 미만의 소년수형자
5. 23세 미만의 청년수형자
6. 65세 이상의 노인수형자
7. 형기가 10년 이상인 장기수형자
8. 정신질환 또는 장애가 있는 수형자
9. 신체질환 또는 장애가 있는 수형자

03
• 고전주의 학파 : ㉠, ㉣, ㉤
• 실증주의 학파 : ㉡, ㉢

04
범죄자는 자신의 의지에 따라 의사를 결정하고 선택할 능력이 없으며 교정을 통해서 치료될 수 있다고 한다. 결정론적 시각에서 범죄자를 사회화나 인성에 결함이 있는 환자로 취급하면서 범죄의 원인은 치료의 대상이고 완치될 수 있다고 보아 치료모델이라고도 한다.
선택적 무력화(선별적 무능화)는 정의모델에서 제시한 내용이다.

05
- 일반준수사항(보호관찰 등에 관한 법률 제32조 제2항) : ①, ③, ④
- 특별준수사항(보호관찰 등에 관한 법률 제32조 제3항) : ②

06
① 형집행법 시행규칙 제77조, 제78조 제2항
② 동법 시행규칙 제79조 제1항
③ 동법 시행규칙 제80조 제2항, 제81조
④ 조정된 처우등급에 따른 처우는 그 조정이 확정된 다음 날부터 한다. 이 경우 조정된 처우등급은 그 달 초일부터 적용된 것으로 본다(동법 시행규칙 제82조 제1항).

07
① 형집행법 제14조
② 동법 제12조 제2항
③ 소장은 신입자에 대하여는 지체 없이 신체·의류 및 휴대품을 검사하고 건강진단을 하여야 하며(동법 제16조 제2항. 필요적 검사 및 건강진단 실시 규정), 신입자는 소장이 실시하는 검사 및 건강진단을 받아야 한다(동법 제16조 제3항. 신입자에게 검사 및 건강진단을 받을 의무를 규정).
④ 동법 시행령 제10조

08
① 귀휴(사회적 처우) − 사회봉사명령(사회 내 처우) − 병영훈련(사회 내 처우)
② 주말구금(사회적 처우) − 단기보호관찰(사회 내 처우) − 외부통근(사회적 처우)
③ 가택구금(사회 내 처우) − 사회견학(사회적 처우) − 집중보호관찰(사회 내 처우)
④ 수강명령, 전자발찌, 외출제한명령은 사회 내 처우에 해당한다.

09
① 충격구금은 글자 그대로 구금을 통하여 범죄자에게 충격을 가한다는 것이다. 이 제도는 장기구금에 따른 폐해와 부정적 요소를 해소하거나 줄이고 대신 구금이 가질 수 있는 긍정적 측면을 강조한 것이다.
② 범죄자를 장기간 구금함으로써 부정적 낙인의 골은 깊어지고 악풍의 감염과 범죄의 학습은 심화되지만, 반대로 구금의 박탈과 고통으로 인한 제지효과는 점점 줄어들게 된다는 사실과 이러한 구금의 고통은 입소 후 6 ~ 7개월에 이르기까지 최고조에 달하다가 그 이후 급격히 떨어진다는 사실에 기초하여 구금의 고통이 가장 큰 짧은 기간 동안만 구금하여 구금으로 기대되던 고통과 그로 인한 제지효과를 극대화하는 대신 장기구금으로 인한 부정적 측면은 극소화하자는 데 제도적 의의가 있다.
③ 충격구금은 보호관찰에 앞서 일시적인 구금의 고통이 미래 범죄행위에 대한 억지력을 발휘할 것이라고 가정하는 처벌형태로, 단기간의 구금을 경험하게 하여 형벌의 제지효과를 심어 준 다음 형의 선고를 유예하거나 보호관찰에 회부하는 등 구금을 대신할 수 있는 처분을 하는 것이다. 결국 이 제도는 보호관찰과 형의 유예 및 구금의 일부 장점들을 결합한 것이라고 볼 수 있다.
④ 충격구금에 대해 부정적으로 평가하는 측에서는 아무리 단기간의 구금이라고 하지만 그 구금기간은 재소자에게 부정적인 경험과 영향을 미치기에는 짧지 않은 시간이라고 주장한다. 즉 짧은 기간이라도 구금은 범죄자를 악풍에 감염시키고, 따라서 교화개선의 기회마저 상실하게 한다는 것이다. 한편 보호관찰은 구금을 피하자는 데 목적이 있는 것이지 구금을 보완하기 위한 것은 아니라는 주장이다.

10
회복적 사법은 피해자와 가해자의 합의와 조정을 강제하는 것이 아니라 가해자와 피해자의 깨어진 신뢰를 회복하도록 유도하는 것으로, 비공식적 절차를 통한 범죄자의 책임감 강조와 집단적 갈등의 해결에 역점을 둔다.
공식적 절차(국가에 의한 것)에 의한 처벌은 응징적 사법을 의미한다.

11 ① 작업수입은 국고수입으로 한다(형집행법 제73조 제1항). 작업장려금은 석방할 때에 본인에게 지급한다(동법 제73조 제3항).
② 동법 제71조 제5항
③ 동법 제69조 제2항·제3항
④ 동법 제72조 제1항

12 ① 소장은 수용자가 ㉠ 자살 또는 자해의 우려가 있는 때, ㉡ 신체적·정신적 질병으로 인하여 특별한 보호가 필요한 때에는 의무관의 의견을 고려하여 보호실에 수용할 수 있다(형집행법 제95조 제1항).
② 동법 제94조 제1항 단서
③ 동법 제98조 제2항 제1호
④ 동법 제101조 제2항

13 옳은 것은 ㉠, ㉡, ㉣이다.
㉠ 형집행법 시행규칙 제43조 제2항
㉡ 동법 시행령 제79조
㉢ 여성수용자는 자신이 출산한 유아를 교정시설에서 양육할 것을 신청할 수 있다. 이 경우 소장은 양육불허 사유가 없으면, 생후 18개월에 이르기까지 허가하여야 한다(동법 제53조 제1항).
㉣ 동법 제50조 제3항
㉤ 소장은 노인수용자에 대하여 6개월에 1회 이상 건강검진을 하여야 한다(동법 시행규칙 제47조 제2항).

14 ① 형집행법 제9조 제1항
② 동법 제6조 제2항
③ 소장은 외국인에게 참관을 허가할 경우에는 미리 관할 지방교정청장의 승인을 받아야 한다(동법 시행령 제3조 제2항).
④ 동법 제6조 제1항

15 옳은 것은 ㉠, ㉤이다.
㉠ 형집행법 시행령 제101조
㉡ 소장은 미결수용자가 도주하거나 도주한 미결수용자를 체포한 경우에는 그 사실을 검사에게 통보하고, 기소된 상태인 경우에는 법원에도 지체 없이 통보하여야 한다(동법 시행령 제104조).
㉢ 경찰관서에 설치된 유치장에는 수형자를 30일 이상 수용할 수 없다(동법 시행령 제107조).
㉣ 소장은 미결수용자에 대하여는 신청에 따라 작업을 부과할 수 있다(동법 제86조 제1항).
㉤ 동법 제84조 제3항

16 ① 형사처분 또는 보호처분을 받은 사람으로서 보호의 필요성이 인정되는 사람이 갱생보호의 대상자가 된다(보호관찰 등에 관한 법률 제3조 제3항). 그러므로 형 집행정지 중인 자는 갱생보호의 대상자가 아니다.
② 갱생보호 대상자와 관계 기관은 보호관찰소의 장, 갱생보호사업 허가를 받은 자 또는 한국법무보호복지공단에 갱생보호 신청을 할 수 있다(동법 제66조 제1항).
③ 갱생보호사업을 하려는 자는 법무부령으로 정하는 바에 따라 법무부장관의 허가를 받아야 한다(동법 제67조 제1항).
④ 동법 제65조 제1항

17 개방처우급·완화경비처우급에 해당할 것(형집행법 시행규칙 제120조 제1항)

18 ① 부정기형의 경우에는 단기의 3분의 1이 지나야 가석방 대상이 되므로 단기 3년, 장기 6년의 부정기형을 선고받은 소년은 1년이 지나면 가석방을 허가할 수 있다(소년법 제65조).
② 소년에 대한 형사사건의 심리는 다른 피의사건과 관련된 경우에도 심리에 지장이 없으면 그 절차를 분리하여야 한다(동법 제57조).
③ 동법 제64조
④ 동법 제63조

19 ① 소장은 신입자 또는 다른 교정시설로부터 이송되어 온 사람이 있으면 그 사실을 수용자의 가족(배우자, 직계 존속·비속 또는 형제자매)에게 지체 없이 알려야 한다. 다만, 수용자가 알리는 것을 원하지 아니하면 그러하지 아니하다(형집행법 제21조). 즉 가족에게 수용사실을 알리는 것은 소장의 의무이다.
② 수용자는 자신의 신앙생활에 필요한 책이나 물품을 지닐 수 있고(동법 제45조 제2항), 소장은 ㉠ 수형자의 교화 또는 건전한 사회복귀를 위하여 필요한 때, ㉡ 시설의 안전과 질서유지를 위하여 필요한 때에는 종교의식·종교행사·개별적인 종교상담 및 신앙생활에 필요한 책이나 물품을 지니는 것을 제한할 수 있다(동법 제45조 제3항).
③ 소장은 수용자가 자신의 비용으로 외부의료시설에서 근무하는 의사(외부의사)에게 치료받기를 원하면 교정시설에 근무하는 의사(의무관)의 의견을 고려하여 이를 허가할 수 있다(동법 제38조).
④ 금고형 수형자는 교도작업의 의무가 없고 신청에 따라 작업을 부과할 수 있을 뿐이다(동법 제67조).

20 밀러(Miller)의 하위계층(계급)문화이론에 대한 설명으로, 범죄행위를 독특한 하류계층 하위문화의 가치와 규범에 대한 정상적인 반응으로 보고 있다.

01	02	03	04	05	06	07	08	09	10
②	③	④	②	①	①	①	④	②	②
11	12	13	14	15	16	17	18	19	20
③	④	③	②	①	③	②	④	③	②

01
① 형집행법 제117조 제1항
② 순회점검공무원이 청원을 청취하는 경우에는 그 내용을 청취 또는 녹취하지 못한다.
③ 동법 제117조 제4항
④ 동법 제117조 제5항·제6항

02
① 형집행법 제86조 제1항, 동법 시행령 제103조 제1항
② 동법 제67조
③ 소장은 교도관에게 매일 수형자의 작업실적을 확인하게 하여야 한다(동법 시행령 제92조).
④ 동법 제72조 제1항

03
① 형집행법 시행규칙 제55조
② 동법 시행규칙 제56조 제1항
③ 동법 시행규칙 제57조 제1항
④ 소장은 외국인수용자가 질병 등으로 위독하거나 사망한 경우에는 그의 국적이나 시민권이 속하는 나라의 외교공관 또는 영사관의 장이나 그 관원 또는 가족에게 이를 즉시 알려야 한다(동법 시행규칙 제59조).

04
① 형집행법 제41조 제1항
② 일반경비처우급 수형자의 접견 허용횟수는 월 5회로 하며(동법 시행규칙 제87조 제1항), 접견은 1일 1회만 허용한다. 다만, 처우상 특히 필요한 경우에는 그러하지 아니하다(동법 시행규칙 제87조 제2항).
③ 동법 제42조
④ 동법 시행규칙 제87조 제3항

05
① 행정형 외부통근제보다는 국민의 응보적 법감정에 부합하지 않는다.
②, ③, ④ 사법형 외부통근제의 장점에 해당한다.

✦ 사법형 외부통근제
① '통근형'이라고도 하며, 법원이 형벌의 일종으로 유죄확정자에게 외부통근형을 선고하는 것을 말하며 미국의 많은 주에서 시행하고 있다.
② 수형자가 수형 초기부터 시설외의 취업장으로 통근하는 것이기 때문에 석방 전 누진처우의 일환으로 행해지는 행정형 외부통근제와는 차이가 있다.
③ 주로 경범죄자나 단기수형자가 그 대상이 된다.
④ 본인이 원하고 판사가 대상자로서 적합하다고 판단되면 보호관찰관에게 조사를 명하게 되는데, 통상 시설에서 통근이 가능한 거리에 직장이 있고 고용주의 협력을 전제로 선고하는 것이 일반적이다.

06 ① **교류분석** : 에릭 번(Eric Bern)에 의해 창안된 것으로, 보다 성숙한 자아 발달을 유도하는 상담기법으로 과거의 경험을 회상하게 하고 반성하게 하며 스스로 과거의 부정적인 장면을 삭제하게 하여 새로운 삶에 대한 확신을 주는 처우기법이다.

② **현실요법** : 글래저(Glasser)에 의해 주장된 것으로 선택이론 또는 통제이론이라고 하며, 갈등이나 문제상황의 내담자가 성공적인 정체성을 가지고 자기 삶을 바람직한 방향으로 통제하며 건강한 행동으로 유도하는 상담기법이다. 인간의 존엄성과 잠재가능성의 믿음을 전제로 과거보다는 현재, 무의식적 경험보다 의식적 경험을 중시한다.

③ **환경요법** : 모든 교정환경을 이용하여 수형자들 간의 상호작용의 수정과 환경통제를 통해서 개별수형자의 행동에 영향을 미치고자 하는 것으로서 1956년 맥스웰 존스(Maxwell Jones)의 요법처우공동체라는 개념에서 출발한 것이다. 환경요법에는 사회적 요법, 요법처우공동체, 긍정적 동료부분화, 남녀공동교도소가 있다.

④ **사회적 요법** : 범죄를 범죄자 개인적 인격과 주변 환경의 복합적 상호작용의 산물로 인식하고 교도소 내의 친사회적인 환경개발을 시도하는 처우기법이다. 심리적 또는 행동수정요법의 약점을 보완하기 위해서 시도된 것으로 건전한 사회적 지원유형의 개발에 노력한다.

07 ① 구속영장에 의하여 구속된 피의자에 대하여 검사가 공소를 제기하지 아니하는 결정을 하고 치료감호 청구만을 하는 때에는 구속영장은 치료감호영장으로 보며 그 효력을 잃지 아니한다(치료감호 등에 관한 법률 제8조).

② 동법 제27조

③ 동법 제18조

④ 동법 제32조 제1항 · 제2항

08 ① 전자장치 피부착자는 주거를 이전하거나 7일 이상의 국내여행을 하거나 출국할 때에는 미리 보호관찰관의 허가를 받아야 한다(전자장치 부착 등에 관한 법률 제14조 제3항).

② 19세 미만의 사람에 대하여 특정범죄(성폭력범죄, 미성년자 대상 유괴범죄, 살인범죄, 강도범죄)를 저지른 경우에는 전자장치 부착기간 하한을 법률에서 정한 부착기간 하한의 2배로 한다(동법 제9조 제1항).

③ 그 집행을 종료한 후 또는 집행이 면제된 후 10년 이내에 성폭력범죄를 저지른 때(동법 제5조 제1항)

④ 동법 제9조 제2항

09 ① 환경범죄학을 주창한 브랜팅햄 부부는 범죄사건을 가해자, 피해자, 범행대상, 특정 시공간상에 설정된 법체계 등의 범죄환경에 대해 관심을 가졌다. 특히, '언제', '어디에서' 범죄가 발생하는지에 대해 연구한 브랜팅햄 부부는 환경범죄학이 사회적 상상력과 결합한 지리적 상상력이 범죄사건을 설명하고, 이해하며 통제하기 위해 활용된다고 보았다.

② 범죄패턴이론은 범죄는 일정한 장소적 패턴이 있으며 이는 범죄자의 일상적인 행동패턴과 유사하다는 논리로 범죄자의 여가활동장소나 이동경로 · 이동수단 등을 분석하여 범행지역을 예측함으로써 연쇄살인이나 연쇄강간 등의 연쇄범죄해결에 도움을 줄 수 있다는 범죄예방이론으로, 범죄의 공간적 패턴을 분석할 때 범죄자들이 평범한 일상생활 속에서 범죄기회와 조우하는 과정을 설명한다.

브랜팅햄 부부는 범죄패턴이론을 제시하면서 8가지 주요 법칙을 정리하였다.

제6법칙 : 범죄자는 일반인과 같은 정상적인 시공간적 행동패턴을 갖는다. 범죄 개연성이 높은 장소 역시 정상적인 활동이 이루어지는 공간이다.

제7법칙 : 잠재적 목표물 내지 피해자는 잠재적 범죄자의 활동공간과 교차하는 활동공간이나 위치를 갖는다. 잠재적 목표물과 피해자는 잠재적 범죄자의 범행의지가 촉발되었을 때와 범죄자의 범죄템플릿(범죄의 추상적인 안내판)에 적합할 때 실제 목표물이나 피해자가 된다.

③ 제프리(Jeffrey)는 광범위한 사회정책에서부터 개인의 심리적 수준까지 다양한 차원의 범죄예방전략을 제안하였다. 특히, "세상에는 환경적 조건에 따른 범죄행동만 있을 뿐 범죄자는 존재하지 않는다."라고 주장하여, 매우 급진적인 시각을 갖고 있음을 알 수 있다.

④ 환경범죄학은 인간과 상황의 상호작용 기제나 범죄패턴의 묘사보다는 범죄예방 전략의 제시방법에 더 관련이 있다. 즉 경찰에게 환경적 측면의 중재를 실시하도록 하는 방법이나 도구를 제공하는 것에 더 관심을 갖는다. 대표적으로 골드스타인(Goldstein)의 문제지향 경찰활동(POP)이나 윌슨(Wilson)과 켈링(Kelling)의 깨진 유리창 개념을 통해 환경범죄학의 교훈이 전달되고 있다. 최근에는 정보주도 경찰활동(ILP)에 환경범죄학의 다양한 범죄분석 기법이 활용되고 있다.

10　① 형집행법 시행규칙 제44조 제2항
② 장애인수형자 전담교정시설의 장은 장애인의 재활에 관한 전문적인 지식을 가진 의료진과 장비를 갖추도록 노력하여야 한다(동법 시행규칙 제52조).
③ 동법 시행규칙 제59조의2 제2항
④ 동법 제51조 제2항

11　① 민영교도소 등의 설치·운영에 관한 법률 제29조 제1항
② 동법 제28조
③ 민영교도소 등의 운영에 필요한 무기는 해당 교정법인의 부담으로 법무부장관이 구입하여 배정한다(동법 제31조 제2항).
④ 동법 제26조

12　징역형·금고형이 확정된 사람으로서 집행할 형기가 형집행지휘서 접수일부터 3개월 미만인 사람과 구류형이 확정된 사람에 대해서는 분류심사를 하지 아니한다(형집행법 시행규칙 제62조 제1항).

13　① 형집행법 시행규칙 제89조 제1항 전단
② 동법 시행규칙 제89조 제2항
③ 이 경우 제87조의 접견 허용횟수에는 포함되지 아니한다(동법 시행규칙 제89조 제1항 후단).
④ 동법 시행규칙 제89조 제3항

14　① 형집행법 시행령 제15조
② 소장은 신입자거실에 수용된 사람에게는 작업을 부과해서는 아니 된다(동법 시행령 제18조 제2항).
③ 동법 시행령 제18조 제3항
④ 동법 시행령 제14조

15　① 행형에 있어서 형을 남용하는 남형(濫刑)의 폐해가 가장 많았던 것이 장형이었는데, 그것은 집행관의 자의가 개입하기 쉽기 때문이었다.
② 나이가 70세 이상인 자, 15세 미만인 자, 폐질환자, 임신한 여자 등은 태형(笞刑)을 집행하지 않고 대신 속전(贖錢)을 받았다.
③ 장형(杖刑)은 태형보다 중한 형벌로서 60대에서 100대까지 5등급으로 구분하였고, 큰 가시나무 회초리로 때렸다.
④ 유형 중 안치(安置)는 왕족이나 현직고관인 사람에 한하여 일정한 장소에 격리시켜 유지하게 하는 것으로, 유형 중에서도 행동의 제한을 가장 많이 받는 형벌이었다.

16 ① 가석방자관리규정 제6조 제1항

② 동 규정 제8조

③ 가석방자는 국내 주거지 이전 또는 1개월 이상 국내 여행을 하려는 경우 관할경찰서의 장에게 신고하여야 한다(동 규정 제10조 제1항).

④ 동 규정 제20조

✦ 비교·구분

보호관찰 대상자	보호관찰 대상자는 주거를 이전하거나 1개월 이상 국내외 여행을 할 때에는 미리 보호관찰관에게 신고하여야 한다(보호관찰 등에 관한 법률 제32조 제2항).
사회봉사·수강명령 대상자	사회봉사·수강명령 대상자는 주거를 이전하거나 1개월 이상 국내외 여행을 할 때에는 미리 보호관찰관에게 신고하여야 한다(보호관찰 등에 관한 법률 제62조 제2항).
전자장치 피부착자	피부착자는 주거를 이전하거나 7일 이상의 국내여행을 하거나 출국할 때에는 미리 보호관찰관의 허가를 받아야 한다(전자장치 부착 등에 관한 법률 제14조 제3항).
치료명령 대상자	치료명령을 받은 사람은 주거 이전 또는 7일 이상의 국내여행을 하거나 출국할 때에는 미리 보호관찰관의 허가를 받아야 한다(성폭력범죄자의 성충동 약물치료에 관한 법률 제15조 제3항).
가석방자관리규정	가석방자는 국내 주거지 이전 또는 1개월 이상 국내 여행을 하려는 경우 관할경찰서의 장에게 신고하여야 한다(제10조 제1항). 가석방자는 국외 이주 또는 1개월 이상 국외 여행을 하려는 경우 관할경찰서의 장에게 신고하여야 한다(제13조 제1항).

17 보호관찰과 수강명령을 병과할 수 있는 대상자는 ㉢, ㉣이다.

㉠ 「형법」상 선고유예를 받은 자는 보호관찰 대상자에 해당하며(보호관찰 등에 관한 법률 제3조 제1항), 수강명령은 선고유예시에는 할 수 없고 집행유예시에 명할 수 있다(동법 제3조 제2항).

㉡ 「형법」상 가석방된 자는 보호관찰 대상자에 해당하며(동법 제3조 제1항), 수강명령은 명할 수 없다(동법 제3조 제2항).

㉢ 「소년법」상 보호관찰관의 장기·단기보호관찰 처분을 받은 소년 중 12세 이상인 자는 보호관찰 대상자와 수강명령 대상자에 해당하며(동법 제3조 제1항·제2항), 보호관찰관의 단기 보호관찰과 수강명령, 보호관찰관의 장기 보호관찰과 수강명령은 병합할 수 있으며(소년법 제32조 제2항), 수강명령은 12세 이상의 소년에게만 할 수 있다(동법 제32조 제4항).

㉣ 「성폭력범죄의 처벌 등에 관한 특례법」상 성폭력범죄를 범한 사람으로서 형의 집행을 유예 받은 자는 보호관찰 대상자와 수강명령 대상자에 해당하며(보호관찰 등에 관한 법률 제3조 제1항·제2항), 법원이 성폭력범죄를 범한 사람에 대하여 유죄판결(선고유예는 제외)을 선고하거나 약식명령을 고지하는 경우에는 500시간의 범위에서 재범예방에 필요한 수강명령을 병과하여야 한다(성폭력범죄의 처벌 등에 관한 특례법 제16조 제2항). 성폭력범죄를 범한 자에 대하여 수강명령은 형의 집행을 유예할 경우에 그 집행유예기간 내에서 병과한다(동법 제16조 제3항).

18 ① 형집행법 제127조

② 동법 제128조 제4항

③ 동법 제128조 제2항

④ 소장은 수용자가 사망하면 법무부장관이 정하는 범위에서 화장·시신인도 등에 필요한 비용을 인수자에게 지급할 수 있다(동법 제128조 제5항).

19 데이비드 스트리트(David Street) 등은 「처우조직」(1966)이라는 자신들의 저서에서 처우 − 구금 − 처우의 연속선상에서 처우 조직을 복종/동조, 재교육/발전, 그리고 처우의 세 가지 유형으로 분류하였다. 각 조직의 구조는 각 조직의 목표와 연관된다.

구금적 시설 (복종/동조 모형)	① 대규모 보안 직원, 적은 수의 처우 요원 ② 규율의 엄격한 집행 ③ 수용자는 강제된 동조성을 강요받는 준군대식 형태로 조직 ④ 습관, 동조성훈련, 권위에 대한 복종이 강조 ⑤ 조절(conditioning)이 주된 기술 ⑥ 청소년은 외부통제에 즉각적으로 동조하도록 요구받음 ⑦ 강력한 직원통제와 다양한 부정적 제재에 의해 추구 ⑧ 구금을 강조하는 대부분의 소년교정시설을 대표
재교육과 개선을 강조하는 시설 (재교육/발전 모형)	① 엄격한 규율과 제재가 적용되었으나 복종보다는 교육을 강조 ② 직원들은 대부분이 교사로서 기술습득과 가족과 같은 분위기 창출에 관심 ③ 훈련을 통한 청소년의 변화를 강조 ④ 복종/동조 모형에 비해 청소년과 직원의 밀접한 관계 강조 ⑤ 청소년의 태도와 행동의 변화, 기술의 습득, 개인적 자원의 개발에 중점
처우를 중시하는 조직 (처우 모형)	① 가능한 많은 처우요원을 고용하고 있어서 조직구조가 가장 복잡 ② 청소년의 처우계획을 진전시키기 위하여 처우요원과 보안요원의 협조와 청소년 각자의 이해를 강조 ③ 처우모형은 청소년의 인성변화를 강조 ④ 청소년의 심리적 재편에 초점 ⑤ 처벌은 자주 이용되지 않으며 엄하지 않게 집행됨 ⑥ 다양한 활동과 성취감 강조 ⑦ 자기 존중심의 개발과 자기 성찰을 강조 ⑧ 개인적 통제와 사회적 통제를 동시에 강조하기 때문에 청소년의 개인적 문제해결에 도움을 주며 지역사회생활에의 준비도 강조

20 ① 외부 직업훈련의 비용은 수형자가 부담한다. 다만, 처우상 특히 필요한 경우에는 예산의 범위에서 그 비용을 지원할 수 있다(형집행법 시행규칙 제96조 제2항).
② 동법 시행규칙 제107조 제1항
③ 이 경우 개인작업 시간은 교도작업에 지장을 주지 아니하는 범위에서 1일 2시간 이내로 한다(동법 시행규칙 제95조 제1항).
④ 교도관의 작업지도를 보조할 수 있는 경비처우급은 개방처우급 또는 완화경비처우급이다(동법 시행규칙 제94조).

01	02	03	04	05	06	07	08	09	10
①	④	②	②	③	②	②	③	④	①

11	12	13	14	15	16	17	18	19	20
①	②	③	②	④	③	④	④	③	④

01
① 사람은 일탈의 잠재적 가능성을 가지고 있는데, 이것을 통제하는 시스템에 기능장애가 생기면 통제가 이완되고 일탈가능성이 발현되어 범죄가 발생한다고 한다.
② 고전학파에 대한 설명이다.
③ 쇼(Show)와 맥케이(Mckay)의 범죄생태이론(범죄지대연구)과 사회해체이론에 대한 설명이다.
④ 서덜랜드(Sutherland)의 차별적 접촉이론 : 범죄행위는 다른 사람들과의 상호작용과정에서 의사소통을 통해 학습되며, 범죄행위 학습의 중요한 부분은 친밀한 관계를 맺고 있는 집단들에서 일어난다.

02
①, ④ 기소유예제도는 무죄결정을 내리는 것이 아니라 시효가 완성될 때까지 기소를 유예하는 것이므로 법적 안정성을 침해할 수 있다. 왜냐하면 기소유예기간 동안 피의자는 불안한 법적 지위를 가져야 하기 때문이다. 그러나 이러한 피의자의 불이익 때문에 기소유예제도는 오히려 형벌적 기능을 담당할 수 있다고 한다.
②, ③ 기소유예제도의 장점에 해당한다.

03
① 교도작업의 목적에 따른 분류 중 운영지원작업(이발·취사·간병, 그 밖에 교정시설의 시설운영과 관리에 필요한 작업)에 대한 설명이다(형집행법 시행규칙 제5조 제10호).
③ 위탁(단가)작업에 대한 설명이다.
④ 직영(관사)작업에 대한 설명이다.

04
㉠ 보호관찰심사위원회, 가석방심사위원회는 법무부장관 소속하에 있다.
㉡ 중앙급식관리위원회, 치료감호심의위원회, 보안관찰처분심의위원회는 법무부에 설치되어 있다.
㉢ 교정자문위원회는 지방교정청에 설치되어 있다.
㉣ 징벌위원회, 귀휴심사위원회, 분류처우위원회, 취업지원협의회, 교도관 회의, 지방급식관리위원회는 교정시설에 설치되어 있다.

05 ✦ 보호관찰의 모형화

스미크라(Smykla)는 보호관찰관의 기능과 자원의 활용이라는 측면에서 보호관찰을 모형화하고 있다.

전통적 모형	보호관찰관이 지식인(generalist)으로서 내부자원을 이용하여 지역적으로 균등배분된 보호관찰 대상자에 대해서 지도·감독에서 보도·원호에 이르기까지 다양한 기능을 수행하나 통제를 보다 중시하는 모형이다.
프로그램모형	① 보호관찰관은 전문가(specialist)를 지향하나 목적수행을 위한 자원은 내부적으로 해결하려는 모형이다. ② 보호관찰관이 전문가로 기능하기 때문에 보호관찰대상자를 분류하여 보호관찰관의 전문성에 따라 배정하게 된다. ③ 이 모형의 문제는 범죄자의 상당수는 특정한 한 가지 문제만으로 범죄자가 된 것은 아니며, 한 가지의 처우만을 필요로 하는 것도 아니라는 것이다.
옹호모형	보호관찰관은 지식인(generalist)으로서 외부자원을 적극 활용하여 보호관찰대상자가 다양하고 전문적인 사회적 서비스를 제공받을 수 있도록 무작위로 배정된 대상자들을 사회기관에 위탁하는 것을 주된 임무로 한다.
중개모형	보호관찰관은 전문가(specialist)로서 자신의 전문성에 맞게 배정된 보호관찰대상자에 대하여 사회자원의 개발과 중개의 방법으로 외부자원을 적극 활용하여 전문적인 보호관찰을 한다.

06

① 소장은 개방처우급·완화경비처우급 수형자에게 자치생활을 허가할 수 있고(형집행법 시행규칙 제86조 제1항), 자치생활 수형자들이 교육실, 강당 등 적당한 장소에서 월 1회 이상 토론회를 할 수 있도록 하여야 한다(동법 시행규칙 제86조 제3항).

② 의류를 지급하는 경우 수형자가 개방처우급인 경우에는 색상, 디자인 등을 다르게 할 수 있다(동법 시행규칙 제84조 제2항).

③ 소장은 수형자가 개방처우급 또는 완화경비처우급으로서 작업·교육 등의 성적이 우수하고 관련 기술이 있는 경우에는 교도관의 작업지도를 보조하게 할 수 있다(동법 시행규칙 제94조).

④ 소장은 수형자가 개방처우급 또는 완화경비처우급으로서 직업능력 향상을 위하여 특히 필요한 경우에는 교정시설 외부의 공공기관 또는 기업체 등에서 운영하는 직업훈련을 받게 할 수 있다(동법 시행규칙 제96조 제1항).

07

① 교도작업의 운영 및 특별회계에 관한 법률 제7조

② 법무부장관은 교도작업으로 생산되는 제품의 종류와 수량을 회계연도 개시 1개월 전까지 공고하여야 한다(동법 제4조).

③ 동법 제5조

④ 동법 제6조 제1항

08

옳은 것은 ㉡, ㉢, ㉤이다.

㉠ 소장은 저수조 등 급수시설을 6개월에 1회 이상 청소·소독하여야 한다(형집행법 시행령 제47조 제2항).

㉡ 동법 시행령 제56조

㉢ 동법 제36조 제2항, 동법 시행령 제54조의2 제2호

㉣ 소장은 수용자에 대하여 1년에 1회 이상 건강검진을 하여야 한다. 다만, 19세 미만의 수용자와 계호상 독거수용자에 대하여는 6개월에 1회 이상 하여야 한다(동법 시행령 제51조 제1항).

㉤ 동법 시행령 제57조

09 ① 수용자의 경우에도 모든 기본권의 제한이 정당화될 수 없으며 국가가 개인의 불가침의 기본적인 인권을 확인하고 보장할 의무(헌법 제10조 후문)로부터 자유로워질 수는 없다. 따라서 수용자의 지위에서 예정되어 있는 기본권 제한이라도 형의 집행과 도주 방지라는 구금의 목적과 관련되어야 하고 그 필요한 범위를 벗어날 수 없으며, 교도소의 안전 및 질서유지를 위하여 행해지는 규율과 징계로 인한 기본권의 제한도 다른 방법으로는 그 목적을 달성할 수 없는 경우에만 예외적으로 허용되어야 한다(헌재 2016.6.30. 2015헌마36).
② CCTV 계호행위는 청구인의 생명·신체의 안전을 보호하기 위한 것으로서 그 목적이 정당하고, 교도관의 시선에 의한 감시만으로는 자살·자해 등의 교정사고 발생을 막는 데 시간적·공간적 공백이 있으므로 이를 메우기 위하여 CCTV를 설치하여 수형자를 상시적으로 관찰하는 것은 위 목적 달성에 적합한 수단이라 할 것이다(헌재 2011.9.29. 2010헌마413).
③ 원고의 긴 팔 티셔츠 2개(영치품)에 대한 사용신청 불허처분 이후 이루어진 원고의 다른 교도소로의 이송이라는 사정에 의하여 원고의 권리와 이익의 침해 등이 해소되지 아니한 점, 원고의 형기가 만료되기까지는 아직 상당한 기간이 남아 있을 뿐만 아니라, ○○교도소가 전국 교정시설의 결핵 및 정신질환 수형자들을 수용·관리하는 의료교도소인 사정을 감안할 때 원고의 ○○교도소로의 재이송 가능성이 소멸하였다고 단정하기 어려운 점 등을 종합하면, 원고로서는 영치품(보관품) 사용신청 불허처분의 취소를 구할 이익이 있다고 봄이 상당하다(대법원 2008.2.14. 2007두13203).
④ 수형자가 인간 생존의 기본조건이 박탈된 교정시설에 수용되어 인간의 존엄과 가치를 침해당하였는지 여부를 판단함에 있어서는 1인당 수용면적뿐만 아니라 수형자 수와 수용거실 현황 등 수용시설 전반의 운영 실태와 수용기간, 국가 예산의 문제 등 제반 사정을 종합적으로 고려할 필요가 있다. 그러나 교정시설의 1인당 수용면적이 수형자의 인간으로서의 기본 욕구에 따른 생활조차 어렵게 할 만큼 지나치게 협소하다면, 이는 그 자체로 국가형벌권 행사의 한계를 넘어 수형자의 인간의 존엄과 가치를 침해하는 것이다(헌재 2016.12.29. 2013헌마142).

10 ① 법무부장관은 직업훈련을 위하여 필요한 경우에는 수형자를 다른 교정시설로 이송할 수 있다(형집행법 시행규칙 제127조 제1항).
② 동법 시행규칙 제124조 제1항
③ 동법 시행규칙 제126조 제3호
④ 동법 시행규칙 제148조 제3항

11 ✦ **성폭력범죄자에 대한 부착명령 청구**(전자장치 부착 등에 관한 법률 제5조 제1항)
검사는 다음의 어느 하나에 해당하고, 성폭력범죄를 다시 범할 위험성이 있다고 인정되는 사람에 대하여 전자장치를 부착하도록 하는 명령(부착명령)을 법원에 청구할 수 있다.
① 성폭력범죄로 징역형의 실형을 선고받은 사람이 그 집행을 종료한 후 또는 집행이 면제된 후 10년 이내에 성폭력범죄를 저지른 때
② 성폭력범죄로 이 법에 따른 전자장치를 부착받은 전력이 있는 사람이 다시 성폭력범죄를 저지른 때
③ 성폭력범죄를 2회 이상 범하여(유죄의 확정판결을 받은 경우를 포함한다) 그 습벽이 인정된 때
④ 19세 미만의 사람에 대하여 성폭력범죄를 저지른 때
⑤ 신체적 또는 정신적 장애가 있는 사람에 대하여 성폭력범죄를 저지른 때

12 ① 수강명령 처분은 12세 이상의 소년에게만 할 수 있고(소년법 제32조 제4항), 100시간을 초과할 수 없다(동법 제33조 제4항).
② 사회봉사명령 처분은 14세 이상의 소년에게만 할 수 있고(동법 제32조 제3항), 200시간을 초과할 수 없다(동법 제33조 제4항).
③ 단기 보호관찰기간은 1년으로 한다(동법 제33조 제2항).
④ 동법 제32조 제1항 제8호

13 ① 형집행법 시행규칙 제195조 제1항
② 동법 시행규칙 제194조
③ 소장은 교정시설에 마약류를 반입하는 것을 방지하기 위하여 필요하면 강제에 의하지 아니하는 범위에서 수용자의 소변을 채취하여 마약반응검사를 할 수 있다(동법 시행규칙 제206조 제2항).
④ 동법 시행규칙 제196조 제1항

14 ㉠ 1894년 12월 25일에 제정된 「감옥규칙」은 감옥사무의 지침으로, 근대적 형집행법의 효시이다.
㉢ 1950년 3월 2일 「행형법」이 제정·공포되었다.
㉡ 1991년 9월 30일 서울, 대구, 대전, 광주의 4개 지방교정청이 신설되었다.
㉣ 2000년 1월 28일 「민영교도소 등의 설치·운영에 관한 법률」이 제정되었다.
㉤ 2007년 11월 30일 법무부 교정국이 교정본부로 확대 개편되었다.

15 ① 형집행법 제120조 제2항
② 동법 제120조 제1항
③ 동법 제120조 제3항 제1호
④ 가석방심사위원회는 가석방 적격결정을 하였으면 5일 이내에 법무부장관에게 가석방 허가를 신청하여야 한다(동법 제122조 제1항).

16 ① 부정기형의 재심사 시기는 단기형을 기준으로 한다(형집행법 시행규칙 제66조 제2항).
② 소장은 재심사를 할 때에는 그 사유가 발생한 달의 다음 달까지 완료하여야 한다(동법 시행규칙 제68조 제1항).
③ 동법 시행규칙 제66조 제3항
④ 2개 이상의 징역형 또는 금고형을 집행하는 수형자의 재심사 시기를 산정하는 경우에는 그 형기를 합산한다. 다만, 합산한 형기가 20년을 초과하는 경우에는 그 형기를 20년으로 본다(동법 시행규칙 제66조 제4항).

17 옳은 것은 ㉡, ㉢, ㉣이다.
㉠ 소장은 작업시간을 3시간 이상 연장하는 경우에는 수용자에게 주·부식 또는 대용식 1회분을 간식으로 지급할 수 있다(형집행법 시행규칙 제15조 제2항).
㉡ 동법 시행규칙 제11조 제3항
㉢ 동법 시행령 제28조 제2항
㉣ 동법 제23조 제1항

18 ① 검사의 기소유예 처분은 사실상 비범죄화에 해당한다. 사실상 비범죄화에는 검찰의 기소편의주의(기소유예)·불기소처분, 범죄관련자 고소·고발 기피, 경찰의 무혐의 처리, 법원의 절차 중단 등이 있다.
② 형법의 탈도덕화 관점에서 비범죄화 대상으로 비영리적 공연음란죄, 음화판매죄 등이 있으며, 뇌물죄는 비범죄화 논의 대상이 아니다.
③ 비범죄화론은 행위에 대한 형사처벌의 폐지가 아니라 형사처벌의 완화를 목표로 한다.
④ 비범죄화는 형벌구성요건을 필요한 최소한으로 제한시키기 위한 형법의 보충성 요청을 강화시켜주는 수단이 되기도 한다.

19 소장은 개방처우급 혹은 완화경비처우급 수형자가 다음의 사유에 모두 해당하는 경우에는 교정시설에 설치된 개방시설에 수용하여 사회 적응에 필요한 교육, 취업지원 등 적정한 처우를 할 수 있다(형집행법 시행규칙 제93조 제1항).

1. 형기가 2년 이상인 사람
2. 범죄 횟수가 3회 이하인 사람
3. 중간처우를 받는 날부터 가석방 또는 형기 종료 예정일까지 기간이 3개월 이상 2년 6개월 이하인 사람

20 ✦ **보호장구의 종류 및 사용요건**(보호관찰 등에 관한 법률 제46조의3)

종 류	사용요건
수갑·포승·보호대	① 구인 또는 긴급구인한 보호관찰 대상자를 보호관찰소에 인치하거나 수용기관 등에 유치하기 위해 호송하는 때 ② 구인 또는 긴급구인한 보호관찰 대상자가 도주하거나 도주할 우려가 있는 때 ③ 위력으로 보호관찰소 소속 공무원의 정당한 직무집행을 방해하는 때 ④ 자살·자해 또는 다른 사람에 대한 위해의 우려가 큰 때 ⑤ 보호관찰소 시설의 설비·기구 등을 손괴하거나 그 밖에 시설의 안전 또는 질서를 해칠 우려가 큰 때
가스총	② 구인 또는 긴급구인한 보호관찰 대상자가 도주하거나 도주할 우려가 있는 때 ③ 위력으로 보호관찰소 소속 공무원의 정당한 직무집행을 방해하는 때 ④ 자살·자해 또는 다른 사람에 대한 위해의 우려가 큰 때 ⑤ 보호관찰소 시설의 설비·기구 등을 손괴하거나 그 밖에 시설의 안전 또는 질서를 해칠 우려가 큰 때
전자충격기	다음의 어느 하나에 해당하는 경우로서 상황이 긴급하여 다른 보호장구만으로는 그 목적을 달성할 수 없는 때 ② 구인 또는 긴급구인한 보호관찰 대상자가 도주하거나 도주할 우려가 있는 때 ③ 위력으로 보호관찰소 소속 공무원의 정당한 직무집행을 방해하는 때 ④ 자살·자해 또는 다른 사람에 대한 위해의 우려가 큰 때 ⑤ 보호관찰소 시설의 설비·기구 등을 손괴하거나 그 밖에 시설의 안전 또는 질서를 해칠 우려가 큰 때

05 2018년 교정직 7급 정답 및 해설

01	02	03	04	05	06	07	08	09	10
③	③	①	④	①	③	④	②	③	③
11	12	13	14	15	16	17	18	19	20
②	②	④	①	④	④	②	①	③	④

01 에그뉴의 일반긴장이론은 스트레스와 긴장을 느끼는 개인이 범죄를 저지르기 쉬운 이유를 설명하는 이론으로 모든 계층(하류층, 중·상류층)의 범죄원인에 대한 설명은 가능하나, 계층에 따라 범죄율이 달라지는 이유를 설명하지 못한다는 비판을 받는다.

02 개인의 자유의지에 따른 범죄행위에 대한 책임 및 처벌을 강조하는 고전학파에 대한 설명이다. 소질과 환경을 중시하는 실증주의는 결정론적 입장에서 사회적 책임을 강조한다.

03 ① 범죄행위의 학습과정은 다른 행위의 학습과정과 동일한 메커니즘을 가진다. 범죄자와 준법자와의 차이는 접촉양상에 있을 뿐 학습이 진행되는 과정에는 아무런 차이가 없다.
② 범죄행위는 의사소통과정에 있는 다른 사람과의 상호작용을 수행하는 과정에서 학습된다는 이론으로, 범죄행위는 유전적인 요인과는 관계가 없다.
③ 법에 대한 비우호적 정의가 우호적 정의보다 클 때 범죄를 실행한다는 이론으로, 개인이 처한 경제적 위치와 차별경험은 관계가 없다.
④ 글래저의 차별적 동일화이론에 대한 설명이다. 차별적 접촉이론은 범죄행위 학습의 중요한 부분은 친밀관계를 맺고 있는 집단들에서 일어난다고 한다.

04 ① 교화개선모형이 추구하는 교정의 목적, 즉 수형자의 사회복귀는 효과적인 결과를 성취하지 못하였다고 주장한다. 적지 않은 비용을 투자하여 차별적 형사정책이라는 비난을 받아가면서 추진한 교화개선이 만족할 만한 성과를 거두지 못할 바에야 형사정책의 가장 기본적인 목적이라고 할 수 있는 사법정의의 실현이라도 추구하는 편이 더 바람직할 수 있다는 데서 정의모형은 출발한다.
② 범죄자에게 가해지는 처벌은 범죄로 인하여 사회에 가해진 사회적 해악이나 범죄의 경중에 상응한 것이어야 한다. 이것이 당위적 공과론(just deserts. 범죄자가 당연히 벌을 받아야 마땅하기 때문에 가해지는 것이어야 한다는 논리)으로서 정의모형의 철학적 기초가 되고 있다.
③ 포겔(Fogel)은 사법정의가 교화개선보다 바람직하고 성취 가능한 형사사법목표이며, 이는 공정하고 합리적이며 인본적이고 합헌적인 관행에 의해서 이루어질 수 있다고 주장하였다.
④ 의료모델에 대한 설명이다.
정의모델은 자유의사론의 시각에서 정당한 처벌을 통하여 사법정의의 확보와 그에 따른 인권보호의 차원에 초점을 맞추고 있다.

05 ① 유형수 중 정치범에게는 식량 등의 생활필수품을 관에서 공급하였고, 유배지에 처와 첩은 따라가며, 직계존속은 본인의 희망에 따라 동행을 허가해 주었다. 다만, 위리안치는 가족과의 거주가 허용되지 않았다.
② 안치(安置)는 유형 중에서도 행동의 제한을 가장 많이 받는 형벌로서, 유형지에서도 다시 일정한 지역 내로 유거하게 하는 것이다.
③ 유배죄인에 대한 계호 및 처우 등의 책임은 그 지방의 수령에게 있다.
④ 유형은 도형(유기징역형)과는 달리 기간이 정하여지지 않았고(무기금고형), 왕명에 의해서만 석방될 수 있었다.

06 ⓛ 유입모형에 대한 설명이다.

ⓒ 박탈모형에 대한 설명이다.

ⓔ 박탈모형에 따르면 교도소화는 수용에 따른 고통, 각종 권익의 박탈에 대한 수형자들의 저항이므로, 이러한 문제점을 해소하고자 자유주의자들은 시설 내 처우를 피하고 사회 내 처우를 실시할 것을 주장한다. 그러므로 자유주의자들은 박탈모형을 지지한다.

유입모형에 따르면 교정시설 내 수형자의 행위유형은 수형자가 사회로부터 함께 들여 온 것이므로, 사회에서 나쁜 문화를 가지고 있는 범죄자들을 교도소에 수용함으로써 사회의 부문화가 교도소로 유입되는 것을 방지하고자 하는 보수주의자들은 시설 내 처우를 실시할 것을 주장한다. 그러므로 보수주의자들은 유입모형을 지지한다.

✦ 교도소화

어린이가 사회의 행위유형을 학습하는 것을 사회화(socialization)라고 한다면, 수형자가 교정시설에서의 행위유형을 학습하는 과정을 교도소화(prisonization)라고 할 수 있다. 사회화와 교도소화가 다른 것은 일반인은 자신에게 주어진 행위유형을 거부하거나 수용할 수 있는 중립적인 입장인 데 반해, 수형자는 자신에게 주어진 행위유형을 거부하거나 수용할 수 있는 중립적인 입장이 아니라는 사실이다.

클레머(Clemmer)는 "교정시설의 일반적 문화, 관습, 규범 그리고 민속 등을 다소간 취하는 것"으로 교도소화를 규정하고 있다. 신입 수형자가 교정시설의 규범과 가치에 익숙해지고, 그것을 내재화하는 과정으로 교도소화를 보고 있는 것이다.

07 ① 혼거수용 인원은 3명 이상으로 한다. 다만, 요양이나 그 밖의 부득이한 사정이 있는 경우에는 예외로 한다(형집행법 시행령 제8조).

② 처우상 독거수용이란 주간에는 교육·작업 등의 처우를 위하여 일과에 따른 공동생활을 하게 하고 휴업일과 야간에만 독거수용하는 것을 말한다(동법 시행령 제5조 제1호).

③ 계호상 독거수용이란 사람의 생명·신체의 보호 또는 교정시설의 안전과 질서유지를 위하여 항상 독거수용하고 다른 수용자와의 접촉을 금지하는 것을 말한다. 다만, 수사·재판·실외운동·목욕·접견·진료 등을 위하여 필요한 경우에는 그러하지 아니하다(동법 시행령 제5조 제2호).

④ 수용자를 이송이나 출정, 그 밖의 사유로 호송하는 경우에는 수형자는 미결수용자와, 여성수용자는 남성수용자와, 19세 미만의 수용자는 19세 이상의 수용자와 각각 호송 차량의 좌석을 분리하는 등의 방법으로 서로 접촉하지 못하게 하여야 한다(동법 시행령 제24조).

08 ① 형집행법 제112조 제3항

② 소장은 제108조 제13호(30일 이내의 실외운동 정지)에 따른 실외운동 정지를 부과하는 경우 또는 30일 이내의 금치처분을 받은 사람의 실외운동을 제한하는 경우(제108조 제4항)라도 수용자가 매주 1회 이상 실외운동을 할 수 있도록 하여야 한다(동법 제112조 제5항).

③ 동법 제112조 제6항

④ 동법 시행규칙 제231조 제2항

09 ① 민영교도소 등의 설치·운영에 관한 법률 제26조

② 동법 제25조 제2항

③ 법무부장관은 필요하다고 인정하면 교정업무를 공공단체 외의 법인·단체 또는 그 기관이나 개인에게 위탁할 수 있다. 다만, 교정업무를 포괄적으로 위탁하여 한 개 또는 여러 개의 교도소 등을 설치·운영하도록 하는 경우에는 법인에만 위탁할 수 있다(동법 제3조 제1항).

④ 동법 제25조 제1항

10 판사의 피의자 심문 후 구속영장이 발부되어 교정시설에 유치된 피의자는 미결수용자인 신입자로서 정식입소절차에 의한다(형집행법 제16조 제1항).

✦ **간이입소절차**(형집행법 제16조의2)
다음의 어느 하나에 해당하는 신입자의 경우에는 법무부장관이 정하는 바에 따라 간이입소절차를 실시한다.
① 「형사소송법」 제200조의2(영장에 의한 체포), 제200조의3(긴급체포) 또는 제212조(현행범인의 체포)에 따라 체포되어 교정시설에 유치된 피의자
② 「형사소송법」 제201조의2(구속 전 피의자심문) 제10항 및 제71조의2(구인 후의 유치)에 따른 구속영장 청구에 따라 피의자 심문을 위하여 교정시설에 유치된 피의자

11 ① 형집행법 제73조 제1항
② 작업장려금은 석방할 때에 본인에게 지급한다(동법 제73조 제3항).
③ 동법 제108조 제3호
④ 동법 시행규칙 제246조 제1호 사목

12 간수를 채용하고 교육하기 위한 간수교습규정은 일제강점기에 마련되었다(1917년).

13 ① 형집행법 시행규칙 제141조 제1항
② 동법 시행규칙 제142조 제2항
③ 동법 시행규칙 제143조
④ 소장은 2일 이상의 귀휴를 허가한 경우에는 귀휴를 허가받은 사람(귀휴자)의 귀휴지를 관할하는 경찰관서의 장에게 그 사실을 통보하여야 한다(동법 시행령 제97조 제1항).

14 올린은 보호관찰관의 유형을 처벌적, 보호적, 복지적, 수동적 보호관찰관으로 분류하였다. 이러한 보호관찰관의 역할유형을 통제와 지원이라는 두 가지 차원에서 요약하면 다음과 같다.

구 분	지 원	통 제
복지적	높음	낮음
보호적	높음	높음
수동적	낮음	낮음
처벌적	낮음	높음

15 ① 형집행법 시행규칙 제106조 제1항
② 동법 시행규칙 제105조 제3항
③ 동법 제63조 제2항
④ 독학에 의한 학위 취득과정, 방송통신대학과정, 전문대학 위탁교육과정, 정보화 및 외국어 교육과정에 따른 교육을 실시하는 경우 소요되는 비용은 특별한 사정이 없으면 교육대상자의 부담으로 한다(동법 시행규칙 제102조 제2항).

16 ① 형집행법 제124조 제3항
② 동법 시행령 제142조
③ 동법 제125조
④ 소장은 수형자의 건전한 사회복귀를 위하여 필요하다고 인정하면 석방 전 3일 이내의 범위에서 석방예정자를 별도의 거실에 수용하여 장래에 관한 상담과 지도를 할 수 있다(동법 시행령 제141조).

17 ① 입소 전 중간처우소는 대체로 정신질환범죄자나 마약중독범죄자 등에게 유용한 것으로, 수형자가 겪고 있는 정신질환이나 중독증상이 치유된 이후에 수형생활을 하는 것이 교정의 효과를 높일 수 있기 때문이다.

② 중간처우소는 과도기적 시설과 기능 외에 직접적인 하나의 형벌의 대안으로서 이용되기도 한다. 즉 시설수용과 거주 지역사회교정 모두에 대안으로서 쓰이고 있다는 것이다. 다시 말해서 지금까지의 형벌이 사실상 완전한 구금과 완전한 자유라는 극단적인 두 가지로만 이루어져 왔으나, 이제는 극단적 두 처분의 중간에 위치할 수 있는 대안도 필요하다는 인식을 한 것이다.

따라서 일반적인 보호관찰이나 집중감시보호관찰 대상자들보다 좀 더 강한 통제와 체계가 필요하다고 판단되는 경우에 적용할 수 있고, 보호관찰 또는 가석방 규칙을 위반한 경우에도 중간처우소 제도를 적용하기도 한다.

④ 중간처우소와 같은 과도기적 시설이 있음으로써 출소자들이 겪게 될지도 모를 혼란·불확실성·스트레스 등을 점차적으로 경험하게 하고 해결하게 하여 지역사회에서의 독립적인 생활에 재적응할 수 있는 적절한 시간적 여유를 제공할 수 있는 것이다. 이러한 관점에서 중간처우소(Halfway house)를 출소자들을 위한 감압실이라고도 한다.

✦ **중간처우소**(중간처우의 집)

중간처우소는 우선 과도기적 시설과 서비스를 필요로 하는 교도소에서 출소할 재소자, 구금의 대안으로서 보호관찰부 형의 유예자들에게 제공된다. 그리고 법원의 양형결정에 필요한 분류심사서비스로서도 활용되고 있다. 심지어 중간처우소가 출소자들에게는 외부통근이나 통학 또는 석방 전 처우센터로서도 이용되며, 특히 아동보호시설이나 재판 전 구치시설이나 소년원의 대안으로서도 이용되기도 한다.

18 ① 법원의 치료명령 결정에 따른 치료기간은 15년을 초과할 수 없다(성폭력범죄자의 성충동 약물치료에 관한 법률 제22조 제3항).

② 치료명령의 결정을 받은 사람은 치료기간 동안 치료비용을 부담하여야 한다. 다만, 치료비용을 부담할 경제력이 없는 사람의 경우에는 국가가 비용을 부담할 수 있다(동법 제24조 제1항).

③ 동법 제23조 제2항

④ 동법 제22조 제14항

19 ① 소년법 제43조 제2항

② 동법 제46조

③ 보호처분의 결정 및 부가처분 등의 결정 또는 보호처분·부가처분 변경 결정에 대해서 항고할 수 있다(동법 제43조 제1항).

④ 동법 제44조

20 ① 보호관찰 등에 관한 법률 시행령 제41조 제1항

② 동법 시행령 제41조 제3항

③ 동법 시행령 제41조 제2항

④ 갱생보호사업자 또는 한국법무보호복지공단은 갱생보호대상자에 대한 숙식제공의 기간을 연장하고자 할 때에는 본인의 신청에 의하되, 자립의 정도, 계속보호의 필요성 기타 사항을 고려하여 이를 결정하여야 한다(동법 시행규칙 제60조).

01	02	03	04	05	06	07	08	09	10
④	③	④	③	④	①	③	③	①	①
11	12	13	14	15	16	17	18	19	20
④	③	①	④	②	④	②	②	④	②

01
① 범죄(공식)통계표는 범죄 및 범죄자에 관한 일반적 경향성만을 나타낼 뿐 범죄현상의 내재적 상관관계나 범죄원인을 분석하기 위한 통계조사는 포함되지 않으며, 암수(숨은)범죄가 나타나 있지 않기 때문에 객관적인 범죄상황을 정확히 나타내 주지는 못한다.
② 참여적 관찰방법은 체포되지 않은 범죄자들의 일상을 관찰할 수 있으므로 범죄인에 대한 생생한 실증자료를 얻을 수 있으나, 조사방법이 소규모로 진행되기 때문에 연구결과를 일반화할 수 없다.
③ 실험적 연구방법은 어떤 가설의 타당성을 검증하거나 새로운 사실을 관찰하는 데 유용하지만, 실험여건이나 대상의 확보가 쉽지 않고 자연사실이 아닌 인간을 대상으로 한다는 점에서 실행의 곤란함이 있다.
④ 개별적 사례조사는 조사대상자에 대한 개별적 사례조사나 그의 과거사를 조사하는 것으로 일기나 편지 등 개인의 극히 내밀한 정보의 획득이 요구되며, 범죄자 개개인에 대해 인격과 환경 등 여러 요소를 종합적으로 분석하여 상호 연결관계를 규명하는 방법이다.

02
① 소장은 수형자가 개방처우급 또는 완화경비처우급으로서 작업·교육 등의 성적이 우수하고 관련 기술이 있는 경우에는 교도관의 작업지도를 보조하게 할 수 있다(형집행법 시행규칙 제94조).
② 소장은 형집행정지 중에 있는 사람이 기간만료 또는 그 밖의 정지사유가 없어져 재수용된 경우에는 석방 당시와 동일한 처우등급을 부여할 수 있다(동법 시행규칙 제60조 제2항).
③ 동법 시행규칙 제66조 제3항
④ 소장은 수형자의 경비처우급에 따라 물품에 차이를 두어 지급할 수 있다. 다만, 주·부식, 음료, 그 밖에 건강유지에 필요한 물품은 그러하지 아니하다(동법 시행규칙 제84조 제1항).

03
옳지 않은 것은 ㉢, ㉣이다.
㉢ 범죄가 일어난 후에 처벌이 신속하여 처벌과 범죄가 근접할수록 처벌은 더욱 공정해지고 효과적이다.
㉣ 범죄를 처벌하는 것보다 범죄를 예방하는 것이 더욱 중요하며, 처벌은 범죄예방에 도움이 된다고 판단될 때에 정당화된다는 범죄예방주의를 표방하였다.

04
㉠ 위하적 단계 → ㉣ 교육적 개선단계 → ㉡ 과학적 처우단계 → ㉢ 사회적 권리보장단계

05
독거구금·혼거작업·가석방의 3단계 처우방식인 잉글랜드제에 대한 설명이다.
아일랜드제는 독거구금·혼거작업·중간교도소 처우·가석방의 4단계 처우방식이며, 가석방자에 대해 경찰 감시를 실시하였다. 당시 크로프톤(Crofton)은 휴가증(ticket of leave)제도를 시행했는데, 이것이 보호관찰부 가석방(parole)의 시초가 되었다고 한다.

06 샘슨(Sampson)과 라웁(Laub)은 청소년기에 비행을 저지른 아이들도 사회유대 혹은 사회자본의 형성을 통해 취업과 결혼으로 가정을 이루는 인생의 전환점을 만들면 성인이 되어 정상인으로 돌아가게 된다고 주장하였다.

✦ 발달범죄이론 – 생애과정이론

샘슨과 라웁	① 샘슨(Sampson)과 라웁(Laub)은 범죄경력의 발전과정에서 통제이론과 낙인이론을 중심으로 손베리(Thornberry)와 유사한 설명을 하고 있다. ② 비행은 비공식적 사회통제 혹은 유대의 결과라는 점을 강조했는데, 이에 따르면 어려서 문제행동을 보였던 아이들이 지속적으로 혹은 보다 심각한 비행을 저지르게 되는 이유가 그들의 어릴 때의 경험들이 사회와의 유대를 약화시켰기 때문이라고 설명한다. 즉 어려서 문제성향을 보인 아동은 부모와의 유대가 약화되고, 학교에 적응하지 못하며, 친구들과의 관계도 원만하지 못해 점차 비행소년, 더 나아가서는 성인 범죄자로 전락하게 된다. ③ 그러나 한편으로 어려서 문제행동을 보였던 아동이 사회와의 유대가 회복되거나 강화될 경우 더 이상 비행을 저지르지 않고 비행을 중단하게 된다고도 주장하였다. 또한 청소년기에 비행을 저지르게 되던 아이들도 성인기에 직업을 갖게 되거나 결혼으로 가정을 이루게 될 경우 정상인으로 돌아간다고 하였는데, 그들은 이러한 사회유대 혹은 사회자본의 형성이 인생의 전환점이 된다고 주장하였다.
모핏	① 모핏(Moffitt)은 신경심리학, 낙인이론, 긴장이론 입장에서 범죄경력의 발전과정을 논의하고 있다. ② 범죄자를 청소년한정형 범죄자와 인생지속형 범죄자로 분류하고, 청소년한정형 범죄자보다 인생지속형 범죄자가 정신건강상의 문제를 더 많이 가지고 있다고 하였다. ③ 인생지속형 범죄자들은 아동기 때부터 비행행위를 시작해서 청소년기와 성년기를 거치는 전 생애 과정 동안 지속적으로 일탈을 일삼게 되고, 이들은 정상인에 비해 뇌신경학적 손상을 가지고 있고 또 어린 나이에 부모로부터 학대를 당하는 등 부모와 정상적인 애착관계를 형성하지 못하였다고 한다. ④ 소년시절 반사회적 행위가 성인까지 이어지는 이유는 낮은 언어능력, 과잉활동, 충동적 성격 때문이며, 인생지속형 범죄자에 대한 친구의 영향은 미미하다. ⑤ 한편 성인에 이르기까지 비행을 지속하지 않는 청소년한정형 범죄자는 친구의 영향을 보다 강하게 받는다. ⑥ 패터슨(Patterson)의 연구와 일정부분 유사한 면도 있지만, 패터슨은 조기에 비행을 시작하는 자에게도 친구의 영향이 중요하다고 보았다.

07 ① 외부통근자는 개방처우급·완화경비처우급에 해당하고, 연령은 18세 이상 65세 미만이어야 한다(형집행법 시행규칙 제120조 제1항).
② 소장은 외부통근자가 법령에 위반되는 행위를 하거나 법무부장관 또는 소장이 정하는 지켜야 할 사항을 위반한 경우에는 외부통근자 선정을 취소할 수 있다(동법 시행규칙 제121조).
③ 동법 시행규칙 제122조
④ 소장은 외부통근자의 사회적응능력을 기르고 원활한 사회복귀를 촉진하기 위하여 필요하다고 인정하는 경우에는 수형자 자치에 의한 활동을 허가할 수 있다(동법 시행규칙 제123조).

08 ① 징역형·금고형이 확정된 사람으로서 집행할 형기가 형집행지휘서 접수일부터 3개월 미만인 사람, 구류형이 확정된 사람에 대해서는 분류심사를 하지 아니한다(형집행법 시행규칙 제62조 제1항).
② 소장은 ㉠ 체포영장·구속영장·공소장 또는 재판서에 「마약류관리에 관한 법률」, 「마약류 불법거래방지에 관한 특례법」, 그 밖에 마약류에 관한 형사 법률이 적용된 수용자, ㉡ 마약류에 관한 형사 법률을 적용받아 집행유예가 선고되어 그 집행유예 기간 중에 별건으로 수용된 수용자에 대하여는 마약류수용자로 지정하여야 한다(동법 시행규칙 제204조, 제205조 제1항).

③ 동법 시행규칙 제211조 제1항

④ 소장은 신입자 및 다른 교정시설로부터 이송되어 온 사람에 대하여 수용자번호를 지정하고 수용 중 번호표를 상의의 왼쪽 가슴에 붙이게 하여야 한다. 다만, 수용자의 교화 또는 건전한 사회복귀를 위하여 특히 필요하다고 인정하면 번호표를 붙이지 아니할 수 있다(동법 시행령 제17조 제2항).

09 ① 소장은 수용자가 감염병에 걸린 경우에는 즉시 격리수용하고 그 수용자가 사용한 물품과 설비를 철저히 소독하여야 한다(형집행법 시행령 제53조 제3항).

② 동법 시행령 제51조, 동법 시행규칙 제47조 제2항

③ 동법 시행규칙 제52조

④ 동법 시행령 제57조

10 ① 귀휴심사위원회의 위원장은 소장이 되며, 위원은 소장이 소속기관의 부소장·과장(지소의 경우에는 7급 이상의 교도관) 및 교정에 관한 학식과 경험이 풍부한 외부인사 중에서 임명 또는 위촉한다. 이 경우 외부위원은 2명 이상으로 한다(형집행법 시행규칙 제131조 제3항).

② 동법 제62조 제2항

③ 동법 제111조 제2항

④ 동법 제120조 제2항

11 ① 형집행법 제71조 제5항

② 동법 제73조 제3항

③ 동법 제67조

④ 소장은 수형자의 가족 또는 배우자의 직계존속이 사망하면 2일간, 부모 또는 배우자의 제삿날에는 1일간 해당 수형자의 작업을 면제한다. 다만, 수형자가 작업을 계속하기를 원하는 경우는 예외로 한다(동법 제72조 제1항).

12 ① 중간처벌이란 구금형과 일반보호관찰 사이에 존재하는 대체처벌로서, 중간처우가 사회복귀에 중점을 두는 것이라면 중간처벌은 제재에 보다 중점을 둔 제도이다.

② 충격구금은 보호관찰에 앞서 일시적인 구금의 고통이 미래 범죄행위에 대한 억지력을 발휘할 것이라고 가정하는 처벌형태로, 이는 장기구금에 따른 폐해와 부정적 요소를 해소하거나 줄이는 대신 구금이 가질 수 있는 긍정적 측면을 강조하기 위한 것이다.

③ 배상명령은 범죄자로 하여금 자신의 범죄로 인해 피해를 입은 범죄피해자에게 금전적으로 배상시키는 제도로, 피해자에 대한 단순한 금전적 배상이라는 점에서 하나의 처벌인 동시에 금전 마련을 위해서 일을 하거나 피해자를 배려한다는 등의 차원에서는 교화개선적 기능도 가지고 있다.

④ 일반보호관찰은 주로 경미범죄자나 초범자 등을 대상으로 보호관찰관의 과중한 업무량 등을 이유로 간헐적인 직접접촉과 전화접촉에 그치지만, 집중보호관찰은 어느 정도의 강력범죄자까지도 대상으로 하며 10명 내외의 대상자를 상대로 매주 수회에 걸쳐 직접대면접촉을 보호관찰대상자의 직장이나 가정에서 수행하고 있다.

13 형집행법 시행규칙 제110조 제2항

• 경비처우급 규정을 적용받지 않는 교육과정은 검정고시반, 방송통신고등학교, 독학에 의한 학위 취득과정, 정보화 교육과정이고, 개방·완화·일반경비처우급 수형자를 대상으로 하는 교육과정은 방송통신대학, 전문대학 위탁교육과정, 외국어 교육과정이다.

14 ① 보호관찰 등에 관한 법률 제42조 제1항

② 동법 제42조 제2항

③ 동법 제45조

④ 법원은 보호관찰을 조건으로 한 형의 선고유예의 실효 및 집행유예의 취소 청구의 신청 또는 보호처분의 변경 신청이 있는 경우에 심리를 위하여 필요하다고 인정되면 심급마다 20일의 범위에서 한 차례만 유치기간을 연장할 수 있다(동법 제43조 제2항).

보호관찰소의 장은 가석방 및 임시퇴원의 취소 신청이 있는 경우에 심사위원회의 심사에 필요하면 검사에게 신청하여 검사의 청구로 지방법원 판사의 허가를 받아 10일의 범위에서 한 차례만 유치기간을 연장할 수 있다(동법 제43조 제3항).

15 ① 다른 수용자의 징벌대상행위를 방조한 수용자에게는 그 징벌대상행위를 한 수용자에게 부과되는 징벌과 같은 징벌을 부과하되, 그 정황을 고려하여 2분의 1까지 감경할 수 있다(형집행법 시행규칙 제217조 제2항).

② 소장은 10일의 금치처분을 받은 수용자(동법 시행규칙 제215조 제3호 가목)가 징벌의 집행이 종료된 후 교정성적이 양호하고 1년 6개월(동법 시행규칙 제234조 제1항 제1호 다목) 동안 징벌을 받지 아니하면 법무부장관의 승인을 받아 징벌을 실효시킬 수 있다(동법 제115조 제1항).

③ 소장은 특별한 사유가 없으면 교도관으로 하여금 징벌대상자에 대한 심리상담을 하도록 해야 한다(동법 시행규칙 제219조의2).

④ 소장은 징벌집행의 유예기간 중에 있는 수용자가 다시 징벌대상행위를 하여 징벌이 결정되면 그 유예한 징벌을 집행한다(동법 제114조 제2항).

16 모두 옳지 않은 설명이다.

㉠ 소장은 수형자의 가족 또는 배우자의 직계존속이 위독한 때 일반귀휴를 허가할 수 있다(형집행법 제77조 제1항 제1호).

㉡ 소장은 귀휴의 허가사유가 존재하지 아니함이 밝혀진 때에는 그 귀휴를 취소할 수 있다(동법 제78조 제1호).

㉢ 귀휴는 6개월 이상 형을 집행받은 수형자를 대상으로 한다(동법 제77조 제1항).

㉣ 특별귀휴는 기간 제한이 없으며, 한번의 사유로 5일 이내의 귀휴가 가능하다(동법 제77조 제2항).

17 ① 카티지제에 대한 설명이다. 카티지제도는 소집단 처우제도로서 기존의 대집단 처우제도가 대규모시설에서의 획일적인 수용처우라는 단점을 보완하기 위한 대안적 제도이다. 이 제도는 미국의 오하이오주에서 처음 시작되었으며, 대부분 수형자자치제도와 유기적으로 운영되고 있는데, 그 이유는 수형자자치제도는 사회생활훈련에 용이하고, 카티지제도는 가족적인 공동생활을 영위할 수 있도록 하기 때문이다.

선시제도는 수형자가 교도소 내에서 선행을 유지하고 작업에 자발적으로 참여함으로써 자기 스스로의 노력에 따라 일정한 법률적 기준 하에 석방의 시기가 단축되는 제도이다.

③ 민영교도소는 시설 내 처우이다. 사회 내 처우는 가석방, 보호관찰, 사회봉사·수강명령, 갱생보호, 전자감시, 가택구금 그리고 외출제한명령 등이 있다

④ 수형자자치제는 정기형제도보다 부정기형제도 하에서 더욱 효과적으로 운영될 수 있으며, 소수의 힘 있는 수형자에게 권한이 집중될 수 있어서 수형자에 의한 수형자의 억압과 통제라는 폐해를 유발할 수 있다는 점이 문제로 지적되고 있다.

18 ① 벌금 미납자의 사회봉사 집행에 관한 특례법 제4조 제1항
② 사회봉사 대상자는 법원으로부터 사회봉사 허가의 고지를 받은 날부터 10일 이내에 사회봉사 대상자의 주거지를 관할하는 보호관찰소의 장에게 주거, 직업, 그 밖에 대통령령으로 정하는 사항을 신고하여야 한다(동법 제8조 제1항).
③ 동법 제10조 제2항
④ 동법 제11조

19 ① 형집행법 제53조 제1항
② 동법 시행령 제80조 제1항
③ 동법 제52조 제1항
④ 남성교도관이 1인의 여성수용자에 대하여 실내에서 상담 등을 하려면 투명한 창문이 설치된 장소에서 다른 여성을 입회시킨 후 실시하여야 한다(동법 제51조 제2항).

20 지역사회에 설치된 개방시설에 수용하여 중간처우를 할 수 있는 자는 ⓒ, ⓒ이다.
ⓐ 형기가 2년 이상인 사람이 중간처우의 대상이 되므로, 형기가 1년인 사람은 중간처우의 대상자가 아니다.
ⓒ, ⓒ 지역사회에 설치된 개방시설에 수용하여 중간처우를 할 수 있는 대상자이다(형집행법 시행규칙 제93조 제2항).
ⓓ 중간처우를 받는 날부터 가석방 또는 형기 종료 예정일까지의 기간이 1년 6개월 미만인 수형자가 중간처우의 대상이 된다.

✦ **중간처우 대상자**(형집행법 시행규칙 제93조 제1항·제2항)

교정시설의 개방시설 수용 중간처우 대상자	지역사회의 개방시설 수용 중간처우 대상자
① 개방처우급 혹은 완화경비처우급 수형자	① 개방처우급 혹은 완화경비처우급 수형자
② 형기가 2년 이상인 사람	② 형기가 2년 이상인 사람
③ 범죄 횟수가 3회 이하인 사람	③ 범죄 횟수가 1회 이하인 사람
④ 중간처우를 받는 날부터 가석방 또는 형기 종료 예정일까지 기간이 3개월 이상 2년 6개월 미만인 사람	④ 중간처우를 받는 날부터 가석방 또는 형기 종료 예정일까지의 기간이 1년 6개월 미만인 수형자

01	02	03	04	05	06	07	08	09	10
①	①	③	②	④	②	④	④	②	③
11	12	13	14	15	16	17	18	19	20
④	④	①	①	②	①	③	④	②	③

01
① 1주 이상 격리수용하고 그 수용자의 휴대품을 소독하여야 한다(형집행법 시행령 제53조 제1항).
② 동법 시행령 제53조 제2항
③ 동법 시행령 제53조 제4항
④ 동법 시행규칙 제17조 제2항

02
② 관심대상수용자와 조직폭력수용자의 번호표 및 거실표의 색상은 노란색으로 한다(형집행법 시행규칙 제195 조 제1항).
③ 마약류수용자의 번호표 및 거실표의 색상은 파란색으로 한다(동법 시행규칙 제195조 제1항).
④ 사형확정자의 번호표 및 거실표의 색상은 붉은색으로 한다(동법 시행규칙 제150조 제4항).

03
① 교정시설의 보관범위 및 수용자가 지닐 수 있는 범위를 벗어나지 않는 범위에서 신문은 월 3종 이내로, 도서(잡지를 포함한다)는 월 10권 이내로 한다. 다만, 소장은 수용자의 지식함양 및 교양습득에 특히 필요하 다고 인정하는 경우에는 신문 등의 신청 수량을 늘릴 수 있다(형집행법 시행규칙 제35조).
② 1일 6시간 이내에서 방송편성시간을 정한다(동법 시행규칙 제39조).
③ 동법 시행령 제75조 제1항
④ 소장은 수용자의 신앙생활에 필요하다고 인정하는 경우에는 외부에서 제작된 휴대용 종교도서 및 성물 을 수용자가 지니게 할 수 있다(동법 시행규칙 제34조 제1항).

04
① 형집행법 제116조 제3항
② 사법적 권리구제수단으로 행정소송, 민·형사소송, 헌법소원이 있으며, 비사법적 권리구제수단으로 청 원, 소장면담, 행정심판, 국가인권위원회 진정, 민원조사관제, 중재, 감사원 심사 청구 등이 있다.
③ 시설에 수용되어 있는 진정인(진정을 하려는 사람을 포함)과 위원 또는 위원회 소속 직원의 면담에는 구금· 보호시설의 직원이 참여하거나 그 내용을 듣거나 녹취하지 못한다. 다만, 보이는 거리에서 시설수용자를 감시할 수 있다(국가인권위원회법 제31조 제6항).
④ 수형자, 미결수용자, 내·외국인을 불문하고 형집행법상 수용자이면 누구나 청원을 할 수 있다.

05
① 라이스의 개인통제이론
② 레크리스의 봉쇄이론
③ 허쉬의 사회통제(유대)이론
④ 사이크스와 맛차의 중화기술이론에 대한 설명이다.
에그뉴(Agnew)의 일반긴장이론은 스트레스와 긴장을 느끼는 개인이 범죄를 저지르기 쉬운 이유를 설명하 는 이론으로, 긴장의 개인적 영향을 밝히는데 도움을 주었다.

06 ② 잠재적 특질이론에 대한 설명이다.

　　잠재적 특질이론은 범죄행동이 출생 또는 그 직후에 나타나고, 평생을 통해서 변화하지 않는 주요한 특질에 의해 통제되기 때문에 인간은 변하지 않고 기회가 변할 뿐이라는 관점을 취한다.

　　생애과정(경로)이론(인생항로이론)은 인간의 범죄성이란 개인적 특질뿐만 아니라 사회적 경험에 의해서도 영향 받는 역동적인 과정에 의해서 형성된다는 관점을 취하기 때문에 인간은 변하고 계속 성장한다는 입장이다.

③ 다양한 사회적·개인적 그리고 경제적 요인들은 범죄성에 영향을 주며, 이러한 요인들은 시간이 흐름에 따라서 변화하고 범죄성도 역시 변화한다. 생애의 성장 전환점마다 사회적 상호작용의 성질은 변화하기 때문에, 사람의 행동은 바뀌게 된다.

④ 대부분의 생애과정 이론은 범죄성이 아주 어린 시기에 형성되고, 어린 나이에 일탈행위의 경험자는 후에 더 심각한 범죄성을 나타낼 것이라고 강조한다. 다시 말해, 범죄성 개시의 나이가 어릴수록, 범죄경력은 더 빈번하고 다양하며, 지속될 것이라는 것이다.

07 실험연구방법은 연구의 내적 타당성(internal validity)에 영향을 미치는 요인들을 통제하는 데 가장 유리한 연구방법으로서 비교적 빨리 그리고 적은 비용으로 쉽게 계량화할 수 있는 자료를 확보할 수 있다. 즉 연구자 자신이 자극·환경·처우시간 등을 통제함으로써 스스로 관리할 수 있다는 것이다.

반면에 외적 타당성(external validity)을 확보하기 위한 변수의 통제로 인한 인위성(artificiality)의 위험성은 자연조건상의 모집단에 일반화할 수 있는 가능성을 저해하며, 연구자가 변수를 적절히 조작할 수 있는 환경이나 여건과 실험대상을 확보하기가 쉽지 않다는 어려움이 따른다.

따라서 실험은 내적 타당성에 관련된 요인들의 통제는 쉬우나, 외적 타당성에 관해서는 약점을 가지고 있다.

✦ **내적 타당도 VS 외적 타당도**

내적 타당도	① 측정된 결과(종속변수)가 실험처치(독립변수)에 의한 영향으로만 나타난 변화가 맞는지에 관한 것이다. 즉 종속변수에 나타난 변화가 독립변수의 영향에 의한 것임을 확신할 수 있는 정도를 나타낸다. 만일 내적타당도가 낮다면 독립변수의 영향 외에 제3의 변수가 영향을 미쳤다는 것이며, 내적타당도가 높다면 독립변수만이 종속변수에 영향을 미쳤다고 보면 된다. 내적타당도를 높이기 위해서는 독립변수와 종속변수의 관계에 영향을 미치는 외생변수를 통제해야 한다. ② 내적 타당도 저해요인: 사전검사와 사후검사 사이에 발생하는 통제 불가능한 특수한 사건 또는 우연한 사건 등으로 생기는 변화, 피시험자의 내적인 변화, 사전검사의 경험이 사후검사에 영향을 줌으로서 생기는 변화, 측정도구, 실험대상자의 상실 등
외적 타당도	① 실험결과, 즉 독립변수로 인해 나타난 종속변수의 변화를 다른 상황에서도 적용했을 때 동일한 효과가 나타나는가를 나타내는 타당도이다. 이는 실험의 결과를 일반화 할 수 있는가, 즉 '일반화될 수 있는 정도'를 의미한다. ② 외적 타당도 저해요인: 사전검사에 대한 반응적 효과, 실험대상자의 선발 편견, 실험절차에 대한 반응적 효과(조사 반응성), 다양한 실험처리의 복합적 영향 등

08 선별적 무능력화(selective incapacitation)에 대한 설명이다. 선별적 무능력화는 경력범죄자의 연구에서 비롯된 것으로 재범가능성에 대한 개인별 예측에 의해 범죄성이 강한 개별 범죄자를 선별적으로 구금하거나 형량을 강화하는 것이다.

09 ① 형집행법 시행규칙 제81조

② 재심사에 따라 경비처우급을 조정할 필요가 있는 경우에는 한 단계의 범위에서 조정한다. 다만, 수용 및 처우를 위하여 특히 필요한 경우에는 두 단계의 범위에서 조정할 수 있다(동법 시행규칙 제68조 제2항).

③ 동법 시행규칙 제82조 제2항

④ 동법 시행규칙 제83조 제2항

10 ① 통계적 예측법은 전체적 평가법에서 범하기 쉬운 객관성 문제를 개선하기 위해 개발된 방법이다.

② 전체적 평가법 또는 임상적 예측법에 대한 설명이다. 통계적 예측법은 여러 자료를 통하여 범죄예측요인을 수량화함으로써 점수의 비중에 따라 범죄를 예측하는 것이다.

④ 가석방 시의 예측은 가석방을 결정할 때 그 대상자의 재범위험성 등을 예측하는 것으로, 과거에는 수용생활 중의 성적을 위주로 하여 가석방 여부를 결정하였으나, 최근에는 수용성적 뿐만 아니라 사회복귀 후의 환경 등을 고려하여 가석방 여부를 결정한다.

11 ① 가족 만남의 날 행사란 수형자와 그 가족이 교정시설의 일정한 장소에서 다과와 음식을 함께 나누면서 대화의 시간을 갖는 행사를 말하며, 가족 만남의 집이란 수형자와 그 가족이 숙식을 함께 할 수 있도록 교정시설에 수용동과 별도로 설치된 일반주택 형태의 건축물을 말한다(형집행법 시행규칙 제89조 제4항).

②, ③ 소장은 개방처우급·완화경비처우급 수형자에 대하여 가족 만남의 날 행사에 참여하게 하거나 가족 만남의 집을 이용하게 할 수 있다. 이 경우 접견 허용횟수에는 포함되지 아니한다(동법 시행규칙 제89조 제1항). 소장은 교화를 위하여 특히 필요한 경우에는 일반경비처우급 수형자에 대하여도 가족 만남의 날 행사 참여 또는 가족 만남의 집 이용을 허가할 수 있다(동법 시행규칙 제89조 제3항).

④ 동법 시행규칙 제89조 제2항

12 ① 만 19세 미만의 자에 대하여 부착명령을 선고한 때에는 19세에 이르기까지 이 법에 따른 전자장치를 부착할 수 없다(전자장치 부착 등에 관한 법률 제4조).

② 전자장치 부착기간은 이를 집행한 날부터 기산하되, 초일은 시간을 계산함이 없이 1일로 산정한다(동법 제32조 제1항).

③ 부착명령의 청구는 공소가 제기된 특정범죄사건의 항소심 변론종결 시까지 하여야 한다(동법 제5조 제5항).

④ 동법 제28조 제1항, 동법 제30조 제2호

13 ① 형집행법 시행규칙 제56조 제2항

② 외국인수용자를 수용하는 소장은 외국어에 능통한 소속 교도관을 전담요원으로 지정하여 일상적인 개별 면담, 고충해소, 통역·번역 및 외교공관 또는 영사관 등 관계기관과의 연락 등의 업무를 수행하게 하여야 한다(동법 시행규칙 제56조 제1항).

③ 소장은 외국인수용자의 수용거실을 지정하는 경우에는 종교 또는 생활관습이 다르거나 민족감정 등으로 인하여 분쟁의 소지가 있는 외국인수용자는 거실을 분리하여 수용하여야 하며, 외국인수용자에 대하여는 그 생활양식을 고려하여 필요한 수용설비를 제공하도록 노력하여야 한다(동법 시행규칙 제57조).

④ 외국인수용자에 대하여는 쌀, 빵 또는 그 밖의 식품을 주식으로 지급하되, 소속 국가의 음식문화를 고려하여야 하며(동법 시행규칙 제58조 제2항), 외국인수용자에게 지급하는 음식물의 총열량은 소속 국가의 음식문화, 체격 등을 고려하여 조정할 수 있다(동법 시행규칙 제58조 제1항).

14 ① 수용자를 부를 때에는 수용자 번호를 사용한다. 다만, 수용자의 심리적 안정이나 교화를 위하여 필요한 경우에는 수용자 번호와 성명을 함께 부르거나 성명만을 부를 수 있다(교도관직무규칙 제12조).

② 동 규칙 제6조

③ 동 규칙 제41조 제1항

④ 동 규칙 제14조 제1항

15 개방처우급·완화경비처우급에 해당할 것(형집행법 시행규칙 제120조 제1항 제3호)

16 ① 형집행법 시행규칙 제53조
② 소장은 사형확정자가 작업을 신청하면 교도관회의의 심의를 거쳐 교정시설 안에서 실시하는 작업을 부과할 수 있다(동법 시행규칙 제153조 제1항).
③ 소장은 교도관에게 매일 수형자의 작업실적을 확인하게 하여야 한다(동법 시행령 제92조).
④ 집중적인 근로가 필요한 작업이란 수형자의 신청에 따라 1일 작업시간 중 접견·전화통화·교육 및 공동행사 참가 등을 하지 아니하고 휴게시간을 제외한 작업시간 내내 하는 작업을 말한다(동법 시행령 제95조).

17 ① 배우자의 직계존속이 사망한 때에는 5일 이내의 특별귀휴를 허가할 수 있다(형집행법 제77조 제2항). 특별귀휴는 경비처우급에 따른 제한이 없다.
② 6개월 이상 형을 집행받은 수형자로서 그 형기의 3분의 1이 지나고 교정성적이 우수한 완화경비처우급 수형자가 출소 전 취업 또는 창업 등 사회복귀 준비를 위하여 필요한 때에는 1년 중 20일 이내의 귀휴를 허가할 수 있다(동법 제77조 제1항, 동법 시행규칙 제129조 제2항·제3항 제6호).
③ 일반귀휴 사유(배우자의 직계존속이 위독한 때)에 해당하나, 형기의 3분의 1이 지나지 않았으므로 귀휴를 허가할 수 있는 대상이 아니다(동법 제77조 제1항).
④ 무기형의 경우 7년이 지나고, 직계비속이 입대하게 된 때에는 1년 중 20일 이내의 귀휴를 허가할 수 있다(동법 제77조 제1항, 동법 시행규칙 제129조 제2항·제3항 제3호).

18 지역사회교정은 범죄자에 대한 인도주의적 처우, 사회복귀의 긍정적 효과 그리고 교정경비의 절감과 재소자 관리상 이익의 필요성 등의 요청에 의해 대두되었으며, 지역사회의 보호, 처벌의 연속성 제공, 사회복귀와 재통합 등을 목표로 하므로, 범죄자의 책임을 경감시키는 시도와는 관계가 없다.

19 ① 소년수형자 전담교정시설에는 별도의 공동학습공간을 마련하고 학용품 및 소년의 정서 함양에 필요한 도서, 잡지 등을 갖춰 두어야 한다(형집행법 시행규칙 제59조의2 제2항).
② 동법 시행규칙 제59조의4
③ 소장은 소년수형자 등의 나이·적성 등을 고려하여 필요하다고 인정하면 소년수형자 등에게 교정시설 밖에서 이루어지는 사회견학, 사회봉사, 자신이 신봉하는 종교행사 참석, 연극·영화·그 밖의 문화공연 관람을 허가할 수 있다. 이 경우 소장이 허가할 수 있는 활동에는 발표회 및 공연 등 참가 활동을 포함한다(동법 시행규칙 제59조의5).
④ 소년수형자 전담교정시설이 아닌 교정시설에서는 소년수용자를 수용하기 위하여 별도의 거실을 지정하여 운용할 수 있다(동법 시행규칙 제59조의3 제1항).

20 ① 노인수형자 전담교정시설에는 별도의 공동휴게실을 마련하고 노인이 선호하는 오락용품 등을 갖춰두어야 한다(형집행법 시행규칙 제43조 제2항).
② 노인수형자 전담교정시설의 장은 노인문제에 관한 지식과 경험이 풍부한 외부전문가를 초빙하여 교육하게 하는 등 노인수형자의 교육 받을 기회를 확대하고, 노인전문오락, 그 밖에 노인의 특성에 알맞은 교화프로그램을 개발·시행하여야 한다(동법 시행규칙 제48조 제1항).
③ 동법 시행규칙 제46조 제2항
④ 이 경우 의무관의 의견을 들어야 한다(동법 시행규칙 제48조 제2항).

01	02	03	04	05	06	07	08	09	10
③	③	④	②	②	④	②	①	①	②

11	12	13	14	15	16	17	18	19	20
④	③	④	②	①	②	③	①	①	④

21	22	23	24	25
③	③	①	③	④

01 ① 교도소화(prisonization)란 수형자가 교도소 안에서 비공식적인 사회화를 통해 교도소의 반문화에 적응함으로써 범죄행위가 악화되고 조장되는 과정을 말한다. 처음으로 교도소화에 대한 논의를 시작한 클레머(Clemmer)는 "교정시설의 일반적 문화, 관습, 규범 그리고 민속 등을 다소간 취하는 것"으로 교도소화를 규정하고 있다. 교도소화는 ㉠ 신입 수형자가 교정시설의 규범과 가치에 익숙해지고, 그것을 내재화하는 과정으로, ㉡ 수형자가 교도소화되면 대부분은 관습적 가치체계의 영향으로부터 벗어나게 되고, ㉢ 수형자는 수형자강령에의 동화에 초점을 맞추게 되며, ㉣ 이는 교도관에 반대하는 행동과 태도를 신봉하는 정도를 의미한다.

② 클레머는 수형자의 수용기간이 길수록 반교정적·반사회적·친범죄적 부문화에의 재현이 더 커진다고 보고, 수용기간의 장기화에 따라 수형자의 교도소화 정도도 강화된다고 주장했다.

③ 수형지향적 하위문화(convict-oriented subculture)에 속하는 수형자는 교도소 사회에서의 모든 생활방식을 수용하고 적응하려고 하며, 자신의 수용생활을 보다 쉽고 편하게 보내기 위해 교도소 내에서의 지위획득에만 몰두하며 출소 후의 생활에 대해서는 관심을 두지 않는다.

④ 휠러(Wheeler)는 클레머의 가설을 검증하기 위해서 수형자표본을 형기의 초기단계에 있는 수형자, 형기의 중간단계에 있는 수형자, 형기의 마지막 단계에 있는 수형자로 구분하였다. 초기단계의 수형자가 가장 높은 친교도관적 태도를 견지하였고, 중기단계의 수형자가 친교도관적 태도가 가장 낮았으며, 말기단계의 수형자는 친교도관적 태도를 견지하고 수형자강령을 거부하는 것으로 나타났다. 그래서 이를 U형 곡선이라고 한다.

02 ① 소장은 교도관으로 하여금 매월 1회 이상 소화기 등 소방기구를 점검하게 하고 그 사용법의 교육과 소방훈련을 하게 하여야 한다(교도관 직무규칙 제16조).

② 당직간부란 교정시설의 장(소장)이 지명하는 교정직교도관으로서 보안과의 보안업무 전반에 걸쳐 보안과장을 보좌하고, 휴일 또는 야간(당일 오후 6시부터 다음날 오전 9시까지를 말한다.)에 소장을 대리하는 사람을 말한다(동 규칙 제2조 제8호).

③ 동 규칙 제40조 제1항

④ 정문근무자는 수용자의 취침 시간부터 기상 시간까지는 당직간부의 허가 없이 정문을 여닫을 수 없다(동 규칙 제42조 제4항).

03 ① 형집행법 제12조 제1항 제1호

② 동법 제12조 제1항 제3호

③ 동법 제12조 제2항

④ 23세가 되기 전까지는 계속하여 수용할 수 있다(동법 제12조 제3항).

04 ① 소장은 교도관에게 작업장이나 실외에서 수용자거실로 돌아오는 수용자의 신체·의류 및 휴대품을 검사하게 하여야 한다. 다만, 교정성적 등을 고려하여 그 검사가 필요하지 아니하다고 인정되는 경우에는 예외로 할 수 있다(형집행법 시행령 제113조).

② 30일 이내의 공동행사 참가 정지(동법 제108조 제4호)부터 30일 이내의 금치(동법 제108조 제14호)까지의 징벌집행 중인 수용자가 다른 교정시설로 이송되거나 법원 또는 검찰청 등에 출석하는 경우에는 징벌집행이 계속되는 것으로 본다(동법 시행령 제134조).

③ 교도관은 외부의료시설 입원, 이송·출정, 그 밖의 사유로 교정시설 밖에서 수용자를 계호하는 경우 보호장비나 수용자의 팔목 등에 전자경보기를 부착하여 사용할 수 있다(동법 시행규칙 제165조).

④ 하나의 보호장비로 사용목적을 달성할 수 없는 경우에는 둘 이상의 보호장비를 사용할 수 있다. 다만, ⊙ 보호의자를 사용하는 경우, ⊙ 보호침대를 사용하는 경우에는 다른 보호장비와 같이 사용할 수 없다(동법 시행규칙 제180조).

05 ① 석방 전 중간처우소(halfway-out house)는 출소와 지역사회에서의 독립적인 생활사이의 과도기적 단계로서 주거서비스를 제공하여 가족과 지역사회의 유대관계를 회복할 수 있도록 도와주며, 취업 알선 프로그램이나 사회복귀 문제요인을 해결책으로 제시함으로서 사회에 적응을 할 수 있도록 도와준다.

② 입소 전 중간처우소(halfway-in house)는 대체로 정신질환 범죄자나 마약중독 범죄자 등에게 유용한 것으로, 수형자가 겪고 있는 정신질환이나 중독증상이 치유된 이후에 수형생활을 하는 것이 교정의 효과를 높일 수 있기 때문이다.

③ 밀양교도소 밀양희망센터는 출소예정자의 사회적응력 향상을 위해 지역사회 내에 설치된 중간처우시설로, 평일에는 중간처우시설에서 기업체 등으로 자율 출·퇴근을 실시하고, 취업시간 이후에는 중간처우시설에서 취·창업교육, 문화프로그램, 집단상담, 자치활동, 취미생활 등을 받는다.

④ 미국의 중간처우소(halfway house)는 주로 교도소로부터 멀리 떨어진 곳에 독립된 시설을 두고 그 곳에 석방준비단계의 수용자들을 수용한다. 민간인 위주로 운영하고 있으며, 가석방자를 대상으로 조기석방을 전제로 하고, 시설수용과 지역사회교정 모두에 대한 대안으로써 쓰이고 있다.

06 ① 범죄행위는 의사소통과정에 있는 다른 사람과의 상호작용에서 학습된다(제2명제).
사람이 단지 범죄환경에 산다거나 범죄적 특성을 가지는 것 외에도 범죄에 대한 안내자와 교사로서의 다른 사람과 상징적 상호작용과정을 통한 학습으로서 법률위반자가 될 수 있다.

② 법률위반에 대한 호의적인 규정이 법률위반에 대한 비호의적인 규정을 초과하기 때문에 사람이 일탈자 또는 범죄자가 된다(제6명제).
차별적 접촉이론의 핵심으로, 범죄행위는 법을 비호의적으로 보는 집단과의 접촉을 통하여 습득된 법에 대한 부정적 규정이 법을 호의적으로 보는 규정을 능가하기 때문에 일어난다는 것이다.

③ 범죄행위의 학습은 때로는 매우 복잡하고 때로는 매우 단순하기도 한 범행기술의 학습과 동기, 욕망, 합리화, 태도와 구체적 방향의 학습을 포함한다(제4명제).
범죄행위는 다른 일반적 행위와 마찬가지로 학습되기 때문에 범행의 기술은 물론이고 동기, 욕구, 가치 그리고 합리화 등도 학습되어야 한다.

④ 범죄자와 비범죄자 간의 차이는 학습과정의 차이가 아니라 접촉유형의 차이에서 발생한다(제8명제).
범죄행위는 일반적 욕구와 가치의 표현이지만, 비범죄적 행위도 똑같은 욕구와 가치의 표현이므로 일반적 욕구와 가치로는 범죄행위를 설명할 수 없다(제9명제).
도둑과 정직한 근로자가 모두 돈에 대한 욕구는 같지만 수단은 다르다. 즉 두 사람 모두 돈을 필요로 하지만 한 사람은 훔치고, 다른 한 사람은 열심히 일을 하기 때문에 단순히 돈에 대한 욕망이나 욕구가 왜 훔치거나 정직하게 일하는지에 대해 설명할 수는 없다.

07 ① 갓프레드슨(Gottfredson)과 허쉬(Hirschi)의 범죄에 대한 일반이론(General Theory of Crime)은 범죄성향을 인간의 자기통제 능력에서 찾으며, 낮은 자기 통제력은 충동성, 쾌락추구, 고통에 대한 둔감성, 무모성 그리고 범죄성격과 경향을 의미한다. 어릴 때 형성된 낮은 자기통제력이 성인에 이르기까지 지속적으로 문제행동과 비행, 범죄의 성향으로 이어진다고 보았다.

② 클라워드(Cloward)와 오린(Ohlin)의 도피적 하위문화(retretist subculture)에 대한 설명이다. 문화적 목표를 추구하는 데 필요한 합법적인 수단을 이용하기도 어렵고 비합법적인 기회도 결여된 사람들은 이중실패자로 분류되며, 이들은 합법적인 세계와 불법적인 세계로부터 모두 차단됨으로써 문화적 목표 추구를 포기한 채 도피적 생활양식(약물중독, 정신장애, 알코올중독)에 빠져든다.

코헨(Cohen)의 비행하위문화이론(delinquent subculture theory)은 하류계층의 비행이 중류계층의 가치와 규범에 대한 저항이라고 보았다. 사회적 조건이 하류계층의 청소년들로 하여금 사회적으로, 특히 중류사회의 성공목표를 합법적으로 성취할 수 없게 하기 때문에 하류계층의 청소년들은 신분좌절(status frustration)이라는 일종의 문화갈등을 경험하게 된다. 이러한 지위좌절을 경험하는 하류계층의 청소년들 중 다수는 비행집단을 형성하여 비공식적이고, 악의적이며, 부정적인 행위에 가담하게 된다.

③ 샘슨(Sampson)은 지역주민 간의 상호신뢰 또는 연대감과 범죄에 대한 적극적인 개입을 강조하는 '집합효율성이론'을 주장하였다.

④ 레크리스(Reckless)의 봉쇄(견제)이론(Containment Theory)은 범죄율이 높은 빈곤지역에 사는 사람이 어떻게 범죄적 환경의 영향을 뿌리치고 범죄활동에의 가담에 저항할 수 있으며, 어떠한 개인적 자질이 그 사람을 범죄유발의 영향으로부터 멀어지게 할 수 있는가라는 의문에 답하고자 하는 이론이다. 즉 범죄적 영향이 왜 어떤 사람에게는 영향을 미치고, 어떤 사람에게는 영향을 미치지 않는가를 알고자 하는 것이다. 레크리스는 비행행위에 대한 내적 견제로 좋은 자아관념(self-concept)이 가장 중요하며 그 밖에 목표지향성과 현실적 목적, 좌절감의 인내, 합법성에 대한 일체감을 들었다.

✦ 집합효율성이론(collective efficacy theory)

의 의	① 1997년 로버트 샘슨(Robert Sampson)을 중심으로 전개되었고, 시카고 학파의 사회해체이론을 현대 도시에 맞게 계승·발전시켰다. ② 지역사회의 구성원들(지역주민, 사업체, 지방자치단체 등)이 범죄문제를 공공의 적으로 생각하고 이를 해결하기 위해 적극적으로 참여하는 것이 범죄예방의 열쇠가 된다고 보는 이론이다. ③ 지역사회의 범죄율에 차이가 나는 것을 사회구조적으로 설명하였다.
내 용	비공식적 사회통제의 중요성 : 지역사회 구성원 간의 유대를 강화하고, 범죄 등 사회문제에 대해 적극적으로 개입하는 등 공동의 노력이 중요한 범죄예방의 방법이라고 보았다.
비 판	공식적 사회통제(경찰 등 법집행기관)의 중요성을 간과하였다는 비판을 받는다.

08 ① 수형자에게 일을 시키는 것은 크게 두 가지 목적이 있다. 하나는 범죄자를 처벌하는 것의 일환이고, 다른 하나는 범죄자의 개선을 위한 것이다.

노동을 통한 교화개선은 일에 의한 훈련(training by work)과 일을 위한 훈련(training for work)으로 구분할 수 있는데, 일에 의한 훈련은 규칙적인 작업을 통해 계발된 근로습관은 지속될 수 있다는 것이고, 일을 위한 훈련은 교도작업을 통해서 수형자가 직업기술을 터득할 수 있다는 것이다.

② 교도작업의 다양한 목적을 성취하는 데는 많은 장애가 있다. 일종의 행형집행기준의 문제로서, 최소자격의 원칙(principle of less eligibility), 즉 교도작업에 있어서도 일반 사회의 최저임금 수준의 비범죄자에 비해서 훈련과 취업상 조건이 더 나빠야 한다는 것이다.

이후 이 원칙은 조금 개선되어 일반사회의 최저임금 수준의 비범죄자보다 좋아서는 안 된다는 비우월성의 원칙(principle of nonsuperiority)으로 바뀌었지만, 교도작업에 있어서 선진기술의 교육, 취업, 교도작업 임금제 등 교도작업 발전과 개선에 있어서 큰 장애요인이다.

③ 초기 교도작업은 교도작업을 위한 장비와 재료를 제공하는 민간사업자에게 재소자의 노동력을 파는 계약노동제도(contract labor system)였고, 이 제도에 의해서 만들어진 상품은 자유시장에서 판매되었다. 계약노동의 대안으로 계약자가 작업재료를 제공하고 재소자에 의해서 생산된 상품을 단가로 구매하는 단가제도(piece-price system)가 시행되기도 하였다. 단가제도의 변형인 임대제도(lease system)는 재소자를 임대한 업자가 작업재료, 음식, 의복을 제공하는 것뿐만 아니라 관리·감독도 하였다.
그런데 이들 제도하에서는 재소자들은 일만하고 노동의 대가는 교도소에 지불되어 재소자를 극단적으로 착취하는 결과를 초래하였다.

④ 열악한 작업환경과 노동력의 착취, 재소자의 처우와 보안상의 문제점 등의 비판에 대한 대안으로 나온 것이 공공청구제도(public account system, 관사직영제도)인데, 우리나라의 교도작업직영제 형태로 교도소 자체가 기계장비를 갖추고 작업재료를 구입하여 재소자들의 노동력으로 제품을 생산하고 판매하는 것이다. 그러나 이 제도는 민간분야로부터 자유시장경제 하의 공정경쟁에 어긋난다는 비판을 야기하게 되었다. 그래서 교정당국에서는 공공청구제도의 문제에 대한 대안으로 재소자들의 노동력은 오로지 관용물품과 서비스의 생산에만 이용하는 관용제도(state use system)를 시도하게 되었다. 이 제도도 비판을 받아 재소자의 노동력을 공공작업(public works)에만 투입하는 제도가 시도되었다.

09 ① 소장은 청원서를 개봉하여서는 아니 되며, 이를 지체 없이 법무부장관·순회점검공무원 또는 관할 지방교정청장에게 보내거나 순회점검공무원에게 전달하여야 한다(형집행법 제117조 제3항).
② 동법 제117조 제1항
③ 동법 제117조 제5항
④ 청원하려는 수용자는 청원서를 작성하여 봉한 후 소장에게 제출하여야 한다. 다만, 순회점검공무원에 대한 청원은 말로도 할 수 있다(동법 제117조 제2항).

10 ① 처벌적 보호관찰관은 위협과 처벌을 수단으로 범죄자를 사회에 동조하도록 강요하며, 사회의 보호, 범죄자의 통제, 범죄자에 대한 체계적 의심 등을 중요시한다.
② 보호적 보호관찰관은 지역사회보호와 범죄자의 보호 양자 사이를 망설이는 유형으로, 주로 직접적인 지원이나 강연 또는 칭찬과 꾸중 등 비공식적인 방법을 이용한다. 지역사회와 범죄자의 입장을 번갈아 편들기 때문에 어정쩡한 입장에 처하기 쉽다.
③ 복지적 보호관찰관은 자신의 목표를 범죄자에 대한 복지의 향상에 두고 범죄자의 능력과 한계를 고려하여 적응할 수 있도록 도와주려고 한다.
④ 수동적 보호관찰관은 자신의 임무를 단지 최소한의 노력을 요하는 것으로 인식하는 사람이다.

11 ① 피치료감호자에 대한 치료감호가 가종료되었을 때에 보호관찰이 시작되며(치료감호 등에 관한 법률 제32조 제1항 제1호), 보호관찰의 기간은 3년으로 한다(동법 제32조 제2항).
② 보호관찰관의 단기 보호관찰기간은 1년으로 한다(소년법 제33조 제2항).
③ 「형법」 제59조의2(선고유예시 보호관찰)에 따라 보호관찰을 조건으로 형의 선고유예를 받은 사람은 보호관찰 대상자가 되고(보호관찰 등에 관한 법률 제3조 제1항 제1호), 보호관찰의 기간은 1년이다(동법 제30조 제1호). 형의 선고를 유예하는 경우에 재범방지를 위하여 지도 및 원호가 필요한 때에는 보호관찰을 받을 것을 명할 수 있으며(형법 제59조의2 제1항), 보호관찰의 기간은 1년으로 한다(동법 제59조의2 제2항).
④ 판사는 심리의 결과 보호처분이 필요하다고 인정하는 경우에는 결정으로 「보호관찰 등에 관한 법률」에 따른 보호관찰 처분을 할 수 있고(가정폭력범죄의 처벌 등에 관한 특례법 제40조 제1항 제5호), 보호관찰 처분의 기간은 6개월을 초과할 수 없으며(동법 제41조), 보호관찰 처분의 기간을 변경하는 경우 종전의 처분기간을 합산하여 1년을 초과할 수 없다(동법 제45조 제2항).

12
① 형집행법 시행령 제79조
② 동법 제53조의2 제1항
③ 소년수형자 전담교정시설이 아닌 교정시설에서는 소년수용자를 수용하기 위하여 별도의 거실을 지정하여 운용할 수 있다(동법 시행규칙 제59조의3 제1항).
④ 동법 시행규칙 제44조 제2항

13
① 형집행법 제32조 제1항·제2항
② 동법 제37조 제4항
③ 동법 제35조
④ 소장은 수용자의 정신질환 치료를 위하여 필요하다고 인정하면 법무부장관의 승인을 받아 치료감호시설로 이송할 수 있다(동법 제37조 제2항).

14
① 아메리카 프렌드 교도봉사위원회(AFSC)는 특정범죄자 유형을 분류하고 처우하는 데 중요한 의미를 갖지 못한다면 특정범죄행위는 교정에 있어서 아무런 의미가 없으며, 범죄자에 대한 형기는 범죄행위에 대한 것이 아니라 범죄자를 교화개선시키는 데 요구되는 시간이어야 한다고 주장하면서, 의료모형을 합리화하였다.
② 적응(개선, 경제, 처우)모형은 범죄자들이 사회에서 보다 잘 적응할 수 있도록 도와주는 것이 주요 관심사이기 때문에 시설수용의 지나친 이용에는 반대하고 있다. 그러나 주로 사용하는 처우기법은 시설 내 처우인 현실요법, 교류분석, 집단상호작용, 환경요법, 요법처우공동체, 행동수정 등이 있다.
지역사회에 기초한 사회복귀프로그램은 재통합모형(reintegration model)과 관련이 있다.
③ 교화개선모형에 대한 실증적인 비판은, 범죄자의 교화개선은 가능하며 얼마나 효과적인가 하는 것이다. 결론부터 말하면 대체로 부정적인 평가를 받고 있다. 즉 교화개선이 재범률에 미치는 영향이 크지 않다는 것이다.
마틴슨(Martinson)은 대부분의 교화개선적 노력이 재범률을 크게 개선하지는 못하여 교정교화는 무의미하다(Nothing Works)고 하였고, 배일리(Bailey)는 교정처우가 효과적이라는 증거는 거의 없다고 주장하였으며, 워드(Ward)는 교정처우가 오히려 처우 참여자에게 부정적인 영향을 미쳤다고 주장하였다.
④ 재통합모형의 가장 기본적인 가정은 범죄자의 문제는 범죄문제가 시작된 바로 그 사회에서 해결되어야 한다는 것이며, 범죄자의 사회재통합을 위해서는 지역사회와의 의미 있는 접촉과 유대 관계가 중요한 전제가 되어야 한다는 것이다. 그러므로 범죄자는 일반시민으로서, 직장인으로서, 가족구성원으로서 자신의 정상적인 역할을 수행할 수 있는 기회를 가질 수 있어야 한다.

15
① 선별적 무능력화(selective incapacitation)는 과학적 방법에 의해 재범의 위험성이 높은 것으로 판단되는 개인을 구금하기 위해서 활용되고 있으며, 위험성이 높은 범죄자일수록 장기간 수용되는 부정기형제도와 궤를 같이한다.
집합적 무력화(collective incapacitation)는 유죄가 확정된 모든 강력범죄자에 대한 장기형의 선고를 권장한다.
② 형벌과 교정의 목적 중에서 공리적 측면으로, 범죄자를 건설적이고 법을 준수하는 방향으로 전환시키기 위해 범죄자를 구금하는 것을 교정의 교화개선적 목적이라고 할 수 있으며, 지역사회의 안전에 초점을 맞추는 제지나 무능력화와는 달리 범죄자에 초점을 맞추고 있다.
교화개선을 통해 재소자들은 잃어버린 기술과 지식을 재습득하는 것이 아니라 처음부터 필요한 기술과 지식을 습득하는 것이다. 따라서 수형기간은 사회에서 건설적인 생활을 추구하고 영위하는 데 필요한 준비와 자격을 얻을 수 있도록 하는 데 초점이 모아져야 한다고 한다.
③ 무능력화란 소수의 위험한 범죄인들이 사회의 다수 범죄를 범한다는 현대 고전주의 범죄학의 입장에서 제기된 것으로, 범죄성이 강한 자들을 추방·구금 또는 사형에 처함으로써 이들 범죄자가 사회에 존재하면서 행할 가능성이 있는 범죄를 원천적으로 행하지 못하도록 범죄의 능력을 무력화시키자는 논리이다.

④ 형벌의 억제(제지)효과는 처벌의 확실성, 엄중성 그리고 신속성의 세 가지 차원에 의해 결정된다.
- 처벌의 확실성은 범죄의 결과로 처벌을 경험할 가능성을 의미하며 처벌받을 확률이 높을수록, 즉 처벌이 확실할수록 법률위반의 정도는 줄어들 것이라고 가정한다.
- 처벌의 엄중성은 벌금의 액수나 형기 등 형벌의 정도 또는 강도를 말하는데, 일반적으로 처벌이 강하고 엄하게 집행할수록 법률위반의 정도는 낮아진다는 가정이다.
- 처벌의 신속성은 범죄행위와 처벌 경험의 시간적 간격을 말하는 것으로 범행 후 빨리 처벌될수록 범죄가 더 많이 제지될 것이라고 가정한다.

16 옳은 것은 ⓒ, ⓔ이다.

㉠ 신설하는 소년원 및 소년분류심사원은 수용정원이 150명 이내의 규모가 되도록 하여야 한다. 다만, 소년원 및 소년분류심사원의 기능·위치나 그 밖의 사정을 고려하여 그 규모를 증대할 수 있다(보호소년 등의 처우에 관한 법률 제6조 제1항).

㉡ 소년분류심사원장은 유치소년이 ⓐ 중환자로 판명되어 수용하기 위험하거나 장기간 치료가 필요하여 교정교육의 실효를 거두기가 어렵다고 판단되는 경우, ⓑ 심신의 장애가 현저하거나 임신 또는 출산(유산·사산한 경우를 포함한다), 그 밖의 사유로 특별한 보호가 필요한 경우에는 유치 허가를 한 지방법원 판사 또는 소년분류심사원 소재지를 관할하는 법원소년부에 유치 허가의 취소에 관한 의견을 제시할 수 있다(동법 제9조 제3항).

㉢ 동법 제15조 제3항

㉣ 원장은 출원하는 보호소년 등의 성공적인 사회정착을 위하여 장학·원호·취업알선 등 필요한 지원을 할 수 있으며(동법 제45조의2 제1항), 사회정착지원의 기간은 6개월 이내로 하되, 6개월 이내의 범위에서 한 번에 한하여 그 기간을 연장할 수 있다(동법 제45조의2 제2항).

㉤ 원장은 ⓐ 이탈·난동·폭행·자해·자살을 방지하기 위하여 필요한 경우, ⓑ 법원 또는 검찰의 조사·심리, 이송, 그 밖의 사유로 호송하는 경우, ⓒ 그 밖에 소년원·소년분류심사원의 안전이나 질서를 해칠 우려가 현저한 경우에는 소속 공무원으로 하여금 보호소년 등에 대하여 수갑, 포승 또는 보호대를 사용하게 할 수 있다(동법 제14조의2 제2항).

17 ① 교정시설 안에 설치된 외부기업체의 작업장에 통근하며 작업하는 수형자는 ㉠ 18세 이상 65세 미만일 것, ㉡ 해당 작업 수행에 건강상 장애가 없을 것, ㉢ 개방처우급·완화경비처우급·일반경비처우급에 해당할 것, ㉣ 가족·친지 또는 교정위원 등과 접견·편지수수·전화통화 등으로 연락하고 있을 것의 요건을 갖춘 수형자로서 집행할 형기가 10년 미만이거나 형기기산일부터 10년 이상이 지난 수형자 중에서 선정한다(형집행법 시행규칙 제120조 제2항).

② 소장은 수형자가 작업 또는 직업훈련으로 인한 부상 또는 질병으로 신체에 장해가 발생한 때에는 법무부장관이 정하는 바에 따라 위로금을 지급하며(동법 제74조 제1항 제1호), 위로금은 본인에게 지급한다(동법 제74조 제2항). ⇨ 형집행법령상 위로금 지급 기한에 대한 규정은 없으며, 교도작업특별회계 운영지침에 따르면 위로금 또는 조위금을 지급할 때에는 법무부장관의 승인을 받아야 하며(제115조), 소장은 위로금 지급 승인을 받은 때에는 즉시 당해 수용자에게 고지하고, 그의 의사에 따라 본인의 통장 또는 영치금에 입금하여야 한다(제117조).

③ 소장은 제1항(외부기업체에 통근하며 작업하는 수형자의 선정기준) 및 제2항(교정시설 안에 설치된 외부기업체의 작업장에 통근하며 작업하는 수형자의 선정기준)에도 불구하고 작업 부과 또는 교화를 위하여 특히 필요하다고 인정하는 경우에는 제1항 및 제2항의 수형자 외의 수형자에 대하여도 외부통근자로 선정할 수 있다(동법 시행규칙 제120조 제3항). 그러므로 만 65세의 수형자를 외부통근자로 선정할 수 있다.

④ 소장은 수형자의 근로의욕을 고취하고 건전한 사회복귀를 지원하기 위하여 법무부장관이 정하는 바에 따라 작업의 종류, 작업성적, 교정성적, 그 밖의 사정을 고려하여 수형자에게 작업장려금을 지급할 수 있다(동법 제73조 제2항).

18 ① 우리나라 누진처우방식과 유사한 아일랜드제(Irish System)는 마코노키(Machonochie)의 점수제를 응용하여 1854년 아일랜드의 교정국장인 크로프톤(Crofton)이 창안한 것으로 매월의 소득점수로 미리 정한 책임점수를 소각하는 방법이며, 잉글랜드제의 독거구금·혼거작업·가석방이라는 3단계에 반자유구금인 중간교도소제를 둔 4단계 처우방식으로, 가석방자에 대해 경찰감시를 실시하였다. 당시 크로프톤은 휴가증(ticket of leave)제도를 시행했는데, 이것이 보호관찰부 가석방(parole)의 시초가 되었다고 한다.
② 고사제(Probation System. 기간제, 심사제)는 교도관의 자의가 개입되기 쉽고 관계직원이 공평성을 저하시킬 우려가 있다는 비판이 있다.
점수제(Mark System. 점수소각제)는 규정점수를 소각만 하면 진급이 되므로 형식에 흐르기 쉽고, 가석방 부적격자 등이 최상급에 진급하는 단점이 있다.
③ 잉글랜드제(England System)는 수형자를 최초 9개월간 독거구금을 한 후에 공역(公役)교도소에 혼거시켜 강제노역에 취업시키고, 수형자를 고사급(考査級)·제3급·제2급·제1급·특별급의 5급으로 나누어 책임점수를 소각하면 상급으로 진급시켜 가석방하는 것으로 소득점수를 매일 계산하는 것이 특징이다.
④ 엘마이라제(Elmira System)는 자력적 개선에 중점을 둔 행형제도로서 일명 감화제라고도 하는데, 1876년 소년시설로 개설된 뉴욕의 엘마이라 감화원에서 브록웨이(Brockway)에 의해서 시도된 새로운 누진제도이다. 엘마이라 감화원은 16～30세까지의 초범자들을 위한 시설로서 수형자 분류, 누진처우의 점수제, 부정기형, 보호관찰부 가석방(Parole) 등을 운용하였다. 범죄자가 판사에 의해서 엘마이라 감화원에 보내지면 교정당국이 당해 범죄에 대해서 법으로 규정된 최고 형기를 초과하지 않는 범위 내에서 재소자의 석방시기를 결정할 수 있었다.

19 ① 징벌사유가 발생한 날부터 2년이 지나면 이를 이유로 징벌을 부과하지 못한다(형집행법 제109조 제4항).
② 소장은 법 제108조 제13호(30일 이내의 실외운동 정지)에 따른 실외운동 정지를 부과하는 경우 또는 30일 이내의 금치처분을 받은 사람의 실외운동을 제한하는 경우(법 제108조 제4항)라도 수용자가 매주 1회 이상 실외운동을 할 수 있도록 하여야 한다(동법 제112조 제5항).
③ 동법 제114조 제1항
④ 징벌은 동일한 행위에 관하여 거듭하여 부과할 수 없으며, 행위의 동기 및 경중, 행위 후의 정황, 그 밖의 사정을 고려하여 수용목적을 달성하는 데에 필요한 최소한도에 그쳐야 한다(동법 제109조 제3항).

20 ④ 스미크라(Smykla)는 보호관찰관의 기능과 자원의 활용이라는 측면에서 보호관찰을 모형화하였다.
• 중개모형(brokerage model)의 보호관찰관은 전문가(specialist)로서 자신의 전문성에 맞게 배정된 보호관찰대상자에 대하여 사회자원의 개발과 중개의 방법으로 외부자원을 적극 활용하여 전문적인 보호관찰을 한다.
• 옹호모형(advocacy model)의 보호관찰관은 지식인(generalist)으로서 외부자원을 적극 활용하여 보호관찰대상자가 다양하고 전문적인 사회적 서비스를 제공받을 수 있도록 무작위로 배정된 대상자들을 사회기관에 위탁하는 것을 주된 임무로 한다.

21 ① 직계비속의 혼례가 있는 때에는 5일 이내의 특별귀휴를 허가할 수 있다(형집행법 제77조 제2항). ⇨ 특별귀휴는 경비처우급에 따른 제한이 없다. 그러므로 특별귀휴 사유만 있다면 중경비처우급 수형자도 특별귀휴가 가능하다.
② 무기형의 경우 7년이 지나고 교정성적이 우수한(동법 제77조 제1항) 개방처우급·완화경비처우급 수형자에게 1년 중 20일 이내의 귀휴(일반귀휴)를 허가할 수 있다. 다만, 교화 또는 사회복귀 준비 등을 위하여 특히 필요한 경우에는 일반경비처우급 수형자에게도 이를 허가할 수 있다(동법 시행규칙 제129조 제2항). ⇨ 귀휴 허가에 대한 판단을 물어보는 문제인데, 지문 ②에서 귀휴사유가 언급되지 않아 아쉽다.
③ 완화경비처우급 수형자에게 일반귀휴를 허가할 수 있으며(동법 시행규칙 제129조 제2항), 형기를 계산할 때 2개 이상의 징역 또는 금고의 형을 선고받은 수형자의 경우에는 그 형기를 합산하고(동법 시행규칙 제130조

제1항), 그 형기의 3분의 1이 지나고 교정성적이 우수한 사람이 일반귀휴 사유가 있어야 귀휴를 허가할 수 있다(동법 제77조 제1항).

직계비속이 입대하게 된 때는 일반귀휴 사유에 해당되지만(동법 시행규칙 제3항 제3호), 형기(12년)의 3분의 1(4년)이 지나지 않아 일반귀휴 허가의 대상이 되지 않는다.

④ 일반귀휴는 6개월 이상 형을 집행받은 수형자가 대상이 되는데(동법 제77조 제1항), 丁은 5개월을 집행받았으므로 일반귀휴의 대상이 되지 않는다. 다만, 배우자의 직계존속이 사망한 때는 특별귀휴 사유에 해당하므로 소장은 5일 이내의 특별귀휴를 허가할 수 있다(동법 제77조 제2항 제1호).

22 ③ 목적형주의에 대한 설명이다. 목적형주의는 범죄는 사회 환경 및 사람의 성격에 의하여 발생하는 것으로 보기 때문에 치료하거나 개선시키는 것을 강조한다.

✦ **응보형주의**

응보형주의란 형벌의 본질을 범죄에 대한 정당한 응보에 있다고 하는 사상이다. 즉 범죄는 위법한 해악이므로 범죄를 행한 자에게는 그 범죄행위에 상응하는 해악을 가하는 것이 바로 형벌이며, 따라서 형벌의 본질은 응보에 있고 형벌의 내용은 악에 대한 보복적 반동으로서의 고통을 의미한다고 한다.

응보형주의는 사람은 자유의지를 가지고 자신의 행위를 스스로 결정한다는 고전주의 사상을 배경으로 하기 때문에 범죄는 사람의 의지에 의하여 발생하는 것으로 본다.

23 형사사법대상자 확대 및 형벌 이외의 비공식적 사회통제망 확대는 전환제도(diversion)의 단점에 해당한다. 그동안 형사사법의 대상조차 되지 않았던 문제가 통제대상이 되어 오히려 사회적 통제가 강화될 우려가 있다는 것이다.

24 ③ 기간을 연장할 수 있는 보호처분은 ㉡, ㉣이다.

㉠ 보호관찰관의 단기 보호관찰기간은 1년으로 한다(소년법 제33조 제2항). ⇨ 기간연장에 대한 규정이 없으므로, 그 기간을 연장할 수 없다.

㉡, ㉣ ⓐ 보호자 또는 보호자를 대신하여 소년을 보호할 수 있는 자에게 감호 위탁, ⓑ 아동복지시설이나 그 밖의 소년보호시설에 감호 위탁, ⓒ 병원·요양소 또는 의료재활소년원에 위탁기간은 6개월로 하되, 소년부 판사는 결정으로써 6개월의 범위에서 한 번에 한하여 그 기간을 연장할 수 있다. 다만, 소년부 판사는 필요한 경우에는 언제든지 결정으로써 그 위탁을 종료시킬 수 있다(동법 제33조 제1항).

㉢ 장기로 소년원에 송치된 소년의 보호기간은 2년을 초과하지 못한다(동법 제33조 제6항). ⇨ 기간연장에 대한 규정이 없으므로, 그 기간을 연장할 수 없다.

25 ① 퀴니(Quinney)는 범죄발생은 개인의 소질이 아니라 자본주의의 모순으로 인해 자연적으로 발생하는 사회현상이라고 보고, 자본이 계층의 억압적 전술로부터 살아남기 위한 노동자 계급(피지배 집단)의 범죄를 적응(화해)범죄와 대항(저항)범죄로 구분하였다. 적응범죄의 예로 절도, 강도, 마약거래 등과 같은 경제적 약탈범죄와 살인, 폭행, 강간 등 같은 계층에 대해 범해지는 대인범죄를 들고 있으며, 대항범죄의 예로 시위, 파업 등을 들고 있다.

② 레크리스(Reckless)는 범죄나 비행을 유발하는 요인으로 압력요인, 유인요인, 배출요인으로 구분하고, 압력요인으로 열악한 생활조건(빈곤, 실업), 가족갈등, 열등한 신분적 지위, 성공기회의 박탈 등을 들고 있으며, 유인요인으로 나쁜 친구들, 비행이나 범죄하위문화, 범죄조직, 불건전한 대중매체 등을 들고 있고, 배출요인으로 불안감, 불만감, 내적 긴장감, 증오심, 공격성, 즉흥성, 반역성 등을 들고 있다.

③ 세상은 모두 타락했고, 경찰도 부패했다고 범죄자가 말하는 것은 중화기술의 유형 중 '비난자에 대한 비난'에 해당한다.

④ 부모 등 가족구성원이 실망할 것을 우려해서 비행을 그만두는 것은 사회연대의 요소 중 애착(attachment)에 의하여 사회통제가 이행되는 사례라 할 수 있다.

01	02	03	04	05	06	07	08	09	10
④	①	③	④	④	②	④	③	②	④
11	12	13	14	15	16	17	18	19	20
①	①	③	③	②	①	③	④	②	②
21	22	23	24	25					
①	①	①	④	②					

01 ✦ **외부통근작업자 선정기준**(형집행법 시행규칙 제120조 제1항)

외부기업체에 통근하며 작업하는 수형자는 다음의 요건을 갖춘 수형자 중에서 선정한다.

1. 18세 이상 65세 미만일 것
2. 해당 작업 수행에 건강상 장애가 없을 것
3. 개방처우급·완화경비처우급에 해당할 것
4. 가족·친지 또는 법 제130조의 교정위원 등과 접견·편지수수·전화통화 등으로 연락하고 있을 것
5. 집행할 형기가 7년 미만이고 가석방이 제한되지 아니할 것

02 ① 변호사와 접견하는 경우에도 수용자의 접견은 원칙적으로 접촉차단시설이 설치된 장소에서 하도록 규정하고 있는 형집행법 시행령 제58조 제4항이 재판청구권을 침해하는지 여부(적극)

형집행법 시행령 제58조 제4항에 따르면 수용자가 형사사건이 아닌 민사, 행정, 헌법소송 등 법률적 분쟁과 관련하여 변호사의 도움을 받는 경우에는 원칙적으로 접촉차단시설이 설치된 장소에서 접견을 해야 한다. 그 결과 수용자는 효율적인 재판준비를 하는 것이 곤란하게 되고, 특히 교정시설 내에서의 처우에 대하여 국가 등을 상대로 소송을 하는 경우에는 소송의 상대방에게 소송자료를 그대로 노출하게 되어 무기대등의 원칙을 훼손할 수 있다. 변호사 직무의 공공성, 윤리성 및 사회적 책임성은 변호사 접견권을 이용한 증거인멸, 도주 및 마약 등 금지물품 반입 시도 등의 우려를 최소화시킬 수 있으며, 변호사접견이라 하더라도 교정시설의 질서 등을 해할 우려가 있는 특별한 사정이 있는 경우에는 예외를 두도록 한다면 악용될 가능성도 방지할 수 있다. 따라서 형집행법 시행령 제58조 제4항은 과잉금지원칙에 위반하여 청구인의 재판청구권을 지나치게 제한하고 있으므로, 헌법에 위반된다(헌재 2013.8.29. 2011헌마122).

※ 이 판례로 인해 시행령 제58조 제4항이 개정(2014.6.25.)되었고, 현재는 법 개정(2019.4.23.)으로 법 제41조 제2항에 규정되어 있다.

② 수형자와 변호사와의 접견내용을 녹음, 녹화하게 되면 그로 인해 제3자인 교도소 측에 접견내용이 그대로 노출되므로 수형자와 변호사는 상담과정에서 상당히 위축될 수밖에 없고, 특히 소송의 상대방이 국가나 교도소 등의 구금시설로서 그 내용이 구금시설 등의 부당처우를 다투는 내용일 경우에 접견내용에 대한 녹음, 녹화는 실질적으로 당사자대등의 원칙에 따른 무기평등을 무력화시킬 수 있다. 변호사는 다른 전문직에 비하여도 더욱 엄격한 직무의 공공성 등이 강조되고 있는 지위에 있으므로, 소송사건의 변호사가 접견을 통하여 수형자와 모의하는 등으로 법령에 저촉되는 행위를 하거나 이에 가담하는 등의 행위를 할 우려는 거의 없다. 또한, 접견의 내용이 소송준비를 위한 상담내용일 수밖에 없는 변호사와의 접견에 있어서 수형자의 교화나 건전한 사회복귀를 위해 접견내용을 녹음, 녹화할 필요성을 생각하는 것도 어렵다. 이 사건에 있어서 청구인과 헌법소원 사건의 국선대리인인 변호사의 접견내용에 대해서는 접견의 목적이나 접견의 상대방 등을 고려할 때 녹음, 기록이 허용되어서는 아니 될 것임에도, 이를 녹음, 기록한 행위는 청구인의 재판을 받을 권리를 침해한다(헌재 2013.9.26. 2011헌마398).

③ 형집행법 시행령 제65조 제1항은 교정시설의 안전과 질서유지, 수용자의 교화 및 사회복귀를 원활하게 하기 위해 수용자가 밖으로 내보내는 서신을 봉함하지 않은 상태로 제출하도록 한 것이나, 이와 같은 목적은 교도관이 수용자의 면전에서 서신에 금지물품이 들어 있는지를 확인하고 수용자로 하여금 서신을 봉함하게 하는 방법, 봉함된 상태로 제출된 서신을 X-ray 검색기 등으로 확인한 후 의심이 있는 경우에만 개봉하여 확인하는 방법, 서신에 대한 검열이 허용되는 경우에만 무봉함 상태로 제출하도록 하는 방법 등으로도 얼마든지 달성할 수 있다고 할 것인바, 위 시행령 조항이 수용자가 보내려는 모든 서신에 대해 무봉함 상태의 제출을 강제함으로써 수용자의 발송 서신 모두를 사실상 검열 가능한 상태에 놓이도록 하는 것은 기본권 제한의 최소 침해성 요건을 위반하여 수용자인 청구인의 통신비밀의 자유를 침해하는 것이다(헌재 2012.2.23. 2009헌마333).

④ 공직선거법 제18조 제1항 제2호는 집행유예자와 수형자에 대하여 전면적·획일적으로 선거권을 제한하고 있다. 심판대상조항의 입법목적에 비추어 보더라도, 구체적인 범죄의 종류나 내용 및 불법성의 정도 등과 관계없이 일률적으로 선거권을 제한하여야 할 필요성이 있다고 보기는 어렵다. 범죄자가 저지른 범죄의 경중을 전혀 고려하지 않고 수형자와 집행유예자 모두의 선거권을 제한하는 것은 침해의 최소성 원칙에 어긋난다. 특히 집행유예자는 집행유예 선고가 실효되거나 취소되지 않는 한 교정시설에 구금되지 않고 일반인과 동일한 사회생활을 하고 있으므로, 그들의 선거권을 제한해야 할 필요성이 크지 않다. 따라서 심판대상조항은 청구인들의 선거권을 침해하고, 보통선거원칙에 위반하여 집행유예자와 수형자를 차별취급하는 것이므로 평등원칙에도 어긋난다. 수형자에 관한 부분의 위헌성은 지나치게 전면적·획일적으로 수형자의 선거권을 제한한다는 데 있다. 그런데 그 위헌성을 제거하고 수형자에게 헌법합치적으로 선거권을 부여하는 것은 입법자의 형성재량에 속하므로 심판대상조항 중 수형자에 관한 부분에 대하여 헌법불합치결정을 선고한다(헌재 2014.1.28. 2012헌마409).

03 ③ 신체적 또는 정신적 장애가 있는 사람에 대하여 성폭력범죄를 저지른 때

✦ 전자장치 부착명령의 청구(전자장치 부착 등에 관한 법률 제5조 제1항)

검사는 다음의 어느 하나에 해당하고, 성폭력범죄를 다시 범할 위험성이 있다고 인정되는 사람에 대하여 전자장치를 부착하도록 하는 명령을 법원에 청구할 수 있다.

1. 성폭력범죄로 징역형의 실형을 선고받은 사람이 그 집행을 종료한 후 또는 집행이 면제된 후 10년 이내에 성폭력범죄를 저지른 때
2. 성폭력범죄로 이 법에 따른 전자장치를 부착받은 전력이 있는 사람이 다시 성폭력범죄를 저지른 때
3. 성폭력범죄를 2회 이상 범하여(유죄의 확정판결을 받은 경우를 포함한다) 그 습벽이 인정된 때
4. 19세 미만의 사람에 대하여 성폭력범죄를 저지른 때
5. 신체적 또는 정신적 장애가 있는 사람에 대하여 성폭력범죄를 저지른 때

04 소장은 개방처우급 혹은 완화경비처우급 수형자가 다음의 사유에 모두 해당하는 경우에는 교정시설에 설치된 개방시설에 수용하여 사회 적응에 필요한 교육, 취업지원 등 적정한 처우를 할 수 있다(형집행법 시행규칙 제93조 제1항).

1. 형기가 2년 이상인 사람
2. 범죄 횟수가 3회 이하인 사람
3. 중간처우를 받는 날부터 가석방 또는 형기 종료 예정일까지 기간이 3개월 이상 2년 6개월 이하인 사람

05 외국인수용자를 수용하는 소장은 외국어에 능통한 소속 교도관을 전담요원으로 지정하여 일상적인 개별면담, 고충해소, 통역·번역 및 외교공관 또는 영사관 등 관계기관과의 연락 등의 업무를 수행하게 하여야 한다(형집행법 시행규칙 제56조 제1항).

06 ㉠, ㉢ 청소년기 한정형은 아동기까지는 반사회적 행동을 하지 않다가 사춘기에 접어들면서 집중적으로 일탈행동을 저지르다가 성인이 되면 일탈행동을 멈추는 유형으로, 사춘기 초기에 일탈행동에 가담하게 되는 주된 이유는 성장 격차 때문이다. 즉 사춘기는 생물학적 나이와 사회적 나이 간에 격차가 발생하는 시기이다. 또한 청소년기 동안 성인들의 역할과 지위를 갈망하게 되고 인생지속형 범죄자들을 흉내 내며 흡연, 음주 등 경미한 지위비행 등을 일삼게 된다.

㉡, ㉣ 인생(생애)지속형은 유아기부터 문제행동이 시작되어 평생 동안 범죄행동을 지속하는 유형으로, 생래적인 신경심리학적 결함으로 인해 유아기 동안 언어 및 인지능력에서 장애증상을 보이며, 각종 문제를 일으킨다.

07 ① 법무부장관은 교도작업으로 생산되는 제품의 종류와 수량을 회계연도 개시 1개월 전까지 공고하여야 한다 (교도작업의 운영 및 특별회계에 관한 법률 제4조).

② 교도작업특별회계는 세입총액이 세출총액에 미달된 경우 또는 시설 개량이나 확장에 필요한 경우에는 예산의 범위에서 일반회계로부터 전입을 받을 수 있으며(동법 제10조), 일반회계로부터의 전입금은 교도작업특별회계의 세입에 포함된다(동법 제9조 제1항 제2호).

③ 교도작업으로 생산된 제품은 민간기업 등에 직접 판매하거나 위탁하여 판매할 수 있으며(동법 제7조), 법무부장관은 교도작업제품의 전시 및 판매를 위하여 필요한 시설을 설치·운영하거나 전자상거래 등의 방법으로 교도작업제품을 판매할 수 있다(동법 시행령 제7조).

④ 동법 제9조 제2항 제4호

✦ 교도작업특별회계의 세입과 세출

교도작업특별회계의 세입	교도작업특별회계의 세출
1. 교도작업으로 생산된 제품 및 서비스의 판매, 그 밖에 교도작업에 부수되는 수입금 2. 제10조에 따른 일반회계로부터의 전입금 3. 제11조에 따른 차입금	1. 교도작업의 관리, 교도작업 관련 시설의 마련 및 유지·보수, 그 밖에 교도작업의 운영을 위하여 필요한 경비 2. 형집행법 제73조 제2항의 작업장려금 3. 형집행법 제74조의 위로금 및 조위금 4. 수용자의 교도작업 관련 직업훈련을 위한 경비

08 ① 고려시대에는 속전(속동)제도가 있어서 일정한 범위에서 속전을 내고 형을 대체할 수 있었으며, 조선시대에는 모반, 대역, 불효 등 특별히 정한 범죄를 제외하고는 형 대신 금전으로 납부할 수 있는 속전제도가 있었다. 속전은 오늘날의 벌금과도 유사하지만, 벌금이 형의 선고 자체가 재산형인데 비해 속전은 신체형을 선고받은 후 본형을 재산형으로 대신한다는 점에서 구별된다.

② 갑오개혁으로 형조에 소속되었던 전옥서를 경무청 감옥서로 변경함과 동시에 직수아문(형조·의금부·한성부·포도청 등)에 부설되어 있었던 옥(獄)을 모두 폐지함으로써 감옥사무를 일원화하였다.

③ 일제시대에는 1917년 '간수교습규정' 등에 의거 교도관학교를 설치·운영할 근거를 마련하였다.

④ 감옥규칙의 제정(1894)에 따라 징역수형자의 누진처우를 규정한 징역표는 범죄인의 개과촉진을 목적으로 수용자를 4등급(특수기예자·보통자·부녀자·노유자)으로 분류하고, 1~5등급으로 나누어 일정기간이 지나면 상위등급으로 진급시켜 점차 계호를 완화하는 등의 단계적 처우를 실시하였는데, 이는 조선의 전통적 행형에서 근대적 행형으로 전환하는 과도기적 특징을 지닌다.

09 옳은 것은 ㉠, ㉢이다.

㉠ 수형자의 접견 횟수는 매월 4회로 하며(형집행법 시행령 제58조 제3항), 수용자가 소송사건의 대리인인 변호사와 접견하는 횟수는 월 4회, 「형사소송법」에 따른 상소권회복 또는 재심 청구사건의 대리인이 되려는 변호사와 접견하는 횟수는 사건 당 2회로 하되, 이를 제58조 제3항(수형자의 접견횟수 매월 4회), 제101조(미결수용자의 접견횟수 매일 1회) 및 제109조(사형확정자의 접견횟수 매월 4회)의 접견 횟수에 포함시키지 아니한다(동법 시행령 제59조의2 제2항).

㉡ 변호인(변호인이 되려고 하는 사람을 포함)과 접견하는 미결수용자를 제외한 수용자의 접견시간은 회당 30분 이내로 하며(동법 시행령 제58조 제2항), 소장은 수형자의 교화 또는 건전한 사회복귀를 위하여 특히 필요하다고 인정하면 접견 시간대 외에도 접견을 하게 할 수 있고 접견시간을 연장할 수 있다(동법 시행령 제59조 제1항).

소장은 수용자가 19세 미만인 때, 교정성적이 우수한 때, 교화 또는 건전한 사회복귀를 위하여 특히 필요하다고 인정되는 때에는 접견 횟수를 늘릴 수 있다(동법 시행령 제59조 제2항).

㉢ 수용자의 접견은 접촉차단시설이 설치된 장소에서 하게 한다. 다만, ⓐ 미결수용자(형사사건으로 수사 또는 재판을 받고 있는 수형자와 사형확정자를 포함한다)가 변호인(변호인이 되려는 사람을 포함한다)과 접견하는 경우(동법 제41조 제2항 제1호), ⓑ 수용자가 소송사건의 대리인인 변호사와 접견하는 경우 등 수용자의 재판청구권 등을 실질적으로 보장하기 위하여 대통령령으로 정하는 경우로서 교정시설의 안전 또는 질서를 해칠 우려가 없는 경우(동법 제41조 제2항 제2호), ⓒ 수용자가 상소권회복 또는 재심 청구사건의 대리인이 되려는 변호사와 접견하는 경우로서 교정시설의 안전 또는 질서를 해칠 우려가 없는 경우(동법 시행령 제59조의2 제5항)에는 접촉차단시설이 설치되지 아니한 장소에서 접견하게 한다(동법 제41조 제2항).

㉣ 수용자와 교정시설 외부의 사람이 접견하는 경우에 접견내용이 청취·녹음 또는 녹화될 때에는 외국어를 사용해서는 아니 된다. 다만, 국어로 의사소통하기 곤란한 사정이 있는 경우에는 외국어를 사용할 수 있다(동법 시행령 제60조 제1항).

10 ① 성폭력범죄자의 성충동 약물치료에 관한 법률 제22조 제2항 제1호

② 동법 제22조 제2항 제2호

③ 동법 제23조 제1항

④ 검사는 소속 검찰청 소재지 또는 성폭력 수형자의 주소를 관할하는 보호관찰소의 장에게 성폭력 수형자에 대하여 제5조 제1항에 따른 조사(범죄의 동기, 피해자와의 관계, 심리상태, 재범의 위험성 등 필요한 사항의 조사)를 요청할 수 있다(동법 제22조 제2항 제3호).

11 ① 여성수용자는 자신이 출산한 유아를 교정시설에서 양육할 것을 신청할 수 있다. 이 경우 소장은 ㉠ 유아가 질병·부상, 그 밖의 사유로 교정시설에서 생활하는 것이 특히 부적당하다고 인정되는 때, ㉡ 수용자가 질병·부상, 그 밖의 사유로 유아를 양육할 능력이 없다고 인정되는 때, ㉢ 교정시설에 감염병이 유행하거나 그 밖의 사정으로 유아양육이 특히 부적당한 때에 해당하지 않으면, 생후 18개월에 이르기까지 허가하여야 한다(형집행법 제53조 제1항).

② 동법 제50조 제2항

③ 동법 제51조 제2항

④ 동법 제52조 제1항, 동법 시행령 제78조

12 수용자는 독거수용한다. 다만, 다음의 어느 하나에 해당하는 사유가 있으면 혼거수용할 수 있다(형집행법 제14조).

1. 독거실 부족 등 시설여건이 충분하지 아니한 때
2. 수용자의 생명 또는 신체의 보호, 정서적 안정을 위하여 필요한 때
3. 수형자의 교화 또는 건전한 사회복귀를 위하여 필요한 때

13 ① 소장은 미결수용자로서 사건에 서로 관련이 있는 사람은 분리수용하고 서로 간의 접촉을 금지하여야 한다(형집행법 제81조).
② 미결수용자와 변호인 간의 편지는 교정시설에서 상대방이 변호인임을 확인할 수 없는 경우를 제외하고는 검열할 수 없다(동법 제84조 제3항).
③ 미결수용자는 수사·재판·국정감사 또는 법률로 정하는 조사에 참석할 때에는 사복을 착용할 수 있다. 다만, 소장은 도주우려가 크거나 특히 부적당한 사유가 있다고 인정하면 교정시설에서 지급하는 의류를 입게 할 수 있다(동법 제82조).
④ 미결수용자와 변호인과의 접견에는 교도관이 참여하지 못하며 그 내용을 청취 또는 녹취하지 못한다. 다만, 보이는 거리에서 미결수용자를 관찰할 수 있다(동법 제84조 제1항).

14 오늘날 화이트칼라범죄의 존재와 현실을 부정하는 사람은 없으나, 대체로 초기 서덜랜드의 정의보다는 그 의미를 확대해석하여 화이트칼라범죄의 개념과 적용범위를 넓게 보는 경향이 있다. 즉 서덜랜드가 정의하였던 사회적 지위와 직업적 과정이라는 두 가지 특성으로 화이트칼라범죄를 특정지었던 것을 중심으로 새롭게 개념을 재정립하게 되었다.

15 ① 형을 정함에 있어서는 ㉠ 범인의 연령, 성행, 지능과 환경, ㉡ 피해자에 대한 관계, ㉢ 범행의 동기, 수단과 결과, ㉣ 범행 후의 정황을 참작하여야 한다(형법 제51조).
② 제1심 또는 제2심의 형사공판 절차에서 일정한 범죄에 관하여 유죄판결을 선고할 경우, 법원은 직권에 의하여 또는 피해자나 그 상속인의 신청에 의하여 피고사건의 범죄행위로 인하여 발생한 직접적인 물적 피해, 치료비 손해 및 위자료의 배상을 명할 수 있다(소송촉진 등에 관한 특례법 제25조 제1항).
③ 레크리스는 피해자의 도발을 기준으로 순수한 피해자(가해자 – 피해자 모델)과 도발한 피해자(피해자 – 가해자 – 피해자 모델)로 구분하고 있다.
④ 정부는 형사소송법 제477조 제1항에 따라 집행된 벌금에 100분의 6 이상의 범위에서 대통령령으로 정한 비율(100분의 8)을 곱한 금액을 범죄피해자보호기금에 납입하여야 한다(범죄피해자보호기금법 제4조 제2항).

16 ① 책임의 부정은 어쩔 수 없는 환경상황에서 그럴 수밖에 없었다고 자신의 책임을 전가하는 것을 말한다.
② 가해의 부정
③ 피해자의 부정
④ 비난자에 대한 비난

17 수형자 취업지원협의회의 기능은 다음과 같다(형집행법 시행규칙 제144조).
1. 수형자 사회복귀 지원 업무에 관한 자문에 대한 조언
2. 수형자 취업·창업 교육
3. 수형자 사회복귀 지원을 위한 지역사회 네트워크 추진
4. 취업 및 창업 지원을 위한 자료제공 및 기술지원
5. 직업적성 및 성격검사 등 각종 검사 및 상담
6. 불우수형자 및 그 가족에 대한 지원 활동
7. 그 밖에 수형자 취업알선 및 창업지원을 위하여 필요한 활동

18 ① 소년법 제63조
② 동법 제59조
③ 동법 제65조
④ 소년에 대한 형사사건의 심리는 다른 피의사건과 관련된 경우에도 심리에 지장이 없으면 그 절차를 분리하여야 한다(동법 제57조).

19 옳은 것은 ㉠, ㉢이다.
㉠ 가석방자관리규정 제4조 제2항
㉡ 가석방자는 가석방증에 적힌 기한 내에 관할경찰서에 출석하여 가석방증에 출석확인을 받아야 하며(동 규정 제5조 본문), 가석방자는 그의 주거지에 도착하였을 때에는 지체 없이 종사할 직업 등 생활계획을 세우고 이를 관할경찰서의 장에게 서면으로 신고하여야 한다(동 규정 제6조 제1항).
㉢ 관할경찰서의 장은 6개월마다 가석방자의 품행, 직업의 종류, 생활 정도, 가족과의 관계, 가족의 보호 여부 및 그 밖의 참고사항에 관하여 조사서를 작성하고 관계기관의 장에게 통보하여야 한다. 다만, 변동사항이 없는 경우에는 그러하지 아니하다(동 규정 제8조).
㉣ 가석방자는 ⓐ 국내 주거지 이전 또는 1개월 이상 국내 여행을 하려는 경우, ⓑ 국외 이주 또는 1개월 이상 국외 여행을 하려는 경우 관할경찰서의 장에게 신고하여야 하며(동 규정 제10조 제1항·제13조 제1항), 국외 여행을 한 가석방자는 귀국하여 주거지에 도착하였을 때에는 지체 없이 그 사실을 관할경찰서의 장에게 신고하여야 한다. 국외 이주한 가석방자가 입국하였을 때에도 또한 같다(동 규정 제16조).

20 ① 민영교도소 등에 수용된 수용자가 작업하여 생긴 수입은 국고수입으로 한다(민영교도소 등의 설치·운영에 관한 법률 제26조).
② 동법 제28조 제1호
③ 법무부장관은 민영교도소등의 업무 및 그와 관련된 교정법인의 업무를 지도·감독하며, 필요한 경우 지시나 명령을 할 수 있다. 다만, 수용자에 대한 교육과 교화프로그램에 관하여는 그 교정법인의 의견을 최대한 존중하여야 한다(동법 제33조 제1항).
④ 교정법인의 대표자는 그 교정법인이 운영하는 민영교도소 등의 장을 겸할 수 없다(동법 제13조 제1항).

21 ① 부적 강화에 대한 설명이다.
강화물(reinforcement)은 행동의 빈도를 증가시키는 역할을 하는 모든 자극물을 의미하며, 강화물은 음식, 공기, 물 등 일차적 강화물과 사회적 인정, 칭찬, 지위 등의 이차적 강화물로 구분된다.
강화는 정적 강화(positive reinforcement)와 부적 강화(negative reinforcement)로 구성되며, 정적 강화는 행동의 지속성을 강화시키는 것으로써 특정 행동에 대해 보상이 주어질 때 그 행동을 지속할 가능성이 높아진다.

22 ① 교도관은 이송·출정, 그 밖에 교정시설 밖의 장소로 수용자를 호송하는 때에는 보호장비를 사용할 수 있으며(형집행법 제97조 제1항 제1호), 수갑은 이송·출정, 그 밖에 교정시설 밖의 장소로 수용자를 호송하는 때에 사용할 수 있다(동법 제98조 제2항 제1호).
수갑의 종류에는 양손수갑, 일회용수갑, 한손수갑이 있다(동법 시행규칙 제169조 제1호).
법 제97조 제1항 각 호의 어느 하나에 해당하는 경우에는 양손수갑을 앞으로 채워 사용하며(동법 시행규칙 제172조 제1항 제1호, 별표 6), 이 경우 수갑보호기를 함께 사용할 수 있다(동법 시행규칙 제172조 제2항).
진료를 받거나 입원 중인 수용자에 대하여 한손수갑을 사용하는 경우에는 침대 철구조물에 열쇠로 부착하여 사용한다(동법 시행규칙 제172조 제1항 제3호, 별표 8).
② 법 제97조 제1항 제2호부터 제4호까지의 규정의 어느 하나에 해당하는 경우 별표 6의 방법(양손수갑의 앞으로 사용)으로는 사용목적을 달성할 수 없다고 인정되면 별표 7의 방법(양손수갑의 뒤로 사용)으로 한다(동법 시행규칙 제172조 제1항 제2호).
③ 법 제97조 제1항 각 호의 어느 하나에 해당하는 경우에는 양손수갑을 앞으로 채워 사용하며(동법 시행규칙 제172조 제1항 제1호, 별표 6), 이 경우 수갑보호기를 함께 사용할 수 있다(동법 시행규칙 제172조 제2항).
④ 수갑은 구체적 상황에 적합한 종류를 선택하여 사용할 수 있다. 다만, 일회용수갑은 일시적으로 사용하여야 하며, 사용목적을 달성한 후에는 즉시 사용을 중단하거나 다른 보호장비로 교체하여야 한다(동법 시행규칙 제172조 제4항).

✦ **보호장비의 사용**(형집행법 제97조 제1항)

교도관은 수용자가 다음의 어느 하나에 해당하면 보호장비를 사용할 수 있다.

1. 이송·출정, 그 밖에 교정시설 밖의 장소로 수용자를 호송하는 때
2. 도주·자살·자해 또는 다른 사람에 대한 위해의 우려가 큰 때
3. 위력으로 교도관의 정당한 직무집행을 방해하는 때
4. 교정시설의 설비·기구 등을 손괴하거나 그 밖에 시설의 안전 또는 질서를 해칠 우려가 큰 때

23　① 사회봉사·수강명령 대상자가 사회봉사·수강명령 집행 중 금고 이상의 형의 집행을 받게 된 때에는 해당 형의 집행이 종료·면제되거나 사회봉사·수강명령 대상자가 가석방된 경우 잔여 사회봉사·수강명령을 집행한다(보호관찰 등에 관한 법률 제63조 제2항).

　② 사회봉사명령은 보호관찰관이 집행한다. 다만, 보호관찰관은 국공립기관이나 그 밖의 단체에 그 집행의 전부 또는 일부를 위탁할 수 있다(동법 제61조 제1항).

　③ 법원은 형의 집행을 유예하는 경우에는 사회봉사를 명할 수 있으며(형법 제62조의2 제1항), 사회봉사를 명할 때에는 500시간의 범위에서 그 기간을 정하여야 한다(보호관찰 등에 관한 법률 제59조 제1항).

　④ 사회봉사는 사회봉사명령 대상자가 ㉠ 사회봉사명령의 집행을 완료한 때, ㉡ 형의 집행유예 기간이 지난 때, ㉢ 사회봉사명령을 조건으로 한 집행유예의 선고가 실효되거나 취소된 때, ㉣ 다른 법률에 따라 사회봉사명령이 변경되거나 취소·종료된 때에 종료한다(동법 제63조 제1항).

24　① 치료감호 등에 관한 법률 제32조 제1항 제1호

　② 동법 제32조 제1항 제2호

　③ 동법 제32조 제2항

　④ 피보호관찰자가 보호관찰기간 중 새로운 범죄로 금고 이상의 형의 집행을 받게 된 때에는 보호관찰은 종료되지 아니하며, 해당 형의 집행기간 동안 피보호관찰자에 대한 보호관찰기간은 계속 진행된다(동법 제32조 제4항).

25　브레이스웨이트는 사회가 범죄를 감소시키기 위해서는 좀 더 효과성 있게 수치심부여를 하여야 한다고 주장하고, 이를 재통합과 거부(해체)로 나누었다. 재통합적 수치심부여는 범죄자를 사회와 결속시키기 위한 고도의 낙인을 주는 것이고, 거부적 수치심부여는 범죄자에게 명백한 낙인을 찍어 높은 수치심을 주는 것으로 전자는 범죄율이 보다 낮은 반면, 후자는 범죄율이 더 높은 결과가 초래된다고 하였다.

01	02	03	04	05	06	07	08	09	10
③	③	④	①	③	③	④	②	①	②
11	12	13	14	15	16	17	18	19	20
④	④	③	③	③	③	②	④	①	④
21	22	23	24	25					
④	②	①	②	②					

01　① 사형확정자의 접견 횟수는 매월 4회로 한다.(형집행법 제109조)

②, ④ 사형확정자는 독거수용한다. 다만, 자살방지, 교육·교화프로그램, 작업, 그 밖의 적절한 처우를 위하여 필요한 경우에는 법무부령으로 정하는 바에 따라 혼거수용할 수 있다.(제89조 제1항)

사형확정자가 수용된 거실은 참관할 수 없다.(제89조 제2항)

> **제150조 구분수용 등**
>
> ① 사형확정자는 사형집행시설이 설치되어 있는 교정시설에 수용하되, 다음 각 호와 같이 구분하여 수용한다.
>
> 다만, 수용관리 또는 처우상 필요한 경우에는 사형집행시설이 설치되지 않은 교정시설에 수용할 수 있다.
>
> | 1. 교도소 | 교도소 수용 중 사형이 확정된 사람, 교도소에서 교육·교화프로그램 또는 신청에 따른 작업을 실시할 필요가 있다고 인정되는 사람 |
> |---|---|
> | 2. 구치소 | 구치소 수용 중 사형이 확정된 사람, 교도소에서 교육·교화프로그램 또는 신청에 따른 작업을 실시할 필요가 없다고 인정되는 사람 |
>
> ② 사형확정자의 심리적 안정 도모 또는 교정시설의 안전과 질서유지를 위하여 특히 필요하다고 인정하는 경우에는 제1항 각 호에도 불구하고 교도소에 수용할 사형확정자를 구치소에 수용할 수 있고, 구치소에 수용할 사형확정자를 교도소에 수용할 수 있다.
>
> ③ 사형확정자와 소년수용자를 같은 교정시설에 수용하는 경우에는 서로 분리하여 수용한다.
>
> ④ 소장은 사형확정자의 자살·도주 등의 사고를 방지하기 위하여 필요한 경우에는 사형확정자와 미결수용자를 혼거수용할 수 있고, 사형확정자의 교육·교화프로그램, 작업 등의 적절한 처우를 위하여 필요한 경우에는 사형확정자와 수형자를 혼거수용할 수 있다.
>
> ⑤ 사형확정자의 번호표 및 거실표의 색상은 붉은색으로 한다.

02 ①, ② 보호장비의 종류별 사용요건은 다음 각 호와 같다.(형집행법 제98조 제2항)

수갑·포승	1. 이송·출정, 그 밖에 교정시설 밖의 장소로 수용자를 호송하는 때
	2. 도주·자살·자해 또는 다른 사람에 대한 위해의 우려가 큰 때
	3. 위력으로 교도관의 정당한 직무집행을 방해하는 때
	4. 교정시설의 설비·기구 등을 손괴하거나 그 밖에 시설의 안전 또는 질서를 해칠 우려가 큰 때
머리보호장비	머리부분을 자해할 우려가 큰 때
발목보호장비·보호대·보호의자	2. 도주·자살·자해 또는 다른 사람에 대한 위해의 우려가 큰 때
	3. 위력으로 교도관의 정당한 직무집행을 방해하는 때
	4. 교정시설의 설비·기구 등을 손괴하거나 그 밖에 시설의 안전 또는 질서를 해칠 우려가 큰 때
보호침대·보호복	자살·자해의 우려가 큰 때

> **동법 시행규칙 제172조(수갑의 사용방법)** ① 수갑의 사용방법은 다음 각 호와 같다.
> 1. 법 제97조 제1항(보호장비의 사용요건) 각 호의 어느 하나에 해당하는 경우에는 별표 6의 방법(앞으로 사용)으로 할 것
> 2. 법 제97조 제1항 제2호부터 제4호까지의 규정의 어느 하나에 해당하는 경우 별표 6의 방법(앞으로 사용)으로는 사용목적을 달성할 수 없다고 인정되면 별표 7의 방법(뒤로 사용)으로 할 것
> 3. 진료를 받거나 입원 중인 수용자에 대하여 한손수갑을 사용하는 경우에는 별표 8의 방법(침대 철구조물에 열쇠로 부착)으로 할 것
> ② 제1항 제1호에 따라 수갑을 사용하는 경우에는 수갑보호기를 함께 사용할 수 있다.
> ③ 제1항 제2호에 따라 별표 7의 방법(뒤로 사용)으로 수갑을 사용하여 그 목적을 달성한 후에는 즉시 별표 6의 방법(앞으로 사용)으로 전환하거나 사용을 중지하여야 한다.
> ④ 수갑은 구체적 상황에 적합한 종류를 선택하여 사용할 수 있다. 다만, 일회용수갑은 일시적으로 사용하여야 하며, 사용목적을 달성한 후에는 즉시 사용을 중단하거나 다른 보호장비로 교체하여야 한다.
>
> **동법 시행규칙 제176조(보호침대의 사용방법)** ① 보호침대는 별표 15의 방법으로 사용하며, 다른 보호장비로는 자살·자해를 방지하기 어려운 특별한 사정이 있는 경우에만 사용하여야 한다.
> ② 보호의자는 제184조 제2항(목욕, 식사, 용변, 치료 등을 위한 보호장비 사용의 일시 중지·완화)에 따라 그 사용을 일시 중지하거나 완화하는 경우를 포함하여 8시간을 초과하여 사용할 수 없으며, 사용 중지 후 4시간이 경과하지 아니하면 다시 사용할 수 없다.

③ 하나의 보호장비로 사용목적을 달성할 수 없는 경우에는 둘 이상의 보호장비를 사용할 수 있다. 다만, 다음 각 호의 어느 하나에 해당하는 경우에는 다른 보호장비와 같이 사용할 수 없다.(동법 시행규칙 제180조)
1. 보호의자를 사용하는 경우
2. 보호침대를 사용하는 경우

④ 보호침대는 별표 15의 방법으로 사용하며, 다른 보호장비로는 자살·자해를 방지하기 어려운 특별한 사정이 있는 경우에만 사용하여야 한다.(동법 시행규칙 제177조 제1항)
보호침대는 제184조 제2항(목욕, 식사, 용변, 치료 등을 위한 보호장비 사용의 일시 중지·완화)에 따라 그 사용을 일시 중지하거나 완화하는 경우를 포함하여 8시간을 초과하여 사용할 수 없으며, 사용 중지 후 4시간이 경과하지 아니하면 다시 사용할 수 없다.(동법 시행규칙 제177조 제2항)

03 공휴일·토요일과 대통령령으로 정하는 휴일에는 작업을 부과하지 아니한다. 다만, 다음 각 호의 어느 하나에 해당하는 경우에는 작업을 부과할 수 있다.(형집행법 제71조 제5항)
1. 제2항에 따른 교정시설의 운영과 관리에 필요한 작업을 하는 경우
2. 작업장의 운영을 위하여 불가피한 경우
3. 공공의 안전이나 공공의 이익을 위하여 긴급히 필요한 경우
4. 수형자가 신청하는 경우

04 ① 형집행법 제116조 제4항
②, ③ 수용자는 그 처우에 관하여 불복하는 경우 법무부장관·순회점검공무원 또는 관할 지방교정청장에게 청원할 수 있다.(동법 제117조 제1항)
제1항에 따라 청원하려는 수용자는 청원서를 작성하여 봉한 후 소장에게 제출하여야 한다. 다만, 순회점검공무원에 대한 청원은 말로도 할 수 있다.(동법 제117조 제2항)
소장은 청원서를 개봉하여서는 아니 되며, 이를 지체 없이 법무부장관·순회점검공무원 또는 관할 지방교정청장에게 보내거나 순회점검공무원에게 전달하여야 한다.(동법 제117조 제3항)
제2항 단서에 따라 순회점검공무원이 청원을 청취하는 경우에는 해당 교정시설의 교도관이 참여하여서는 아니 된다.(동법 제117조 제4항)
청원에 관한 결정은 문서로 하여야 한다.(동법 제117조 제5항)
소장은 청원에 관한 결정서를 접수하면 청원인에게 지체 없이 전달하여야 한다.(동법 제117조 제6항)
④ 수용자는 「공공기관의 정보공개에 관한 법률」에 따라 법무부장관, 지방교정청장 또는 소장에게 정보의 공개를 청구할 수 있다.(동법 제117조의2 제1항)

05 ① 형집행법 제120조 제1항
②, ③ 동법 제120조 제2항
④ 동법 시행규칙 제242조 제1항

06 ①, ③ 소장은 수형자의 교정교화를 위하여 상담·심리치료, 그 밖의 교화프로그램을 실시하여야 한다.(형집행법 제64조 제1항)
소장은 제1항에 따른 교화프로그램의 효과를 높이기 위하여 범죄원인별로 적절한 교화프로그램의 내용, 교육장소 및 전문인력의 확보 등 적합한 환경을 갖추도록 노력하여야 한다.(형집행법 제64조 제2항)
② 동법 시행규칙 제115조
④ 소장은 수형자와 그 가족의 관계를 유지·회복하기 위하여 수형자의 가족이 참여하는 각종 프로그램을 운영할 수 있다. 다만, 가족이 없는 수형자의 경우 교화를 위하여 필요하면 결연을 맺었거나 그 밖에 가족에 준하는 사람의 참여를 허가할 수 있다.(동법 시행규칙 제117조 제1항)
제1항의 경우 대상 수형자는 교도관회의의 심의를 거쳐 선발하고, 참여인원은 5명 이내의 가족으로 한다. 다만, 특히 필요하다고 인정하는 경우에는 참여인원을 늘릴 수 있다.(동법 시행규칙 제117조 제2항)

07 ✦ **밀러(Miller)의 하위계층(계급)문화이론**
(1) 하위계층 주요 관심사론
① 하층계급의 독자적인 문화규범에의 동조가 중산층문화의 법규범에 위반함으로써 범죄가 발생한다는 것으로 중류계급의 규범에 대한 악의성의 표출이 아닌 그들의 집중된 관심의 추구가 범죄원인이 된다.
② **지배계층 문화와의 갈등**: 하류계층의 대체문화가 갖는 상이한 가치는 지배계층의 문화와 갈등을 초래하며, 지배집단의 문화와 가치에 반하는 행위들이 지배계층에 의해 범죄적·일탈적 행위로 간주된다고 주장한다.
③ 중류계층의 가치를 거부하는 것이 아니고 그들만의 문화에 따르는 행위를 하다보니 그 자체가 중류계층의 가치나 행동패턴과 상치되어 그것이 범죄원인이 된다는 것이다.

(2) 하위계층의 주요 관심사(관심의 초점)

Trouble (말썽 · 걱정 · 사고치기)	• 주위사람들의 주목을 끌고 높은 평가를 받기 위해서 사고를 치고 사고의 결과를 회피하는 일에 많은 관심을 두고 있다. • 법이나 법집행기관 등과의 말썽이 오히려 영웅적이거나 정상적이며 성공적인 것으로 간주된다.
Toughness (강인 · 완강)	남성다움과 육체적 힘의 과시, 용감성 · 대담성에 대한 관심이 있다.
Smartness (교활 · 영악 · 영리함)	• 영리함 : 지적인 총명함을 의미하는 것이 아니라 도박, 사기, 탈법 등과 같이 기만적인 방법으로 다른 사람을 속일 수 있는 능력이다. • 남이 나를 속이기 이전에 내가 먼저 남을 속일 수 있어야 한다.
Excitement (흥분 · 자극 · 스릴)	• 하위계급이 거주하는 지역에서 도박, 싸움, 음주 등이 많이 발생하는 것은 흥분거리를 찾는 과정에서 발생한다. • 스릴, 모험 등 권태감을 모면하는 데 관심이 있다.
Fatalism (운명 · 숙명)	• 자신의 미래가 스스로의 노력보다는 스스로 통제할 수 없는 운명에 달려 있다는 믿음이다. • 하위계급은 행운이나 불행에 많은 관심을 갖고 있으며 범죄를 저지르고 체포되더라도 이를 운수가 좋지 않았기 때문이라고 판단한다. • 빈곤한 사람은 때로 그들의 생활이 숙명이라고 생각하며 현실을 정당화한다.
Autonomy (자율 · 자립)	• 권위로부터 벗어나고, 다른 사람으로부터 간섭을 받는 것을 혐오한다. • 사회의 권위있는 기구들에 대하여 경멸적인 태도를 취하게 된다. • 타인으로부터 명령과 간섭을 받고 있는 현실에 대한 잠재의식적인 반발이 일어난다.

08 ② 집합적 무능력화는 유죄 확정된 모든 강력범죄자에 대해 장기형의 선고를 권장하는 제도로서 부정기형 제도 하에서 보호관찰부 가석방의 지침이나 요건강화로 가석방 지연, 정기형제도하에서 장기형을 강제하는 법률의 제정, 선시제도 운영상 선행에 대한 가산점을 줄이는 정책이다.
③ 선별적 무능력화은 비교적 소수의 중누범자 또는 직업범죄자가 대부분의 강력범죄를 저지른다는 사실을 바탕으로 재범가능성에 대한 개인별 예측에 의해 범죄성이 강한 개별 범죄자를 선별적으로 구금하거나 형량을 강화하는 제도이다.
④ 잘못된 긍정(false positive)은 위험성이 없음에도 위험성이 있는 것으로 예측되어 장기간 구금됨으로써 무능력화되는 경우를 말한다. 잘못된 부정(false negative) 위험이 있음에도 위험성이 없는 것으로 예측되어 구금되지 않음으로써 범죄능력이 무력화되지 않아 사회에 대한 위험을 야기시키는 경우를 말한다.

09 ① 실험적 방법은 설정된 가정을 검증하기 위하여 제한된 조건하에서 반복적으로 이루어지는 관찰을 의미한다. 경험과학적 연구에서 실험은 가장 효과적인 방법 중의 하나로 인정되고 있다. 인과관계 검증과정을 통제하여 가설을 검증하는 데 유용한 방법이다.
② 피해자조사(victim survey)은 실제 범죄의 피해자로 하여금 범죄의 피해경험을 보고하게 하는 방법으로, 암수범죄의 조사방법으로 가장 많이 활용된다. 경미범죄보다 강력범죄를 더 오래 기억하므로 강력범죄의 실태파악에 용이하다.
③ 개별적 사례조사는 범죄자 개개인에 대해 인격과 환경 등 여러 요소를 종합적으로 분석하여 상호연결관계를 규명하는 방법이다. 조사대상자에 대한 개별적 사례조사나 그의 과거사를 조사하는 것으로 일기나 편지 등 개인의 극히 내밀한 정보의 획득이 요구된다. 구체적 사례로는 1937년 서덜랜드(Sutherland)가 실시한 직업(전문)절도범 연구가 있다.
④ 참여적 관찰방법은 현장조사라고도 하는 것으로 관찰자(연구자)가 직접 범죄자 집단에 들어가 함께 생활하면서 그들의 생활을 관찰하는 조사방법을 말하며, 서덜랜드(Sutherland)는 이를 '자유로운 상태에 있는 범죄자의 연구'라고 불렀다.

CHAPTER **02**

10 ①, ③ 형집행법 제77조(귀휴)

> ① 소장은 6개월 이상 형을 집행받은 수형자로서 그 형기의 3분의 1(21년 이상의 유기형 또는 무기형의 경우에는 7년)이 지나고 교정성적이 우수한 사람이 다음 각 호의 어느 하나에 해당하면 1년 중 20일 이내의 귀휴를 허가할 수 있다.
> 1. 가족 또는 배우자의 직계존속이 위독한 때
> 2. 질병이나 사고로 외부의료시설에의 입원이 필요한 때
> 3. 천재지변이나 그 밖의 재해로 가족, 배우자의 직계존속 또는 수형자 본인에게 회복할 수 없는 중대한 재산상의 손해가 발생하였거나 발생할 우려가 있는 때
> 4. 그 밖에 교화 또는 건전한 사회복귀를 위하여 법무부령으로 정하는 사유가 있는 때
> ② 소장은 다음 각 호의 어느 하나에 해당하는 사유가 있는 수형자에 대하여는 제1항에도 불구하고 5일 이내의 특별귀휴를 허가할 수 있다.
> 1. 가족 또는 배우자의 직계존속이 사망한 때
> 2. 직계비속의 혼례가 있는 때
> ③ 소장은 귀휴를 허가하는 경우에 법무부령으로 정하는 바에 따라 거소의 제한이나 그 밖에 필요한 조건을 붙일 수 있다.
> ④ 제1항 및 제2항의 귀휴기간은 형 집행기간에 포함한다.

② 귀휴자는 귀휴 중 천재지변이나 그 밖의 사유로 자신의 신상에 중대한 사고가 발생한 경우에는 가까운 교정시설이나 경찰관서에 신고하여야 하고 필요한 보호를 요청할 수 있다.(동법 시행령 제97조 제2항)

④ 동법 시행규칙 제142조(귀휴의 비용등)

> ① 귀휴자의 여비와 귀휴 중 착용할 복장은 본인이 부담한다.
> ② 소장은 귀휴자가 신청할 경우 작업장려금의 전부 또는 일부를 귀휴비용으로 사용하게 할 수 있다.

11 ①, ④ 범죄피해자보호법 제41조(형사조정 회부)

> ① 검사는 피의자와 범죄피해자(이하 "당사자"라 한다) 사이에 형사분쟁을 공정하고 원만하게 해결하여 범죄피해자가 입은 피해를 실질적으로 회복하는 데 필요하다고 인정하면 당사자의 신청 또는 직권으로 수사 중인 형사사건을 형사조정에 회부할 수 있다.
> ② 형사조정에 회부할 수 있는 형사사건의 구체적인 범위는 대통령령으로 정한다. 다만, 다음 각 호의 어느 하나에 해당하는 경우에는 형사조정에 회부하여서는 아니 된다.
> 1. 피의자가 도주하거나 증거를 인멸할 염려가 있는 경우
> 2. 공소시효의 완성이 임박한 경우
> 3. 불기소처분의 사유에 해당함이 명백한 경우(다만, 기소유예처분의 사유에 해당하는 경우는 제외한다)

② 동법 제43조(형사조정의 절차)

> ① 형사조정위원회는 당사자 사이의 공정하고 원만한 화해와 범죄피해자가 입은 피해의 실질적인 회복을 위하여 노력하여야 한다.
> ② 형사조정위원회는 형사조정이 회부되면 지체 없이 형사조정 절차를 진행하여야 한다.
> ③ 형사조정위원회는 필요하다고 인정하면 형사조정의 결과에 이해관계가 있는 사람의 신청 또는 직권으로 이해관계인을 형사조정에 참여하게 할 수 있다.

③ 동법 제45조(형사조정절차의 종료)

> ① 형사조정위원회는 조정기일마다 형사조정의 과정을 서면으로 작성하고, 형사조정이 성립되면 그 결과를 서면으로 작성하여야 한다.
> ② 형사조정위원회는 조정 과정에서 증거위조나 거짓 진술 등의 사유로 명백히 혐의가 없는 것으로 인정하는 경우에는 조정을 중단하고 담당 검사에게 회송하여야 한다.
> ③ 형사조정위원회는 형사조정 절차가 끝나면 제1항의 서면을 붙여 해당 형사사건을 형사조정에 회부한 검사에게 보내야 한다.
> ④ 검사는 형사사건을 수사하고 처리할 때 형사조정 결과를 고려할 수 있다. 다만, 형사조정이 성립되지 아니하였다는 사정을 피의자에게 불리하게 고려하여서는 아니 된다.

12
① 소년법 제10조
② 동법 제12조
③ 동법 제13조
④ 동법 제18조

> ① 소년부 판사는 사건을 조사 또는 심리하는 데에 필요하다고 인정하면 소년의 감호에 관하여 결정으로써 다음 각 호의 어느 하나에 해당하는 조치를 할 수 있다.
> 1. 보호자, 소년을 보호할 수 있는 적당한 자 또는 시설에 위탁: 3개월
> 2. 병원이나 그 밖의 요양소에 위탁: 3개월
> 3. 소년분류심사원에 위탁: 1개월
> ② 동행된 소년 또는 제52조 제1항(소년부 송치 시의 신병처리)에 따라 인도된 소년에 대하여는 도착한 때로부터 24시간 이내에 제1항의 조치를 하여야 한다.
> ③ 제1항 제1호 및 제2호의 위탁기간은 3개월을, 제1항 제3호의 위탁기간은 1개월을 초과하지 못한다. 다만, 특별히 계속 조치할 필요가 있을 때에는 한 번에 한하여 결정으로써 연장할 수 있다.
> ④ 제1항 제1호 및 제2호의 조치를 할 때에는 보호자 또는 위탁받은 자에게 소년의 감호에 관한 필요 사항을 지시할 수 있다.
> ⑤ 소년부 판사는 제1항의 결정(임시조치 결정)을 하였을 때에는 소년부 법원서기관·법원사무관·법원주사·법원주사보, 소년분류심사원 소속 공무원, 교도소 또는 구치소 소속 공무원, 보호관찰관 또는 사법경찰관리에게 그 결정을 집행하게 할 수 있다.
> ⑥ 제1항의 조치(임시조치)는 언제든지 결정으로써 취소하거나 변경할 수 있다.

13
① 법무부장관은 필요하다고 인정하면 이 법에서 정하는 바에 따라 교정업무를 공공단체 외의 법인·단체 또는 그 기관이나 개인에게 위탁할 수 있다. 다만, 교정업무를 포괄적으로 위탁하여 한 개 또는 여러 개의 교도소 등을 설치·운영하도록 하는 경우에는 법인에만 위탁할 수 있다.(민영교도법 제3조 제1항)
②, ③ 동법 제4조(위탁계약의 체결)

> ① 법무부장관은 교정업무를 위탁하려면 수탁자와 대통령령으로 정하는 방법으로 계약(이하 "위탁계약"이라 한다)을 체결하여야 한다.
> ② 법무부장관은 필요하다고 인정하면 민영교도소 등의 직원이 담당할 업무와 민영교도소 등에 파견된 소속 공무원이 담당할 업무를 구분하여 위탁계약을 체결할 수 있다.
> ③ 법무부장관은 위탁계약을 체결하기 전에 계약 내용을 기획재정부장관과 미리 협의하여야 한다.
> ④ 위탁계약의 기간은 다음 각 호와 같이 하되, 그 기간은 갱신할 수 있다.
> 1. 수탁자가 교도소 등의 설치비용을 부담하는 경우: 10년 이상 20년 이하
> 2. 그 밖의 경우: 1년 이상 5년 이하

④ 법무부장관은 수탁자가 이 법 또는 이 법에 따른 명령이나 처분을 위반하면 6개월 이내의 기간을 정하여 위탁업무의 전부 또는 일부의 정지를 명할 수 있다.(동법 제6조 제1항)

14
① 보호관찰법 시행령 제41조
② 동법 시행령 제41조의2 제2항
③ 법 제65조 제1항에 따른 갱생보호는 갱생보호를 받을 사람(이하 "갱생보호 대상자"라 한다)이 친족 또는 연고자 등으로부터 도움을 받을 수 없거나 이들의 도움만으로는 충분하지 아니한 경우에 한하여 행한다.(동법 시행령 제40조 제1항)
갱생보호를 하는 경우에는 미리 갱생보호 대상자로 하여금 자립계획을 수립하게 할 수 있다.(제2항)
④ 동법 시행령 제45조

15
① 법원 및 심사위원회는 판결의 선고 또는 결정의 고지를 할 때에는 제2항(일반준수사항)의 준수사항 외에 범죄의 내용과 종류 및 본인의 특성 등을 고려하여 필요하면 보호관찰 기간의 범위에서 기간을 정하여 다음 각 호의 사항을 특별히 지켜야 할 사항으로 따로 과할 수 있다.(보호관찰법 제32조 제3항)
 1. 야간 등 재범의 기회나 충동을 줄 수 있는 특정 시간대의 외출 제한
 2. 재범의 기회나 충동을 줄 수 있는 특정 지역·장소의 출입 금지
 3. 피해자 등 재범의 대상이 될 우려가 있는 특정인에 대한 접근 금지
 4. 범죄행위로 인한 손해를 회복하기 위하여 노력할 것
 5. 일정한 주거가 없는 자에 대한 거주장소 제한
 6. 사행행위에 빠지지 아니할 것
 7. 일정량 이상의 음주를 하지 말 것
 8. 마약 등 중독성 있는 물질을 사용하지 아니할 것
 9. 「마약류관리에 관한 법률」상의 마약류 투약, 흡연, 섭취 여부에 관한 검사에 따를 것
 10. 그 밖에 보호관찰 대상자의 재범 방지를 위하여 필요하다고 인정되어 대통령령으로 정하는 사항

> 법 제32조 제3항 제10호에서 "대통령령으로 정하는 사항"이란 다음 각 호의 사항을 말한다.
> 1. 운전면허를 취득할 때까지 자동차(원동기장치자전거를 포함한다) 운전을 하지 않을 것
> 2. 직업훈련, 검정고시 등 학과교육 또는 성행(성품과 행실) 개선을 위한 교육, 치료 및 처우 프로그램에 관한 보호관찰관의 지시에 따를 것
> 3. 범죄와 관련이 있는 특정 업무에 관여하지 않을 것
> 4. 성실하게 학교수업에 참석할 것
> 5. 정당한 수입원에 의하여 생활하고 있음을 입증할 수 있는 자료를 정기적으로 보호관찰관에게 제출할 것
> 6. 흉기나 그 밖의 위험한 물건을 소지 또는 보관하거나 사용하지 아니할 것
> 7. 가족의 부양 등 가정생활에 있어서 책임을 성실히 이행할 것
> 8. 그 밖에 보호관찰 대상자의 생활상태, 심신의 상태, 범죄 또는 비행의 동기, 거주지의 환경 등으로 보아 보호관찰 대상자가 준수할 수 있고 자유를 부당하게 제한하지 아니하는 범위에서 개선·자립에 도움이 된다고 인정되는 구체적인 사항

✦ 일반준수사항

보호관찰 대상자는 다음 각 호의 사항을 지켜야 한다.
1. 주거지에 상주하고 생업에 종사할 것
2. 범죄로 이어지기 쉬운 나쁜 습관을 버리고 선행을 하며 범죄를 저지를 염려가 있는 사람들과 교제하거나 어울리지 말 것
3. 보호관찰관의 지도·감독에 따르고 방문하면 응대할 것
4. 주거를 이전하거나 1개월 이상 국내외 여행을 할 때에는 미리 보호관찰관에게 신고할 것

16 ③ 손베리의 상호작용이론은 범죄의 개시는 청소년기 동안에 전개되는 사회유대의 약화에서부터 시작되는 것으로 보았다. 사회적 유대의 약화는 청소년들의 비행청소년들과의 유대를 발전시키고, 일탈행동에 관여하게 하며, 일탈행위가 빈번해지면 사회적 유대관계는 더욱 약해져 전통적인 청소년들과 유대관계를 재확립하지 못하게 된다. 결국 일탈촉진 요인들은 서로 강화하고 만성적인 범죄경력을 유지하는 결과를 초래한다.

✦ 참고

패터슨의 분류(조기개시형, 만기개시형) 패터슨(Patterson)은 성장과정 속에서 아동의 문제행동과 주변 환경 간의 상호작용을 통해 반사회성이 형성되는 점에 주목했다. 비행청소년이 되어가는 두 가지 경로에 따라 조기 개시형(초기 진입자)과 만기 개시형(후기 진입자)으로 구분하였다.

조기 개시형	• 아동기부터 공격성을 드러내고 반사회적 행동을 저지르는 특징을 보인다. • 아동기의 부적절한 양육에 원인이 있고, 이것은 후에 학업의 실패와 친구집단의 거부를 초래하게 되고, 이러한 이중적 실패는 비행집단에 참가할 가능성을 높이게 된다. • 이러한 발전과정을 경험한 사람들은 성인이 되어서도 지속적으로 범죄를 저지른다(만성적 범죄자).
만기 개시형	• 아동기에 부모에 의해 적절하게 양육되었으나, 청소년 중기나 후기에 접어들어 비행친구들의 영향으로 비행에 가담하게 되는 유형이다. • 일탈의 주된 원인은 부모들이 청소년 자녀들을 충분히 감시·감독하지 못한 데에서 찾을 수 있다. • 비행에 가담하는 기간은 단기간에 그치며, 대부분의 경우 성인기에 접어들면서 진학이나 취업 등 관습적 활동기회가 제공됨에 따라 불법적 행동을 중단하게 된다. • 만기 개시형들이 저지르는 범죄나 비행은 조기 개시형에 비해서 심각성의 수준도 떨어진다.

17 ① 형집행법 시행규칙 제66조(정기재심사)

① 정기재심사는 다음 각 호의 어느 하나에 해당하는 경우에 한다. 다만, 형집행지휘서가 접수된 날부터 6개월이 지나지 아니한 경우에는 그러하지 아니하다.
　1. 형기의 3분의 1에 도달한 때
　2. 형기의 2분의 1에 도달한 때
　3. 형기의 3분의 2에 도달한 때
　4. 형기의 6분의 5에 도달한 때
② 부정기형의 재심사 시기는 단기형을 기준으로 한다.

② 분류조사의 방법은 다음 각 호와 같다.(동법 시행규칙 제70조)
　1. 수용기록 확인 및 수형자와의 상담
　2. 수형자의 가족 등과의 면담
　3. 검찰청, 경찰서, 그 밖의 관계기관에 대한 사실조회
　4. 외부전문가에 대한 의견조회
　5. 그 밖에 효율적인 분류심사를 위하여 필요하다고 인정되는 방법
③ 동법 시행규칙 제62조(분류심사 제외 및 유예)

① 다음 각 호의 사람에 대해서는 분류심사를 하지 아니한다.
　1. 징역형·금고형이 확정된 사람으로서 집행할 형기가 형집행지휘서 접수일부터 3개월 미만인 사람
　2. 구류형이 확정된 사람

② 소장은 수형자가 다음 각 호의 어느 하나에 해당하는 사유가 있으면 분류심사를 유예한다.
   1. 질병 등으로 분류심사가 곤란한 때
   2. 법 제107조 제1호부터 제5호까지의 규정에 해당하는 행위 및 이 규칙 제214조 각 호에 해당하는
      행위(이하 "징벌대상행위"라 한다)의 혐의가 있어 조사 중이거나 징벌집행 중인 때
   3. 그 밖의 사유로 분류심사가 특히 곤란하다고 인정하는 때
③ 소장은 제2항 각 호에 해당하는 사유가 소멸한 경우에는 지체 없이 분류심사를 하여야 한다. 다만,
   집행할 형기가 사유 소멸일부터 3개월 미만인 경우에는 분류심사를 하지 아니한다.

④ 동법 시행규칙 제71조(분류검사)

① 소장은 분류심사를 위하여 수형자의 인성, 지능, 적성 등의 특성을 측정·진단하기 위한 검사를 할
   수 있다.
② 인성검사는 신입심사 대상자 및 그 밖에 처우상 필요한 수형자를 대상으로 한다. 다만, 수형자가 다음
   각 호의 어느 하나에 해당하면 인성검사를 하지 아니할 수 있다.
   1. 제62조 제2항에 따라 분류심사가 유예된 때
   2. 그 밖에 인성검사가 곤란하거나 불필요하다고 인정되는 사유가 있는 때

18 ①, ②, ③ 지방교정청장은 법 제20조 제2항에 따라 다음 각 호의 어느 하나에 해당하는 경우에는 수용자의
      이송을 승인할 수 있다.(형집행법 시행령 제22조 제1항)
      1. 수용시설의 공사 등으로 수용거실이 일시적으로 부족한 때
      2. 교정시설 간 수용인원의 뚜렷한 불균형을 조정하기 위하여 특히 필요하다고 인정되는 때
      3. 교정시설의 안전과 질서유지를 위하여 긴급하게 이송할 필요가 있다고 인정되는 때

19 ①, ③ 형집행법 시행규칙 제89조(가족 만남의 날 행사 등)

① 소장은 개방처우급·완화경비처우급 수형자에 대하여 가족 만남의 날 행사에 참여하게 하거나 가족
   만남의 집을 이용하게 할 수 있다. 이 경우 제87조의 접견 허용횟수에는 포함되지 아니한다.
③ 소장은 제1항에도 불구하고 교화를 위하여 특히 필요한 경우에는 일반경비처우급 수형자에 대하여도
   가족 만남의 날 행사 참여 또는 가족 만남의 집 이용을 허가할 수 있다.

② 동시행규칙 제92조(사회적 처우)

① 소장은 개방처우급·완화경비처우급 수형자에 대하여 교정시설 밖에서 이루어지는 다음 각 호에 해당
   하는 활동을 허가할 수 있다. 다만, 처우상 특히 필요한 경우에는 일반경비처우급 수형자에게도 이를
   허가할 수 있다.
   1. 사회견학
   2. 사회봉사
   3. 자신이 신봉하는 종교행사 참석
   4. 연극, 영화 그 밖의 문화공연 관람
② 제1항 각 호의 활동을 허가하는 경우 소장은 별도의 수형자 의류를 지정하여 입게 한다. 다만, 처우상
   필요한 경우에는 자비구매의류를 입게 할 수 있다.
③ 제1항 제4호의 활동에 필요한 비용은 수형자가 부담한다. 다만, 처우상 필요한 경우에는 예산의 범위
   에서 그 비용을 지원할 수 있다.

④ 위로금은 본인에게 지급하고, 조위금은 그 상속인에게 지급한다.(형집행법 제74조 제2항)

20 ① 형집행법 시행규칙 제59조(위독 또는 사망시의 조치)
② 동법 시행령 제24조(호송 시 분리)
③ 동법 시행령 제60조(접견 시 외국어 사용)
④ 동법 시행령 제18조(신입자거실 수용 등)

> ① 소장은 신입자가 환자이거나 부득이한 사정이 있는 경우가 아니면 수용된 날부터 3일 동안 신입자거실에 수용하여야 한다.
> ② 소장은 제1항에 따라 신입자거실에 수용된 사람에게는 작업을 부과해서는 아니 된다.
> ③ 소장은 19세 미만의 신입자 그 밖에 특히 필요하다고 인정하는 수용자에 대하여는 제1항의 기간을 30일까지 연장할 수 있다.

21 ① 법원은 부착명령 청구가 이유 있다고 인정하는 때에는 다음 각 호에 따른 기간의 범위 내에서 부착기간을 정하여 판결로 부착명령을 선고하여야 한다. 다만, 19세 미만의 사람에 대하여 특정범죄를 저지른 경우에는 부착기간 하한을 다음 각 호에 따른 부착기간 하한의 2배로 한다.(전자장치부착법 제9조 제1항)

1. 법정형의 상한이 사형 또는 무기징역인 특정범죄	10년 이상 30년 이하
2. 법정형 중 징역형의 하한이 3년 이상의 유기징역인 특정범죄 (제1호에 해당하는 특정범죄는 제외한다)	3년 이상 20년 이하
3. 법정형 중 징역형의 하한이 3년 미만의 유기징역인 특정범죄 (제1호 또는 제2호에 해당하는 특정범죄는 제외한다)	1년 이상 10년 이하

여러 개의 특정범죄에 대하여 동시에 부착명령을 선고할 때에는 법정형이 가장 중한 죄의 부착기간 상한의 2분의 1까지 가중하되, 각 죄의 부착기간의 상한을 합산한 기간을 초과할 수 없다. 다만, 하나의 행위가 여러 특정범죄에 해당하는 경우에는 가장 중한 죄의 부착기간을 부착기간으로 한다.(전자장치부착법 제9조 제2항)
② 동법 제9조의2
③ 동법 제14조(피부착자의 의무)

> ① 전자장치가 부착된 자(이하 "피부착자"라 한다)는 전자장치의 부착기간 중 전자장치를 신체에서 임의로 분리 · 손상, 전파 방해 또는 수신자료의 변조, 그 밖의 방법으로 그 효용을 해하여서는 아니 된다.
> ② 피부착자는 특정범죄사건에 대한 형의 집행이 종료되거나 면제 · 가석방되는 날부터 10일 이내에 주거지를 관할하는 보호관찰소에 출석하여 대통령령으로 정하는 신상정보 등을 서면으로으로 신고하여야 한다.
> ③ 피부착자는 주거를 이전하거나 7일 이상의 국내여행을 하거나 출국할 때에는 미리 보호관찰관의 허가를 받아야 한다.

④ 검사는 살인범죄를 저지른 사람으로서 살인범죄를 다시 범할 위험성이 있다고 인정되는 사람에 대하여 부착명령을 법원에 청구할 수 있다.(임의적 청구) 다만, 살인범죄로 징역형의 실형 이상의 형을 선고받아 그 집행이 종료 또는 면제된 후 다시 살인범죄를 저지른 경우에는 부착명령을 청구하여야 한다.(필요적 청구)(동법 제5조 제3항)

22 ① 형집행법 제13조(분리수용)

> ① 남성과 여성은 분리하여 수용한다.
> ② 제12조〈구분수용예외〉에 따라 수형자와 미결수용자, 19세 이상의 수형자와 19세 미만의 수형자를 같은 교정시설에 수용하는 경우에는 서로 분리하여 수용한다.

② 소년법 제60조(부정기형)

> ① 소년이 법정형으로 장기 2년 이상의 유기형에 해당하는 죄를 범한 경우에는 그 형의 범위에서 장기와 단기를 정하여 선고한다. 다만, 장기는 10년, 단기는 5년을 초과하지 못한다.
> ※ 특정강력범죄를 범한 소년에 대하여 부정기형을 선고할 때에는 「소년법」 제60조 제1항 단서에도 불구하고 장기는 15년, 단기는 7년을 초과하지 못한다(특정강력범죄법 제4조 제2항).
> ② 소년의 특성에 비추어 상당하다고 인정되는 때에는 그 형을 감경할 수 있다.
> ③ 형의 집행유예나 선고유예를 선고할 때에는 제1항을 적용하지 아니한다.
> ④ 소년에 대한 부정기형을 집행하는 기관의 장은 형의 단기가 지난 소년범의 행형 성적이 양호하고 교정의 목적을 달성하였다고 인정되는 경우에는 관할 검찰청 검사의 지휘에 따라 그 형의 집행을 종료시킬 수 있다.

③ 징역 또는 금고를 선고받은 소년이 가석방된 후 그 처분이 취소되지 아니하고 가석방 전에 집행을 받은 기간과 같은 기간이 지난 경우에는 형의 집행을 종료한 것으로 한다. 다만, 제59조의 형기(죄를 범할 당시 18세 미만인 소년에 대하여 사형 또는 무기형으로 처할 경우에는 15년의 유기징역) 또는 제60조 제1항에 따른 장기(소년이 법정형으로 장기 2년 이상의 유기형에 해당하는 죄를 범한 경우에 선고된 부정기형의 장기)의 기간이 먼저 지난 경우에는 그 때에 형의 집행을 종료한 것으로 한다.(소년법 제66조)

④ 형집행법 시행규칙 제59조의2 제2항

23 ① 집합효율성이론(collective efficacy theory)

의 의	1. 1997년 로버트 샘슨(Robert Sampson)을 중심으로 전개되었고, 시카고 학파의 사회해체이론을 현대도시에 맞게 계승·발전시켰다.
	2. 지역사회의 구성원들(지역주민, 사업체, 지방자치단체 등)이 범죄문제를 공공의 적으로 생각하고 이를 해결하기 위해 적극적으로 참여하는 것이 범죄예방의 열쇠가 된다고 보는 이론이다.
	3. 지역사회의 범죄율에 차이가 나는 것을 사회구조적으로 설명하였다.
내 용	비공식적 사회통제의 중요성: 지역사회 구성원 간의 유대를 강화하고, 범죄 등 사회문제에 대해 적극적으로 개입하는 등 공동의 노력이 중요한 범죄예방의 방법이라고 보았다.
비 판	공식적 사회통제(경찰 등 법집행기관)의 중요성을 간과하였다는 비판을 받는다.

② 쇼와 맥케이의 사회해체이론은 범죄원인을 개인이 아니라 개인이 속한 집단의 산물로 보는 이론이다. 19세기 초반 프랑스 케틀레의 통계학에서 출발하여 1920년대와 1930년대 미국 시카고 대학과 청소년범죄연구소의 사회학자들에 의해 처음 연구되었다. 특정지역에서 범죄가 다른 지역에 비해서 높게 나타나는 이유는 급격한 도시화, 산업화가 지역사회에 기초한 통제의 붕괴를 낳게 되고, 이는 사회해체로 이어지며, 해체된 지역은 관습과 가치관을 대신하는 일탈과 범죄성을 발달시키게 된다고 보았다.

③ 머튼(Merton)의 아노미이론(긴장이론)은 사람들이 추구하는 목표가 문화적으로 형성되고, 이를 달성할 수 있는 수단 역시 문화적으로 규정된다. 그러나 문화적 목표를 달성할 수 있는 기회는 충분하지도 공평하지도 않아 차별적이다. 성공목표를 달성하기 위한 수단이 주로 사회경제적 계층에 따라 차등적으로 분배되어 목표와 수단의 괴리가 커지게 될 때 범죄가 발생한다. "안되면 되게 하라.", "모로 가도 서울만 가면 된다."와 같이 목표를 지나치게 강조하고 반면에 이를 추구하는 수단을 경시하는 인식유형은 머튼이 제기한 문화적 아노미의 좋은 예가 될 수 있다.

④ 뒤르껭은 인간의 욕구란 생래적인 것으로 인간의 끝없는 자기욕망을 사회의 규범이나 도덕으로 제대로 규제하지 못하는 사회적 상태를 아노미라고 불렀다.

24 ①, ④ 제71조(작업시간 등)

> ① 1일의 작업시간(휴식·운동·식사·접견 등 실제 작업을 실시하지 않는 시간을 제외한다. 이하 같다)은 8시간을 초과할 수 없다.
>
> ② 제1항에도 불구하고 취사·청소·간병 등 교정시설의 운영과 관리에 필요한 작업의 1일 작업시간은 12시간 이내로 한다.
>
> ③ 1주의 작업시간은 52시간을 초과할 수 없다. 다만, 수형자가 신청하는 경우에는 1주의 작업시간을 8시간 이내의 범위에서 연장할 수 있다.
>
> ④ 제2항 및 제3항에도 불구하고 19세 미만 수형자의 작업시간은 1일에 8시간을, 1주에 40시간을 초과할 수 없다제5항 공휴일·토요일과 대통령령으로 정하는 휴일에는 작업을 부과하지 아니한다. 다만, 다음 각 호의 어느 하나에 해당하는 경우에는 작업을 부과할 수 있다.
> 1. 제2항에 따른 교정시설의 운영과 관리에 필요한 작업을 하는 경우
> 2. 작업장의 운영을 위하여 불가피한 경우
> 3. 공공의 안전이나 공공의 이익을 위하여 긴급히 필요한 경우
> 4. 수형자가 신청하는 경우

② 소장은 제1항 및 제2항에 따른 교육을 위하여 필요하면 수형자를 중간처우를 위한 전담교정시설에 수용하여 다음 각 호의 조치를 할 수 있다.(동법 제63조 제3항)
1. 외부 교육기관에의 통학
2. 외부 교육기관에서의 위탁교육

③ 소장은 다음 각 호의 요건을 갖춘 수형자가 제1항의 학사고시반 교육을 신청하는 경우에는 교육대상자로 선발할 수 있다.(동법 시행규칙 제110조 제2항)
1. 고등학교 졸업 또는 이와 동등한 수준 이상의 학력이 인정될 것
2. 교육개시일을 기준으로 형기의 3분의 1(21년 이상의 유기형 또는 무기형의 경우에는 7년)이 지났을 것
3. 집행할 형기가 2년 이상일 것

25 ② 레머트(Lemert)의 사회적 낙인으로서의 일탈
　㉠ 레머트는 1차적 일탈에 대하여 부여된 사회적 낙인으로 인해 일탈적 자아개념이 형성되고, 이 자아개념이 직접 범죄를 유발하는 요인으로 작용하여 2차적 일탈이 발생된다고 하였다.(1차적 일탈에 대한 부정적 사회반응이 2차적 일탈을 만들어 낸다.)
　㉡ **1차적(일시적) 일탈**
　　ⓐ 일시적인 것이며, 사회적·문화적·심리적·생리적 요인들에 의해 야기되는 규범일탈행위이다.
　　ⓑ 규범위반자는 자기 자신을 일탈자로 생각하지 않고, 타인에게 노출되지도 않아 일탈에 대한 사회적 반작용이 나타나지 않는다.
　㉢ **2차적(경력적) 일탈** : 사회구성원에 의한 반응과 사법기관에 의한 공식반응
　　ⓐ 1차적 일탈에 대한 사회적 반응에 의해 생긴 문제들에 대한 행위자의 반응(방어·공격 또는 문제들에 적응하기 위한 수단)으로서의 일탈행위나 사회적 역할들이다.
　　ⓑ 일반적으로 오래 지속되며, 행위자의 정체성이나 사회적 역할들의 수행에 중요한 영향을 미친다.
　　ⓒ 일탈행위가 타인이나 사회통제기관에 발각되어 낙인찍히게 되고 이는 합법적·경제적 기회의 감소, 정상인과의 대인관계 감소를 가져와 자기 자신을 일탈자로 자아규정하고, 계속적인 범죄행위로 나아가게 된다.
　㉣ **공식적 반응의 효과** : 사법기관의 공식적인 반응은 일상생활에서 행해지는 비공식적 반응들보다 심각한 낙인효과를 끼쳐 1차적 일탈자가 2차적 일탈자로 발전하게 된다고 한다.

Chapter

03

교정관(5급) 등
승진시험 교정학

01	02	03	04	05	06	07	08	09	10
④	③	④	④	②	⑤	④	①	④	⑤
11	12	13	14	15	16	17	18	19	20
①	③	⑤	④	⑤	⑤	①	②	②	③
21	22	23	24	25					
②	②	③	②	③					

01 임상적 예측법은 판단자의 주관이 개입되기 쉬워 객관성이 결여될 수 있다는 단점이 있다.

02 ①, ② 형집행법 시행규칙 제74조 제2항
③ 소장은 개방처우급・완화경비처우급 수형자에게 자치생활을 허가할 수 있다(동법 시행규칙 제86조 제1항).
④ 수형자의 경비처우급별 접견의 허용횟수는 개방처우급은 1일 1회, 완화경비처우급은 월 6회, 일반경비처우급은 월 5회, 중경비처우급은 월 4회이다(동법 시행규칙 제87조 제1항).
⑤ 의류를 지급하는 경우 수형자가 개방처우급인 경우에는 색상, 디자인 등을 다르게 할 수 있다(동법 시행규칙 제84조 제2항).

03 정기재심사는 형기의 3분의 1에 도달한 때, 형기의 2분의 1에 도달한 때, 형기의 3분의 2에 도달한 때, 형기의 6분의 5에 도달한 때에 한다. 다만, 형집행지휘서가 접수된 날부터 6개월이 지나지 아니한 경우에는 그러하지 아니하다(형집행법 시행규칙 제66조 제1항).

04 ① 수용자는 소장의 허가를 받아 교정시설의 외부에 있는 사람과 전화통화를 할 수 있으며, 전화통화 허가에는 통화내용의 청취 또는 녹음을 조건으로 붙일 수 있다(형집행법 제44조 제1항・제2항).
② 동법 시행규칙 제25조 제3항, 수용자의 전화통화 요금은 수용자가 부담한다(동법 시행규칙 제29조 제1항). 소장은 교정성적이 양호한 수형자 또는 보관금이 없는 수용자 등에 대하여는 예산의 범위에서 요금을 부담할 수 있다(동법 시행규칙 제29조 제2항).
③ 동법 시행규칙 제27조 제3호
④ 소장은 사형확정자의 심리적 안정과 원만한 수용생활을 위하여 필요하다고 인정하는 경우에는 월 3회 이내의 범위에서 전화통화를 허가할 수 있다(동법 시행규칙 제156조).
⑤ 동법 제44조 제3항

05 • 개방처우 : ㉠, ㉢, ㉣
• 사회 내 처우 : ㉡, ㉤, ㉥

06 ✦ **학습과정의 4가지 주요 초점**

에이커스(Akers)는 개인의 범죄활동을 설명하기 위하여 다음의 개념을 제시하였다.

차별적 접촉	대부분 서덜랜드의 명제를 받아들이지만, 차별적 접촉의 내용으로 사람들 간의 직접적인 의사소통까지 포함시킨다는 점에서 차이가 있다.
정 의	사람들이 자신의 행위에 대해 부여하는 의미를 말한다.
차별적 강화	행위에 대해 기대되는 결과가 다를 수 있다는 것으로, 즉 자기 행위에 대한 보답이나 처벌에 대한 생각의 차이가 사회적 학습에서 나름의 의미를 지닌다는 것을 말한다.
모 방	다른 사람들이 하는 행동을 관찰하고 모방하는 것을 말한다.

07 ① 형법 제69조 제1항
② 동법 제69조 제2항
③ 동법 제70조 제1항
④ 선고하는 벌금이 1억원 이상 5억원 미만인 경우에는 300일 이상, 5억원 이상 50억원 미만인 경우에는 500일 이상, 50억원 이상인 경우에는 1천일 이상의 노역장 유치기간을 정하여야 한다(동법 제70조 제2항).
⑤ 동법 제71조

08 ① 임시퇴원자의 보호관찰 기간은 퇴원일부터 6개월 이상 2년 이하의 범위에서 보호관찰심사위원회가 정한 기간이다(보호관찰 등에 관한 법률 제30조).
② 동법 제31조
③ 동법 제38조
④ 동법 제42조 제1항
⑤ 동법 제63조 제1항

09 옳지 않은 것은 ㉡, ㉢, ㉣이다.
㉠ 소년법 제32조 제3항
㉡ 단기 보호관찰 또는 장기 보호관찰의 처분을 할 때에 1년 이내의 기간을 정하여 야간 등 특정 시간대의 외출을 제한하는 명령을 보호관찰대상자의 준수 사항으로 부과할 수 있다(동법 제32조의2 제2항).
㉢ 장기로 소년원에 송치된 소년의 보호기간은 2년을 초과하지 못한다(동법 제33조 제6항).
㉣ 1개월 이내의 소년원 송치 처분과 보호관찰관의 단기 보호관찰 처분은 병합할 수 없다(동법 제32조 제2항).
㉤ 동법 제40조

10 ① 형집행법 시행령 제108조
② 동법 시행령 제99조
③ 동법 시행령 제121조 제1항
④ 동법 시행령 제105조
⑤ 석방 전 3일 이내의 범위에서 석방예정자를 별도의 거실에 수용하여 장래에 관한 상담과 지도를 할 수 있다(동법 시행령 제141조).

11 보호장비의 종류에는 수갑, 포승, 가스총, 전자충격기, 머리보호장비, 보호대가 있다(보호소년 등의 처우에 관한 법률 제14조의2 제1항).

12 ① 형집행법 제79조
② 동법 제80조
③ 미결수용자는 수사·재판·국정감사 또는 법률로 정하는 조사에 참석할 때에는 사복을 착용할 수 있다. 다만, 소장은 도주우려가 크거나 특히 부적당한 사유가 있다고 인정하면 교정시설에서 지급하는 의류를 입게 할 수 있다(동법 제82조).
④ 동법 제83조
⑤ 동법 제87조

13 ① 16C 중엽 영국의 노역장(Work House)에서 처음 채용되었고 18C 중엽에는 영국과 프랑스의 교도소에 도입되었으며, 18C 말에는 미국 대부분의 주에서 인정하기에 이르렀다.
②, ③ 작업임금제의 찬성론에 해당한다.
④ 작업임금제의 반대론에 해당한다.
⑤ 작업임금제의 찬성론으로, 석방 후 경제적 자립기반을 제공하며 피해자에게는 손해배상의 기회를 제공할 수 있다.

14 ① '질병이나 사고로 외부의료시설에의 입원이 필요한 때'는 일반귀휴 사유에 해당한다(형집행법 제77조 제1항).
② 귀휴를 취소할 수 있다(동법 제78조).
③ 귀휴기간은 형 집행기간에 포함한다(동법 제77조 제4항).
④ 동법 제77조 제1항
⑤ '직계비속의 혼례가 있는 때'는 특별귀휴 사유에 해당하고(동법 제77조 제2항), 귀휴는 임의적 허가이다.

15 ① 지역사회교정이란 지역사회와 범죄자와의 상호 의미 있는 유대라는 개념을 바탕으로 지역사회에서 행해지는 범죄자에 대한 다양한 제재와 비시설 내 교정프로그램을 말한다.
② 지역사회교정은 대체로 전환(diversion)·옹호(advocacy)·재통합(reintegration)의 형태로 시행되고 있다.
③ 전환이란 낙인을 최소화하고 범죄자의 사회복귀를 용이하게 하기 위해서 범죄자를 공식적인 형사사법절차와 과정으로부터 비공식적인 절차와 과정으로 우회시키는 제도로서 대부분의 지역사회교정은 최소한 이러한 전환을 전제로 한다. 또한 지역사회교정이 있음으로써 상당수 범죄자를 교도소에 수용하지 않고도 처우할 수 있기 때문에 과밀수용을 해소할 수 있다.
④ 지역사회교정의 확대는 과거에는 범죄통제의 대상이 되지 않았던 대상자를 범죄의 통제대상이 되게 함으로써 형사사법망의 확대(net widening)를 초래한다는 비판을 받고 있다.
⑤ 재통합적 지역사회교정의 대표적인 프로그램으로 중간처우소(halfway house), 집단가정(group home) 등이 있다. 수형자자치제는 시설 내 처우에 해당한다.

✦ 형사사법망의 확대

형사사법망의 확대는 세 가지 형태로 나타나는데, 망의 확대, 망의 강화, 상이한 망의 설치이다.

망의 확대	국가에 의해서 통제되고 규제되는 시민의 비율이 증가되는 현상, 즉 더 많은 사람을 잡을 수 있도록 그물망을 키워왔다는 것이다. 쉽게 말해서 과거에는 형사사법의 그물이 듬성듬성했기 때문에 큰 고기(중요범죄자)만 걸려들었으나, 지역사회교정으로 인하여 형사사법의 그물망이 그만큼 촘촘해져서 과거에는 걸리지 않던 작은 고기(경미범죄자)까지도 형사사법망에 걸려들기 때문에 형사사법의 대상자가 확대된다는 것이다.
망의 강화	범죄자에 대한 개입의 강도를 높임으로써 범죄자에 대한 통제를 강화시켰다는 것으로, 지역사회교정이 범죄자의 생활에 대한 통제를 줄이기 위해서 시도되었으나, 실제는 범죄자에 대한 통제를 증대시켰다는 것이다. 즉 사회봉사명령이 보호관찰에 병과되고, 충격보호관찰은 일반보호관찰을 대신할 수도 있기 때문이다.

상이한 망의 설치	범죄자를 사법기관이 아닌 다른 기관으로 위탁하여 실제로는 더 많은 사람을 지역사회교정의 대상으로 만든다는 것이다.

16
① 치료감호 등에 관한 법률 제2조 제1항
② 동법 제27조
③ 동법 제7조
④ 동법 제29조
⑤ 보호관찰의 기간은 3년으로 한다(동법 제32조 제2항).

17
① 소년의 특성에 비추어 상당하다고 인정되는 때에는 그 형을 감경할 수 있다(소년법 제60조 제2항).
② 대법원 2009.5.28. 2009도2682
③ 대법원 1991.1.25. 90도2693
④ 소년법 제7조 제1항
⑤ 동법 제64조

18
① 교화개선은 지역사회의 안전에 초점을 맞추는 제지나 무능력화와는 달리 범죄자에 초점을 맞추고 있으며, 수형기간은 사회에서 건설적인 생활을 추구하고 영위하는 데 필요한 준비와 자격을 얻을 수 있도록 하는 데 초점이 모아져야 한다고 한다.
② 선별적 무력화는 범죄의 특성에 기초하여 행해지고, 범죄자를 개선하고자 의도하지 않는다. 비슷한 정도의 범죄를 저지른 사람들에게 비슷한 정도의 장기형이 선고되어야 한다는 것은 집합적 무력화의 입장이다.
③ 처벌이란 피해자에게 가해진 해악의 정도뿐만 아니라 그 피해가 가해진 방법과 형태에도 상응해야 한다.
④ 제지(억제)이론은 처벌을 강화하면 두려움과 공포로 인하여 사람들의 범죄동기가 억제되고 범죄는 줄어들 것이라는 가정에 기초한 이론으로 범죄억제요소로 처벌의 확실성, 엄중성, 신속성이 있다.
⑤ 정의모델은 형사사법기관의 재량권 남용은 시민에 대한 국가권력의 남용이라고 보아 공정성으로서 정의를 중시한다.

19
① 형집행법 시행규칙 제62조 제1항
② 조정된 처우등급에 따른 처우는 그 조정이 확정된 다음 날부터 한다. 이 경우 조정된 처우등급은 그 달 초일부터 적용된 것으로 본다(동법 시행규칙 제82조 제1항).
③ 동법 시행규칙 제67조
④ 동법 시행규칙 제69조
⑤ 수형생활 태도 점수와 작업 또는 교육성적 점수는 소득점수 평가방법에 따라 채점하되, 수는 소속 작업장 또는 교육장 전체 인원의 10퍼센트를 초과할 수 없고, 우는 30퍼센트를 초과할 수 없다. 다만, 작업장 또는 교육장 전체인원이 4명 이하인 경우에는 수·우를 각각 1명으로 채점할 수 있다(동법 시행규칙 제79조 제1항).

20
① 대법원 2000.10.27. 2000도3874
② 형집행법 제109조 제4항
③ 징벌의 종류 중 30일 이내의 공동행사 참가 정지(제108조 제4호)부터 30일 이내의 금치(제108조 제14호)까지의 징벌 집행 중인 수용자가 다른 교정시설로 이송되거나 법원 또는 검찰청 등에 출석하는 경우에는 징벌집행이 계속되는 것으로 본다(동법 시행령 제134조).
④ 소장은 징벌집행을 받고 있거나 집행을 앞둔 수용자가 같은 행위로 형사 법률에 따른 처벌이 확정되어 징벌을 집행할 필요가 없다고 인정하면 징벌집행을 감경하거나 면제할 수 있다(동법 시행규칙 제231조 제4항).
⑤ 동법 제111조의2

21 ① 밀러(Miller)의 하위계층의 주요 관심사 중 '운명·숙명'에 대한 설명이다. '자율·자립'은 권위로부터 벗어나고, 다른 사람으로부터 간섭을 받는 것을 혐오한다.
② 허쉬(Hirschi)는 누구든지 범죄를 저지를 수 있다고 단언하면서 반사회적 행위를 자행하게 하는 근본적인 원인은 인간의 본성에 있다고 보았다.
③ 차별적 기회구조이론은 문화전달이론(퇴행변이지역), 차별적 접촉이론(친밀한 집단과의 직접적 접촉), 아노미이론(문화적 목표와 제도화된 수단 간의 괴리)을 종합한 것으로 기회구조의 개념을 도입하여 성공을 위한 목표로의 수단이 합법적·비합법적인 두 가지 기회구조가 있음을 전제로 한다.
④ 비행하위문화를 밀러(Miller)는 중산층과 상관없이 고유의 전통과 역사를 가진 독자적 문화로 보았으며, 코헨(Cohen)은 중산층의 보편적인 문화에 대항하고 반항하기 위해서 형성되는 것이라고 보았다.
⑤ 낙인이론은 범죄는 일정한 행위속성의 결과가 아니라 통제기관에 의해 범죄로 규정된다고 주장한다. 따라서 낙인이론에서 관심을 두는 것은 범죄행위가 아니라 범죄행위에 대한 통제기관의 반작용이다.

22 ① 문화적 목표를 달성할 수 있는 기회란 흔히 높은 교육수준, 전문적 능력의 소지, 좋은 사회적 배경 등이라 할 수 있으나 도시빈민 계층과 같은 특정의 사회계층이 이러한 기회에 접근한다는 것은 중상류 계층에 비해 상당히 어렵다.
② 레크리스(Reckless)와 디니츠(Dinitz)의 자기관념이론에 대한 설명이다.
서덜랜드(Sutherland)의 차별적 접촉이론이 차별적 반응의 문제를 도외시하고 있다는 문제점에 대해 레크리스와 디니츠는 자아관념(self concept)이라는 개념으로 설명하고자 하였다.
비행다발지역의 청소년들이 범죄적 접촉은 하면서도 이들 중 다수가 비행에 가담하지 않는 것은 그들이 사회적으로 적절하게 수용되는 자아관념을 습득하고 유지하는 것이 외부의 비행적 영향이나 환경적 압력과 유인에 대한 절연체 및 내적 견제요소 또는 장애물로 작용하기 때문이라는 것이다. 즉 동일한 범죄적 접촉 하에서도 비행에 가담하고 비행에 가담하지 않는 개인적 반응의 차이는 바로 자아관념의 차이 때문이라는 주장이다.
③ 범죄행위는 일반적 욕구와 가치의 표현이지만, 비범죄적 행위도 동일한 욕구와 가치의 표현이므로 그러한 일반적 욕구와 가치로는 설명되지는 않는다. 도둑과 정직한 근로자가 모두 돈에 대한 욕구는 같지만 수단은 다르다. 즉 두 사람 모두 돈을 필요로 하지만, 한 사람은 훔치고 다른 한 사람은 열심히 일을 하기 때문에 단순히 돈에 대한 욕망이나 요구가 왜 훔치거나 정직하게 일하는지에 대해 설명할 수 없다.
④ 비행소년은 대부분의 경우 다른 사람들과 마찬가지로 일상적이고 준법적인 행위를 하며 특별한 경우에 한하여 위법적인 행위에 빠져든다고 하였다.
⑤ 법이란 집단 간 투쟁에서 이긴 정치지향의 집단이 자신들의 이익과 권한을 보호·방어하고, 상대집단의 이익은 제거·방해하기 위해 만들어 진 것이다. 그래서 입법적 다수를 점한 집단이 국가경찰권에 대한 통제력을 갖게 되며, 법률위반에 가담할 확률이 높은 자를 결정짓는 정책을 내리는 것이다. 그러므로 법률의 제정·위반 그리고 집행이라는 전체 과정은 집단이익 간의 근본적 갈등과 국가경찰권의 통제에 대한 집단 간 일반적 투쟁을 직접적으로 반영하는 것이다.

23 ① 형집행법 시행규칙 제124조 제1항
② 동법 시행규칙 제124조 제2항
③ 소장은 수형자가 15세 미만인 경우에는 직업훈련 대상자로 선정해서는 아니 된다(동법 시행규칙 제126조).
④ 동법 시행규칙 제127조 제1항
⑤ 동법 시행규칙 제126조

✦ **직업훈련 대상자 선정기준**(규칙 제125조) **및 선정의 제한**(규칙 제126조)

직업훈련 대상자 선정기준	직업훈련 대상자 선정의 제한
① 소장은 수형자가 다음의 요건을 갖춘 경우에는 수형자의 의사, 적성, 나이, 학력 등을 고려하여 직업훈련 대상자로 선정할 수 있다. 　1. 집행할 형기 중에 해당 훈련과정을 이수할 수 있을 것(기술숙련과정 집체직업훈련 대상자는 제외한다) 　2. 직업훈련에 필요한 기본소양을 갖추었다고 인정될 것 　3. 해당 과정의 기술이 없거나 재훈련을 희망할 것 　4. 석방 후 관련 직종에 취업할 의사가 있을 것 ② 소장은 소년수형자의 선도를 위하여 필요한 경우에는 ①의 요건을 갖추지 못한 경우에도 직업훈련 대상자로 선정하여 교육할 수 있다.	소장은 규칙 제125조에도 불구하고 수형자가 다음의 어느 하나에 해당하는 경우에는 직업훈련 대상자로 선정해서는 아니 된다. 　1. 15세 미만인 경우 　2. 교육과정을 수행할 문자해독능력 및 강의 이해능력이 부족한 경우 　3. 징벌대상행위의 혐의가 있어 조사 중이거나 징벌집행 중인 경우 　4. 작업, 교육·교화프로그램 시행으로 인하여 직업훈련의 실시가 곤란하다고 인정되는 경우 　5. 질병·신체조건 등으로 인하여 직업훈련을 감당할 수 없다고 인정되는 경우

24 ① 소장은 수형자의 가족 또는 배우자의 직계존속이 사망하면 2일간, 부모 또는 배우자의 제삿날에는 1일간 해당 수형자의 작업을 면제한다. 다만, 수형자가 작업을 계속하기를 원하는 경우는 예외로 한다(형집행법 제72조 제1항).
② 동법 제68조 제2항
③ 위로금 또는 조위금을 지급받을 권리는 다른 사람 또는 법인에게 양도하거나 담보로 제공할 수 없으며, 다른 사람 또는 법인은 이를 압류할 수 없다(동법 제76조 제1항).
④ 위로금은 본인에게 지급하고, 조위금은 그 상속인에게 지급한다(동법 제74조 제2항).
　작업장려금은 석방할 때에 본인에게 지급한다. 다만, 본인의 가족생활 부조, 교화 또는 건전한 사회복귀를 위하여 특히 필요하면 석방 전이라도 그 전부 또는 일부를 지급할 수 있다(동법 제73조 제3항).
⑤ 소장은 수형자에게 작업을 부과하려면 나이·형기·건강상태·기술·성격·취미·경력·장래생계, 그 밖의 수형자의 사정을 고려하여야 한다(동법 제65조 제2항).

25 ① 전자장치 부착 등에 관한 법률 제14조 제1항
② 동법 제14조 제2항
③ 전자장치가 부착된 자(피부착자)는 주거를 이전하거나 7일 이상의 국내여행을 하거나 출국할 때에는 미리 보호관찰관의 허가를 받아야 한다(동법 제14조 제3항).
④ 동법 제16조의2 제4항
⑤ 동법 제15조 제2항

01	02	03	04	05	06	07	08	09	10
④	②	①	②	②	①	④	③	①	⑤
11	12	13	14	15	16	17	18	19	20
③	②	①	②	④	⑤	⑤	①	⑤	①
21	22	23	24	25					
④	②	③	②	③					

01 휠러(Wheeler)는 클레머(Clemmer)의 가설을 검증하기 위해서 수형자표본을 형기의 초기단계에 있는 수형자, 형기의 중간단계에 있는 수형자, 형기의 마지막 단계에 있는 수형자의 세 부류로 구분하였다. 초기단계의 수형자가 가장 높은 친교도관적 태도를 견지하였고, 중기단계의 수형자가 친교도관적 태도가 가장 낮았으며, 말기단계의 수형자도 친교도관적 태도를 견지하고 수형자 강령을 거부하는 것으로 나타났다. 그래서 이를 U형 곡선이라고 한다.

이러한 형태가 나타나는 이유는 초기와 말기에는 교도소화의 정도가 낮고 중기에는 높기 때문이다. 결국 이는 클레머의 주장과는 다른 것으로서 이에 대해 휠러는 비교적 최근까지도 일반사회에 있었던 초기수형자나 조만간 그 사회로 되돌아갈 말기의 수형자는 관습적 가치를 지향하는 경향이 있다고 결론짓고 있다.

02 단기자유형을 벌금형으로 대체하더라도 총액벌금제를 취하고 있는 우리나라에서는 실효성이 없는 것으로 사료된다. 왜냐하면, 벌금형으로 대체하더라도 자유형을 부과하는 것과 동일한 형벌효과가 기대되어야 하는데 통상의 경제능력을 기준으로 하는 벌금액만으로는 일반인, 특히 경제적으로 부유한 사람에 대하여 형벌효과를 기대하기 어렵기 때문이다. 벌금형으로의 대체제도는 독일과 같이 일수벌금제도를 취할 때 비로소 실효성이 있을 것이다.

03 ㉠ 순회점검(형집행법 제8조), ㉡ 시찰(동법 제9조 제1항), ㉢ 참관(동법 제9조 제2항)

✦ 시찰 vs 참관

구 분	시 찰	참 관
주 체	판사와 검사	판사와 검사 外의 사람
목 적	직무상 필요	학술연구 등 정당한 사유
성 격	감독작용 아님	
허가여부	• 허가 不필요 • 신분증표 제시	• 소장의 허가 • 외국인 : 관할지방교정청장의 승인을 받아 허가 • 주의사항 알림
범 위	제한 없음(미결, 사형확정자 거실 모두 가능)	미결수용자, 사형확정자 수용거실 불가

04 ① 형집행법 시행규칙 제188조 제1호
② 투척용 최루탄은 근거리용으로 사용하고, 발사용 최루탄은 50미터 이상의 원거리에서 사용하되, 30도 이상의 발사각을 유지하여야 함(동법 시행규칙 제188조 제3호).
③ 동법 시행규칙 제188조 제2호
④ 동법 시행규칙 제188조 제4호
⑤ 동법 제100조 제2항 제2호

05 정문정책 전략은 형사사법망의 확대와 관계가 있지만, 후문정책 전략의 경우 관계가 없다. 또한 선도조건부 기소유예는 비구금적 제재로 정문정책 전략과 관계가 있다.
후문정책 전략은 일단 수용된 범죄자를 대상으로 보호관찰부 가석방, 선시제도 등을 이용하여 새로운 입소자들을 위한 공간을 확보하기 위해 그들의 형기종료 이전에 미리 출소시키는 전략이다.

06 ① 범죄에 대한 갈등론적 관점은 이익갈등론과 강제론을 전제로 한다. 그리고 범죄에 대한 대책에서도 개혁적·변혁적 경향을 띠고 있다. 갈등론자들은 우선 법을 사회구성원의 합의의 산물로 보는 전통적 관점을 배척하고 법의 기원을 선별적인 과정으로 본다. 즉 사회의 다양한 집단들 중에서 자신들의 정치적·경제적 힘을 주장할 수 있는 집단이 자신들의 이익과 기득권을 보호하기 위한 수단으로 만들어 낸 것이 법이라는 것이다. 그렇기 때문에 갈등론에 의하면 한 사회의 법률을 위반하는 범죄의 문제도 도덕성의 문제가 아니라 사회경제적이고 정치적인 함의를 지니는 문제일 뿐이라는 것이다.
② 베버(Weber)는 권력개념 내지 사회의 권력갈등을 범죄의 해명에 이용한다. 즉 범죄를 사회 내 여러 집단들이 자기의 생활기회를 증진시키기 위해 하는 정치적 투쟁 내지 권력투쟁의 산물이라고 본다. 따라서 범죄는 사회체제 여하를 떠나서 권력체계, 즉 정치체계가 조직되어 있는 모든 사회에 존재한다고 한다.
③ 볼드(Vold)의 집단갈등이론은 법의 제정, 위반 및 법집행의 전 과정은 집단이익의 갈등이나 국가의 권력을 이용하고자 하는 집단 간 투쟁의 결과로 파악한다. 이러한 맥락에서 범죄행위도 집단갈등 과정에서 자신들의 이익과 목적을 제대로 방어하지 못한 집단의 행위로 인식하였다.
④ 셀린(Sellin)은 법은 그 사회의 다양한 구성원들의 합의를 대변하는 것이 아니라, 지배적인 문화의 행위규범을 반영하는 것이고, 전체 사회의 규범과 개별집단의 규범 사이에는 갈등이 존재하고, 개인도 이러한 종류의 갈등이 내면화됨으로써 인격해체가 이루어지고 범죄원인으로 작용하게 된다고 하였다.
⑤ 터크(Turk)는 갈등의 확률은 권력자와 종속자 양자 간의 정교함(세련됨)과 조직화 정도에 따라 영향을 받는다고 한다.
터크에 의하면 조직화는 권력을 쟁취하고 유지하기 위한 하나의 전제이기 때문에 권력집단은 조직화되기 마련이지만, 종속자는 조직화될 수도 있고 그렇지 않을 수도 있다는 것이다. 그런데 종속자가 조직화될 때 갈등의 가능성이 높아지는데, 그 이유는 개인이 자신의 행위에 대하여 집단의 지지를 받을 때 가장 큰 힘을 가지기 때문이다.
그리고 세련됨이란 다른 사람을 이용하기 위한 행위유형에 대한 지식이라고 할 수 있는 것으로, 이 경우 종속자나 권력자가 상대의 약점과 강점을 잘 알고 있어서 서로를 이용할 수 있을 때에 이를 세련되었다고 규정할 수 있다. 따라서 양자가 세련되지 못할 때 갈등의 소지가 커지게 된다.
그러므로 종속자가 권력자보다 조직화되고 세련되지 못할 때 갈등의 소지가 많다고 가정할 수 있다.

07 특별회계의 세입·세출의 원인이 되는 계약을 담당하는 공무원(계약담당자)은 다음의 어느 하나에 해당하는 계약으로서 추정가격이 「국가를 당사자로 하는 계약에 관한 법률 시행령」 제26조 제1항 제5호 가목에 따른 추정가격의 2배를 초과하는 계약을 하려는 경우에는 일반경쟁에 부쳐야 한다(교도작업의 운영 및 특별회계에 관한 법률 시행령 제9조).
1. 고정자산에 속하거나 속하게 될 재산의 매매
2. 유동자산에 속하는 물건의 구입

3. 잡수입 과목으로 처리되는 물건의 매도
4. 손실 과목으로 처리되는 물건의 구입

08 ① 장기 소년원 송치 처분은 12세 이상의 소년에게만 할 수 있다(소년법 제32조 제4항).
② 사회봉사명령(제3호) 처분과 의료재활소년원 위탁(제7호) 처분은 병합하여 처분할 수 없다(동법 제32조 제2항).
③ 장기 보호관찰기간은 2년으로 한다. 다만, 소년부 판사는 보호관찰관의 신청에 따라 결정으로써 1년의 범위에서 한 번에 한하여 그 기간을 연장할 수 있다(동법 제33조 제3항).
④ 장기 보호관찰(제5호) 처분과 수강명령(제2호) 처분은 병합할 수 있으나(동법 제32조 제2항 제2호), 수강명령은 100시간을 초과할 수 없다(동법 제33조 제4항).
⑤ 아동복지시설 위탁 처분의 위탁기간은 6개월로 하되, 소년부 판사는 결정으로써 6개월의 범위에서 한 번에 한하여 그 기간을 연장할 수 있다(동법 제33조 제1항).

09 ① 소년 보호사건의 심리와 처분 결정은 소년부 단독판사가 한다(소년법 제3조 제3항).
② 동법 제10조
③ 소년보호사건의 심리는 공개하지 아니한다. 다만, 소년부 판사는 적당하다고 인정하는 자에게 참석을 허가할 수 있다(동법 제24조 제2항).
④ 동법 제40조
⑤ 동법 제43조 제1항

10 레페토(T.A.Reppetto)는 범죄의 전이는 '범죄 예방활동으로 장소, 시간 또는 범죄유형 등이 다른 형태로 변경되는 것'이라고 정의하고, 범죄전이의 유형을 다음과 같이 분류하였다.

공간적 전이	한 지역에서 다른 지역, 일반적으로 인접지역으로의 이동
시간적 전이	낮에서 밤으로와 같이 한 시간에서 다른 시간으로의 범행의 이동
전술적 전이	범행에 사용하는 방법을 바꿈
목표물 전이	같은 지역에서 다른 피해자를 선택
기능적 전이	범죄자가 한 범죄를 그만두고, 다른 범죄유형으로 옮겨감

11 ✦ **분류심사 제외 및 유예**(형집행법 시행규칙 제62조)
① 다음의 사람에 대해서는 분류심사를 하지 아니한다.
　1. 징역형·금고형이 확정된 사람으로서 집행할 형기가 형집행지휘서 접수일부터 3개월 미만인 사람
　2. 구류형이 확정된 사람
② 소장은 수형자가 다음의 어느 하나에 해당하는 사유가 있으면 분류심사를 유예한다.
　1. 질병 등으로 분류심사가 곤란한 때
　2. 징벌대상행위의 혐의가 있어 조사 중이거나 징벌집행 중인 때
　3. 그 밖의 사유로 분류심사가 특히 곤란하다고 인정하는 때

12 ① 형집행법 시행규칙 제120조 제1항 제4호
② 소장은 외부통근자가 법령에 위반되는 행위를 하거나 법무부장관 또는 소장이 정하는 지켜야 할 사항을 위반한 경우에는 외부통근자 선정을 취소할 수 있다(동법 시행규칙 제121조).
③ 동법 시행규칙 제122조

④ 소장은 제1항(외부기업체에 통근하며 작업하는 수형자 선정 요건) 및 제2항(교정시설 안에 설치된 외부기업체의 작업장에 통근하며 작업하는 수형자 선정 요건)에도 불구하고 작업 부과 또는 교화를 위하여 특히 필요하다고 인정하는 경우에는 제1항 및 제2항의 수형자 외의 수형자에 대하여도 외부통근자로 선정할 수 있다(동법 시행규칙 제120조 제3항).

⑤ 동법 시행규칙 제123조

13 위원회의 위원 중 공무원이 아닌 사람은 「형법」 제127조(공무상 비밀의 누설) 및 제129조부터 제132조(수뢰 · 사전수뢰, 제3자 뇌물제공, 수뢰후 부정처사 · 사후수뢰, 알선수뢰)까지의 규정을 적용할 때에는 공무원으로 본다(형집행법 제120조 제4항).

14 ① 형사조정제도(범죄피해자 보호법 제41조)
② 배상명령제도(소송촉진 등에 관한 특례법 제25조)
③ 범죄피해 구조금 지급(범죄피해자 보호법 제16조)
④ 범죄피해자보호위원회의 설치(동법 제15조)
⑤ 범죄피해자 지원법인의 등록 및 지원(동법 제33조 · 제34조)

15 ① 1930년대 글룩(Glueck)부부의 종단연구는 발달범죄학이론의 토대가 되었으며, 1990년대 샘슨(Sampson)과 라웁(Laub)이 글룩부부의 연구를 재분석하며 활성화된 이론이다. 발달범죄학 이론은 1990년대 이후 개인의 범죄경력이 연령의 증가에 따라 발전하는 과정을 이론화하려는 시도에서 출발한다.
② 상습 범죄자의 성장 역사와 범죄경력의 발달과정을 추적하여 범죄성의 원인을 밝히고, 범죄자의 삶의 궤적을 통해 범죄를 지속하는 요인과 중단하는 요인이 무엇인지를 찾아내는 데 관심이 있다.
③, ④ 모핏(Moffitt)은 범죄자를 청소년한정형 범죄자와 인생지속형 범죄자로 분류하고, 청소년한정형 범죄자보다 인생지속형 범죄자가 정신건강상의 문제를 더 많이 가지고 있다고 하였다.
생애지속형 범죄자들은 비교적 소수에 불과하지만, 이들은 아동기 때부터 비행행위를 시작해서 청소년기와 성년기를 거치는 전 생애 과정 동안 지속적으로 일탈을 일삼게 된다. 이들은 정상인에 비해 뇌신경학적 손상을 가지고 있고 또 어린 나이에 부모로부터 학대를 당하는 등 부모와 정상적인 애착관계를 형성하지 못하였다. 따라서 어릴 때부터 심각한 반사회적 성향과 행동을 보이고, 이로 인해 가족, 학교, 친구, 기타 사회의 구성원들과 친사회적 유대 관계를 형성하지 못하며, 결국 평생 동안 범죄의 소용돌이에서 헤어나지 못하게 된다.
⑤ 청소년기에 비행을 저지르게 되던 아이들도 성인기에 직업을 갖게 되거나 결혼으로 가정을 이루게 될 경우 정상인으로 돌아간다고 하였는데, 그들은 이러한 사회유대 혹은 사회자본(결혼, 직업 등)의 형성이 인생의 전환점이 된다고 주장하였다.

16 옳은 것은 ㉠, ㉡, ㉢, ㉲이고, 옳지 않은 것은 ㉣, ㉤이다.
㉠ 형집행법 제34조 제1항
㉡ 동법 제35조
㉢ 동법 제36조 제1항
㉣ 진료를 받게 할 수 있다(동법 제37조 제1항).
㉤ 이를 허가할 수 있다(동법 제38조).
㉲ 동법 제39조 제2항

17 ① 공개명령 및 고지명령 제도는 아동·청소년대상 성폭력범죄 등을 효과적으로 예방하고 그 범죄로부터 아동·청소년을 보호함을 목적으로 하는 일종의 보안처분으로서, 범죄행위를 한 자에 대한 응보 등을 목적으로 그 책임을 추궁하는 사후적 처분인 형벌과 구별되어 그 본질을 달리한다(대법원 2012.5.24. 2012도2763).

② 고지명령은 ⊙ 집행유예를 선고받은 고지대상자는 신상정보 최초 등록일부터 1개월 이내, ⓒ 금고 이상의 실형을 선고받은 고지대상자는 출소 후 거주할 지역에 전입한 날부터 1개월 이내, ⓒ 고지대상자가 다른 지역으로 전출하는 경우에는 변경정보 등록일부터 1개월 이내에 하여야 한다(아동·청소년의 성보호에 관한 법률 제50조 제3항).

③ 아동·청소년의 성보호에 관한 법률 제49조 제1항 단서, 제50조 제1항 단서에서 '피고인이 아동·청소년인 경우, 그 밖에 신상정보를 공개하여서는 아니 될 특별한 사정이 있다고 판단되는 경우'를 공개명령 또는 고지명령 선고에 관한 예외사유로 규정하고 있는데, 공개명령 및 고지명령의 성격과 본질, 관련 법률의 내용과 취지 등에 비추어 공개명령 등의 예외사유로 규정되어 있는 '피고인이 아동·청소년인 경우'에 해당하는지는 사실심 판결의 선고시를 기준으로 판단하여야 한다(대법원 2012.5.24. 2012도2763).

④ 공개명령은 여성가족부장관이 정보통신망을 이용하여 집행하며(아동·청소년의 성보호에 관한 법률 제52조 제1항), 고지명령의 집행은 여성가족부장관이 한다(동법 제51조 제1항).

⑤ 법원은 고지명령의 판결이 확정되면 판결문 등본을 판결이 확정된 날부터 14일 이내에 법무부장관에게 송달하여야 하며, 법무부장관은 고지명령의 기간 내에 고지명령이 집행될 수 있도록 최초등록 및 변경등록 시 고지대상자, 고지기간 및 고지정보를 지체 없이 여성가족부장관에게 송부하여야 한다(동법 제51조 제2항).

18 보호관찰명령을 부과하면서 사회봉사명령을 병과할 수 없는 것은 ⊙, ⓒ, ⓒ이다.

⊙ 형의 선고를 유예하는 경우에 재범방지를 위하여 지도 및 원호가 필요한 때에는 보호관찰을 받을 것을 명할 수 있다(형법 제59조의2 제1항).

ⓒ 가석방된 자는 가석방기간 중 보호관찰을 받는다(동법 제73조의2 제2항).

ⓒ 보호관찰관의 단기 보호관찰(제4호) 처분과 사회봉사명령(제3호) 처분 또는 보호관찰관의 장기 보호관찰(제5호) 처분과 사회봉사명령(제3호) 처분은 병합할 수 있으나(소년법 제32조 제2항 제1호·제2호), 사회봉사명령 처분은 14세 이상의 소년에게만 할 수 있다(동법 제32조 제3항).

ⓔ 법원이 성폭력범죄를 범한 사람에 대하여 형의 집행을 유예하는 경우에는 수강명령 외에 그 집행유예기간 내에서 보호관찰 또는 사회봉사 중 하나 이상의 처분을 병과할 수 있다(성폭력범죄의 처벌 등에 관한 특례법 제16조 제4항).

ⓜ 판사는 심리의 결과 보호처분이 필요하다고 인정하는 경우에는 결정으로 보호관찰 등에 관한 법률에 따른 보호관찰, 사회봉사·수강명령을 할 수 있다(가정폭력범죄의 처벌 등에 관한 특례법 제40조 제1항).

19 ① 소장은 엄중관리대상자에게 작업을 부과할 때에는 분류심사를 위한 조사나 검사 등의 결과를 고려하여야 한다(형집행법 시행규칙 제197조).

② 소장은 조직폭력수용자에게 거실 및 작업장 등의 봉사원, 반장, 조장, 분임장, 그 밖에 수용자를 대표하는 직책을 부여해서는 아니 된다(동법 시행규칙 제200조). ※ 시행규칙 제200조는 사형확정자에게 준용됨.

③ 공소장 또는 재판서에 조직폭력사범으로 명시되어 있지는 아니하나 「폭력행위 등 처벌에 관한 법률」 제4조(단체 등의 구성·활동)·제5조(단체 등의 이용·지원) 또는 「형법」 제114조(범죄단체 등의 조직)가 적용된 수용자는 조직폭력수용자 지정대상이 된다(동법 시행규칙 제198조 제2호).

④ 마약류수용자로 지정된 사람에 대하여는 공소장 변경 또는 재판 확정에 따라 지정사유가 해소되었다고 인정되는 경우, 지정 후 5년이 지난 마약류수용자(마약류에 관한 형사 법률 외의 법률이 같이 적용된 마약류수용자로 한정)로서 수용생활태도, 교정성적 등이 양호한 경우에는 교도관회의의 심의 또는 분류처우위원회의 의결을 거쳐 지정을 해제할 수 있다(동법 시행규칙 제205조 제2항).

소장은 관심대상수용자의 수용생활태도 등이 양호하고 지정사유가 해소되었다고 인정하는 경우에는 분류처우위원회의 의결을 거쳐 그 지정을 해제한다(동법 시행규칙 제211조 제2항).

⑤ 동법 시행규칙 제211조 제1항

20 ① 9일 이하의 금치, 30일 이내의 실외운동 및 공동행사참가 정지, 30일 이내의 접견·편지수수·집필 및 전화통화 제한, 30일 이내의 텔레비전시청 및 신문열람 제한, 1개월의 작업장려금 삭감의 징벌실효기간 은 1년이다(형집행법 시행규칙 제234조 제1항).

② 징벌위원회는 재적위원 과반수의 출석으로 개의하고, 출석위원 과반수의 찬성으로 의결한다. 이 경우 외부위원 1명 이상이 출석한 경우에만 개의할 수 있다(동법 시행규칙 제228조 제4항).

③ 수용자가 사람의 생명을 구조하거나 도주를 방지한 때와 재난 시 응급용무 보조에 공로가 있는 때에는 소장표창 및 가족만남의 집 이용 대상자 선정기준에 해당된다(동법 시행규칙 제214조의2 제1호).

④ 소장은 징벌집행을 받고 있거나 집행을 앞둔 수용자가 같은 행위로 형사 법률에 따른 처벌이 확정되어 징벌을 집행할 필요가 없다고 인정하면 징벌집행을 감경하거나 면제할 수 있다(동법 시행규칙 제231조 제4항).

⑤ ㉠ 2 이상의 징벌사유가 경합하는 때, ㉡ 징벌 집행 중에 있는 자가 다시 징벌사유에 해당하는 행위를 한 때 ㉢ 징벌의 집행이 끝난 후 또는 집행이 면제된 후 6개월 내에 다시 징벌사유에 해당하는 행위를 한 때에는 징벌기간에 있어서 장기의 2분의 1까지 가중할 수 있다(동법 제109조 제2항).

21 ① 형집행법 제59조 제1항

② 동법 제59조 제4항

③ 동법 제60조

④ 수형자의 개별처우계획, 가석방심사신청 대상자 선정, 그 밖에 수형자의 분류처우에 관한 중요 사항을 심의·의결하기 위하여 교정시설에 분류처우위원회를 두며, 위원장을 포함한 5명 이상 7명 이하의 위원 으로 구성한다(동법 제62조 제1항·제2항).

⑤ 동법 제62조 제3항

22 ① 형집행법 시행규칙 제144조 제1호

② 협의회는 회장 1명을 포함하여 3명 이상 5명 이하의 내부위원과 10명 이상의 외부위원으로 구성한다(동법 시행규칙 제145조 제1항).

③ 동법 시행규칙 제146조 제2항

④ 동법 시행규칙 제148조 제1항

⑤ 동법 시행규칙 제148조 제3항

23 옳지 않은 것은 ㉢, ㉣이다.

㉠ 교정시설의 1인당 수용면적이 수형자의 인간으로서의 기본 욕구에 따른 생활조차 어렵게 할 만큼 지나치 게 협소하다면, 이는 그 자체로 국가형벌권 행사의 한계를 넘어 수형자의 인간의 존엄과 가치를 침해하 는 것이다(헌재 2016.12.29. 2013헌마142).

㉡ 교도소장이 교도소 수용자의 동절기 취침시간을 21:00로 정한 행위는 수용자의 일반적 행동자유권을 침 해하지 아니한다(헌재 2016.6.30. 2015헌마36).

㉢ 금치기간 중 수용자의 실외운동을 원칙적으로 금지하는 것은 수용자 신체의 자유를 침해하여 헌법에 위 반된다(헌재 2016.5.26. 2014헌마45).

㉣ 구치소장이 변호인접견실에 CCTV를 설치하여 미결수용자와 변호인 간의 접견을 관찰한 행위는 형집행 법 제94조 제1항과 제4항에 근거를 두고 이루어진 것이므로 법률유보원칙에 위배되지 않는다(헌재 2016. 4.28. 2015헌마243).

㉤ 징벌혐의 조사를 받고 있는 청구인이 변호인 아닌 자와 접견할 당시 교도관이 참여하여 대화내용을 기 록하게 한 행위는 수용자의 사생활의 비밀과 자유를 침해하였다고 볼 수 없다(헌재 2014.9.25. 2012헌마523).

24 옳은 것은 ㉠, ㉢이다.
㉠ 형집행법 제111조 제2항
㉡ 외부위원은 3명 이상으로 한다(동법 제111조 제2항).
㉢ 동법 제111조 제3항
㉣ 징벌대상자는 위원에 대하여 기피신청을 할 수 있다. 이 경우 위원회의 의결로 기피 여부를 결정하여야 한다(동법 제111조 제5항).
㉤ 징벌위원회가 징벌의결 요구서를 접수한 경우에는 지체 없이 징벌대상자에게 출석통지서를 전달하여야 하며(동법 시행규칙 제227조 제1항), 출석통지서에는 '형사절차상 불리하게 적용될 수 있는 사실에 대하여 진술을 거부할 수 있다는 것과 진술하는 경우에는 형사절차상 불리하게 적용될 수 있다는 사실' 등의 내용이 포함되어야 한다(동법 시행규칙 제227조 제2항 제6호).

25 ① 교도관은 시설의 안전과 질서유지를 위하여 필요하면 교정시설을 출입하는 수용자 외의 사람에 대하여 의류와 휴대품을 검사할 수 있다. 이 경우 출입자가 금지물품을 소지하고 있으면 교정시설에 맡기도록 하여야 하며, 이에 응하지 아니하면 출입을 금지할 수 있다(형집행법 제93조 제3항).
② 교도소장이 수용자가 없는 상태에서 실시한 거실 및 작업장 검사행위는 교도소의 안전과 질서를 유지하고, 수형자의 교화·개선에 지장을 초래할 수 있는 물품을 차단하기 위한 것으로서 그 목적이 정당하고, 수단도 적절하며, 검사의 실효성을 확보하기 위한 최소한의 조치로 보이고, 달리 덜 제한적인 대체수단을 찾기 어려운 점 등에 비추어 보면 이 사건 검사행위가 과잉금지원칙에 위배하여 사생활의 비밀 및 자유를 침해하였다고 할 수 없다(헌재 2011.10.25. 2009헌마691).
③ 수용자들이 공직선거 및 선거부정방지법상 배포가 금지된 인쇄물을 배포한 혐의로 현행범으로 체포된 여자들로서, 체포될 당시 신체의 은밀한 부위에 흉기 등 반입 또는 소지가 금지되어 있는 물품을 은닉하고 있었을 가능성은 극히 낮았다고 할 것이고, 그 후 변호인 접견 시 변호인이나 다른 피의자들로부터 흉기 등을 건네받을 수도 있었다고 의심할 만한 상황이 발생하였기는 하나, 변호인 접견절차 및 접견실의 구조 등에 비추어, 가사 수용자들이 흉기 등을 건네받았다고 하더라도 유치장에 다시 수감되기 전에 이를 신체의 은밀한 부위에 은닉할 수 있었을 가능성은 극히 낮다고 할 것이어서, 신체검사 당시 다른 방법으로는 은닉한 물품을 찾아내기 어렵다고 볼 만한 합리적인 이유가 있었다고 할 수 없으므로, 수용자들의 옷을 전부 벗긴 상태에서 앉았다 일어서기를 반복하게 한 신체검사는 그 한계를 일탈한 위법한 것이다(대법원 2001.10.26. 2001다51466).
④ 교정시설 내 자살사고는 수용자 본인이 생명을 잃는 중대한 결과를 초래할 뿐만 아니라 다른 수용자들에게도 직접적으로 부정적인 영향을 미치고 나아가 교정시설이나 교정정책 전반에 대한 불신을 야기할 수 있다는 점에서 이를 방지할 필요성이 매우 크고, 그에 비해 청구인에게 가해지는 불이익은 채광·통풍이 다소 제한되는 정도에 불과하다. 따라서 교도소장이 교도소 독거실 내 화장실 창문과 철격자 사이에 안전 철망을 설치한 행위는 청구인의 환경권 등 기본권을 침해하지 아니한다(헌재 2014.6.26. 2011헌마150).
⑤ 수용자를 교정시설에 수용할 때마다 전자영상 검사기를 이용하여 수용자의 항문 부위에 대한 신체검사를 하는 것은 교정시설의 안전과 질서를 유지하기 위한 것으로 그 목적이 정당하고, 항문 부위에 대한 금지물품의 은닉여부를 효과적으로 확인할 수 있는 적합한 검사방법으로 그 수단이 적절하다. 교정시설을 이감·수용할 때마다 전자영상 신체검사를 실시하는 것은, 수용자가 금지물품을 취득하여 소지·은닉하고 있을 가능성을 배제할 수 없고, 외부관찰 등의 방법으로는 쉽게 확인할 수 없기 때문이다. 이 사건 신체검사는 필요한 최소한도를 벗어나 과잉금지원칙에 위배되어 청구인의 인격권 내지 신체의 자유를 침해한다고 볼 수 없다(헌재 2011.5.26. 2010헌마775).

01	02	03	04	05	06	07	08	09	10
④	④	②	⑤	③	③	⑤	②	⑤	①
11	12	13	14	15	16	17	18	19	20
③	②	①	①	③	②	④	⑤	③	③
21	22	23							
③	①	⑤							

01 뒤르껭은 범죄를 일반적 집합의식을 위반한 행위가 아니라, 그 시대 그 사회구성원의 의식 속에 강력하게 새겨져 있고 명백하게 인지된 집합의식을 위반한 행위라고 정의하였고, 사회적 통합력의 저하 또는 도덕적 권위의 훼손을 범죄발생의 원인으로 보았다.

02 ① 형집행법 제94조 제1항
② 변호인접견실에 설치된 CCTV는 교도관이 CCTV를 통해 미결수용자와 변호인 간의 접견을 관찰하더라도 접견내용의 비밀이 침해되거나 접견교통에 방해가 되지 않도록 조치를 취하고 있는 점, 금지물품의 수수를 적발하거나 교정사고를 효과적으로 방지하고 교정사고가 발생하였을 때 신속하게 대응하기 위하여는 CCTV를 통해 관찰하는 방법 외에 더 효과적인 다른 방법을 찾기 어려운 점 등에 비추어 보면, CCTV 관찰행위는 그 목적을 달성하기 위하여 필요한 범위 내의 제한으로 침해의 최소성을 갖추었다. 따라서 CCTV 관찰행위가 청구인의 변호인의 조력을 받을 권리를 침해한다고 할 수 없다(헌재 2016.4.28. 2015헌마243).
③ 형집행법 시행규칙 제157조
④ 교도관이 수용자의 신체·의류·휴대품을 검사하는 경우에는 특별한 사정이 없으면 고정식 물품검색기를 통과하게 한 후 휴대식 금속탐지기 또는 손으로 이를 확인하고(동법 시행규칙 제166조 제2항), 교도관이 교정시설을 출입하는 수용자 외의 사람의 의류와 휴대품을 검사하는 경우에는 고정식 물품검색기를 통과하게 하거나 휴대식 금속탐지기로 이를 확인한다(동법 시행규칙 제166조 제3항).
⑤ 동법 시행규칙 제176조 제2항

03 ① 형집행법 시행령 제23조
② 지방교정청장의 이송승인은 관할 내 이송으로 한정한다(동법 시행령 제22조 제2항).
③ 동법 시행령 제136조
④ 동법 시행령 제24조
⑤ 동법 시행령 제134조

04 ① 형집행법 시행규칙 제77조
② 동법 시행규칙 제79조 제3항
③ 동법 시행규칙 제81조
④ 동법 시행규칙 제79조 제1항
⑤ 조정된 처우등급에 따른 처우는 그 조정이 확정된 다음 날부터 한다. 이 경우 조정된 처우등급은 그 달 초일부터 적용된 것으로 본다(동법 시행규칙 제82조 제1항).

05 ① 형집행법 시행규칙 제86조 제1항
② 동법 시행규칙 제91조 제1항
③ 소장은 자치생활 수형자들이 교육실, 강당 등 적당한 장소에서 월 1회 이상 토론회를 할 수 있도록 하여야 한다(동법 시행규칙 제86조 제3항).
④ 동법 시행규칙 제86조 제2항
⑤ 동법 시행규칙 제123조

06 ① 성폭력범죄자의 성충동 약물치료에 관한 법률 제32조
② 동법 제30조
③ 치료명령을 받은 사람은 주거 이전 또는 7일 이상의 국내여행을 하거나 출국할 때에는 미리 보호관찰관의 허가를 받아야 한다(동법 제15조 제3항).
④ 동법 제4조 제1항
⑤ 동법 제23조 제2항

07 옳은 것은 ㉠, ㉡, ㉣, ㉤이다.
㉠ 개인은 의사결정을 통해 일련의 행동을 하게 되는데, 활동들이 반복되는 경우 의사결정과정은 규칙화된다. 이러한 규칙은 추상적인 안내판을 형성한다. 범죄 실행의 의사결정과정에서 이것을 '범죄템플릿'이라고 부른다.
㉢ 범죄자는 일반인과 같은 정상적인 시공간적 행동패턴을 갖는다. 범죄 개연성이 높은 장소 역시 정상적인 활동이 이루어지는 공간이다.
㉣ 잠재적 목표물 내지 피해자는 잠재적 범죄자의 활동공간과 교차하는 활동공간이나 위치를 갖는다. 잠재적 목표물과 피해자는 잠재적 범죄자의 범행의지가 촉발되었을 때와 범죄자의 범죄템플릿에 적합할 때 실제 목표물이나 피해자가 된다.

08 ① 글룩(Glueck)부부는 로르샤하(Rorschach) 검사를 이용하여 비행소년 500명과 일반소년 500명을 대상으로 비교 연구한 결과, 두 집단 간에는 중요한 인격특성의 차이가 있음을 발견하였다. 비행소년들이 외향적이고 충동적이며, 자제력이 약하고 도전적이며 파괴적이었다고 한다. 또한 이들은 다른 사람들의 기대에 관심이 없고, 국가기관의 권위에 대해서도 양면적인 태도를 갖는다고 하였다. 뿐만 아니라 그들은 좌절과 불안을 많이 느끼고 있으며, 후회·주저·의심·방어적인 태도를 많이 보이고 있다고 밝혔다.
② 아이센크(Eysenck)는 범죄행동과 성격특성 간의 관련성을 체계적으로 설명하였다. 범죄행동에 대한 그의 초기 이론(1970)은 외향성과 신경증적 경향성의 2가지 요인의 결합이 환경적 조건과는 독립적으로 범죄행동을 유발시킬 수 있다고 하였다. 이후 정신병적 경향성이라는 개념을 성격이론에 도입해 성격차원을 3가지 요인으로 발전시켰다.
외향성: 아이센크는 외향성을 개인의 조건화 능력을 결정짓는 중요한 성격차원으로 간주하고, 대뇌의 피각질성 수준으로 내·외향성을 판단하였으며, 외향성은 사회적·물리적 환경의 외적인 자극에 관심이 많은 성향을 가지고 있다.
신경증적 경향성: 신경증적 경향성은 그 자체의 충동적 속성에 의해 증폭기제로 작용하기 때문에 범죄행동과 관련이 있으며, 정서적으로 불안정한 성향을 가지고 있다.
정신병적 경향성: 정신병환자와 정신병질자들의 특징을 잘 나타내 주는 성격특성이며, 정신병적 취약성과 반사회적 성향을 가지고 있고, 공격적이고 자기중심적이며, 차갑고 비정한 성향을 가지고 있다.
③ 프로이드(Freud)는 유아기로부터 성인기로의 사회화과정을 구순기, 항문기, 남근기, 잠복기, 성기기라는 성심리적 단계로 설명하면서, 이러한 단계적 발전이 인성형성에 중요한 역할을 한다고 하였다.
④ 도덕발달 단계를 관습 이전 단계와 관습 단계, 관습 이후 단계의 세 단계로 나누고, 그에 따라 인간의 추론 능력도 발전한다고 하였다. 후에 콜버그(Kohlberg)는 사람들은 도덕적 발달의 여섯 단계들을 거쳐

가게 된다고 내용을 수정하였는데, 범죄자들은 동일한 사회적 배경을 가진 비범죄자들보다 도덕적 판단의 발달이 매우 낮다고 하였으며, 대부분의 비범죄자들은 3~4단계에 속하는 반면, 대부분의 범죄자들은 1~2단계에 속한다고 주장하였다.

⑤ 달라드(Dollard)의 좌절－공격이론은 본능이론과는 달리 공격성이 외부조건에 의해 유발된 동기로 생긴다는 이론이다. "공격성은 항상 좌절의 결과이다."라고 주장한 달라드는 인간의 공격성은 자연적이고 좌절 상황에 대하여 거의 자동적으로 반응한다고 설명한다. 즉 좌절하거나, 방해받고 위협받은 사람은 거의 자동적으로 공격행동을 한다는 것이다.

고조된 각성이론은 좌절·공격이론에 대한 절충이론으로, 어떤 상황에서는 원인을 묻지 않고 각성이 고조된 상태에 놓이게 되면 성가심, 좌절, 도발 등에 공격으로 반응하게 된다는 것이다. 찔만(Zillmann)은 정서적 각성이 전이된다고 설명하고 있다.

09
① 전자장치 부착 등에 관한 법률 제13조 제1항 제1호
② 동법 제13조 제6항 제2호
③ 동법 제13조 제4항·제5항
④ 동법 제13조 제1항 제2호
⑤ 부착명령의 집행 중 다른 죄를 범하여 구속영장의 집행을 받아 구금된 후에 ㉠ 사법경찰관이 불송치결정을 한 경우, ㉡ 검사가 혐의없음, 죄가안됨, 공소권없음 또는 각하의 불기소처분을 한 경우, ㉢ 법원의 무죄, 면소, 공소기각 판결 또는 공소기각 결정이 확정된 경우의 사유로 구금이 종료되는 경우 그 구금기간 동안에는 부착명령이 집행된 것으로 본다. 다만, ㉠ 및 ㉡의 경우 법원의 판결에 따라 유죄로 확정된 경우는 제외한다(동법 제13조 제7항).

10 옳은 것은 ㉠, ㉡, ㉢이다.
㉠ 일반경비시설에 수용되어 통상적인 수준의 처우가 필요한 일반경비처우급 수형자(형집행법 시행규칙 제74조 제1항 제3호)에게는 정보화 교육(경비처우급 규정을 적용받지 않는 교육과정)과 외국어 교육과정(동법 시행규칙 제113조 제2항)의 교육기회가 주어질 수 있다.
㉡ 개방처우급 수형자는 개방지역작업 및 외부통근작업이 가능하며(동법 시행규칙 제74조 제2항 제1호), 접견 허용횟수는 1일 1회이다(동법 시행규칙 제87조 제1항 제1호).
㉢ 소장은 개방처우급 혹은 완화경비처우급 수형자가 ⓐ 형기가 3년 이상인 사람, ⓑ 범죄 횟수가 2회 이하인 사람, ⓒ 중간처우를 받는 날부터 가석방 또는 형기 종료 예정일까지 기간이 3개월 이상 1년 6개월 이하인 사람에 모두 해당하는 경우에는 교정시설에 설치된 개방시설에 수용하여 사회 적응에 필요한 교육, 취업지원 등 적정한 처우를 할 수 있다(동법 시행규칙 제93조 제1항).
㉣ 중경비시설에 수용되어 기본적인 처우가 필요한 중경비처우급 수형자(동법 시행규칙 제74조 제1항 제4호)는 문예·학술 등의 집필활동을 할 수 있다(동법 제49조 제1항). ⇨ 수용자의 문예·학술 등의 집필은 소장의 허가사항이 아니다.
㉤ 완화경비시설에 수용되어 통상적인 수준보다 높은 수준의 처우가 필요한 완화경비처우급 수형자(동법 시행규칙 제74조 제1항 제2호)는 귀휴사유가 있으면 일반귀휴의 대상이 될 수 있지만, 일반경비처우급 수형자는 교화 또는 사회복귀 준비 등을 위하여 특히 필요한 경우에 한하여 일반귀휴의 대상이 될 수 있다(동법 시행규칙 제129조 제2항).

11
① 형집행법 시행규칙 제193조 제1항
② 동법 시행규칙 제191조
③ 교도관이 총기를 사용하는 경우에는 구두경고, 공포탄 발사, 위협사격, 조준사격의 순서에 따라야 한다. 다만, 상황이 긴급하여 시간적 여유가 없을 때에는 예외로 한다(동법 시행규칙 제192조).
④ 동법 제101조 제5항
⑤ 동법 제101조 제3항

12 ① 치료감호 등에 관한 법률 제32조 제1항 제2호·제2항
② 「치료감호 등에 관한 법률」에 따른 치료감호의 내용과 실태는 대통령령으로 정하는 바에 따라 공개하여야 한다. 이 경우 피치료감호자나 그의 보호자가 동의한 경우 외에는 피치료감호자의 개인신상에 관한 것은 공개하지 아니한다(동법 제20조).
③ 피치료감호자에 대하여 「형사소송법」 제471조(자유형의 집행정지) 제1항의 어느 하나에 해당하는 사유가 있을 때에는 검사는 치료감호의 집행을 정지할 수 있다. 이 경우 치료감호의 집행이 정지된 자에 대한 관찰은 형집행정지자에 대한 관찰의 예에 따른다(동법 제24조).
④ 동법 제4조 제7항
⑤ 동법 제18조

13 ① 형사소송법 제462조
② 사형의 선고를 받은 자가 심신의 장애로 의사능력이 없는 상태에 있거나 잉태 중에 있는 여자인 때에는 법무부장관의 명령으로 집행을 정지한다(동법 제469조 제1항).
③ 징역 또는 금고를 선고받은 소년에 대하여는 무기형의 경우에는 5년, 15년 유기형의 경우에는 3년, 부정기형의 경우에는 단기의 3분의 1이 지나면 가석방을 허가할 수 있다(소년법 제65조).
④ 유기징역 또는 유기금고에 대하여 형을 가중하는 때에는 50년까지로 한다(형법 제42조).
⑤ 금고 이상의 형을 선고한 판결이 확정된 때부터 그 집행을 종료하거나 면제된 후 3년까지의 기간에 범한 죄에 대하여 형을 선고하는 경우에는 그러하지 아니하다(동법 제62조 제1항).

14 옳은 것은 ㉠, ㉣이고, 옳지 않은 것은 ㉡, ㉢, ㉤이다.
㉠ 형집행법 시행령 제89조
㉡ 수형자에게 작업장려금을 지급할 수 있다(동법 제73조 제2항).
㉢ 소장은 미결수용자에 대하여 작업을 부과할 수 있으나(동법 제86조 제1항), 교정시설 밖에서 행하는 것은 포함하지 아니한다(동법 시행령 제103조 제1항).
㉣ 동법 시행령 제92조
㉤ 공휴일·토요일과 대통령령으로 정하는 휴일에는 작업을 부과하지 아니한다. 다만, ㉠ 취사·청소·간병 등 교정시설의 운영과 관리에 필요한 작업을 하는 경우, ㉡ 작업장의 운영을 위하여 불가피한 경우, ㉢ 공공의 안전이나 공공의 이익을 위하여 긴급히 필요한 경우, ㉣ 수형자가 신청하는 경우에는 작업을 부과할 수 있다(동법 제71조 제5항).

15 옳은 것은 ㉡, ㉤이다.
㉠ 법무부장관은 필요하다고 인정하면 이 법에서 정하는 바에 따라 교정업무를 공공단체 외의 법인·단체 또는 그 기관이나 개인에게 위탁할 수 있다(민영교도소 등의 설치·운영에 관한 법률 제3조 제1항).
㉡ 동법 제33조 제1항
㉢ 교정법인 이사의 과반수는 대한민국 국민이어야 하며, 이사의 5분의 1 이상은 교정업무에 종사한 경력이 5년 이상이어야 한다(동법 제11조 제3항).
㉣ 교정법인의 이사는 감사나 해당 교정법인이 운영하는 민영교도소 등의 직원(민영교도소 등의 장은 제외한다)을 겸할 수 없다(동법 제13조 제2항).
㉤ 동법 제25조 제2항

16 ① 소년부 판사는 사건 본인을 보호하기 위하여 긴급조치가 필요하다고 인정하면 소환 없이 사건 본인에 대한 동행영장(긴급동행영장)을 발부할 수 있다(동법 제14조).
② 동법 제17조의2 제1항
③ 사회봉사명령 처분은 14세 이상의 소년에게만, 수강명령 및 장기 소년원 송치 처분은 12세 이상의 소년에게만 할 수 있다(동법 제32조 제3항·제4항). 그 외의 보호처분은 10세 이상의 소년에게 부과할 수 있다.

④ 보호처분이 계속 중일 때에 사건 본인에 대하여 유죄판결이 확정된 경우에 보호처분을 한 소년부 판사는 그 처분을 존속할 필요가 없다고 인정하면 결정으로써 보호처분을 취소할 수 있다(동법 제39조).

⑤ 보호처분이 계속 중일 때에 사건 본인에 대하여 새로운 보호처분이 있었을 때에는 그 처분을 한 소년부 판사는 이전의 보호처분을 한 소년부에 조회하여 어느 하나의 보호처분을 취소하여야 한다(동법 제40조).

17 많은 사람들이 수형자를 교화개선하여 법을 준수하는 정상적인 사회인으로 사회에 복귀시킬 수 있다고 믿고는 있지만, 대부분의 교화개선적 노력이 재범률을 크게 개선하지는 못하였다. 이를 마틴슨(Martinson)은 "Nothing Works(무의미한 일)"라 표현하였다.

18 ① 소년법 제49조 제1항
② 동법 제50조
③ 동법 제7조 제1항
④ 동법 제49조 제2항
⑤ 소년부는 법원으로부터 송치받은 사건을 조사 또는 심리한 결과 사건의 본인이 19세 이상인 것으로 밝혀지면 결정으로써 송치한 법원에 사건을 다시 이송하여야 한다(동법 제51조).

19 사이크스(Sykes)는 수형자 역할유형을 정보통인 생쥐, 교도관과 내통하는 중심인, 공격적 약탈자인 고릴라, 밀거래자인 상인, 성적 폭압자인 늑대, 폭력적 대치자인 어리석은 파괴자, 고전적 수형자인 진짜 남자, 폭력범죄와 관련된 악당, 마약관련 범죄자인 떠벌이로 수형자의 역할 유형을 구분하고 있다.
생쥐(rats)는 교도소사회에서도 교도관 등과 내통함으로써 동료들을 배신하는 유형이고, 떠벌이(hipsters)는 실제보다 자신을 더 강한 척하고 말로만 강한 척하며 공격의 피해자를 조심스럽게 선택하는 유형이다.

20 ① 교도작업의 운영 및 특별회계에 관한 법률 제6조 제1항
② 동법 제6조 제2항
③ 법무부장관은 교도작업으로 생산되는 제품의 종류와 수량을 회계연도 개시 1개월 전까지 공고하여야 한다(동법 제4조).
④ 동법 시행규칙 제9조
⑤ 동법 제7조

21 ① 아동·청소년의 성보호에 관한 법률 제49조 제1항 단서, 제50조 제1항 단서는 '피고인이 아동·청소년인 경우, 그 밖에 신상정보를 공개 또는 고지하여서는 아니 될 특별한 사정이 있다고 판단되는 경우'를 공개명령 또는 고지명령 선고에 관한 예외사유로 규정하고 있는데, 공개명령 및 고지명령의 성격과 본질, 관련 법률의 내용과 취지 등에 비추어 공개명령 등의 예외사유로 규정되어 있는 위 '피고인이 아동·청소년인 경우'에 해당하는지는 사실심 판결의 선고시를 기준으로 판단하여야 한다(대법원 2012.5.24. 2012도2763).
② 형법 제53조에 의한 작량감경은 법정형을 감경하여 처단형을 정하는 과정이며 법원은 이 처단형의 범위 내에서 선고형을 양정하게 되는 것인바, 소년법 제60조 제1항 단서는 소년에 대한 부정기 선고형의 상한을 정한 것에 불과하고 법정형을 정한 것이 아니므로 피고인에게 형법 제53조에 의한 작량감경 사유가 있다고 하여 위 소년법 소정의 부정기 선고형의 상한도 아울러 감경되어야 하는 것은 아니다(대법원 1983.6.14. 83도993).
③ 소년법 제32조의 보호처분을 받은 사건과 동일한 사건에 대하여 다시 공소제기가 되었다면 동조의 보호처분은 확정판결이 아니고 따라서 기판력도 없으므로 이에 대하여 면소판결을 할 것이 아니라 공소제기 절차가 동법 제53조의 규정에 위배하여 무효인 때에 해당하는 경우이므로 공소기각의 판결을 하여야 한다(대법원 1985.5.28. 85도21).

④ 소년법 제1조나 제32조 제6항의 규정이 있다 하여 보호처분을 받은 사실을 상습성 인정의 자료로 삼을 수 없는 것은 아니다(대법원 1989.12.12. 89도2097).

⑤ 소년법 제67조는 "소년이었을 때 범한 죄에 의하여 형을 선고받은 자가 그 집행을 종료하거나 면제받은 경우 자격에 관한 법령을 적용할 때에는 장래에 향하여 형의 선고를 받지 아니한 것으로 본다."라고 규정하고 있는바, 위 규정은 「사람의 자격」에 관한 법령의 적용에 있어 장래에 향하여 형의 선고를 받지 아니한 것으로 본다는 취지에 불과할 뿐 전과까지 소멸한다는 것은 아니다. 따라서 특정범죄 가중처벌 등에 관한 법률 제5조의4 제5항을 적용하기 위한 요건으로서 요구되는 과거 전과로서의 징역형에는 소년으로서 처벌받은 징역형도 포함된다고 보아야 한다(대법원 2010.4.29. 2010도973).

22
① 법원으로부터 벌금 선고와 동시에 벌금을 완납할 때까지 노역장에 유치할 것을 명받은 사람은 사회봉사를 신청할 수 없다(벌금 미납자의 사회봉사 집행에 관한 특례법 제4조 제2항 제2호).
② 동법 제5조 제6항
③ 동법 제6조 제2항 제4호
④ 동법 제6조 제4항
⑤ 동법 제10조 제1항

23
① 이 사건 교정시설에서는 라디에이터 등 간접 난방시설이 설치되어 운용되고 있음이 인정되는바, 헌법의 규정상 또는 헌법의 해석상 특별히 교도소장에게 직접 난방시설 등을 설치해야 할 작위의무가 부여되어 있다고 볼 수 없고, 형집행법 및 관계 법령을 모두 살펴보아도 교도소장에게 위와 같은 작위의무가 있다는 점을 발견할 수 없다(헌재 2012.5.8. 2012헌마328).
② 형집행법 제110조 제1항
③ 동법 시행규칙 제215조 제3호
④ 동법 제112조 제5항
⑤ 교도소에 수용 중이던 수용자가 담당 교도관들을 상대로 가혹행위를 이유로 형사고소 및 민사소송을 제기하면서 그 증명자료 확보를 위해 '근무보고서'와 '징벌위원회 회의록' 등의 정보공개를 요청하였으나 교도소장이 이를 거부한 사안에서, 근무보고서는 공공기관의 정보공개에 관한 법률 제9조 제1항 제4호에 정한 비공개대상정보에 해당한다고 볼 수 없고, 징벌위원회 회의록 중 비공개 심사·의결 부분은 위 법 제9조 제1항 제5호의 비공개사유에 해당하지만 수용자의 진술, 위원장 및 위원들과 수용자 사이의 문답 등 징벌절차 진행 부분은 비공개사유에 해당하지 않는다고 보아 분리 공개가 허용된다(대법원 2009. 12.10. 2009두12785).

2019년 교정관(5급) 일반승진시험 정답 및 해설

01	02	03	04	05	06	07	08	09	10
①	②	③	③	②	④	④	③	①	④
11	12	13	14	15	16	17	18	19	20
③	⑤	①	②	②	⑤	⑤	④	③	②
21	22	23	24	25					
①	②	⑤	④	②					

01 옳은 것은 ㉠, ㉡, ㉢이다.
　㉣ 소년사법분야나 경미범죄, 과실범죄 등에 대해 그 예방차원으로 비범죄화, 다이버전, 시설 내 구금수용의 철폐 등을 주장하여 사회 내 처우의 근거가 되었으며, 시설 내 처우의 문제점을 지적하면서 사회 내 처우의 필요성을 강조하였다.
　㉤ 최초의 일탈에 대한 원인설명이 부족하다는 비판을 받는다.

02 　㉠ 책임의 부정
　㉡ 가해의 부정
　㉢ 비난자에 대한 비난
　㉣ 상위가치에 대한 호소(고도의 충성심에의 호소)

03 옳은 것은 ㉠, ㉢, ㉤이다.
　㉠ 형법 제42조
　㉡ 자격의 전부 또는 일부에 대한 정지는 1년 이상 15년 이하로 한다(동법 제44조 제1항).
　㉢ 동법 제45조
　㉣ 구류는 1일 이상 30일 미만으로 한다(동법 제46조).
　㉤ 동법 제47조

04 ✦**관심대상수용자의 지정대상**(형집행법 시행규칙 제210조)
1. 다른 수용자에게 상습적으로 폭력을 행사하는 수용자
2. 교도관을 폭행하거나 협박하여 징벌을 받은 전력이 있는 사람으로서 같은 종류의 징벌대상행위를 할 우려가 큰 수용자
3. 수용생활의 편의 등 자신의 요구를 관철할 목적으로 상습적으로 자해를 하거나 각종 이물질을 삼키는 수용자
4. 다른 수용자를 괴롭히거나 세력을 모으는 등 수용질서를 문란하게 하는 조직폭력수용자(조직폭력사범으로 행세하는 경우를 포함한다)
5. 조직폭력수용자로서 무죄 외의 사유로 출소한 후 5년 이내에 교정시설에 다시 수용된 사람
6. 상습적으로 교정시설의 설비·기구 등을 파손하거나 소란행위를 하여 공무집행을 방해하는 수용자
7. 도주(음모, 예비 또는 미수에 그친 경우를 포함한다)한 전력이 있는 사람으로서 도주의 우려가 있는 수용자
8. 중형선고 등에 따른 심적 불안으로 수용생활에 적응하기 곤란하다고 인정되는 수용자
9. 자살을 기도한 전력이 있는 사람으로서 자살할 우려가 있는 수용자

10. 사회적 물의를 일으킨 사람으로서 죄책감 등으로 인하여 자살 등 교정사고를 일으킬 우려가 큰 수용자
11. 징벌집행이 종료된 날부터 1년 이내에 다시 징벌을 받는 등 규율 위반의 상습성이 인정되는 수용자
12. 상습적으로 법령에 위반하여 연락을 하거나 금지물품을 반입하는 등의 방법으로 부조리를 기도하는 수용자
13. 그 밖에 교정시설의 안전과 질서유지를 위하여 엄중한 관리가 필요하다고 인정되는 수용자

05 30 + 5 + 25 + 1 = 61
ㄱ 30일(형집행법 시행령 제107조)
ㄴ 5회(동법 시행규칙 제90조 제1항)
ㄷ 25년(형사소송법 제249조 제2항)
ㄹ 1년(형법 제59조의2 제2항)

06 국제범죄학회(I.S.C)는 1934년 파리에서 '범죄과학회의'라는 이름으로 결성되어, 1938년 로마에서 학회명칭을 '국제범죄학회'로 변경하였다. 제1차 세계범죄학대회(ICC)를 개최한 이래 5년마다 열리고 있으며, 제12회 대회는 1998년 서울에서 개최되었다. 범죄의 과학적 연구와 사회방위를 연구하려는 목적으로 '국제범죄학연보'를 발간하고 있고, 범죄학분야의 우수한 논문에 대해 캐롤상을 수여하고 있다.
국제범죄인류학회의(I.K.K)는 롬브로조의 범죄인류학적 연구를 기초로 한 범죄방지대책을 토의하기 위하여 개최된 국제회의로서 각국의 학자들이 개인 자격으로 참석하였다. 초기에는 롬브로조의 영향으로 범죄인류학적 테마를 연구하였으나, 후에 페리의 영향으로 사회적 요인을 중시하는 입장으로 연구의 범위가 넓어졌다.

07 ① 보호소년 등이 면회를 할 때에는 소속 공무원이 참석하여 보호소년 등의 보호 및 교정교육에 지장이 없도록 지도할 수 있다. 이 경우 소속 공무원은 보호소년 등의 보호 및 교정교육에 지장이 있다고 인정되는 경우에는 면회를 중지할 수 있다(보호소년 등의 처우에 관한 법률 제18조 제2항).
② 보호소년 등이 변호인이나 보조인과 면회를 할 때에는 소속 공무원이 참석하지 아니한다. 다만, 보이는 거리에서 보호소년 등을 지켜볼 수 있다(동법 제18조 제3항).
③ 소년원장은 공동으로 비행을 저지른 관계에 있는 사람의 편지인 경우 등 보호소년 등의 보호 및 교정교육에 지장이 있다고 인정되는 경우에는 보호소년 등의 편지 왕래를 제한할 수 있으며, 편지의 내용을 검사할 수 있다(동법 제18조 제4항).
④ 동법 제18조 제5항
⑤ 전화통화는 평일 근무시간에 한정한다. 다만, 소년원장은 특별히 필요하다고 인정하는 경우에는 야간 및 휴일에도 전화통화를 허가할 수 있다(동법 시행규칙 제36조의2 제2항).

08 ① 소년법 제32조의2 제1항
② 동법 제32조의2 제2항
③ 보호관찰관의 단기 보호관찰 처분(제4호)은 「아동복지법」에 따른 아동복지시설이나 그 밖의 소년보호시설에 감호 위탁 처분(제6호)과 병합할 수 있고(동법 제32조 제2항 제3호), 보호관찰관의 장기 보호관찰 처분(제5호)은 1개월 이내의 소년원 송치 처분과 병합할 수 있다(동법 제32조 제2항 제5호).
④ 동법 제33조 제3항
⑤ 동법 제32조의2 제3항

09 옳은 것은 ㉠, ㉣이다.
㉠ 범죄피해자 보호법 제17조 제1항
㉡ 정당행위나 정당방위에 의해 처벌되지 아니하는 행위 및 과실에 의한 행위는 구조대상 범죄피해에서 제외한다(동법 제3조 제4호).
㉢ 범죄피해자 보호법은 외국인이 구조피해자이거나 유족인 경우에는 해당 국가의 상호보증이 있는 경우에만 적용한다(동법 제23조).
㉣ 동법 제32조
㉤ 구조금을 받을 권리는 그 구조결정이 해당 신청인에게 송달된 날부터 2년간 행사하지 아니하면 시효로 인하여 소멸된다(동법 제31조).

10 상황적 유형은 정신신경증이나 정신착란을 가진 증상 등을 특징으로 하고, 사고적 또는 특정한 상황이 비행의 원인이며, 처우기법은 없다.
부문화 동일시자 유형은 강한 동료집단 지향, 권위 비신뢰, 비행자 낙인에 대한 만족, 자기 만족적, 내적보다 외적 문제 등을 특징으로 하고, 내재화된 일탈하위문화 가치 체계가 비행의 원인이며, 처우기법은 억제통한 비행중지, 친사회적 동일시 모형과의 관계개발, 집단 내 자기 개념 확대 등이 있다.

11 ① 형벌불소급원칙에서 의미하는 '처벌'은 형법에 규정되어 있는 형식적 의미의 형벌 유형에 국한되지 않으며, 범죄행위에 따른 제재의 내용이나 실제적 효과가 형벌적 성격이 강하여 신체의 자유를 박탈하거나 이에 준하는 정도로 신체의 자유를 제한하는 경우에는 형벌불소급원칙이 적용되어야 한다. 노역장유치는 그 실질이 신체의 자유를 박탈하는 것으로서 징역형과 유사한 형벌적 성격을 가지고 있으므로 형벌불소급원칙의 적용대상이 된다(헌재 2017.10.26. 2015헌바239).
② 형법 제70조 제1항
③ 벌금을 납입하지 아니한 자는 1일 이상 3년 이하, 과료를 납입하지 아니한 자는 1일 이상 30일 미만의 기간 노역장에 유치하여 작업에 복무하게 한다(동법 제69조 제2항).
④ 동법 제70조 제2항
⑤ 벌금 미납자의 사회봉사 집행에 관한 특례법 제4조 제2항 제1호

12 다음의 어느 하나에 해당하는 신입자의 경우에는 법무부장관이 정하는 바에 따라 간이입소절차를 실시한다(형집행법 제16조의2).
1. 「형사소송법」 제200조의2(영장에 의한 체포), 제200조의3(긴급체포) 또는 제212조(현행범인의 체포)에 따라 체포되어 교정시설에 유치된 피의자
2. 「형사소송법」 제201조의2(구속 전 피의자심문) 제10항 및 제71조의2(구인 후의 유치)에 따른 구속영장 청구에 따라 피의자 심문을 위하여 교정시설에 유치된 피의자

13 ① 소장은 동행귀휴를 허가한 경우 '귀휴지에서 매일 1회 이상 소장에게 전화보고' 조건을 붙일 수 없다(형집행법 시행규칙 제140조 제4호).
② 소장은 개방처우급·완화경비처우급 수형자에게 일반귀휴를 허가할 수 있다. 다만, 교화 또는 사회복귀 준비 등을 위하여 특히 필요한 경우에는 일반경비처우급 수형자에게도 이를 허가할 수 있다(동법 시행규칙 제129조 제2항).
③ 동법 제77조 제2항
④ 동법 제77조 제4항
⑤ 동법 제78조

14　① 형집행법 시행규칙 제126조 제2호

② 소장은 소년수형자의 선도를 위하여 필요한 경우에는 직업훈련 대상자 선정기준을 갖추지 못한 경우에도 직업훈련 대상자로 선정하여 교육할 수 있으나(동법 시행규칙 제125조 제2항), 15세 미만인 경우에는 직업훈련 대상자로 선정해서는 아니 된다(동법 시행규칙 제126조 제1호).

③ 동법 시행규칙 제127조 제2항

④ 동법 시행규칙 제124조 제1항

⑤ 동법 시행규칙 제124조 제2항

15　수용자가 '위력으로 교도관의 정당한 직무집행을 방해하는 때'에 사용할 수 있는 보호장비는 수갑, 포승, 발목보호장비, 보호대, 보호의자이다(형집행법 제98조 제2항).

16　법무부장관은 소장이 제출한 생산공급계획과 수요기관이 제출한 자료를 검토하고 다음의 사항을 고려하여 회계연도 개시 1개월 전까지 다음 연도에 생산할 교도작업제품의 종류와 수량을 결정하여 공고하여야 한다(교도작업의 운영 및 특별회계에 관한 법률 시행령 제5조 제1항).

1. 교정시설의 자체 수요품이 우선적으로 포함될 것

2. 국민생활에 도움이 될 것

3. 특별회계의 건전한 운영에 도움을 줄 수 있을 것

17　① 사회요법 중 환경요법에 대한 설명이다. 환경요법은 모든 교정환경을 이용하여 수형자들 간의 상호작용의 수정과 환경통제를 통해서 개별 수형자의 행동에 영향을 미치고자 하는 것으로 교정시설의 환경을 통제하고 조절하여 수형자들의 행동의 변화를 추구한다.

② 물리요법은 각종 상담치료나 상담에 잘 반응하지 않고 별 효과가 없는 재소자에게 이용 가능한 강제적 기법으로, 진정제 투약과 같은 약물요법 등이 있다.

③ 행동수정에 대한 설명이다.

④ 사회요법 중 환경요법의 대표적 프로그램인 '요법처우공동체'에 대한 설명이다.

⑤ 현실요법은 글래저(Glaser)가 주창한 것으로, 모든 사람은 기본적 욕구를 가지고 있으며, 자신의 욕구에 따라 행동할 수 없을 때 무책임하게 행동한다는 가정에 기초하고 있다.

현실요법은 ㉠ 현실요법의 기본원리가 쉽게 학습되고 터득될 수 있고, ㉡ 재소자의 내부문제보다 외부세계에, 과거보다는 현재에, 개인적 문제보다는 인간적 잠재성에 초점을 맞추고 있으며, ㉢ 상담자에게 권한과 권위를 제공하고 보호관찰과 연계되어 지속될 수도 있다.

18　① 교도소·구치소 및 그 지소(교정시설) 간의 호송은 교도관이 행하며, 그 밖의 호송은 경찰관 또는 사법경찰관리로서의 직무를 수행하는 검찰청 직원이 행한다(수형자 등 호송 규정 제2조).

② 호송관의 여비나 피호송자의 호송비용은 호송관서가 부담한다. 다만, 피호송자를 교정시설이나 경찰관서에 숙식하게 한 때에는 그 비용은 교정시설이나 경찰관서가 부담한다(동 규정 제13조 제1항).

③ 피호송자의 질병이나 사망에 의한 비용은 각각 그 교부를 받은 관서가 부담한다(동 규정 제13조 제2항).

④ 호송은 일출전 또는 일몰후에는 행할 수 없다. 다만, 열차·선박·항공기를 이용하는 때 또는 특별한 사유가 있는 때에는 예외로 한다(동 규정 제7조).

⑤ 피호송자가 도주한 때에는 호송관은 즉시 그 지방 및 인근 경찰관서와 호송관서에 통지하여야 하며, 호송관서는 관할 지방검찰청, 사건소관 검찰청, 호송을 명령한 관서, 발송관서 및 수송관서에 통지하여야 한다(동 규정 제10조).

19   ✦ **보호장구의 종류**(보호관찰 등에 관한 법률 제46조의3 제1항)

　　1. 수갑 2. 포승 3. 보호대 4. 가스총 5. 전자충격기

20   ① 어리석은 파괴자에 대한 설명이다.

　　② 중심인은 교도관의 의견·태도·신념을 취하는 수형자들이다. 이들은 선처를 얻기 위하여 권력을 가진 교도관들에게 아첨하는 것으로 알려지고 있다.

　　③ 프랭크 쉬멜레걸의 수형자의 역할 유형 중 은둔자에 대한 설명이다.

　　④ 생쥐에 대한 설명이다.

　　⑤ 슈랙의 수형자의 역할 유형 중 가사회적 정치인에 대한 설명이다.

　　✦ **그 밖의 수형자 역할유형 분류**

　　① 사이크스(Sykes)는 정보통인 생쥐, 교도관과 내통하는 중심인, 공격적 약탈자인 고릴라, 밀거래자인 상인, 성적 폭압자인 늑대, 폭력적 대치자인 어리석은 파괴자, 고전적 수형자인 진짜 남자, 폭력범죄와 관련된 악당, 마약관련 범죄자인 떠벌이로 수형자의 역할 유형을 구분하고 있다.

　　② 프랭크 쉬멜레걸(Frank Schmalleger)은 깔끔이 신사, 쾌락주의자, 기회주의자, 은둔자, 변호인, 과격주의자, 식민자, 종교인, 현실주의자로 수형자의 역할 유형을 구분한다.

21   ① 보호관찰소의 장은 보호관찰 대상자가 제32조의 준수사항(일반준수사항, 특별준수사항)을 위반하였거나 위반하였다고 의심할 상당한 이유가 있고, ㉠ 일정한 주거가 없는 경우, ㉡ 심문·조사에 따른 소환에 따르지 아니한 경우(소환 불응), ㉢ 도주한 경우 또는 도주할 염려가 있는 경우에는 관할 지방검찰청의 검사에게 신청하여 검사의 청구로 관할 지방법원 판사의 구인장을 발부받아 보호관찰 대상자를 구인할 수 있다(보호관찰 등에 관한 법률 제39조 제1항).

　　② 보호관찰소의 장은 보호관찰 대상자를 긴급구인한 경우에는 긴급구인서를 작성하여 즉시 관할 지방검찰청 검사의 승인을 받아야 하고(동법 제40조 제2항), 긴급구인승인신청은 보호관찰대상자를 구인한 때부터 12시간 이내에 하여야 하며(동법 시행령 제26조 제1항), 보호관찰소의 장은 검사의 승인을 받지 못하면 즉시 보호관찰 대상자를 석방하여야 한다(동법 제40조 제3항).

　　③ 보호관찰소의 장은 보호관찰 대상자를 구인 또는 긴급구인하였을 때에는 유치 허가를 청구한 경우를 제외하고는 구인한 때부터 48시간 이내에 석방하여야 한다. 다만, 유치 허가를 받지 못하면 즉시 보호관찰 대상자를 석방하여야 한다(동법 제41조).

　　④ 보호관찰소의 장은 유치 허가를 받은 때부터 24시간 이내에 유치 사유에 따른 신청을 하여야 한다(동법 제42조 제3항).

　　⑤ 보호관찰소의 장은 가석방 및 임시퇴원의 취소 신청이 있는 경우에 보호관찰심사위원회의 심사에 필요하면 검사에게 신청하여 검사의 청구로 지방법원 판사의 허가를 받아 10일의 범위에서 한 차례만 유치기간을 연장할 수 있다(동법 제43조 제3항).

22   ① 가석방의 기간은 무기형에 있어서는 10년으로 하고, 유기형에 있어서는 남은 형기로 하되, 그 기간은 10년을 초과할 수 없다(형법 제73조의2 제1항).

　　② 가석방 기간 중 고의로 지은 죄로 금고 이상의 형을 선고받아 그 판결이 확정된 경우에 가석방 처분은 효력을 잃는다(동법 제74조). 그러므로 과실로 인한 죄로 형을 선고받아 그 판결이 확정된 경우에는 가석방 처분은 효력을 잃지 않는다.

　　③ 가석방의 처분을 받은 후 그 처분이 실효 또는 취소되지 아니하고 가석방기간을 경과한 때에는 형의 집행을 종료한 것으로 본다(동법 제76조 제1항).

　　④ 징역 또는 금고를 선고받은 소년에 대하여는 무기형의 경우에는 5년, 15년 유기형의 경우에는 3년, 부정기형의 경우에는 단기의 3분의 1이 지나면 가석방을 허가할 수 있다(소년법 제65조).

⑤ 교도소의 장은 「소년법」 제65조(가석방)의 기간이 지난 소년수형자에 대하여 관할 보호관찰심사위원회에 가석방 심사를 신청할 수 있고(보호관찰 등에 관한 법률 제22조 제1항), 보호관찰심사위원회는 가석방 심사 신청을 받으면 소년수형자에 대한 가석방이 적절한지를 심사하여 결정한다(동법 제23조 제1항).

23 ① 갱생보호는 「보호관찰 등에 관한 법률」에서 규정하고 있다(보호관찰 등에 관한 법률 제5장).

②, ③ 갱생보호를 받을 사람(갱생보호 대상자)은 형사처분 또는 보호처분을 받은 사람으로서 자립갱생을 위한 숙식 제공, 주거 지원, 창업 지원, 직업훈련 및 취업 지원 등 보호의 필요성이 인정되는 사람으로 하며(동법 제3조 제3항), 갱생보호의 방법으로는 숙식 제공, 주거 지원, 창업 지원, 직업훈련 및 취업 지원, 출소예정자 사전상담, 갱생보호 대상자의 가족에 대한 지원, 심리상담 및 심리치료, 사후관리, 그 밖에 갱생보호 대상자에 대한 자립 지원이 있다(동법 제65조 제1항).

④ 갱생보호 대상자와 관계 기관은 보호관찰소의 장, 갱생보호사업 허가를 받은 자 또는 한국법무보호복지공단에 갱생보호 신청을 할 수 있다(동법 제66조 제1항).

⑤ 갱생보호는 갱생보호를 받을 사람(갱생보호 대상자)이 친족 또는 연고자 등으로부터 도움을 받을 수 없거나 이들의 도움만으로는 충분하지 아니한 경우에 한하여 행한다(동법 시행령 제40조 제1항).

24 ① 태형(笞刑)은 가장 가벼운 형벌로서 10대에서 50대까지 5등급으로 구분하였고, 죄수를 형틀에 묶은 다음 하의를 내리고 둔부를 노출시켜 작은 가시나무 회초리로 대수를 세어가며 집행하는데, 부녀자는 옷을 벗기지 않았으나 간음한 여자에 대해서는 옷을 벗기고 집행하였다.

② 장형(杖刑)은 태형보다 중한 형벌로서 60대에서 100대까지 5등급으로 구분하였고, 큰 가시나무 회초리로 때렸다.

③ 중도부처(中途付處)는 관원(일반관원)에 대하여 과하는 형으로, 일정한 지역을 지정하여 그곳에서만 거주하도록 하는 것으로 유생에 대해서도 적용되었다.

천도(遷徒. 천사. 遷徙)는 일반 상민을 대상으로 죄인을 천리 밖으로 강제 이주시키는 형벌이다. 조선 초 북변개척을 위한 이민정책의 일환으로 범죄자와 그 가족을 천리 밖으로 강제 이주시키거나 연변지역으로 이주시키는 것을 제도화한 것인데, 일반유형의 효력이 죄인 당사자에 한하는 데 비하여 전가천도(全家遷徒. 전가사변. 全家徙邊)는 전 가족에게 영향이 미치는 것으로 가혹한 것이었다.

④ 안치(安置)는 왕족이나 현직고관인 사람에 한하여 일정한 장소에 격리시켜 유거하게 하는 것으로, 유형 중에서도 행동의 제한을 가장 많이 받는 형벌이었다. 안치의 종류로는 본향안치, 절도안치, 위리안치가 있다.

⑤ 자자형(刺字刑)은 신체의 일부에 글씨 등을 새겨 넣는 부가형으로, 평생 전과로 낙인을 찍는 가혹성으로 영조 16년(1740년)에 자자도구를 소각하고 전국에 엄명을 내려 완전히 폐지하였다.

25 ✦ **부정기재심사**(형집행법 시행규칙 제67조)

1. 분류심사에 오류가 있음이 발견된 때
2. 수형자가 교정사고(교정시설에서 발생하는 화재, 수용자의 자살·도주·폭행·소란, 그 밖에 사람의 생명·신체를 해하거나 교정시설의 안전과 질서를 위태롭게 하는 사고를 말한다.)의 예방에 뚜렷한 공로가 있는 때
3. 수형자를 징벌하기로 의결한 때
4. 수형자가 집행유예의 실효 또는 추가사건(현재 수용의 근거가 된 사건 외의 형사사건을 말한다.)으로 금고 이상의 형이 확정된 때
5. 수형자가 「숙련기술장려법」 제20조 제2항에 따른 전국기능경기대회 입상, 기사 이상의 자격취득, 학사 이상의 학위를 취득한 때
6. 삭제(2014.11.17. 가석방 심사와 관련하여 필요한 때)
7. 그 밖에 수형자의 수용 또는 처우의 조정이 필요한 때

2020년 교정관(5급) 일반승진시험 정답 및 해설

01	02	03	04	05	06	07	08	09	10
③	①	③	②	①	⑤	④	⑤	②	③
11	12	13	14	15	16	17	18	19	20
③	④	②	②	④	④	④	②	①	④
21	22	23	24	25					
②	⑤	③	③	②					

01
① 형집행법 시행규칙 제62조 제1항 제1호
② 동법 시행규칙 제62조 제1항 제2호
③ 노역장 유치명령을 받은 사람은 분류심사를 한다.
④ 형집행법 시행규칙 제62조 제2항 제2호
⑤ 동법 시행규칙 제62조 제3항

02
① 형집행법 제117조 제1항, 동법 시행령 제139조 제1항
② 법무부장관, 지방교정청장 또는 소장은 정보공개청구를 한 후 정당한 사유 없이 그 청구를 취하한 사실이 2회 이상 있는 수용자 또는 정보공개청구를 한 후 정당한 사유 없이 정보공개결정 후 정보공개 등에 소요되는 비용을 납부하지 아니한 사실이 2회 이상 있는 수용자가 정보공개의 청구를 한 경우에는 청구를 한 날부터 7일 이내에 예상되는 비용을 산정하여 해당 수용자에게 미리 납부할 것을 통지할 수 있다 (동법 시행령 제139조의2 제2항).
③ 현재의 수용기간 동안 법무부장관, 지방교정청장 또는 소장에게 정보공개청구를 한 후 정당한 사유 없이 그 청구를 취하한 사실이 2회 이상 있는 수용자 또는 정보공개청구를 한 후 정당한 사유 없이 정보공개결정 후 정보공개 등에 소요되는 비용을 납부하지 아니한 사실이 2회 이상 있는 수용자가 정보공개청구를 한 경우에 법무부장관, 지방교정청장 또는 소장은 그 수용자에게 정보의 공개 및 우송 등에 들 것으로 예상되는 비용을 미리 납부하게 할 수 있다(동법 제117조의2 제2항).
④ 소장은 수용자의 면담신청이 있으면 ㉠ 정당한 사유 없이 면담사유를 밝히지 아니하는 경우, ㉡ 면담목적이 법령에 명백히 위배되는 사항을 요구하는 것인 경우, ㉢ 동일한 사유로 면담한 사실이 있음에도 불구하고 정당한 사유 없이 반복하여 면담을 신청하는 경우, ㉣ 교도관의 직무집행을 방해할 목적이라고 인정되는 상당한 이유가 있는 경우를 제외하고는 면담을 하여야 한다(동법 제116조 제2항).
⑤ 소장은 특별한 사정이 있으면 소속 교도관으로 하여금 그 면담을 대리하게 할 수 있다. 이 경우 면담을 대리한 사람은 그 결과를 소장에게 지체 없이 보고하여야 한다(동법 제116조 제3항).

03
옳은 것은 ㉠, ㉡, ㉢이다.
㉠ 소장은 수용자거실을 작업장으로 사용해서는 아니 된다. 다만, 수용자의 심리적 안정, 교정교화 또는 사회적응능력 함양을 위하여 특히 필요하다고 인정하면 그러하지 아니하다(형집행법 시행령 제11조).
㉡ 소장은 신입자가 환자이거나 부득이한 사정이 있는 경우가 아니면 수용된 날부터 3일 동안 신입자거실에 수용하여야 하며(동법 시행령 제18조 제1항), 소장은 신입자거실에 수용된 사람에게는 작업을 부과해서는 아니 된다(동법 시행령 제18조 제2항).
㉢ 동법 시행규칙 제15조 제2항

㉣ 소장은 수형자가 개방처우급 또는 완화경비처우급으로서 작업·교육 등의 성적이 우수하고 관련 기술이 있는 경우에는 교도관의 작업지도를 보조하게 할 수 있다(동법 시행규칙 제94조).
㉤ 동법 시행규칙 제74조 제2항 제4호

04 애그뉴의 일반긴장이론은 머튼의 아노미이론(긴장이론)에 그 이론적 뿌리를 두고 있지만, 머튼의 이론과 달리 계층과 상관없는 긴장의 개인적, 사회심리학적 원인을 다루고 있으며, 스트레스와 긴장을 느끼는 개인이 범죄를 저지르기 쉬운 이유를 설명하는 이론으로 미시적 관점에 해당한다.

05 ✦ **보호처분의 병합**(소년법 제32조 제2항)
다음의 처분 상호 간에는 그 전부 또는 일부를 병합할 수 있다.
1. 보호자 또는 보호자를 대신하여 소년을 보호할 수 있는 자에게 감호 위탁(제1호)·수강명령(제2호)·사회봉사명령(제3호)·보호관찰관의 단기 보호관찰(제4호) 처분
2. 보호자 또는 보호자를 대신하여 소년을 보호할 수 있는 자에게 감호 위탁(제1호)·수강명령(제2호)·사회봉사명령(제3호)·보호관찰관의 장기 보호관찰(제5호) 처분
3. 보호관찰관의 단기 보호관찰(제4호)·아동복지시설이나 그 밖의 소년보호시설에 감호 위탁(제6호) 처분
4. 보호관찰관의 장기 보호관찰(제5호)·아동복지시설이나 그 밖의 소년보호시설에 감호 위탁(제6호) 처분
5. 보호관찰관의 장기 보호관찰(제5호)·1개월 이내의 소년원 송치(제8호) 처분

06 ① 범죄피해자 보호법 제42조 제1항
② 동법 제42조 제2항
③ 동법 제42조 제3항
④ 동법 제42조 제6항
⑤ 형사조정위원의 임기는 2년으로 하며, 연임할 수 있다(동법 제42조 제5항).

07 ① 머튼(Merton)의 아노미 이론은 특정 개인이 비행자가 되는 이유보다는 수단의 불공평한 분배로 인한 특정 사회계층이나 인종집단의 높은 범죄율을 설명하는 데 도움이 되고 있으나, 하류계층에 주목하게 함으로써 하층에 대한 비난을 함축하고, 중·상류층의 범죄 등에 대한 설명이 곤란하다.
② 클라워드(Cloward)와 오린(Ohlin)의 차별적 기회구조이론은 성공을 위한 합법적인 수단이 없다고 하여 곧바로 비합법적 수단을 사용한다는 머튼(Merton)의 가정에 동조하지 않는다. 합법적인 수단에 대한 접근의 차단이나 제한이 자동적으로 형성된 비합법적인 수단에의 접근을 의미하지 않는다는 것이다. 즉 합법적 기회의 차단이 비행으로 이루어지기 위해서는 범죄자가 되는 방법을 학습할 기회를 필요로 하는 것이다.
③ 쇼(Shaw)와 맥케이(McKay)는 생태학적 변화과정을 이용하여 버제스(Burgess)의 지대연구를 범죄 및 비행 분석에 적용시켜 범죄생태이론을 전개하였다. 지역사회는 새로운 거주자들이 증가하면 과거 이 지역을 지배하였던 여러 사회적 관계가 와해되고, 시간이 흐르면 새로운 관계가 형성되는 생태학적 과정을 거친다는 것이다.
④ 레머트(Lemert)가 특히 관심을 두고 분석한 사항은 이차적 일탈에 관한 것으로, 사회반응의 종류를 크게 사회구성원에 의한 반응과 사법기관에 의한 공식적인 반응으로 나누었다. 사회적 반응 중에서 특히 사법기관에 의한 공식적인 반응은 일상생활에서 행해지는 비공식적 반응들보다 심각한 낙인효과를 끼쳐 일차적 일탈자가 이차적 일탈자로 발전하게 된다고 하였다.
⑤ 갓프레드슨(Gottfredson)과 허쉬(Hirschi)의 범죄의 일반이론은 충동적인 성격으로 인해 자기 통제력이 약한 사람은 범죄를 범할 위험성이 있지만, 그들의 충동적인 욕구를 만족시켜줄 만한 범죄기회가 없다면 범죄를 범하지 않게 되고, 반대로 비교적 자기 통제력이 강한 사람도 욕구충족을 위한 기회가 발견된다면, 범죄행동을 저지르게 된다고 한다.

08 발달범죄이론(생애경로이론) 학자 중 심리학자 모핏(Moffitt)에 대한 설명이다.
모핏은 범죄자를 청소년한정형 범죄자와 인생지속형 범죄자로 분류하고, 청소년한정형 범죄자보다 인생지속형 범죄자가 정신건강상의 문제를 더 많이 가지고 있다고 한다.

09 옳은 것은 ㉠, ㉡, ㉤이다.
㉠ 벌금 미납자의 사회봉사 집행에 관한 특례법 제4조 제1항·제2항
㉡ 형법 제71조
㉢ 형의 시효는 벌금형을 선고하는 재판이 확정된 후 그 집행을 받지 아니하고 5년이 지나면 완성된다(동법 제78조).
㉣ 500만원 이하의 벌금의 형을 선고할 경우에 제51조의 사항을 참작하여 그 정상에 참작할 만한 사유가 있는 때에는 1년 이상 5년 이하의 기간 형의 집행을 유예할 수 있다(동법 제62조 제1항).
㉤ 벌금 미납자의 사회봉사 집행에 관한 특례법 제12조 제2항

10 ① 형법 제62조의2 제1항·제3항
② 보호관찰 등에 관한 법률 제59조 제1항
③ 사회봉사·수강명령대상자에 대한 특별준수사항은 보호관찰대상자에 대한 것과 같을 수 없고, 따라서 보호관찰대상자에 대한 특별준수사항을 사회봉사·수강명령대상자에게 그대로 적용하는 것은 적합하지 않다(대법원 2009.3.30. 2008모1116).
④ 대법원 2018.10.4. 2016도15961
⑤ 대법원 2010.5.27. 2010모446

11 죄를 범할 당시 18세 미만인 소년에 대하여 사형 또는 무기형으로 처할 경우에는 15년의 유기징역으로 한다(소년법 제59조).

12 • 사회적 처우 : ㉡, ㉣, ㉤, ㉥ ※ ㉡의 중간처우의 집(halfway house)은 중간처우에 해당한다.
• 사회 내 처우 : ㉠, ㉢, ㉦, ㉧

✦ 사회적 처우 VS 사회 내 처우

사회적 처우	① 보안 상태나 행동의 자유에 대한 제한 등이 완화된 시설에서 또는 폐쇄된 시설이라도 시설 내 처우와 연계되면서 사회생활의 준비가 필요한 수형자를 대상으로 사회적응력을 배양시키려는 개방된 처우 형태이다. ② 19C 아일랜드에서 실시된 중간교도소 등에서 기원을 찾고 있다. ③ 귀휴제도, 외부통근제도, 가족만남의 집, 주말구금제도 등이 있다.
사회 내 처우	① 범죄자를 교정시설에 수용하지 않고 사회 내에서 통상의 생활을 영위하도록 하면서 지도·개선 등에 의해 그 범죄자의 개선·사회복귀를 도모하는 제도를 말한다. ② 시설 내 처우에 대응하는 개념으로서, 시설 내 처우의 폐단을 극복하기 위한 형사정책적 관심에서 등장한 것이다. ③ 보호관찰제도, 가석방제도, 갱생보호제도, 사회봉사·수강명령, 선도조건부 기소유예, 판결 전 조사제도 등이 있다.

13 ① 집중보호관찰은 수용인구의 폭증에 직면하여 구금하지 않고도 범죄자를 통제하고, 그들의 행위를 효과적으로 감시할 수 있는 장치가 필요하다는 인식에 기초하고 있다.

집중보호관찰은 과밀수용의 해소방안으로서 중요한 의미를 가지며, 전통적 보호관찰이 지나치게 전시효과를 노리는 눈가림식이라는 비판과 범죄자에 대한 처분이 지나치게 관대하다는 시민의식을 불식시킬 수 있는 장점이 있으며, 동시에 재범률을 낮출 수 있는 교화개선의 효과도 적지 않다는 경험적 평가를 받고 있다.

②, ⑤ 대상자의 선정은 대체로 범죄자의 위험성을 기준으로 이루어지는데, 약물남용경험, 소년비행경력, 가해자와 피해자의 관계, 피해자에 대한 피해, 과거 보호관찰 파기 여부, 초범 당시의 나이 등을 고려하여 위험성이 높은 보호관찰대상자를 집중보호관찰의 대상자로 정하는 것이 보편적이다.

③ 일반보호관찰이 주로 경미범죄자나 초범자 등을 대상으로 하는 반면, 집중보호관찰은 어느 정도의 강력범죄자까지도 대상으로 한다. 또한 감시·감독의 정도에 있어서도 일반보호관찰이 보호관찰관의 과중한 업무량 등을 이유로 간헐적인 직접접촉과 전화접촉에 만족하지만, 집중보호관찰은 10명 내외의 적은 수의 대상자를 상대로 매주 수회에 걸친 직접대면접촉을 보호관찰대상자의 직장이나 가정에서 수행하고 있다.

④ 집중보호관찰은 대개의 경우 야간 통행금지시간을 정하고, 일정시간의 사회봉사를 행하게 하고, 취업을 증명할 수 있는 봉급명세서를 제출하게 하며, 보호관찰관의 감시·감독을 도울 수 있는 지역사회 후원자를 두도록 하기도 한다. 또한 경우에 따라서는 보호관찰 비용과 피해자에 대한 배상을 명하기도 하고, 알코올이나 마약에 대한 검사도 받게 한다.

14 ㉠ **보안관찰처분심의위원회** : 위원장 1인과 6인의 위원으로 구성한다(보안관찰법 제12조 제2항).

㉡ **분류처우위원회** : 위원장을 포함한 5명 이상 7명 이하의 위원으로 구성한다(형집행법 제62조 제2항).

㉢ **징벌위원회** : 위원장을 포함한 5명 이상 7명 이하의 위원으로 구성한다(동법 제111조 제2항).

㉣ **보호관찰심사위원회** : 위원장을 포함하여 5명 이상 9명 이하의 위원으로 구성한다(보호관찰 등에 관한 법률 제7조 제1항).

㉤ **가석방심사위원회** : 위원장을 포함한 5명 이상 9명 이하의 위원으로 구성한다(형집행법 제120조 제1항).

15 ① 형집행법 시행규칙 제120조 제1항 제1호

② 동법 시행규칙 제121조

③ 동법 시행규칙 제123조

④ 소장은 제1항(외부기업체에 통근하며 작업하는 수형자의 선정기준) 및 제2항(교정시설 안에 설치된 외부기업체의 작업장에 통근하며 작업하는 수형자의 선정기준)에도 불구하고 작업 부과 또는 교화를 위하여 특히 필요하다고 인정하는 경우에는 제1항 및 제2항의 수형자 외의 수형자에 대하여도 외부통근자로 선정할 수 있다(동법 시행규칙 제120조 제3항). 그러므로 중경비처우급 수형자를 외부통근자로 선정할 수 있다.

⑤ 동법 시행규칙 제120조 제2항

16 ① 형집행법 시행규칙 제82조 제1항

② 동법 시행규칙 제84조 제1항

③ 동법 시행규칙 제34조 제1항

④ 소장은 노인수용자가 거동이 불편하여 혼자서 목욕하기 어려운 경우에는 교도관, 자원봉사자 또는 다른 수용자로 하여금 목욕을 보조하게 할 수 있다(동법 시행규칙 제46조 제2항).

⑤ 동법 시행규칙 제95조 제1항

17 법원 또는 검찰의 조사·심리, 이송, 그 밖의 사유로 호송하는 경우에는 수갑, 포승 또는 보호대를 사용할 수 있으나, 가스총이나 전자충격기는 사용할 수 없다(보호소년 등의 처우에 관한 법률 제14조의2 제2항 제2호).

CHAPTER
03

18 ① 소년법 제33조 제1항
② 사회봉사명령은 14세 이상의 소년을 대상으로 하며(동법 제32조 제3항), 200시간을 초과할 수 없다(동법 제33조 제4항).
③ 동법 제32조 제2항 제1호·제2호
④ 동법 제33조 제1항
⑤ 동법 제39조

19 ① 형집행법 시행령 제49조 제1호
② 소장은 거실·작업장·목욕탕, 그 밖에 수용자가 공동으로 사용하는 시설과 취사장, 주식·부식 저장고, 그 밖에 음식물 공급과 관련된 시설을 수시로 청소·소독하여야 하며(동법 시행령 제47조 제1항), 저수조 등 급수시설을 6개월에 1회 이상 청소·소독하여야 한다(동법 시행령 제47조 제2항).
③ 부득이한 사정이 없으면 매주 1회 이상이 되도록 한다(동법 시행령 제50조).
④ 소장은 수용자가 감염병에 걸렸다고 의심되는 경우에는 1주 이상 격리수용하고 그 수용자의 휴대품을 소독하여야 한다(동법 시행령 제53조 제1항).
⑤ 건강검진은 「건강검진기본법」 제14조에 따라 지정된 건강검진기관에 의뢰하여 할 수 있다(동법 시행령 제51조 제2항).

20 ① 오번제도는 공동작업을 통하여 독거수용에 따른 문제점이 해결되고, 공동작업 중 엄중침묵을 강요함으로써 재소자 간 통모나 범죄학습 등의 문제도 해결할 수 있다. 따라서 엄정독거에 비하여 사회적 처우가 어느 정도 가능하기 때문에 보다 인간적이다.
② 오번제도는 독거제의 단점과 혼거제의 결합을 동시에 보완할 수 있는 제도이다.
④ 주간 작업 시 교담을 금지하고 야간에는 독거구금하므로 악풍감염의 문제가 해소된다.
⑤ 펜실베니아제와 오번제의 공통적인 장점에 해당한다.

21 ① 부족국가로 알려진 부여국에 원형옥(圓形獄)이 있었던 것으로 전해지는데, 이러한 원형옥은 신라·고려로 이어져 왔고, 조선시대 한양의 전옥서(典獄署)를 포함하여 일제가 주권을 침탈한 직후인 1914년경까지 2천년 이상 원형의 형태로 전래되었다.
② 고려시대 형벌제도에 대한 설명이다. 고려시대의 형벌로는 태형, 장형, 도형, 유형, 사형 등 5종이 근간을 이루고, 여기에 부가형으로 삽루형, 경면형, 노비몰입, 가산몰수 등이 있었다. 또한 일정한 조건 아래 형을 대신하여 속전을 받는 제도가 있었다.
고구려의 형벌의 종류로는 사형, 노비몰입, 재산몰수, 배상 등이 있었으며, 법 외의 형벌이 존재하였고, 신체형으로 장형이 존재하였다.
④ 조선시대 도형의 기간은 최단기 1년에서 최장기 3년까지 5종으로 구분되고, 도형에는 반드시 장형이 병과되었다.
⑤ 유형수 중 정치범에게는 식량 등의 생활필수품을 관에서 공급하였고, 유배지에 처와 첩은 따라가며, 직계존속은 본인의 희망에 따라 동행을 허가해 주었다.

22 재통합모형의 가장 기본적인 가정은 범죄자의 문제는 범죄문제가 시작된 바로 그 사회에서 해결되어야 한다는 것이다. 범죄자의 사회재통합을 위해서는 지역사회와의 의미 있는 접촉과 유대 관계가 중요한 전제이다. 이러한 가정과 전제를 가장 효율적으로 달성할 수 있는 대안으로서 지역사회에 기초한 교정을 강조한다. 재통합적 지역사회교정의 대표적인 프로그램으로 중간처우소(Halfway house), 집단가정(group house) 등이 있다.

23
① 형집행법 시행령 제71조
② 동법 시행규칙 제25조 제3항
③ 소장은 ㉠ 수용자 또는 수신자가 전화통화 내용의 청취·녹음에 동의하지 아니할 때, ㉡ 수신자가 수용자와의 관계 등에 대한 확인 요청에 따르지 아니하거나 거짓으로 대답할 때, ㉢ 전화통화 허가 후 전화통화 불허사유가 발견되거나 발생하였을 때에는 전화통화의 허가를 취소할 수 있다(동법 시행규칙 제27조).
④ 동법 시행규칙 제26조 제1항·제2항
⑤ 동법 시행규칙 제29조 제1항·제2항

24
① 1년 이상의 유기징역에 처한다(전자장치 부착 등에 관한 법률 제36조 제1항).
② 2년 이상의 유기징역에 처한다(동법 제36조 제2항).
③ 동법 제37조 제1항
④ 1년 이하의 징역 또는 1천만원 이하의 벌금에 처한다(동법 제39조 제2항).
⑤ 7년 이하의 징역 또는 2천만원 이하의 벌금에 처한다(동법 제38조 제1항).

25
옳은 것은 ㉠, ㉡, ㉢이다.
㉠ 구금된 피의자는 형집행법 제97조 제1항 각호에 규정된 사유에 해당하지 않는 이상 보호장비 착용을 강제당하지 않을 권리를 가진다. 검사는 조사실에서 피의자를 신문할 때 해당 피의자에게 그러한 특별한 사정이 없는 이상 교도관에게 보호장비의 해제를 요청할 의무가 있고, 교도관은 이에 응하여야 한다(대법원 2020.3.17. 2015모2357).
㉡ 형집행법 제99조 제2항
㉢ 교도관은 시설의 안전과 질서유지를 위하여 필요하면 교정시설을 출입하는 수용자 외의 사람에 대하여 의류와 휴대품을 검사할 수 있다(동법 제93조 제3항).
㉣ 수용자의 보호실 수용기간은 15일 이내로 한다. 다만, 소장은 특히 계속하여 수용할 필요가 있으면 의무관의 의견을 고려하여 1회당 7일의 범위에서 기간을 연장할 수 있다(동법 제95조 제2항).
㉤ 동법 제96조 제2항·제3항

01	02	03	04	05	06	07	08	09	10
①	④	②	④	④	②	④	④	④	④
11	12	13	14	15	16	17	18	19	20
②	③	②	③	③	①	②	③④	③	④
21	22	23	24	25	26				
③	①	④	④	③	④				

01
ⓐ 교도관직무규칙 제51조
ⓑ 동 규칙 제53조 제1항
ⓒ 동 규칙 제53조 제2항
ⓓ 당직간부는 매주 1회 이상 교도관의 비상소집망을 확인하여 정확하게 유지하도록 해야 한다(동 규칙 제55조).
ⓔ 동 규칙 제56조
ⓕ 동 규칙 제58조

02
모두 고른 것은 ⓐ, ⓑ, ⓒ, ⓓ이다.
교도관은 접견 중인 수용자 또는 그 상대방이 다음의 하나에 해당하면 접견을 중지할 수 있다(형집행법 제42조).
1. 범죄의 증거를 인멸하거나 인멸하려고 하는 때
2. 금지물품을 주고받거나 주고받으려고 하는 때
3. 형사법령에 저촉되는 행위를 하거나 하려고 하는 때
4. 수용자의 처우 또는 교정시설의 운영에 관하여 거짓사실을 유포하는 때
5. 수형자의 교화 또는 건전한 사회복귀를 해칠 우려가 있는 행위를 하거나 하려고 하는 때
6. 시설의 안전 또는 질서를 해하는 행위를 하거나 하려고 하는 때

03
ⓐ 형집행법 제53조
ⓑ 동법 제109조
ⓒ 동법 제133조
ⓓ 동법 제132조 제2항
ⓔ 동법 시행령 제141조
ⓕ 동법 시행령 제142조

04
① 2011헌마332, 2012.7.26.
② 2013헌마142, 2016.12.29.
③ 2011헌마150, 2014.6.26.
④ 수용자가 보내려는 모든 서신에 대해 무봉함 상태의 제출을 강제함으로써 수용자의 발송 서신 모두를 사실상 검열 가능한 상태에 놓이도록 하는 것은 기본권제한의 최소 침해성 요건을 위반하여 수용자인 청구인의 통신비밀의 자유를 침해하는 것이다(2009헌마333, 2012.2.23.).

05 **✦ 형집행법 제100조 제1항 ~ 제2항**
1. 수용자를 도주하게 하려고 하는 때
2. 교도관 또는 수용자에게 위해를 끼치거나 끼치려고 하는 때

3. 위력으로 교도관의 정당한 직무집행을 방해하는 때
4. 교정시설의 설비·기구 등을 손괴하거나 하려고 하는 때
5. 교정시설에 침입하거나 하려고 하는 때
6. 교정시설의 안(시설 밖의 계호장소 포함)에서 교도관의 퇴거요구를 받고도 이에 따르지 아니하는 때

06 ① 소장은 수용자가 신체적·정신적 질병으로 인하여 특별한 보호가 필요할 때 의무관의 의견을 고려하여 보호실에 수용할 수 있다(형집행법 제95조).
② 동법 제95조 제2항
③ 소장은 수용자가 교도관의 제지에도 불구하고 소란행위를 계속하여 다른 수용자의 평온한 수용생활을 방해하는 때에 강제력을 행사하거나 보호장비를 사용하여도 그 목적을 달성할 수 없는 경우에만 진정실에 수용할 수 있다(동법 제96조 제1항).
④ 수용자를 보호실에 수용할 수 있는 기간은 계속하여 3개월을 초과할 수 없다(동법 제95조 제3항).

07 ① 형집행법 시행규칙 제151조
② 동법 시행규칙 제150조 제4항
③ 동법 시행규칙 제156조
④ 소장은 사형확정자가 작업을 신청하면 교도관회의의 심의를 거쳐 교정시설 안에서 실시하는 작업을 부과할 수 있다(동법 시행규칙 제153조).

08 ① 형집행법 제77조 제4항
② 동법 시행령 제97조
③ 동법 시행규칙 제142조
④ 소장은 귀휴자가 신청할 경우 작업장려금의 전부 또는 일부를 귀휴비용으로 사용하게 할 수 있다(동법 시행규칙 제142조 제2항).

09 ① 미결수용자를 수용하는 시설의 설비 및 계호의 정도는 일반경비시설에 준한다(형집행법 시행령 제98조).
② 소장은 신청에 따라 작업이 부과된 미결수용자가 작업의 취소를 요청하는 경우에는 그 미결수용자의 의사, 건강 및 교도관의 의견 등을 고려하여 작업을 취소할 수 있다(동법 시행령 제103조 제2항).
③ 미결수용자의 머리카락과 수염은 특히 필요한 경우가 아니면 본인의 의사에 반하여 짧게 깎지 못한다(동법 제83조).
④ 동법 제85조

10 ① 형집행법 시행규칙 제161조
② 동법 제94조 제1항
③ 동법 시행규칙 제164조
④ 교도관이 외부의료시설 입원, 이송·출정, 그 밖의 사유로 교정시설 밖에서 수용자를 계호하는 경우 보호장비나 수용자의 팔목 등에 전자경보기를 부착하여 사용할 수 있다(동법 시행규칙 제165조).

11 ① 형집행법 제117조 제1항
② 소장은 수용자가 정보공개를 청구한 후 정당한 사유없이 그 청구를 취하하거나 정보공개결정 후 정보공개 등에 소요되는 비용을 납부하지 않은 사실이 2회 이상 있는 수용자가 정보공개의 청구를 한 경우에는 청구를 한 날부터 7일 이내에 비용을 산정하여 해당 수용자에게 미리 납부할 것을 통지할 수 있다(동법 시행령 제139조).

③ 동법 제116조 제2항
④ 동법 제116조 제3항

12 ① 형집행법 제103조 제1항
② 동법 제103조 제2항
③ 교도관은 도주한 수용자의 체포를 위하여 영업시간 내에 다수인이 출입하는 장소의 관리자 또는 관계인에게 그 장소의 출입에 관하여 협조를 요구할 수 있다(동법 제103조 제4항).
④ 동법 시행령 제128조 제2항

13 ① 형집행법 제14조
② 소장은 계호상 독거수용자를 계속하여 독거수용하는 것이 건강상 또는 교화상 해롭다고 인정하는 경우에는 이를 중단하여야 한다(동법 시행령 제6조).
③ 동법 시행령 제8조
④ 동법 제15조

14 ① 형집행법 제6조 제1항
② 동법 제6조 제3항
③ 법무부장관은 교정시설의 설치 및 운영에 관한 업무의 일부를 법인또는 개인에게 위탁할 수 있다(동법 제7조 제1항).
④ 동법 제9조 제1항

15 형집행법 제17조

16 ① 가석방 심사 유형 중 관리사범에 해당하는 조직폭력사범은 범죄행위 시 기준 조직폭력원으로 판결문에 명시된 경우(가석방 업무지침 제7조).
② 동 지침 제15조
③ 동 지침 제20조
④ 동 지침 제21조

17 ① 형집행법 시행규칙 제95조
② 가족관계회복프로그램 대상 수형자는 교도관회의의 심의를 거쳐 선발하고, 참여인원은 5명이내의 가족으로 한다. 다만, 특히 필요하다고 인정하는 경우에는 참여인원을 늘릴 수 있다(동 규칙 제117조 제2항).
③ 동법 시행규칙 제252조
④ 동법 시행규칙 제188조

18 ① 형집행법 시행규칙 제48조
② 동법 시행규칙 제51조
③ 소장은 외국인수용자에 대하여는 그 생활양식을 고려하여 필요한 수용설비를 제공하도록 노력하여야 한다(동법 시행규칙 제57조).
④ 소년수형자 전담교정시설에는 별도의 공동학습공간을 마련하고 학용품 및 소년의 정서 함양에 필요한 도서, 잡지 등을 갖춰 두어야 한다(동법 시행규칙 제59조의2).

19 ① 형집행법 시행규칙 제15조 제2항
② 동법 시행규칙 제11조
③ 소장은 수용자에 대한 원활한 급식을 위하여 해당 교정시설의 직전 분기 평균 급식인원을 기준으로 1개월분의 주식을 항상 확보하고 있어야 한다(동법 시행규칙 제12조).
④ 동법 시행규칙 제13조

20 ㉠ 형집행법 시행규칙 제64조
㉡ 동법 시행규칙 제66조
㉢ 동법 시행규칙 제66조
㉣ 지능 및 적성 검사는 분류심사가 유예된 때, 그 밖에 인성검사가 곤란하거나 불필요하 고 인정되는 사유가 있는 때에 해당하지 아니하는 신입심사 대상자로서 집행할 형기가 형집행지휘서 접수일부터 1년 이상이고 나이가 35세 이하인 경우에 한다. 다만, 직업훈련 또는 그 밖의 처우를 위하여 특히 필요한 경우에는 예외로 할 수 있다(동법 시행규칙 제71조 제4항).

21 ① 지방교정청장은 수용시설의 공사 등으로 수용거실이 일시적으로 부족한 때에는 관할 내 교정시설로 수용자의 이송을 승인할 수 있다(형집행법 시행령 제22조).
② 소장은 수용자의 정신질환 치료를 위하여 필요하다고 인정하면 법무부장관의 승인을 받아 치료감호시설로 이송할 수 있다(동법 제37조 제2항).
③ 동법 제20조 제1항
④ 소장은 다른 교정시설로부터 이송되어 온 사람이 있으면 그 사실을 수용자의 가족(배우자, 직계 존속·비속 또는 형제자매를 말한다.)에게 지체 없이 알려야 한다. 다만, 수용자가 알리는 것을 원하지 아니하면 그러하지 아니하다(동법 제21조).

22 ① 소장은 수용자가 교정사고 방지에 뚜렷한 공로가 있다고 인정되면 분류처우위원회의 의결을 거친 후 법무부장관의 승인을 받아 징벌을 실효시킬 수 있다(형집행법 제115조 제2항).
② 동법 제112조 제5항
③ 동법 시행규칙 제230조
④ 동법 시행령 제133조 제2항

23 ①, ②, ③ 형집행법 제43조 제1항 단서
④ 편지검열사유에 해당(동법 제43조)

24 ① 형집행법 시행규칙 제62조
② 동법 시행규칙 제60조
③ 동법 시행규칙 제60조
④ 분류처우위원회는 위원장을 포함한 5명 이상 7명 이하의 위원으로 구성하고, 위원장은 소장이 된다(동법 제62조).

25 ① 형집행법 시행규칙 제35조
② 동법 시행규칙 제39조
③ 소장은 시설의 안전 또는 질서를 해칠 명백한 위험이 있다고 인정하는 경우에 수용자의 문예 등에 관한 집필을 허용하지 않을 수 있다(동법 제49조 제1항).
④ 동법 시행령 제75조

26 ① 형집행법 시행규칙 제86조
② 동법 시행규칙 제87조
③ 동법 시행규칙 제89조
④ 소장은 개방처우급·완화경비처우급 또는 자치생활 수형자에 대하여 월 2회 이내에서 경기 또는 오락회를 개최하게 할 수 있다. 다만, 소년수형자에 대하여는 그 횟수를 늘릴 수 있다(동법 시행규칙 제91조).

01	02	03	04	05	06	07	08	09	10
②	③	③	②	④	④	③	②	③	①

11	12	13	14	15	16	17	18	19	
③	④	③	③	③	③	④	②	②	

01 ① 소장은 수용자의 건강과 일과시간 등을 고려하여 1일 6시간 이내에서 방송편성시간을 정한다(형집행법 시행규칙 제39조).

② 동법 제49조 제4항

③ 소장은 시설의 안전과 질서유지를 위하여 필요한 경우에도 교정시설의 안에서 실시하는 수용자의 종교의식 또는 행사 참석을 제한할 수 있다(동법 제45조 제1항, 제2항, 제3항).

④ 소장은 구독을 신청한 신문 등이 출판문화산업진흥법에 따른 유해간행물인 경우를 제외하고는 구독을 허가하여야 한다(동법 제47조 제2항).

02 ① 수용자의 관리·교정교화 등 사무에 관한 지방교정청장의 자문에 응하기 위하여 지방교정청에 교정자문위원회를 둔다. 위원회는 10명 이상 15명 이하의 위원으로 성별을 고려하여 구성하고, 위원장은 위원 중에서 호선하며, 위원은 교정에 관한 학식과 경험이 풍부한 외부인사 중에서 지방교정청장의 추천을 받아 법무부장관이 위촉한다(형집행법 제129조).

② 위원장은 위원 중에서 호선하며, 위원 중 4명 이상은 여성으로 한다(동법 시행규칙 제265조 제2항). 지방교정청장이 위원을 추천하는 경우에는 교정자문위원회 위원 추천서를 법무부장관에게 제출하여야 한다. 다만, 재위촉의 경우에는 지방교정청장의 의견서를 추천서로 갈음한다.

③ 동법 시행규칙 제266조 제1항

④ 위원장은 위원회를 소집하고 위원회의 업무를 총괄한다. 위원장이 부득이한 사유로 직무를 수행할 수 없을 때에는 부위원장이 그 직무를 대행하고, 부위원장도 부득이한 사유로 직무를 수행할 수 없을 때에는 위원장이 미리 지명한 위원이 그 직무를 대행한다(동법 시행규칙 제267조 제2항).

03 ① 형집행법 시행규칙 제78조 제2항

② 동법 시행규칙 제78조 제2항

③ 소장은 재심사를 하는 경우에는 그 때마다 평가한 수형자의 소득점수를 평정하여 경비처우급을 조정할 것인지를 고려하여야 한다. 다만, 부정기재심사의 소득점수 평정대상기간은 사유가 발생한 달까지로 한다(동법 시행규칙 제80조 제1항).

④ 동법 시행규칙 제81조

04 형집행법 시행규칙 제110조 제2항

제2호 : 3, 21, 7

제3호 : 2

05 형집행법 시행규칙 제72조, 분류지침 제54조 제3항

06 ㉠ 형집행법 시행령 제141조　　㉡ 동법 시행령 제142조
㉢ 동법 제125조　　㉣ 동법 제126조
㉤ 동법 제144조　　㉥ 동법 시행령 제143조 제1항

07 ✦ **신체 및 물품 검사**
① 소장은 수용자가 감염병에 걸렸다고 의심되는 경우에는 1주 이상 격리수용하고 그 수용자의 휴대품을 소독하여야 한다(형집행법 시행령 제53조 제1항).
② 소장은 감염병이 유행하는 경우에는 수용자가 자비로 구매하는 음식물의 공급을 중지할 수 있다(동법 시행령 제53조 제2항).
③ 동법 시행령 제53조 제3항, 제4항
④ 소장은 수용자가 부상을 당하거나 질병에 걸린 경우에는 그 수용자를 의료거실에 수용하거나 다른 수용자에게 그 수용자를 간병하게 할 수 있다(동법 시행령 제54조).

08 ㉠ 여성교도관이 부족하거나 그 밖의 부득이한 사정으로 남성교도관이 1인 이상의 여성수용자에 대하여 실내에서 상담 등을 하려면 투명한 창문이 설치된 장소에서 다른 여성을 입회시킨 후 실시하여야 한다(형집행법 제51조).
㉡ 소장은 여성수용자에 대하여 건강검진을 실시하는 경우에는 나이·건강 등을 고려하여 부인과질환에 관한 검사를 포함시켜야 한다(동법 제50조 제2항).
㉢ 동법 제53조 제1항
㉣ 동법 제52조
㉤ 수용자가 출산(유산·사산을 포함한다)한 경우란 출산(유산·사산한 경우를 포함한다)후 60일이 지나지 아니한 경우를 말한다(동법 제52조).

09 ①, ②, ④ 형집행법 시행령 제12조
③ 소장은 수용자거실 앞에 붙인 이름표의 아랫부분에는 수용자번호 및 입소일을 적되, 윗부분의 내용이 보이지 않도록 해야 한다.

10 ① 형집행법 제92조
② 거실에 영상정보처리기기 카메라를 설치하는 경우에는 용변을 보는 하반신의 모습이 촬영되지 아니하도록 카메라의 각도를 한정하거나 화장실 차폐시설을 설치하여야 한다(동법 시행규칙 제162조 제3항).
③ 교도관이 중경비시설의 거실에 있는 수용자를 전자장비를 이용하여 계호하는 경우에는 중앙통제실 등에 비치된 현황표에 피계호인원 등 전체 현황만을 기록할 수 있다(동법 시행규칙 제163조 제1항).
④ 교도관은 교정시설 밖에서 수용자를 계호하는 경우 보호장비나 수용자의 팔목 등에 전자경보기를 부착하여 사용할 수 있다(동법 시행규칙 제165조).

11 ① 형집행법 시행규칙 제263조 제6항
② 동법 시행규칙 제263조 제3항
③ 가석방이 취소된 사람 및 가석방이 실효된 사람의 남은 형기 집행 기산일은 가석방의 취소 또는 실효로 인하여 교정시설에 수용된 날부터 한다(동법 시행규칙 제263조 제5항).
④ 동법 시행규칙 제263조 제5항

12 ① 형집행법 시행규칙 제117조 제1항
② 동법 시행규칙 제89조 제2항
③ 동법 시행규칙 제117조 제2항
④ 가족관계회복프로그램 참여인원은 5명 이내의 가족으로 한다. 다만, 특히 필요하다고 인정하는 경우에는 참여인원을 늘릴 수 있다(동법 시행규칙 제117조 제2항).

13 ㉠ 형집행법 제127조, 동법 시행령 제146조
㉡ 의무관은 수용자가 질병으로 사망한 경우에는 사망장에 그 병명·병력·사인 및 사망일시를 기록하고 서명하여야 한다(동법 시행령 제148조 제1항).
㉢ 동법 시행령 제148조 제3항
㉣ 소장은 시신을 임시 매장하거나 봉안한 경우에는 그 장소에 사망자의 성명을 적은 표지를 비치하고, 별도의 장부에 가족관계등록기준지, 성명, 사망일시를 기록하여 관리하여야 한다(동법 시행령 제150조).

14 ① 미결수용자가 수용된 거실은 참관할 수 없다(형집행법 제80조).
② 미결수용자는 수사·재판·국정감사 또는 법률로 정하는 조사에 참석할 때에는 사복을 착용할 수 있다. 다만, 소장은 도주우려가 크거나 특히 부적당한 사유가 있다고 인정하면 교정시설에서 지급하는 의류를 입게 할 수 있다(동법 제82조).
③ 동법 제86조
④ 소장은 미결수용자가 징벌대상자로서 조사받고 있거나 징벌집행 중인 경우에도 소송서류의 작성, 변호인과의 접견·편지수수, 그 밖의 수사 및 재판 과정에서의 권리행사를 보장하여야 한다(동법 제85조).

15 ① 수용자에게 지급하는 주식은 쌀로 한다(형집행법 시행령 제28조 제1항).
② 수용자에게 지급하는 주식은 1명당 1일 390그램을 기준으로 하며, 지급횟수는 1일 3회로 한다(동법 시행규칙 제11조).
③ 동법 시행규칙 제15조 제2항
④ 소장은 수용자에 대한 원활한 급식을 위하여 해당 교정시설의 직전 분기 평균 급식 인원을 기준으로 1개월분의 주식을 항상 확보하고 있어야 한다(동법 시행규칙 제12조).

16 ㉠ 15, 7 : 형집행법 제95조
㉡ 12 : 동법 제124조
㉢ 3, 3 : 동법 제133조

17 ① 형집행법 제41조 제3항
② 동법 제41조 제2항
③ 동법 시행령 제59조 제3항
④ 수용자가 19세 미만인 때, 교정성적이 우수한 때, 교화 또는 건전한 사회복귀를 위하여 특히 필요하다고 인정되는 때에는 접견횟수를 늘릴 수 있다(동법 시행령 제59조 제2항).

18 형집행법 시행규칙 제93조
제1호 : 2 / 제2호 : 3 / 제3호 : 3, 2, 6

19 ㉠ 교정시설에는 소장의 자문에 응하여 교정행정에 관한 중요한 시책의 집행방법 등을 심의하게 하기 위하여 소장 소속의 교도관회의를 둔다(교도관직무규칙 제21조).
㉡ 소장은 회의의 의장이 되며, 매주 1회 이상 회의를 소집하여야 한다(동 규칙 제22조 제2항).
㉢ 회의는 소장, 부소장 및 각 과의 과장과 소장이 지명하는 6급 이상의 교도관(지소의 경우에는 7급 이상의 교도관)으로 구성된다(동 규칙 제22조 제1항)
㉣ 교도작업 및 교도작업특별회계의 운영에 관한 주요사항은 교도관회의의 심의사항이다(동 규칙 제23조 제1항).
㉤ 동 규칙 제24조 제1항

01	02	03	04	05	06	07	08	09	10
③	②	①	③	④	④	④	③	②	④
11	12	13	14	15	16	17	18	19	20
②	④	③	①	①	④	②	②	④	④
21	22	23	24						
④	②	④	④						

01
① 신설하는 교정시설은 수용인원이 500명 이내의 규모가 되도록 하여야 한다. 다만, 교정시설의 기능 위치나 그 밖의 사정을 고려하여 그 규모를 늘릴 수 있다(형집행법 제6조 제1항).
② 법무부장관은 교정시설의 설치 및 운영에 관한 업무의 일부를 법인 또는 개인에게 위탁할 수 있다(동법 제7조 제1항).
③ 동법 제8조
④ 판사와 검사 외의 사람은 교정시설을 참관하려면 학술연구 등 정당한 이유를 명시하여 교정시설의 장의 허가를 받아야 한다(동법 제8조).

02
① 형집행법 제100조 제1항, 제2항
② 시설의 안전 또는 질서를 크게 해치는 행위를 하거나 하려고 하는 때에 해당하는 대상자는 수용자에 한하고, 수용자 외의 사람인 경우에는 해당되지 않는다(동법 제100조 제3항)
③ 동법 시행규칙 제188조
④ 동법 시행규칙 제188조

03
① 소장은 수용자가 교정시설의 설비 또는 기구 등을 손괴하거나 손괴하려고 하는 때에 강제력을 행사하거나 제98조의 보호장비를 사용하여도 그 목적을 달성할 수 없는 경우에는 진정실에 수용할 수 있다(형집행법 제96조 제1항).
② 동법 제95조 제1항
③ 동법 제95조 제2항
④ 동법 제96조 제2항

04
① 형집행법 시행령 제66조 제5항
② 동법 제43조 제8항
③ 수용자 간에 오가는 편지에 대한 검열은 편지를 보내는 교정시설에서 한다. 다만, 특히 필요하다고 인정되는 경우에는 편지를 받는 교정시설에서도 할 수 있다(동법 시행령 제66조 제2항).
④ 동법 제43조 제2항

05
① 계호상 독거수용자를 교도관이 시찰한 결과 건강상 이유가 있는 경우 의무관에게 즉시 알려야하고, 교화상 문제가 있을 경우에는 소장에게 지체 없이 보고하여야 한다(형집행법 시행령 제6조 제2항).
② 소장은 특히 필요하다고 인정하는 경우가 아니면 남성교도관이 야간에 수용자 거실에 있는 여성수용자를 시찰하게 하여서는 아니 된다(동법 시행령 제7조).

③ 수용자는 독거수용한다. 다만, 독거실 부족 등 시설여건이 충분하지 아니한 때, 수용자의 생명 또는 신체의 보호, 정서적 안정을 위하여 필요한 때, 수형자의 교화 또는 건전한 사회복귀를 위하여 필요한 때에는 혼거수용할 수 있다(동법 제14조).

④ 동법 시행령 제10조

06 ✦ **간호사의 경미한 의료행위**(형집행법 제36조 제2항)

1. 외상 등 흔히 볼 수 있는 상처의 치료
2. 응급을 요하는 수용자에 대한 응급처치
3. 부상과 질병의 악화방지를 위한 처치
4. 환자의 요양지도 및 관리
5. 1부터 4까지의 의료행위에 따르는 의약품의 투여

07

① 형집행법 시행규칙 제60조 제2항
② 동법 시행규칙 제60조 제4항
③ 동법 시행규칙 제60조 제1항
④ 소장은 형집행정지 중이거나 가석방기간 중에 있는 사람이 형사사건으로 재수용되어 형이 확정된 경우에는 개별처우계획을 새로 수립하여야 한다.(동법 시행규칙 제60조 제4항)

08

① 소장은 저수조 등 급수시설을 6개월에 1회 이상 청소·소독하여야 한다(형집행법 시행령 제47조).
② 소장은 수용자에 대하여 1년에 1회 이상 건강검진을 하여야 하며, 19세 미만의 수용자와 계호상 독거수용자에 대하여는 6개월에 1회 이상 하여야 한다(동법 시행령 제51조).
③ 동법 시행령 제53조 제1항
④ 소장은 수용자가 진료 또는 음식물의 섭취를 거부하면 의무관으로 하여금 관찰·조언 또는 설득을 하도록 하여야 한다(동법 제40조).

09

① 형집행법 시행령 제59조의2 제1항
② 수용자가 「형사소송법」에 따른 상소권회복 또는 재심 청구사건의 대리인이 되려는 변호사와 접견하는 횟수는 사건 당 2회로 하고 접견 횟수에 포함시키지 아니한다(동법 시행령 제59조의2 제2항).
③ 영 제59조의2 제1항 각 호의 변호사가 수용자를 접견하고자 하는 경우에는 별지 제32호 서식의 신청서를 소장에게 제출해야 한다. 다만, 영 제59조의2 제1항 제1호의 변호사(소송사건의 대리인인 변호사)는 소송위임장 사본 등 소송사건의 대리인임을 소명할 수 있는 자료를 첨부해야 한다(시행규칙 제29조의3 제1항).
④ 동법 시행령 제59조의2 제5항

10

① 형집행법 시행규칙 제153조 제1항
② 동법 시행규칙 제153조 제2항
③ 동법 시행규칙 제153조 제3항
④ 사형확정자에게 작업을 부과하는 경우에는 작업시간 등, 작업의 면제, 작업수입, 위로금·조위금, 다른 보상·배상과의 관계, 위로금·조위금을 받을 권리의 보호, 수용자를 대표하는 직책 부여 금지 규정을 준용한다(동법 시행규칙 제153조 제4항)

11 ① 집행이 면제된 후 6개월 내에 다시 징벌사유에 해당하는 행위를 한 때(형집행법 제109조 제2항).

② 동법 제107조

③ 금치처분에서 정한 집행이 완료되었다고 하더라도 그 처분의 취소소송을 통하여 장래의 불이익을 제거할 권리보호의 필요성이 충분히 인정되어, 처분을 함에 있어서 서면 또는 구술에 의한 출석통지를 한 사실을 인정할 만한 증거가 없으므로 위 처분은 위법하여 취소되어야 한다(대법원 2007.1.11. 선고 2006두13312 판결).

④ 위원회는 위원장을 포함한 5명 이상 7명 이하의 위원으로 구성하고, 외부위원은 3명 이상으로 한다. 징벌위원회는 재적위원 과반수의 출석으로 개의하고, 출석위원 과반수의 찬성으로 의결한다. 이 경우 외부위원 1명 이상이 출석한 경우에만 개의할 수 있다(동법 제111조 제2항).

12 ④ 소장은 징벌의 집행이 종료되거나 집행이 면제된 수용자가 교정성적이 양호하고 법무부령으로 정하는 기간동안 징벌을 받지 아니하면 법무부장관의 승인을 받아 징벌을 실효시킬 수 있다(형집행법 제115조 제1항)

✦ 지방교정청장에 관한 규정

1. 소장은 외국인에게 참관을 허가할 경우에는 미리 관할 지방교정청장의 승인을 받아야 한다(형집행법 시행령 제3조).
2. 지방교정청장의 관할 내 이송 승인권(동법 시행령 제22조).
3. 집체직업훈련 대상자는 집체직업훈련을 실시하는 교정시설의 관할 지방교정청장이 선정한다(동법 시행규칙 제124조 제2항).
4. 지방교정청장은 소속 교정시설의 보호장비 사용 실태를 정기적으로 점검하여야 한다(동법 시행령 제124조 제2항).
5. 수용자는 그 처우에 관하여 불복하는 경우 관할 지방교정청장에게 청원할 수 있다(동법 제117조 제1항).
6. 수용자는 지방교정청장에게 정보의 공개를 청구할 수 있다(동법 제117조의2 제1항).
7. 소장은 교도작업을 중지하려면 지방교정청장의 승인을 받아야 한다(교도작업법 시행규칙 제6조 제2항).
8. 교정시설의 장은 민간기업이 참여할 교도작업의 내용을 해당 기업체와의 계약으로 정하고 이에 대하여 법무부장관의 승인(재계약의 경우에는 지방교정청장의 승인)을 받아야 한다(교도작업법 제6조).
9. 법무부장관은 권한의 일부를 관할 지방교정청장에게 위임할 수 있다(민영교도소법 제39조).

13 ### ✦ 접견의 중지사유(법 제42조)

1. 범죄의 증거를 인멸하거나 인멸하려고 하는 때
2. 금지물품을 주고받거나 주고받으려고 하는 때
3. 형사 법령에 저촉되는 행위를 하거나 하려고 하는 때
4. 수용자의 처우 또는 교정시설의 운영에 관하여 거짓사실을 유포하는 때
5. 수형자의 교화 또는 건전한 사회복귀를 해칠 우려가 있는 행위를 하거나 하려고 하는 때
6. 시설의 안전 또는 질서를 해하는 행위를 하거나 하려고 하는 때

14 ① 수형자 외의 사람이 수형자에게 금품을 건네줄 것을 신청하는 경우 소장은 그 금품이 수형자의 교화 또는 건전한 사회복귀를 해칠 우려가 있는 때, 시설의 안전 또는 질서를 해칠 우려가 있는 때에 해당하지 아니하면 허가하여야 한다(형집행법 제27조 제1항).

② 동법 제26조 제1항

③ 동법 제28조 제1항

④ 동법 제29조 제1항

15

교정시설의 개방시설 수용 중간처우 대상자		지역사회의 개방시설 수용 중간처우 대상자
1. 개방처우급 혹은 완화경비처우급 수형자 2. 형기가 2년 이상인 사람 3. 범죄 횟수가 3회 이하인 사람	⇨	1. 개방처우급 혹은 완화경비처우급 수형자 2. 형기가 2년 이상인 사람 3. 범죄 횟수가 1회 이하인 사람
4. 중간처우를 받는 날부터 가석방 또는 형기 종료 예정 일까지 기간이 3개월 이상 2년 6개월 미만인 사람	⇨	4. 중간처우를 받는 날부터 가석방 또는 형기 종료 예정일까지의 기간이 1년 6개월 미만인 사람

16 ④ 12 + 5 + 3 + 10 = 30
㉠ 사면, 가석방, 형의 집행면제, 감형에 따른 석방은 그 서류가 교정시설에 도달한 후 (12)시간 이내에 하
여야 한다(형집행법 제124조).
㉡ 권한이 있는 사람의 명령에 따른 석방은 서류가 도달한 후 (5)시간 이내에 하여야 한다(동법 제124조).
㉢ 소장은 수형자의 건전한 사회복귀를 위하여 필요하다고 인정하면 석방 전 (3)일 이내의 범위에서 석방예
정자를 별도의 거실에 수용하여 장래에 관한 상담과 지도를 할 수 있다(동법 시행령 제141조).
㉣ 소장은 형기종료로 석방될 수형자에 대하여는 석방 (10)일 전까지 석방 후의 보호에 관한 사항을 조사하
여야 한다(동법 시행령 제142조).

17 시험 시행 후 확정답안으로 ①, ② 복수정답 처리를 하였으나 법령규정을 검토한바, ② 단일답안으로 함이
옳다는 판단이다.
㉠ 보호실 수용자(형집행법 제95조 제5항)
㉡ 실외운동정지의 징벌을 집행 중인 수용자(동법 제112조 제6항)
㉢ 보호장비를 착용 중인 수용자(동법 제97조 제3항)
㉣ 다른 수용자를 간병하는 수용자
㉤ 진정실 수용자(동법 제95조 제5항)
㉥ 금치의 징벌을 집행 중인 수용자(동법 제112조 제6항)
㉦ 취사장에서 작업하는 수용자

18

포상사유	포상
1. 사람의 생명을 구조하거나 도주를 방지한 때 2. 응급용무에 공로가 있는 때	소장 표창 및 가족만남의 집 이용 대상자 선정

19 ① 형집행법 제65조 제1항
② 교도작업운영지침 제8조
③ 교도작업법 제1조
④ 수형자의 가족 또는 배우자의 직계존속이 사망하면 2일간, 부모 또는 배우자의 제삿날에는 1일간 해당
수형자의 작업을 면제한다. 다만, 수형자가 작업을 계속하기를 원하는 경우는 예외로 한다(형집행법 제72조).

20 ① 형집행법 시행규칙 제61조 제1항
② 동법 시행규칙 제62조
③ 동법 시행규칙 제66조
④ 소장은 재심사를 할 때에는 그 사유가 발생한 다음 달까지 완료하여야 한다(동법 시행규칙 제68조 제1항).

21 ① 수형자의 건전한 사회복귀를 지원하기 위하여 교정시설에 취업알선 및 창업지원에 관한 협의기구를 둘 수 있다(형집행법 시행령 제85조).

② 협의회는 회장1명을 포함하여 3명 이상 5명 이하의 내부위원과 10명 이상의 외부위원으로 구성한다. 회장은 소장이 되고, 부회장은 2명을 두되 1명은 소장이 내부위원 중에서 지명하고 1명은 외부위원 중에서 호선한다(동법 시행규칙 제145조).

③ 수형자 취업지원협의회의 외부위원 임기는 3년으로 하고 연임할 수 없다(동법 시행규칙 제146조).

④ 수형자 취업지원협의회 회의는 반기마다 개최한다. 다만, 수형자의 사회복귀지원을 위하여 협의가 필요하거나 회장이 필요하다고 인정하는 때 또는 위원 3분의 1이상의 요구가 있는 때에는 임시회의를 개최할 수 있다(동법 시행규칙 제148조).

22 ✦ **소장면담 제외사유**(형집행법 제116조 제2항)

1. 정당한 사유 없이 면담사유를 밝히지 아니하는 때
2. 면담목적이 법령에 명백히 위배되는 사항을 요구하는 것인 때
3. 동일한 사유로 면담한 사실이 있음에도 불구하고 정당한 사유 없이 반복하여 면담을 신청하는 때
4. 교도관의 직무집행을 방해할 목적이라고 인정되는 상당한 이유가 있는 때

23 ① 형집행법 시행령 제59조 제2항

② 동법 시행령 제59조 제1항

③ 동법 제41조 제4항

④ 녹음·녹화하는 경우에는 사전에 수용자 및 그 상대방에게 그 사실을 알려 주어야 한다(동법 제41조 제5항).

24 ① 형집행법 제99조

② 동법 시행령 제123조

③ 동법 제98조 제2항

④ 보호침대는 다른 보호장비로는 자살·자해를 방지하기 어려운 특별한 사정이 있는 경우에만 사용하여야 한다(동법 시행규칙 제177조 제1항).

01	02	03	04	05	06	07	08	09	10
③	①	②	③	③	②	④	④	③	④
11	12	13	14	15	16	17	18	19	20
①	③	②	①	②	③	①	②	①	④
21	22	23	24						
①	①	①	③						

01 ① ~ 의료시설의 세부종류 및 설치기준은 법무부장관이 정한다(형집행법 시행규칙 제23조 제3항).
② ~ 운동시간·목욕횟수 등에 관하여 필요한 사항은 대통령령으로 정한다(동법 제33조 제2항).
③ 동법 시행령 제47조
④ ~ 의무관은 매일 1회 이상 의료수용동의 청결상태, 온도, 환기, 그 밖의 사항을 확인하여야 한다. 의무관은 교정시설의 모든 설비와 수용자가 사용하는 물품 또는 급식 등에 관하여 매주 1회 이상 전반적으로 그 위생에 관계된 사항을 확인하여야 하고, 그 결과 특히 중요한 사항은 소장에게 보고하여야 한다(교도관 직무규칙 제84조 제2항).

02 가. 형집행법 시행규칙 제57조
나. 동법 시행규칙 제57조
다. 동법 시행규칙 제56조
라. 동법 시행규칙 제59조

03 형집행법 제100조 제1항, 제2항

04 ① 교도관직무규칙 제35조 제1항, 제2항
② 동 규칙 제53조 제2항
③ 당직간부는 매주 1회 이상 교도관의 비상소집망을 확인하여 정확하게 유지하도록 하여야 한다(동 규칙 제55조).
④ 동 규칙 제52조

05 ①, ② 형집행법 시행규칙 제3조 제1항
③ 형의 집행을 종료하거나 그 집행이 면제된 날부터 3년을 초과하는 징역 또는 금고는 10년, 3년 이하의 징역 또는 금고는 5년이 경과하면 범죄횟수에 포함하지 아니한다. 다만, 그 기간 중 자격정지 이상의 형을 선고받아 확정된 경우는 제외한다(동법 시행규칙 제3조 제2항).
④ 동법 시행규칙 제3조 제3항

06 소장은 (6)개월 이상 형을 집행 받은 수형자로서 그 형기의 (3)분의 1[(21)년 이상의 유기형 또는 무기형의 경우에는 (7)년]이 지나고 교정성적이 우수한 사람이 다음 각 호의 어느 하나에 해당하면 1년 중 20일 이내의 귀휴를 허가할 수 있다(형집행법 제77조 제1항).

07 시행규칙 제90조(전화통화의 허용횟수)

> ① 수형자의 경비처우급별 전화통화의 허용횟수는 다음 각 호와 같다.
>   1. 개방처우급 : 월 (20)회 이내
>   2. 완화경비처우급 : 월 (10)회 이내
>   3. 일반경비처우급 : 월 (5)회 이내
>   4. 중(重)경비처우급 : 처우상 특히 필요한 경우 월 (2)회 이내
> ② 소장은 제1항에도 불구하고 처우상 특히 필요한 경우에는 개방처우급·완화경비처우급·일반경비처우급 수형자의 전화통화 허용횟수를 늘릴 수 있다.
> ③ 제1항 각 호의 경우 전화통화는 1일 (1)회만 허용한다. 다만, 처우상 특히 필요한 경우에는 그러하지 아니하다.

08 ~ 다만, 소장은 다음의 어느 하나에 해당하는 경우로서 금지물품의 확인을 위하여 필요한 경우에는 편지를 봉함하지 않은 상태로 제출하게 할 수 있다(형집행법 시행령 제65조 제1항 단서).
1. 마약류사범·조직폭력사범 등 법무부령으로 정하는 수용자가 변호인 외의 자에게 편지를 보내려는 경우
2. 처우등급이 중(重)경비시설 수용대상인 수형자가 변호인 외의 자에게 편지를 보내려는 경우
3. 수용자가 같은 교정시설에 수용 중인 다른 수용자에게 편지를 보내려는 경우
4. 규율위반으로 조사 중이거나 징벌집행 중인 수용자가 다른 수용자에게 편지를 보내려는 경우

09 ① 형집행법 제93조 제1항
② 동법 제93조 제2항
③ 교도관은 시설의 안전과 질서유지를 위하여 필요하면 교정시설을 출입하는 수용자 외의 사람에 대하여 의류와 휴대품을 검사할 수 있다(동법 제93조 제3항).
④ 동법 제93조 제4항

10 ① 형집행법 시행규칙 제245조
② 동법 시행규칙 제246조
③ 동법 시행규칙 제251조
④ 가석방 적격심사신청을 위한 범죄에 관한 사항에 대한 조사는 수형자를 수용한 날로부터 2개월 이내에 하고, 조사에 필요하다고 인정하는 경우에는 소송기록을 열람할 수 있다(동법 시행규칙 제249조).

11 ① 소장은 미결수용자로서 자유형이 확정된 사람에 대하여는 검사의 집행 지휘서가 도달된 때부터 수형자로 처우할 수 있다(형집행법 시행령 제82조).
② 동법 제57조 제3항
③ 동법 시행령 제84조
④ 동법 시행규칙 제145조

12 ① 형집행법 시행규칙 제188조
② 동법 시행규칙 제188조
③ 투척용 최루탄은 근거리용으로 사용하고, 발사용 최루탄은 50미터 이상의 원거리에서 사용하되, 30도 이상의 발사각을 유지하여야 한다(동법 시행규칙 제188조).
④ 동법 시행규칙 제188조

13　① 형집행법 제123조
　② 사면, 가석방, 형의 집행면제, 감형에 따른 석방은 그 서류가 교정시설에 도달한 후 12시간 이내에 하여야 한다(동법 제124조).
　③ 동법 제124조
　④ 동법 제124조

14　① ~1년 이하의 징역에 처한다(형집행법 제134조)
　② 동법 제133조 제1항
　③ 동법 제132조 제2항
　④ 동법 제135조

15　① 손괴사유는 진정실 수용요건이 되고, 의무관의 의견고려는 보호실 수용전제조건이다(형집행법 제95조, 제96조).
　② 동법 제95조 제2항 ~ 제3항
　③ 의무관은 보호실 수용자의 건강상태를 수시로 확인하여야 한다(동법 제95조 제5항).
　④ 소장은 수용자의 보호실 수용기간을 연장하는 경우에는 그 사유를 본인에게 알려 주어야 한다(동법 제95조 제4항).

16　① 형집행법 제59조 제1항
　② 동법 시행규칙 제60조
　③ 법무부장관은 수형자를 과학적으로 분류하기 위하여 분류심사를 전담하는 교정시설을 지정·운영할 수 있다(동법 제61조).
　④ 동법 제62조

17　① 법무부장관은 교정시설의 설치 및 운영에 관한 업무의 일부를 법인 또는 개인에게 위탁할 수 있다(형집행법 제7조 제1항).
　② 동법 제6조 제3항
　③ 동법 시행령 제9조 제1항
　④ 동법 시행령 제9조 제2항

18　① 형집행법 제113조 제2항
　② ~2개월 이상 6개월 이하의 기간 내에서 징벌의 집행을 유예할 것을 의결할 수 있다(동법 제114조 제1항).
　③ 동법 제114조
　④ 동법 제115조 제1항

19　① 소장은 수용자가 임신 중이거나 출산(유산·사산을 포함한다)한 경우에는 ~(형집행법 제52조 제1항).
　② 동법 제53조 제1항
　③ 동법 제51조 제1항
　④ 동법 시행령 제79조

20　형집행법 시행규칙 제32조

21 ① 미결수용자를 수용하는 시설의 설비 및 계호의 정도는 일반경비시설에 준한다(형집행법 시행령 제98조)
② 동법 시행령 제101조
③ 동법 시행령 제100조
④ 동법 시행령 제99조

22 ① 소장은 수용자에 대하여 1년에 1회 이상 건강검진을 하여야 한다. 다만, 19세 미만의 수용자와 계호상 독거수용자에 대하여는 6개월에 1회 이상 하여야 한다(형집행법 시행령 제51조).
② 동법 시행령 제53조 제1항
③ 동법 시행령 제56조
④ 동법 시행령 제54조

23 ① 소년수형자 전담교정시설이 아닌 교정시설에서는 소년수용자를 수용하기 위하여 별도의 거실을 지정하여 운용할 수 있다(형집행법 시행규칙 제59조의3).
② 동법 시행규칙 제59조의2
③ 동법 시행규칙 제59조의3
④ 동법 시행규칙 제59조의7

24 ① 형집행법 시행규칙 제231조
② 동법 시행규칙 제231조
③ ~ 이 경우 외부위원은 3명 이상으로 한다(동법 제111조 제2항).
④ 동법 시행규칙 제231조 제4항

01	02	03	04	05	06	07	08	09	10
④	④	④	②	①	③	④	②	①	①
11	12	13	14	15	16	17	18	19	20
④	③	①	④	④	①	③	②	④	④

01
(ㄱ) 형집행법 제93조 제3항
(ㄴ) 동법 제94조 제1항
(ㄷ) 동법 제95조
(ㄹ) 동법 제92조 제1항

02
① 법무부장관은 가석방심사위원회의 가석방 허가신청이 적정하다고 인정하면 허가할 수 있다(형집행법 제122조 제2항).
② 교정자문위원회의 위원은 교정에 관한 학식과 경험이 풍부한 외부인사 중에서 지방교정청장의 추천을 받아 법무부장관이 위촉한다(동법 제129조 제2항).
③ 분류처우위원회는 위원장을 포함한 5명 이상 7명 이하의 위원으로 구성하고, 위원장은 소장이 된다(동법 제62조).
④ 동법 제111조 제6항

03
(ㄱ) 소장은 수형자의 근로의욕을 고취하고 건전한 사회복귀를 지원하기 위하여 법무부장관이 정하는 바에 따라 작업의 종류, 작업성적, 교정성적, 그 밖의 사정을 고려하여 수형자에게 작업장려금을 지급할 수 있다(형집행법 제73조 제2항).
(ㄴ) 소장은 다른 사람의 건강에 위해를 끼칠 우려가 있는 감염병에 걸린 사람의 수용을 거절한 경우 그 사유를 지체 없이 수용지휘기관과 관할 보건소장에게 통보하고 법무부장관에게 보고하여야 한다(동법 제18조).
(ㄷ) 동법 제20조 제1항
(ㄹ) 동법 제37조 제2항

04
(ㄱ) 귀휴심사위원회는 위원장을 포함한 6명 이상 8명 이하의 위원으로 구성한다(형집행법 시행규칙 제131조).
(ㄴ) 동법 시행규칙 제133조
(ㄷ) 동법 제77조 제1항
(ㄹ) 소장은 귀휴 중인 수형자가 귀휴의 허가사유가 존재하지 아니함이 밝혀진 때, 거소의 제한이나 그 밖에 귀휴허가에 붙인 조건을 위반한 때에 해당하면 귀휴를 취소할 수 있다(동법 제78조).

05
① 귀휴·외부통근, 그 밖의 사유로 소장의 허가를 받아 교도관의 계호 없이 교정시설 밖으로 나간 후에 정당한 사유 없이 기한까지 돌아오지 아니하는 행위를 한 수용자는 1년 이하의 징역에 처한다(형집행법 제134조).
② 동법 시행규칙 제163조 제1항 단서
③ 동법 시행규칙 제213조
④ 동법 제94조 제4항

06 ① 형집행법 제41조 제3항
② 동법 제41조 제2항 단서
③ 소장은 범죄의 증거를 인멸하거나 형사 법령에 저촉되는 행위를 할 우려가 있을 때에는 교도관으로 하여금 수용자의 접견내용을 청취·기록·녹음 또는 녹화하게 할 수 있다(동법 제41조 제4항).
④ 동법 시행령 제59조의2 제5항

07 ① 형집행법 시행규칙 제260조
② 동법 시행규칙 제261조
③ 동법 시행규칙 제263조
④ 가석방취소자 및 가석방실효자의 남은 형기 기간은 가석방을 실시한 다음 날부터 원래 형기의 종료일까지로 하고, 남은 형기집행 기산일은 가석방의 취소 또는 실효로 인하여 교정시설에 수용된 날부터 한다(동법 시행규칙 제263조).

08 (ㄱ) 형집행법 시행규칙 제183조
(ㄴ) 동법 시행규칙 제182조
(ㄷ) 소장이 의무관 또는 의료관계 직원으로부터 보호장비의 사용 중지의견을 보고 받았음에도 불구하고 해당 수용자에 대하여 보호장비를 계속하여 사용할 필요가 있는 경우에는 의무관 또는 의료관계 직원에게 건강유지에 필요한 조치를 취할 것을 명하고 보호장비를 사용할 수 있다. 이 경우 소장은 보호장비 사용 심사부에 보호장비를 계속 사용할 필요가 있다고 판단하는 근거를 기록하여야 한다(동법 시행규칙 제183조).
(ㄹ) 보호의자는 수용자의 목욕, 식사, 용변, 치료 등을 위하여 필요한 경우 그 사용을 일시 중지하거나 완화하는 경우를 포함하여 8시간을 초과하여 사용할 수 없으며, 사용 중지 후 4시간이 경과하지 아니하면 다시 사용할 수 없다(동법 시행규칙 제176조 제2항, 제177조 제2항, 제178조 제2항).
(ㅁ) 동법 시행규칙 제180조

09 ① 소장은 수용자의 건강과 일과시간 등을 고려하여 1일 6시간 이내에서 방송편성 시간을 정하지만, 토요일·공휴일, 작업·교육실태 및 수용자의 특성을 고려하여 방송편성시간을 조정할 수 있다(형집행법 시행규칙 제39조).
② 동법 제26조 제1항
③ 동법 시행규칙 제36조 제1항
④ 동법 시행규칙 제41조

10 (ㄱ) 대법원 2020.3.17. 2015모2357
(ㄴ) 헌재 1997.12.24. 95헌마247
(ㄷ) 헌재 2019.2.28. 2015헌마1204

11 ④ 관심대상자 지정대상(동법 시행규칙 제210조)

✦ 조직폭력 지정대상(형집행법 시행규칙 제198조)
1. 체포영장, 구속영장, 공소장 또는 재판서에 조직폭력사범으로 명시된 수용자
2. 공소장 또는 재판서에 조직폭력사범으로 명시되어 있지는 아니하나 「폭력행위 등 처벌에 관한 법률」 제4조·제5조 또는 「형법」 제114조가 적용된 수용자
3. 공범·피해자 등의 체포영장·구속영장·공소장 또는 재판서에 조직폭력사범으로 명시된 수용자

12　① 형소법 제92조 제1항, 제2항

② 동법 제105조

③ 기피신청에 의한 소송 진행의 정지, 공소장변경에 의한 공판절차정지, 심신상실에 의한 공판절차정지 및 질병으로 인한 공판절차정지에 의하여 공판절차가 정지된 기간 및 공소제기 전의 체포·구인·구금기간은 피고인 구속기간에 산입하지 아니한다(동법 제92조 제3항).

④ 동법 제205조

13　✦ **관심대상 수용자 지정대상**(형집행법 시행규칙 제210조)

1. 다른 수용자에게 상습적으로 폭력을 행사하는 수용자

2. 교도관을 폭행하거나 협박하여 징벌을 받은 전력이 있는 사람으로서 같은 종류의 징벌대상행위를 할 우려가 큰 수용자

3. 수용생활의 편의 등 자신의 요구를 관철할 목적으로 상습적으로 자해를 하거나 각종 이물질을 삼키는 수용자

4. 다른 수용자를 괴롭히거나 세력을 모으는 등 수용질서를 문란하게 하는 조직폭력수용자(조직폭력사범으로 행세하는 경우를 포함)

5. 조직폭력수용자로서 무죄 외의 사유로 출소한 후 5년 이내에 교정시설에 다시 수용된 사람

6. 상습적으로 교정시설의 설비·기구 등을 파손하거나 소란행위를 하여 공무집행을 방해하는 수용자

7. 도주(음모, 예비 또는 미수에 그친 경우를 포함)한 전력이 있는 사람으로서 도주의 우려가 있는 수용자

8. 중형선고 등에 따른 심적 불안으로 수용생활에 적응하기 곤란하다고 인정되는 수용자

9. 자살을 기도한 전력이 있는 사람으로서 자살할 우려가 있는 수용자

10. 사회적 물의를 일으킨 사람으로서 죄책감 등으로 인하여 자살 등 교정사고를 일으킬 우려가 큰 수용자

11. 징벌집행이 종료된 날부터 1년 이내에 다시 징벌을 받는 등 규율 위반의 상습성이 인정되는 수용자

12. 상습적으로 법령에 위반하여 연락을 하거나 금지물품을 반입하는 등의 방법으로 부조리를 기도하는 수용자

13. 그 밖에 교정시설의 안전과 질서유지를 위하여 엄중한 관리가 필요하다고 인정되는 수용자

14　① 형집행법 시행규칙 제85조

② 동법 시행규칙 제85조

③ 동법 시행규칙 제86조 제2항

④ 소장은 자치생활 수형자들이 교육실, 강당 등 적당한 장소에서 월 1회 이상 토론회를 할 수 있도록 하여야 한다(동법 시행규칙 제91조 제3항).

15　① 형집행법 제63조 제1항

② 동법 제64조 제1항

③ 동법 시행규칙 제107조

④ 작업·직업훈련 수형자 등도 독학으로 검정고시·학사고시 등에 응시하게 할 수 있다. 이 경우 자체 평가시험 성적 등을 고려해야 한다(동법 시행규칙 제107조).

16　✦ **기본계획에 포함되어야 할 사항**(형집행법 제5조의2 제2항)

1. 형의 집행 및 수용자 처우에 관한 기본 방향

2. 인구·범죄의 증감 및 수사 또는 형 집행의 동향 등 교정시설의 수요 증감에 관한 사항

3. 교정시설의 수용 실태 및 적정한 규모의 교정시설 유지 방안

4. 수용자에 대한 처우 및 교정시설의 유지·관리를 위한 적정한 교도관 인력 확충 방안

5. 교도작업과 직업훈련의 현황, 수형자의 건전한 사회복귀를 위한 작업설비 및 프로그램의 확충 방안
6. 수형자의 교육·교화 및 사회적응에 필요한 프로그램의 추진방향
7. 수용자 인권보호 실태와 인권 증진 방안
8. 교정사고의 발생 유형 및 방지에 필요한 사항
9. 형의 집행 및 수용자 처우와 관련하여 관계 기관과의 협력에 관한 사항
10. 그 밖에 법무부장관이 필요하다고 인정하는 사항

17 ① 소장은 형집행정지 중이거나 가석방기간 중에 있는 사람이 형사사건으로 재수용되어 형이 확정된 경우에는 개별처우계획을 새로 수립하여야 한다(형집행법 시행규칙 제60조 제5항).
② 소장은 해당 교정시설의 특성을 고려하여 필요한 경우에는 다른 교정시설로부터 이송되어 온 수형자의 개별처우계획을 변경할 수 있다(동법 시행규칙 제60조 제1항).
③ 동법 시행규칙 제60조 제2항
④ 소장은 가석방의 취소로 재수용되어 남은 형기가 집행되는 경우에는 석방 당시보다 한 단계 낮은 처우등급(경비처우급에만 해당)을 부여한다. 다만, 가석방자관리규정 제5조 단서를 위반하여 가석방이 취소되는 등 가석방 취소사유에 특히 고려할만한 사정이 있는 때에는 석방당시와 동일한 처우등급을 부여할 수 있다(동법 시행규칙 제60조 제4항).

18 (ㄱ) 형집행법 제109조 제3항
(ㄴ) 징벌이 집행 중에 있거나 징벌의 집행이 끝난 후 또는 집행이 면제된 후 6개월 내에 다시 징벌사유에 해당하는 행위를 한 때 징벌을 부과하게 되면 장기의 2분의 1까지 가중할 수 있다(동법 제109조 제2항).
(ㄷ) 동법 제111조 제1항
(ㄹ) 징벌위원회는 위원장을 포함한 5명 이상 7명 이하의 위원으로 구성하고, 위원장은 소장의 바로 다음 순위자가 되며, 위원은 소장이 소속 기관의 과장(지소의 경우에는 7급 이상의 교도관) 및 교정에 관한 학식과 경험이 풍부한 외부인사 중에서 임명 또는 위촉한다. 이 경우 외부위원은 3명 이상으로 한다(동법 제111조 제2항).
(ㅁ) 동법 시행규칙 제228조

19 ✦ **교화프로그램의 종류**(형집행법 시행규칙 제114조)
1. 문화프로그램
2. 문제행동예방프로그램
3. 가족관계회복프로그램
4. 교화상담
5. 그 밖에 법무부장관이 정하는 교화프로그램

20 ✦ **중간처우 대상자**(형집행법 시행규칙 제93조)

교정시설의 개방시설 수용 중간처우 대상자		지역사회의 개방시설 수용 중간처우 대상자
1. 개방처우급 혹은 완화경비처우급 수형자		1. 개방처우급 혹은 완화경비처우급 수형자
2. 형기가 2년 이상인 사람	⇨	2. 형기가 2년 이상인 사람
3. 범죄 횟수가 3회 이하인 사람		3. 범죄 횟수가 1회 이하인 사람
4. 중간처우를 받는 날부터 가석방 또는 형기 종료 예정일까지 기간이 3개월 이상 2년 6개월 미만인 사람	⇨	4. 중간처우를 받는 날부터 가석방 또는 형기 종료 예정일까지의 기간이 1년 6개월 미만인 사람

Corrections & Criminal Justice

01	02	03	04	05	06	07	08	09	10
④	②	①	④	③	①	③	③	②	②
11	12	13	14	15	16	17	18	19	20
②	④	①	④	①	③	①	③	①	④
21	22	23	24						
④	③	②	②						

01
① 형집행법 시행규칙 제16조 제1항
② 동법 시행령 제31조
③ 동법 시행령 제32조
④ 소장은 감염병(「감염병의 예방 및 관리에 관한 법률」에 따른 감염병을 말한다)의 유행 또는 수용자의 징벌집행 등으로 자비구매물품의 사용이 중지된 경우에는 구매신청을 제한할 수 있다(동법 시행규칙 제17조).

02
㉠ 수용자의 보호실 수용기간은 15일 이내로 한다. 다만, 소장은 특히 계속하여 수용할 필요가 있으면 의무관의 의견을 고려하여 1회당 7일의 범위에서 기간을 연정할 수 있다(형집행법 제95조 제2항).
㉡ 수용자를 보호실에 수용할 수 있는 기간은 계속하여 3개월을 초과할 수 없다(동법 제95조 제3항).
㉢ 동법 제96조 제2항
㉣ 동법 제96조 제3항

03
㉠ 형집행법 시행규칙 제210조 제5호
㉡ 동법 시행규칙 제210조 제7호
㉢ 동법 시행규칙 제210조 제11호
㉣ 동법 시행규칙 제210조 제3호
㉤ 동법 시행규칙 제210조 제8호
㉥ 동법 시행규칙 제210조 제6호

04
① 형집행법 시행령 제1조의2
② 동법 시행령 제1조의2 제3항
③ 동법 시행령 제1조의2 제4항
④ 협의체의 위원장은 법무부차관이 된다(동법 시행령 제1조의2).

05
① 형집행법 법 제97조 제1항
② 동법 제97조 제1항
③ 위력으로 교도관의 정당한 직무집행을 방해하는 때
④ 동법 제97조 제1항

06 ① 판사와 검사 외의 사람은 교정시설을 참관하려면 학술연구 등 정당한 이유를 명시하여 교정시설의 장(소장)의 허가를 받아야 한다(형집행법 제9조 제2항).
② 동법 제6조 제1항
③ 동법 제8조
④ 동법 제7조 제1항

07 ① 형집행법 시행령 제5조
② 동법 시행령 제6조
③ 노역장 유치명령을 받은 수형자와 징역형·금고형 또는 구류형을 선고받아 형이 확정된 수형자를 혼거수용해서는 아니 된다. 다만, 징역형·금고형 또는 구류형의 집행을 마친 다음에 계속해서 노역장 유치명령을 집행하거나 그 밖에 부득이한 사정이 있는 경우에는 그러하지 아니하다(동법 시행령 제9조).
④ 동법 제15조

08 ㉠ 징역형·금고형이 확정된 사람으로서 집행할 형기가 형집행지휘서 접수일부터 3개월 미만인 사람, 구류형이 확정된 사람은 분류심사를 하지 아니한다(형집행법 시행규칙 제62조).
㉡ 조정된 처우등급에 따른 처우는 그 조정이 확정된 다음 날부터 한다. 이 경우 조정된 처우등급은 그 달 초일부터 적용된 것으로 본다(동법 시행규칙 제82조).
㉢ 동법 시행규칙 제67조
㉣ 소장이 작업장 중 작업의 특성이나 난이도 등을 고려하여 필수 작업장으로 지정하는 경우 소득점수의 수는 5퍼센트 이내, 우는 10퍼센트 이내의 범위에서 각각 확대할 수 있다(동법 시행규칙 제79조).

09 ① 형집행법 제20조 제1항
② 지방교정청장은 교정시설의 안전과 질서유지를 위하여 긴급하게 이송할 필요가 있다고 인정되는 때에는 관할 내 다른 교정시설로의 수용자 이송을 승인할 수 있다(동법 시행령 제22조).
③ 동법 시행령 제24조
④ 동법 시행령 제23조

10 ① 가석방심사위원회는 위원장을 포함한 5명 이상 9명 이하의 위원으로 구성한다(형집행법 제120조 제1항).
② 동법 제119조
③ 가석방에 따른 석방은 그 서류가 교정시설에 도달 한 후 12시간 이내에 하여야 한다. 다만, 그 서류에서 석방일시를 지정하고 있으면 그 일시에 한다(동법 제124조).
④ 가석방실효자의 남은 형기 집행 기산일은 가석방의 실효로 인하여 교정시설에 수용된 날부터 한다(동법 시행규칙 제263조).

11 ① 형집행법 제109조 제4항
② 징벌위원회는 징벌을 의결하는 때에 행위의 동기 및 정황, 교정성적, 뉘우치는 정도 등 그 사정을 고려할 만한 사유가 있는 수용자에 대하여 2개월 이상 6개월 이하의 기간 내에서 징벌의 집행을 유예할 것을 의결할 수 있다(동법 제114조).
③ 동법 제111조 제2항
④ 동법 제111조의2

12 ①, ②, ③ 형집행법 시행규칙 제66조
④ 형기의 6분의 5에 도달한 때

13 ✦ 형집행법 시행규칙 제4조(의류의 품목)

① 수용자 의류의 품목은 평상복·특수복·보조복·의복부속물·모자 및 신발로 한다.

② 제1항에 따른 품목별 구분은 다음 각 호와 같다.

1. 평상복은 겨울옷·봄가을옷·여름옷을 수형자용(用), 미결수용자용 및 피보호감호자(종전의 「사회보호법」에 따라 보호감호선고를 받고 교정시설에 수용 중인 사람을 말한다. 이하 같다)용과 남녀용으로 각각 구분하여 18종으로 한다.

2. 특수복은 모범수형자복·외부통근자복·임산부복·환자복·운동복 및 반바지로 구분하고, 그 중 모범수형자복 및 외부통근자복은 겨울옷·봄가을옷·여름옷을 남녀용으로 각각 구분하여 6종으로 하고, 임산부복은 봄가을옷·여름옷을 수형자용과 미결수용자용으로 구분하여 4종으로 하며, 환자복은 겨울옷·여름옷을 남녀용으로 구분하여 4종으로 하고, 운동복 및 반바지는 각각 1종으로 한다.

3. 보조복은 위생복·조끼 및 비옷으로 구분하여 3종으로 한다.

4. 의복부속물은 러닝셔츠·팬티·겨울내의·장갑·양말로 구분하여 5종으로 한다.

5. 모자는 모범수형자모·외부통근자모·방한모 및 위생모로 구분하여 4종으로 한다.

6. 신발은 고무신·운동화 및 방한화로 구분하여 3종으로 한다.

14
① 형집행법 제129조 제1항
② 동법 시행규칙 제265조 제2항
③ 동법 시행규칙 제271조
④ 위원의 임기는 2년으로 하며, 연임할 수 있다. 지방교정청장은 위원의 결원이 생긴 경우에는 결원이 생긴 날부터 30일 이내에 후임자를 법무부장관에게 추천해야 한다(동법 시행규칙 제266조).

15
㉠ 형집행법 제19조
㉡ 동법 시행령 제36조
㉢ 동법 제21조

16
① 소장의 허가 없이 교정시설 내부를 녹화·촬영한 사람은 1년 이하의 징역 또는 1천만원 이하의 벌금에 처한다(형집행법 제135조).
② 소장의 허가 없이 무인비행장치, 전자·통신기기를 교정시설에 반입한 사람은 3년 이하의 징역 또는 3천만원 이하의 벌금에 처한다(동법 제133조 제1항).
③ 동법 제132조 제2항
④ 귀휴·외부통근, 그 밖의 사유로 소장의 허가를 받아 교도관의 계호 없이 교정시설 밖으로 나간 후에 정당한 사유없이 기한까지 돌아오지 않은 수용자는 1년 이하의 징역에 처한다(동법 제134조).

17 ✦ **전화통화의 중지사유**(형집행법 제44조 제3항)

1. 범죄의 증거를 인멸하거나 인멸하려고 하는 때
2. 형사 법령에 저촉되는 행위를 하거나 하려고 하는 때
3. 수용자의 처우 또는 교정시설의 운영에 관하여 거짓사실을 유포하는 때
4. 수형자의 교화 또는 건전한 사회복귀를 해칠 우려가 있는 행위를 하거나 하려고 하는 때
5. 시설의 안전 또는 질서를 해하는 행위를 하거나 하려고 하는 때

18
① 형집행법 시행령 제34조 제1항
② 동법 제28조 제1항
③ 수용자 외의 사람이 수용자에게 금품을 건네줄 것을 신청하는 때에는 소장은 수형자의 교화 또는 건전한 사회복귀를 해칠 우려가 있거나 시설의 안전 또는 질서를 해칠 우려가 있는 때가 아니면 허가하여야 한다(동법 제27조 제1항).
④ 동법 시행령 제37조

19
① 형집행법 제77조 제1항
② 소장은 귀휴를 허가하는 경우에 법무부령으로 정하는 바에 따라 거소의 제한이나 그 밖에 필요한 조건을 붙일 수 있다(동법 제77조 제3항).
③ 소장은 귀휴중인 수형자가 귀휴의 허가사유가 존재하지 아니함이 밝혀진 때에는 그 귀휴를 취소할 수 있다(동법 제78조).
④ 소장은 2일 이상의 귀휴를 허가한 경우에는 귀휴를 허가받은 사람의 귀휴지를 관할하는 경찰관서의 장에게 그 사실을 통보하여야 한다(동법 시행령 제97조).

20
㉠ 형집행법 시행규칙 제217조 제1항
㉡ 동법 시행규칙 제217조 제2항
㉢ 동법 제109조 제3항
㉣ 동법 시행규칙 제218조

21
①, ②, ③ 형집행법 제105조(수용자의 일반적 규율)

> 1. 수용자는 교정시설의 안전과 질서유지를 위하여 법무부장관이 정하는 규율을 지켜야 한다.
> 2. 수용자는 소장이 정하는 일과시간표를 지켜야 한다.
> 3. 수용자는 교도관의 직무상 지시에 따라야 한다.

④ 소장은 수용자가 다음의 어느 하나에 해당하면 그 수용자에 대하여 법무부령이 정하는 바에 따라 포상할 수 있다(동법 제106조).

✦ 수용자의 포상 사유(형집행법 제106조)
1. 사람의 생명을 구조하거나 도주를 방지한 때
2. (천재지변·재해 발생 시의 피해의 복구나 응급용무 보조에 따른) 응급용무에 공로가 있는 때
3. 시설의 안전과 질서유지에 뚜렷한 공이 인정되는 때
4. 수용생활에 모범을 보이거나 건설적이고 창의적인 제안을 하는 등 특히 포상할 필요가 있다고 인정되는 때

22
① 형집행법 시행규칙 제42조
② 동법 제53조 제1항, 제2항
③ 소장은 노인수용자에 대하여 6개월에 1회 이상 건강검진을 하여야 한다(동법 시행규칙 제47조 제2항).
④ 동법 시행규칙 제43조 제2항

23 ✦ **중간처우 대상자**(형집행법 시행규칙 제193조)

교정시설의 개방시설 수용 중간처우 대상자		지역사회의 개방시설 수용 중간처우 대상자
1. 개방처우급 혹은 완화경비처우급 수형자 2. 형기가 2년 이상인 사람 3. 범죄 횟수가 3회 이하인 사람	⇨	1. 개방처우급 혹은 완화경비처우급 수형자 2. 형기가 2년 이상인 사람 3. 범죄 횟수가 1회 이하인 사람

4. 중간처우를 받는 날부터 가석방 또는 형기 종료 예정
  일까지 기간이 3개월 이상 2년 6개월 미만인 사람
	⇨	4. 중간처우를 받는 날부터 가석방 또는 형기 종료
		  예정일까지의 기간이 1년 6개월 미만인 사람

24 ① 취업협의회의 기능(형집행법 시행규칙 제144조)

1. 수형자 사회복귀 지원 업무에 관한 자문에 대한 조언
2. 수형자 취업·창업 교육
3. 수형자 사회복귀 지원을 위한 지역사회 네트워크 추진
4. 취업 및 창업 지원을 위한 자료제공 및 기술지원
5. 직업적성 및 성격검사 등 각종 검사 및 상담
6. 불우수형자 및 그 가족에 대한 지원 활동
7. 그 밖에 수형자 취업알선 및 창업지원을 위하여 필요한 활동

② 취업지원협의회는 회장 1명을 포함하여 3명 이상 5명 이하의 내부위원과 10명 이상의 외부위원으로
  구성한다(동법 시행규칙 제145조 제1항).
③ 동법 시행규칙 제145조 제2항
④ 동법 시행규칙 제146조

Chapter 01

보호직 7급
형사정책

01	02	03	04	05	06	07	08	09	10
②	③	①	②	③	②	④	①	②	③

11	12	13	14	15	16	17	18	19	20
②	④	②	③	④	①	③	①	②	④

01
① 형사정책은 초기에는 단지 '형사입법을 위한 국가의 예지', 즉 형사입법정책이라는 좁은 의미로 사용되었으나, 점차 범죄의 원인 및 실태를 규명하여 이를 방지하는 일반대책의 개념으로 확대되었다.

② 범죄학에 대한 설명이다. 범죄학은 범죄의 현상과 원인을 규명하는 것을 주된 내용으로 하는 사실학 내지 경험과학을 '범죄학' 또는 '사실학으로서의 형사정책학'이라고 한다. 범죄학의 구체적 연구영역은 범죄와 범죄자, 사회적 범죄통제조직 및 범죄피해자와 범죄예방을 포함한다. 리스트(Liszt)가 "범죄 퇴치는 범죄에 대한 인식을 전제로 한다."고 한 것은 범죄학적 연구가 없이는 형사정책의 수립이 불가능함을 말한 것이다.

좁은 의미의 형사정책(협의의 형사정책)은 범죄자에 대한 형사법상의 강제시책으로 형벌과 이와 유사한 수단을 통하여 범죄자 및 범죄의 위험성이 있는 자에 대하여 직접 범죄를 방지하기 위한 국가의 입법·사법·행정상의 활동을 의미한다.

③ 형사정책학은 종합과학인 동시에 독립과학이다. 형사정책학은 인간과 사회에 관한 모든 방면의 지식이 총동원되어야만 효율적인 결과를 얻을 수 있다. 그 때문에 형사정책학은 법학은 물론 심리학, 정신의학, 인류학, 교육학, 사회학, 통계학 등 다양한 주변학문영역에서의 성과를 기초로 하는 종합과학성을 지닌다. 동시에 형사정책학은 여러 방면의 다양한 학문적 성과를 단순히 결합하는 종합과학이 아니라 범죄방지를 위한 체계적인 대책을 확립하는 것을 목표로 하므로 독립과학성도 아울러 지니고 있다.

④ 형사정책학과 형법학은 상호의존성을 가진다. 즉 형법학은 기존 형벌체계의 운용과 해석에 있어서 결정적인 지침이 되므로 형사정책학의 연구에 대해서도 일정한 규준(실천의 본보기가 되는 표준)이 되고, 또한 형사정책학도 기존 형벌체계가 과연 범죄대책 수단으로서 유효한가에 대한 검증결과를 제시함으로서 형사법규정의 개정방향을 선도한다는 점에서 양자의 상호불가분성은 인정될 수 있다.

02
㉠ **동조형**: 정상적인 기회구조에 접근할 수는 없지만 그래도 문화적 목표와 사회적으로 제도화된 수단을 통하여 목표를 추구하는 적응방식으로 반사회적인 행위유형이 아니다.

㉡ **혁신형(개혁형)**: 범죄자들의 전형적인 적응방식으로 문화적 목표는 수용하지만 제도화된 수단은 거부하는 형태이다. 대부분의 범죄가 비합법적인 수단을 통하여 자신들이 원하는 목표를 달성하려고 한다는 점에서 이러한 적응방식에 해당한다.

㉢ **도피형(은둔형, 회피형, 퇴행형)**: 문화적 목표와 제도화된 수단을 거부하고 사회로부터 도피해 버리는 적응방식이다. 합법적인 수단을 통한 목표성취 노력의 계속적인 실패와 제도화된 수단에 대한 내면화에 따른 양심의 가책 때문에 불법적인 수단을 사용할 능력이 없는 결과 때문에 나타난다.

㉣ **혁명형(반역형, 전복형)**: 기존의 문화적 목표와 제도화된 수단을 모두 거부하면서 동시에 새로운 목표와 수단으로 대치하려는 형태의 적응방식으로 정치범·확신범에게서 나타나는 유형이다.

03 ① 서덜랜드(Sutherland)의 차별적 접촉이론을 보완한 이론이며, 사회학습이론인 버제스(Burgess)와 에이커스 (Akers)의 차별적 강화이론은 차별적 접촉이론에 대한 비판 중 하나였던 특정인이 범죄자가 되기 전에 거쳐야 하는 학습의 과정이 명확하지 않다는 점에 착안하여, 사회학습이론(에이커스)은 조작적 조건화의 논리를 반영하였다. 즉 범죄행위는 과거에 이러한 행위를 했을 때에 주위로부터 칭찬을 받거나 인정을 받거나 더 나은 대우를 받거나 하는 등의 보상이 있었기 때문이라는 것이다. 차별적 접촉 ⇨ 차별적 강화 ⇨ 범죄행위라고 하는 범죄학습과정을 설명하였다.
　② 일반적으로 열등한 사람이 우월한 사람을 모방하는 경향이 있다(위에서 아래로). 즉 모방은 사회적 지위가 우월한 자를 중심으로 이루어지는데, 예를 들면 사회의 상류계층 ⇨ 하층계급, 도시 ⇨ 농촌으로 전해지 게 된다.
　③ 범죄자와 비범죄자 간의 차이는 학습과정의 차이가 아니라 접촉유형의 차이에서 발생한다.
　④ 범죄를 학습하는 과정에 있어서 누구와 자신을 동일시하는지 또는 자기의 행동을 평가하는 준거집단의 성격이 어떠한지가 더욱 중요하게 작용한다고 보았다. 서들랜드는 친밀한 집단들과의 직접적 접촉을 중 요하게 여겼다.

04 ② 아동·청소년이란 19세 미만의 자를 말한다(아동·청소년의 성보호에 관한 법률 제2조 제1호).

05 옳은 것은 ㉡, ㉣이다.
　㉠ 기소법정주의의 문제점(단점)에 해당한다.
　㉡ 소년법 제49조의3
　㉢ 정치적 개입이나 부당한 불기소처분의 가능성 등 검사의 지나친 자의적 재량의 여지가 있다.
　㉣ 기소유예제도의 장점에 해당한다.

06 ① 벌금은 판결확정일로부터 30일 이내에 납입하여야 하고(형법 제69조 제1항), 벌금을 납입하지 아니한 자는 1일 이상 3년 이하의 기간 노역장에 유치하여 작업에 복무하게 한다(동법 제69조 제2항).
　② 형사소송법 제478조
　③ 검사의 허가를 받아 벌금을 분할납부하거나 납부를 연기받을 수 있다(재산형 등에 관한 검찰 집행사무규칙 제12 조 제1항).
　④ 500만원 범위 내의 벌금형이 확정된 벌금 미납자는 법원의 허가를 받아 사회봉사를 할 수 있고(벌금 미납 자의 사회봉사 집행에 관한 특례법 제6조 제1항), 이 경우 사회봉사시간에 상응하는 벌금액을 낸 것으로 본다(동 법 제13조).

07 옳지 않은 것 ㉢, ㉣, ㉤이다.
　㉠, ㉡ 전이지역 내 구성원의 인종이나 국적이 바뀌었음에도 불구하고 계속적으로 높은 범죄율을 보이는 것은 개별적으로 누가 거주하든지 관계없이 지역의 특성과 범죄발생과는 중요한 연관이 있다는 것이다. 즉 범죄 및 비행은 지대와 관련된 것이지 행위자의 특성이나 사회전체의 경제적 수준 등과는 관계없다는 것이다.
　㉢ 지역사회해체를 '지역사회의 무능력', 즉 지역사회가 주민들에게 공통된 가치체계를 실현하지 못하고 지역주민들이 공통적으로 겪는 문제를 해결할 수 없는 상태라고 정의하면서, 사회해체의 원인을 지역이전 (population turnover)과 주민 이질성(population heterogeneity)으로 보았다.
　㉣ 사회해체지역은 ⓐ 비공식적 감시기능의 약화로 범죄의 유혹이 커지고, ⓑ 행동지배율의 결핍으로 우범 지역이나 위험지역 등에 대한 정보가 제대로 공유되지 않아 범죄의 발생여지가 많아지고, ⓒ 직접통제의 부재로 수상한 사람이나 지역주민의 비행이 있을 때 개입하거나 지적하지 않아 지역주민에 의한 직접 통제가 어렵다고 하였다.

ⓜ 사회해체지역에서는 전통적인 사회통제기관들이 규제력을 상실하면서 반사회적 가치를 옹호하는 범죄하위문화가 형성되고, 지역 사회의 반사회적 문화가 지역에서 계승됨으로써 특정지역은 주거민의 변화에도 불구하고 계속적으로 높은 범죄율이 유지되는 문화전달이 이루어진다고 보았다.

08 ㉣ 다이버전의 등장으로 인하여 형사사법의 대상조차 되지 않을 문제가 다이버전의 대상이 된다는 점으로서 이는 사회적통제가 오히려 강화된다는 비판을 받는다.

09 ① 전자장치 부착 등에 관한 법률 제5조 제1항 ~ 제4항
② 부착명령의 청구는 공소가 제기된 특정범죄사건의 항소심 변론종결 시까지 하여야 하고(동법 제5조 제5항), 법원은 공소가 제기된 특정범죄사건을 심리한 결과 부착명령을 선고할 필요가 있다고 인정하는 때에는 검사에게 부착명령의 청구를 요구할 수 있다(동법 제5조 제6항).
③ 동법 제28조 제1항
④ 동법 제22조 제1항

10 ① 소년법 제60조 제1항
② 동법 제60조 제3항
③ 소년에 대한 부정기형을 집행하는 기관의 장은 형의 단기가 지난 소년범의 행형 성적이 양호하고 교정의 목적을 달성하였다고 인정되는 경우에는 관할 검찰청 검사의 지휘에 따라 그 형의 집행을 종료시킬 수 있다(동법 제60조 제4항).
④ 동법 제65조

11 셀린(Sellin)은 이질적 문화 간의 충돌에 의한 갈등을 일차적 문화갈등이라고 하고, 동일한 문화 안에서의 사회변화에 의한 갈등을 이차적 문화갈등이라고 설명하였다.

12 모두 낙인이론이 주장하는 형사정책적 결론에 부합한다. 낙인이론은 소년사법분야나 경미범죄, 과실범죄 등에 대해 그 예방차원으로 비범죄화, 다이버전, 시설 내 구금수용의 철폐 등 사회 내 처우의 근거가 되었다.

13 옳은 것은 ㉡, ㉢, ㉣이다.
㉠ 촉법·우범소년이 있을 때에는 경찰서장은 직접 관할 소년부에 송치하여야 한다(소년법 제4조 제2항).
㉡ 동법 제49조 제1항
㉢ 동법 제25조의3 제1항
㉣ 동법 제29조 제1항
㉤ 보호처분의 결정 및 부가처분 등의 결정 또는 보호처분·부가처분 변경 결정이 해당 결정에 영향을 미칠 법령 위반이 있거나 중대한 사실 오인이 있거나 처분이 현저히 부당한 경우에는 사건 본인·보호자·보조인 또는 그 법정대리인은 관할 가정법원 또는 지방법원 본원 합의부에 항고할 수 있다(동법 제43조 제1항). 항고는 결정의 집행을 정지시키는 효력이 없다(동법 제46조).

14 ① 치료감호 등에 관한 법률 제1조
② 동법 제7조
③ 치료감호와 형이 병과된 경우에는 치료감호를 먼저 집행한다. 이 경우 치료감호의 집행기간은 형 집행기간에 포함한다(동법 제18조).
④ 동법 제16조 제2항

15 선천적·후천적으로 범죄성향이 있으나 개선이 가능한 자에 대해서는 개선을 위한 형벌을 부과하여야 한다. 다만, 단기자유형은 피해야 한다고 주장했다.

16 ① 물적 피해는 구조대상 범죄피해에 해당하지 않으며(범죄피해자 보호법 제3조 제1항 제4호), 가해자 불명, 무자력 사유, 피해자의 생계유지 곤란 등은 구조금 지급요건에 해당하지 않는다(동법 제16조).
② 소송촉진 등에 관한 특례법 제25조 제1항
③ 형사소송법 제223조, 제232조 제1항
④ 동법 제294조의2 제1항

17 ① 소년법 제32조 제3항
② 동법 제32조 제4항
③ 보호관찰관의 단기 보호관찰(제4호)과 장기 소년원 송치(10호)처분은 병합할 수 없다(동법 제32조 제2항).
④ 동법 제32조의2 제1항

18 비행소년은 대부분의 경우 다른 사람들과 마찬가지로 일상적이고 준법적인 행위를 하며 특별한 경우에 한하여 위법적인 행위에 빠져들고, 규범위반에 대해 일련의 표준적 합리화(중화)를 통한 내적 통제의 약화가 범죄의 원인이 된다고 보았다.

19 ① 형법 제60조
② 집행유예의 선고를 받은 후 그 선고의 실효 또는 취소됨이 없이 유예기간을 경과한 때에는 형의 선고는 효력을 잃는다(동법 제65조).
③ 동법 제76조 제1항
④ 사면법 제5조 제1항 제1호

20 ① 일반적으로 보안처분은 반사회적 위험성을 가진 자에 대하여 사회방위와 교화를 목적으로 격리수용하는 예방적 처분이라는 점에서 범죄행위를 한 자에 대하여 응보를 주된 목적으로 그 책임을 추궁하는 사후적 처분인 형벌과 구별되어 그 본질을 달리하는 것으로서 형벌에 관한 죄형법정주의나 일사부재리 또는 법률불소급의 원칙은 보안처분에 그대로 적용되지 않는다(대법원 1988.11.16. 88초60).
② 아동·청소년의 성보호에 관한 법률이 정한 공개명령 및 고지명령 제도는 아동·청소년대상 성폭력범죄 등을 효과적으로 예방하고 그 범죄로부터 아동·청소년을 보호함을 목적으로 하는 일종의 보안처분으로서, 그 목적과 성격, 운영에 관한 법률의 규정 내용 및 취지 등을 종합해 보면, 공개명령 및 고지명령 제도는 범죄행위를 한 자에 대한 응보 등을 목적으로 그 책임을 추궁하는 사후적 처분인 형벌과 구별되어 그 본질을 달리한다(대법원 2012.5.24. 2012도2763).
③ 전자장치 부착 등에 관한 법률에 의한 성폭력범죄자에 대한 전자감시제도는, 성폭력범죄자의 재범방지와 성행교정을 통한 재사회화를 위하여 그의 행적을 추적하여 위치를 확인할 수 있는 전자장치를 신체에 부착하게 하는 부가적인 조치를 취함으로써 성폭력범죄로부터 국민을 보호함을 목적으로 하는 일종의 보안처분이다. 이러한 전자감시제도의 목적과 성격, 운영에 관한 법률의 규정 내용 및 취지 등을 종합해 보면, 전자감시제도는 범죄행위를 한 자에 대한 응보를 주된 목적으로 책임을 추궁하는 사후적 처분인 형벌과 구별되어 본질을 달리한다(대법원 2011.7.28. 2011도5813).
④ 가정폭력범죄의 처벌 등에 관한 특례법이 정한 보호처분 중의 하나인 사회봉사명령은 가정폭력범죄를 범한 자에 대하여 환경의 조정과 성행의 교정을 목적으로 하는 것으로서 형벌 그 자체가 아니라 보안처분의 성격을 가지는 것이 사실이다. 그러나 한편으로 이는 가정폭력범죄행위에 대하여 형사처벌 대신 부과되는 것으로서, 가정폭력범죄를 범한 자에게 의무적 노동을 부과하고 여가시간을 박탈하여 실질적으로는 신체적 자유를 제한하게 되므로, 이에 대하여는 원칙적으로 형벌불소급의 원칙에 따라 행위시법을 적용함이 상당하다(대법원 2008.7.24. 2008어4).

01	02	03	04	05	06	07	08	09	10
③	②	②	④	②	③	③	③	②	①
11	12	13	14	15	16	17	18	19	20
③	④	④	①	④	②	④	①	①	②

01
① 마르크스(Marx)는 범죄발생의 원인을 계급갈등과 경제적 불평등으로 설명하고, 생활에 필요한 물적 자산을 충분히 갖지 못한 피지배계급이 물적 자산 내지 지배적 지위에 기존사회가 허락하지 않는 방법으로 접근하는 행위를 범죄로 인식했으며, 산업화된 자본주의 사회에서 실업이나 불완전 고용의 상태에 처하게 된 수많은 사람들은 비생산적이기 때문에 타락하게 되고 여러 종류의 범죄와 악습에 물들게 된다고 하였다. 즉 범죄는 산업자본주의 하에서 실업과 노동착취로 인해 도덕적으로 타락한 사람들의 개별적인 적응이라 하였다.

② 봉거(Bonger)는 사법체계는 가진 자에게는 그들의 욕망을 달성할 수 있는 합법적 수단을 허용하는 반면, 가난한 자에게는 이러한 기회를 허용하지 않기 때문에 범죄는 하위계급에 집중된다고 하였다. 그리하여 가진 자와 못 가진 자의 갈등적 양상이 심화되면서 양자는 모두 비인간화되고 여기서 범죄생산의 비도덕성(탈도덕화)이 형성된다고 하였다.

③ 퀴니(Quinney)의 초기 연구는 터크(Turk)와 비슷하게 경쟁적 이해관계라는 측면에서 다양한 집단들의 갈등현상을 다루었으나, 후기 연구에서 범죄는 자본주의 물질적 상황에 의해 어쩔 수 없이 유발되는 것이라고 보는 마르크스주의적 관점을 취하였으며, 마르크스 이후 발전된 경제계급론을 총체적으로 흡수하여 자본주의 사회에서의 범죄 및 범죄통제를 분석하였다.

④ 볼드(Vold)는 집단 간의 이익갈등이 가장 첨예한 상태로 대립하는 영역은 입법정책 부분이라고 보았으며, 범죄를 법제정과정에 참여하여 자기의 이익을 반영시키지 못한 집단의 구성원이 일상생활 속에서 법을 위반하며 자기의 이익을 추구하는 행위로 보았다.

02 아노미이론과 하위문화이론에 대한 설명이다.

03
• 사회적 처우(개방처우) : ⓒ, ⑩
• 사회 내 처우 : ⑦, ⓛ, ⓔ

04
① 소년법 제49조 제1항
② 동법 제49조의3
③ 동법 제59조
④ 보호처분이 계속 중일 때에 징역, 금고 또는 구류를 선고받은 소년에 대하여는 먼저 그 형을 집행한다(동법 제64조).

05 사회봉사 명령 또는 허가의 대상이 될 수 없는 자는 ⓒ, ⓔ이다.

ⓐ 판사는 심리의 결과 보호처분이 필요하다고 인정하는 경우에는 결정으로 「보호관찰 등에 관한 법률」에 따른 사회봉사명령을 할 수 있다(가정폭력범죄의 처벌 등에 관한 특례법 제40조 제1항).

ⓑ 판사는 심리 결과 보호처분이 필요하다고 인정할 때에는 결정으로 「보호관찰 등에 관한 법률」에 따른 사회봉사명령을 할 수 있다(성매매 알선 등 행위의 처벌에 관한 법률 제14조 제1항).

ⓒ 사회봉사명령 처분은 14세 이상의 소년에게만 할 수 있다(소년법 제32조 제3항).

ⓓ 징역 또는 금고와 동시에 벌금을 선고받은 사람은 사회봉사를 신청할 수 없으며(벌금 미납자의 사회봉사 집행에 관한 특례법 제4조 제2항), 사회봉사를 신청할 수 없는 사람이 신청을 한 경우에는 법원은 사회봉사를 허가하지 아니한다(동법 제6조 제2항).

ⓔ 법원이 아동·청소년대상 성범죄를 범한 사람에 대하여 형의 집행을 유예하는 경우에는 수강명령 외에 그 집행유예기간 내에서 보호관찰 또는 사회봉사 중 하나 이상의 처분을 병과할 수 있다(아동·청소년의 성보호에 관한 법률 제21조 제4항).

06 1개월 이내의 소년원 송치와 보호관찰관의 단기 보호관찰은 병합할 수 없다(소년법 제32조 제2항).

✦ **보호처분의 병합**(소년법 제32조 제2항)

다음의 처분 상호 간에는 그 전부 또는 일부를 병합할 수 있다.

1. 보호자 또는 보호자를 대신하여 소년을 보호할 수 있는 자에게 감호 위탁(제1호)·수강명령(제2호)·사회봉사명령(제3호)·보호관찰관의 단기 보호관찰(제4호) 처분

2. 보호자 또는 보호자를 대신하여 소년을 보호할 수 있는 자에게 감호 위탁(제1호)·수강명령(제2호)·사회봉사명령(제3호)·보호관찰관의 장기 보호관찰(제5호) 처분

3. 보호관찰관의 단기 보호관찰(제4호)·아동복지시설이나 그 밖의 소년보호시설에 감호 위탁(제6호) 처분

4. 보호관찰관의 장기 보호관찰(제5호)·아동복지시설이나 그 밖의 소년보호시설에 감호 위탁(제6호) 처분

5. 보호관찰관의 장기 보호관찰(제5호)·1개월 이내의 소년원 송치(제8호) 처분

07 ① 국가 또는 지방자치단체는 법무부장관에게 등록한 범죄피해자 지원법인(등록법인)의 건전한 육성과 발전을 위하여 필요한 경우에는 예산의 범위에서 등록법인에 운영 또는 사업에 필요한 경비를 보조할 수 있다(범죄피해자 보호법 제34조 제1항).

② 구조금 지급에 관한 사항을 심의·결정하기 위하여 각 지방검찰청에 범죄피해구조심의회(지구심의회)를 두고 법무부에 범죄피해구조본부심의회(본부심의회)를 둔다(동법 제24조 제1항).

③ 검사는 피의자와 범죄피해자(당사자) 사이에 형사분쟁을 공정하고 원만하게 해결하여 범죄피해자가 입은 피해를 실질적으로 회복하는 데 필요하다고 인정하면 당사자의 신청 또는 직권으로 수사 중인 형사사건을 형사조정에 회부할 수 있다(동법 제41조 제1항).

④ 동법 제21조 제1항

08 ① 곡물 가격과 범죄의 관계 : 식량비의 변동은 재산범죄에 정비례하고 임금변동과 재산범은 반비례한다.

② 케틀레는 인신범죄는 따뜻한 지방에서, 재산범죄는 추운지방에서 상대적으로 많이 발생한다고 한다.

③ 범죄인자 접촉빈도와 범죄발생과의 관계에 대한 이론인 습관성가설은 매스컴과 범죄의 관계에 대한 이론으로 매스컴의 폭력장면을 장기적으로 보게 되면 범죄행위에 대해 무감각하게 되고, 범죄를 미화하는 가치관이 형성되어서 장기적으로 범죄가 유발된다는 것이다.

마약범죄 발생의 원인규명에 주로 활용되는 것은 도파민 가설이다. 도파민 가설에 의하면 마약중독은 인체가 약물에 의해 도파민의 적정량을 유지하는 기능을 상실했을 때 발생한다고 한다.

④ 엑스너는 제1차 세계대전 당시 독일의 범죄현상에 대해 연구하여, 전쟁의 추이가 범죄에 미치는 영향을 네 단계(감격기, 의무이행기, 피로기, 붕괴기)로 나누어 전쟁과 범죄의 관련성을 설명하였다.

09 ① 소년법 제3조 제1항·제2항
② 사건을 관할 지방법원에 대응한 검찰청 검사에게 송치하여야 한다(동법 제7조 제1항).
③ 동법 제19조 제1항
④ 동법 제33조 제5항·제6항

10 ① 벌금을 선고할 때에는 동시에 그 금액을 완납할 때까지 노역장에 유치할 것을 명할 수 있다(형법 제69조 제1항 단서).
② 동법 제69조 제2항
③ 동법 제45조
④ 동법 제70조 제2항

11 크레취머는 체형 중 운동형이 범죄확률이 높다고 하였으며, 절도범이나 사기범 중에는 세장형이 많다고 하였다.

12 ㉠ – C. 형식적 범죄개념, ㉡ – D. 사회적 일탈행위, ㉢ – A. 실질적 범죄개념, ㉣ – B. 자연적 범죄개념

13 옳지 않은 것은 ㉡, ㉤이다.
㉠ 다섯 가지 요인을 가중실점방식(특정항목의 점수를 가중하거나 감점하는 방식)에 의한 범죄예측표를 작성하였다.
㉡ 통계적 예측방법은 개인의 다양성을 지나치게 단순화하여 재범가능성 판단에서는 임상적 예측법보다 예측력이 부족하다.
㉢ 직관적 예측방법은 형사사법종사자들의 직업경험 등에 의한 인간의 보편적인 직관적 예측능력에 기초한 예측으로, 전문성의 결여 및 객관적 기준확보가 곤란하고 허위긍정의 예측오류가능성이 높다.
㉣ 조기예측은 특정인에 대해 범행 이전에 미리 그 위험성을 예측하는 것을 말한다. 잠재적 비행자를 조기에 식별하여 위험한 사람을 분류함으로써 범죄예방에 도움을 주기 위한 목적을 가지고 있어 사법예측이 아니라는 특징이 있다.
㉤ 재판단계예측은 재범예측과 적응예측이 있으며, 가장 중요한 양형의 기준(효율적인 양형산정의 기준)이 되며 처우의 개별화를 위해서도 필요하다.

14 ① **자기보고조사** : 일정한 집단을 대상으로 개개인의 범죄나 비행을 면접이나 설문지를 통하여 스스로 보고하게 하여 암수범죄를 측정하는 방법이다.
② **피해자조사** : 실제 범죄의 피해자로 하여금 범죄의 피해경험을 보고하게 하는 방법이다.
③ **추행조사** : 일정 수의 범죄자 또는 비범죄자를 일정 기간 계속적으로 추적·조사하여 그들의 특성과 사회적 조건의 변화상태를 분석하고, 그 변화상태와 범죄자 또는 범죄와의 연결관계를 살펴보는 방법이다.
④ **참여적 관찰방법** : 관찰자(연구자)가 직접 범죄자 집단에 들어가 함께 생활하면서 그들의 생활을 관찰하는 조사방법을 말한다.

15 ① 여성범죄의 특징 중 가장 대표적인 것은 은폐된 범죄성으로, 여성이 주로 범하는 범죄의 유형이 가시적이지 않아서 인지되기가 힘들고 여성범죄자가 자신을 은폐하기도 쉽기 때문이다. 또한 여성범죄의 대부분은 우발적이거나 상황적 범죄이며, 배후에서의 공범으로 가담하는 경우가 많다는 것이다. 그리고 여성은 대개 자신이 잘 아는 사람을 주로 범행의 대상으로 삼고 있으며, 범행의 수법도 독살 등 비신체적 수법을 택하는 경우가 많고, 경미한 범행을 반복해서 자주 행하는 것이 특징이다.
② 폴락(Pollak)은 여성범죄를 기본적인 자연적 여성성향으로부터의 일탈로 보지 않고, 자연적으로 범죄지향적인 성향이 있다고 보고 있다. 여성이 남성보다 더 일탈적이고, 약으며, 생리적이고, 사회적으로 어떤

유형의 범죄에 대해서는 더 용이하다는 것이다. 따라서 여성이 남성에 못지않은 범죄를 하지만, 단지 여성의 범죄는 은폐되거나 편견적인 선처를 받기 때문에 통계상 적은 것으로 보일 뿐이라는 것이다. 폴락의 주장을 '기사도정신 가설'이라고 하는데, 여성이 남성에 의해 이용되기보다는 그들의 남성동료로 하여금 범죄를 수행하도록 남성을 이용한다고 보고 있다.

③ 1970년대에 들어서는, 여성범죄의 원인에 대한 새로운 주장이 등장하였다. 이는 여성의 사회적 역할의 변화와 그에 따른 여성범죄율의 변화의 관계에 초점을 맞추고 있다. 전통적으로 여성범죄율이 낮은 이유를 여성의 사회경제적 지위가 낮기 때문이라고 보고, 여성의 사회적 역할이 변하고 생활형태가 남성의 생활상과 유사해지면서 여성의 범죄활동도 남성의 그것과 닮아간다는 주장이다. 이러한 주장을 '신여성 범죄자'로 지칭하고 있으며, 최근의 여성범죄의 증가로 인하여 많은 설득력을 얻기도 하였다.

④ 롬브로조(Lombroso)는 「The Female Offender」(여성범죄자. 1895)에서 여성은 남성에 비해 수동적이며 범죄성이 약하지만, 경건함, 모성애, 저지능, 약함 등 여성의 전형적인 특질이 부족한 소수의 여성범죄집단이 있다고 주장한다. 여성은 남보다 진화가 덜 되었으며, 보다 어린애 같으며, 덜 감정적이며, 지능이 낮다고 한다. 즉 예를 들어 범죄를 범하는 여성은 몸에 털이 많이 나는 등 신체적 특성으로 정상적인 여성과 구별될 수 있다는 것이다.

이러한 신체적 특성뿐 아니라 감정적인 면에서도 다른 여성보다 비행여성은 범죄적 또는 비범죄적 남성과 더 가까운 것으로 보인다고 주장하였다. 이러한 롬브로조의 주장을 '남성성 가설'이라고 한다.

16 ① 보호관찰 등에 관한 법률 제29조 제1항
② 보호관찰은 보호관찰 대상자의 주거지를 관할하는 보호관찰소 소속 보호관찰관이 담당한다(동법 제31조).
③ 동법 제33조의2 제1항
④ 동법 제46조의3 제2항

17 반응양식 중 개혁·혁신형은 범죄자들의 전형적인 적응방식으로 문화적 목표는 수용하지만 제도화된 수단은 거부하는 형태이다.

18 ① 살인죄의 미수범과 예비·음모죄도 포함된다(전자장치 부착 등에 관한 법률 제2조).
② 동법 제4조
③ 동법 제14조 제2항
④ 동법 제16조의2 제4항

19 ① 형의 선고를 유예하는 경우에 재범방지를 위하여 지도 및 원호가 필요한 때에는 보호관찰을 받을 것을 명할 수 있으며(형법 제59조의2 제1항), 이 경우 보호관찰의 기간은 1년으로 한다(동법 제59조의2 제2항).
② 동법 제61조 제2항
③ 동법 제62조의2 제1항·제2항
④ 동법 제73조의2 제2항

20 ① 소년법 제49조의2 제1항
② 소년부 판사는 사건의 조사 또는 심리에 필요하다고 인정하면 기일을 지정하여 사건 본인이나 보호자 또는 참고인을 소환할 수 있고(동법 제13조 제1항), 사건 본인이나 보호자가 정당한 이유 없이 소환에 응하지 아니하면 소년부 판사는 동행영장을 발부할 수 있다(동법 제13조 제2항). 참고인은 소환할 수 있으나, 소환에 불응시 동행영장을 발부할 수는 없다.
③ 보호관찰 등에 관한 법률 제19조 제1항
④ 동법 제26조 제1항

01	02	03	04	05	06	07	08	09	10
②	③	①	③	②	①	①	②	④	①

11	12	13	14	15	16	17	18	19	20
③	③	④	①	④	③	②	②	④	②

01 화이트칼라 범죄는 피해의 규모가 큰 반면, 교묘하고 계획적인 범죄가 많아 피해자가 느끼는 피해감정이 미약하며, 가해자도 살인·강도 등을 저지른 것과 같은 죄책감을 갖지 않는 특징을 가진다.

02 ① 참여적 관찰법은 체포되지 않은 자와 체포된 자 등 모두 참여관찰의 연구대상이 되며, 참여관찰의 초점은 그 대상이 아니라 직접적으로 관찰하는지의 여부이다.

② 범죄통계는 범죄현상의 양적·외형적·일반적 경향 파악에 유용하지만, 범죄의 구체적 상황이나 범죄자의 개인적 특성 등 질적 파악 및 범죄의 인과관계의 해명이 어렵다.

③ 범죄시계는 인구성장률을 반영하지 않고 있고 시간을 고정적인 비교단위로 사용하는 문제점이 있기 때문에 통계적 가치는 크지 않으나, 일반인들에게 범죄경보기능을 하고 있다.

④ 피해자조사는 실제 범죄의 피해자로 하여금 범죄의 피해경험을 보고하게 하는 방법으로, 암수범죄의 조사방법으로 가장 많이 활용된다. 공식통계가 암수범죄의 문제를 안고 있기 때문에 실제 범죄의 피해자는 공식적으로 보고되고 기록된 것보다 많을 것이라는 가정 하에, 가해자가 아닌 피해자를 통하여 범죄를 파악하고자 하는 방법이 피해자조사이다.

03 범죄행위의 학습과정은 다른 행위의 학습과정과 동일한 메커니즘을 가진다. 범죄자와 준법자와의 차이는 접촉양상에 있을 뿐 학습이 진행되는 과정에는 아무런 차이가 없다(범죄자와 비범죄자 간의 차이는 학습과정의 차이가 아니라 접촉유형의 차이이다).

04 일반예방주의는 목적형주의의 입장에서 범죄예방의 대상을 일반인에게 두고 형벌에 의하여 일반인을 위하·경계시킴으로써 범죄를 행하지 않도록 하는 데에 형벌의 목적을 두는 것을 말한다.

05 A. 비난자에 대한 비난(㉣)
B. 책임의 부정(㉠)
C. 가해의 부정(㉡)
D. 피해자의 부정(㉢)

06 낙인이론은 일차적 일탈의 원인, 즉 이차적 일탈을 유발하는 일차적 일탈의 근본원인을 설명하지 않았다는 비판을 받는다. 즉 개인 간·집단 간·사회 간 범죄율의 차이나 일탈과정에 있어서의 개인적 의사결정상 차이 등은 개인적 인격특성 또는 상황적 특성 및 동기의 차이가 있음을 암시해 줌에도 불구하고, 지나치게 사회적 반응만을 강조한 나머지 이런 사항들이 무시되고 있다는 것이다. 따라서 일탈과 비일탈의 구분이 뚜렷할 수 없다는 지적이다.

07 ① 이탈리아학파는 결정론을 전제로, 자연과학적 방법을 도입하여 범죄원인을 실증적으로 분석하였다. 자유의지에 따라 이성적으로 행동하는 인간을 전제로 한 것은 고전학파이다.

② 페리는 롬브로조의 생물학적 범죄원인론에 관심을 가졌지만, 자신이 수용한 사회주의 영향으로 사회적·경제적·정치적 요인들의 영향을 더욱 강조하였다.

③ 범죄행위는 심리적 혹은 도덕적 변종에 의한 것이라고 가로팔로는 주장하였다. 즉 정상인들은 모두 이타적인 정서를 기본적으로 가지고 있는데 범죄자들은 이러한 정서가 결핍되어 있다는 것이다. 심리적 변종 상태는 일반적인 정신이상이나 정신질환과는 다른 것이며 대체로 열등한 인종이나 민족들에서 많이 나타난다고 보았다. 따라서 범죄의 원인으로 고찰한 것은 신체적 특성이 아니라 심리적 상태였으며, 심리적으로 덜 발달된, 즉 이타적 정서가 미발달된 사람일수록 범죄를 저지르는 경향이 높다는 것이다.

④ 롬브로조와는 달리 생래적 범죄인에 대해서는 사형을 부정하고 무기격리할 것을 주장하였다.

08 수사종결처분, 양형의 산정, 가석방 결정 등에 필요한 범죄예측은 교정시설의 과밀화 현상을 해소하는 데에 기여될 수 있다.

09 한 지역의 상황적 범죄예방활동의 효과는 다른 지역으로 확산되어 다른 지역의 범죄예방에도 긍정적인 영향을 미치게 된다는 것은 '이익의 확산효과(Diffusion of Benefit)'이다.

특정지역을 범죄로부터 보호하고자 경찰을 집중배치하거나, CCTV를 집중적으로 설치하는 등의 안전정책을 도입하였다면 해당지역의 범죄발생은 감소할 것이다. 하지만, 안전정책을 도입한 지역에서 감소한 범죄는 실제 감소한 것이 아니고 인근지역으로 옮겨가 인근지역에서 발생한다는 것이 풍선효과(Balloon Effect) 또는 범죄전이효과(Crime Displacement Effects)이다.

10 구속적부심사제도는 통상의 형사절차에 해당한다는 점에서 다이버전의 한 예라고 볼 수 없다.

11 ① 형법 제59조 제1항
② 형사소송법 제477조 제6항, 재산형 등에 관한 검찰 집행사무규칙 제12조
③ 현행법상 총액벌금제도이다.
④ 벌금 미납자의 사회봉사 집행에 관한 특례법 제6조

12 ① 형법 제42조
② 동법 제72조 제1항
③ 형의 선고를 유예하는 경우에 보호관찰을 받을 것을 명할 수는 있으나(동법 제59조의2 제1항), 사회봉사 또는 수강을 명할 수는 없다.
④ 동법 제69조 제2항

13 간접적 관찰(설문조사)은 마약범죄, 경제범죄, 정치범죄, 조직범죄와 가정에서 일어나는 범죄에 대한 자료를 거의 제공하지 못한다.

14 ① 다만, 소년이 형의 집행 중에 23세가 되면 일반 교도소에서 집행할 수 있다(소년법 제63조).
② 동법 제59조
③ 동법 제60조 제1항
④ 동법 제49조의3

15 모두 옳은 설명이다.

16 ① 수강명령 처분은 12세 이상의 소년에게만 할 수 있다(소년법 제32조 제4항).
② 동법 제33조 제4항
③ 단기 보호관찰기간은 1년으로 하고(동법 제33조 제2항), 장기 보호관찰기간은 2년으로 한다(동법 제33조 제3항).
④ 동법 제33조 제5항·제6항

17 ② 범죄피해자란 타인의 범죄행위로 피해를 당한 사람과 그 배우자(사실상의 혼인관계를 포함), 직계친족 및 형제자매를 말한다(범죄피해자 보호법 제3조 제1항 제1호).
③ 형사소송법 제163조의2 제1항

18 ①, ④ ㉠ 피의자가 도주하거나 증거를 인멸할 염려가 있는 경우, ㉡ 공소시효의 완성이 임박한 경우, ㉢ 불기소처분의 사유에 해당함이 명백한 경우(다만, 기소유예처분의 사유에 해당하는 경우는 제외한다)에는 형사조정에 회부하여서는 아니 된다(범죄피해자 보호법 제41조 제2항).
② 동법 제42조 제2항
③ 형사조정위원회는 필요하다고 인정하면 형사조정의 결과에 이해관계가 있는 사람의 신청 또는 직권으로 이해관계인을 형사조정에 참여하게 할 수 있다(동법 제43조 제3항).

19 특별준수사항에 해당한다(보호관찰 등에 관한 법률 제32조 제3항).

20 ① 소년법 제13조 제2항
② 소년부 판사는 사건 본인을 보호하기 위하여 긴급조치가 필요하다고 인정하면 소환 없이 동행영장을 발부할 수 있다(동법 제14조).
③ 동법 제17조 제1항·제2항
④ 동법 제11조 제1항

04 2020년 보호직 7급 정답 및 해설

Corrections & Criminal Justice

01	02	03	04	05	06	07	08	09	10
③	②	③	①	①	②	④	④	②	②
11	12	13	14	15	16	17	18	19	20
④	④	①	④	③	④	③	③	②	②

01 참여적 관찰방법에 대한 설명이다.

개별적 사례조사는 범죄자 개개인에 대해 인격과 환경 등 여러 요소를 종합적으로 분석하여 상호연결관계를 규명하는 방법이다. 조사대상자에 대한 개별적 사례조사나 그의 과거사를 조사하는 것으로 일기나 편지 등 개인의 극히 내밀한 정보의 획득이 요구된다.

02 형벌은 책임을 전제로 하고 책임주의의 범위 내에서 과하여 지지만, 보안처분은 행위자의 사회적 위험성을 전제로 하여 특별예방의 관점에서 과하여 지는 제재이다.

03 형사정책의 대상은 형식적 의미의 범죄에 국한되지 않고 실질적 의미의 범죄도 포함된다.

04 믿음(신념)이란 내적 통제를 의미하는 것으로 사람들마다 사회규범을 준수해야 한다고 믿는 정도에는 차이가 있고 규범에 대한 믿음이 약할수록 비행이나 범죄를 저지를 가능성이 높다고 보았다.

탄넨바움(Tannenbaum)은 공공(公共)에 의해 부여된 범죄자라는 꼬리표에 비행소년 스스로가 자신을 동일시하고 그에 부합하는 역할을 수행하게 되는 과정을 '악의 극화'라고 하였다. 따라서 지역사회가 청소년의 초기 비행행동에 대해 과잉반응하지 않고 꼬리표를 붙이지 않는다면, 이들 청소년의 비행교우와 비행활동이 그만큼 적어질 수 있고, 결과적으로 자신을 정상적으로 생각하게 되어 비행이나 범죄적 생활에 전념하는 것을 방지할 수 있는 것이다.

05 특정인이 어떻게 범죄행위에 가담하게 되는가를 설명하는 서덜랜드(Sutherland)의 차별적 접촉이론은 화이트 칼라 범죄 등 기업범죄를 설명하는 데에 유용한 이론이다.

사회해체이론은 급격한 도시화·산업화에 따라 지역사회에 기초한 통제의 붕괴, 사회해체, 비행적 전통과 가치관이 관습적 전통과 가치관을 대체, 공식적 또는 비공식적 사회통제의 약화, 일탈로 이어진다는 이론이다. 퇴행변이지역(틈새지역)에서의 하류계층의 높은 범죄율을 설명하는 데에 유용하다.

06 ① 나이(Nye)는 소년비행을 가장 효율적으로 예방할 수 있는 방법으로 비공식적인 간접통제방법을 들었다.

② 레크리스(Reckless)의 봉쇄(견제)이론에 대한 설명이다. 내부적·외부적 통제개념에 기초하여 범죄유발요인과 범죄차단요인으로 나누고, 만약 범죄를 이끄는 힘이 차단하는 힘보다 강하면 범죄나 비행을 저지르게 되고, 차단하는 힘이 강하면 비록 이끄는 힘이 있더라도 범죄나 비행을 자제한다는 것이다. 이때 외부적 통제요소와 내부적 통제요소 중 어느 한 가지만 제대로 작동되어도 범죄는 방지될 수 있다고 보았다.

③ 피해자의 부정에 대한 설명이다.

④ 사회통제이론은 "사람들이 왜 범죄를 저지르는가?"보다는 "왜 많은 사람들이 범죄를 저지르지 않는가?"를 설명하려고 한다.

07 아노미 상황에서 개인의 적응 방식 중 반역형(혁명형, 전복형)에 대한 설명이다.

08 클라워드(Cloward)와 오린(Ohlin)의 하위문화유형 중 갈등적 하위문화에 대한 설명이다.
범죄적 하위문화는 합법적 기회는 없고 비합법적 기회와는 접촉이 가능하여 범행이 장려되고 불법이 생활화되는 하위문화유형이다.

09 ① 법원은 피고인에 대하여 「형법」 제59조의2(선고유예시 보호관찰) 및 제62조의2(집행유예시 보호관찰, 사회봉사·수강명령)에 따른 보호관찰, 사회봉사 또는 수강을 명하기 위하여 필요하다고 인정하면 그 법원의 소재지 또는 피고인의 주거지를 관할하는 보호관찰소의 장에게 범행 동기, 직업, 생활환경, 교우관계, 가족상황, 피해회복 여부 등 피고인에 관한 사항의 조사를 요구할 수 있다(보호관찰 등에 관한 법률 제19조 제1항).
② 법원은 「소년법」 제12조(전문가의 진단)에 따라 소년 보호사건에 대한 조사 또는 심리를 위하여 필요하다고 인정하면 그 법원의 소재지 또는 소년의 주거지를 관할하는 보호관찰소의 장에게 소년의 품행, 경력, 가정상황, 그 밖의 환경 등 필요한 사항에 관한 조사를 의뢰할 수 있다(동법 제19조의2 제1항).
   ※ 판결 전 조사(동법 제19조 제1항)는 성인·소년 형사사건에 대한 조사이고, 결정 전 조사는 소년 보호사건에 대한 조사이다.
③ 검사는 소년 피의사건에 대하여 소년부 송치, 공소제기, 기소유예 등의 처분을 결정하기 위하여 필요하다고 인정하면 피의자의 주거지 또는 검찰청 소재지를 관할하는 보호관찰소의 장, 소년분류심사원장 또는 소년원장(보호관찰소장 등)에게 피의자의 품행, 경력, 생활환경이나 그 밖에 필요한 사항에 관한 조사를 요구할 수 있다(소년법 제49조의2 제1항).
④ 검사는 부착명령을 청구하기 위하여 필요하다고 인정하는 때에는 피의자의 주거지 또는 소속 검찰청(지청을 포함) 소재지를 관할하는 보호관찰소(지소를 포함)의 장에게 범죄의 동기, 피해자와의 관계, 심리상태, 재범의 위험성 등 피의자에 관하여 필요한 사항의 조사를 요청할 수 있다(전자장치 부착 등에 관한 법률 제6조 제1항).

10 ① 만 19세 미만의 자에 대하여 부착명령을 선고한 때에는 19세에 이르기까지 이 법에 따른 전자장치를 부착할 수 없다(전자장치 부착 등에 관한 법률 제4조).
② 동법 제14조 제3항
③ 전자장치 부착 대상범죄는 성폭력범죄, 미성년자 대상 유괴범죄, 살인범죄, 강도범죄 및 스토킹범죄이다(동법 제2조).
④ 부착명령의 집행 중 다른 죄를 범하여 금고 이상의 형의 집행을 받게 된 때에는 부착명령의 집행이 정지된다(동법 제13조 제6항 제2호).

11 ① 소년원장은 보호소년이 22세가 되면 퇴원시켜야 한다(보호소년 등의 처우에 관한 법률 제43조 제1항).
② 보호장비는 징벌의 수단으로 사용되어서는 아니 된다(동법 제14조의2 제7항).
③ 보호소년 등을 소년원이나 소년분류심사원에 수용할 때에는 법원소년부의 결정서, 법무부장관의 이송허가서 또는 지방법원 판사의 유치허가장에 의하여야 한다(동법 제7조 제1항).
④ 동법 제15조 제3항

12 ① 사회봉사명령 처분은 14세 이상의 소년에게만 할 수 있고(소년법 제32조 제3항), 수강명령 처분은 12세 이상의 소년에게만 할 수 있다(동법 제32조 제4항).
② 수강명령은 100시간을 초과할 수 없다(동법 제33조 제4항).
③ 보호자 등에게 감호 위탁, 아동복지시설이나 그 밖의 소년보호시설에 감호 위탁, 병원·요양소 또는 의료재활소년원에 위탁기간은 6개월로 하되, 소년부 판사는 결정으로써 6개월의 범위에서 한 번에 한하여 그 기간을 연장할 수 있다(동법 제33조 제1항).
④ 동법 제32조의2 제3항

13 성인수형자에 대한 가석방 적격 심사는 가석방심사위원회가 한다(형집행법 제119조).
보호관찰심사위원회는 징역 또는 금고의 형을 선고받은 소년(소년수형자)에 대한 가석방과 (보호관찰을 받는 성인·소년 가석방 대상자의) 그 취소에 관한 사항을 심사·결정한다(보호관찰 등에 관한 법률 제6조·제23조).

14 ① 형기에 산입된 판결선고 전 구금일수는 가석방을 하는 경우 집행한 기간에 산입한다(형법 제73조 제1항).
② 가석방의 기간은 무기형에 있어서는 10년으로 하고, 유기형에 있어서는 남은 형기로 하되, 그 기간은 10년을 초과할 수 없다(동법 제73조의2 제1항).
③ 징역이나 금고의 집행 중에 있는 사람이 행상이 양호하여 뉘우침이 뚜렷한 때에는 무기형은 20년, 유기형은 형기의 3분의 1이 지난 후 행정처분으로 가석방을 할 수 있다(동법 제72조 제1항).
④ 동법 제75조

15 옳은 것은 ㉠, ㉡, ㉣이다.
㉠ 사건 본인이나 보호자는 소년부 판사의 허가를 받아 보조인을 선임할 수 있으며(소년법 제17조 제1항), 보호자나 변호사를 보조인으로 선임하는 경우에는 소년부 판사의 허가를 받지 아니하여도 된다(동법 제17조 제2항).
㉡ 동법 제4조 제3항
㉢ 소년이 법정형으로 장기 2년 이상의 유기형에 해당하는 죄를 범한 경우에는 그 형의 범위에서 장기와 단기를 정하여 선고한다. 다만, 장기는 10년, 단기는 5년을 초과하지 못한다(동법 제60조 제1항).
㉣ 동법 제19조 제2항

16 ① 형의 선고유예를 받은 날로부터 2년을 경과한 때에는 면소된 것으로 간주한다(형법 제60조).
② 형의 선고를 유예하는 경우 보호관찰의 기간은 1년으로 하고(동법 제59조의2 제2항), 형의 집행을 유예하는 경우 보호관찰의 기간은 집행을 유예한 기간으로 한다(동법 제62조의2 제2항).
③ 형의 집행유예 시 부과되는 수강명령은 집행유예기간 내에 이를 집행한다(동법 제62조의2 제3항).
④ 동법 제62조 제2항

17 옳은 것은 ㉡, ㉢이다.
㉠ 특정강력범죄를 범한 당시 18세 미만인 소년을 사형 또는 무기형에 처하여야 할 때에는 「소년법」제59조(15년의 유기징역)에도 불구하고 그 형을 20년의 유기징역으로 한다(특정강력범죄의 처벌에 관한 특례법 제4조 제1항). 존속살해죄는 「특정강력범죄의 처벌에 관한 특례법」의 적용을 받는다(동법 제2조 제1항).
㉡ 18세 미만인 소년에게는 「형법」제70조에 따른 유치선고(환형유치선고)를 하지 못한다(소년법 제62조).
㉢ 동법 제63조
㉣ 3년이 지나면 가석방을 허가할 수 있다(동법 제65조).

18 ① 항고를 제기할 수 있는 기간은 7일로 한다(소년법 제43조 제2항).
② 관할 가정법원 또는 지방법원 본원 합의부에 항고할 수 있다(동법 제43조 제1항).
③ 동법 제47조 제1항
④ 항고법원은 항고가 이유가 있다고 인정한 경우에는 원결정을 취소하고 사건을 원소년부에 환송하거나 다른 소년부에 이송하여야 한다. 다만, 환송 또는 이송할 여유가 없이 급하거나 그 밖에 필요하다고 인정한 경우에는 원결정을 파기하고 불처분 또는 보호처분의 결정을 할 수 있다(동법 제45조 제2항).

19 ① 치료감호와 형이 병과된 경우에는 치료감호를 먼저 집행한다(치료감호 등에 관한 법률 제18조).

② 동법 제7조

③ 치료감호의 기간은 15년을 초과할 수 없다(동법16조 제2항).

④ 법원은 치료명령대상자에 대하여 형의 선고 또는 집행을 유예하는 경우에는 치료기간을 정하여 치료를 받을 것을 명할 수 있으며(동법 제44조의2 제1항), 치료를 명하는 경우 보호관찰을 병과하여야 한다(동법 제44조의2 제2항).

20 ① 대법원 2019.1.17. 2018도17726

② 검사는 불기소처분의 사유에 해당함이 명백한 경우에는 형사조정에 회부하여서는 아니 되지만, 기소유예처분의 사유에 해당하는 경우에는 형사조정에 회부할 수 있다(범죄피해자 보호법 제41조 제2항).

③ 동법 제3조 제1항 제1호

④ 성폭력범죄의 처벌 등에 관한 특례법 제27조 제6항

01	02	03	04	05	06	07	08	09	10
②	②	③	③	②	③	④	②	④	①
11	12	13	14	15	16	17	18	19	20
②	①	①	④	④	④	②	②	①	③
21	22	23	24	25					
④	③	④	③	①					

01 ① 상대적 암수범죄(relatives dunkelfeld)는 수사기관에 인지는 되었으나 해결되지 않은 범죄로 수사기관과 법원과 같은 법집행기관의 자의 또는 재량 때문에 발생하는 암수범죄이다. 즉 경찰, 검찰, 법관 등이 범죄의 혐의가 명백히 존재함에도 개인적인 편견이나 가치관에 따라 범죄자에 대하여 차별적인 취급을 함으로써 암수범죄가 발생한다.

② 케틀레(Quetelet)는 암수범죄와 관련하여 정비례의 법칙을 주장하면서, 명역범죄(공식적으로 인지된 범죄)와 암역범죄 사이에는 변함없는 고정관계가 존재한다고 보고, 명역범죄가 크면 그만큼 암역범죄도 크며, 명역범죄가 작으면 그만큼 암역범죄도 작다고 하였다. 이 공식에 따라 공식적 통계상의 범죄현상은 실제의 범죄현상을 징표하거나 대표하는 의미가 있다고 보았다.

그러나 이후에 서덜랜드(Sutherland), 셀린(Sellin), 엑스너(Exner) 등에 의해 암수율은 항상적(변함없는)인 것이 아니고 불규칙적으로 변화한다는 사실이 밝혀졌다.

③ 절대적 암수범죄(absolutes dunkelfeld)는 성매매, 낙태, 도박, 마약매매와 같은 피해자가 없거나 피해자와 가해자의 구별이 어려운 범죄에서 많이 발생하게 된다. 이러한 범죄에 대한 국민의 고소·고발은 거의 기대할 수 없기 때문이다.

④ 일탈자에 대한 사회의 반응으로 인한 암수의 문제점을 지적하고(사회적 강자들은 국가가 개입 × → 그러므로 이들이 범하는 범죄는 통계에 잡히지 않는다. → 암수범죄), 자기보고나 참여적 관찰에 의한 보충을 요구하였다.

02 보호장비의 종류에는 수갑, 포승, 가스총, 전자충격기, 머리보호장비, 보호대가 있다(보호소년 등의 처우에 관한 법률 제14조의2 제1항).

03 ① 따르드(Tarde)는 롬브로조(Lombroso)의 생물학적 원인론을 부정하고, 인간은 다른 사람들과 접촉하면서 관념을 학습하며, 행위는 자기가 학습한 관념으로부터 유래하는 것이라고 주장하였다. 즉 모든 사회현상이 모방이듯이 범죄행위도 모방한다고 보았다. 따라서 사람은 태어날 때는 모두 정상인이지만, 이후 범죄가 생활방식의 하나인 분위기에서 양육됨으로써 범죄자가 된다는 것이다.

② 서덜랜드(Sutherland)의 차별적 접촉이론은 분화된 집단 가운데 어느 집단과 친밀감을 가지고 차별적 접촉을 갖느냐에 따라 백지와 같은 인간의 본성에 특정집단의 행동양식을 배우고 익혀나간다는 이론으로, 범죄자는 정상인과 원래 다르다는 심리학적 분석을 수용하지 않고, 범죄자도 정상인과 다름없는 성격과 사고방식을 갖는다는 데서 출발한다.

③ 차별적 접촉이론이 차별적 반응의 문제를 해결하지 못하고, 또한 범죄의 학습이 반드시 친근한 집단과의 직접적인 접촉을 통해서만 학습되는 것이 아니라는 비판에 대한 대안으로서 글래저(Glaser)는 차별적 동일시라는 개념을 제시하였다. 즉 실제로 반법률적 규정을 야기시키는 접촉을 하지 않은 사람이라도 그들이 반법률적 규정이 기대되는 사람과 자신을 동일시한다면 범죄행위가 가능해진다는 것이다. 예를 들어 청소년들이 텔레비전이나 영화의 범죄적 주인공을 모방하고 흉내 내는 것은 청소년들이 그들을 직접 만

나거나 접촉한 적이 없었음에도 불구하고 범죄를 학습한 경우라고 할 수 있다.

글래저는 차별적 접촉보다 역할이론에 기초한 범죄적 역할과의 동일시를 강조하였다. 범죄행위는 일종의 역할수행이며 따라서 범죄적 역할이 왜 선택되는가를 이해할 필요가 있고, 이러한 선택은 범죄자와의 직접적인 접촉을 통해서도 가능하지만 대중매체로부터 보고 듣던 사람과의 동일시를 통해서 또는 범죄 반대세력에 대한 부정적 반응으로서 이루어질 수도 있다는 것이다. 그래서 사람은 그들의 관점에서 볼 때 자신의 범행이 받아들여질 것 같은 실제 인물이나 그 밖에 상상된 다른 사람과 자신을 동일시하면서 범죄행위를 추구하게 된다.

④ 차별적 접촉이론(Sutherland)은 범죄의 학습환경으로 사람들과의 접촉을 고려하였지만, 조작적 조건화의 논리를 반영한 사회학습이론(Akers)은 학습환경으로 사회적 상호작용과 비사회적 환경 모두를 고려하였다. 즉 사회적 상호작용과 함께 물리적 만족감(굶주림, 갈망, 성적욕구 등의 해소)과 같은 비사회적 환경에 의해서도 범죄행위가 학습될 수 있다고 넓게 보았다.

04 ① 형법전이나 금지행위에 대한 처벌체계가 구성되어야 한다고 주장한다. 특히 베카리아(Beccaria)는 형벌은 성문의 법률에 의해 규정되어야 하고, 법조문은 누구나 알 수 있게 쉬운 말로 작성되어야 한다고 주장하였다.

② 벤담(Bentham)은 최소비용으로 최대효과를 거둘 수 있는 유토피아적인 파놉티콘(Panopticon)형 교도소 건립계획을 수립하여 이상적인 교도행정을 추구하였다.

③ 인간의 자유의지를 중시한 고전학파(고전주의)는 비결정론적 입장이며, 인간을 자유의지를 가진 합리적·이성적 존재로 본다. 또한 범죄원인에는 관심이 없었고, 법과 형벌제도의 개혁에 관심을 가졌다.

④ 포이에르바하(Feuerbach)는 법률을 위반하는 경우 물리적 강제를 가해서는 안 되고, 심리적 강제로 위법행위와 고통을 결부하여야 한다는 심리강제설을 주장하였다.

05 코헨(Cohen)과 펠손(Felson)의 일상활동이론은 범죄자가 아니라 피해자를 둘러싸고 있는 범행의 조건을 강조하는 이론으로, 약탈적 범죄의 설명을 위하여 시작하였으며, 그러한 범죄가 발생하기 위해서는 범행을 동기화한 사람(범행동기를 가진 잠재적 범죄자), 적절한 범행대상(합당한 표적), 범행을 막을 수 있는 사람의 부존재(보호할 수 있는 능력의 부재)의 세 가지 요소가 시간과 공간적으로 융합되어야 한다고 가정한다. 이 이론은 잠재적 범죄자는 이미 정해진 것으로 간주하고, 나머지 두 요소에 초점을 맞춘다.

06 ① 법원은 범죄로 인한 피해자 또는 그 법정대리인(피해자 등)의 신청이 있는 때에는 그 피해자 등을 증인으로 신문하여야 하며(형사소송법 제294조의2 제1항 본문), 신청인이 출석통지를 받고도 정당한 이유 없이 출석하지 아니한 때에는 그 신청을 철회한 것으로 본다(동법 제294조의2 제4항).

② 동법 제294조의3 제1항

③ 법원은 동일한 범죄사실에서 피해자 등의 증인신문을 신청한 사람이 여러 명인 경우에는 진술할 자의 수를 제한할 수 있다(동법 제294조의2 제3항).

④ 법원이 직권으로 신문할 증인이나 범죄로 인한 피해자의 신청에 의하여 신문할 증인의 신문방식은 재판장이 정하는 바에 의한다(동법 제161조의2 제4항).

07 ① 형사조정에 회부할 수 있는 형사사건의 구체적인 범위는 대통령령으로 정한다. 다만, ㉠ 피의자가 도주하거나 증거를 인멸할 염려가 있는 경우, ㉡ 공소시효의 완성이 임박한 경우, ㉢ 불기소처분의 사유에 해당함이 명백한 경우(다만, 기소유예처분의 사유에 해당하는 경우는 제외한다)에는 형사조정에 회부하여서는 아니 된다(범죄피해자 보호법 제41조 제2항).

② 형사조정위원회의 위원장은 대외적으로 형사조정위원회를 대표하고 형사조정위원회의 업무를 총괄하며, 형사조정위원 중에서 3명 이내의 형사조정위원을 지정하여 각 형사조정사건에 대한 형사조정위원회(개별 조정위원회)를 구성한다(동법 시행령 제48조 제1항).

③ 검사는 형사사건을 수사하고 처리할 때 형사조정 결과를 고려할 수 있다. 다만, 형사조정이 성립되지 아니하였다는 사정을 피의자에게 불리하게 고려하여서는 아니 된다(동법 제45조 제4항).

④ 형사조정절차를 개시하기 위해서는 당사자의 동의가 있어야 하며(동법 시행령 제52조 제1항), 동의권자가 제 1회 형사조정절차 개시 이전까지 출석하여 또는 전화, 우편, 팩스, 그 밖의 방법으로 형사조정절차에 동 의하지 않을 뜻을 명확히 한 경우에는 형사조정위원회는 담당 검사에게 사건을 회송해야 한다(동법 시행령 제52조 제2항).

※ 당사자 : 형사조정의 당사자는 피의자와 타인의 범죄행위로 피해를 당한 사람이 되는 것을 원칙으로 한다 (동법 시행령 제47조).

✦ 형사조정 대상 사건

형사조정에 회부할 수 있는 형사사건은 다음과 같다.

1. 차용금, 공사대금, 투자금 등 개인 간 금전거래로 인하여 발생한 분쟁으로서 사기, 횡령, 배임 등으로 고소된 재산범죄 사건
2. 개인 간의 명예훼손·모욕, 경계 침범, 지식재산권 침해, 임금체불 등 사적 분쟁에 대한 고소사건
3. 제1호 및 제2호에서 규정한 사항 외에 형사조정에 회부하는 것이 분쟁 해결에 적합하다고 판단되는 고소 사건
4. 고소사건 외에 일반 형사사건 중 제1호부터 제3호까지에 준하는 사건

08 ① 소년법 제43조 제2항, 동법 제44조 제1항
② 항고는 보호처분 결정의 집행을 정지시키는 효력이 없다(동법 제46조).
③, ④ 보호처분의 결정(동법 제32조) 및 부가처분 등의 결정(동법 제32조의2) 또는 보호처분·부가처분 변경 결정(동법 제37조)이 ㉠ 해당 결정에 영향을 미칠 법령 위반이 있거나 중대한 사실 오인이 있는 경우, ㉡ 처분이 현저히 부당한 경우에는 사건 본인·보호자·보조인 또는 그 법정대리인은 관할 가정법원 또는 지방법원 본원 합의부에 항고할 수 있다(동법 제43조 제1항).

09 ① 보호소년 등의 처우에 관한 법률 제11조
② 동법 제14조의2 제7항
③ 동법 제14조의3 제2항
④ 소년분류심사원이 설치되지 아니한 지역에서는 소년분류심사원이 설치될 때까지 소년분류심사원의 임 무는 소년원이 수행하고, 위탁소년 및 유치소년은 소년원의 구획된 장소에 수용한다(동법 제52조).

10 ① 선도조건부 기소유예제도는 소년보호선도제도의 하나로서 범죄소년을 소년절차의 초기단계에서 이탈시 켜 민간선도위원의 선도보호를 받도록 함으로써 그 소년의 사회복귀와 재범방지를 도모하는 제도로, 기 소나 소년부 송치에 대한 대안에 해당하므로 협의의 불기소처분 대상(혐의 없음, 죄가 안 됨, 공소권 없음, 각 하)의 사건은 당연히 조건부 기소유예의 대상에서 제외된다.
② 소년에 대한 형사사건에 관하여는 「소년법」에 특별한 규정이 없으면 일반 형사사건의 예에 따른다(소년법 제48조). 피고인이 미성년자인 경우에 변호인이 없는 때에는 법원은 직권으로 변호인을 선정하여야 하고(형사소송 법 제33조 제1항 제2호), 피고인이 미성년자인 사건에 관하여는 변호인 없이 개정하지 못한다. 단, 판결만을 선고할 경우에는 예외로 한다(동법 제282조). 제282조 본문의 경우 변호인이 출석하지 아니한 때에는 법원 은 직권으로 변호인을 선정하여야 한다(동법 제283조).
③ 형의 집행유예나 선고유예를 선고할 때에는 부정기형을 선고하지 못한다(소년법 제60조 제3항).
④ 소년에 대한 부정기형을 집행하는 기관의 장은 형의 단기가 지난 소년범의 행형 성적이 양호하고 교정의 목적을 달성하였다고 인정되는 경우에는 관할 검찰청 검사의 지휘에 따라 그 형의 집행을 종료시킬 수 있다(동법 제60조 제4항).

11 ① 전자장치 부착 등에 관한 법률 제4조
② 검사는 미성년자 대상 유괴범죄를 저지른 사람으로서 미성년자 대상 유괴범죄를 다시 범할 위험성이 있다고 인정되는 사람에 대하여 부착명령을 법원에 청구할 수 있다.(초범 + 재범 위험성, 임의적 청구) 다만, 유괴범죄로 징역형의 실형 이상의 형을 선고받아 그 집행이 종료 또는 면제된 후 다시 유괴범죄를 저지른 경우에는 부착명령을 청구하여야 한다(재범, 필요적 청구)(동법 제5조 제2항).
③ 동법 제12조 제1항
④ 전자장치 부착명령의 임시해제 신청은 부착명령의 집행이 개시된 날부터 3개월이 경과한 후에 하여야 한다. 신청이 기각된 경우에는 기각된 날부터 3개월이 경과한 후에 다시 신청할 수 있다(동법 제17조 제2항).

12 ① 치료감호대상자에 대한 치료감호를 청구할 때에는 정신건강의학과 등의 전문의의 진단이나 감정을 참고하여야 한다. 다만, 소아성기호증, 성적가학증 등 성적 성벽이 있는 정신성적 장애인으로서 금고 이상의 형에 해당하는 성폭력범죄를 지은 자에 대하여는 정신건강의학과 등의 전문의의 진단이나 감정을 받은 후 치료감호를 청구하여야 한다(치료감호 등에 관한 법률 제4조 제2항).
② 동법 제8조
③ 동법 제10조 제3항
④ 동법 제27조

13 밀러(Miller)의 하위계층의 주요 관심사(관심의 초점. focal concerns) 중 자율성(autonomy)에 대한 설명이다.

14 ① 형법 제59조에 의하여 형의 선고를 유예하는 판결을 할 경우에도 선고가 유예된 형에 대한 판단을 하여야 하므로, 선고유예 판결에서도 그 판결 이유에서는 선고형을 정해 놓아야 하고, 그 형이 벌금형일 경우에는 벌금액뿐만 아니라 환형유치처분까지 해 두어야 한다(대법원 2015.1.29. 2014도15120).
② 형법 제59조 제1항은 형의 선고유예에 관하여 "1년 이하의 징역이나 금고, 자격정지 또는 벌금의 형을 선고할 경우에 제51조의 사항을 고려하여 뉘우치는 정상이 뚜렷할 때에는 그 형의 선고를 유예할 수 있다. 다만, 자격정지 이상의 형을 받은 전과가 있는 사람에 대하여는 예외로 한다."고 규정하고 있다. 여기서 그 단서에서 정한 "자격정지 이상의 형을 받은 전과"라 함은 자격정지 이상의 형을 선고받은 범죄경력 자체를 의미하는 것이고, 그 형의 효력이 상실된 여부는 묻지 않는 것으로 해석함이 상당하다.
한편 형의 집행유예를 선고받은 사람이 형법 제65조에 의하여 그 선고가 실효 또는 취소됨이 없이 정해진 유예기간을 무사히 경과하여 형의 선고가 효력을 잃게 되었더라도, 이는 형의 선고의 법적 효과가 없어질 뿐이고 형의 선고가 있었다는 기왕의 사실 자체까지 없어지는 것은 아니므로, 그는 형법 제59조 제1항 단서에서 정한 선고유예 결격사유인 "자격정지 이상의 형을 받은 전과가 있는 사람"에 해당한다고 보아야 한다(대법원 2012.6.28. 2011도10570).
③ 형법 제73조 제1항
④ 사형집행을 위한 구금은 미결구금도 아니고 형의 집행기간도 아니며, 특별감형은 형을 변경하는 효과만 있을 뿐이고 이로 인하여 형의 선고에 의한 기성의 효과는 변경되지 아니하므로, 사형이 무기징역으로 특별감형된 경우 사형의 판결확정일에 소급하여 무기징역형이 확정된 것으로 보아 무기징역형의 형기 기산일을 사형의 판결 확정일로 인정할 수도 없고, 사형집행대기 기간이 미결구금이나 형의 집행기간으로 변경된다고 볼 여지도 없으며, 또한 특별감형은 수형 중의 행장의 하나인 사형집행대기기간까지를 참작하여 되었다고 볼 것이므로 사형집행대기기간을 처음부터 무기징역을 받은 경우와 동일하게 가석방 요건 중의 하나인 형의 집행기간에 다시 산입할 수는 없다(대법원 1991.3.4. 90모59).

15
① 대법원 2020.11.5. 2017도18291
② 보호관찰 등에 관한 법률 제61조 제2항
③ 사회봉사 국민공제에 대한 설명이다.
④ 대통령령으로 정한 금액(500만원) 범위 내의 벌금형이 확정된 벌금 미납자는 검사의 납부명령일부터 30일 이내에 주거지를 관할하는 지방검찰청(지방검찰청지청을 포함)의 검사에게 사회봉사를 신청할 수 있다. 다만, 검사로부터 벌금의 일부납부 또는 납부연기를 허가받은 자는 그 허가기한 내에 사회봉사를 신청할 수 있다(벌금 미납자의 사회봉사 집행에 관한 특례법 제4조 제1항, 동법 시행령 제2조).

16
① 사실혼 관계에 있는 배우자는 구조금을 받을 수 있는 유족에 포함된다(범죄피해자 보호법 제18조 제1항 제1호).
② 범죄피해자 보호법에 의한 범죄피해 구조금 중 법 제17조 제2항의 유족구조금은 사람의 생명 또는 신체를 해치는 죄에 해당하는 행위로 인하여 사망한 피해자 또는 그 유족들에 대한 손실보상을 목적으로 하는 것으로서, 위 범죄행위로 인한 손실 또는 손해를 전보하기 위하여 지급된다는 점에서 불법행위로 인한 소극적 손해의 배상과 같은 종류의 금원이라고 봄이 타당하다(대법원 2017.11.9. 2017다228083).
③ 「범죄피해자 보호법」은 외국인이 구조피해자이거나 유족인 경우에는 해당 국가의 상호보증이 있는 경우에만 적용한다(범죄피해자 보호법 제23조).
④ 범죄피해자 구조청구권을 인정하는 이유는 크게 국가의 범죄방지책임 또는 범죄로부터 국민을 보호할 국가의 보호의무를 다하지 못하였다는 것과 그 범죄피해자들에 대한 최소한의 구제가 필요하다는데 있다. 그런데 국가의 주권이 미치지 못하고 국가의 경찰력 등을 행사할 수 없거나 행사하기 어려운 해외에서 발생한 범죄에 대하여는 국가에 그 방지책임이 있다고 보기 어렵고, 상호보증이 있는 외국에서 발생한 범죄피해에 대하여는 국민이 그 외국에서 피해구조를 받을 수 있으며, 국가의 재정에 기반을 두고 있는 구조금에 대한 청구권 행사대상을 우선적으로 대한민국의 영역 안의 범죄피해에 한정하고, 향후 해외에서 발생한 범죄피해의 경우에도 구조를 하는 방향으로 운영하는 것은 입법형성의 재량의 범위 내라고 할 것이다. 따라서 범죄피해자 구조청구권의 대상이 되는 범죄피해에 해외에서 발생한 범죄피해의 경우를 포함하고 있지 아니한 것이 현저하게 불합리한 자의적인 차별이라고 볼 수 없어 평등원칙에 위배되지 아니한다(헌재 2011.12.29. 2009헌마354).

17
① 벌금, 과료, 몰수, 추징, 과태료, 소송비용, 비용배상 또는 가납의 재판은 검사의 명령에 의하여 집행하고(형사소송법 제477조 제1항), 검사의 명령은 집행력 있는 채무명의와 동일한 효력이 있다(동법 제477조 제2항).
② 집행유예의 요건에 관한 형법 제62조 제1항이 '형'의 집행을 유예할 수 있다고만 규정하고 있다고 하더라도, 이는 같은 조 제2항이 그 형의 '일부'에 대하여 집행을 유예할 수 있는 때를 형을 '병과'할 경우로 한정하고 있는 점에 비추어 보면, 조문의 체계적 해석상 하나의 형의 전부에 대한 집행유예에 관한 규정이라 할 것이고, 또한 하나의 자유형에 대한 일부집행유예에 관하여는 그 요건, 효력 및 일부 실형에 대한 집행의 시기와 절차, 방법 등을 입법에 의해 명확하게 할 필요가 있어, 그 인정을 위해서는 별도의 근거 규정이 필요하므로 하나의 자유형 중 일부에 대해서는 실형을, 나머지에 대해서는 집행유예를 선고하는 것은 허용되지 않는다(대법원 2007.2.22. 2006도8555).
③ 형법 제69조 제2항
④ 대법원 2013.9.12. 2012도2349

18
1 + 2 + 1 + 3 = 7
㉠ 형의 선고를 유예하는 경우에 재범방지를 위하여 지도 및 원호가 필요한 때에는 보호관찰을 받을 것을 명할 수 있으며(형법 제59조의2 제1항), 보호관찰의 기간은 1년으로 한다(동법 제59조의2 제2항).
㉡ 가석방의 기간은 유기형에 있어서는 남은 형기로 하며(동법 제73조의2 제1항), 가석방된 자는 가석방기간 중 보호관찰을 받는다(동법 제73조의2 제2항). ⇨ 실형 5년을 선고받고 3년을 복역한 후 가석방된 자의 보호관찰 기간은 2년이다.

ⓒ 보호관찰관의 단기 보호관찰기간은 1년으로 한다(소년법 제33조 제2항).

ⓔ 피치료감호자에 대한 치료감호가 가종료되었을 때에 보호관찰이 시작되며(치료감호 등에 관한 법률 제32조 제1항 제1호), 보호관찰의 기간은 3년으로 한다(동법 제32조 제2항).

19 ① 코헨(Cohen)과 펠슨(Felson)의 일상활동이론은 시간의 흐름에 따른 범죄율의 변화를 설명하기 위해 등장한 이론으로, 일상활동유형의 구조적 변화가 동기부여된 범죄자, 적절한 범행대상 및 보호의 부재라는 세 가지 요소에 대해 시간적·공간적으로 영향을 미친다고 한다. 따라서 이것이 범죄율에 영향을 미치게 된다고 한다. 즉 이들 세 가지 조건 중 어느 하나라도 부족하다면 범죄활동은 예방될 수 없다는 것이다. 그러므로 중재자의 도움으로 범죄로 인한 피해자와 가해자, 그 밖의 관련자 및 지역공동체가 함께 범죄로 인한 문제를 치유하고 해결하는 데에 적극적으로 참여하는 회복적 사법과는 관련이 없다.

② 소년사법분야나 경미범죄자, 과실범죄자 등에 대한 부분에서 이차적 일탈의 예방에 초점이 맞추어져 많은 공헌을 하였다. 즉 경미한 일탈에 대해서는 낙인의 방지와 제한을 통한 이차적 일탈의 예방을 목표로 비범죄화시켰으며, 공적 개입과 그로 인한 공식낙인보다는 다양한 대체처분으로 전환시켰다.

③ 퀴니(Quinney)와 페핀스키(Pepinsky)는 평화구축범죄학에서 평화롭고 정의로운 사회를 실현하는 데 범죄학의 목표가 있다고 보고, 경험적 연구보다는 종교적이고 철학적인 가르침으로부터 영감을 얻는 것에 관심을 가졌다. 평화주의 범죄학의 기본적인 주제는 연락, 관심, 배려 등으로, 중재와 갈등해결, 화해 그리고 고통의 완화와 범죄를 줄이려는 노력을 통해 범죄자를 지역공동체에 재통합시켜야 한다고 주장한다.

④ 회복적 사법이 재통합적 수치심이론을 그 근본 배경이론으로 삼는 이유는, 이 이론이 범죄자 하나에 초점을 두고 범죄자를 비난하는 것이 아니라, 객관적인 범죄행동에 관심을 갖고 가족, 친구, 지역사회 시민들 전체가 자발적 참여와 문제해결에 관심을 두어 실천방안을 제시하기 때문이다. 재통합적 수치는 용서의 단어나 몸짓 또는 일탈자라는 낙인을 벗겨주는 의식을 통하여 범법자가 법을 준수하고 존중하는 시민의 공동체로 돌아가도록 재통합시키는 노력을 의미한다.

20 ① 낙인이론은 형사정책적 대안으로 비범죄화, 전환, 탈제도화·탈시설수용화, 탈낙인화를 주장하였으며, 이에 따라 범죄자에 대한 국가개입은 가능한 축소하고 대신에 비공식적인 사회 내 처우가 새로운 범죄자의 교화방법으로 제시되기도 하였다.

② 슈어(Schur)는 이차적 일탈로의 발전은 레머트(Lemert)의 주장처럼 정형화된 발전단계를 거치는 것이 아니라, 그 사람이 사회적 반응에 어떻게 반응하느냐에 따라 외부적 낙인이 자아정체성에 영향을 미칠 수도 있고 미치지 않을 수도 있다고 한다.

③ 레머트(Lemert)가 특히 관심을 두고 분석한 사항은 이차적 일탈에 관한 것으로, 일탈행위에 대한 사회적 반응의 종류를 크게 사회구성원에 의한 반응과 사법기관에 의한 공식적인 반응으로 나누었다. 사회적 반응 중에서 특히 사법기관에 의한 공식적인 반응(처벌은 일차적 일탈자에게 오명을 씌우고, 사법제도의 불공정성을 자각하게 하고, 제도적으로 강제당하고, 일탈하위문화를 사회화하고, 죄책감이나 책임감을 회피할 수 있는 긍정적 이익을 제공)은 일상생활에서 행해지는 비공식적 반응들보다 심각한 낙인효과를 끼쳐 일차적 일탈자가 이차적 일탈자로 발전하게 된다고 하였다.

④ 베커(Becker)는 사람에게 범죄적 낙인이 일단 적용되면, 그 낙인이 다른 사회적 지위나 신분을 압도하게 되므로 일탈자로서의 신분이 그 사람의 '주지위'로 인식되며, 일탈자라는 낙인은 그 사람의 사회적 지위와 타인과의 상호작용에 부정적인 영향을 미친다고 하였다.

21
   ① 소년법 제25조의3 제1항

   ② 동법 제25조의3 제2항

   ③ 동법 제25조의3 제3항

   ④ 소년부 판사는 보호처분을 하기 전까지 화해를 권고할 수 있다. 이 경우 화해를 권고하기 위한 기일(화해 권고기일)까지 소년, 보호자 및 피해자(피해자가 미성년자인 경우 그 보호자도 포함)의 서면에 의한 동의를 받아야 하며(소년심판규칙 제26조의2 제1항), 소년, 보호자 및 피해자는 화해권고절차가 종료할 때까지 동의를 서면에 의하여 철회할 수 있다(동 규칙 제26조의2 제2항).

22
   기간을 연장할 수 있는 보호처분은 ⓒ, ⓔ이다.

   ㉠ 보호관찰관의 단기 보호관찰기간은 1년으로 한다(소년법 제33조 제2항). ⇨ 기간연장에 대한 규정이 없으므로, 그 기간을 연장할 수 없다.

   ⓒ, ⓔ ⓐ 보호자 또는 보호자를 대신하여 소년을 보호할 수 있는 자에게 감호 위탁, ⓑ 아동복지시설이나 그 밖의 소년보호시설에 감호 위탁, ⓒ 병원·요양소 또는 의료재활소년원에 위탁기간은 6개월로 하되, 소년부 판사는 결정으로써 6개월의 범위에서 한 번에 한하여 그 기간을 연장할 수 있다. 다만, 소년부 판사는 필요한 경우에는 언제든지 결정으로써 그 위탁을 종료시킬 수 있다(동법 제33조 제1항).

   ⓒ 장기로 소년원에 송치된 소년의 보호기간은 2년을 초과하지 못한다(동법 제33조 제6항). ⇨ 기간연장에 대한 규정이 없으므로, 그 기간을 연장할 수 없다.

23
   ① 퀴니(Quinney)는 범죄발생은 개인의 소질이 아니라 자본주의의 모순으로 인해 자연적으로 발생하는 사회현상이라고 보고, 자본가 계층의 억압적 전술로부터 살아남기 위한 노동자 계급(피지배 집단)의 범죄를 적응(화해)범죄와 대항(저항)범죄로 구분하였다. 적응범죄의 예로 절도, 강도, 마약거래 등과 같은 경제적 약탈범죄와 살인, 폭행, 강간 등 같은 계층에 대해 범해지는 대인범죄를 들고 있으며, 대항범죄의 예로 시위, 파업 등을 들고 있다.

   ② 레크리스(Reckless)는 범죄나 비행을 유발하는 요인으로 압력요인, 유인요인, 배출요인으로 구분하고, 압력요인으로 열악한 생활조건(빈곤, 실업), 가족갈등, 열등한 신분적 지위, 성공기회의 박탈 등을 들고 있으며, 유인요인으로 나쁜 친구들, 비행이나 범죄하위문화, 범죄조직, 불건전한 대중매체 등을 들고 있고, 배출요인으로 불안감, 불만감, 내적 긴장감, 증오심, 공격성, 즉흥성, 반역성 등을 들고 있다.

   ③ 세상은 모두 타락했고, 경찰도 부패했다고 범죄자가 말하는 것은 중화기술의 유형 중 '비난자에 대한 비난'에 해당한다.

   ④ 부모 등 가족구성원이 실망할 것을 우려해서 비행을 그만두는 것은 사회연대의 요소 중 애착(attachment)에 의하여 사회통제가 이행되는 사례라 할 수 있다.

24
   응보형주의란 형벌의 본질을 범죄에 대한 정당한 응보에 있다고 하는 사상이다. 즉 범죄는 위법한 해악이므로 범죄를 행한 자에게는 그 범죄행위에 상응하는 해악을 가하는 것이 바로 형벌이며, 따라서 형벌의 본질은 응보에 있고 형벌의 내용은 악에 대한 보복적 반동으로서의 고통을 의미한다고 한다.

   응보형주의는 사람은 자유의지를 가지고 자신의 행위를 스스로 결정한다는 고전주의 사상을 배경으로 하기 때문에 범죄는 사람의 의지에 의하여 발생하는 것으로 본다.

25
   형사사법대상자 확대 및 형벌 이외의 비공식적 사회통제망 확대는 전환제도(diversion)의 단점에 해당한다. 그동안 형사사법의 대상조차 되지 않았던 문제가 통제대상이 되어 오히려 사회적 통제가 강화될 우려가 있다는 것이다.

01	02	03	04	05	06	07	08	09	10
①	④	②	④	④	②	①	①	①	③
11	12	13	14	15	16	17	18	19	20
③	③	모두 정답	③	①	③	④	②	④	②
21	22	23	24	25					
④	②	④	②	②					

01 원장은 다음의 어느 하나에 해당하는 경우에는 소속 공무원으로 하여금 보호소년 등에 대하여 수갑, 포승 또는 보호대 외에 가스총이나 전자충격기를 사용하게 할 수 있다(보호소년법 제14조의2 제3항).
1. 이탈, 자살, 자해하거나 이탈, 자살, 자해하려고 하는 때
2. 다른 사람에게 위해를 가하거나 가하려고 하는 때
3. 위력으로 소속 공무원의 정당한 직무집행을 방해하는 때
4. 소년원·소년분류심사원의 설비·기구 등을 손괴하거나 손괴하려고 하는 때
5. 그 밖에 시설의 안전 또는 질서를 크게 해치는 행위를 하거나 하려고 하는 때

02 ① 촉법·우범소년이 있을 때에는 경찰서장은 직접 관할 소년부에 송치하여야 하며(소년법 제4조 제2항), 소년 보호사건을 송치하는 경우에는 송치서에 사건 본인의 주거·성명·생년월일 및 행위의 개요와 가정 상황을 적고, 그 밖의 참고자료를 첨부하여야 한다(동법 제5조).
② 범죄·촉법·우범소년을 발견한 보호자 또는 학교·사회복지시설·보호관찰소(보호관찰지소를 포함)의 장은 이를 관할 소년부에 통고할 수 있다(동법 제4조 제3항).
③ 동법 제13조 제1항·제2항
④ 甲은 우범소년에 해당한다. 甲의 나이가 13세이므로 14세 이상의 소년에게만 할 수 있는 사회봉사명령은 부과할 수 없지만(동법 제32조 제3항), 12세 이상의 소년에게만 할 수 있는 수강명령은 부과할 수 있다(동법 제32조 제4항).

03 ① 소년법 제17조의2 제1항
② 소년이 소년분류심사원에 위탁되지 아니하였을 때에도 ㉠ 소년에게 신체적·정신적 장애가 의심되는 경우, ㉡ 빈곤이나 그 밖의 사유로 보조인을 선임할 수 없는 경우, ㉢ 그 밖에 소년부 판사가 보조인이 필요하다고 인정하는 경우 법원은 직권에 의하거나 소년 또는 보호자의 신청에 따라 보조인을 선정할 수 있다(동법 제17조의2 제2항).
③ 동법 제17조 제2항
④ 동법 제17조 제5항

04 ① 소년법 제32조 제1항 제1호
② 동법 제32조 제1항 제6호
③ 보호관찰관의 단기 보호관찰(제4호) 또는 장기 보호관찰(제5호)의 처분을 할 때에 1년 이내의 기간을 정하여 야간 등 특정 시간대의 외출을 제한하는 명령을 보호관찰대상자의 준수 사항으로 부과할 수 있다(동법 제32조의2 제2항).

④ 보호관찰관의 단기 보호관찰(제4호) 또는 장기 보호관찰(제5호)의 처분을 할 때에 3개월 이내의 기간을 정하여 「보호소년 등의 처우에 관한 법률」에 따른 대안교육 또는 소년의 상담·선도·교화와 관련된 단체나 시설에서의 상담·교육을 받을 것을 동시에 명할 수 있다(동법 제32조의2 제1항).

05 ① 19세기 말 형법학상 리스트를 중심으로 하는 형사입법상 새로운 경향으로 인하여 형이상학적 형법학이 아닌 현실을 보는 형사정책이 중시되었으며, 형벌제도의 목적사상의 도입, 형벌의 대상은 범죄행위가 아닌 행위자라고 하여 특별예방주의의 전면 등장은 형사정책적 사고가 형법학에 미친 영향이다.

② 형법학과 형사정책학은 상호의존적이며 동시에 상호제약적인 성격을 가지며, 리스트는 '형법은 형사정책의 넘을 수 없는 한계'라고 하여, 형법의 보장적 기능이 형사정책을 제한하고 형사정책은 민주법치국가에서 요구되는 규범적 한계 내에서 이루어져야 한다는 원칙을 강조하였다.

③ 포이에르바하는 형사정책을 '입법을 지도하는 국가의 예지'로 이해하고, 집행기관은 형벌목적에 대한 정당성을 고려하여 인간적·자유주의적으로 법을 집행하여야 한다고 하였으며, 형사정책은 이러한 정책적 목적을 유지하기 위한 형법의 보조수단으로서 의미가 있다고 주장하였다.

④ 공리주의를 주장한 벤담은 최대다수의 최대행복의 원리를 바탕으로 범죄를 설명하면서, 처벌의 비례성과 형벌의 일반예방을 통해 성취될 수 있는 최대다수의 행복을 강조하였으며, 범죄를 공동체에 대한 해악으로 간주하고, 형벌은 응보의 목적보다는 예방을 목적으로 행사되어야 한다는 입장이었다.

06 ① 보호소년 등의 처우에 관한 법률 제43조 제4항

② 소년원장은 교정성적이 양호하며 교정의 목적을 이루었다고 인정되는 보호소년[「소년법」 제32조 제1항 제8호(1개월 이내의 소년원 송치)에 따라 송치된 보호소년은 제외한다]에 대하여는 보호관찰심사위원회에 퇴원을 신청하여야 한다(동법 제43조 제3항).

③ 동법 제46조 제1항

④ 동법 제45조의2 제2항

07 ① 셀린은 특정 문화집단의 구성원이 다른 문화의 영역으로 이동할 때에 발생할 수 있는 갈등을 일차적 문화갈등으로 보았고, 하나의 단일문화가 각기 독특한 행위규범을 갖는 여러 개의 상이한 하위문화로 분화될 때 일어나는 갈등을 이차적 문화갈등으로 보았다.

② 셀린의 문화갈등이론이 행위규범들의 갈등에 기초한 반면, 볼드는 「이론범죄학」(1958)에서 이해관계의 갈등에 기초한 집단갈등이론을 주장하였으며, 범죄를 법제정과정에 참여하여 자기의 이익을 반영시키지 못한 집단의 구성원이 일상생활 속에서 법을 위반하며 자기의 이익을 추구하는 행위로 본다.

③ 터크는 사회적으로 권력이 있는 집단이 하층계급의 사람들에게 그들의 실제 행동과는 관계없이 범죄자라는 신분을 부여할 수 있다는 측면에서 피지배집단의 범죄현상을 이해한다.

④ 퀴니는 자본주의 사회에서 불평등에 시달리는 하류계층 노동자계급(피지배 집단)이 저지르는 범죄를 자본주의 체계에 대한 적응범죄와 저항범죄로 나누어 설명한다.

08 ① 책임의 부정은 어쩔 수 없는 환경상황에서 그럴 수밖에 없었다고 자신의 책임을 전가하는 것을 말한다.

② 가해의 부정

③ 피해자의 부정

④ 비난자에 대한 비난

09 ① 징역 또는 금고는 무기 또는 유기로 하고 유기는 1개월 이상 30년 이하로 한다. 단, 유기징역 또는 유기금고에 대하여 형을 가중하는 때에는 50년까지로 한다(형법 제42조).

② 동법 제44조 제2항

③ 동법 제69조 제2항

④ 동법 제70조 제2항

10 ① 차별적 접촉은 빈도, 기간, 우선성 그리고 강도에 있어 다양할 수 있다(제7명제).

② 차별적 접촉이론에 대한 비판에 대한 설명으로, 이러한 비판에 대한 대안으로서 글래저(Glaser)는 차별적 동일시라는 개념을 제시하여 범죄학습대상을 확대하였다. 그는 사람은 범죄적 행동양식과 직접 접촉하지 않더라도 TV나 영화 속에 등장하는 주인공과 자신의 이상형을 일치시키면 관념적 동일화를 거쳐 범죄를 학습할 수 있다고 하였다.

③ 법률위반에 대한 호의적인 정의가 법률위반에 대한 비호의적인 정의보다 클 때 개인은 범죄를 저지르게 된다(제6명제). 즉 사람들이 법률을 위반해도 무방하다는 생각을 학습한 정도가 법률을 위반하면 안 된다는 생각을 학습한 정도보다 클 때에 범죄를 저지르게 된다는 것이다. 이처럼 차별적 접촉이론은 나쁜 친구들을 사귀면 범죄를 저지를 것이라는 식의 단순한 등식이 아니라 불법적인 생각과 접촉한 정도와 준법적인 생각과 접촉한 정도와의 차이가 범죄유발의 중요한 요인이라고 본다.

④ 범죄인과 가장 접촉이 많은 경찰·법관·형집행관들이 범죄인으로 될 확률이 높아야 함에도 불구하고 그렇지 않은 점을 설명할 수 없다는 비판이 있다. 교도관이 범죄인과 함께 장시간 생활을 함에도 수용자 문화에 물들지 않는 이유는 상대방에 느끼는 존경이나 권위의 정도인 강도(제7명제)가 매우 약하기 때문으로 이해될 수 있다.

11 ③ 주민에 의한 방범활동 지원에 대한 설명으로, 제이콥스가 제안한 거리의 눈, 즉 일반 주민들의 눈을 적극적으로 활용하는 설계전략이다. 주거지 주변에 레크레이션 시설의 설치, 산책로 주변에 벤치 설치, 주택단지 안에 농구장이나 테니스장 설치 등에 의해 범법자들의 이동을 감시하는 기능을 강화할 수 있으며, 일반 주민들의 방범협조는 주민들의 방범의식 강화와 함께 경찰과의 협조체계가 확립되어야 하는 것이 선결조건이다.

영역성 강화는 주거지의 영역을 공적 영역보다 사적 영역화함으로써 외부인을 통제하고 또한 외부인은 자신이 통제대상이라는 것을 자각하게 함으로써 범죄를 예방하려는 전략이다. 조경, 도로의 포장, 특수 울타리 설치, 출입구 통제 강화, 표지판 설치, 내부 공원조성 등은 주민들의 소유재산이나 자기의 사적 영역이라는 인식을 강화한다.

12 부정기형은 형벌 개별화의 필연적 결과이고, 수형자의 특성에 따라서 수형기간이 달라지게 되는 문제점이 있으며, 교도관의 자의가 개입할 여지가 있고, 석방결정과정에서 적정절차의 보장이 결여될 위험이 있다.

13 검사는 다음의 어느 하나에 해당하는 사람에 대하여 형의 집행이 종료된 때부터 「보호관찰 등에 관한 법률」에 따른 보호관찰을 받도록 하는 명령(보호관찰명령)을 법원에 청구할 수 있다(전자장치 부착 등에 관한 법률 제21조의2).
1. 성폭력범죄를 저지른 사람으로서 성폭력범죄를 다시 범할 위험성이 있다고 인정되는 사람
2. 미성년자 대상 유괴범죄를 저지른 사람으로서 미성년자 대상 유괴범죄를 다시 범할 위험성이 있다고 인정되는 사람
3. 살인범죄를 저지른 사람으로서 살인범죄를 다시 범할 위험성이 있다고 인정되는 사람
4. 강도범죄를 저지른 사람으로서 강도범죄를 다시 범할 위험성이 있다고 인정되는 사람
5. 스토킹범죄를 저지른 사람으로서 스토킹범죄를 다시 범할 위험성이 있다고 인정되는 사람

14 ① 체스니-린드는 형사사법체계에서 여자청소년의 비행과 범죄는 남자청소년에 비해 더 엄한 법적 처벌을 받는다며 소년범들의 성별에 따른 차별적 대우가 존재한다고 보았으며, 특히 성(性)과 관련된 범죄에서는 더욱 그렇다고 주장하였다.

② 상대적 빈곤은 타인과 비교함으로써 느끼는 심리적 박탈감을 뜻하는 것으로, 이러한 연구결과는 범죄발생에 있어 빈곤의 영향은 단지 하류계층에 국한된 현상이 아니라 어떤 계층이든지 느낄 수 있는 것이기 때문에 광범위한 사회계층에 작용하는 문제라고 지적한다. 케틀레(Quetelet), 스토우퍼(Stouffer), 머튼(Merton), 토비(Toby) 등이 상대적 빈곤론을 주장하였다.

③ 매스컴의 범죄무관론(범죄억제기능, 매스컴의 순기능, 정화론적 입장)에는 민감화작용, 정화작용(카타르시스), 문화계발이론, 억제가설 등이 있다.

매스컴의 범죄유관론(매스컴의 역기능, 학습이론적 입장)에는 단기(직접) 효과이론, 장기(간접) 효과이론, 공동연대성 해체 작용 등이 있다.

④ 화이트칼라범죄라는 용어는 상류계층의 사람이나 권력이 있는 사람들이 자신의 직업활동과정에서 자신의 지위를 이용하여 저지르는 범죄를 의미하며, 1939년 서덜랜드가 부유한 사람과 권력 있는 사람들의 범죄활동을 기술하기 위해 처음 사용한 용어이다.

15 ① 범죄피해자보상제도는 미결구금의 폐해를 줄이기 위한 정책과는 관련이 없다.

미결구금의 폐해를 줄이기 위한 정책으로는 불구속수사를 원칙으로 한 구속수사의 지양, 구속영장실질심사제, 수사 및 법원 심리의 신속화, 보상제도의 현실화(무죄석방자에 대한 손실보상 등), 석방제도의 적극활용, 피구금자의 가족보호, 미결구금시설의 개선, 실질적인 접견·교통권의 보장 등이 있다.

② 헌재 2019.2.28. 2015헌마1204

③ 대법원 2009.12.10. 2009도11448

④ 「형사소송법」에 따른 일반 절차 또는 재심이나 비상상고 절차에서 무죄재판을 받아 확정된 사건의 피고인이 미결구금을 당하였을 때에는 국가에 대하여 그 구금에 대한 보상을 청구할 수 있다(형사보상 및 명예회복에 관한 법률 제2조 제1항).

16 울프강의 폭력하위문화이론, 코헨의 비행하위문화이론, 밀러의 하위계층(계급)문화이론은 하위문화이론 (Subcultural Theory)에 속한다.

17 ① 뉴먼은 주택건축과정에서 공동체의 익명성을 줄이고 범죄자의 침입과 도주를 차단하며, 순찰·감시가 용이하도록 구성하여 범죄예방을 도모하여야 한다는 방어공간의 개념을 사용하였다.

② 상황적 범죄예방모델은 범죄기회가 주어지면 누구든지 저지를 수 있는 행위로 보고, 범죄예방은 범죄기회를 감소시킴으로써 성취될 수 있다고 한다.

③ 레피토는 범죄의 전이는 '범죄 예방활동으로 장소, 시간 또는 범죄유형 등이 다른 형태로 변경되는 것'이라고 정의하고, 범죄전이의 유형을 공간적(지역적) 전이, 시간적 전이, 전술적 전이, 목표물 전이, 기능적 전이의 5가지로 분류하였다.

④ 상황적 범죄예방활동은 전이효과를 가지기 때문에 사회의 전체적인 측면에서 범죄를 줄일 수 없게 된다는 비판이 있다.

18 ① 양형위원회는 모든 범죄에 통일적으로 적용되는 단일한 양형기준을 설정하는 방식이 아닌, 개별 범죄의 특성을 반영하여 범죄군별로 독립적인 양형기준을 설정하는 방식을 채택하였다. 즉, 보호법익과 행위태양을 기준으로 유사한 범죄군을 통합하고, 그 범죄군 내에서 다시 범죄의 특수성을 고려하여 개별적인 양형기준을 설정하는 방식을 취하고 있다.

② 양형인자는 ㉠ 다양한 양형인자의 기본적인 성격(행위인자, 행위자인자/기타인자), ㉡ 책임의 경중에 영향을 미치는 내용(가중인자, 감경인자), ㉢ 그 정도(특별양형인자, 일반양형인자)에 따라 구분된다.

가중인자는 책임을 증가시키는 역할을 하는 인자를 말하고, 감경인자는 그와 반대로 책임을 감소시키는 역할을 하는 인자를 말한다.

특별양형인자는 당해 범죄유형의 형량에 큰 영향력을 갖는 인자로서 권고 영역을 결정하는 데 사용되는 인자를 말하며, 일반양형인자는 그 영향력이 특별양형인자에 미치지 못하는 인자로서 권고 영역을 결정하는 데에는 사용되지 못하고, 결정된 권고 형량범위 내에서 선고형을 정하는 데 고려되는 인자를 말한다.

③ 양형기준은 범죄군을 여러 유형으로 분류하고, 각 유형에 상응하는 일정한 형량범위를 부여하였다. 이와 같이 유형 분류만으로도 형량범위가 전체 법정형 범위 내에서 일정한 구간으로 제한되지만, 양형기준은 이에 그치지 않고 각 유형의 형량범위를 다시 감경영역, 기본영역, 가중영역이라는 3단계 권고 영역으로 나눈 다음 각 사안별로 존재하는 구체적인 양형인자를 비교·평가하는 방법으로 3단계 권고 영역 중 적정한 영역을 선택하도록 하고 있다.

④ 양형기준은 형종 및 형량 기준과 집행유예 기준으로 구성된다. 형종 및 형량 기준은 범죄군별로 범죄유형을 구분한 다음 각 유형별로 감경, 기본, 가중의 3단계 권고 형량범위를 제시하고 있으므로 법관은 양형기준을 적용함에 있어 해당 범죄유형을 찾아 권고 형량범위를 결정한 다음 최종 선고형을 정하게 된다. 이어 선고형이 3년 이하의 징역 또는 금고에 해당하는 경우에는, 실형이 권고되는 경우, 집행유예가 권고되는 경우, 어느 쪽도 권고되지 않는 경우(실형과 집행유예 중에서 선택 가능)를 구분하고 있는 집행유예 기준에 따라 법관은 집행유예 여부를 결정하게 된다. 양형기준은 책임단계와 예방단계를 구별하는 전제에서 형종 및 형량 기준과 별도로 집행유예 기준을 두고 있다.

19
① 헌재 2016.7.28. 2015헌마915
② 대법원 2011.7.28. 2011도5813
③ 취업제한명령은 범죄인에 대한 사회 내 처우의 한 유형으로서 형벌 그 자체가 아니라 보안처분의 성격을 가지는 것이지만, 실질적으로 직업선택의 자유를 제한하는 것이다(대법원 2019.10.17. 2019도11540).
④ 성폭력범죄자의 성충동 약물치료에 관한 법률에 의한 약물치료명령은 사람에 대하여 성폭력범죄를 저지른 성도착증 환자로서 성폭력범죄를 다시 범할 위험성이 있다고 인정되는 19세 이상의 사람에 대하여 약물투여 및 심리치료 등의 방법으로 도착적인 성기능을 일정기간 동안 약화 또는 정상화하는 치료를 실시하는 보안처분으로, 원칙적으로 형 집행 종료 이후 신체에 영구적인 변화를 초래할 수도 있는 약물의 투여를 피청구자의 동의 없이 강제적으로 상당 기간 실시하게 된다는 점에서 헌법이 보장하고 있는 신체의 자유와 자기결정권에 대한 가장 직접적이고 침익적인 처분에 해당하므로, 장기간의 형 집행이 예정된 사람에 대해서는 그 형 집행에도 불구하고 재범의 방지와 사회복귀의 촉진 및 국민의 보호를 위한 추가적인 조치를 취할 필요성이 인정되는 불가피한 경우에 한하여 이를 부과함이 타당하다(대법원 2014.12.11. 2014도6930).

20
① 형을 정함에 있어서는 ㉠ 범인의 연령, 성행, 지능과 환경, ㉡ 피해자에 대한 관계, ㉢ 범행의 동기, 수단과 결과, ㉣ 범행 후의 정황을 참작하여야 한다(형법 제51조).
② 제1심 또는 제2심의 형사공판 절차에서 일정한 범죄에 관하여 유죄판결을 선고할 경우, 법원은 직권에 의하여 또는 피해자나 그 상속인의 신청에 의하여 피고사건의 범죄행위로 인하여 발생한 직접적인 물적 피해, 치료비 손해 및 위자료의 배상을 명할 수 있다(소송촉진 등에 관한 특례법 제25조 제1항).
③ 레크리스는 피해자의 도발을 기준으로 순수한 피해자(가해자 – 피해자 모델)와 도발한 피해자(피해자 – 가해자 – 피해자 모델)로 구분하고 있다.
④ 정부는 형사소송법 제477조 제1항에 따라 집행된 벌금에 100분의 6 이상의 범위에서 대통령령으로 정한 비율(100분의 8)을 곱한 금액을 범죄피해자보호기금에 납입하여야 한다(범죄피해자보호기금법 제4조 제2항).

21
① 성폭력범죄자의 성충동 약물치료에 관한 법률 제8조 제1항
② 검사는 사람에 대하여 성폭력범죄를 저지른 성도착증 환자로서 성폭력범죄를 다시 범할 위험성이 있다고 인정되는 19세 이상의 사람에 대하여 약물치료명령을 법원에 청구할 수 있다(동법 제4조 제1항).
③ 검사는 치료명령 청구대상자(치료명령 피청구자)에 대하여 정신건강의학과 전문의의 진단이나 감정을 받은 후 치료명령을 청구하여야 한다(동법 제4조 제2항).
④ 징역형과 함께 치료명령을 받은 사람 및 그 법정대리인은 주거지 또는 현재지를 관할하는 지방법원(지원을 포함)에 치료명령이 집행될 필요가 없을 정도로 개선되어 성폭력범죄를 다시 범할 위험성이 없음을 이

유로 치료명령의 집행 면제를 신청할 수 있다. 다만, 징역형과 함께 치료명령을 받은 사람이 치료감호의 집행 중인 경우에는 치료명령의 집행 면제를 신청할 수 없다(동법 제8조의2 제1항).

22 ②, ③ 형사정책의 중요한 목표의 하나는 현행법상 가벌화되지 않은 반사회적 행위를 신범죄화하는 것과 사회의 변화에 따라 이제는 가벌화할 필요가 없는 행위에 대하여 비범죄화하는 것을 포함한다. 이의 척도가 되는 범죄개념이 실질적 범죄개념이다.
① 범죄 〈 비행 〈 일탈행동 〈 반사회적 행동
④ 범죄통계를 이용하는 연구방법은 두 변수 사이의 2차원 관계 수준의 연구를 넘어서기 어렵다는 한계가 있다. 따라서 현대의 연구자들은 주로 설문조사를 통한 연구방법을 사용하며 자기보고식 조사나 피해자조사도 설문지를 활용한 연구방법이라고 할 수 있다. 이 설문조사를 통한 연구방법은 청소년비행과 같이 공식통계로 파악하기 어려운 주제에 적합하며, 무엇보다도 큰 장점은 두 변수 사이의 관계를 넘어서는 다변량관계를 연구할 수 있다는 것이다.

23 ① 소년법은 인격이 형성되는 과정에 있기에 그 개선가능성이 풍부하고 심신의 발육에 따르는 특수한 정신적 동요상태에 놓여 있는 소년의 특수성을 고려하여 소년의 건전한 성장을 돕기 위해 형사처분에 관한 특별조치로서 제60조 제1항에서 소년에 대하여 부정기형을 선고하도록 정하고 있다. 다만, 소년법 제60조 제1항에 정한 '소년'은 소년법 제2조에 정한 19세 미만인 자를 의미하는 것으로 이에 해당하는지는 사실심판결 선고 시를 기준으로 판단하여야 하므로, 제1심에서 부정기형을 선고받은 피고인이 항소심 선고 이전에 19세에 도달하는 경우 정기형이 선고되어야 한다. 이 경우 피고인만이 항소하거나 피고인을 위하여 항소하였다면 형사소송법 제368조가 규정한 불이익변경금지 원칙이 적용되어 항소심은 제1심판결의 부정기형보다 무거운 정기형을 선고할 수 없다(대법원 2020.10.22. 2020도4140).
② 소년에 대한 부정기형을 집행하는 기관의 장은 형의 단기가 지난 소년범의 행형 성적이 양호하고 교정의 목적을 달성하였다고 인정되는 경우에는 관할 검찰청 검사의 지휘에 따라 그 형의 집행을 종료시킬 수 있다(소년법 제60조 제4항).
③ 징역 또는 금고를 선고받은 소년이 가석방된 후 그 처분이 취소되지 아니하고 가석방 전에 집행을 받은 기간과 같은 기간이 지난 경우에는 형의 집행을 종료한 것으로 한다(동법 제66조 본문). 그러므로 가석방된 후 그 처분이 취소되지 아니하고 6년이 경과한 때에 형의 집행을 종료한 것으로 한다.
④ 제32조의 보호처분을 받은 소년에 대하여는 그 심리가 결정된 사건은 다시 공소를 제기하거나 소년부에 송치할 수 없다. 다만, 보호처분이 계속 중일 때에 사건 본인이 처분 당시 19세 이상인 것으로 밝혀져 소년부 판사가 결정으로써 그 보호처분을 취소하고 검찰청 검사에게 송치한 경우에는 공소를 제기할 수 있다(소년법 제53조).

24 ㉠, ㉢ 청소년기 한정형은 아동기까지는 반사회적 행동을 하지 않다가 사춘기에 접어들면서 집중적으로 일탈행동을 저지르다가 성인이 되면 일탈행동을 멈추는 유형으로, 사춘기 초기에 일탈행동에 가담하게 되는 주된 이유는 성장 격차 때문이다. 즉 사춘기는 생물학적 나이와 사회적 나이 간에 격차가 발생하는 시기이다. 또한 청소년기 동안 성인들의 역할과 지위를 갈망하게 되고 인생지속형 범죄자들을 흉내 내며 흡연, 음주 등 경미한 지위비행 등을 일삼게 된다.
㉡, ㉣ 인생(생애)지속형은 유아기부터 문제행동이 시작되어 평생 동안 범죄행동을 지속하는 유형으로, 생래적인 신경심리학적 결함으로 인해 유아기 동안 언어 및 인지능력에서 장애증상을 보이며, 각종 문제를 일으킨다.

25 브레이스웨이트는 사회가 범죄를 감소시키기 위해서는 좀 더 효과성 있게 수치심부여를 하여야 한다고 주장하고, 이를 재통합과 거부(해체)로 나누었다. 재통합적 수치심부여는 범죄자를 사회와 결속시키기 위한 고도의 낙인을 주는 것이고, 거부적 수치심부여는 범죄자에게 명백한 낙인을 찍어 높은 수치심을 주는 것으로 전자는 범죄율이 보다 낮은 반면, 후자는 범죄율이 더 높은 결과가 초래된다고 하였다.

01	02	03	04	05	06	07	08	09	10
①	③	④	①	②	③	③	②	②	③
11	12	13	14	15	16	17	18	19	20
③	②	④	③	①	④	④	①	④	④
21	22	23	24	25					
④	①	③	①	④					

01　① 참여적 관찰방법은 피관찰자들의 인격상태에 관한 객관적 관찰이 불가능하기 때문에 연구 관찰자의 주관적인 편견이 개입될 우려가 있고, 조사방법의 성격상 많은 시간과 비용이 들며, 관찰의 대상이 한정되어 다양한 범죄인의 전체적인 파악에 한계가 있으므로 그 결과를 일반화할 수 없다.

② 범죄율은 일정기간(보통 1년) 동안 어떤 지역에서 인구 10만 명당 몇 건의 범죄가 발생했는지를 나타내며(범죄율 = 범죄건수/인구수×100,000), 인구대비 범죄발생건수 및 특정기간별 범죄발생을 비교할 수 있다는 점에서 유용한 자료이다. 다만, 중요범죄와 상대적으로 가벼운 범죄가 동등한 범죄로 취급되어 통계화된다는 문제점이 있어 범죄의 중요도를 구분한 범죄율 조사를 주장하기도 한다(Sellin, Thorsten, Wolfgang).

③ 자기보고조사는 경범죄(경미범죄)의 실태파악은 가능하지만, 처벌에 대한 두려움 등으로 중범죄(강력범죄)에 대한 실태파악은 곤란하다. 피해자조사는 경미범죄보다 강력범죄를 더 오래 기억하므로 강력범죄의 실태파악에 용이하다.

④ 피해자조사는 실제 범죄의 피해자로 하여금 범죄의 피해경험을 보고하게 하는 방법이다. 피해자의 기억에 의존하므로 피해자의 특성에 따라 달라질 수 있는 등 객관적 자료를 수집하기 곤란하고, 피해자가 피해를 인식하지 못한 경우나 피해자가 범죄피해가 없었다고 오신하는 경우에는 조사결과의 정확성이 결여된다.

02　① 비범죄화는 형법의 보충성 원칙이나 최후수단성 원칙에 부합한다.

② 비범죄화는 형법이 가지는 보충적 성격과 공식적 사회통제기능의 부담가중을 고려하여 일정한 범죄유형을 형벌에 의한 통제로부터 제외시키는 경향으로, 형사처벌에 의한 낙인의 부정적 효과를 감소시킨다.

③ 비범죄화 논의의 대표적 범죄로 거론되었던 혼인빙자간음죄와 간통죄는 위헌 및 형법 개정으로 폐지되었고, 낙태죄는 헌법재판소가 헌법불합치로 결정(헌재 2019.4.11. 2017헌바127)함에 따라, 2020년까지 「형법」의 관련 조항을 개정하도록 하였다. 2020년 11월 「형법」과 「모자보건법」의 개정안이 국무회의를 통과했으나, 연말까지 국회를 통과하지 못함에 따라 낙태죄 관련 조항은 대체입법 없이 2021년 1월 1일 자동 폐지되었다.

④ 비범죄화의 논의 대상으로 피해자 없는 범죄(성매매, 마리화나 흡연 등 경미한 마약사용, 단순도박 등), 비영리적 공연음란죄, 음화판매죄, 사상범죄 등이 있다.

03 ① 회복적 사법의 시각에서 보면, 범죄행동은 법을 위반한 것일 뿐만 아니라 피해자와 지역사회에 해를 끼친 것이다.

② 회복적 사법은 피해의 회복, 가해자의 재통합, 공동체 강화를 목표로 한다. 공동체 강화는 가해자와 피해자 모두 사건이 적절하게 마무리되었다고 느끼고 지역사회로 통합되는 것을 의미한다. 또한 시민들에게 갈등과 사회문제의 해결에 참여하는 기회를 제공함으로써 스스로 공동체 의식을 강화할 수 있도록 돕는다.

③ 회복적 사법은 피해자에 대한 피해의 원상회복, 범죄에 대한 보상, 지역사회 내에서의 가해자와 피해자의 재통합을 추구하며, 궁극적으로는 범죄로 발생한 손상을 복구하고 나아가 범죄를 예방함으로써 미래의 손상을 감소시키고자 하는 전략을 의미한다.

④ 응보적 사법에서 피해자는 고소인이나 기소를 위한 증인에 한정하고, 가해자는 비난을 수용하고 결과를 견뎌내야 하는 것으로 인식되는 반면, 회복적 사법에서 피해자는 직접참여자로써 범죄 해결과정의 중심인물로 인식되고, 가해자는 책임을 수용하고 배상과 교화의 대상으로 인식된다.

04 ① 차별적 강화이론에 의하면, 범죄행동은 조작적 조건형성의 원리에 따라 학습된다. 1966년 버제스와 에이커스는 차별적 접촉이론의 한계를 지적하며 조건형성의 학습 원리를 강조하는 차별적 접촉강화이론을 제시하였다. 심리학의 행동주의 학습이론을 사회학에 적용하여, 서덜랜드의 상징적 상호작용론에 기초한 차별접촉의 원리를 스키너(Skinner)의 조작적 조건화로 재구성한 것이 차별적 접촉강화이론이다. 서덜랜드의 9가지 차별접촉의 원리를 7가지 조작적 조건화의 원리로 변경하였다. 차별접촉의 원리 제1명제와 제8명제를 하나로 묶어 '조작적 조건의 원리에 따른 학습'으로 변경하고, 제2명제부터 제7명제까지의 문구에서 차별접촉을 '강화'라는 용어로 변경하였으며, 제9명제를 삭제하였다.

② 행동주의 학습이론가들은 범죄행위는 어떤 행위에 대한 보상 또는 처벌의 경험에 따라서 범죄가 학습되는 것이지, 비정상적이거나 도덕적으로 미성숙한 심리상태로 인해 범죄행위에 가담하는 것이 아니라고 주장한다.

③ 인간의 행동이 무의식의 반응이라는 정신분석학의 주장을 거부하고, 행동은 자극에 대한 반응이라고 주장한다. 특히 다른 심리학적 범죄학 이론가들이 범죄자의 정신적, 인지적, 성격적 문제가 범죄행위를 유발한다는 결정론에 기초하는 것과 달리 행동주의 학습이론가들은 범죄자의 행위는 다른 사람들의 반응 또는 자극에 의해 변화(학습)한다고 주장한다.

④ 반두라는 보보인형실험을 통해 TV 등 미디어를 통한 공격성 학습원리를 증명하였다. 이 실험은 폭력과 같은 행동이 관찰자에게 제공되는 어떠한 강화자극이 없더라도 관찰과 모방을 통해 학습될 수 있음을 증명하였다는 의의를 가진다. 특히 이 실험의 결과로 미디어와 범죄의 관계에 대한 역사적 논쟁이 시작되었다.

05 ① 성 심리의 단계적 발전 중에 각 단계별로 아동은 그에 맞는 욕구를 해결해야 되는데, 바로 이들 욕구가 긴장을 야기시키며 이러한 긴장이 사회적으로 수용될 수 있는 행위를 통하여 해결되지 않을 때 범죄적 적응이 유발될 수 있다고 한다.

② 아이센크(Eyesenck)는 「성격이론」에서 자율신경계의 특징에 따라 사람들의 성격을 내성적인 사람과 외향적인 사람의 두 부류로 분류하였다. 내성적인 사람은 처벌에 대한 불안감을 크게 느끼고 이를 회피하는 성향이 강하기 때문에 규범에 어긋난 행동을 하는 정도가 약하고, 반면에 외향적인 사람은 처벌에 대한 불안감을 대체로 덜 느끼고 기본적으로 새로운 자극을 항상 추구하기 때문에 그만큼 반사회적 행위를 저지를 가능성이 크다고 보았다.

③ 미국의 심리학자 고다드(Goddard)는 1920년에 실시한 한 연구를 통해, 상당한 수의 수감생활을 하는 청소년들이 정신박약상태라고 주장하며, 지능적 결함이 청소년비행의 주요원인이라고 강조하였다.

④ 콜버그(Kohlberg)는 도덕적 발달단계를 범죄에 적용하였으며, 도덕적 발달단계를 3가지 수준인 전관습적, 관습적, 후관습적 수준으로 나누고 각 수준마다 2단계씩 총 6단계로 나누었다.

06　① 갓프레드슨과 허쉬의 자기통제이론(1990)은 범죄에 대한 일반이론으로도 불리며, 기존의 실증주의 학파와 고전주의 학파를 통합하려 했다. 자기통제이론은 문제행동에서부터 재산, 폭력범죄를 포함한 모든 유형의 범죄를 설명하며, 모든 연령층과 모든 국가, 문화권에도 적용되는 이론이다.

　　② 대부분의 범죄가 우연히 즉각적이면서도 우발적으로 발생한다는 점에서 고전주의 학파를 따랐지만, 또한 그러한 점에서 실증주의에서처럼 범죄자의 특성으로 범죄자는 그와 관련된 개인의 안정된 성향으로 순간만족과 충동성을 통제·조절할 수 있는 능력이 부족하다고 보았다. 자기통제력은 순간만족과 충동을 조절할 수 있는지, 스릴과 모험을 추구하기보다는 분별력과 조심성이 있는지, 근시한적이기보다는 앞으로의 일을 생각하는지, 쉽게 흥분하는 성격인지 등을 말한다.

　　③ 모든 범죄의 원인은 '낮은 자기통제력' 때문이며, 부모의 부적절한 자녀 양육이 자녀의 낮은 자기통제력의 원인이라고 보았다. 또한 낮은 자기통제와 관련하여 사회화의 결여가 비행·범죄활동으로 이어진다고 주장한다.

　　④ 범죄의 발생에는 개인의 자기통제력도 중요하지만 범죄의 기회도 중요한 기능을 한다고 주장한다. 충동적인 성격으로 인해 자기 통제력이 약한 사람은 범죄를 범할 위험성이 있지만, 그들의 충동적인 욕구를 만족시켜줄 만한 범죄기회가 없다면 범죄를 범하지 않게 되고, 반대로 비교적 자기 통제력이 강한 사람도 욕구충족을 위한 기회가 발견된다면, 범죄행동을 저지르게 된다. 범죄에 대한 유인이 크다면, 즉 기회가 좋다면 자기 통제력은 범죄기회에 굴복하게 되는 것이다.

07　① 벌금은 5만원 이상으로 한다. 다만, 감경하는 경우에는 5만원 미만으로 할 수 있다(형법 제45조).

　　② 동법 제78조 제6호

　　③ 벌금을 선고할 때에는 이를 납입하지 아니하는 경우의 노역장 유치기간을 정하여 동시에 선고하여야 하고(동법 제70조 제1항), 선고하는 벌금이 1억원 이상 5억원 미만인 경우에는 300일 이상, 5억원 이상 50억원 미만인 경우에는 500일 이상, 50억원 이상인 경우에는 1천일 이상의 노역장 유치기간을 정하여야 한다(동법 제70조 제2항).

　　④ 대법원 1978.4.25. 78도246

08　① 스토킹범죄란 지속적 또는 반복적으로 스토킹행위를 하는 것을 말한다(스토킹범죄의 처벌 등에 관한 법률 제2조 제2호).

　　② 법원은 스토킹범죄를 저지른 사람에 대하여 유죄판결(선고유예는 제외한다)을 선고하거나 약식명령을 고지하는 경우에는 200시간의 범위에서 재범 예방에 필요한 수강명령 또는 스토킹 치료프로그램의 이수명령을 병과할 수 있다. ㉠ 수강명령은 형의 집행을 유예할 경우에 그 집행유예기간 내에서 병과하고, ㉡ 이수명령은 벌금형 또는 징역형의 실형을 선고하거나 약식명령을 고지할 경우에 병과한다(동법 제19조 제1항).

　　③ 동법 제2조 제1호 가목

　　④ 동법 제19조 제4항 제2호

09　① 보호관찰을 조건으로 한 형의 선고유예가 실효되거나 보호관찰을 조건으로 한 집행유예가 실효되거나 취소된 때에는 보호관찰은 종료한다(보호관찰 등에 관한 법률 제51조 제1항 제2호).

　　② 동법 제52조 제4항

　　③ 보호관찰의 임시해제 중에는 보호관찰을 하지 아니한다. 다만, 보호관찰 대상자는 준수사항을 계속하여 지켜야 한다(동법 제52조 제2항).

　　④ 보호관찰이 정지된 임시퇴원자가 22세가 된 때에는 보호관찰은 종료한다(동법 제51조 제1항 제6호).

10 ① 사면법 제3조 제2호

② 일반사면이 있으면 형 선고의 효력이 상실되며, 형을 선고받지 아니한 자에 대하여는 공소권이 상실된다. 다만, 특별한 규정이 있을 때에는 예외로 한다(동법 제5조 제1항 제1호).

③ 형의 집행유예를 선고받은 자에 대하여는 형 선고의 효력을 상실하게 하는 특별사면 또는 형을 변경하는 감형을 하거나 그 유예기간을 단축할 수 있다(동법 제7조).

④ 일반사면, 죄 또는 형의 종류를 정하여 하는 감형 및 일반에 대한 복권은 대통령령으로 한다. 이 경우 일반사면은 죄의 종류를 정하여 한다(동법 제8조).

11 ① 형법 제9조

② 소년법 제2조

③ 청소년이란 9세 이상 24세 이하인 사람을 말한다. 다만, 다른 법률에서 청소년에 대한 적용을 다르게 할 필요가 있는 경우에는 따로 정할 수 있다(청소년 기본법 제3조 제1호).

④ 아동·청소년의 성보호에 관한 법률 제2조 제1호

12 ① 감정·대인관계 측면에서 달변이며 깊이가 없고, 자기중심적이며 과장이 심하며, 후회나 죄의식이 결여되어 있고, 공감능력이 부족하다. 거짓말과 속임수에 능하고, 파상적인 감정을 가지고 있다.

② 헤어(Hare)가 개발한 사이코패스에 대한 표준화된 진단표(PCL-R)는 PCL의 개정판으로 자기보고, 행동관찰 그리고 부모, 가족, 친구와 같은 2차적인 원천을 포함한 20개의 다양한 측면에서 범죄적 사이코패스의 정서적·대인적·행동적·사회적 일탈 측면을 평가하는 가장 많이 사용하는 사이코패스 측정 도구이다. 총 20문항으로 각 항목별 점수는 0 ~ 2점이다.

③ 사이코패스는 주어진 환경에 따라 다양하게 발현된다. 그들은 계산적인 행동과 표정과 말투로 사회에서 능숙히 섞여 지내고 환경에 따라 발현되는 정도가 달라 범죄를 저질렀을 때만 사이코패스를 일반인과 구분할 수 있다는 특징을 가진다. 그래서 보통 사이코패스를 '반사회성 인격장애'라 부르기도 한다.

④ 본인 스스로 자신에게 심리적·정서적 문제가 있다는 것을 인정하고 적극적으로 동참하여야 하지만, 이들은 자신들이 인정하지 않는 사회적 기준에 자신을 맞추어야 한다고 생각하지 않는다. 그러므로 통상적인 심리치료방식은 이들에게는 적용되지 않는다는 전제에서 출발하여야 한다.

13 ① 입양아 연구는 쌍생아 연구를 보충하여 범죄에 대한 유전의 영향을 조사할 수 있는 유용한 방법이지만, 입양부모가 최소 중산층 이상이 되어야 입양심사를 통과하기 때문에 입양부모들이 제공하는 환경이 전체 모집단의 환경을 대표한다고 볼 수 없기 때문에 그 연구결과를 모집단에 일반화하기 어려운 단점이 있다.

② 연구결과만으로는 자식이 부모의 범죄성향을 닮은 이유가 순전히 유전에 의한 것인지, 아니면 부모가 자식에게 제공한 환경의 영향 때문인지에 대해 명확한 해답을 제시할 수 없다는 비판을 받는다.

③ 롬브로조는 「범죄인론」(1876)에서 범죄자에게는 일정한 신체적 특징이 있고, 이러한 신체적 특징은 원시인에게 있었던 것이 격세유전에 의하여 나타난 것이라고 하며, 생래적 범죄성과 신체적 특징과의 관계에 주목하였다.

④ 셸던(Sheldon)은 크고 근육질의 체형을 가진 자를 중배엽(Mesomorph)으로 분류하고 비행행위에 더 많이 관여하는 경향이 있다고 주장하였다. 그는 사람의 신체유형은 태아가 형성될 때에 기본적인 3개의 세포막, 즉 내배엽, 중배엽, 외배엽이 어떻게 구성되는가에 의해 구별할 수 있다고 보고, 이를 토대로 체형과 비행사이의 관계를 고찰하였다. 그에 따르면 내배엽형 인간은 배가 나오고 둥그스름한 체형에 살이 찌기 쉬운 체질이고 성격적으로는 느긋하며 외향적이고, 중배엽형은 가슴과 어깨근육이 발달한 근육형 인간으로 활동적이고 공격적인 성향을 띠며, 외배엽형은 길고 연약한 체형에 예민하고 알레르기나 피부 트러블이 많은 사람들이라고 하였다. 비행소년집단은 중배엽형, 즉 근육이나 골격의 발달이 높았고 외배엽형, 즉 신경계는 낮았으며 내배엽형, 즉 소화기 등의 발달 상태는 보통이었다.

14 ① 보호소년 등의 처우에 관한 법률 제12조 제1항

② 동법 제15조 제3항

③ 소년원장은 미성년자인 보호소년등이 친권자나 후견인이 없거나 있어도 그 권리를 행사할 수 없을 때에는 법원의 허가를 받아 그 보호소년등을 위하여 친권자나 후견인의 직무를 행사할 수 있다(동법 제23조).

④ 소년원장은 교정성적이 우수하거나 품행이 타인의 모범이 되는 보호소년 등에게 포상을 할 수 있고(동법 제16조 제1항), 포상을 받은 보호소년 등에게는 특별한 처우를 할 수 있다(동법 제16조 제2항).

15 ✦ **샘슨의 집합효율성이론(Collective Efficacy Theory)**

㉠ 1997년 샘슨(Sampson)을 중심으로 전개되었고, 시카고학파의 사회해체이론을 현대도시에 맞게 계승·발전시켰다.

㉡ 지역주민 간의 상호신뢰 또는 연대감과 범죄에 대한 적극적인 개입을 강조한다.

㉢ 지역사회의 범죄율에 차이가 나는 것을 사회구조적으로 설명하였다.

㉣ 비공식적 사회통제의 중요성 : 지역사회 구성원(지역주민, 사업체, 지방자치단체 등) 간의 유대를 강화하고, 범죄 등 사회문제에 대해 적극적으로 개입하는 등 공동의 노력이 중요한 범죄예방의 방법이라고 보았다.

㉤ 집합효율성이란 공통의 선을 유지하기 위한 지역주민들 사이의 사회적 응집력을 의미하며, 상호신뢰와 유대 및 사회통제에 대한 공통된 기대를 포함하는 개념이다.

㉥ 집합효율성은 이웃상호간 신뢰수준이나 자신의 이웃 및 외부에서 온 사람에 대해 적극적으로 개입하려고 하는 성향 등으로 설명되는데, 범죄가 집중되는 곳은 이러한 집합효율성이 낮게 나타난다.

㉦ 공식적 사회통제(경찰 등 법집행기관)의 중요성을 간과하였다는 비판을 받는다.

16 ① 검사는 피의자와 범죄피해자(당사자) 사이에 형사분쟁을 공정하고 원만하게 해결하여 범죄피해자가 입은 피해를 실질적으로 회복하는 데 필요하다고 인정하면 당사자의 신청 또는 직권으로 수사 중인 형사사건을 형사조정에 회부할 수 있다(범죄피해자 보호법 제41조 제1항).

② 형사조정위원회는 필요하다고 인정하면 형사조정의 결과에 이해관계가 있는 사람의 신청 또는 직권으로 이해관계인을 형사조정에 참여하게 할 수 있다(동법 제43조 제3항).

③ 검사는 형사사건을 수사하고 처리할 때 형사조정 결과를 고려할 수 있다. 다만, 형사조정이 성립되지 아니하였다는 사정을 피의자에게 불리하게 고려하여서는 아니 된다(동법 제45조 제4항).

④ 형사조정에 회부할 수 있는 형사사건의 구체적인 범위는 대통령령으로 정한다. 다만, ㉠ 피의자가 도주하거나 증거를 인멸할 염려가 있는 경우, ㉡ 공소시효의 완성이 임박한 경우, ㉢ 불기소처분의 사유에 해당함이 명백한 경우(다만, 기소유예처분의 사유에 해당하는 경우는 제외한다)에는 형사조정에 회부하여서는 아니 된다(동법 제41조 제2항).

17 ① 소년법 제32조 제4항

② 보호관찰관의 단기보호관찰 또는 장기보호관찰의 처분을 할 때에 1년 이내의 기간을 정하여 야간 등 특정 시간대의 외출을 제한하는 명령을 보호관찰대상자의 준수 사항으로 부과할 수 있다(동법 제32조의2 제2항).

③ 보호관찰관의 단기보호관찰 또는 장기보호관찰의 처분을 할 때에 3개월 이내의 기간을 정하여 「보호소년 등의 처우에 관한 법률」에 따른 대안교육 또는 소년의 상담·선도·교화와 관련된 단체나 시설에서의 상담·교육을 받을 것을 동시에 명할 수 있다(동법 제32조의2 제1항).

④ 소년부 판사는 위탁받은 자나 보호처분을 집행하는 자의 신청에 따라 결정으로써 보호처분과 부가처분을 변경할 수 있다. 다만, 보호자 등에게 감호 위탁(제32조 제1항 제1호), 아동복지시설이나 그 밖의 소년보호시설에 감호 위탁(제32조 제1항 제6호), 병원·요양소 또는 의료재활소년원에 위탁의 보호처분(제32조 제1항 제7호)과 보호관찰 처분 시 대안교육 또는 상담·교육 처분(제32조의2 제1항)은 직권으로 변경할 수 있다(동법 제37조 제1항). ⇨ 1개월 이내의 소년원 송치의 처분(제32조 제1항 제8호)은 소년부 판사의 직권으로 변경할 수 없다.

18 ① 소년에 대한 부정기형을 집행하는 기관의 장은 형의 단기가 지난 소년범의 행형 성적이 양호하고 교정의 목적을 달성하였다고 인정되는 경우에는 관할 검찰청 검사의 지휘에 따라 그 형의 집행을 종료시킬 수 있다(소년법 제60조 제4항).

② 징역 또는 금고를 선고받은 소년에 대하여는 ㉠ 무기형의 경우에는 5년, ㉡ 15년 유기형의 경우에는 3년, ㉢ 부정기형의 경우에는 단기의 3분의 1이 지나면 가석방을 허가할 수 있다(동법 제65조).

③ 동법 제63조

④ 동법 제59조

19 ① 소년법 제10조

② 동법 제12조

③ 동법 제13조 제2항

④ 소년부 판사는 사건을 조사 또는 심리하는 데에 필요하다고 인정하면 소년의 감호에 관하여 결정으로써 ㉠ 보호자, 소년을 보호할 수 있는 적당한 자 또는 시설에 위탁(최장 3개월), ㉡ 병원이나 그 밖의 요양소에 위탁(최장 3개월), ㉢ 소년분류심사원에 위탁(최장 1개월)하는 조치를 할 수 있다(동법 제18조 제1항·제3항).

20 ① 범죄피해자 보호법 제31조

② 동법 제19조 제4항 제2호

③ 동법 제27조 제1항

④ 국가는 이 법에 따라 구조금을 받은 사람이 ㉠ 거짓이나 그 밖의 부정한 방법으로 구조금을 받은 경우, ㉡ 구조금을 받은 후 제19조(구조금을 지급하지 아니할 수 있는 경우)에 규정된 사유가 발견된 경우, ㉢ 구조금이 잘못 지급된 경우에는 범죄피해구조심의회(지구심의회) 또는 범죄피해구조본부심의회(본부심의회)의 결정을 거쳐 그가 받은 구조금의 전부 또는 일부를 환수할 수 있다(동법 제30조 제1항).

21 ✦ **조직범죄의 특성**(아바딘스키. Abadinsky)

1. 정치적 목적이나 이해관계가 개입되지 않으며, 일부 정치적 참여는 자신들의 보호나 면책을 위한 수단에 지나지 않는 비이념적인 특성을 가지고 있다.

2. 매우 위계적·계층적이다.

3. 조직구성원은 매우 제한적이며 배타적이다.

4. 조직활동이나 구성원의 참여가 거의 영구적일 정도로 영속적이다.

5. 목표달성을 쉽고 빠르게 하기 위해서 조직범죄는 불법적 폭력과 뇌물을 활용한다.

6. 전문성에 따라 또는 조직 내 위치에 따라 임무와 역할이 철저하게 분업화되고 전문화되었다.

7. 이익을 증대시키기 위해서 폭력을 쓰거나 관료를 매수하는 등의 방법으로 특정 지역이나 사업분야를 독점한다.

8. 합법적 조직과 마찬가지로 조직의 규칙과 규정에 의해 통제된다.

✦ **조직범죄의 특성**(하스켈과 야블론스키. Haskell & Yablonsky)

1. 대기업이나 군대와 유사한 계층구조를 가지고 있다.

2. 통상 무력을 사용하거나 무력으로 위협한다.

3. 기업운영, 인사관리, 정치인과 경찰과의 관계, 이익 배분 등에 관한 철저한 계획을 한다.

4. 비교적 형사처벌로부터 면책되는 경우가 많다.

5. 관련된 집단의 지도자들끼리 상호 맞물려 있다.

22 ① 형의 선고유예를 하는 경우에도 몰수의 요건이 있는 때에는 몰수형만의 선고를 할 수 있다고 해석함이 상당하다(대법원 1973.12.11. 73도1133).

② 선고유예의 요건 중 '개전의 정상이 현저한 때'라고 함은, 반성의 정도를 포함하여 널리 형법 제51조가 규정하는 양형의 조건을 종합적으로 참작하여 볼 때 형을 선고하지 않더라도 피고인이 다시 범행을 저지르지 않으리라는 사정이 현저하게 기대되는 경우를 가리킨다고 해석할 것이고, 이와 달리 여기서의 '개전의 정상이 현저한 때'가 반드시 피고인이 죄를 깊이 뉘우치는 경우만을 뜻하는 것으로 제한하여 해석하거나, 피고인이 범죄사실을 자백하지 않고 부인할 경우에는 언제나 선고유예를 할 수 없다고 해석할 것은 아니다(대법원 2003.2.20. 2001도6138).

③ 형법 제59조의2 제1항·제2항

④ 형의 선고유예 판결이 확정된 후 2년을 경과한 때에는 형법 제60조에 따라 면소된 것으로 간주하고, 그 뒤에는 실효의 대상이 되는 선고유예의 판결이 존재하지 않으므로 선고유예 실효의 결정을 할 수 없다. 이는 원결정에 대한 집행정지의 효력이 있는 즉시항고 또는 재항고로 인하여 아직 선고유예 실효 결정의 효력이 발생하기 전 상태에서 상소심 절차 진행 중에 선고유예 기간이 그대로 경과한 경우에도 마찬가지이다(대법원 2018.2.6. 2017모3459).

23 ① 촉법소년(14세 이상 19세 미만인 소년) 및 우범소년(10세 이상 14세 미만인 소년)이 있을 때에는 경찰서장은 직접 관할 소년부에 송치하여야 한다(소년법 제4조 제2항).

② 법원은 소년에 대한 피고사건을 심리한 결과 보호처분에 해당할 사유가 있다고 인정하면 결정으로써 사건을 관할 소년부에 송치하여야 하고(동법 제50조), 소년부는 법원으로부터 송치받은 사건을 조사 또는 심리한 결과 사건의 본인이 19세 이상인 것으로 밝혀지면 결정으로써 송치한 법원에 사건을 다시 이송하여야 한다(동법 제51조).

③ 보호사건을 송치받은 소년부는 보호의 적정을 기하기 위하여 필요하다고 인정하면 결정으로써 사건을 다른 관할 소년부에 이송할 수 있으며(동법 제6조 제1항), 소년부는 사건이 그 관할에 속하지 아니한다고 인정하면 결정으로써 그 사건을 관할 소년부에 이송하여야 한다(동법 제6조 제2항).

④ 범죄·촉법·우범소년을 발견한 보호자 또는 학교·사회복리시설·보호관찰소의 장은 이를 관할 소년부에 통고할 수 있다(동법 제4조 제3항).

24 ① 하인드랑(Hindelang)과 갓프레드슨(Gottfredson)의 생활양식-노출이론에 따르면, 개인의 직업적 활동과 여가활동을 포함하는 일상적 활동의 생활양식이 그 사람의 범죄피해위험성을 결정하는 중요한 요인이 된다고 한다. 범죄피해자화의 위험은 범죄자와의 접촉 및 노출수준에 의해 결정되고, 접촉과 노출수준은 개인의 생활양식에 따라 달라지므로 범죄예방을 위해서는 범죄자와의 접촉과 노출이 적은 생활양식을 가져야 한다고 한다.

② 브랜팅햄과 파우스트의 범죄예방모델은 질병예방의 보건의료모형을 차용하였다. 1차적 예방은 질병예방을 위해 주변환경의 청결·소독과 같은 위생상태를 개선하는 것과 유사하고, 2차적 예방은 질병에 걸린 사람들을 격리하고 주변 사람들에게 예방접종을 하는 것과 유사하며, 3차적 예방은 중병에 걸린 사람을 입원시켜 치료하는 것과 유사하다.

③ 코헨(Cohen)과 펠슨(Felson)의 일상활동이론에 따르면, 동기화된 범죄자, 범행에 적합한 대상, 사람이나 재산에 대한 감시(보호자)의 부재가 동일한 시간과 공간에서 만나면 범죄발생의 가능성이 높아진다는 것이다. 범죄삼각형이라는 세 가지 요소의 발생조건을 제지함으로써 범죄를 예방할 수 있다고 한다.

④ 브랜팅햄(Brantingham)과 파우스트(Faust)의 범죄예방모델에서 1차적 범죄예방모델은 사회정책적 측면에서 이루어지는 범죄예방으로, 범죄행위를 야기할 가능성이 있는 문제들을 미연에 방지할 목적으로 범죄기회를 제공하거나 범죄를 촉진하는 물리적·사회적 환경조건을 변화시키는 것을 말한다. 방법으로는 조명·자물쇠장치·접근통제 등과 같은 환경설비, 감시·시민순찰 등과 같은 이웃감시, 범죄 실태에 대한 대중교육 등과 같은 범죄예방교육, 경찰방범활동, 민간경비 등이 있다.

25 ① 밀러는 하위문화를 중산층과 상관없이 고유의 전통과 역사를 가진 독자적 문화로 보았으며, 코헨은 하위문화를 중산층의 보편적인 문화에 대항하고 반항하기 위해서 형성되는 것이라고 보았다.

② 하류계층의 여섯 가지 주요 관심사(관심의 초점)는 말썽·걱정·사고치기(trouble), 강인·완강함(toughness), 교활·영악·영리함(smartness), 흥분·자극·스릴추구(excitement), 운명·숙명(fate), 자율·자립성(autonomy)이다.

③ 하류계층의 대체문화가 갖는 상이한 가치는 지배계층의 문화와 갈등을 초래하며, 지배집단의 문화와 가치에 반하는 행위들이 지배계층에 의해 범죄적·일탈적 행위로 간주된다고 주장한다.

④ 밀러(Miller)는 범죄행위를 독특한 하류계층 하위문화의 가치와 규범에 대한 정상적인 반응으로 본다. 하위계층 청소년들은 하위계층문화의 '주요 관심사'에 따라 학습하고 행동하며 비행청소년들은 특히 이를 과장된 방법으로 표현하고 행위로 나타낸다. 다만, 이러한 관심은 중류계층의 규범에 위반이지만 악의적인 원한이나 울분 또는 저항을 표시하는 것은 아니라는 점에서 코헨(Cohen)의 비행적 하위문화이론과 다르다. 즉 하류계층의 비행을 '중류층에 대한 반발에서 비롯된 것'이라는 코헨의 주장에 반대하고 그들만의 독특한 하류계층문화 자체가 집단비행을 발생시킨다고 보았다.

Chapter
02

보호직 9급
형사정책

01	02	03	04	05	06	07	08	09	10
③	③	③	②	②	③	③	③	①	④
11	12	13	14	15	16	17	18	19	20
④	①	④	④	②	①	③	①	②	④

01
① 피해자의 개인적 사정이나 범죄신고에 따른 불편과 범죄자에 의한 보복의 두려움 등은 절대적 암수범죄의 발생원인이 되며, 수사기관과 법원과 같은 법집행기관의 자의 또는 재량은 상대적 암수범죄의 발생원인이 된다.
② 자기보고조사는 일정한 집단을 대상으로 개개인의 범죄나 비행을 면접이나 설문지를 통하여 스스로 보고하게 하여 암수범죄를 측정하는 방법으로, 경범죄(경미범죄)의 실태파악은 가능하지만, 처벌에 대한 두려움 등으로 중범죄(강력범죄)에 대한 실태파악은 곤란하다.
③ 피해자 조사는 암수범죄에 대한 직접적 관찰방법에 해당한다. ※ 암수범죄의 측정(조사)방법에는 직접적 관찰과 간접적 관찰이 있다. 직접적 관찰에는 자연적 관찰(참여적 관찰과 비참여적 관찰이 있다)과 실험적 관찰(인위적 관찰)이 있으며, 간접적 관찰(설문조사)에는 자기보고조사, 피해자조사, 정보제공자 조사가 있다.
④ 암수범죄는 성매매, 도박과 같이 피해자가 없거나 피해자와 가해자의 구별이 어려운 범죄에 많이 발생한다.

02
① 보호관찰 등에 관한 법률 제30조 제1호
② 동법 제30조 제2호
③ 소년 가석방자의 경우, 가석방 전에 집행을 받은 기간과 같은 기간이 보호관찰 기간이 된다(동법 제30조 제3호).
④ 동법 제30조 제4호

03
① 낙인이론은 경미한 범죄를 저지른 소년범에 대한 형사처벌이 이차 비행을 야기하는 원인이 된다고 본다. 따라서 낙인이론의 관점에서는 경미범죄를 저지른 소년범을 처벌하기보다 용서하고 관용을 베푸는 비범죄화가 가장 이상적인 정책의 방향이라고 할 수 있다. 소년범 다이버전은 경미한 범죄를 저지른 소년범들에게 통상의 형사사법절차에 따른 형사처벌을 부과하는 대신 다른 형태로 전환된 제재를 가한다는 의미이다. 현재 세계 각국에서 시행중인 다양한 형태의 다이버전 프로그램들은 낙인이론과 재통합적 수치이론에 기반을 두고 있다.
② 다이버전은 형사사법기관이 통상의 형사절차를 중단하고 이를 대체하는 새로운 절차로 이행하는 것으로, 성인형사사법보다 소년형사사법에서 그 필요성이 더욱 강조된다.
③ 경찰 단계의 대표적 다이버전으로서 훈방, 경고, 통고처분, 보호기관 위탁 등이 있으며, 검찰 단계의 대표적 다이버전으로서 기소유예, 불기소처분, 선도조건부 기소유예, 약식명령청구 등이 있다.
④ 형사사법기관의 업무량을 줄여 상대적으로 더 중요한 범죄사건에 집중할 수 있게 해 준다. 즉 업무경감으로 인하여 형사사법제도의 능률성과 신축성을 가져온다.

04 ① 프로이드는 유아기로부터 성인기로의 사회화과정을 '구순기, 항문기, 남근기, 잠복기, 성기기'라는 성심리적 단계로 설명하면서, 이러한 단계별 발전이 인성형성에 중요한 역할을 한다고 가정한다. 각 단계별로 아동은 그에 맞는 욕구를 해결해야 하는데, 바로 이들 욕구가 긴장을 야기시키며 이러한 긴장이 사회적으로 수용될 수 있는 행위를 통하여 해결되지 않을 때 범죄적 적응이 유발될 수 있다고 한다.

② 프로이드는 의식을 에고(Ego)라고 하고, 무의식을 이드(Id)와 슈퍼에고(Superego)로 나누었다. 무의식인 이드가 의식으로 표출되면 범죄가 발생한다고 본다.

③ 이드는 성이나 음식과 같이 모든 행동의 기초를 이루는 생물학적·심리학적 욕구·충동 자극을 대표하는 것으로서 태어날 때부터 존재하는 무의식적 개념이고, 타인의 권리를 배려하지 않는 즉각적인 만족을 요하는 쾌락만족의 원칙을 따른다.

④ 슈퍼에고는 자기비판과 양심이며, 사회적 경험에서 생성되는 요구를 반영하는 것이다. 이는 인성 내에서 중요한 다른 사람, 지역사회, 부모의 가치와 도덕적 기준을 통합한 결과로 발전되며, 인성의 도덕적 관점으로서 행위에 대한 판단을 맡는다. 즉 사회적 규범과 제재의 두려움으로부터 도출된 내적 제재인 것이다. 그리고 도덕에 위배되는 이드의 충동을 억제하며, 에고의 현실적 목표를 도덕적이고 이상적인 목표로 유도하려고 한다.

05 ① 높은 범죄율의 원인이 특정 인종이나 민족과 같은 개인적 특성과 관련된 것이 아니라 지역적 특성과 관련되어 있다고 보고, 범죄를 예방하기 위해서는 지역사회를 재조직화하여 사회통제력을 증가시키는 것이 중요하다고 보았다.

② 버제스는 도시 중심부에서 멀어질수록 지가(地價)가 높아진다고 하면서 범죄는 중심지일수록 발생률이 높다고 주장하였다. 특히 버제스는 유대인 이주자가 초기에 정착한 시카고의 제2지대에 주목했다. 소위 전이지대(점이지대. 퇴행변이지대)라고 불리는 이곳은 빈곤한 사람들, 소수민족구성원들, 사회적 일탈자들이 주로 거주함으로써 범죄와 비행에 가장 취약한 지역이다. 또한 쇼와 맥케이는 청소년비행의 지리적 집중현상이 중심상업지역으로부터 외곽으로 벗어날수록 약화된다고 지적하면서 도심집중 현상이 가장 극심한 곳은 버제스의 동심원 모델에서 제시된 제2지대인 전이지대라고 주장하였다.

③ 특정지역에서 범죄가 다른 지역에 비해서 높게 나타나는 이유는 급격한 도시화, 산업화가 지역사회에 기초한 통제의 붕괴를 낳게 되고, 이는 사회해체로 이어지며, 해체된 지역은 관습과 가치관을 대신하는 일탈과 범죄성을 발달시키게 된다고 보았다.

④ 전이지역 내 구성원의 인종이나 국적이 바뀌었음에도 불구하고 계속적으로 높은 범죄율을 보이는 것은 개별적으로 누가 거주하든지 관계없이 지역의 특성과 범죄발생과는 중요한 연관이 있다는 것이다. 즉 범죄 및 비행은 지대와 관련된 것이지 행위자의 특성이나 사회전체의 경제적 수준 등과는 관계없다는 것이다.

06 ① 보호관찰소의 장은 보호관찰 대상자가 제32조의 준수사항을 위반하였거나 위반하였다고 의심할 상당한 이유가 있고, ㉠ 일정한 주거가 없는 경우, ㉡ 심문·조사에 따른 소환에 따르지 아니한 경우, ㉢ 도주한 경우 또는 도주할 염려가 있는 경우의 어느 하나에 해당하는 사유가 있는 경우에는 관할 지방검찰청의 검사에게 신청하여 검사의 청구로 관할 지방법원 판사의 구인장을 발부받아 보호관찰 대상자를 구인할 수 있다(보호관찰 등에 관한 법률 제39조 제1항).

② 유치된 보호관찰 대상자에 대하여 보호관찰을 조건으로 한 형의 선고유예가 실효되거나 집행유예가 취소된 경우 또는 가석방이 취소된 경우에는 그 유치기간을 형기에 산입한다(동법 제45조).

③ 구인한 대상자를 유치하려는 경우에는 보호관찰소의 장이 검사에게 신청하여 검사의 청구로 관할 지방법원 판사의 허가를 받아야 한다. 이 경우 검사는 보호관찰 대상자가 구인된 때부터 48시간 이내에 유치허가를 청구하여야 한다(동법 제42조 제2항).

④ 보호관찰소의 장은 유치 허가를 받은 때부터 24시간 이내에 유치사유[㉠ 보호관찰을 조건으로 한 형(벌금형을 제외한다)의 선고유예의 실효 및 집행유예의 취소 청구의 신청, ㉡ 가석방 및 임시퇴원의 취소 신청, ㉢ 보호처분의 변경 신청]에 따른 신청을 하여야 한다(동법 제42조 제3항). 검사는 보호관찰소의 장으로부터 보호관찰을 조건으로 한 형(벌금형을 제외한다)의 선고유예의 실효 및 집행유예의 취소 청구의 신청(유치사유)을 받고 그 이유가 타당하다고 인정되면 48시간 이내에 관할 지방법원에 보호관찰을 조건으로 한 형의 선고유예의 실효 또는 집행유예의 취소를 청구하여야 한다(동법 제42조 제4항).

07
① 소년이 법정형으로 장기 2년 이상의 유기형에 해당하는 죄를 범한 경우에는 그 형의 범위에서 장기와 단기를 정하여 선고한다. 다만, 장기는 10년, 단기는 5년을 초과하지 못한다(소년법 제60조 제1항).
② 특정강력범죄의 처벌에 관한 특례법 제4조 제2항
③ 교도소·구치소·소년교도소의 장은 징역 또는 금고의 형을 선고받은 소년(소년수형자)이 소년법 제65조의 기간(무기형의 경우에는 5년, 15년 유기형의 경우에는 3년, 부정기형의 경우에는 단기의 3분의 1)이 지나면 그 교도소·구치소·소년교도소의 소재지를 관할하는 보호관찰심사위원회에 그 사실을 통보하여야 한다(보호관찰 등에 관한 법률 제21조 제1항).
④ 대법원 1998.2.27. 97도3421

08
① 에이커스는 차별적 강화이론에 모방의 개념을 포함시켜 사회학습이론을 제시하였다. 즉 반두라(Bandura)의 사회학습이론을 차용하여 모방과 관찰을 통한 모델링(Modeling)을 추가하여 사회학습 요소로 차별적 접촉, 정의, 차별적 강화, 모방을 제시하였다. 차별적 접촉이론이 범죄의 학습환경으로 고려한 것은 사람들과의 접촉이었으나, 사회학습이론은 학습환경으로 사회적 상호작용과 비사회적 환경 모두를 고려하였다. 즉 사회적 상호작용과 함께 물리적 만족감(굶주림, 갈망, 성적욕구 등의 해소)과 같은 비사회적 환경에 의해서도 범죄행위가 학습될 수 있다고 넓게 보았다.
② 청소년비행은 욕구의 미충족으로 인해 유발된다. 즉 애정, 인정, 보호, 새로운 경험 등에 대한 욕구가 가정 내에서 충족되지 못함으로써 가정 외에서 비정상적인 방법으로 욕구를 해소하는 과정에서 소년비행이 발생한다.
③ 누구든지 범행 가능성이 잠재되어 있지만, 자신의 행위로 인해 주변인과의 관계가 악화하는 것을 두려워하기 때문에 범죄를 저지르지 않게 된다(사회유대요소 중 애착에 의한 사회통제). ※ 누구든지 범행 가능성이 잠재되어 있음에도 불구하고 이를 통제하는 요인으로 허쉬(Hirschi)가 지적한 것은 개인이 사회와 맺고 있는 일상적인 유대이다. 따라서 비행이 발생한 경우에 비행문화를 내면화하였다든지, 불량친구의 영향을 받았다든지 하는 측면에서 설명하지 않는다. 대신에 해당소년과 사회와의 유대가 약화되거나 단절됨으로써 소년의 타고난 비행성향이 노출된 것으로 이해한다.
④ 자신의 범죄사실은 인정하지만, 사람·환경에 책임을 전가하는 '책임의 부정'에 대한 설명이다.

09 개별주의는 소년사법절차에서 언제나 소년 개인을 단위로 한 독자적 사건으로 취급해야 한다는 것이다.

✦ 소년보호 이념
㉠ 인격주의는 소년보호를 위해 개별 소년의 행위원인에 놓인 개성과 환경을 중시해야 한다는 것이다.
㉡ 예방주의는 행위에 대한 응징으로서 처벌이 아니라 범법행위를 저지른 소년이 더 이상 규범을 위반하지 않도록 하고, 죄를 범할 우려가 있는 우범소년이 범죄에 빠지지 않도록 하는 데 소년법의 목적을 두어야 한다는 것이다.
㉢ 개별주의는 소년사법절차에서 언제나 소년 개인을 단위로 한 독자적 사건으로 취급해야 한다는 것이다.
㉣ 과학주의는 소년사법이 예방주의와 개별주의를 추구하기 위해서는 개인성향과 범죄환경에 대한 실증 연구, 소년에게 어떤 종류의 형벌을 어느 정도 부과하는 것이 적당한가에 대한 과학적 분석과 검토가 필요하다는 것이다.

ⓜ 교육주의는 소년범죄자의 대응 수단으로 처벌이 주가 되어서는 안 된다는 것이다.

ⓗ 협력주의는 효율적 소년보호를 위해 국가는 물론이고 소년의 보호자를 비롯한 민간단체 등이 서로 협력해야 한다는 것을 말한다.

ⓢ 비밀주의는 소년범죄자가 사회에 적응하는 과정에서 다른 사람들에게 범죄경력이 노출되지 않도록 하여 소년의 인권보장과 재범방지를 추구하는 것을 말한다.

10
① 보호관찰관의 장기 보호관찰 처분(제5호)과 1개월 이내의 소년원 송치 처분(제8호)은 그 전부 또는 일부를 병합할 수 있다(소년법 제32조 제2항 제5호).
② 보호관찰관의 단기 보호관찰기간은 1년으로 한다(동법 제33조 제2항). ⇨ 기간연장에 대한 규정이 없으므로, 그 기간을 연장할 수 없다.
③ 보호관찰관의 장기 보호관찰기간은 2년으로 한다. 다만, 소년부 판사는 보호관찰관의 신청에 따라 결정으로써 1년의 범위에서 한 번에 한하여 그 기간을 연장할 수 있다(동법 제33조 제3항).
④ 동법 제32조의2 제2항

11
① 범죄를 처벌하는 것보다 범죄를 예방하는 것이 더욱 중요하며, 처벌은 범죄예방에 도움이 된다고 판단될 때에 정당화된다는 범죄예방주의를 표방하였다. 또한 범죄예방의 가장 좋은 방법의 하나는 잔혹한 형의 집행보다 확실하고 예외 없는 처벌이라고 하였다.
② 처벌의 신속성, 확실성, 엄격성의 효과를 강조한다.
③ 형벌의 정도는 형벌로 인한 고통이 범죄로부터 얻는 이익을 약간 넘어서는 정도가 되어야 한다.
④ 범죄의 심각성과 형벌의 강도는 합리적인 연관성이 없다고 생각했기 때문에 사회계약설에 의거 사형제도를 폐지하고 대신에 구금형으로 대체되어야 한다고 주장한다. 또한 사면은 형사제도의 무질서와 법에 대한 존중심의 훼손을 초래한다고 보고, 자비라는 얼굴을 한 가면이라고 혹평하면서 사면의 폐지를 주장하였다.

12
① 보호처분이 계속 중일 때에 사건 본인에 대하여 새로운 보호처분이 있었을 때에는 그 처분을 한 소년부 판사는 이전의 보호처분을 한 소년부에 조회하여 어느 하나의 보호처분을 취소하여야 한다(소년법 제40조).
② 동법 제38조 제1항 제2호
③ 동법 제39조
④ 동법 제38조 제1항 제1호

13
① 보호관찰 등에 관한 법률 제29조 제1항
② 동법 제63조 제2항
③ 형법 제62조의2 제1항에 의하면 형의 집행을 유예를 하는 경우에는 보호관찰을 받을 것을 명할 수 있고, 같은 조 제2항에 의하면 제1항의 규정에 의한 보호관찰의 기간은 집행을 유예한 기간으로 하고, 다만 법원은 유예기간의 범위 내에서 보호관찰의 기간을 정할 수 있다고 규정되어 있는바, 위 조항에서 말하는 보호관찰은 형벌이 아니라 보안처분의 성격을 갖는 것으로서, 과거의 불법에 대한 책임에 기초하고 있는 제재가 아니라 장래의 위험성으로부터 행위자를 보호하고 사회를 방위하기 위한 합목적인 조치이므로, 그에 관하여 반드시 행위 이전에 규정되어 있어야 하는 것은 아니며, 재판시의 규정에 의하여 보호관찰을 받을 것을 명할 수 있다고 보아야 할 것이고, 이와 같은 해석이 형벌불소급의 원칙 내지 죄형법정주의에 위배되는 것이라고 볼 수 없다(대법원 1997.6.13. 97도703).

④ 사회봉사명령·수강명령 대상자에 대한 특별준수사항은 보호관찰 대상자에 대한 것과 같을 수 없고, 따라서 보호관찰 대상자에 대한 특별준수사항을 사회봉사명령·수강명령 대상자에게 그대로 적용하는 것은 적합하지 않다. 그러므로 보호관찰법 제32조 제3항이 보호관찰 대상자에게 과할 수 있는 특별준수사항으로 정한 '범죄행위로 인한 손해를 회복하기 위하여 노력할 것(제4호)' 등 제3항 제1호부터 제9호까지의 사항은 보호관찰 대상자에 한해 부과할 수 있을 뿐, 사회봉사명령·수강명령 대상자에 대해서는 부과할 수 없다(대법원 2020.11.5. 2017도18291).

14

① 터크의 범죄화론은 다른 갈등이론과 달리 법제도 자체보다는 법이 집행되는 과정에서 특정집단의 구성원이 범죄자로 규정되는 과정을 중시하였는데, 이를 '범죄화'라고 하였으며, 법집행기관이 자신들의 이익을 위해 차별적 법집행을 한다고 보았다.

② 셀린은 문화갈등의 유형을 일차적 문화갈등과 이차적 문화갈등으로 나누어 설명하였는데, 여기에서 중요한 것은 갈등의 구조·동태가 아니라 비관습적 규범과 가치가 대대로 전승되는 사회적 과정에 있다고 한다.

③ 스핏쩌는 대량생산과 대량소비를 주축으로 하는 후기 자본주의 시대의 경제활동이나 계급갈등을 중심으로 범죄발생이나 사회통제에 관심을 두었다. 후기 자본주의에서는 생산활동의 기계화·자동화에 따른 전문적인 숙련노동자들을 필요로 하기 때문에 전문성이 없는 다수의 비숙련노동자들은 점차 생산활동에서 소외되는 잉여인구 또는 문제인구가 되어, 후기 자본주의에서 가장 중요한 사회문제 중의 하나가 된다. 생산활동에서 소외된 이들은 부유한 사람들의 물건을 탈취하거나 자본주의 이념에 도전하는 정치적 행동을 하는 등 자본주의에 위협이 되는 일탈과 범죄행동을 하게 된다고 보았다.

④ 터크의 범죄화론에 대한 설명이다. 봉거에 의하면, 사법체계는 가진 자에게는 그들의 욕망을 달성할 수 있는 합법적 수단을 허용하는 반면, 가난한 자에게는 이러한 기회를 허용하지 않기 때문에 범죄는 하위계급에 집중된다. 그리하여 가진 자와 못 가진 자의 갈등적 양상이 심화되면서 양자는 모두 비인간화되고 여기서 범죄생산의 비도덕성(탈도덕화)이 형성된다는 것이다.

15

① 소극적 일반예방은 준엄한 형집행을 통해 일반인을 위하함으로써 범죄예방의 목적을 달성하고, 적극적 일반예방은 형벌을 통해 일반인의 규범의식을 강화하여 사회의 규범 안정을 도모한다.

② 1차적 범죄예방에 대한 설명이다. 1차적 범죄예방은 범죄행위를 야기할 가능성이 있는 문제들을 미연에 방지할 목적으로 범죄기회를 제공하거나 범죄를 촉진하는 물리적·사회적 환경조건을 변화시키는 것을 말한다. ※ 범죄예방모델은 질병예방의 보건의료모형을 차용하였다. 1차적 예방은 질병예방을 위해 주변 환경의 청결·소독과 같은 위생상태를 개선하는 것과 유사하고, 2차적 예방은 질병에 걸린 사람들을 격리하고 주변 사람들에게 예방접종을 하는 것과 유사하며, 3차적 예방은 중병에 걸린 사람을 입원시켜 치료하는 것과 유사하다.

③ 셉테드(CPTED)는 주거 및 도시지역의 물리적 환경설계 또는 재설계를 통하여 범죄를 예방하고자 하는 전략을 말한다. 접근통제, 감시, 활동지원, 동기강화가 자연스럽게 이루어지는 환경을 설계하여 잠재적인 범죄자가 범행을 포기하는 결정을 하도록 합리적이고 과학적으로 유도하는 것을 목표로 한다.

④ 범죄발생의 원인에 대하여 범죄자의 동기적 측면을 주로 강조하는 기존의 범죄이론과 달리 일상활동이론은 피해자를 둘러싸고 있는 범행의 조건을 강조한다. 범행을 촉발하는 요인으로 동기화된 범죄자, 범행에 적합한 대상, 그리고 감시의 부재를 들고, 범죄기회가 주어지면 누구든지 범죄를 저지를 수 있는 것으로 본다.

CHAPTER 02

16
① 형법 제59조 제1항
② 500만원 이하의 벌금형을 선고할 경우에 형의 집행을 유예할 수 있다(동법 제62조 제1항).
③ 현행법상 총액벌금형제도를 채택하고 있다.
④ 하나의 단일형에 대하여 집행의 일부를 유예하는 제도(형의 일부집행유예제도)가 도입되지 못하고 있다.

17
① 성폭력범죄의 처벌 등에 관한 특례법 제45조의2 제1항
③ 신상정보의 등록은 법무부장관이 집행하고(동법 제44조 제1항), 신상정보의 공개·고지는 여성가족부장관이 집행한다(동법 제47조 제2항·제49조 제2항).
④ 대법원 2012.5.24. 2012도2763

18
① 치료명령은 검사의 지휘를 받아 보호관찰관이 집행한다(성폭력범죄자의 성충동 약물치료에 관한 법률 제13조 제1항).
② 동법 제15조 제3항
③ 동법 제14조 제3항
④ 치료명령의 집행 중 구속영장의 집행을 받아 구금된 때에는 치료명령의 집행이 정지되며(동법 제14조 제4항 제1호), 이 경우 구금이 해제되거나 금고 이상의 형의 집행을 받지 아니하는 것으로 확정된 때부터 그 잔여기간을 집행한다(동법 제14조 제5항 제1호).

19
① 전자장치 부착 등에 관한 법률 제5조 제1항 제4호
② 검사는 ㉠ 스토킹범죄로 징역형의 실형을 선고받은 사람이 그 집행을 종료한 후 또는 집행이 면제된 후 10년 이내에 다시 스토킹범죄를 저지른 때, ㉡ 스토킹범죄로 이 법에 따른 전자장치를 부착하였던 전력이 있는 사람이 다시 스토킹범죄를 저지른 때, ㉢ 스토킹범죄를 2회 이상 범하여(유죄의 확정판결을 받은 경우를 포함한다) 그 습벽이 인정된 때의 어느 하나에 해당하고 스토킹범죄를 다시 범할 위험성이 있다고 인정되는 사람에 대하여 부착명령을 법원에 청구할 수 있다(동법 제5조 제5항).
③ 동법 제5조 제2항
④ 동법 제5조 제4항 제2호

20
① 스토킹범죄의 처벌 등에 관한 법률 제3조 제2호
② 동법 제4조 제1항 제1호
③ 동법 제9조 제1항 제2호
④ 검사는 스토킹범죄가 재발될 우려가 있다고 인정하면 직권 또는 사법경찰관의 신청에 따라 법원에 스토킹행위자에 대한 잠정조치를 청구할 수 있다(동법 제8조 제1항). 법원은 스토킹범죄의 원활한 조사·심리 또는 피해자 보호를 위하여 필요하다고 인정하는 경우에는 결정으로 스토킹행위자에게 ㉠ 피해자에 대한 스토킹범죄 중단에 관한 서면 경고, ㉡ 피해자 또는 그의 동거인, 가족이나 그 주거 등으로부터 100미터 이내의 접근 금지, ㉢ 피해자 또는 그의 동거인, 가족에 대한 전기통신을 이용한 접근 금지, ㉣ 위치추적 전자장치의 부착, ㉤ 국가경찰관서의 유치장 또는 구치소에의 유치의 조치(잠정조치)를 할 수 있다(동법 제9조 제1항).

이준

박문각 종로고시학원, 박문각 공무원학원, 백석문화대학교 공무원학부를 비롯한 다양한 분야에서 교정학 전문강사로 활동해왔다. 교정학 강의를 매개로 한 교정공무원들과의 소중한 만남을 통해 교정사랑의 깊이를 더하면서 대학원에서 '교정시설에서 수용자 한글 표준어 사용'에 관한 연구과제로 교정이해의 폭을 넓혀가고 있다.
현재 박문각 공무원학원 교정학 대표강사로 활동하고 있다.

저서	
	마법교정학·형사정책 연도별 기출문제집(박문각)
	마법교정학·형사정책 압축 암기장(박문각)
	마법교정학·형사정책 교정관계법령집(박문각)
	마법교정학·형사정책 기출 지문 익힘장(박문각)
	마법교정학 입문서(박문각)

이준
마법교정학·형사정책 ◇✦ 연도별 기출문제집

초판 인쇄 | 2024. 9. 2.   **초판 발행** | 2024. 9. 5.   **편저자** | 이준
발행인 | 박 용   **발행처** | (주) 박문각출판   **등록** | 2015년 4월 29일 제2019-000137호
주소 | 06654 서울특별시 서초구 효령로 283 서경 B/D 4층   **팩스** | (02) 584-2927
전화 | 교재 주문·내용 문의 (02) 6466-7202

저자와의
협의하에
인지생략

정가 36,000원   **ISBN** 979-11-7262-192-6